제2판

Risk & Insurance

리스크와 보험

Risk & Insurance

최정호

도서출판 청람

제2판을 내면서

'리스크와 보험에 관한 폭넓은 이해를 위한 전문서'를 만들려는 의도에서 본 책이 출간된 지도 어느덧 4년이란 세월이 흘렀다. 그동안 보험산업의 규모도 커지고 환경변화에 따른 사회보험의 내용에도 부분적으로 변화가 있었으며 2017년 5월 국제회계기준위원회(International Accounting Standards Board: IASB)의 승인에 따라 현행 보험계약에 대한 국제회계기준(International Financial Reporting Standard: IFRS)이 2021년부터 전년도 비교보고(prior-year comparative reporting)를 필요로 하는 IFRS17으로 대체될 예정이다. 이로 인하여 자산 · 부채 시가평가에 근거한 새로운 지급여력제도 도입이 필요하게 되었다. 이와 함께 초판의 부족함을 감안하더라도 부끄러울 만큼 수많은 오 · 탈자, 잘못된 문장, 그림, 표현 등으로 인해 개정판을 생각하지 않을 수 없었다.

개정판인 제2판에서는 기존 초판의 틀을 유지하면서, 첫째로 리스크관리와 기업가치의 관계를 좀 더 이해하기 쉽도록 제2장 제3절 리스크관리의 목적을 보완하였다. 둘째로, 보험이라는 리스크관리 방법이 기업의 기대현금흐름, 나아가 주주의 부에 어떻게 영향을 미치는지에 대한 이해를 돕기 위하여 제8장에 제4절 '리스크관리와 주주의 부'를 추가하였다. 셋째로, 급속한 고령화 등 환경변화로 인하여 사회보험의 일부 내용이 개정됨 따라 제5부 산업재해보상보험 등 5대 사회보험의 내용을 수정 · 보완하였다. 넷째로 2017년 5월 국제회계기준위원회(International Accounting Standards Board: IASB)의 승인에 따라 현행 보험계약에 대한 국제회계기준(International Financial Reporting Standard: IFRS)인 IFRS4는 2020년까지 적용되고, 2021년부터 전년도 비교보고(prior-year comparative reporting)를 필요로 하는 IFRS17으로 대체될 예정이다. 이에 감독기관은 IFRS17 도입준비위원회를 구성하여 보험감독회계 개선안을 마련 중에 있으며 또한 기존의 리스크기준 지급여력(RBC)제도를 대신할 신지급여력제도(Korea Insurance Capital Standard: K-ICS)를 준비하고 있다. 따라서 아직 구체적인 내용은 확정되지 않았지만 보험감독회계 개선안과 신지급여력제도의 준비안을 제30장 제5절과 제6절에 각각 소개함으로써 제도변화의 방향과 내용에 대한 이해를 돕고자 하였다. 끝으로 제11장, 제15장, 그리고 제26장에 있는 금융 및 보험산업 관련지표들과 재무상태표는 최근의 자료를 반영하여 재구성하였으며 아울러 초판의 수많은 오·탈자, 잘못된 문장, 그림, 표현 등을 발견하여 수정·보완하려고 최선을 다하였다.

이 책의 편찬에는 많은 분들의 도움이 있었다. 우선 여러모로 부족한 점이 많은 이 책의 초판을 교재 또는 참고서로 활용하여 주신 학생, 동학 교수님, 그리고 업계 실무자들에게 감사의 마음을 드리고 싶다. 또한 바쁜 업무 중에도 자료를 수집하고 정리를 해준 양성은 박사와 자료수집에 협조해준 한나라 팀장을 비롯한 업계 및 유관기관의 실무자들에도 고마운 마음을 표하고자 한다. 많은 도움에도 불구하고 이 책의 내용에 실수가 있다면 전적으로 저자 자신의 책임임을 분명히 밝히면서 마지막으로 본서의 개정을 물심양면으로 도와주신 도서출판 청람의 이수영 대표, 이영란 실장에게 감사의 마음을 전한다.

2018년 7월의 무더운 여름 연구실에서

저자 씀

『리스크와 보험』의 발간작업을 마무리하며…

Webster's New Collegiate Dictionary에 'possibility of loss or injury'라고 설명되어 있는 리스크(risk)의 어원을 살펴보면 원래 초기 이탈리아어'risicare'라는 말에서 유래되었는데 이는'뱃심좋게 도전한다'(to dare)라는 뜻을 포함하고 있다고 한다. 인류의 역사는 아마도 종족과 영토보존을 위협하는 리스크로 가득한 삶의 불확실성에 대한 도전의 역사라고 해도 과언이 아닐 것이다. 과거 지진, 해일, 번개, 산불 등 자연재해에 대한 두려움이 최근 지구온난화에 의한 기상이변으로 발생하는 초대형 태풍, 토네이도, 쓰나미 등으로 몇십 배 증대되고 산업화 · 정보화 등 기계문명의 발달로 인간의 삶의 질이 높아지고 쾌적해진 만큼 그 이상으로 교통사고, 화재, 실업, 불의의 사망, 장수, 장애, 각종 질병 등 삶을 위협하는 리스크도 급격하게 증가하고 있다. 이처럼 불확실한 상황에서 과거의 객관적 자료에 근거한 계량분석이나 미래에 대한 나름대로의 주관적 판단에 의해 미래를 예측하고 이를 바탕으로 각종 리스크에 대하여 여러 형태의 대안으로 리스크를 관리하여 왔으나 가장 보편적이고 영향력 있는 관리수단은 생명보험, 손해보험, 사회보험 등으로 분류될 수 있는 보험이라고 할 수 있다.

저자가 박사과정을 통하여 보험과 리스크 분야를 학문적으로 접한 지도 어언 30년이, 그리고 연구와 강의를 시작한지 벌써 24년의 세월이 흘렀다. 그동안 학부, 대학원 그리고 외부에서 이루어졌던 강의를 통해서 축적된 강의안과 저자가 쓴 논문들의 주요 내용 그리고 지금까지 발표되고 출간된 많은 보험과 리스크 관련 논문과 서적 그리고 인터넷 홈페이지를 참고하여 학부 및 대학원 학생들뿐만 아니라 보험업계와 은행, 증권 등 타금융권의 보험관련 업무종사자, 그리고 보험감독업무를 수행하는 실무자들에게 리스크와 보험에 관한 지식을 종합적이고 체계적으로 정리하여 이해하기 쉽고 효율적으로 전달하려는 목적으로 책을 발간하게 되었다. 이 책은 크게 리스크와 보험에 관한 개념, 보험실무, 그리고 보험감독에 관한 내용을 모두 7개의 부(part), 30개의 장(chapter)으로 나누어 상세하게 설명하고 있기 때문에 교과과정이나 독자의 필요에 따라 책의 내용을 선택하여 충분히 활용할 수 있을 것으로 사료된다.

우선 제1부에서는 리스크의 개념과 종류, 그리고 리스크의 체계적인 관리에 대해 설명하고 관리방법 중 가장 근간을 이루는 보험의 개념과 리스크이전을 위한 보험계약 등 리스크와 보험의 기본개념에 대하여 정리하였다. 다음으로 제2부에서는 보험에 대하여 이론적으로 좀더 심도 있는 이해를 위하여 5개의 장으로 나누어 설명하고 있다. 이들의 대부분은 보험의 이론적 배경이 되는 분야로서 확률과 확률분포, 대수의 법칙, 중심극한이론, 보험회사의 리스크관리를 위한 pooling 테크닉과 포트폴리오 이론, 보험구매의 의사결정과 관련된 효용과 리스크, 그리고 리스크에 대한 정보의 비대칭에 따른 보험경영의 내재적 문제인 도덕적 hazard와 역선택에 관하여 설명하고 있다. 제3부와 제4부에서는 보험산업의 양대 산맥인 생명보험과 손해보험의 전반에 관하여 체계적으로 이해할 수 있도록 산업현황, 조직(회사, 판매), 보험상품, 언더라이팅, 책임준비금, 요율산정 등의 수리적 개념과 재보험에 대하여 각각 설명하고 있다. 제5부에서는 민영보험에서 취급하지 않는 정부주도의 사회보험과 정부부처별 정책목적 달성을 위한 정책성보험에 대해서 분야별로 세분하여 개별적으로 설명하고 있다. 제6부는 금융환경의 급변에 따라 중요성이 강조되고 있는 보험회사의 재무관리에 대하여 3개의 장으로 나누어 설명하고 있는데 보험회사가 직면한 다양한 리스크를 세분하고 그 중에서 보험회사의 자산과 부채의 가치변화에 가장 큰 영향을 미치는 금리리스크의 듀레이션과 convexity 리스크 측정에 대해서 알아보고 마지막으로 보험회사의 자산과 부채의 특성에 입각한 자산부채종합관리인 ALM의 필요성에 대하여 설명하고 있다. 끝으로 제7부에서는 타산업에 비해 규제가 많은 보험산업의 감독체계와 보험회사의 재무건전성과 관련하여 책임준비금을 충분히 확보하게 하는 책임준비금 적정성평가(Liability Adequacy Test: LAT)제도, 지급능력(Solvency)에 필요한 자산 이외에 추가로 보유하여야 하는 순자산 개념의 지급여력(Solvency Margin)에 관한 리스크기준 지급여력(Risk Based Capital: RBC)제도, 보험회사의 경영실태평가를 위한 경영활동에 수반되는 각종 리스크에 대한 노출규모와 이에 대한 관리통제능력을 종합적으로 감독 · 검사업무에 활용하는 리스크평가제도(Risk Assessment and Application System: RAAS)를 실무차원에서 살펴보았다.

이 책이 발간되기까지 많은 분들의 직 · 간접적인 도움이 있었다. 우선 태어나 오늘날까지 무한한 신뢰와 사랑을 주시고 계신 부모님과 행복한 가정을 이룰 수 있도록 해주신 장인, 장모님께 감사의 마음을 전함과 동시에 시부모님을 모시면서 묵묵히 한결같은 내조를 해주고 있는 사랑하는 아내 정예와 미국 월가의 투자은행에서 직장생활하며 자식농사의 기쁨을 맛보게 해주고 있는 아들 훈준(Alex)에게도 미안함과 고마움을 표현하고 싶다. 또한 자료를 수집하고 정리를 도와준 양성은 박사, 조유미 교수, 조덕현 박사과정 학생과 바쁜 업무수행 중에도 시간을 할애해서 자료수집에 협조해준 보험업계와 유관기관에 있는 실무자들에게도 고마운 마음을 표하고자 한다. 끝으로 초판인 관계로 여러 가지 부족한 부분이 많으리라 짐작되지만 향후 개정판에서 보완할 것을 약속하며 책의 발간을 독려해주고 지원해 주신 도서출판 청람의 이수영 대표, 한근석 상무, 이영란 실장을 비롯한 임직원들에게 감사의 마음을 전하고자 한다.

2013년 마지막 달에 마태오관 연구실에서

저자

차 례

01 PART 리스크와 보험

02 PART 보험의 이론적 배경

03 PART 생명보험

CHAPTER 14 생명보험 언더라이팅

04 PART 손해보험

CHAPTER 15 회사형태와 판매채널

CHAPTER 16 손해보험상품

CHAPTER 19 재보험

05 PART 사회 및 정책성보험

CHAPTER 20 산업재해보상보험

CHAPTER 21 국민건강보험

06 PART 보험회사의 재무관리

PART 01 리스크와 보험

RISK & INSURANCE

CHAPTER 01

리스크의 본질

2009년 1,000만 명 이상의 관객을 동원하고 중국에서도 상영된 쓰나미를 주제로 한 영화 '해운대'가 화제였다. 과거에도 포세이돈 어드벤처(Poseidon Adventure), 타워링(Towering) 등 자연재해나 인간의 실수, 즉 인재(人災)로 인한 엄청난 손실을 보여주는 영화가 있었다. 영화가 아니더라도 우리는 거의 매일 뉴스를 통해서 아니면 직접 눈으로 도로에서 추돌 또는 충돌로 형상을 알아볼 수 없을 정도로 파괴된 자동차들, 사이렌을 울리며 병원으로 질주하는 구급차, 고층빌딩, 아파트, 주택가, 이웃 또는 산 등에서 일어나는 화재, 그리고 태풍이나 집중호우 등의 자연재해를 접하게 된다. 이런 모든 불행한 일들이 우리의 관심 속에서 피해를 입은 사람들에게 안타까움을 느낌과 동시에 본인에게 일어나지 않았음에 안도한다. 그러나 이러한 불행이 본인에게 일어나지 않는다고 확실하게 말할 수 없다는 사실이 리스크(risk)의 조건이 되는 것이다. 리스크란 인간의 삶에 널리 퍼져 있어 인간의 삶과 함께하는 하나의 조건이 된 것이다. 일상에서의 직 · 간접 경험을 통하여 리스크의 개념에 대한 직감적인 이해는 충분하리라 보지만 때때로 특정 분야에서 사용될 때 특별히 함축된 의미를 지니고 있다.

주요용어

리스크	Peril	재무리스크
Hazard	비재무리스크	순수리스크

제1절 리스크의 개념과 의미

1. 리스크의 개념

만약 여러분의 친구 중 한 명이 학점과 관련하여 이번 학기에 리스크가 있다고 말했을 때, 또는 자동차를 생산하는 기업의 임원이 올해는 회사가 리스크에 직면할지도 모른다고 말했을 때, 친구나 임원이 말하는 리스크를 어떻게 이해하고 있습니까? 아마도 대부분의 친구들은 그 학생이 이번 학기에 어떤 학점을 받을지 불확실하며 바람직하지 못한 학점을 받을 가능성이 있는 것으로 받아들일 것이다. 또한 기업의 경우 자동차의 원자재 가격, 수요변화, 종업의 재해 및 노사관계, 제품과 관련된 소비자 불만, 협력업체와의 관계, 정부정책 등 매출과 수익에 영향을 주는 여건이 불확실하고 바람직하지 않은 방향으로 나타날 수 있다는 것으로 이해할 수 있다.

이상과 같이 일상적인 대화 속에서 리스크에 대한 이러한 직관적인 개념은 일반적으로 미래에 대한 지식결여에 의한 결과의 불확실성(uncertainty)과 불리한(adverse) 결과의 가능성을 의미하는 것으로 받아들여지고 있다. 그러나 리스크에 대한 좀 더 정확한 정의를 내리는 것이 바람직하다고 하겠다.

경제, 확률과 통계, 보험, 재무 및 투자관리, 행동과학, 경영과학 등에 종사하는 학자들 사이에서 리스크에 대한 좀 더 유용한 정의를 구하기 위하여 리스크와 불확실성의 개념에 대하여 오랜 기간에 걸쳐 논의되어 왔다. 그러나 경제나 통계분야에 적합한 리스크의 정의는 보험분야에서 분석의 수단으로서 부적합한 것처럼 서로 다루는 분야가 달랐기 때문에 서로 다른 개념의 정의가 사용될 수밖에 없었다. 예로서 보험분야에서는 리스크 자체가 보험에서 인수되는 손실의 직접적 원인인 peril 또는 보험에서 보장되는 사람 또는 재산을 직접적으로 지칭한다. 따라서 현재까지 합의된 하나의 정의는 없다고 할 수 있지만 자주 언급되는 정의를 살펴보면 손실의 기회(the chance of loss), 손실의 가능성(the possibility of loss), 불확실성(uncertainty), 실제결과와 기대했던 결과의 차이(the dispersion of actual from expected results), 기대와는 다른 결과가 나올 확률(probability of any outcome different from the one expected) 등이다.

리스크에 대한 다양한 정의를 살펴보면 두 가지 공통된 요소를 발견할 수 있는데, 바로 불확정(indeterminacy)과 손실(loss)이다. 불확정이란 의미는 리스크가 존재할 때 앞으로 나타날 결과가 확실하게 무엇이라고 말할 수 없는 불확실한 상태에 있다는 것으로서 적어도 항상 두 가지 가능한 결과가 있다고 하겠다. 만약 손실이 발생한다고 확신할 경우 리스크는 존재하지 않는다고 할 수 있다. 그리고 손실이란 가능한 결과들 중 하나로서 일반적으로 가지고 있는 것을 잃거나 얻을 수 있었던 이득보다 적게 얻었을 경우처럼 바람직하지 못한 결과가 나타났을 때를 지칭하는 것이다.

상기의 정의들을 종합하여 볼 때 일반적으로 리스크란 "손실 또는 손실을 발생시키는 사건들에 관한 불확실성"이라고 정의될 수 있다. 여기서 불확실성이란 특정 상황에 대한 확신(conviction 또는 certitude)의 반대되는 의미로서 미래에 어떤 결과가 나올지에 대하여 심리적인 의심의 상태를 의미하는 것으로 폭넓게 받아들여지고 있다. 한 예로서 학기 초반에 한 학생이 "내가 택한 보험과목에서 어떤 학점을 받을지 불확실해"라고 했을 때의 경우가 되겠다. 그러나 개인의 특정 상황에 대한 확실성 또는 불확실성은 현실 속에서 다를 수가 있다.

앞서의 학생이 보험과목에서 A학점을 확신한다고 했을지라도 학기말 성적이 B, C 또는 그 이하가 될 수도 있다. 따라서 불확실성은 개인의 지식과 태도에 따라 다양하게 나타난다고 할 수 있다. 다시 말해서 손실의 가능성이 있을 때 손실에 대한 노출에 관계없이 리스크를 인식할 경우 리스크가 존재하는 것이다. 이를 주관적 리스크(subjective risk)라고 하며 이에 대비되는 리스크를 객관적 리스크(objective risk)라고 하는데 기대손실과 실제로 일어난 손실의 상대적 변동(relative variance)을 뜻하며 분산이나 표준편차로 측정할 수 있다. 또한, 우리는 보통 특정 사건이 일어날지 안 일어날지에 대하여 확신하는 경우 확률이 100%라고 말한다. 이런 맥락에서 불확실성을 확률로 표현한다면 사건이 일어날 또는 안 일어날 확률이 0과 1 사이라고 할 수 있다.[01]

2. 리스크의 의미

일반적으로 어떤 결과가 나타날지에 대하여 불확실한 상황을 흔히 리스크가 있다고 한다. 그러나 리스크란 용어는 개인이나 기업 모두에게 다양한 의미를 지니고 있다. 우리가 살아가는 삶 역시 당장 내일 어떠한 불행이 닥칠지 모르는 한치 앞도 내다볼 수 없다는 측면에서 매우 위험(risky)하다고 할 수 있다. 통계나 확률, 재무 및 투자관리 분야에서는 리스크를 좀

01 리스크 자체가 확률변수(random variable)의 특성을 가지고 있으며, 객관적 리스크 등 통계와 관련하여 좀 더 자세한 내용은 Part Ⅱ 제5장 확률과 확률분포를 참조하기 바란다.

더 구체적인 의미로서 기댓값(expected value)과는 다른 가능한 결과들의 변동성(variability)을 지칭한다. 리스크의 다양한 의미는 크게 두 가지로 요약될 수 있다. 하나는 기대손실(expected loss)이며 다른 하나는 변동성(variability)이다.

우선 리스크는 상황과 관련된 기대손실 그 자체의 의미로 활용될 수도 있다. 예를 들어, 보험시장에서는 업무상 일상적으로 리스크가 높은(high-risk) 또는 낮은(low-risk) 보험계약자라고 언급한다. 이때 리스크는 보험회사 입장에서 사고 시 지급되는 손실의 기댓값 그 자체가 많고 적음을 각각 의미한다. 다른 예로서 일본은 지진의 리스크가 높다고 말을 한다. 이때 리스크의 의미는 지진피해의 변동성이 크다는 의미도 있겠지만 통상적으로 지진이 발생할 경우 지진으로 인한 기대손실이 다른 나라보다 크다는 의미로 받아들여지고 있다.

변동성의 이해를 돕기 위해 스포츠선수를 예로 들겠다. 한국인으로 세계적인 축구선수하면 누구나 영국의 축구구단인 맨체스터 유나이티드에서 활약한 박지성을 지목할 것이다. 그러나 베컴이나 호날두 선수의 연봉과 비교하면 엄청난 차이를 보이고 있다. 농구의 경우도 마찬가지로 지금은 은퇴했지만 마이클 조던의 경우 매 경기당 평균득점이 35점에 가까웠고 그의 연봉은 타의 추종을 불허했으며 인기는 식을 줄 모르고 지금도 현역 때의 인기를 유지하고 있다. 이유는 무엇일까? 구단의 입장에서 연봉책정을 할 때 중요한 요소는 선수의 골결정력 등 경기력에 큰 기복이 없이 팀에 얼마만큼 기여하느냐 하는 것이다. 하지만 마이클 조던의 경우, 실제 경기에서는 기대 이상의 활약을 보여 50점이 넘는 기록을 세울 때도 있었으며 평균에 훨씬 못 미치는 점수도 기록했었다. 그러나 축구나 농구의 유명선수들의 연봉이 높은 이유는 비록 평균을 벗어나는 경기력을 보여주는 경우도 있었으나 기대치에서 벗어나는 변동성이 상대적으로 적었기 때문이다. 이상과 같이 리스크는 기대손실의 크기 그 자체를 의미하는 것과 기대손실에서 어느 정도 벗어났는가 하는 변동성의 용어로 사용된다. 실무적으로 기대손실이 상대적으로 보다 크거나 변동성이 보다 클 경우 보다 리스크가 크다(riskier)라고 표현한다.

리스크가 어떻게 정의되어 어떤 의미로 사용되는지 관계없이 중요한 점은 리스크가 크면 클수록 손실에 의하여 더 많은 비용을 유발한다는 점이다. 화재로 인한 가옥, 창고, 생산시설 등의 파손, 한 집안의 주 수입원인 가장(breadwinner)의 갑작스런 죽음, 운전부주의로 인한 차량파손 및 탑승객의 사상(死傷) 등으로 인한 손실은 여러 비용을 유발하여 결국 개인이나 기업의 부담으로 작용하는 재무적 손실(financial loss)을 가져온다. 다음의 간단한 예를 통하여 리스크의 비용(cost of risk)이 무엇인지 알아보자.

공장의 입지조건이 동일하지만 서로 다른 두 지역 A와 B에 위치한 제조업체가 있다고 하

자. 그리고 두 업체의 생산시설의 가치는 100억원으로 동일하며 현재까지 시설에 대한 파손의 위험은 없다고 하자. 그런데 기상청의 발표에 의하면 1개월 안에 강력한 태풍이 발생하여 A지역을 강타할지도 모르며 그 확률이 20%라고 하였을 때 분명히 A지역의 제조업체가 B지역의 제조업체보다 리스크가 큰 것은 분명한 사실이다. 이때 폭풍으로 A지역의 제조업체의 생산시설이 전파(全破)되어 100억원의 손실을 입는다고 가정할 때 기대손실은 20억원(100억원×0.2)이 된다. 만약 이러한 기상예보가 발표된 뒤 A지역의 제조업체 사장이 생산시설을 매각하고자 내놓았을 때 현명한 잠재적 구매자는 기대손실을 감안하여 적어도 20억원을 차감한 금액을 구매가격으로 제시할 것이다. 따라서 기대손실이 전무(全無)한 B지역보다 기대손실이 크다는 측면에서 리스크가 더 큰 A지역의 제조업자에게 더 많은 비용을 부담케 하며 자산의 가치를 하락시킨다.

기대손실 이외에도 A지역의 제조업자에게는 1개월여가 지난 후 생산시설의 가치가 무(無)에서부터 100억원까지 큰 변동성을 가지게 되어 불확실성은 상대적으로 더욱 커지게 된다. 이러한 불확실성은 잠재적 구매자로 하여금 구매가격을 더 낮게 제시하게 할 수 있으며 이는 원소유자에게 기대손실 이상의 비용으로 작용하여 자산가치는 더욱 떨어지게 되는 것이다. 결론적으로 생산시설의 가치는 기대손실뿐만 아니라 높아진 변동성에 의하여 증가된 불확실성에 의하여 더욱더 감소하게 된다는 것이다.

태풍과 같은 리스크가 존재하는 상황에서는 태풍으로 인하여 생산시설이 파손됨으로써 야기되는 100억원의 직접적 손실(direct loss) 이외에 그러한 손실로 인한 간접적 손실(indirected loss)이 발생한다는 것이다. 다시 말해서 생산시설을 복구하기 위한 추가비용, 시설복구기간의 생산중단으로 인한 매출감소와 그에 따른 이익감소, 자금조달에 필요한 금융비용의 증가, 기존에 수립한 투자계획의 보류 그리고 최악의 경우 파산절차에 필요한 비용 등 기업경영에 있어서 매우 중요한 간접비용이 발생하게 되는 것이다.

3. Peril과 Hazard[02]

지금까지 언급한 리스크와 깊은 관련이 있으면서 혼동하지 말고 사용하여야 하는 용어로서 peril과 hazard가 있다. 사전을 찾아보면 세 용어 모두 위험, 위난 또는 모험 등으로 해석

02 페릴과 해(하)자드라고 할 수 있으나 단순히 영어발음을 옮겨 놓는 것에 불과해 우리말화한 외래어를 제외하고는 가급적 영어단어를 그대로 사용하기로 하였다.

되어 있어 리스크와 같은 또는 유사한 의미를 가진 용어로 받아들여지고 사용될 수 있다고 생각할 수 있으나 각각 서로 다른 의미를 가진 별개의 용어로서 분명하게 의미를 알고 사용하여야 한다.

Peril은 손실의 직접적인 원인(cause of loss)으로 해석되어 리스크와 구별된다. 여러분들도 생생하게 기억하고 있는 대구의 지하철참사, 인천의 호프집참사, 대연각빌딩 참사 등은 모두 화재로 인하여 결과적으로 많은 인명피해를 가져온 사건들이다. 또한 하루에도 수십 건의 교통사고가 추돌이나 충돌로 인하여 발생하여 차량의 파손뿐만 아니라 많은 사상자를 내고 있다. 이때 화재, 추돌 또는 충돌이 막대한 손실의 직접적인 원인으로서 peril이 되는 것이다. 그 밖에 재산에 손상을 가져오는 일반적인 peril로서는 태풍, 토네이도, 지진 등의 자연재해와 도난, 방화, 질병, 소송 등이 있다.

Hazard는 손실을 발생시키거나 손실의 기회를 증가시켜 궁극적으로 손실의 규모를 확대시키는 조건을 지칭하는 용어로서 조건으로는 여건 또는 환경 그리고 행위가 있다. 앞서 언급한 2003년에 발생한 대구지하철 참사사건의 경우, 발단은 50대 남성이 용기에 담아온 인화물질을 열차바닥에 붓고 라이터로 불을 붙이는 일종의 방화행위에서 비롯되었다. 그러나 192명이라는 사망자를 발생시킨 것은 바로 열차의 내부구조가 화재에 취약하고 화재 시 인체에 해로운 독성물질을 발생시키는 재질로 만들어짐으로써 결론적으로 많은 승객들이 질식해서 결국 화재로 인하여 사망에 이른 것이다. 따라서 대구지하철 참사의 peril은 단순한 방화에 의한 화재이며 손실을 증가시킨 조건, 즉 hazard는 열차내부의 구조인 것이다. 마찬가지로 충돌이나 추돌로 인한 교통사고의 경우 그것이 정상상태의 도로이냐 또는 빗길, 눈길이냐 그리고 음주상태인가 아닌가에 따라 손실의 정도가 달라질 것이다. 이때 추돌이나 충돌은 peril이 되는 것이고 빗길이나 눈길 그리고 음주상태는 hazard로서 자동차와 인명의 피해를 증가시키는 조건으로 작용하는 것이다. 이와 같이 hazard는 손실의 발생빈도(frequency)나 손실정도(severity)와 깊은 관계가 있으며 다음과 같은 4가지 형태가 있다.

1) 물리적(Physical) Hazard

물리적 hazard는 손실의 기회를 높이는 물질적 여건이나 특성을 지칭하는 것으로 이러한 여건이나 특성으로 인하여 손실이 발생하는 빈도나 손실의 정도가 증가하게 되는 것이다. 앞서 언급한 대구지하철 참사사건의 경우 단순 방화가 그 많은 인명피해를 가져온 것은 화재 그 자체가 아니라 바로 지하철 내부의 물질적인 특성, 즉 열차의 내부구조가 화재에 취약하고 화재 시 인체에 해로운 독성물질을 발생시키는 재질로 만들어짐으로써 승객들이 대피하기도 전에 이미 독성물질에 중독이 되어 의식을 잃었기 때문이었다. 또한 인천 호프집참사사건 역시 같은 상황으로서 누전에 의한 단순화재가 내부장식을 태우면서 뿜어낸 독성물질에 손님들이 질식해서 15분이라는 짧은 화재에서도 20명에 가까운 젊은이의 목숨을 앗아간 것이다. 이와 같이 물리적 hazard는 peril에 의한 손실을 증가시키는 여건이나 환경을 지칭하는 것으로서 정비가 불량한 도로, 눈길, 빗길, 불량부속이 사용된 제품이나 건물의 경우가 이에 해당된다고 하겠다.

2) 도덕적(Moral) Hazard

도덕적 hazard는 부도덕(immorality) 또는 부정직(dishonesty) 등의 개인적인 특성으로 손실을 고의로 발생시킴으로써 손실의 빈도나 정도를 증가시키는 것을 지칭하는 것으로 요즘 문제가 되고 있는 교통사고를 빙자한 과다한 보험금 청구, 보험금을 목적으로 한 피보험자의 살해 등의 보험사기가 대표적인 예가 된다. 정보의 비대칭에서 비롯된 도덕적 hazard는 통제가 쉽지 않으며 방치할 경우 선량한 다수의 보험계약자가 피해를 보는 결과를 초래하게 된다. 따라서 보험회사는 리스크 인수과정인 언더롸이팅(underwriting)과 다양한 규정을 통하여 효율적인 통제를 하려고 한다.[03]

3) 심리적(Morale) Hazard

Morale에 대한 Webster's New Collegiate Dictionary에 나와 있는 설명 중 하나가 'the level of individual psychological well-being based on such factors as a sense of purpose and confidence in the future'로서 미래에 대한 개인의 정신적 안정을 의미하므로'심리적'이라는 해석을 하였다. 따라서 심리적 hazard는 몇몇 보험학자가 지적하였듯이 보험에 가입함으로써 미래의 손실에 대한 보상을 확신함에 따라 고의적이 아니라 태만이나 주의부족, 경솔한 행동 등으로 손실의 가능성을 높이는 경우를 지칭한다. 간단한 예로서 보험에 가입한 후급차선변경, 과속 등 운전이 난폭해 진다든지, 자동차열쇠를 차안에 놔두고 나옴으로써 차량 도난의 가능성을 높이는 것 등을 들 수 있다.

---

03 좀 더 자세한 내용은 Part Ⅱ의 제9장 도덕적 Hazard와 역선택을 참조하기 바란다.

4) 법적(Legal) Hazard

법적 hazard는 일국의 법체계나 규정들이 개인이나 기업으로 하여금 배상책임에 따른 손해배상의 빈도나 정도를 증가시키는 것을 지칭하는 것이다. 최근에 환경이나 국민건강과 안전에 대한 관심이 증대되고 소비자들의 권익을 옹호하는 시민단체 등의 NGO활동이 활발해지면서 이와 관련된 법이나 규정이 신설되거나 강화되고 있다. 대표적인 사례가 바로 2002년에 발효된 제조물배상책임(product liability)법이다. 이 법이 발효된 이후 기업을 대상으로 배상소송이 급증함으로써 기업에 부담이 되고 있으며 상상을 초월하는 천문학적 금액의 배상을 판결한 외국의 사례들이 적지 않다. 따라서 효율적인 대처를 못할 경우 재정적인 손실은 물론 기업의 이미지에도 큰 손상을 입을 수 있는 가능성이 증대된 것이다.

제2절 리스크의 형태

많은 보험학자들이 분류한 리스크의 형태를 종합해보면 순수리스크(pure risk)와 투기적 리스크(speculative risk), 근본적 리스크(fundamental risk)와 특정 리스크(particular risk), 역동적 리스크(dynamic risk)와 정적 리스크(static risk), 그리고 주관적 리스크(subjective risk)와 객관적 리스크(objective risk)로 분류된 것을 알 수 있다. 각 리스크가 무엇인지에 대한 설명은 일반 보험관련 서적을 통해 알아보는데 큰 어려움이 없을 것으로 판단하여 생략하겠으며, 본 저자는 기업과 개인이 각각 직면한 리스크로 구분하여 설명하고자 한다.

1. 기업이 직면한 리스크

일반적으로 주식의 가치로 반영되는 기업의 가치는 근본적으로 기업이 창출해내는 미래에 유입되는 현금(cash inflow)에서 지출되는 현금(cash outflow)을 차감한 순현금흐름(net cash flows)과 관련한 흐름의 규모(magnitude), 시기(timing), 그리고 변동성(variability)에 달려 있다. 따라서 예기치 않았던 현금유입의 감소나 현금유출의 증가는 순현금흐름의

그림 1-1 ▸▸ 기업이 직면한 주요 리스크

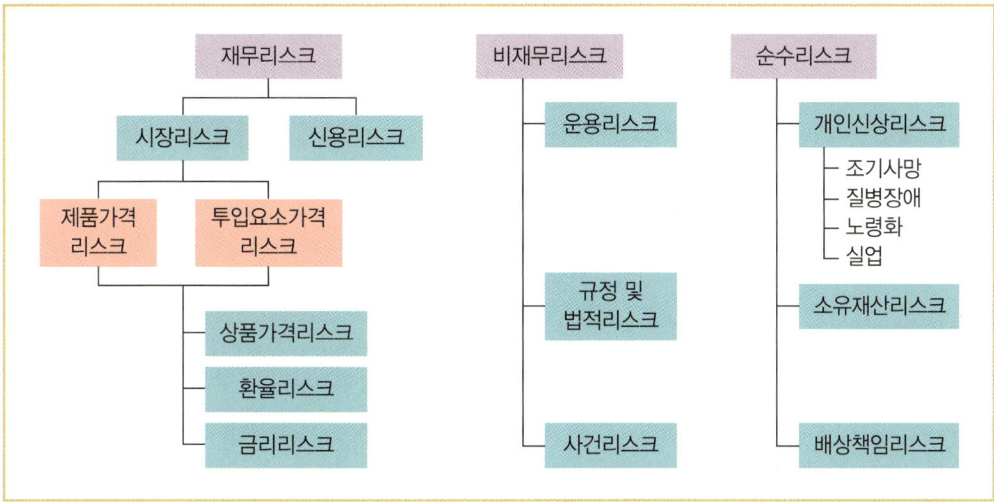

변화를 초래하여 기업의 가치에 영향을 미치는 주요 원인이라고 할 수 있다. 따라서 기업의 현금흐름에 예기치 않은 변동을 가져와 결국 기업의 가치에 영향을 미치는 주요 리스크로는 재무리스크(financial risk), 비재무리스크(non-financial risk) 그리고 순수리스크(pure risk)가 있다.

1) 재무리스크

각 기업이 경영을 위해서 필요한 자본과 그 자본의 수익률 그리고 자본을 어떻게 조달할 것인가를 결정하는 자금공급기능(funding function)은 자본의 활용에 대하여 측정하고 선택하고 그리고 자본, 부채(debt), 그리고 주식과 같은 외부의 자금원과 연결시키는 기업의 내부금융시장(internal financial market)과 같은 것이다. 따라서 내부자금공급이 원활하게 이루어지지 않을 경우 발생하는 재무적 리스크는 현재의 재무적 의무(financial obligation), 즉 부채의 규모가 현재의 자산규모보다 크게 되는 상황을 지칭하는 리스크로서 기업의 재무건전성(solvency)과 직결된 중요하고도 근본적인 리스크라고 할 수 있다. 재무리스크는 대별(大別)하여 시장리스크(market risk)와 신용리스크(credit risk)로 구분되어진다.

(1) 시장리스크

시장리스크는 크게 생산하는 제품가격리스크(output price risk)와 투입요소가격리스크

(input price risk)로 나뉜다. 그리고 두 가격리스크에 영향을 주는 주요 리스크로는 상품가격리스크(commodity price risk), 환율리스크(exchange rate risk), 그리고 금리리스크(interest rate risk)가 있다. 여기서 리스크는 변동성(volatility)을 의미한다.

제품가격리스크는 기업이 생산한 재화나 용역에 대한 가격이 변동하는 리스크를 지칭하며 투입요소가격리스크는 기업이 생산하는 과정에서 투입된 노동, 원자재 등 생산요소의 투입가격이 변동하는 리스크를 지칭한다. 따라서 현재와 미래의 재화 및 용역의 생산과 판매와 관련한 가격리스크의 분석은 기업의 전략적 관리(strategic management)에 있어서 중심적 역할을 한다.

한 기업이 생산한 완제품(output or finished product)이 다른 기업의 원자재(input or raw materials)로 활용되는 상품시장은 원자재부터 다양한 과정을 통하여 생산되는 완제품에 이르기까지 생산가격사슬(production value chain)의 모든 부분을 포함한다. 예를 들어 알루미늄, 강철 등 다량의 금속을 필요로 하는 자동차생산기업은 구조적으로 그러한 자재들을 매입하는 동시에 완제품인 자동차를 매도하는 입장에 있다. 반면에 제련업자 또는 제철업자들은 구조적으로 그러한 자재를 매도하는 입장인 동시에 제련과 제철을 위한 광석을 매입하는 입장에 있는 것이다. 따라서 상품가격리스크란 기업의 완제품가격이나 생산과정에 필요한 노동, 자재 등의 투입가격변동에 영향을 주는 알루미늄, 석탄, 철강, 원유, 가스, 전기, 곡물 등의 상품가격의 변동성을 지칭하며 기업의 현금흐름의 불확실성을 증가시킨다고 하겠다.

외환시장은 다양한 국가들과 교역을 할 때 필요한 화폐로 태환할 수 있는 시장으로서 제2차 세계대전 이후 자유무역 분위기 속에서 세계적으로 교역이 증가함에 따라 외환(foreign exchange: FX)거래가 증가하게 되고 거래비용(transaction cost)이 낮아져 교역이 증대되는 효율적인 사이클이 외환시장의 발전을 가져왔다. 1973년 이후 실질적으로 변동환율제도가 적용된 이래 환율이 수시로 변동함에 따라 안정적이지 못하고 단기간에도 대폭 변동할 가능성을 가지고 있는 환율리스크는 기업이 생산한 제품가격과 생산에 투입된 생산요소의 가격에 변동을 가져와 국제교역을 축소시키고 또한 장기자본의 국제적 이동을 억제시킬 수 있다. 이러한 환율리스크는 결국 기업의 현금흐름의 불확실성을 높여 재무건전성에 영향을 미치게 되는 것이다.

채권시장은 투자자들이 부채(debt), 대부(loan) 또는 증권(security)의 형태로 기업에 자본을 제공하고 일정한 금리를 지급받는 고정수입(fixed-income)시장을 지칭하였으나 현재는 자금을 빌려주고 일정기간이 지난 뒤 되갚는 것과 직접적으로 관계있는 국공채, 회사채,

원리금 자동이체증권(pass-through security), 담보부증권(mortgage-backed security: MBS) 그리고 파생상품거래 등을 포함하는 모든 계약적인 협약(contractual arrangement)을 포괄하고 있다. 채권시장에서 중요한 것은 현재의 자본과 미래의 상환(repayment)사이의 화폐의 시간적 가치(the time value of money)에 대한 프리미엄인 금리인 것이다. 기업의 입장에서 금리가 높아지면 기업이 제공한 신용의 조건과 신용으로 구입한 재화나 용역의 비용을 상환하는 기간에 영향을 미쳐 결국 기업의 수입에 변화를 가져온다. 또한 금리의 변화는 기업의 금융비용에도 영향을 미치게 된다. 최근 세계의 금융시장과 경제의 위축을 야기한 미국의 서브프라임 사태가 바로 낮은 금리에 의한 풍부한 유동성에 따른 방만한 대출, 그리고 서브프라임을 기초자산으로 하는 증권화로 인한 안전에 대한 불감증에서 비롯된 것을 볼 때, 결국 금리리스크는 기업의 현금흐름에 변화를 가져와 순현금흐름의 현재가치에 영향을 미치게 되는 것이다.

(2) 신용리스크

전통적인 대출로 인해서 발생한 기업의 신용리스크는 상당히 단순한 것으로서 약속한 상환이 늦어지거나 지키지 않음으로써 발생하는 것이다. 대부분의 기업들은 매출채권(account receivable)이라는 항목으로 일정의 신용리스크에 노출되어 있는데 특별히 상업은행과 같은 금융기관들은 대출자들의 지급불능리스크(default risk)를 전제로 회수율을 감안한 대출이 이루어지기 때문에 상대적으로 신용리스크가 높다고 하겠다. 만약 기업이 차입한 자금을 약속한 날짜에 상환이 이루어지지 않을 경우, 결과적으로 기업의 소유자에게 지급불능에 따른 리스크의 책임이 돌아가며 최악의 경우, 파산에 이르는 리스크도 감수하여야 한다.

2) 비재무리스크

비재무리스크는 크게 운영리스크(operational risk), 규정 및 법적 리스크(regulatory and legal risk)와 사건리스크(event risk)로 구별될 수 있다.

(1) 운영리스크

가장 대표적인 비재무리스크로서 거래조건, 서류작성 등 거래실행(deal execution)과 관련된 리스크, 기업내부의 보안, 내부소통, 전산 등 시스템과 관련된 리스크, 그리고 구성원

| 표 1-1 | 운용리스크의 대표적 사례

조직	손실금액($M)	주요 원인	누적손실기간
Sumitomo corp.	1,800	사기거래	10년
Orange county CA, USA	1,600	사기거래	1~2년
Barings Bank PLC	1,200	사기거래	4년
Daiwa Bank, US	1,100	사기거래	12년
UBS	689	부적합 옵션모델과 사기성 가치평가	2년 이상

에 의한 분식회계, 사기 공금횡령 등 감독관리(oversight)의 소홀에서 오는 리스크 등을 의미한다. 특히 다른 분야에 비해 금융기관들의 경우 현금이 개입된 거래를 계약하고 유지하기 위하여 고객에 대한 정보와 분석, 거래내용의 기록 및 계산을 지원하기 위한 고도의 기술 및 운용상의 지원이 요구된다. 따라서 재무리스크와 가장 밀접한 관계를 가지고 있는 비재무리스크가 바로 운용리스크인 것이다. 2007년에 발생한 미국의 서브프라임 사태도 금융환경과 관련된 재무리스크에 의한 것으로 생각할 수도 있으나 낮은 금리를 이용한 운용상의 방만한 대출과 증권화과정에서의 관리감독의 소홀이 사태를 키웠다는 분석이 설득력을 얻고 있다. 2009년에 발생한 한화그룹의 대우해양조선 인수포기와 금호아시아나그룹의 대우건설 재매각결정도 경제환경의 변화에 따른 자금유동성문제라고 할 수 있으나 결국은 거래조건에 대한 세심한 분석과 대처가 부족한 데 따른 거래실행 리스크에 의한 결과라고 할 수 있다.

(2) 규정 및 법적 리스크

기업이 상대하여야 하는 이해당사자 중의 하나가 바로 규제당국이다. 그들은 해당 산업을 포함한 국내외 경제환경의 변화뿐만 아니라 친환경이나 국민건강과 안전에 대한 관심이 증대되면서 소비자들의 권익을 옹호하는 국내외 시민단체 등의 NGO활동을 감안하면서 항상 규제하려고 하는 내용들을 추적하고 있다고 해도 과언이 아니다. 대표적인 예가 바로 2002년에 발효된 제조물배상책임(product liability)법이다. 이 법이 발효된 이후 기업을 대상으로 배상소송이 급증함으로써 기업에 부담이 되고 있으며 상상을 초월하는 천문학적 금액의 배상을 판결한 외국의 사례들이 적지 않다. 특히 은행을 비롯한 금융권은 세계화에 따른 국제적 규범에 의한 표준화가 빠르게 진행되고 있어 국내의 규정 및 법들이 새롭게 개정되거나 신설되고 있다. 1988년 은행의 신용리스크를 줄이기 위한 자본적정성에 대한 BIS기준발표,

BASEL협약, 국제회계기준을 위한 IFRS 등이 대표적인 예이며 국내의 경우 2009년에 발효된 자본통합법을 들 수 있다. 더욱이 심각한 손실을 초래하는 거래를 무효로 하기 위한 법적인 조치로서는 계약의 법적효력강화를 들 수 있다. 이러한 규정 및 법적 리스크를 줄이기 위한 대안으로 국제스왑거래인협회(The International Swap Dealers Association: ISDA)에서는 표준화된 문서를 제공하고 실습을 위한 세미나 등을 열고 있다.

(3) 사건리스크

국내외에서 일어나는 각종 정치적 사건, 국가 간 전쟁, 내전, 그리고 자연재해 등을 지칭하는 것으로 어느 정도 예측할 수는 있으나 통제를 할 수 없다는데 문제가 있는 리스크이다. 따라서 기업의 입장에서는 문제점을 인식한 순간부터 활동을 줄이거나 피함으로써 손실을 최소화하도록 하여야 할 것이다. 한 예로서, 1990년대 후반 체이스(Chase)은행은 동남아시아에서의 심상치 않은 움직임을 감지하고 1997년 중반에 일어난 일련의 위기 전에 동남아시아지역 시장에서 영업활동을 줄임으로써 심각한 손실을 피할 수 있었으며, 마찬가지로 일부 기업과 금융기관들은 1994년 멕시코의 페소화가 급락했을 때도 올바른 예측으로 활동을 줄이고 심각한 손실을 피하였던 것이다.

3) 순수리스크

순수리스크는 손실의 가능성만이 존재하는 상황을 지칭하는 것으로 리스크가 현실화되지 않으면 손실이 없이 현재의 상태를 유지하는 것이다.[04] 기업이 직면한 순수리스크는 첫째로 기업의 구성원 개개인의 직업과 관련된 재해(work related injury)나 종업원(가족 포함)의 조기사망, 질병 및 장애 등 건강과 관련된 손실의 불확실성을 지칭하는 개인신상리스크(personal risk), 둘째로 기업의 소유하고 있는 물리적 자산, 즉 건물, 창고, 설비, 기계 등의 파손으로 인한 손실의 불확실성을 지칭하는 소유재산리스크(property risk), 그리고 기업의 이해당사자들이 입은 손실에 대한 배상의 불확실성과 관련된 배상책임리스크(liability risk)로 분류될 수 있다. 소유재산리스크의 경우 기업이 소유하고 있는 자산의 손상, 파괴, 도난 등으로 손실이 발생하면 그로 인한 재무적 손실인 직접적 손실(direct loss)뿐만 아니라 손

04 순수리스크에 대비되는 투기적 리스크(speculative risk)는 이익과 손실이 공존하는 상황을 지칭하는 것으로 주식 또는 채권에 투자를 할 때, 경마, 블랙잭 등의 갬블을 할 때 이익을 볼 때도 있고 손해도 볼 때가 있으므로 투기적 리스크가 있다고 하겠다. 이런 관점에서 재무리스크 역시 투기적 리스크라고 할 수 있다.

상, 파괴, 도난 등으로 인한 생산감소가 매출감소로 이어져서 나타나는 수입감소 그리고 추가생산을 위한 임시시설 설치 및 복구를 위한 추가비용 등의 간접적 손실(indirect loss or consequential loss)도 발생시킨다.

2. 개인이 직면한 리스크

개인과 그의 가족들이 직면한 리스크는 다양하게 나타날 수 있으나 본 저자는 수입감소와 관련된 리스크, 배상책임과 관련된 리스크, 물리적 자산리스크, 금융자산리스크로 구분하여 보았다. 첫째로 수입감소과 관련된 리스크에는 조기사망(premature death), 질병과 장애(disease and disability), 노령화(aging), 그리고 실업(unemployment)이 있다. 조기사망이란 예기치 않은 가장(breadwinner)[05]의 죽음을 의미하며 죽음으로 인하여 가계의 수입이 전무(全無)하거나 대체수입원이 충분치 않을 경우 배우자를 비롯한 남은 가족들에게 경제적 어려움을 안기게 된다. 질병과 장애 또한 중요한 리스크로서 그로 인한 수입의 감소와 더불어 지속적으로 지출되는 병원비와 치료비는 가계에 큰 부담이 아닐 수 없다. 급속히 진행되고 있는 노령화의 주요 리스크는 바로 퇴직 이후에 수입이 급격히 줄어들어 삶의 질이 떨어지고 궁극적으로 각자가 보유하고 있는 재원(financial resources)을 넘어서는 장수(longevity)의 가능성에 있다고 하겠다. 한국, 일본을 비롯하여 노령화가 급속하게 진행되고 있는 일부국가에서는 출산율저하와 함께 심각한 사회문제로 대두되어 시급한 정책마련이 요구되고 있는 실정이다. 실업은 가계의 안정을 위협하는 또 다른 리스크로서 불경기, 경제의 구조적 변화, 계절적 요인 및 노동시장의 불안정 등이 요인이 될 수 있다. 그러나 기업들의 노동비절감을 위한 조직규모축소, 비정규직 및 파트타임 노동자의 고용증가, 아웃소싱(outsourcing) 등의 현상이 실업의 리스크를 증가시키는 데 일조하고 있다고 하겠다.

물리적 자산리스크는 개인이 소유하고 있는 주택, 아파트, 건물 등의 부동산과 자동차, 귀금속, 전자제품 등의 동산이 손상이나 도난, 행방불명 등으로 인하여 가치를 상실하는 리스크를 지칭한다. 그리고 인플레이션과 주식, 채권 기타 금융상품의 실질가치변동에 의한 금융자산의 가치변화를 의미하는 금융자산리스크가 있으며 마지막으로 살면서 예기치 않은 비용을 법적 소송을 통하여 배상하여야 하는 배상책임리스크가 있을 수 있다.

---

05 가장(家長)은 일반적으로 한 가정의 제일 나이가 많으신 어른을 지칭하는 용어로 사용되는데, 여기서 가장이란 가정의 주수입원으로서 가정경제를 책임지고 있는 가족의 일원을 지칭한다.

CHAPTER 02

리스크의 관리

리스크관리(risk management)란 개인이나 기업이 직면한 리스크에 어떻게 대처하느냐 하는 문제에 대한 과학적이고 체계적인 접근이라고 할 수 있다. 따라서 기업의 여타분야, 즉 재무, 회계, 인사, 마케팅 등에 대한 관리와 같은 형태로서 리스크에 대한 관리기능인 것이다. 기업이 직면한 리스크의 범위는 다양하며 그들의 일부는 리스크의 관리기능을 벗어나는 범주에 속하는 것도 있는 것이 현실이다. 따라서 본 장에서는 기업이 대처하여야 할 리스크 중에서 순수리스크에 대한 관리에 초점을 맞추고자 한다. 리스크관리 업무는 기업의 규모에 따라 차이는 있으나 많은 기업들은 순수리스크를 다루는 고도로 훈련된 개인이나 그러한 개인들로 구성된 부서가 수행하고 있으며 경우에 따라 외부의 전문기관에 위탁하는 아웃소싱을 하기도 한다. 그리고 부보(符保)가능한(insurable) 리스크만을 대상으로 제한하는 보험관리(insurance management)와는 달리 부보가능하지 않은(uninsurable) 리스크까지도 관리대상으로 포함하여 그에 적절한 관리기법을 선택함으로써 리스크를 다루는 비용을 줄이는 것에 초점을 맞추어야 하기 때문에 관리의 폭이 넓다고 하겠다.

주요용어

- 리스크의 관리
- 전사적 리스크관리
- 리스크통제
- 리스크재무

제1절 리스크관리의 역사와 중요성

1. 리스크관리의 변천

인간의 삶 자체가 언제나 불확실성하에서 영위되어 왔기 때문에 선사시대부터 자원을 보존하고 책임을 공유하며 외부의 위협으로부터 자신들을 보호하기 위하여 종족끼리 함께 모여서 살아왔다. 따라서 리스크관리는 비형식적으로(informal) 인류의 역사와 같이 해왔다고 해도 과언이 아닐 것이다. 이러한 비형식적인 리스크관리는 오늘날에도 거의 모든 사람들이 의식적이든 무의식적이든 행하고 있는데, 자동차를 운전하거나 동승할 때 교통사고로 인한 심각한 신체손상을 회피하거나 줄이기 위해 안전벨트를 한다거나 건강한 삶을 위한 운동과 다이어트 그리고 웰빙식이 좋은 예가 될 수 있다. 그러나 형식적인(formal) 기업의 리스크관리는 역사적으로 매우 짧고 범위도 제한적이라고 할 수 있으며 본질적으로 제2차 세계대전 이후의 현상이라고 할 수 있다.[01]

리스크관리의 발전에 대한 주도적 역할에 대하여는 학계와 업계 간에 논란이 있을 수 있으나 한 가지 분명한 사실은 오늘날의 현대적 리스크관리는 1955부터 1964년 사이에 이루어졌다는 것이며 리스크관리의 선행(先行)적 기능으로서 가장 유력한 것이 오늘날의 현대적 리스크관리의 원천이며 주된 방법인 보험가입(buying insurance)이다. 기업의 전문적 보험구매 담당자연합은 리스크관리에 관한 세미나를 개최하고 구매담당자의 관심사에 관한 정보를 발간하는 등의 괄목할만한 활동을 펼쳐 왔다. 특히 Risk and Insurance Management Society는 「Risk Management」라는 전문지를 발간하였으며 American Management Association의 보험담당부서는 리스크관리자들을 지원하기 위한 일련의 보고서와 연구서를 발간하였다.[02]

제2차 세계대전 직후에는 형식적인 리스크관리를 실행한 대부분의 기업들이 리스크관리

---

01 Snider, H. Wayne, "Risk Management: A Retrospective View," *Risk Management*, April 1991, pp.47-54.

02 기업의 보험구매에 관한 전문성은 1929년 미국의 보스턴에서 기업의 보험구매담당자들이 모여 서로의 관심사를 논하기 전까지는 발전하지 못했다. 1931년에 American Management Association이 회원 간에 정보를 제공하고 기업보험구매담당자의 관심사에 대한 소식과 정보를 전하기 위해 보험담당부서를 만들었으며 1932년에는 Insurance Buyers of New York(후에 Risk Research Institute로 됨)이 조직되었다. 그리고 1950년에는 National insurance Buyers Association이 출범하였으나 후에 American Society of Insurance Management로 되었다가 Risk and Insurance Management Society(RIMS)로 변경되었다.

를 위해 필요한 보험상품의 포트폴리오를 구성하고 관리하며 관련된 업무를 수행하는 full-time 또는 part-time의 보험구매담당자를 고용하는 것이 그 당시의 리스크관리의 현실이었다. 그러나 기업의 활동이 확대되면서 부보의 범위가 넓어지고 그에 따라 보험구매와 관련된 사안들이 복잡해지면서 리스크의 관리기능이 괄목할 만큼 확대되었으나 기업의 입장에서는 보험구매의 재무적 성격과 구매과정 때문에 재무의 일부기능(subfunction)으로 인식하였다. 따라서 리스크관리업무가 단순히 재무나 구매의 관점을 넘어서는 차별화된 영역이라는 리스크담당자들의 역설에도 불구하고 보험구매담당자들을 기업조직의 재무, 구매 또는 인력부서에 배치하는 것이 그 당시 추세였다.

1960년 이후에 나타난 리스크관리의 변화내용 중에서 가장 두드러지는 것은 바로 대기업을 중심으로 보험상품의 포트폴리오를 활용한 전통적인 관리에서 벗어나 다양한 관리기법을 활용하기 시작하였다는 것이다. 물론 보험구매가 리스크관리 방법으로 여전히 광범위하게 활용되고 있는 현실 속에서도 리스크담당자들은 일부 리스크가 부보대상에서 제외되거나 보험상품이 기업의 필요성을 충족시키지 못한다는 것을 인지하였을 뿐만 아니라 특정 형태의 손실에 대해서는 정확한 예측을 바탕으로 보험 이외의 리스크관리기법들, 예를 들면 자가보험(self-insurance), 손실방지(loss prevention) 및 손실감소(loss reduction)를 통한 손실통제(loss control) 등의 기법들이 기업조직에 미치는 리스크나 불확실성의 영향을 통제하는 데 효율적으로 사용될 수 있음을 알게 되었다.[03]

상기와 같은 변화와 더불어 두드러진 현상은 생산, 마케팅, 재무, 설비, 안전 등 기업의 독특한 리스크특성에 따라 기업조직 내의 영향력 있는 부서들이 리스크관리에 주도적으로 참여하게 되었다는 것이다. 예를 들면 기업의 배상책임리스크관리에는 변호사들이 포함된 기업의 법무관련 부서가 주도하게 되었으며, 기업의 활동에서 비롯되는 리스크에 대처하는 전략개발에는 기업의 경영관리전문가들이 개입하는 것이다. 이러한 변화는 초기의 리스크담당자들이 보험지향적인 성향에 따라 다른 부서와의 효율적인 상호작용의 어려움에서 비롯되었다고 할 수 있겠다.

1970년대 중반 이후는 리스크관리의 실행과 내용 면에서 범세계화가 이루어지는 단계, 즉 'Globalization Phase'라고 할 수 있다. 한 예로서 Risk and Insurance Management Society(RIMS)의 경우 유럽과 아시아지역의 리스크관리담당자들과의 교류협력을 확대함으

---

03 부보가능한 리스크관리(insurable risk management)에 관해서 Robert Mehr와 Bob Hedges는 보험으로의 이전(transfer), 사내유보(retention), 감소(reduction), 회피(avoidance) 등으로 구분하였다. 좀 더 자세한 내용은 Mehr, Robert I, and Bob, A. Hedges, 1963, *Risk Management in the Business Environment*, Homewood, Ill.: R. D. Irwin을 참조

로써 전 세계적으로 리스크와 관련된 전문적인 협회를 형성하는 데 주도적인 역할을 하게 되었다. 그 결과 리스크관리의 실행과 다양한 내용들이 1970~80년대에 폭넓게 받아들여졌으며, 이러한 변화를 바탕으로 RIMS는 리스크관리를 실행하는데 따른 책임확대와 복잡성을 조망한 정기간행물을 발간하기 시작하였다. 아울러 보험을 활용한 전통적인 리스크관리를 벗어나 자가보험(self-insurance), 보험자회사(captive insurance company), 제한적 보험설계(finite insurance plans), 리스크보유(risk retention) 등 리스크재무(risk financing) 형태의 관리기법에 많은 관심을 가지게 되었는데 1980년대 중반에 발생한 소위 'Insurance Crisis'[04]로 인한 상업보험시장(commercial insurance market)의 위축이 이러한 변화를 가져오는 데 한몫을 담당하였다.

1990년대 이후의 리스크관리는 회계, 재무, 인사분야처럼 기업의 한 분야로서 자리매김은 하지 못했으나 특정 부류의 리스크의 중요성은 실질적으로 조직의 특성상 다양하기 때문에 리스크담당자들 사이에 그들의 의무와 기능이 폭넓게 다를 수밖에 없었다. 법적 배상책임과 관련이 있는 사안들의 경우, 금융업종보다는 제조업이나 의료서비스를 제공하는 병원이나 의원들에게 훨씬 중요하다고 하겠다. 이러한 다양성에도 불구하고 한 가지 분명한 사실은 보험이 여전히 리스크관리의 주요한 부분을 차지한다고 하더라도 그의 중요성은 상대적으로 줄어들고 있기 때문에 초기의 리스크관리와는 달리 새로운 방향으로 발전하여 왔다. 1970년대에 일어난 OPEC에 의한 유가파동, 1970년대 후반과 1980년대 초반에 걸쳐 경험한 금리의 급등락, 브레튼우즈(Bretton Woods)체제의 붕괴로 인한 환율의 급등락 등 많은 재무지표와 일부 원자재가격의 급등락으로 인하여 1980~90년대에는 많은 기업들이 옵션(options), 선물(futures), 그리고 이와 관련된 시장의 성장을 통하여 재무적 혁신(financial innovation)을 경험하게 되었다. 예를 들어 금리변동리스크에 노출되어 있는 은행의 경우 기초자산(underlying asset)의 가치에 투기적 포지션(speculative position)을 취할 수 있는 futures, swaps, caps와 같은 파생상품으로 헷지할 수 있는 등 주식, 금리, 상품가격, 그리고 환율 등과 관련된 파생상품(derivative instruments)의 유용성이 증가하게 되었다.

그러나 순수리스크 또는 재무리스크이던 리스크의 종류에 관계없이 리스크가 기업에 미치는 영향은 결국 재무적 손실을 가져온다. 이러한 재무적 손실은 결국 기업의 현금흐름에 변동성을 초래함으로써 기업의 가치에 부정적 영향을 미치게 되는 것이다. 따라서 순수리스크

---

04 제조물배상책임, 환경오염 및 관련된 손해에 대한 입법강화와 보험금지급액수의 급증으로 손해율이 높아지자 보험회사가 보험료를 높게 책정하였으며 이로 인하여 특히 배상책임보험을 필요로 하는 의사 등 개인이나 탁아소, 유치원 등 시설들이 보험구매가 어려워져 서비스를 중단하는 사태가 발생한 것을 지칭하는 것임.

로 범위를 한정한 전통적인 리스크관리의 개념이 순수리스크와 재무리스크를 동시에 관리하는 통합리스크관리(integrated risk management)의 개념으로 변하게 되었다. 한 예로서 한 해 이익의 $\frac{1}{3}$ 이상을 해외에서 창출하는 미국기업인 Honeywell의 경우 1997년 세계적 보험회사인 American International Group(AIG)과 회사의 재산과 인명의 손실에 대한 보상뿐만 아니라 환율변동리스크로 인한 손실도 보상해 주는 통합리스크프로그램을 처음으로 실시하였다.[05] 다시 말해서 기업이 직면한 재무리스크와 부보가능한 리스크를 관리하기 위하여 보험과 재무의 기법을 모두 사용하는 것을 의미하는 것으로서 보험, 헷지(hedge), 투자재무(investment financing), 부채관리(leverage management) 등에 관한 내용이라고 할 수 있다. 이를 계기로 일부기업의 경우, 기업조직에 기업이 직면한 순수리스크와 재무리스크를 전적으로 관리하는 책임을 부여받은 최고리스크담당자(Chief Risk Officer: CRO)라는 직책이 생겨종합적이고도 경제적으로 리스크를 관리하도록 하였다.

그러나 1990년대와 2000년대 초반에 걸쳐 기업 간의 치열한 경쟁과 투자자들의 수익에 대한 조급한 기대 등이 분식회계, 비자금조성, 국제적 금융사고 등으로 이어지면서 기업의 투명성과 윤리의식에 대한 사회적 비판과 아울러 규제가 강화되기 시작하였다.[06] 이러한 환경변화 속에서 내부감사인의 국제적 기구인 Institute of Internal Auditors(IIA)는 리스크관리를 기업의 지배구조(corporate governance)의 근본적인 요소로 파악하고 리스크관리의 체계를 마련하고 운영하는 것은 이사회를 대신한 경영자의 책임이라고 하였다.[07] 따라서 기업의 순수리스크와 재무리스크뿐만 아니라 기업의 목표(goals)와 목적(objectives), 그리고 기업의 강점, 약점, 기회, 위협요소와 관련된 불확실성을 지칭하는 전략적 리스크(strategic risk)와 제품의 생산과 고객에 대한 서비스제공 등을 포함한 기업의 전반적인 경영과 관련된 운영리스크(operational risk)를 포함하는 일괄적인 리스크관리프로그램인 전사적 리스크관리(Enterprise Risk Management: ERM)가 대세를 이루고 있다. 미국을 비롯한 북미지역의 기업 중 30~35%가 ERM을 채택한 것으로 파악되었으며 Tillinghast-Towers Perrin이 실시한 조사에서는 대상기업의 49%가 ERM을 채택하고 있었다. 분야별로는 금융서비스분야가 압도적이었으며 에너지, 광산, 제조 그리고 통신분야 순으로 활용하고 있었다.[08] 전사적

---

05 Caroyln T. Geer, "Who Needs Derivatives?," reported in *Forbes Magazine*, April 21, 1997.

06 Sarbanes-Oxley Act, Basel Accord 등이 있다.

07 Institute of internal Auditors, UK & Ireland, Position Statement 2004, *The Role of internal Audit in Enterprise-Wide Risk Management*, Conclusion.

08 Rejda, George E., *Principles of Risk Management and Insurance*, 10th ed. Pearson Education Inc., 2008, p.65.

리스크관리에 대해서는 제4절에서 자세하게 다루도록 하겠다.

2. 리스크관리의 중요성

기업의 설립목적을 달성하기 위해서는 인사, 재무, 생산, 회계, 판매 등의 다양한 관리기능이 효율적으로 작용하여야 한다. 그런데 기업이 직면한 리스크를 관리하는 기능을 초기에는 안전활동(security activities)으로 분류하여 단순히 안전 또는 보안과 관련된 활동으로 국한하였다.[09] 따라서 리스크관리를 보험구매나 화재에 대비한 소화기설치를 의미하는 것으로 받아 들여졌다. 그러나 기업경영을 둘러쌓고 있는 경제적, 기술적, 사회적 환경변화는 단순히 보험에 가입하거나 수동적인 억제책들이 적절치 못하다는 것을 인식하게 만들었으며 리스크를 기업경영의 주요 안건으로 다루게 함으로써 리스크관리의 상대적인 중요성이 점증하고 있다. 이러한 환경변화를 다음과 같이 정리하여 볼 수 있다.

첫째로, 경제규모가 커지고 그에 따른 국제교류가 확대됨에 따라 사회에서 기업이 차지하고 있는 역할과 비중은 점점 커지고 있는 현실 속에서 근로자의 산업재해의 피해를 줄이고 환경을 보호하며 나아가 국민의 생명과 건강을 지켜야 된다는 폭넓고 다양한 사회적 책임을 요구하고 있는 것이 사실이다. 이러한 분위기를 반영하듯 기업의 사회적 책임과 관련된 법이나 규정이 점점 광범위해지고 강력해지고 있다는 것이다. 유럽연합(European Union)의 경우 환경과 관련하여 338개 항목의 법률이 제정되는 등 환경관련법이 강화되어 환경을 오염시키는 기업에게 더 치명적으로 작용하게 되었다. 그 밖에 환경훼손이나 오염에 대하여 자금조달 등 금융지원과 보험구입이 어려워지고 반사회적 기업으로 낙인찍혀 결과적으로 좋은 인적자원의 확보가 어렵게 되는 결과를 초래하게 되는 것이다. 한국의 경우, 환경관련법이나 규정 등이 대폭 강화되었을 뿐 아니라 산업재해와 관련하여 정책보험으로서 보험적용대상을 전체사업장으로 확대 실시함과 동시에 의무가입을 원칙으로 하고 있다. 또한 중국, 필리핀, 러시아, 남미 등 상당수 후발국가들도 입법화하여 시행하고 있는 제조물책임(Product Liability: PL)법[10]이 늦은 감은 있으나 2002년 7월 1일부로 발효되어 소비자보호

---

09 Henri Fayol, General and Industrial Management, 1949 Pitman Publishing Co., New York.

10 1963년 미국의 Greenman이라는 소비자가 소매상에서 구입한 목공선반을 사용하다가 기계결함으로 튀어오른 나무파편에 눈을 다친 사고로 제조회사와 소매상의 과실에 대해 제소하였는데 캘리포니아 대법원은 제조회사가 제조결함에 대하여 책임을 져야한다고 판결을 내렸고 이후 제조결함을 근거로 한 PL제도가 도입되어 1970년에 전국적으로 채택되었다. 필리핀(1992년)은 소비자법에 PL이 포함된 형태로, 중국(1993년)은 제품품질법으로, EU(1995년)는 한국과 유사한 제조물책임법으로 제정하였으며 1994년부터 1995년 사이에 러시

와 기업의 책임에 대한 요구가 강화되었다.

둘째로, 리스크관리의 선행(先行)적 기능으로서 오늘날의 현대적 리스크관리의 원천이며 주된 방법인 보험이 더 이상 옛날과 같이 가입이 쉽고 저렴한 리스크관리의 대안이 아니라는 것이다. 특별히 환경, 제조물배상, 의료배상(medical malpractice liability) 등 일부 리스크 분야는 막대한 보상으로 인한 보험료의 급상승으로 보험가입이 어려워지자 영업을 중단하여야 하는 의사와 기업들이 속출하기도 하였다. 아울러 많은 보험회사들이 그들이 행한 감사의 결과에 따라 보험가입자들에게 능동적인 리스크관리를 요구할 뿐만 아니라 예외조항들을 근거로 손실의 전액보상을 해주지 않을 수도 있다는 것이다.

셋째로, 소비자보호를 위하여 소비자를 비롯한 시민단체들의 사회적 압력이 그 어느 때보다도 높아졌으며 기업에 대하여 보다 비판적이 되었을 뿐만 아니라 내부적으로 근로자의 고용보장과 복지향상과 관련한 노사관계가 중요한 경영문제로 대두되었다는 점이다. 이러한 환경변화는 공급자위주의 시장에서와는 달리 우수하고 안전한 품질의 우량상품에 대한 소비자의 관심과 요구가 높아졌다는 것을 의미한다. 특히 PL법의 시행을 계기로 전 세계적으로 불량제품에 대한 소비자의 법적 대응이 증가하고 있어 배상책임에 따른 막대한 손실과 그로 인한 기업의 브랜드와 명성에 대한 치명적인 타격은 기업의 안정적 성장과 나아가 생존에도 영향을 미치게 되었다.[11] 따라서 제품안전을 최우선으로 하는 기업이념을 정립하여 원가와 납기를 이유로 안전을 희생하는 리스크를 사전에 제거하고 전사차원의 제품안전을 위해 협력업체의 품질관리는 물론 원만한 노사관계를 바탕으로 지속적인 성장을 위하여 사고가 발생한 다음의 사후적 관리보다는 사고유무와 관계없이 결함이 발견된 즉시 자발적인 리콜(recall)및 제품개량을 실시하는 사전적 예방적 관리를 위한 적극적이고도 능동적인 리스크관리의 중요성에 대한 보다 높은 인식이 요구되고 있다.

마지막으로, 기업의 경영환경이 범세계적인 경제규범의 표준화, 즉 globalization 환경 속에서 치열한 경쟁에 놓여있다고 할 수 있다. 이러한 경쟁에서 살아남기 위해서 원가절감과 기술혁신은 물론이고 인적자원의 국제화와 투자의 다각화가 이루어져야 한다. 따라서 많은 기업들의 부침(浮沈)을 타산지석으로 삼아 경쟁적 환경과 국제화의 급속한 진행에 따른 예기

아, 남미, 동구권, 오세아니아주 등 한국과 거래관계가 있는 대부분의 국가들이 PL제도를 도입하였다.

11 1998년 5월 16개월된 자녀가 침대붕괴로 질식사한 피해자 부모에게 제소당한 침대제조사인 Kolcraft는 자사가 불리할 것으로 판단, 300만 달러 보상에 합의함으로써 법원의 평결에 의한 제품결함이 공식화되지 않았고 리콜 등 안전조치를 단행하여 기업의 손실을 최소화한 반면 에스컬레이터 제조사인 쉰들러사의 경우 2001년 8월 4살난 어린 소년이 당한 사고로 인해 1,697만 달러를 배상토록 하는 법원판결을 받음으로써 기업의 제품과 이미지에 치명적인 타격을 받게 되었다.

치 않은 손실과 신기술과 신소재의 개발과 활용에 따른 잠재적 손실에 대하여 최소의 비용으로 효율적으로 대처할 수 있는 리스크관리의 상대적 중요성이 부각되고 있다.

제2절 리스크관리의 절차

본 절에서는 리스크관리의 4단계, 즉 리스크의 인지(identify risks), 손실의 빈도 및 규모의 측정 및 평가(assess and evaluate potential frequency and severity of losses), 리스크관리방법의 선택(select risk management method), 실행(implement methods) 및 모니터링(monitor performance and suitability)을 단계별로 살펴보도록 하겠다.

1. 리스크의 인지(認知)

기업이 직면한 크고 작은 리스크가 무엇인가를 찾아내는 것이 리스크관리의 첫 단계이다. 이 단계를 소홀히 할 경우 부실한 손실측정으로 적절한 리스크관리 방법을 실행하지 못하게 되고 그에 따른 손실이 기업이 설정한 목표달성에 심각한 영향을 미칠 수 있기 때문에 리스크관리의 절차 중에서 가장 중요한 단계라고 할 수 있다. 따라서 기업이 설정한 목표와 목표달성을 위한 사업내역과 활동에 대한 충분한 정보를 바탕으로 기업이 직면한 리스크를 적절하게 분류하고 인지하는 방법을 찾아내야하는 것이다.

본 장에서는 기업이 대처하여야 할 리스크 중에서 순수리스크에 대한 관리에 초점을 맞추고자 한다고 언급하였다. 따라서 기업이 직면한 순수리스크의 분류는 제1장에서 살펴보았듯이 기업의 구성원 개개인의 직업과 관련된 재해(work related injury)나 종업원(가족 포함)의 조기사망, 질병 및 장애 등 건강과 관련된 손실의 불확실성을 지칭하는 개인신상리스크(personal risk), 기업의 소유하고 있는 물리적 자산, 즉 건물, 창고, 설비, 기계 등의 파손으로 인한 손실의 불확실성을 지칭하는 소유재산리스크(property risk), 그리고 종업원, 고객, 협력업체, 주주, 지역사회 및 정부 등 기업의 이해당사자가 입은 손실에 대한 배상의 불확실성과 관련된 배상책임리스크(liability risk)로 분류될 수 있다. 그리고 소유재산리스크의 경우 특성에 따라 기업이 소유하고 있는 자산의 손상, 파괴, 도난 등으로 손실이 발생하면 그

그림 2-1 ▸▸ 리스크관리의 절차

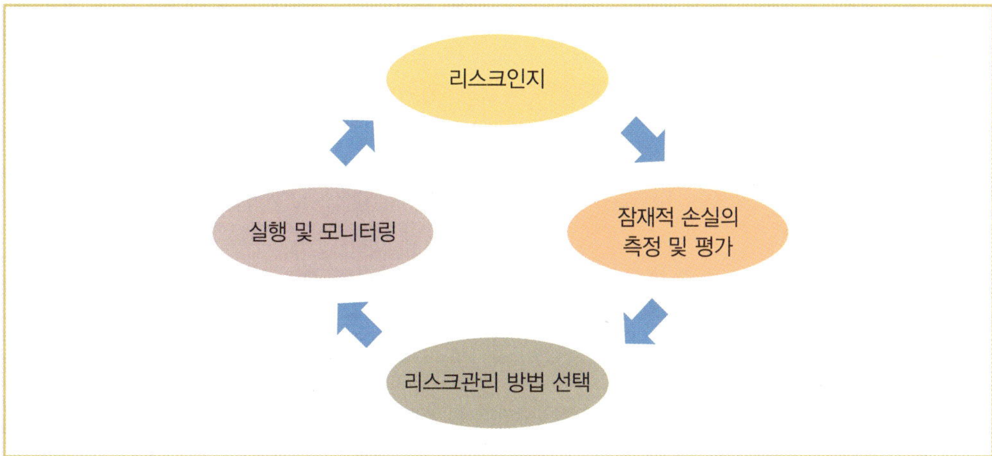

로 인한 재무적 손실인 직접적 손실(direct loss)과 손상, 파괴, 도난 등으로 인한 생산감소가 매출감소로 이어져서 나타나는 수입감소, 그리고 추가생산을 위한 임시시설 설치 및 복구를 위한 추가비용 등의 간접적 손실(indirect loss or consequential loss)로 구분된다.

기업의 사업내역과 활동에 관한 정보 역시 리스크를 인지하는 데 필요한 것으로서 기업의 조직형태, 자산의 구성요소와 형태, 생산되는 제품의 종류와 제조 및 분배과정, 재무상태를 비롯하여 기업의 특성에 적합한 정보 등이 수집되어야 기업이 직면한 리스크를 효율적으로 발견할 수 있을 것이다. 이러한 정보를 바탕으로 기업이 직면한 리스크를 구체적으로 인지하는 방법은 매우 다양하여 상황에 따라 적절한 방법들을 선택하여 이용하는 것이 바람직하다. 주요 방법으로는 조사/질문서(survey/questionnaire)작성,[12] 자신의 기업 또는 동종기업의 과거손실(loss histories)에 대한 분석, 기업의 재무제표(financial statements)분석, 기업의 업무활동에 대한 흐름도표(flowchart) 작성, 기업의 내부 또는 외부의 전문가에 의한 점검(inspections) 그리고 기업의 특성에 맞는 리스크점검표(risk checklist)의 작성 등을 들 수 있는데, 예를 들면 [그림 2-2]와 같다.[13]

---

12 환경변화에 따라 내용 면에서 추가 및 변형이 필요하겠으나 질문서 sample의 하나로 Beranard J. Daenzer, *Fact-Finding Questionnaire for Risk Management*: Risk and Insurance Management Society, 1978: New York을 참조

13 리스크점검표의 하나의 예로 Kit Sadgrove, *The Complete Guide To Business Risk Management*, Gower Publishing Limited, England 1996, p.209 Appendix 1 The final risk checklist를 참조

그림 2-2 ▶▶ 리스크점검표

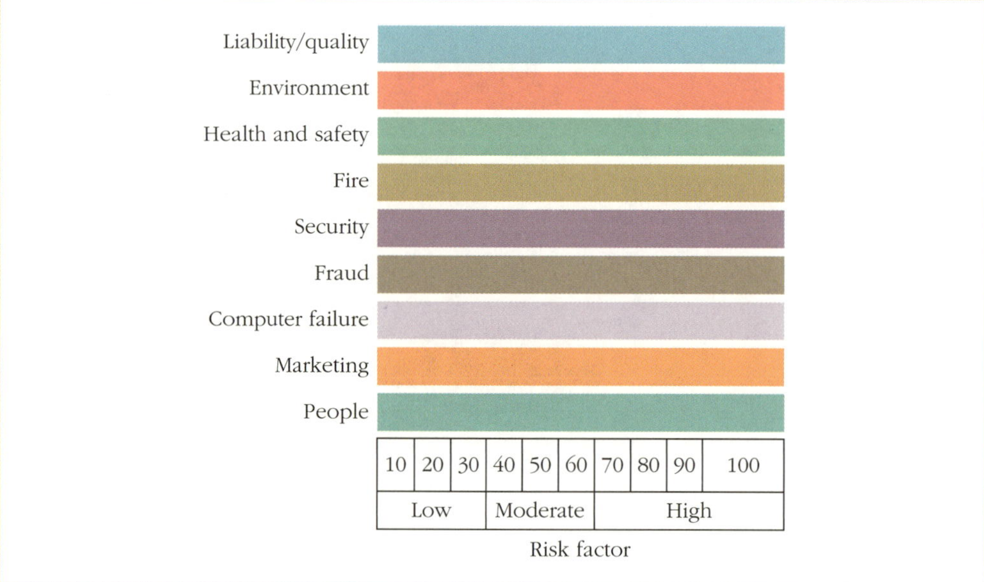

2. 손실의 측정 및 평가

기업이 직면한 잠재적 리스크가 충분히 검토되고 점검되었다면, 다음 단계로 그러한 리스크가 현실화될 수 있는 확률과 재정적으로 부담하여야 되는 손실의 규모를 측정하고 나아가 기업이 설정한 목표달성에 미칠 영향을 평가하여야 한다. 이 단계가 중요성을 가지는 이유는 기업이 직면한 다양한 리스크의 상대적인 중요성을 파악함과 동시에 효율적이고 효과적인 리스크관리 방법을 선택하는 데 결정적인 자료가 되기 때문이다. 잠재적 손실을 측정하고 평가하기 위해서는 해당기업 또는 동종기업 및 산업전반의 과거손실에 대한 통계자료가 충분히 축적되어 있고 기업의 활동내역과 재무상황을 비롯한 경영자료에 대한 상세한 정보가 있어야 한다.

잠재적 손실을 측정하는 데에는 일정기간 동안 얼마나 자주 손실이 발생하는가, 즉 손실빈도(frequency)와 발생 시 얼마나 많은 재정적 손실을 가져오는가, 즉 손실규모(severity)라는 두 가지 중요한 요소가 있다. 빈도와 규모의 경우 계량적으로 측정할 수도 있으나 주관적인 판단에 따를 수도 있다. 빈도의 경우 거의 확실히 발생하는 상태(certain/very probable), 가끔 발생하는 상태(quite probable), 발생은 가능하나 거의 발생할 것 같지 않은 상

그림 2-3 ▶▶ 손실의 주관적 판단의 예

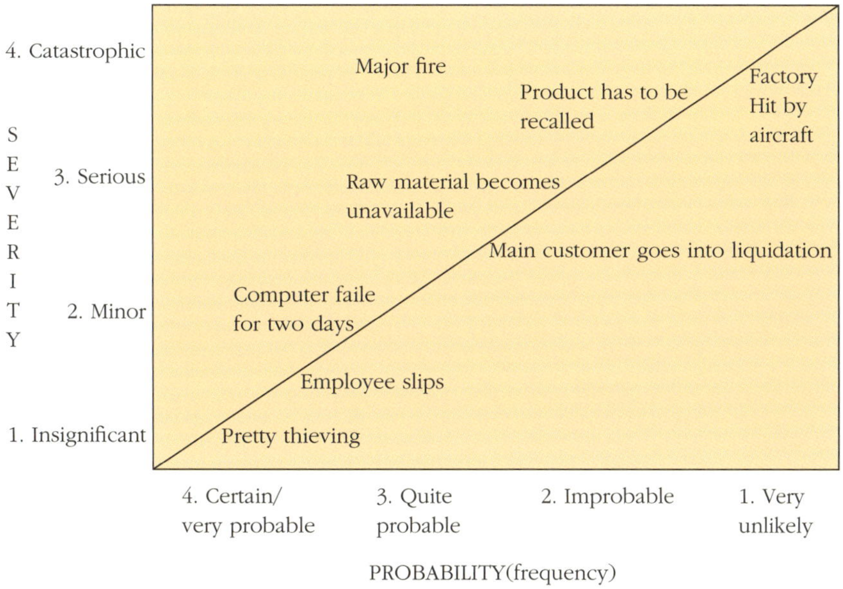

태(improbable), 그리고 거의 발생이 일어나지 않는 상태(very unlikely)와 같이 판단할 수 있으며 규모의 경우 사소한 상태(insignificant), 경미한 상태(minor), 심각한 상태(serious), 그리고 재앙적인 상태(catastrophic)로 구분될 수 있다. 주관적 판단의 예를 들면 [그림 2-3]과 같다.[14]

손실규모의 측정과 관련하여 손실의 기대규모(expected severity)를 측정하는 것도 중요하지만 이론적으로 리스크가 현실화되어 손실을 발생시키는 것은 거의 희박하나 발생하는 경우 가능한 최대규모의 손실, 즉 최악의 가능손실(maximum possible loss)과 실제로 리스크가 현실화될 수 있는 상황 아래서 가능한 최대규모의 손실, 즉 최대의 가능손실(maximum probable loss)을 측정하는 것이 필요하다. 이러한 손실규모는 실제로 발생하였을 경우 기업의 존립에 영향을 줄 수 있기 때문이다. 아울러 예측된 손실과 실제 일어나는 손실과의 차이인 변동성에 대한 정보를 보여주는 분산(variance)에 대한 측정도 필요하다. 왜냐하면 같은 종류의 리스크라도 분산이 클 경우 예측이 어렵고 불확실성이 크기 때문에 기업에 미치는 영향은 크다고 하겠다. 손실의 계량적 측정에 대한 설명은 제2부에서 좀 더 자

14 Kit Sadgrove, *The Complete Guide To Business Risk Management*, Gower Publishing Limited, England 1996. p.21 Figure 2-3 Risk severity and probability.

세하게 다루도록 한다.

잠재적 손실의 빈도와 규모가 측정된 후에 이를 토대로 이러한 손실이 기업의 현금흐름 등 기업의 재무상태에 어떠한 영향을 미치는지에 대한 평가가 이루어져야 한다. 손실의 발생은 기업의 재무적인 손실로 이어져 현금흐름에 영향을 미치게 되며 이는 기업이 보유하고 있는 자산의 감소와 더불어 이익의 감소로 이어져 결국 기업가치의 변동을 가져온다. 따라서 기업의 재무상태에 미치는 손실의 개별적이고 집단적인(individually and collectively) 평가는 필수적이며 영향을 최소화시키는 리스크관리 방법의 선택에도 중요한 요소로 작용한다고 할 수 있다.

3. 리스크관리 방법의 선택

기업이 직면한 리스크의 잠재적 손실의 측정과 평가가 이루어진 다음의 단계는 기업의 특성을 고려하여 기업의 목표를 달성하는 데 파악된 리스크를 가장 효율적(effective)이고 경제적(economic)으로 관리할 수 있는 관리기법 또는 방법들의 조합을 채택하는 것이다. 여

그림 2-4 ▸▸ 리스크관리의 방법

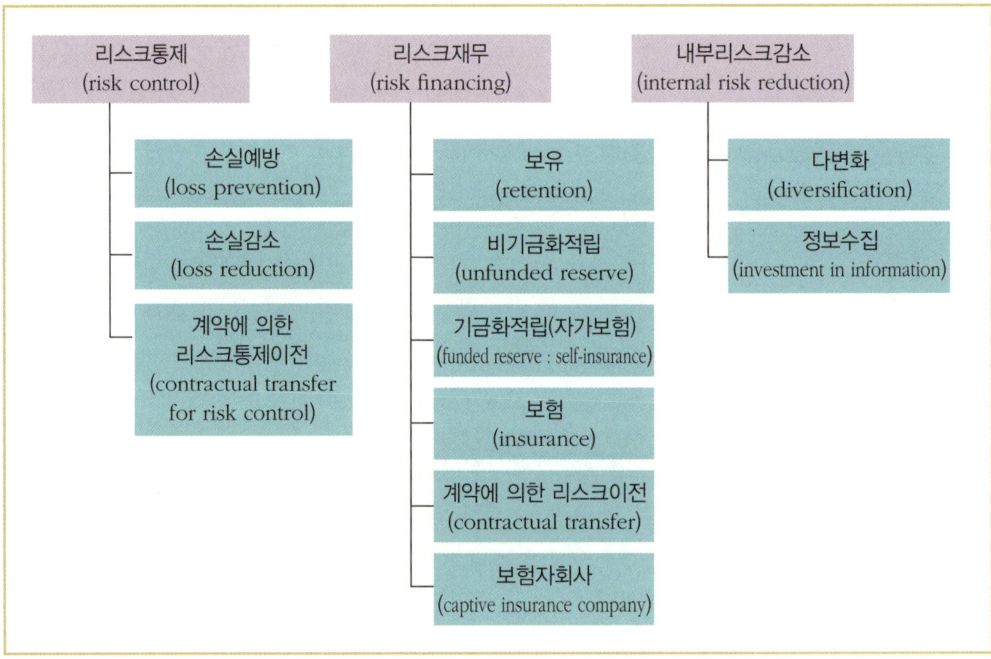

기서 효율적이라는 의미는 손실로 인한 기업의 가치감소를 최소화할 수 있는 방법이 되어야 한다는 것이며, 경제적이라는 의미는 적용하고 운용하는 데 소요되는 관리비용이 가장 저렴한 관리기법이어야 한다는 것이다. 리스크를 관리하는 주요 방법들은 [그림 2-4]에서 볼 수 있듯이 크게 리스크통제(risk control), 리스크재무(risk financing), 그리고 내부리스크감소(internal risk reduction)로 크게 대별할 수 있다. 리스크관리의 방법들은 서로 배타적인 것이 아니고 상호보완적이기 때문에 적절한 리스크관리기법을 선택하기 위해서는 각 관리기법의 특성과 장단점에 대한 충분한 이해를 바탕으로 기업이 기술적으로나 관리적인 측면에서 효율적으로 활용할 수 있는 능력이 있는지를 고려하여야 한다. 지금부터 각각의 리스크관리기법에 대하여 살펴보도록 하겠다.

1) 리스크통제

리스크통제방법은 손실이 가지고 있는 두 가지 요소인 빈도와 규모의 특성을 바꾸어 최소화하거나 손실가능성에 대한 예측을 좀 더 가능하도록 하는 기법들을 지칭하는 것이다. 손실예방(loss prevention), 손실감소(loss reduction)와 계약에 의한 리스크통제의 계약이전(contractual transfer for risk control) 등이 리스크통제의 범주에 속하는 대표적인 방법들이다.

구체적으로 손실예방이란 특정한 손실의 빈도 또는 가능성을 줄이려는 것을 목적으로 하고 있다. 좋은 예로서 항공회사가 비행기의 정비를 강화한다든지, 유독성 물질을 운반하는 특송(特送)업체가 운전자의 운행횟수 및 운행시간을 제한한다든지, 건설현장에서 안전교육을 강화함과 동시에 안전수칙의 준수를 강조한다든지, 도로사정에 맞는 교통표지판을 설치, 매장에 설치된 무인감시카메라, 일명 CCTV 등 손실발생의 빈도를 최소화하려는 제도 및 장치를 들 수 있다. 여기서 유독성 물질을 운반하는 특송업체가 사고로 인한 손실을 예방하기 위하여 운행횟수를 줄이다가 극단적인 경우 운행 자체를 포기할 수도 있다. 이와 같이 손실에 노출되는 근본적인 상황을 만들지 않는 것을 회피(avoidance)라고 한다.

손실감소란 잠재적 리스크가 현실화되어 손실이 발생했다는 것을 전제로 하여 발생한 손실의 규모를 최소화하려는 데 그 목적이 있다. 좋은 예로서 건물에 설치된 연기감지기(smoke detector), 자동소화장치(sprinkler system), 방화벽이나 건설현장에서 안전모와 안전화의 착용을 의무화하는 것을 들 수 있는데 이들은 화재나 안전사고로 인한 손실을 최소화하려는 장치나 제도라고 볼 수 있다.

리스크통제의 계약이전이란 다음에 언급될 리스크재무의 한 방법으로 설명되는 계약이전과는 전혀 다른 리스크관리기법으로서 계약에 의해서 손실의 법적, 재정적 책임을 이전시키는 것이다. 대표적인 예로 개인이나 기업의 건물, 사업장, 시설 등의 자산에 대하여 스스로 리스크통제를 하는 대신 특정경비업체와의 계약을 통하여 이전시키고 이후 일어나는 도난이나 파손 등으로 인한 손실에 대하여 경비업체가 책임을 지는 것을 들 수 있다.

2) 리스크재무

리스크재무란 손실이 발생하였을 경우 재정적 부담을 위한 자금을 확보하는 모든 기법들을 지칭하는 것으로서 크게 리스크보유(retention)와 리스크이전(transfer)으로 구분될 수 있다. 보유는 개인이나 기업이 손실의 불확실성에 대하여 감수하는 것으로서 손실이 발생하였을 경우 자체적으로 손실의 전부 또는 일부를 부담하여야 한다. 리스크재무에서의 이전은 앞서 언급된 리스크통제의 계약이전과는 달리 손실의 재정적 부담만을 제3자에게 떠넘기는 것이다.

보유형태에는 비용처리(charging with expenses), 비기금화된 적립금(unfunded reserve)활용, 기금화된 적립금(funded reserve)활용, 자금차입(borrowing funds), 그리고 설립한 보험자회사(captive insurer)활용이 있는데 이 모든 형태의 공통된 특징은 손실을 보전하기 위하여 기업내부에서 조달한 자금을 활용한다는 것이다. 비용처리란 기업의 현금흐름에 큰 영향을 주지 않는 소손실의 경우 단순하게 경비로 처리하여 현재의 순수입에서 보전하는 것을 말하며 비기금화된 적립금의 활용은 일반운전자금(general working capital)이나 주식 또는 채권 등 현금화가 쉬운 유동성 자산(liquid assets) 등을 활용하여 손실을 보전하는 것을 말한다.

기금화된 적립금의 활용은 기업의 현금흐름에 영향을 주는 일정규모 이상의 손실을 가져오는 산업재해 등 특정 손실을 보전하기 위하여 용도를 지정해둔 기금(earmarked fund)을 적립해 두었다가 당해 손실이 발생했을 경우 손실보전에 사용하는 것을 의미한다. 기금적립의 규모가 상대적으로 큰 중대(medium-to-large)기업의 경우 손실보전의 방법과 절차가 체계적으로 확립되어 있고 전문성을 가진 별도의 전문인력에 의해 운영되기 때문에 이를 계획된 보유(planned retention)의 특별한 형태로서 자가보험(self-insurance)이라고 부르기도 한다. 자가보험은 당장 보험료납부 등의 현금지출이 없고 관리비용을 낮출 수 있기 때문에 기업의 자금을 절약할 수 있고 손실이 발생했을 때 내부자금으로 보전하여야 하기 때문에 손실예방을 위한 유인(incentives)으로 작용될 수 있는 반면, 손실이 기대 이상으로 크게 발생할 경우 예기치 않은 기업의 자금흐름에 악영향을 미칠 수 있고 세금절약 측면에서 혜택이 작아질 수 있다.[15]

자금차입은 재무구조로는 손실을 감당하기 어려울 때 외부로부터 필요한 자금을 조달하는 것으로 은행 등 금융기관으로부터 조달하는 간접금융이 있고, 기업의 신뢰를 바탕으로 주식이나 채권을 발행하여 조달하는 직접금융이 있다. 자금차입을 할 때, 손실로 인한 직접 또는 간접비용의 발생으로 기업의 재무건전성이 악화될 경우 기대 이상의 금융비용으로 기업의 현금흐름에 부정적인 영향을 미칠 수도 있다는 점을 인식할 필요가 있다. 마지막으로 모회사가 설립하고 모회사의 리스크를 부보(符保)하는 것을 주업무로 하는 보험자회사(single parent captive or pure captive)를 활용할 경우 현금흐름이 모회사와 보험자회사 간에 내부적으로 이루어지기 때문에 보험료가 완전히 제3자에게 유출되는 것이 아니며, 손실이 발생했을 경우 신속한 보험금지급이 이루어질 수 있기 때문에 자금의 활용 면에서 효율적이라고 할 수 있다. 그 밖에 세제혜택, 용이한 보험가입 및 재보험 등의 이점이 있는데 근래에는 형태도 다양해져 모기업 이외의 다른 기업의 리스크도 인수하기도 한다. 보험자회사의 설립에 대한 규정은 국가별로 차이가 있으나 우리나라는 원칙적으로 보험자회사를 인정하고 있지 않다. 미국의 경우 설립에 필요한 필요자본금, 세제 등에서 매우 까다롭기 때문에 보험자회사의 대부분이 카리브지역 국가에서 페이퍼컴퍼니 형태로 영업을 하고 있다.[16]

리스크재무의 이전에는 보험계약을 체결해서 리스크의 전부 또는 일부를 그에 상응하는 보험료(premium)를 지불하고 보험회사에 이전하는 상업보험(commercial insurance)과 리스(lease), 무해협약(hold-harmless agreement), 헷징(hedging) 등과 같이 보험 이외의 계약에 의해서 리스크를 이전시키는 방법이 있다. 리스는 기업이 계약을 통하여 일정한 임차료(리스료)를 지불하고 일정기간 동안 컴퓨터, 기계 등의 특정 자산을 임차하여 사용하는 것으로서 기업환경의 변화가 심하고 기술의 변화속도와 혁신이 빨라 진부화가 빠르게 진행되면서 기업의 고정자산 구입에 따른 리스크를 회피하기 위한 수단으로 활용하고 있다.[17] 무해협약이란 거래의 당사자 간에 거래 시 일어날 수 있는 배상책임의 불확실성에 대하여 일방

15 Rejda, George E., *Principles of Risk Management and Insurance*, 10th ed. 2008, Pearson Education Inc., pp.48-50.

16 좀 더 자세한 내용은 Rejda, George E., *Principles of Risk Management and Insurance*, 10th ed. 2008, Pearson Education Inc., pp.47-48을 참조

17 리스료는 계약만료시까지 일정기간마다 지급하는 자본에 대한 비용과 같은 성격이므로 임차인에게는 해당자산의 구입액만큼 자본을 조달한 것과 같은 효과가 있다고 할 수 있다. 리스의 형태는 운용리스, 금융리스 등이 있고 유지비 등의 비용포함 여부에 따라 순리스와 총리스로 구분된다.

이 타방을 대신해서 의무적으로 책임을 지겠다는 계약으로서 이때의 책임을 법으로 책임을 묻는 법적 책임(legal liability)과는 달리 계약적 책임(contractual liability)이라고 한다. 대표적인 예로서 어떤 출판물을 출판한 후, 표절시비 같은 저작권문제가 불거질 수가 있다. 이런 경우를 대비하여 출판사와 저자 사이에 무해협약을 맺어 저자가 책임을 지도록 하는 것이다. 그리고 헷징은 이익과 손실 모두가 발생할 수 있는 불확실성을 지닌 재무리스크(financial risk)로부터 기업의 이익을 보호하고자 이미 보유하고 있거나 보유예정인 현물포지션에 대하여 동일한 수량의 반대포지션을 선물옵션시장에서 취함으로써 상쇄시키는 방법의 하나로서 순수리스크에 의한 손실을 이전시키기 위한 앞서의 방법과는 차이가 있다. 보험에 대해서는 다음 제3장에서 자세하게 다룰 것이다.

3) 내부리스크 감소

내부리스크 감소는 앞서 언급된 리스크통제와 리스크재무와 더불어 손실의 빈도와 규모를 줄이려는 목적으로 기업내부적으로 활용되는 일종의 보완적인 성격을 가진 기법으로서 다변화(diversification)와 정보수집(investment in information)이 있다.

다변화의 방법에는 분리(segregation or separation)와 복제(duplication)가 있다. 분리는 단일 리스크가 동시다발적인 손실로 옮겨감으로써 재앙적인 손실을 피하기 위하여 기업이 보유하고 있는 공장, 창고, 건물, 원자재 등을 한곳에 밀집시키지 않거나 주요 임원들의 이동 시 서로 다른 교통수단을 이용하는 등 기업의 활동과 자원을 분산시키는 것을 의미한다. 특히 원자재가 부족한 우리나라의 경우 원활한 공급을 위한 원자재확보를 위하여 기업뿐만 아니라 국가적 차원에서의 다변화정책이 필요하다고 하겠다. 이러한 분리의 개념은 재무이론의 '모든 계란을 한 바구니에 담지마라(Don't put all eggs in one basket)'는 포트폴리오 개념과 일맥상통한다고 하겠다.[18] 복제는 기업의 주요 자산이나 활동에 손실을 입었을 경우 본래의 기능을 대신할 수 있도록 준비하는, 즉 'back-ups'의 성격을 가진 기법이라고 할 수 있다. 좋은 예로서 기업이 보유한 모든 차량의 트렁크에 예비(spare)타이어를 장착한다든지 주요 서류들의 복사본을 만들거나 보관하고 있는 금고나 사무실의 열쇠를 복제하여 보관하는 것을 들 수 있다. 또한 기업에 부품을 납품하는 협력업체의 경우도 마찬가지로 화재, 노사갈등 등으로 인한 생산중단으로 공급의 차질이 일어날 수 있다. 이로 인한 손실을

---

18 포트폴리오이론과 리스크관리의 관계는 제7장에서 심도있게 다루고 있으니 참조하기 바란다.

방지하기 위하여 예비업체를 지정하여 두는 것도 복제의 좋은 예라고 할 수 있다.

정보수집은 리스크관리를 위하여 여러 관리기법을 채택하여 실시한다고 하더라도 이미 산출한 기대손실에 대한 좀 더 나은 예측을 위하여 활용할 각종 정보를 수집하여야 된다는 것을 의미한다. 기업의 입장에서 영업활동과 관련된 다양한 정보수집과 분석을 통하여 미래의 현금흐름을 보다 더 정확하게 예측하게 되면 결국 변동성을 줄일 수 있게 된다. 구체적으로 순수리스크의 빈도와 규모의 정확한 예측을 위한 정보, 생산품가격의 안정을 위한 시장정보, 원자재가격, 금리, 환율변동 등에 관한 정보 등을 수집하기 위하여 내부적으로 그러한 가능을 하는 부서를 운영하든지 또는 그러한 정보를 제공하는 외부의 전문기관을 활용하는데 투자하는 것이 필요하다고 하겠다.

4. 실행과 모니터링

선택한 리스크관리기법을 실행에 옮기기 전에 실행을 위한 관리프로그램이 마련되어야 한다. 우선 기업은 환경, 종업원의 건강 및 안전, 품질, 보안 등 각 분야에서 인지된 리스크를 위한 정책을 수립하는 것이 필요하다. 정책의 내용은 모든 종업원들이 읽고 이해하기 쉽도록 가능한 간결하고 단순해야 하며 일선에서 실행되는 전략문구(strategy statements)로 전환될 수 있도록 문서화되어야 한다. 리스크를 관리하기 위한 정책수립에는 기업의 전체 구성원을 대상으로 하기 때문에 지위고하를 막론하고 참여하고 따라야 한다. 한 예로 건설현장에서는 장소를 불문하고 안전을 최우선으로 하기 때문에 안전모와 안전화를 착용하는 것이 의무로 되어 있다. 그런데 기업의 사장이나 최고경영진의 임원이 건설현장을 방문할 때 현장의 안전규칙을 무시하고 평상복차림으로 현장의 여기저기를 다닌다면 그곳의 근로자에게 단순히 규칙위반 이상의 메시지, 즉 공사과정에서 편의를 위해서는 비정상적인 행위를 해도 좋다는 부정적인 의미로 전달될 수도 있다.

기업의 관리자들은 자기들의 책임하에 있는 분야에서 일어나는 리스크의 관리에도 책임이 있다는 것을 인식하여야 한다. 그리고 주요 리스크에 대해서는 특별히 사람이나 부서를 지정하여 책임있는 관리가 되도록 하여야 한다. 리스크관리기법의 하나인 보험은 그 중요성 때문에 전통적으로 재무담당자의 책임하에 관리되어 왔으며 제품의 품질, 종업원의 건강과 안전 그리고 환경과 같은 분야는 특별히 관리자나 관리부서가 지정되어 관리되는 경우가 많다. 근래에 들어서 대기업으로 갈수록 리스크관리를 전적으로 담당하는 임원(Chief Risk

Officer: CRO)을 두는 기업이 늘어나고 있으며 비라인(non-line)의 관리자로서 리스크를 평가하고 손실을 최소화하기 위한 계획을 수립하며 리스크관리에 대하여 종업원에게 조언해 주는 리스크어드바이저(Risk Adviser)를 두기도 한다. 한편으론 기업의 감사조직과 기능을 확대하여 감사절차과정을 리스크를 인지하고 측정하여 대안을 찾는 리스크관리과정으로 활용하려는 기업도 늘고 있다. 그러나 무엇보다 중요한 것은 기업이 직면한 리스크에 대한 전체 구성원들의 이해를 바탕으로 어떠한 리스크도 간과(看過)하지 않기 위해서는 리스크에 대한 교육강화와 함께 구성원들 간의 긴밀하고 효율적인 의사소통이 필요하다. 원활한 의사소통을 위해서는 리스크와 리스크관리기법에 관련된 공통된 언어와 전문용어(common language and nomenclature)에 대한 이해를 강화시켜야 한다.

리스크관리에 관한 정책수립 등 관리프로그램이 수립되었다면 선택한 관리기법을 실행에 옮기기 위해서 세부적으로 무엇을 할 것인가를 결정하여야 한다. 만약 특정한 리스크를 관리 하기 위하여 적절한 부보의 범위와 자기부담금(deductibles)을 전제로 리스크재무의 하나인 보험을 활용하기로 결정하였다고 하자. 이 경우 리스크관리담당자는 이러한 내용을 가장 적절하게 반영해 줄 수 있는 보험회사를 선정하여 보험에 가입하는 기술적인 결정을 하여야 한다. 그리고 손실이 발생할 경우 계약상의 부보범위 안에서 최대한 보상받을 수 있도록 하여야 하며 재계약 시 보험료의 인하를 위해서도 리스크관리의 실행측면에서 지속적인 노력이 이루어져야 한다.

선택된 리스크관리기법이 실행된 뒤에는 예상한대로 관리의 결과를 보이고 있는지 또는 손실의 빈도 또는 규모의 변동성이 심하여 조정의 필요성이 있는지에 대한 모니터링이 필요하다. 조정이 필요할 경우, 리스크인지부터 다시 시작하는 것이 아니라 문제가 있는 단계로 돌아가 문제점을 시정 보완한 후 그 이후의 단계를 반복하여 실행하여야 한다. 예를 들면 손실의 액수가 기대했던 것보다 클 경우 미처 인지하지 못했던 리스크 때문인지 아니면 측정을 잘못했는지를 판단하여 해당되는 단계부터 다시 시작함으로써 리스크관리기법의 적합성(suitability)을 높여야 할 것이다. 철저한 모니터링을 위해서는 리스크관련 자료를 분석하고 위험신호를 인지하는 조기경보체제, 공정매뉴얼, 유지보수기록, 손실기록 등의 문서화된 기록의 보존, 리스크 체크리스트(checklist)에 의한 감사 등이 수행되어야 할 것이다. 이렇게 함으로써 기업을 둘러쌓고 있는 국내외 환경변화에 신속하게 대처할 수 있으며, 나아가 기업이 수립한 목표를 달성할 수 있을 것이다.

제3절 리스크관리의 목적

기업이 직면한 다양한 리스크를 파악하여 발생가능한 손실을 측정한 후 손실을 최소화시킬 수 있는 관리기법을 선택하여 실행하고 기법의 적합성을 모니터링하는 일련의 과정을 리스크관리라고 할 수 있다. 그런데 리스크를 관리하는 목적은 기업의 활동특성에 따라 다양하게 설명될 수 있으나 궁극적으로 기업이 추구하는 목적을 달성하는 데 기여하여야 한다. 일반적으로 손실전 목적(pre-loss objectives)과 손실후 목적(post-loss objectives)으로 나뉠 수 있다.

손실전 목적으로는 우선 경제적 원칙에 입각하여 최소의 비용으로 잠재적 손실에 대비하는 것을 꼽을 수 있다. 앞서 언급된 다양한 리스크의 관리방법 중에서 측정된 손실을 효율적이고 효과적으로 감소시킬 수 있는 방법을 채택하여 실행함으로써 손실의 불확실성에 대한 기업의 전체구성원의 심리적 불안과 걱정을 줄일 수 있으며 안전하고 쾌적한 환경 속에서 생산성을 제고시켜 기업이 수립한 목표달성에 매진할 수 있도록 하는 것이다. 그리고 중앙정부나 지방자치기구가 종업원의 안전, 친환경, 소비자보호 등을 위하여 의무적으로 준수하도록 제정한 리스크관리 관련 법적 규정을 따르는 것을 들 수 있다.

손실후 목적으로 가장 중요한 것은 손실이 발생한 후 손실로 인하여 작업공정이나 영업활동 등이 중단되지 않고 지속되게 하여 기업이 생존할 수 있는 가능성을 높이는 것이다. 이렇게 함으로써 기업의 이익을 안정되게 유지할 수 있고, 나아가 지속적인 성장을 할 수 있게 되어 소비자와 사회에 대한 책임을 수행하고 기업이미지를 제고시킬 수 있게 되는 것이다. 따라서 손실전 목적과 마찬가지로 궁극적으로 기업이 추구하는 목적을 달성할 수 있도록 하는 것이 손실후 목적이라고 할 수 있다.

1. 기업가치

우선 기업의 가치를 어떻게 계산하는가에 대한 간단한 예를 들어보자. 특별한 부채는 없으나 앞으로 1년간의 영업활동기간에 배상책임소송에 휘말려 주당(per share of common stock) 300원의 손실이 발생할 수 있는 가능성이 10%인 서강기업의 연말 주당 기대순현금흐름이 1,000원이라고 가정하자.[19] 이 경우 서강기업의 연말 현금흐름은 다음과 같이 정리될 수 있다.

| 표 2-1 | 서강기업의 주당 현금흐름의 확률분포

배상책임소송	확률	주당 연말 예상현금흐름
무	0.9	1,000
유	0.1	1,000 − 300 = 700

이때 서강기업의 기대연말현금흐름은 970원(0.9×1,000+0.1×700)으로 오늘 현재 서강기업의 가치를 구하기 위해서는 적절한 할인계수를 적용하여 할인하여야 되는데, 이때 할인계수가 13.5%라고 할 때 주당가치는 아래와 같이 계산된다.

$$\text{주당가치} = \frac{970}{1+0.135} = 854.63\text{원}$$

여기서 854.63원이라는 서강기업의 주당가치는 배상책임의 가능성, 즉 배상책임리스크에 대한 관리를 전혀 고려하지 않은 상태에서 연말에 실질적으로 어떤 현금흐름이 일어나는지 알기 전인 오늘 현재의 가치인 것이다. 만약 한 투자자가 오늘 서강기업의 주식 한 주를 매입했다면 연말에 주가가 상승하여 854.63원보다 높을 것을 희망하면서 매입대금으로 854.63원을 지불했을 수 있다. 그러나 연말가치는 서강기업의 실질적인 현금흐름에 어떻게 나타나느냐에 달린 것으로 만약 배상책임에 대한 소송없이 현금흐름이 1,000원이라면 투자수익률(rate of return on investment)은 17.0%[(1,000−854.63)/854.63]가 될 것이다. 만약 배상책임으로 현금흐름이 700원이 된다면 투자손실에 따라 −18.01%[(700−854.63)/854.63]가 될 것이다. 따라서 투자에 따른 실질적인 수익률은 17.0% 또는 −18.01%가 될 것이며 이는 평균수익률이 13.5%[(17.0%×0.9)+(−18.01×0.1)]가 된다는 것을 내포하고 있다.

서강기업의 예에서 볼 수 있듯이 기대현금흐름의 규모와 시기 그리고 기대현금흐름의 할인에 사용될 이자율이 기업가치의 중요한 결정요인이라는 것을 알 수 있다. 만약 기대현금흐름의 기간이 1년 이상이거나 현금흐름의 분포가 복잡한 경우라 할지라도 기업가치의 결정요소에는 변함이 없다. 따라서 기업에서 실행하는 리스크관리가 기업가치에 어떠한 효과를

19 편의상 세금은 없다고 가정한다.

미치는가를 알기 위해서는 리스크관리가 기업가치의 결정요인에 어떻게 작용하는지를 파악하여야 한다.

기업이 달성하고자 하는 목적은 기업의 특성에 따라 차이가 있을 수 있으며 이론적으로도 기업의 목적이 무엇이 되어야 한다는 일치된 의견이 없는 것이 현실이다. 그러나 보편적으로 이익의 극대화, 지속적인 성장 또는 기업의 사회적 책임 등을 기업이 추구해야 하는 목적으로 거론하고 있으나 현대재무이론에서는 기업가치의 극대화(firm value maximization)를 제시하고 있다. 일반적으로 기업의 가치는 아래의 식으로 나타낼 수 있다.

$$Firm\ Value = \sum_{t=1}^{n} \frac{ENCF_t}{(1+r)^t}$$

상기 식에서 분자의 $ENCF_t$는 미래의 특정 t기간의 기대되는 현금유입(cash inflow)에서 현금유출(cash outflow)을 차감한 순현금흐름을, 분모의 r은 화폐의 시간적 가치(time value of money)를 고려하여 미래의 현금흐름을 현재가치화하는 데 필요한 적절한 할인율을 표기한 것이다. 투자자의 입장에서 유사한 리스크에 노출된 다른 투자대상으로부터 기대되는 수익률이라고 볼 수 있다는 측면에서 자본의 기회비용(opportunity cost of capital)이라고 불리는 할인율은 기대되는 현금흐름의 변동성, 즉 리스크에 따라 적절한 요율이 결정되는데 상대적으로 리스크 회피적이라고 한다면 할인율은 높게 책정될 것이다.

기업의 가치는 그 기업에 투자한 투자자들의 수익을 제공해 줄 수 있는 미래의 순현금흐름과 연관되어 있는 기대현금흐름의 규모, 시기 그리고 현금흐름에 영향을 주는 리스크에 근본적으로 달려 있다고 하겠다. 현금유입은 주로 기업이 제공하는 재화와 용역의 판매에 의해서 이루어지며 현금유출은 대부분 기업이 판매를 위한 재화와 용역의 생산에 투입되는 비용이 차지한다. 따라서 기업가치를 결정하는 상기의 식에서 볼 수 있듯이 기대된 순현금흐름의 규모가 증가하거나 감소하면 기업의 가치가 증가하거나 감소하게 되는 것이다. [표 2-2]에서 볼 수 있듯이 기업이 직면한 순수리스크를 비롯한 다양한 리스크가 통제나 관리가 되지 않을 경우나 또는 리스크통제, 리스크이전 또는 리스크재무 등의 리스크관리방법을 활용한 손실보상금액을 초과하는 손실이 발생하게 되면 예기치 않은 직접적 손실과 그에 따른 간접적 손실이 증가하게 되어 현금유출은 늘어나고 현금유입은 줄어들게 된다. 이럴 경우, 기업의 순현금흐름이 감소하게 됨으로써 결과적으로 기업의 가치가 떨어지게 되는 것이다. 또한 화폐의 시간적 가치로 인하여 예기치 않은 현금흐름의 시기의 변화는 할인율인 $\frac{1}{(1+r)^t}$의 값에 변화를 가져와 결국 기업의 가치에 영향을 미치게 된다.

| 표 2-2 | 통제 및 관리되지 않은 리스크의 결과들

리스크의 유형	초기효과	최종효과
제품의 질적 문제	제품의 리콜, 소비자 이탈	재무적 손실
환경오염	안 좋은 평판, 소비자의 비선호 및 이탈, 법적 조치, 벌금	재무적 손실
건강과 안전 및 재해	안 좋은 평판, 근로자 보상청구, 노조불만족, 법칙금	인적 고통, 재무적 손실
화재	인적 피해, 생산과 자산의 손실	인적 고통, 재무적 손실
컴퓨터오류	구분접수, 작업수행 또는 송장발급의 불가능 발생, 소비자 이탈	재무적 손실
마케팅 리스크	수익감소	재무적 손실
사기	자금횡령	재무적 손실
보안	자금, 자산, 계획서의 도난	재무적 손실
국제무역	외환거래 손실	재무적 손실
정치적 위험	외국정부의 자산 몰수, 이익의 본국송금 제한	재무적 손실

자본의 기회비용은 화폐의 시간가치에 대한 보상과 투자에 따른 리스크에 대한 기대수익 두 요소로 구성되어 있는데, 전자는 리스크를 감안하지 않은 단순히 시간가치에 대한 보상으로서 대표적으로 미국 재무성이 발행하는 Treasury Bond와 같은 자산에 투자해서 기대할 수 있는 무리스크율(risk-free rate)이며, 후자는 무리스크수익률에 더해 투자리스크에 대한 추가보상, 즉 리스크프리미엄(risk premium)인 것이다. 앞서 언급하였듯이 미래현금흐름의 변동성, 즉 리스크가 커질수록 상대적으로 리스크 회피적인 투자자는 더 높은 리스크프리미엄을 요구하게 된다.

한 예로 정부가 발행한 채권의 수익률, 즉 무리스크율이 7%라고 가정했을 때 앞서의 서강기업의 현금흐름의 변동성에 대한 보상으로 투자자가 6.5%를 요구했다면 리스크프리미엄은 6.5%가 되며 따라서 서강기업의 자본의 기회비용은 13.5%가 되는 것이다. 그리고 13.5%는 서강기업의 미래 현금흐름의 현재가치를 구할 때 적용되는 적절한 할인율이 된다. 만약 다른 기업의 미래 현금흐름의 변동성이 서강기업의 변동성보다 크다면 그만큼 리스크가 커서 리스크프리미엄이 높아 서강기업에 적용되는 할인율보다 높은 할인율이 적용될 것이다. 여기서 중요한 점은 특정한 미래의 현금흐름에 적용되는 자본의 기회비용은 미래현금흐름의 불확실성, 즉 변동성을 반영하여야 한다는 것이다. 따라서 상기의 기업가치를 구하는 식은 분자에 미래의 현금흐름과 분모에 현금흐름의 리스크를 구체화하고 있다.

리스크프리미엄과 관련하여 앞서 언급하였듯이 미래현금흐름에 대한 불확실성이 크면 클수록 상대적으로 리스크프리미엄이 증가할 것으로 기대한다. 그러나 한 가지 인지하여야 할 것은 일부 리스크는 투자자가 잘 분산된(well-diversified) 포트폴리오를 구성함으로써 실질적인 비용을 부담하지 않고 제거할 수 있다는 것이다. 만약 투자자가 비용부담 없이 리스크를 분산시킬 수 있다면 그러한 리스크에 대한 보상이 필요하지 않을 것이며 만약 보상을 하는 증권이 있다면 그것만큼 투자자에게 바람직한 일은 없을 것이다. 그러나 투자자들 사이에 그러한 증권을 사려는 경쟁이 증가하게 되면 투자자들은 다변화를 통해서 제거할 수 없는 리스크에 대한 보상이 이루어질 때까지 증권의 가격을 상승시킬 것이고 기대수익은 그만큼 하락하게 되는 것이다.[20]

예를 들어, 서강기업에 투자한 투자자들이 다변화를 통해 그들이 제거할 수 있는 리스크를 포함한 모든 리스크에 대해 보상받을 수 있도록 주식가격이 산정되었다고 하자. 그리고 서강기업의 적절한 리스크프리미엄이 6.5%이지만 현재 시장에서 8%로 평가되어 주식가격이 형성되었다면 무리스크율이 7%라고 할 때 서강기업의 주당 주식가격은 아래와 같다.

$$\text{서강주식가격} = \frac{970}{1+0.15} = 843.48\text{원}$$

연말에 주당 가격이 970원이 될 것으로 예상하면서 15%의 수익률을 기대하며 주당 843.48원에 서강기업의 주식을 매수한 투자자들은 다변화를 통해 제거될 수 없는 리스크의 보상에 필요한 13.5%보다 높은 수익률 때문에 바람직한 투자라고 생각할 수 있지만 다른 투자자들 역시 그러한 점 때문에 서강기업의 주식을 매력적인 투자대상이라고 생각할 것이다. 다시 말해서 투자자들 자신이 분산시킬 수 있는 리스크까지 반영되었기에 주당 가격이 저평가되었다고 보는 것이다. 따라서 서강주식에 대한 매수를 시작할 것이고 이는 주식가격의 상승결과를 가져온다. 그리고 주식가격이 계속 상승하면서 기대수익률은 하락하게 되고 이러한 현상은 주당 가격이 854.63원, 즉 기대수익률이 13.5%에 이를 때까지 지속될 것이다.

서강기업의 예를 통해서 우리는 두 가지 타입의 리스크, 즉 잘 분산된 포트폴리오를 통해서 제거될 수 있는 리스크(diversifiable risk)와 제거될 수 없는 리스크(nondiversifiable risk)가 있다는 것을 알 수 있다.[21] 전자의 제거될 수 있는 리스크의 경우, 한 투자자가 잘 분

20 재무분야에서 Capital Asset Pricing Model(CAPM)을 이해하는 논리이다.

21 자본의 기회비용을 산출하는 다양한 모델들과 그에 대한 논쟁이 있으나 대부분의 모델들은 일부 리스크는 제거될 수 있으며 오직 제거될 수 없는 리스크만이 자본의 기회비용에 영향을 미친다는 근본적인 원칙을 채택하고 있다.

산된 포트포리오를 구성하여 다양한 기업들의 주식을 보유하고 있다고 했을 때, 일부 기업들의 높은 수익률을 보이는 좋은 결과들은 다른 기업들의 낮은 수익률을 보이는 나쁜 결과를 상쇄(offset)하는 경향이 있다. 이러한 상쇄효과는 특별히 한 기업에 영향을 주는 공장폭발, 도난, 정부발주공사계약 등의 사고 또는 사건들이 다른 기업에 영향을 주는 그것들과 상관관계가 없을 때, 즉 독립적일 때 작동한다. 따라서 비용유발 없이 투자자 자신들이 제거할 수 있는 리스크에 대해서는 보상을 요구하지 않으며 종종 'firm-specific' 리스크, 'idiosyncratic' 리스크 또는 'nonsystematic' 리스크라고도 불린다.

반면에 후자인 제거될 수 없는 리스크는 금리 및 환율의 변동, 국민총생산(GNP)의 성장, 동남아시아 금융위기, 미국의 서브프라임 사태로 인한 세계금융위기 등 일반경제활동의 변화가 모든 기업에 영향을 미치면서 결과적으로 투자자들의 분산투자에 의한 포트폴리오 구성에 의해 다변화될 수 없는 리스크라고 할 수 있다. 직관적으로 시장 전반에 공통적으로 미치는 사건 · 사고들이 발생하여 모든 기업들이 영향을 받게 되면 나쁜 결과를 좋은 결과가 흡수하는 상쇄효과가 없게 되어 제거가 될 수 없는 리스크가 되는 것이다. 따라서 이러한 리스크를 종종 'market' 리스크 또는 'systematic' 리스크라고 하기도 한다.

결과적으로 기업이 직면한 총 리스크는 제거될 수 있는 리스크와 제거될 수 없는 리스크 두 종류로 분류되며 기업의 가치산정을 위한 적절한 할인율(요구수익률)은 제거될 수 있는 리스크에 영향을 받지 않으며 투자자 입장에서 분산시킬 수 없는 리스크에 대해서만 보상을 요구할 수 있다는 측면에서 오로지 제거될 수 없는 리스크에 영향을 받는다고 할 수 있다.

2. 리스크관리와 자본의 기회비용

지금부터는 기업의 리스크관리가 자본의 기회비용, 즉 할인율에 어떻게 영향을 미치는지 알아보도록 하겠다. 앞서 살펴보았듯이 기업이 직면한 리스크가 기업가치 산정에 필요한 할인율에 미치는 영향을 살펴보았는데 할인율은 정부가 발행하는 채권에 적용되고 기업의 의사결정에 영향을 받지 않는 무리스크율과 리스크프리미엄을 합한 수치이다. 따라서 리스크관리가 할인율에 영향을 주었다면 그 영향을 받은 부분은 당연히 제거될 수 없는 리스크의 크기에 따라 결정되는 리스크프리미엄일 수밖에 없다. 결과적으로 리스크관리를 통해서 투자자들이 포트폴리오 구성을 통해서 제거할 수 있는 리스크만을 감소시킨다면 기업의 리스크프리미엄은 영향을 받지 않을 것이고 나아가 자본의 기회비용에도 영향을 미치지 않는다.

기업의 보험가입, 손실통제 등과 같은 리스크관리 활동들은 통상적으로 기업의 제거될 수 있는 리스크만을 줄인다고 할 수 있다. 일반적으로 보험회사가 인수하는 리스크의 형태는 보험회사 입장에서 많은 다른 보험가입자들의 보험가입을 통해서 분산시킬 수 있는 리스크라고 할 수 있다. 만약 보험회사가 리스크를 다변화시킬 수 있다면 주주입장에서도 마찬가지로 잘 분산된 포트폴리오를 구성하여 분산시킬 수 있다는 의미이기 때문에 기업의 입장에서 보험가입은 일반적으로 자본의 기회비용을 줄이는 것이 아니다. 마찬가지로 손실통제를 통한 리스크감소 역시 제거될 수 있는 기업특유(firm-specific)의 리스크에 한정된다. 예를 들어서 산업재해나 제조물 배상책임과 같은 리스크의 빈도나 정도는 기업들 간에 상관관계가 없을 가능성이 높아 주주 입장에서는 포트폴리오 구성을 통해 분산시킬 수 있으며 손실통제 역시 일반적으로 기업의 자본의 기회비용을 감소시키는 데 영향을 미치지 않는다.

기업의 입장에서 소비자의 총체적 수요의 예기치 않은 변화와 같이 많은 기업의 가치에 영향을 미치는 예기치 못한 사건 사고들이 있기에 제거될 수 없는 리스크가 항상 존재한다.[22] 이러한 리스크는 개별기업의 대응으로 해결될 수 없으나 자본의 기회비용을 줄일 수 있는 헷지(hedge)를 통해 현금흐름에 미치는 영향의 심각성을 줄이는 것은 가능하다. 그러나 여기서 한 가지 지적할 것은 자본의 기회비용(기업가치를 구하는 식에서 분모)이 줄었다고 바로 기업가치의 증가로 연결되지는 않는다는 것이다. 왜냐하면 다변화를 통해 제거될 수 없는 리스크를 제3자에게 이전시킬 경우 인수에 따른 제3자의 보상을 요구로 기업의 현금흐름(기업가치를 구하는 식에서 분자)이 감소되어 기업가치를 감소시키기 때문에 결과적으로 두 효과는 평가된 가치가 같다는 전제하에 서로 상쇄되어 기업가치에는 영향을 미치지 못한다.

따라서 기업의 리스크관리는 일반적으로 잘 분산된 포트폴리오를 구성한 주주들에 의해 제거될 수 있는 형태의 리스크를 대상으로 하고 있으며 만약 리스크관리로 인해 그러한 리스크가 줄었다면 주주의 기대현금흐름(기업가치를 구하는 식에서 분자)이 증가되어 결국 주주의 부(shareholder wealth)는 증가되어야 한다.

---

22 대표적인 예로 군사전략적 차원에서 단행된 미국의 사드배치 결정에 대한 중국의 대응으로 한국 제품에 대한 수요의 급감으로 많은 기업들이 타격을 입고 있다.

3. 리스크관리와 기업가치

한편 기업이 직면한 리스크를 통제 또는 관리하기 위한 절차와 다양한 관리방법을 실행에 옮기기 위해서는 필연적으로 비용이 유발되어 기업의 현금유출에 기여하게 되고 이는 순현금흐름을 감소시켜 기업의 가치에 부정적인 영향을 미친다고 할 수 있다. 그러나 손실로 대변되는 리스크비용(cost of risk)과 리스크관리비용(cost of risk management) 사이에는 상반관계(trade offs)가 있다. 다시 말해서 리스크에 의한 기대비용을 감소시키기 위해 리스크관리절차를 통해 선택한 관리방법을 실행하였을 경우 리스크의 기대비용은 줄어드는 반면 리스크관리비용이 유발되며 리스크의 기대비용의 감소규모가 커지면 커질수록 관리비용도 더 많이 증가된다는 것이다.

이러한 상반관계의 좋은 예로 우선 기대손실비용과 리스크통제비용 간의 관계를 들 수 있다. 항공회사의 경우, 비행기사고로 인한 직간접의 기대손실을 줄이기 위하여 비행기의 안전점검횟수를 늘리고, 승무원에 대한 안전교육을 강화하고, 비상시 승객들을 위한 구명장치의 기능을 향상시키는 등의 리스크통제를 함으로써 리스크통제 비용이 발생하게 된다. 리스크통제가 강화될수록 관리비용은 점점 증가하게 된다. 그러나 비행기사고로 인한 리스크비용을 최소화하기 위해서 리스크 자체를 제거하는 리스크통제방법은 포함되지 않는다. 왜냐하면 직간접의 기대손실 가능성을 완전히 제거하고자 할 경우 결국 비행기의 운항을 중단할 수밖에 없으므로 도리어 사고가 발생할 때보다도 기업가치가 더욱 하락하여 파산할 수도 있다. 다른 예로 리스크재무비용과 내부리스크감소 및 간접손실의 기대비용과의 관계이다. 보험이나 자가보험 그리고 다변화 및 리스크에 대한 정보수집 등에 대한 비용이 증가할수록 기업의 현금흐름에 대한 변동성이 줄어들게 되고 이는 손실발생으로 인한 구조조정이나 파산의 가능성이 낮아질 뿐만 아니라 수익성 있는 투자프로젝트를 수행할 수 있는 가능성이 높아진다. 이는 결과적으로 간접손실의 기대비용이 줄어드는 것이며 기업이 보험을 이용하여 리스크를 관리하는 중요한 이유가 되는 것이다.[23] 따라서 상반관계를 고려하여 리스크와 관련된 모든 비용, 즉 리스크비용과 리스크관리비용을 최소화하는 것이 곧 기업의 가치를 극대화하는 결과가 된다고 할 수 있다.[24] 여기서 중요한 점은 바로 리스크비용과 리스크관리비용

---

23 다변화된 포트폴리오를 구성하여 리스크를 분산한 주주들의 기업이 보험을 활용하는 이유에 대한 자세한 설명은 제8장 제3절을 참조하기 바란다.

24 리스크를 감안한 기업의 가치는 리스크가 없는 기업의 가치에서 리스크와 관련된 모든 비용을 차감한 값이 된다. 리스크가 없는 기업은 자동차를 생산하는 기업의 경우 생산된 자동차의 급발진문제, 제품결함, 산업재해 등의 하자가 전무한 완벽한 상태의 제품을 생산함으로써 리스크와 리스크관리비용이 없는 기업을 의미하며 현

그림 2-5 ▸▸ 리스크 및 리스크관리비용의 상반관계

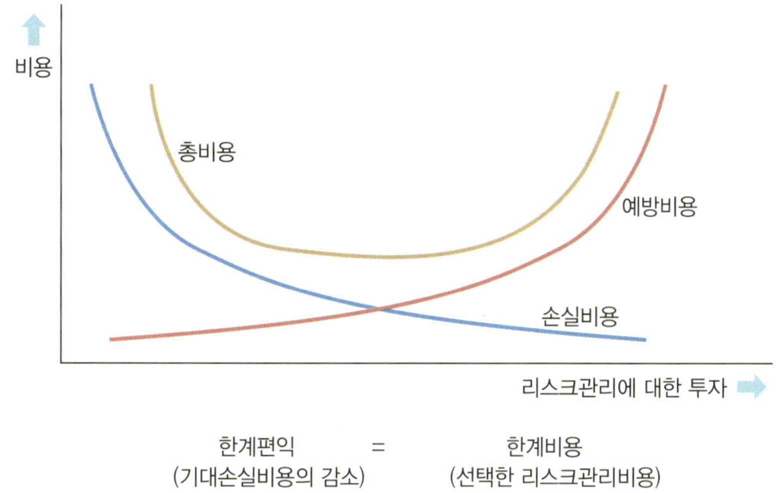

을 최소화되게 하는 효율적 수준(efficient level)이 어디인가 하는 것이다. [그림 2-5]는 리스크관련 비용의 상반관계를 잘 보여주고 있다. 가로축은 리스크관리를 위한 다양한 방법에의 투자를 나타내고 있고 세로축은 리스크와 관련된 모든 비용, 즉 리스크와 리스크관리의 비용을 보여주고 있다.

그림에서 보듯이 리스크관리에 투자가 늘어날수록 리스크에 의한 기대손실비용은 줄어들고 있다. 그러나 총비용은 U자형의 곡선을 보여주고 있다. 이는 리스크비용과 리스크관리비용사이의 상반관계에 의한 것으로서 중요한 점은 두 비용의 한계비용의 변화에 차이가 있다는 것이다. 다시 말해서 리스크관리의 한계비용(marginal cost)은 체증하고 있으나 리스크비용의 한계비용(marginal benefit)은 체감(한계편익 체증)하고 있음을 알 수 있다.[25] 그런데 리스크관리의 초기단계에서는 리스크관리의 한계비용체증속도보다 리스크비용의 한계비용체감속도가 더 빠르게 진행되고 있고 어느 시점을 지나서는 리스크관리의 한계비용체증속도가 리스크비용의 한계비용체감속도보다 빠르게 진행되는 반대현상을 보이고 있다. 따라서 가장 효율적인 리스크관리의 수준은 총비용이 최소가 되는 수준으로 바로 리스크관리의 한

실적으로 존재하지 않는 가상의 기업이라고 할 수 있다. 따라서 리스크와 관련된 비용을 최소화함으로써 리스크를 감안한 기업의 가치를 최대화할 수 있다.

25 리스크관리가 강화될수록 리스크에 의한 기대손실은 줄어들게 된다. 따라서 리스크관리에의 투자는 비용개념으로 한계비용을 marginal cost로 표기하였고 리스크비용은 감소하는 만큼 기업의 현금흐름에 도움을 주기 때문에 리스크비용의 한계비용을 marginal benefit라고 표기하였다.

계비용과 리스크비용의 한계비용이 같아지는 수준(marginal cost = marginal benefit)이 되는 것이다.

개인의 리스크관리도 기업의 리스크관리의 맥락과 같이 개인에게 직면한 다양한 리스크를 파악하여 발생가능한 손실을 측정한 후 손실을 최소화시킬 수 있는 관리기법을 선택하여 실행하고 기법의 적합성을 모니터링하는 일련의 과정을 거치게 된다. 자동차는 기업은 물론이고 개인의 일상생활에 없어서는 안 되는 문명의 이기(利己)인 동시에 우리의 삶을 위협하는 살인무기와 같다고 할 수 있다. 따라서 개인의 입장에서 자동차사고로 인한 직간접 기대손실을 최소화하기 위하여 운전의 횟수를 줄이고 특히 야간운전을 회피하는 등 리스크통제를 한다. 동시에 보험가입이나 자동차리스 등의 리스크재무를 통하여 관리를 하는 동시에 특히 외지를 가야 할 경우 이용할 도로의 사정이나 기상에 대한 정보를 미리 수집하는 등 내부적으로 리스크감소를 위한 노력을 게을리 하지 않는다.

대부분의 개인은 위험회피적(risk averse)이기 때문에 본인이 직면한 리스크를 줄이기 위하여 일정한 대가를 지불할 용의를 가지고 있으며 반대로 투자에 따른 리스크를 감수하여야 할 경우에는 그에 대한 보상을 요구한다. 그러나 개인마다 리스크를 회피하는 정도(the degree of risk aversion)가 다르기 때문에 상기에서 언급된 다양한 리스크관리방법에 투자하는 비용은 개인별로 차이가 있다고 하겠다. 한 예로 동일한 상태의 자동차에 책정된 보험료에 대하여 개인에 따라 보험가입을 회피하거나 보험에 가입하더라도 부분보험(partial insurance) 또는 전(全)보험(full insurance)에 가입하는 등의 차이를 보이고 있다.[26]

4. 사회적 리스크비용과 리스크관리

개인과 기업의 입장에서 리스크를 관리하는 목적은 리스크비용과 리스크관리비용을 최소화함으로서 개인의 효용이나 기업의 가치를 최대화하는 것으로 볼 수 있다. 이 시점에서 만약 개인이나 기업에 의한 리스크관련 비용의 최소화가 사회의 리스크관련비용을 최소화하는데 기여할 수 있는가 하는 것이다. 이에 대한 결론을 내리기전에 우선 우리 주위에서 일어났고 또 일어나고 있는 몇몇 현상에 대해 알아보도록 하겠다. 최근에 발생하고 있는 자연재해의 심각성으로 인해 친환경이니 녹색산업이니 하는 용어가 매스컴을 통해 우리의 눈과 귀가 따갑도록 전해지고 있는 가운데 국가 간의 이산화탄소의 배출량을 규제하는 국제협약을 맺

26 이와 관련한 내용은 제8장에서 자세하게 다루고 있으니 참조하기 바란다.

고 있다. 반면에 특정기업에 의한 폐기물의 불법매립, 아파트를 비롯한 건물의 신축 또는 재건축시 불량시공, 소비자의 안전을 무시한 불량제품, 음식점에서 잔반(殘飯)의 재사용, 오염물질의 하천방류, 일부 중소기업의 근로자들 특히 외국근로자들의 안전을 무시한 취약한 작업환경, 그리고 골목길이나 길거리에 쓰레기의 불법투기 등을 자주 접한다. 이러한 행위는 개인이나 기업이 그들을 둘러쌓고 있는 주위의 주요 이해당사자들(stakeholders)[27]을 무시하고 개인의 효용이나 기업의 가치를 최대화하기 위하여 그들이 감수하여야 할 리스크관련 비용을 사회에 떠넘기는 행위를 하는 것이다.

이러한 현상은 개인이나 기업이 부담하는 리스크비용(private cost of risk)이 사회적 리스크비용(social cost of risk)보다 작을 경우에 일어나게 된다. 따라서 모든 사회적 리스크비용을 개인이나 기업의 비용으로 전환시킴으로써 적어도 개인이나 기업이 부담하는 리스크비용과 사회적 리스크비용이 같아지도록 함으로써 리스크관련 비용의 최소화를 통한 개인복지나 기업가치의 극대화가 사회적 리스크비용의 최소화로 연결될 수 있는 것이다. 이를 위해서 제조물배상(product liability), 산업재해보상(worker's compensation), 일반배상(general liability), 환경, 식품, 건축 등과 관련된 많은 법적, 제도적 장치들이 마련되었으며, 개인이나 기업이 의사결정을 할 때 그들의 결정이 주위의 이해당사자들에게 미치는 리스크와 리스크비용에 대해 좀 더 주의깊게 생각해보도록 함으로써 사회적 리스크비용을 최대한 감소시키려고 하고 있는 것이 현실이다.

제4절 전사적 리스크관리

1960~70년대 기업의 리스크관리를 부보(符保)가능한 리스크(insurable risk)에 대한 보험관리(insurance management)라면, 1980~90년대는 기업환경의 급격한 재무지표의 변화로 인하여 주식, 금리, 상품가격, 그리고 환율 등의 기초자산(underlying asset)의 가치에 투기적 포지션(speculative position)을 취할 수 있는 선물(futures), 스왑(swaps), 캡스(caps)와 같은 파생상품(derivative instruments)의 유용성이 증가함에 따라 순수리스크와

27 기업의 주요 이해당사자로서는 국내외 소비자를 비롯하여 종업원, 주주, 협력업체, 채권자, 지역사회 나아가 국가까지를 포함한다.

재무리스크를 동시에 관리하는 통합리스크관리(integrated risk management)라고 할 수 있다.

1990년대 이후 진행 중인 기업 간의 치열한 경쟁과 투자자들의 수익에 대한 조급한 기대 등의 환경 속에서 막강한 권한을 지닌 CEO와 몇몇 선택된 이사회멤버들로 구성된 지배구조(governance)에 의해 기업이 운용되어 왔으며 그들의 유일한 책임은 자신에 우호적인 감사(auditor)에 의해 검토된 재무제표를 발간하고 기업변호사들(corporate lawyers)로 하여금 기업활동에 방해가 된다고 생각하는 법조항이나 산업규제 등의 장애물들을 피할 수 있는 장치를 만들게 하는 것이었다. 기업들의 분식회계, 비자금조성 등의 부정적인 활동이 2002년 샤베인스-옥슬리법(Sarbanes-Oxley Act)의 제정과 함께 사회적인 관심으로 부상하자 IIA(Institute of Internal Auditors)에서는 내부감사의 기능이 리스크관리, 통제 및 지배구조의 문제와 깊은 관계가 있음을 강조하고 리스크관리와 기업의 지배구조를 연결시키는 작업이 실행에 옮겨지면서 리스크관리와 지배구조의 관계를 다음과 같이 설정하였다.[28]

> Risk management is a fundamental element of corporate governance. Management is responsible for establishing and operating the risk management framework on behalf of the board.

따라서 리스크관리의 대상이 순수리스크와 재무리스크뿐만 아니라 전략적인 관점에서 기업윤리까지 포함하여 기업활동의 모든 분야에서 일어날 수 있는 리스크를 인지하고 관리하는 일괄적인 접근(wholesale approach) 프로그램인 전사적 리스크관리(Enterprise Risk Management: ERM)가 되어야 하며 바람직한 지배구조의 핵심요소임을 강조하고 있다. IIA에서는 ERM을 다음과 같이 묘사하고 있다.[29]

> A structured, consistent and continuous process across the whole organization for identifying, assessing, deciding on responses to and

28 Institute of Internal Auditors, UK & Ireland, Position Statement 2004, *The Role of Internal Audit in Enterprise-Wide Risk Management*, Conclusion.

29 Institute of Internal Auditors, Glossary of Terms(IIA, UK & Ireland).

reporting on opportunities and threats that affect the achievement of its objectives.

ERM은 기업이 설정한 목표를 달성하기 위하여 기업의 전체 구성원에 의해서 관리되며 전략수립을 비롯한 전반적인 기업활동에 적용되어, 기업의 목표달성에 영향을 미치는 잠재적 리스크를 인지하고 측정 · 평가한 후 기업의 리스크선호도 내에서 통제 관리하기 위한 구조적이고 일관성이 있으며, 지속적인 일련의 절차(process)로서 기업의 특성에 따른 끊임없는 활동 또는 반복되는 활동 사이의 상호작용이라고 할 수 있다.

ERM에 대한 획기적인 문서는 미국의 National Commission on Fraudulent Financial Reporting을 후원하려는 목적으로 1985년에 미국의 주요 5개의 전문협회(professional associations)[30]로 구성된 Committee of Sponsoring Organizations(COSO)에 의해서 2004년 9월 29일에 발표된 Enterprise Risk Management–Integrated Framework(일명 2004 COSO ERM framework 또는 COSO ERM)이다.[31] COSO ERM의 기본전제는 기업가치를 감소시키거나 증가시킬 수 있는 리스크와 기회의 불확실성에 직면해 있는 모든 기업은 투자자의 가치를 증가시키기 위해 기업이 수용할 수 있는 불확실성의 정도를 결정해야 한다는 것이다. 결국 ERM은 경영권자가 불확실성과 관련된 리스크와 기회를 기업의 목표달성에 기여하도록 효율적으로 다룸으로써 기업의 가치수립능력을 향상시킬 수 있게 해주는 것이다.

ERM은 경영자가 사업을 운영하는 방법에서 비롯된 내부환경(Internal Environment), 목표설정(Objectives Setting), 리스크인지(Risk Identif ication), 리스크평가(Risk Assessment), 리스크대응(Risk Response), 통제활동(Control Activity), 정보와 의사소통(Information and Communication), 그리고 모니터링(Monitoring)의 8가지의 상호 관련된 요소로 구성되어 경영프로세스로 통합되어진다.

내부환경을 구성하는 요소로는 기업의 리스크관리에 관한 철학, 리스크선호도(Risk

---

30 COSO를 구성하는 5개의 주요 협회는 the American Accounting Association(AAA), the American Institute of Certified Public Accountants(AICPA), Financial Executives International(FEI), The Institute of Internal Auditors(IIA), 그리고 the National Association of Accountants(now the Institute of Management Accountants(IMA))이다.

31 COSO와 COSO에서 발간하는 출판물에 대한 좀 더 자세한 정보는 COSO의 웹사이트인 www.coso.org를 참조하기 바란다.

Appetite), 이사회의 감시책임, 경영자의 정직성, 기업윤리의 가치, 회사구성원의 능력, 기업의 지배구조 등이 포함되는데 기업의 리스크관리에 대한 원칙과 구조에 바탕이 될 뿐만 아니라 기업의 조직문화를 반영한다. 목표설정은 기업이 직면한 리스크에 대한 적절한 조치를 취하기 위한 리스크관리의 전제조건으로서 ERM이 기업의 리스크만을 관리하는 절차가 아니라 목표달성을 더욱 확실하게 하는 절차임을 의미한다고 하겠다. 리스크인지는 기업이 설정한 목표를 달성하는 데 영향을 줄 수 있는 기업의 대내외적 환경 속에서 잠재적 리스크를 인지하는 것으로서 크게 긍정적인 영향인 기회와 부정적인 영향인 리스크로 대별될 수 있다. 리스크평가는 리스크발생가능성과 발생 시 기업에 미치는 영향으로 평가되며 리스크대응은 회피(Avoidance), 수용(Acceptance), 감소(Reduction), 공유(Sharing)로 구분되는데 기업의 입장에서 리스크 허용한도와 리스크선호도를 고려하여 대응방안을 선택하여야 한다. 통제활동은 기업의 전반에 걸친 승인, 검증, 권한부여, 운영성과의 측정, 자산에 대한 보안 및 업무분장 등 조직의 모든 계층과 활동에서 수행되는 것으로 리스크에 대하여 관리자가 적절하게 대응하고 있는지에 대한 확인이라고 볼 수 있으며 효율적인 의사소통을 바탕으로 의사결정에 필요한 정보는 기업의 모든 조직계층에서 필요하며 구성원 모두의 역할과 책임을 명확히 부여할 수 있다. 마지막으로 ERM의 모든 절차는 모니터링되어야 하며 필요에 따라 수정됨으로써 상황변화 시 역동적으로 대응할 수 있게 된다.

ERM의 구조는 다음의 다섯 단계(phase)로 설명될 수 있다.[32]

첫 번째 단계는 기업의 미션(mission)을 설정하고 설정된 미션과 일치하고 이를 지지하는 높은 수준의 목표인 전략을 수립하며 구성원들을 포함한 기업의 자원을 효율적이고 생산적으로 활용하기 위한 다양한 세부계획을 실행하는 등 지배구조를 포함한 기업 전반에 걸친 정렬(arrangement)과 관련된 것이다. 우선 기업을 둘러쌓고 있는 세계화, 기술변화, 구조조정(restructuring), 시장변화, 경쟁 및 법, 규정 등의 각종 규제 등 외부요소의 불확실성이 증가하는 환경 속에서 기업이 추구하여야 할 미션을 설정하는 것이다.[33] 그리고 미션을 결과로 전환시키는 전략에 관한 중요한 결정을 하는 것은 기업의 이사회와 최고경영자의 몫이다. 이사회는 조직을 지배하는 주체로서 전략을 수립(strategy formation)하고 수립한 전략을 실행(strategy implementation)에 옮겨 주요업적지수(Key Performance Indicators: KPIs)의 달성을 책임지는 경영진(senior management)을 구성하며 효율적인 ERM수립, 기

32 Pickett, K. H. Spenser, *Auditing the Risk Management Process*, John Wiley & Sons Inc., 2005.

33 기업은 미션과 아울러 미래의 비젼(vision)과 사회적 관심사도 표명하는 것이 바람직하다. 우리나라의 대표적인 기업의 미션으로 정성껏 좋은 상품을 생산하여 국가와 동포에 봉사하고 성실한 인재를 양성하며 기업의 이익은 성장을 위한 재투자, 납세 그리고 사회환원에 사용한다는 내용을 표방한 유한양행을 예로 들 수 있다.

업의 리스크와 리스크선호에 관한 인지(認知), 그리고 가장 심각한 리스크에 대한 적절한 대응 등 리스크관리절차를 감독하는 데 있어서 중심적인 역할과 최종적인 책임을 진다.

두 번째 단계는 기업의 목표를 달성하기 위한 전략수립과 실행과정에서 관련된 리스크를 분리하고 이해하는 것이다. 우선 기업의 목표달성뿐만 아니라 나아가 생존에 직접적인 영향을 미치는 (기관)투자자, 채권자, 파트너, 은행, 종업원 등의 능동적 이해당사자(active stakeholders)와 기업에는 직접적인 영향력은 없지만 기업의 사회적 책임, 환경보호 등과 같은 사안에 일종의 집단적인 힘을 보여주는 지역사회, 방송, 환경단체, 시민단체 등과 같은 수동적 이해당사자(passive stakeholders)가 있다. 또한 수립된 미션과 이를 달성하기 위한 전략적 목표는 일반적으로 고정적인 반면, 전략 및 이에 관련된 여러 목표들은 동적이고 내부와 외부의 환경변화에 따라 끊임없이 수정되어야 하는 전략적 리스크(strategic risk)와 기업의 궁극적인 목표에 도달하는 과정에서 기업운영의 효과성과 효율성에 영향을 주는 운영리스크(operational risk)가 있다. 그리고 전략적 리스크와 운영리스크가 기업의 서로 다른 분야에 영향을 미쳐 발생할 수 있는 재무(finance), 영업(business), 계획(project), 그리고 준수(compliance) 등과 관련된 다양한 리스크를 탐색할 수 있는 리스크지도(risk map)가 작성될 수 있다.

세 번째 단계는 이사회의 감독을 받고 있는 경영자에 의해서 수립되는 기업의 리스크선호도와 관련된 것으로서 전략수립을 위한 지침이 된다. 일반적으로 어떻게 전략을 수립하느냐에 따라 각기 다른 리스크를 가지면서 목표로 정한 성장과 그에 따른 이익을 달성할 수 있도록 설계된다. 따라서 기업의 리스크선호도와 전략 사이에는 상관관계가 있으며 이때 ERM은 경영자가 기업의 리스크선호도와 일치하는 전략을 선택할 수 있도록 도와준다. 다시 말해서 기업의 리스크선호도는 기업의 전략을 반영한다고 볼 수 있으며 이는 결과적으로 기업의 리스크선호도와 각 사업단위의 전략적 계획을 바탕으로 투자된 자원에서 목표로 정한 수익이 발생할 수 있도록 전 사업단위에 자원을 할당하는 데 지침이 된다고 볼 수 있다. 기업이 리스크를 어떻게 선호하는가에 대한 이해를 하는 데 중요한 용어들은 기업이 직면한 리스크를 이해하고 관리하는 역량(Capability), 리스크관리에 대한 기업의 모든 구성원들의 관여(Commitment), 리스크에 대한 통제가 이루어진 후의 잔존리스크(residual risk)와 밀접한 관계가 있는 것으로서 목표달성에 심각한 영향을 미치는 쟁점에 대한 선택(Choice), 리스크를 관리하는 방침에 관한 일관성(Consistency), 기업의 활동과 소비자와 이해당사자들과의 관계에 관한 방침에 대한 내용(Context), 기업의 리스크관리는 노동력을 강화하고 리스크에 직면 했을 때 혼란에 빠지지 않도록 하려는 도전(Challenge), 기업의 구성원 간 그리고 그들의 급선무에 관한 이해를 위한 의사소통(Communication), 기업의 목표, 책임 등에 관한 투명성(Clarity), 기업이 수립한 목표의 달성가능성을 높이기 위하여 고유(inherent) 리스크의 영향을 줄이려는 통제조치(Controls), 기업의 핵심가치(Core Values), 그리고 기업문화(Culture)를 들 수 있는데 이를 기업의 리스크선호도를 결정하는 11Cs라고도 한다.

네 번째 단계는 구체적인 리스크관리의 절차와 관련된 것으로서 기업이 선정한 미션하에서 목표를 달성하기 위하여 설정된 다양한 사업목표(Business Objectives)에 부정적인 영향을 미칠 수 있는 사건인 잠재적 리스크를 인지(Risk Identification)하여야 한다. 긍정적인 영향을 주는 사건은 기회를 의미하는데, 경영자는 이를 전략 또는 목표수립 절차에 활용하여야 한다. 인지된 잠재적 리스크의 '발생가능성'과 목표달성을 위한 기업의 능력에 미치는 '영향'의 두 가지 관점에서 정성적 · 정량적인 방법을 결합하여 평가하고(Risk Assessment), 리스크회피, 감소, 공유, 수용 등의 적절한 관리방안(Risk Management)을 결정하여야 한다. 관리방안을 결정할 때 비용편익분석을 비롯하여 리스크의 허용한도 내에서 잔존이익이 발생하도록 하여야 하며 리스크관리 후의 잔존리스크가 기업의 리스크선호도 내에 있는지를 확인함으로써 전사적인 동시에 포트폴리오적 리스크관점을 유지하여야 한다. 이러한 리스크관리과정을 강화하고 공고히 하기 위하여 현실적으로 달성하여야 할 목표인 KPIs(Key Performance Indicator)와 더불어 기업의 투명성을 보여주는 공식적인 발표(Disclosures)가 필요하다.

마지막 단계는 내부통제(internal control), 모니터링(monitoring)을 통한 확인(validation) 및 개선(improvement) 그리고 계속적인 통합(continual integration)이다. 기업이 설정한 목표를 달성하기 위한 기업의 능력을 위협하고 불확실성과 제한의 요인으로 작용하는 리스크에 대한 방지장치로서 선택된 리스크관리방법을 실행에 옮길 수행계획을 개발하여야 하는데, 수행계획의 중요한 요소는 리스크의 관리방법이 실행되고 있다는 것을 확증하기 위한 내부통제 활동이다. 훌륭한 ERM과정은 적절한 내부통제의 체계(system)와 리스크의 형태, 영향, 그리고 가능성이 변할 때 새롭게 적응할 수 있는 장치(mechanism)를 구체화하여야 한다. 이를 위하여 ERM은 기업의 최고경영자에 의한 내부통제에 관한 성명(Statement on Internal Control)을 제안하고 있다. 그리고 리스크관리의 전체과정이 지속적으로 유지되어야 하며, 의도한대로 작동하는지에 대한 정밀한 관찰이 수행되어야 하며 필요시 적절한 문서로 된 확인이 이루어져야 한다. 또한 관리과정을 통하여 실질적인 리스크를 포착하기 위하여 관리과정에 대한 지속적인 개선뿐만 아니라 기업의 실질적인 사업체계 및 활동방법과 리스크관리를 통합하는 작업이 계속적으로 이루어질 필요가 있다. 결과적으로 경영자는 기업조직, 구성원, 절차, 그리고 성공적인 전략실행을 조장하는 하부구조(infrastructure)를 일치시킴과 동시에 모든 실체들이 기업의 리스크선호도 내에서 지속될 수 있도록 지향하여야 한다. [그림 2-6]을 통하여 지금까지 설명한 ERM체계를 종합적으로 이해할 수 있다.

그림 2-6 ▶▶ ERM 체계[34]

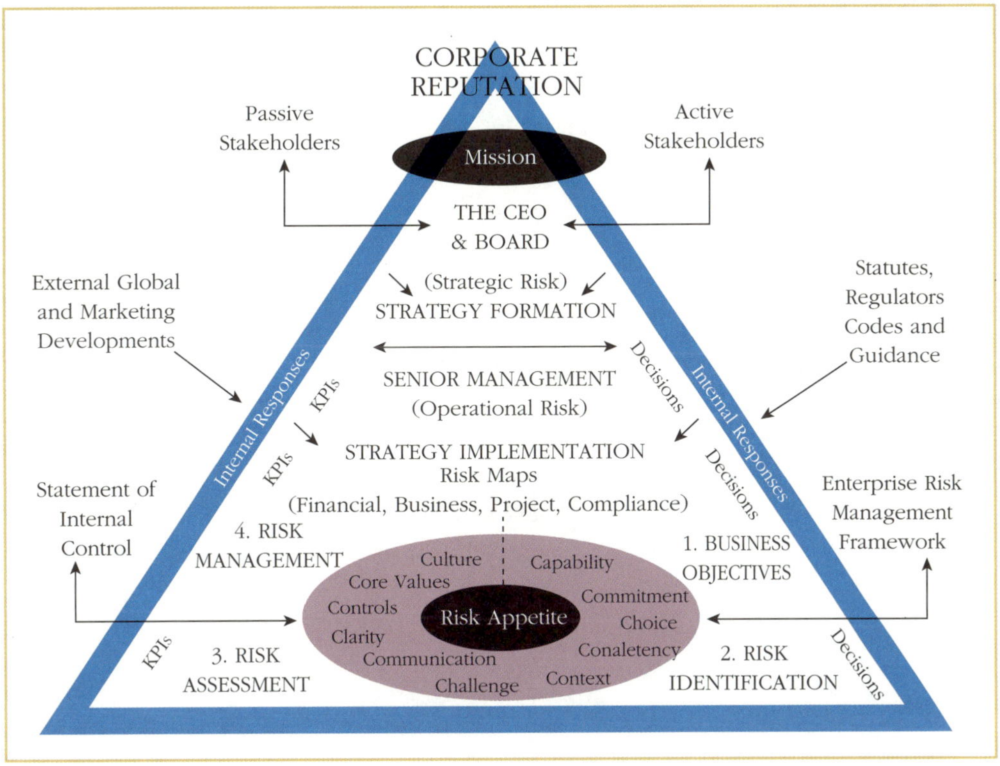

34 Pickett, K. H. Spenser, *Auditing the Risk Management Process*, John Wiley & Sons Inc., 2005, p.26.

CHAPTER 03

보험의 이해

만약 100명이 1만원씩 갹출하여 1백만원을 모아놓고 그 중에서 제일 먼저 사망으로 인하여 불행을 당하는 사람에게 1백만원을 주기로 했다고 하자. 이는 바로 리스크재무의 가장 대표적인 방법인 보험의 기본정신으로서 여러 사람이 모여 약정한 금액을 내고 어려운 일에 부닥친 사람을 도와주는 것이며 이는 본인에게도 일어날 수 있는 어려운 환경에 대비하는 것이라고 할 수 있다. 한마디로 상부상조인 것이다. 이를 가장 적절히 표현하는 문장이 바로'일인(一人)은 만인(萬人)을 위해서, 만인은 일인을 위해서'라고 할 수 있다. 그렇다면 도박이나 투자로 원금을 잃을 리스크를 보험에 가입하여 보험금을 받을 수 있을까? 리스크가 존재하면 모두 보험으로 해결할 수 있다고 생각할 수 있으나 그렇지가 않다. 본 장에서는 보험에 대한 정의와 특성, 부보가능한(insurable) 리스크의 조건과 아울러 보험의 종류 및 주요 보험용어들에 대하여 살펴보기로 하겠다.

주요용어

보험	공영보험	공제
부보가능한 리스크	도박	헷징
민영보험	보증	

제1절 보험의 정의와 특성

리스크와 마찬가지로 보험도 감독당국과 보험회사 사이의 관계를 규율하는 보험업법,[01] 보험회사와 보험계약자 사이의 사법적 법률관계를 규율하는 보험계약법[02] 등 법적인 관점, 경제학, 역사학, 보험계리 및 사회학 관점에서 다양하게 정의될 수 있기 때문에 한마디로 정의내리기가 쉽지 않다. 그러나 보험의 본질적인 특성들을 잘 내포하고 있는 실질적인 정의를 내리는 것이 중요하다고 하겠다.

이에 미국의 보험학회인 ARIA(American Risk and Insurance Association) 산하의 Commission on Insurance Terminology에서 신중한 검토를 거쳐 다음과 같이 정의하였다.[03]

> Insurance is the pooling of fortuitous losses by transfer of such risks to insurers, who agree to indemnify insureds for such losses, to provide other pecuniary benefits on their occurrence, or to render services connected with the risk.

상기의 정의에 내포된 보험의 주요 특성들은 다음과 같이 설명될 수 있다.

첫 번째 특성으로 **손실의 pooling**을 들 수 있다. 앞서 언급하였듯이 보험의 기본정신은 여러 사람이 모여 약정한 금액을 내고 어려운 일에 부닥친 사람을 도와주는 것이며 이는 본인에게도 일어날 수 있는 어려운 환경에 대비하는 것이라고 할 수 있다. Pooling 협약(arrangement)은 어떠한 손실도 균등하게 나누어 분담(sharing)할 것을 약속하는 것이다. 따라서 pooling은 전체 그룹 안의 일부 소수에게 발생한 손실을 그룹 전체에 분산(spreading)하여 개인이 부담하여야 하는 실질적인 손실을 서로 나누어 부담하는 리스크분

---

01 '보험업'이라 함은 사람의 생사에 관하여 약정한 급여의 제공을 약속하거나 우연한 사고로 인하여 발생하는 손해의 보상을 약속하고 금전을 수수하는 것 등을 업으로 행하는 것으로 생명보험업, 손해보험업 및 제3보험업을 말한다(보험업법 제2조 제1항).

02 보험계약은 당사자 일방이 약정한 보험료를 지급하고 상대방이 재산 또는 생명이나 신체에 관하여 부확정한 사고가 생길 경우에 일정한 보험금액 기타의 급여를 지급할 것을 약정함으로써 효력이 생긴다(상법 제638조).

03 *Bulletine of The Commission on Insurance Terminology of the Americaqn Risk and Insurance Association*(October 1965).

담(risk sharing)을 의미하며 pooling 과정을 통해서 미래에 발생할 수 있는 실제손실(actual loss)을 현재의 확실한 평균손실(average loss)로 전환시켜 주는 것이다. 예로서 건물가액이 2억원인 건물이 2,000동 있다고 하자. 그리고 연평균 화재발생건수가 0.5건이고 pooling이 되지 않았다면 1년간 화재로 인한 예상손실은 1억원이며 건물주인 누군가가 불확실한 1억원의 손실을 감수하여야 한다. 그러나 pooling이 되었다면 건물 한 동당 손실은 5만원(1억원/2,000동)의 확정금액이 되는 것이다. 효과적인 pooling을 위해서는 동종의 리스크에 노출된 동질의 노출단위들(homogeneous exposure units)[04]이 모여 하나의 집단이 형성되어야 하는데 이는 대수의 법칙(The law of large numbers)이 적용됨으로써 미래의 손실을 실질적으로 정확하게 예측할 수 있도록 작용하는 것이다. 따라서 pooling의 의미는 손실의 분산과 대수의 법칙에 근거한 미래손실에 대한 어느 정도의 정확한 예측에 있다고 하겠으며 보험영업을 가능하게 하는 핵심테크닉이라고 할 수 있다.[05]

두 번째 특성으로 **우연발생적인 손실**에 대해서만 보험금이 지급된다는 점이다. 우연발생적인 손실이란 방화와 같이 의도적으로 발생시킨 손실이 아니라 전혀 예견치 못하거나 기대하지 않았던 불의의 손실을 의미한다. 이는 손실의 발생이 보험계약자나 피보험자의 통제에 따른 고의적인 손실일 경우에는 도덕적 hazard에 의한 보험사기로서 보험금지급이 거절되어 보상받지 못한다는 점을 분명히 하고 있다.

세 번째 특성으로 **리스크이전(risk transfer)**을 들 수 있다. 리스크이전이란 보험계약의 형태를 통하여 개인이나 개별기업 등 피보험자(insured)가 직면한 순수리스크에 의한 손실의 보상을 재정적으로 보다 우월적 지위에 있는 보험회사(insurer)에 이전시키는 것을 의미한다. 개인이나 기업의 입장에서 모든 부보가능한 리스크를 보험계약을 통하여 이전시키는 것보다는 상대적으로 리스크의 발생빈도나 확률이 낮은 반면에 리스크가 현실화되어 손실이 발생할 경우 그 정도가 심각하여 개인이나 개별기업에 막대한 재정적 손실을 가져올 리스크를 선별하여 이전하는 것이 효과적이라고 할 수 있다. 이러한 리스크의 예로서 개인의 예기치 않은 사망, 질병, 장애, 화재, 배상책임 등을 들 수 있다. 여기서 한 가지 강조하고자 하는 것은 리스크이전이 보험계약상 개인이나 개별기업으로부터 보험회사로의 이전을 지칭하고 있으나 실질적으로는 개인이나 개별기업으로부터 pooling을 통해서 구성된 그룹으로의 이전이라는 점이다.

---

04 동종의 리스크란 손실의 원인, 즉 peril이 같다는 것을 의미이며 동질의 노출단위란 반드시 일치할(identical) 필요는 없으나 유사한(similar) 단위여야 한다.

05 대수의 법칙과 pooling에 의한 리스크분산에 관한 폭넓은 이해를 위해서 제2부의 제6장에서 자세히 다루었으니 참조하기 바란다.

마지막 특성으로 **실질적인 손실에 대한 보상(indemnification)**을 지적할 수 있다. 보상의 개념은 손실이 발생했을 경우 발생된 실질적인 손실금액의 지급, 즉 실손보상을 통해서 손실이 발생하기 전의 재무적 상태로 복원(restoring)시키는 것을 의미하는 것이다. 보상의 방법으로는 물가상승이나 감가상각 등을 고려한 실질적 현금가치(actual cash value)를 표준방법으로 사용하고 있으며 경우에 따라서는 적정한 시장가치(fair market value)를 활용하거나 광범위한 증거를 바탕으로 보상금액을 판단하기도 한다. 반면에 손실금액을 정확하게 판단하기가 쉽지 않은 개인의 사망이나 부상, 고가품의 분실이나 파손 등과 같은 경우에는 보험계약 당시 미리 약정한 금액을 지급하는데 이를 정액보험(valued policy)이라고 한다. 따라서 보험을 통해서 실손보상이 아닌 금전적인 이익추구는 심각한 도덕적 hazard에 의한 일종의 보험사기로서 범죄행위인 것이다.

제2절 부보가능한 리스크의 조건

리스크는 순수리스크와 투기적 리스크로 대별될 수 있는데, 리스크가 현실화되었을 경우 손실만의 가능성이 존재하는 순수리스크만이 리스크이전에 의해서 보험회사로부터 손실을 보상받을 가능성이 있는 리스크이다. 그러나 모든 순수리스크가 보험을 통해 이전되는 것은 아니다. 적어도 다음의 조건들을 충족하는 순수리스크의 경우 보험의 특성이 충실히 반영되어 보험의 기능을 충분히 발휘할 수 있을 것이다.

첫 번째 조건은 **동종의 리스크에 직면한 다수의 독립적이고 동질적인 노출단위들**이 있어야 한다는 것이다. 이 조건은 앞서 언급된 보험의 특징 중 하나인 손실의 pooling이 효과적으로 되기 위한 전제로서 이 조건의 목적은 대수의 법칙을 적용하여 미래의 불확실한 손실을 현재의 확실한 평균손실로 예측할 수 있도록 하는 것이며 이렇게 예측된 평균손실을 토대로 보험료가 산정될 수 있는 것이다. 이를 위해서는 하나의 발생된 손실이 다른 손실의 원인으로 작용하지 말아야 한다는, 즉 다수의 노출단위 간에 독립적이거나 분리되어 있어 상관관계가 없어야 하며 동시에 손실의 빈도(frequency)와 규모(severity)에 대한 확률분포가 동질적이거나 유사하여야 한다.

예로서 화재라는 동종의 리스크에는 주택, 건물, 창고 등 많은 노출단위들이 있으며, 화재가 일어났을 경우 건축물 자체뿐만 아니라 인명에도 손실이 발생할 수 있는 가능성이 있다.

그러나 건축물의 양식, 재질, 내부 및 주변여건 등 노출단위의 특성에 따라 손실의 속성이 다르다고 할 수 있다. 즉 재래시장의 경우 대부분 오래된 건물 내에 많은 상인들이 운영하고 있는 크고 작은 크기의 수많은 독립된 상점들이 다닥다닥 붙어서 즐비하게 늘어서 있다. 따라서 한 상점의 화재는 주위의 상점으로 전이될 가능성이 높기 때문에 상점 하나하나를 독립된 노출단위로 볼 수 없으며 시장 전체로 화재가 번져 재앙적인 손실을 가져올 수도 있다. 반면 현대식 고층건물에는 수많은 크고 작은 사무실들이 각층마다 입주하고 있으나 철골구조에다 벽과 벽 사이가 방화벽으로, 공간과 공간 사이는 방화스크린으로 시공되어 있을 뿐만 아니라 스프링쿨러 및 연기감지기가 설치되어 있다. 따라서 재래시장이나 고층건물은 화재라는 동종의 리스크에 직면하고 있다고 할 수 있으나 화재의 발생가능성이나 화재가 발생하였을 경우 손실의 규모에서 큰 차이를 보일 수 있어 동질적인 노출단위라고 할 수 없으며, 따라서 차등적인 보험요율이 적용되는 것이 합리적일 것이다. 그러나 현실적으로 대수의 법칙이 적용될 수 있을 만큼 동종의 리스크에 노출된 다수의 노출단위가 없는 경우가 많은데 일례로서 특별히 제작된 차량이나 건물 교량 등의 구조물, 그리고 우주발사체를 들 수 있다. 이러한 제한된 노출단위들은 Lloyds라는 보험사업자나 원수보험사의 경우 재보험[06]을 활용하여 리스크를 전가시킬 수 있으며, 이 경우 세계보험시장의 입장에서는 pooling에 의한 효과를 기대할 수 있다.

두 번째 조건은 손실이 **의도적이 아닌 우발적으로 발생한 손실이어야 한다**는 것이다. 여기서 우발적 손실이라는 의미는 손실이 보험계약자의 의도나 고의에 의해 통제되어 발생하는 것이 아니라 불확실성하에서 우연히 발생하는 손실이어야 한다는 것이다. 이 조건의 목적은 도덕적 hazard를 방지하고 대수의 법칙을 효율적으로 적용하기 위함이다. 만약 고의적이거나 우연발생적인 손실에 대한 구별이 없이 모든 손실에 대하여 보험금이 지급될 경우 도덕적 hazard에 의하여 손실규모가 예상이상으로 커져 손해율이 높아짐으로서 결과적으로 보험료의 상승을 초래하며 이는 성실한 보험계약자들의 이탈로 인하여 궁극적으로 보험산업의 붕괴로 이어질 수 있다.

세 번째 조건은 **발생한 손실이 확정적이고 측정이 가능하여야 한다**는 것이다. 여기서 확정적이고 측정이 가능한 손실이란 손실의 발생원인, 발생시간 그리고 손실의 규모 등에 관한 내용이 명확하여야 된다는 것이다. 생명보험의 경우 사망의 원인과 시기가 대부분 명확하게

---

06 재보험에 대하여는 제20장에서 상세하게 다루고 있으니 참조하기 바란다.

밝혀지기 때문에 이 조건을 충족하여 보험계약 시 약정한 보험금을 지급하게 된다. 그러나 손실의 원인, 시기, 규모 등이 명확하지 않을 경우 보험요율산정이 불가능하게 되며 따라서 보험금이 확정되지 않아 보험계약이 성립될 수가 없다. 따라서 이 조건은 보험회사가 손실의 부보여부와 부보가 될 경우 손실에 따른 보상금액이 얼마인지를 결정하도록 하는 데 목적이 있다.

네 번째 조건은 **발생한 손실이 비재앙적(no catastrophic) 규모의 손실이어야 한다**는 것이다. 재앙적 손실의 의미는 동종의 리스크에 노출된 상당수의 단위들이 동시에 손실을 발생시키는 것을 말한다. 이렇게 동시다발적으로 손실이 발생하면 보험영업의 핵이라고 할 수 있는 pooling기능이 제대로 역할을 할 수 없게 되고 높은 손해율은 보험료의 상승을 가져와서 결국은 소수의 손실을 분담함으로써 리스크를 분산시키는 보험의 고유기능이 역할을 못하게 되는 것이다. 그러나 현실적으로 지진, 쓰나미, 홍수, 태풍, 대규모의 산불 등과 같은 자연재해 뿐만 아니라 뉴욕 맨해튼의 세계무역센터에 비행기가 돌진하여 발생한 소위 9 · 11 사태로 인한 대규모 인명피해와 같이 테러로 인한 재앙적 손실이 일어난다. 보험회사의 입장에서는 이러한 재앙적 손실을 회피하는 것이 불가능하기 때문에 실무적인 차원에서 몇 가지 대안을 가지고 대처하고 있다. 가장 유용하게 활용하는 방법이 재보험으로서 잠재적 손실의 일부 또는 전부를 재보험회사에게 이전시킴으로써 재앙적 손실을 효과적으로 분산시킬 수 있다. 다른 방법으로는 부보지역을 특정 지역에 집중하는 대신 지역적으로 분산시킴으로써 재앙적 손실의 가능성을 낮출 수 있다. 한편 최근에는 재앙적 손실의 보상을 위한 재무적 능력에 한계를 가진 일부 보험회사나 재보험회사들이 보험시장에서 전통적으로 활용해온 재보험 대신 자본시장에서 재앙채권(catastrophe bond), 선물계약(future contract), 옵션계약(option contract) 등의 다양한 금융상품을 통하여 기관투자자들의 자본을 활용하는 리스크증권화(securitization of risk)의 방법을 이용하고 있다.

다섯 번째 조건은 **손실의 확률이 예측가능하여야 한다**는 것이다. 손실의 확률이란 부보가능한 리스크가 현실적으로 손실을 발생시키는 평균빈도(average frequency)와 평균손실규모(average severity)를 의미한다. 보험회사의 입장에서는 어느 정도의 정확성을 가진 손실의 확률을 측정함으로써 보험계약기간 동안 지급되어야 할 보험금, 사업비 및 회사수익 등을 감안한 적정한 보험료를 책정하여 보험계약자에게 부담시킬 수 있을 것이다. 그러나 천재지변, 실업 등에 의한 손실의 경우 현실적으로 그들의 손실확률을 비교적 정확성을 가지고 예측하기가 쉽지 않을 뿐만 아니라 재앙적 손실의 가능성도 배제할 수가 없다. 천재지변의 경우 정부의 지원을 전제로 민간보험에서 부보하며 실업의 경우 국민의 후생복지차원에서 정부주도의 사회보험으로 운용되고 있는 것이 현실이다.

마지막 조건으로 **지불가능한 보험료가 책정되어야 한다**는 것이다. 보험계약이 지속적으로 유지되기 위해서 보험계약자는 책정된 보험료를 반드시 납입하여야 한다. 보험계약자의 입장에서 납입하여야 되는 보험료는 그들의 경제적 능력에 비추어 충분히 지불가능한 금액이어야 하지만 중요한 것은 보험료가 보험상품이 제공하는 보험금을 비롯한 각종 금전적인 혜택에 견주어 상당히 낮아야 한다는 것이다. 이를 위해서는 손실의 기회가 상대적으로 낮아야 한다.

제3절 보험의 종류

보험은 크게 민영보험회사나 민간단체에 의해서 운영되며 보험가입이 자율인 임의보험이 대부분인 민영보험(private insurance)과 법규에 의해 국가나 공공기관에 의해서 운영되며 대부분 보험가입이 강제되는 의무보험인 공영보험(government insurance)이 있다.

1. 민영보험

대표적인 민영보험의 하나로 피보험자(insured)가 사망할 경우 지정된 수익자(beneficiary)에게 사망보험금을 지급하는 생명보험(life insurance)을 들 수 있다. 2018년 6월 현재 국내에는 삼성생명, 교보생명, 한화생명을 비롯한 14개 국내사, 푸르덴셜, 메트라이프 등 9개의 외국사, 그리고 교보라이트플래닛 1개의 합작사 등 총 24개의 생명보험회사가 영업활동을 하고 있다.[07] 생명보험회사는 노후 또는 은퇴에 대비하여 소득을 보장해 주는 성격의 연금보험과 함께 각종 질병과 신체손상에 대해서 의료비용을 지급하는 건강보험(health insurance)도 취급하고 있다.

또 다른 대표적 민영보험으로 손해보험(property and casualty insurance)을 들 수 있다. 손해보험에는 보험가입자가 화재를 비롯한 각종 자연재해로부터 입은 재산상의 손실을

07 생명보험산업 전반에 대해서는 제11장을 참조하기 바란다.

그림 3-1 ▸▸ 보험의 종류

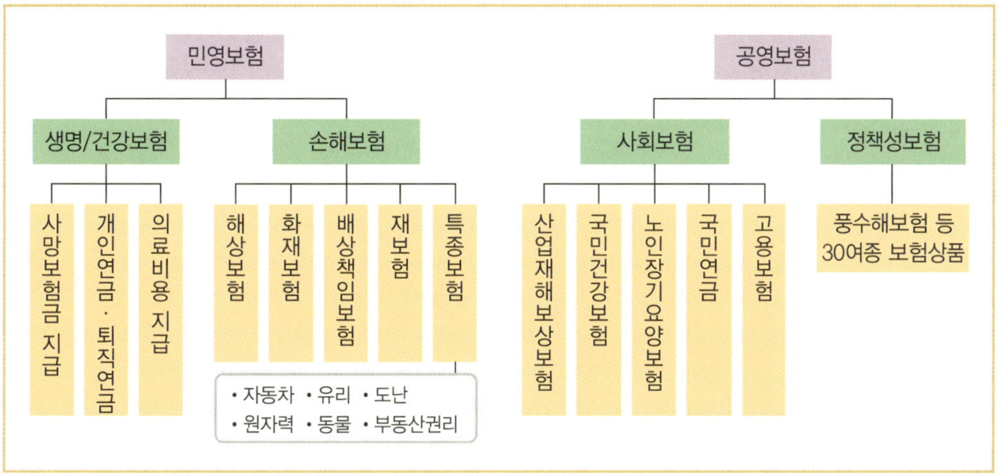

보상해 주는 재산보험(property insurance), 제3자에 대한 법률적 배상책임을 담보해주는 배상책임보험(liability insurance), 자동차사고로 인하여 발생하는 재산상의 손해와 신체상의 상해를 대상으로 하는 자동차보험(auto insurance), 물품의 수송도중 발생하는 리스크를 담보해 주는 해상보험과 운송보험 등이 있다. 그 밖에 기업이나 개인의 신용을 보증해주는 신용보증(fidelity bonds)과 계약자의 계약의무 이행을 보증해 주는 이행보증(surety bonds)과 같이 어떤 행위로 야기된 손실을 지급할 것을 보증하는 보증보험과 보험회사가 인수한 리스크의 전부 또는 일부를 이전받아 보험사업의 안정화를 도모하는 재보험(reinsurance)도 손해보험으로 분류되고 있다. 2018년 6월 현재 삼성, 현대를 비롯하여 14개의 국내 손해보험회사, AXA, AIG 등 4개의 외국계 손해보험사와 재보험사를 포함하여 13개의 외국지점이 영업활동을 하고 있다.[08] 특별히 자동차보험만을 온라인으로 취급하는 보험회사도 있다.

2. 공영보험

공영보험으로는 사회보장의 일환으로 피보험자가 상병, 실업 혹은 사망과 같은 일정한 사고의 발생에 의한 생활의 불안을 보장하는 것을 목적으로 하는 사회보험과 정부의 정책목적

08 손해보험산업 전반에 대해서는 제15장을 참조하기 바란다.

을 달성하기 위해 법률에 의하여 제도적으로 도입 운영하는 정책성보험이 있다. 우리나라의 경우 국민연금, 산업재해보상보험, 국민건강보험, 그리고 고용보험을 대표적인 4대 사회보험으로 꼽을 수 있다.[09] 정책성보험에는 자동차보험 등과 같이 각종 사고로부터 제3자를 보호하기 위하여 법률(자동차손해배상보상법 등)에서 보험가입이 강제되는 의무보험과 풍수해보험 등과 같이 자연재해로 인한 국민의 재산피해를 보상하기 위하여 보험가입을 장려하거나 지원하되 보험가입은 가입자의 선택사항으로 보험가입이 자율인 임의보험으로 구분된다.[10]

제4절 보험과 유사한 용어의 이해

확률에 의존하는 도박(gamble), 계약에 의해서 리스크를 이전하는 헷징(hedging), 손실의 지급을 보증해준다는 의미의 보증(fidelity or surety bond), 그리고 경제적 손실을 보전하기 위해 공동으로 재산을 형성하는 공제 등이 종종 보험과 같거나 유사한 개념으로 받아들여지고 있으나 개념 측면에서는 상이하다고 할 수 있다.

1. 도박과 보험

일상생활에서 언론매체를 통하여 종종 일반적인 보험상품과는 차이가 있는 도박의 성격을 지닌 보험상품을 접하는 경우가 있다. 대표적인 예가 국내외의 유명연예인이나 프로운동선수가 그들 신체의 특정 부위에 대하여 보험을 들고 문제가 발생했을 때 일반인의 상상을 초월하는 액수를 보험금으로 받을 수 있는 보험상품이나 특정한 행사가 열리는 날에 궂은 날씨로 인해 행사가 예정대로 개최되지 못할 경우 보상을 받는 보험 등이 될 수 있다. 이러한 보험상품이 점차 증가하면서 보험을 도박과 혼동하는 경우가 있다. 그러나 보험과 도박은 아래의 관점에서 엄연히 구분되어진다.

---

09 우리나라 사회보험에 대해서는 제20~24장에서 자세하게 설명되어 있다.

10 현재 총 32종의 정책성보험상품이 있으며 대부분이 의무보험으로 운영되고 있다. 자세한 내용은 제25장을 참조하기 바란다.

우선 보험과 도박은 각각 직면한 리스크의 성격이 완전히 다르다는 점이다. 도박은 도박의 행위가 이루어지는 순간부터 기존에 없던 새로운 투기적(speculative) 리스크를 창출하는 반면에 보험은 이미 존재하고 있으나 현실화되지 않은 순수(pure)리스크를 관리하는 방법들 중의 하나인 것이다. 예를 들어, 만약 '갑'이라는 사람이 강원도 정선에 위치한 강원랜드의 도박장에 가서 블랙잭을 하기 위해 배팅을 하는 순간 '갑'에게는 전에 없던 투기적 리스크에 직면하는 것이다. 반면에 '갑'이 해외여행을 위해 항공기티켓을 구매하면서 여객기사고로 인한 피해에 대하여 보상해주는 여행자보험에 가입하였을 경우 여객기사고의 리스크는 '갑'뿐만 아니라 모든 여행객들이 직면할 수 있는 이미 존재하고 있는 순수리스크인 것이다.

다음으로 보험이나 도박 모두 특정 사건이나 승산의 확률에 근거하여 행하여진다는 점에서는 유사하다고 할 수 있다. 그러나 보험은 특정 사건이 실제로 일어나기 전에는 발생확률이 얼마라고 확정할 수 없기 때문에 과거의 경험에 나타난 데이터를 바탕으로 한 사후적 확률(posteriori probability)에 근거하고 있다. 반면에 도박은 게임의 내용에 따른 모든 경우의 수가 미리 정해져 있어 사전에 승패의 확률을 계산하여 볼 수 있는 사전적 확률(priori probability)에 근거하고 있다는 점이 다르다.

마지막으로 사회적 기능 측면에서 보험은 긍정적이고 생산적인 반면, 도박은 부정적이고 비생산적이라 할 수 있다. 보험은 리스크가 현실화되어 손실이 발생했을 때 손실발생 전의 상태로 복구하는 것을 돕는 방법들 중의 하나로서 사회에 긍정적이고 생산적으로 기여한다고 할 수 있다. 보험계약이 이루어지면 보험회사와 보험가입자 모두 손실을 방지하려는 공통의 이해관계가 있을 뿐만 아니라 만약 손실이 발생하지 않으면 보험회사나 보험가입자 모두에게 이익이 된다고 할 수 있다. 예를 들어, '갑'이라는 사람이 자동차를 소유하고서도 자동차보험에 가입하지 않는다면 '갑'은 자동차사고가 자신에게는 나지 않을 것이라는 미래의 결과에 승부수를 거는 일종의 도박행위인 것이다. 따라서 자동차보험을 구입함으로써 자동차사고로 인한 재산상 · 신체상의 손실에 대한 보상을 보장받게 되는 것이다. 반면에 도박은 패자의 비용으로 승자가 독식(a winner takes all)함으로써 사회적으로 비생산적일 뿐만 아니라 잃은 사람들로 하여금 지속적으로 투기적 리스크를 조장하게 할 수 있다. 더욱이 빈번한 도박을 통해서 잃은 자가 도박을 하기 전의 재정적 상태로 결코 돌아갈 수 없다는 것이다.

2. 보증과 보험

보험계약자와 보험자를 당사자로 하는 일반적인 보험계약과는 달리 보증보험은 보험계약자(채무자)와 보험자 이외에 피보험자(채권자)가 계약에 포함된다. 채권자와 채무자 간에 주계약(인허가, 입찰, 계약 등)이 체결되면 채권자는 채무자에게 계약상 또는 법령상의 의무이행에 대한 담보를 요구하게 된다. 이 경우 채무자는 보증보험회사와 보험계약을 체결하고, 발급받은 보험증권을 채권자에게 제출함으로써 담보제공을 대신하게 된다. 만약, 채무자(보험계약자)가 계약상의 채무를 불이행하거나 법령상의 의무를 이행하지 못하게 되어 채권자(피보험자)에게 손실이 발생하는 경우 채권자(피보험자)는 보증보험회사에 보험금을 청구하게 된다. 보증보험계약의 흐름은 [그림 3-2]와 같다.

그림 3-2 ▸▸ 보증보험계약의 흐름도

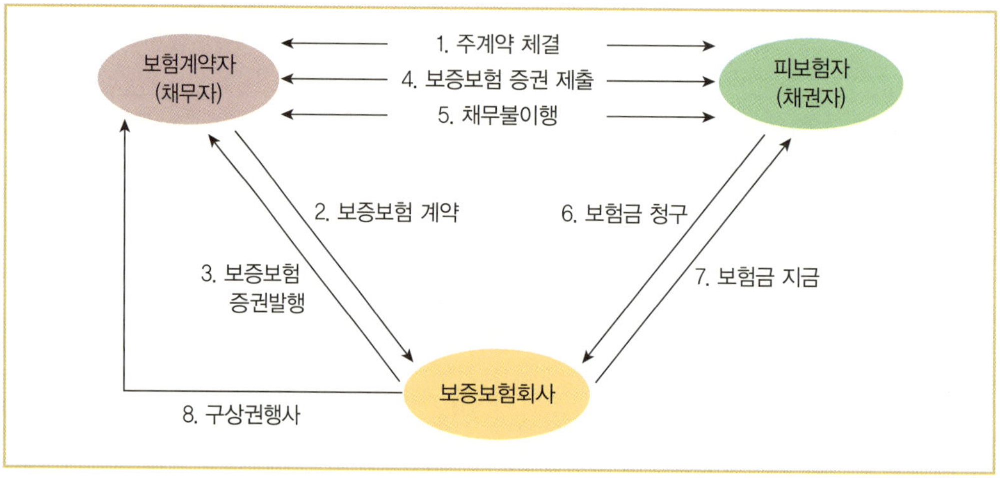

1) 보증보험의 개념 및 의의[11]

보증보험이란 각종 거래행위에서 발생하는 신용위험을 감소시키기 위하여 보험의 형식을 이용한 보증제도로, 상거래 계약상 채무자인 보험계약자가 채권자인 피보험자에게 계약상의 채무불이행 또는 법령상의 의무불이행으로 손해를 입힌 경우에 그 손해를 보증기관이 보상

---

11 최정호 "보증산업의 육성 발전을 위한 금융 · 정책적 지원방안," 서울보증보험(주) 연구용역보고서, 2012년 3월

하는 특수한 형태의 손해보험[12]이다. 즉, 보증보험은 보증적 기능을 보험의 방식으로 인수하여 채무자에게 신용을 공여함으로써 기업이나 개인의 경제활동에 필요한 인적 · 물적 담보(각종 보증금, 연대보증인 및 부동산담보 등)에 대신하여 이용할 수 있는 경제제도이다.[13]

보험업법에서는 보증보험을 손해보험으로 분류하고 있으나 일반손해보험과는 부보가능 리스크 측면에서 몇 가지 차이점이 존재한다. 일반적으로 보험의 대상이 되는 리스크는 다음과 같은 조건을 충족시켜야 한다. 우선, 보험계약자에 의해 통제되지 않는 우연적이고 고의적이지 않은 손실이어야 한다. 다시 말해서, 보험계약자의 고의나 사기의도가 개입될 여지가 없어 통제가 불가능하며 손실발생이 불확실한 위험이어야 한다. 둘째, 다수의 동질적인 리스크가 존재하여야 한다. 이는 손실의 발생빈도 및 규모 등과 같은 속성이 유사하거나 같으며, 손실발생이 서로 관련되어 있지 않은 독립적인 리스크가 다수 존재해야 대수의 법칙을 적용하여 평균손실을 예측할 수 있으며, 이를 바탕으로 보험료 계산이 가능하기 때문이다. 셋째, 손실의 원인이나 발생장소, 특성이 분명하여야 한다. 그렇지 않을 경우 보험료 계산이 불가능하여 보험자가 보험을 인수할 수 없다. 넷째, 손실의 규모가 지나치게 크거나 천재지변에 의한 손실과 같이 재앙적이지 않아야 한다. 다섯째, 손실발생확률을 측정할 수 있어야 한다. 장래 발생할 손실의 발생빈도나 손실규모에 대한 분포를 추정할 수 없으면 보험료 계산이 불가능하다. 마지막으로, 경제적으로 부담가능한 보험료로 담보할 수 있는 손실이어야 한다. 보험료계산이 가능하더라도 그 수준이 지나쳐 사람들이 부담할 수 없는 정도라면 그 의미가 없다.

이러한 부보가능 리스크의 요건에 비추어 볼 때, 보증보험이 일반손해보험과 구별되는 점은 우선, 보증보험의 사고는 보험계약자가 계약의 내용에 따른 채무를 고의 또는 중대한 과실 등으로 이행하지 않음으로써 발생되는 것으로 보험사고의 발생여부가 보험계약자에 의해 통제될 수 있는 '인위적 사고'(채무불이행 또는 의무불이행 등)라는 특성을 갖는다. 이러한 특성은 보증에 국한된 특수한 것이며 일반적인 손해보험에서의 고의 또는 중과실로 발생하게 된 인위적 사고는 보험사의 면책사유에 해당한다.

다음으로 보증보험이 담보하는 리스크가 손실의 빈도와 규모로 설명되는 손실분포 측면에

12 보험업법 제2조1의 나에 손해보험상품을 "위험보장을 목적으로 우연한 사건(다목에 따른 질병 · 상해 및 간병은 제외한다)으로 발생하는 손해(계약상 채무불이행 또는 법령상 의무불이행으로 발생하는 손해를 포함한다)에 관하여 금전 및 그 밖의 급여를 지급할 것을 약속하고 대가를 수수하는 계약으로서 대통령령으로 정하는 계약"으로 정의하고 있어 보증보험을 손해보험에 포함시키고 있다.

13 대법원 선고2004다20265, "보증보험이란, 【중략】 형식적으로는채무자의 채무불이행을 보험사고로 하는 보험계약이나 실질적으로는 보증의 성격을 가지고 보증계약과 같은 효과를 목적으로 하는 것이므로, 【중략】 그 성질에 반하지 않는 한 민법의 보증에 관한 규정이 보증보험계약에도 적용된다."

서 서로 이질적[14](heterogeneous)이라는 점이다. 일반손해보험은 담보리스크가 동질적(homogeneous)이고 손실발생이 서로 독립적으로 이루어지기 때문에 대수의 법칙에 기초하여 손실의 분산을 통한 평균손실의 예측이 가능한 반면, 보증보험이 담보하는 리스크는 서로 이질적이고 피해발생 규모가 경기변동과 밀접하며 동시다발적 성격을 갖기 때문에 손실의 분산이 불가능한 성격을 갖는다. 이로 인해 exposure unit이 증가할수록 손실의 분산이 감소하는 pooling technique이 효율적으로 적용되기 힘들다.

보증보험은 형식적으로는 채무자의 채무불이행을 보험사고로 하는 보험계약이나 실질적으로는 보증의 성격을 가지고 보증계약과 같은 효과를 목적[15]으로 하고 있다. 즉, 보증보험은 보험의 형식을 빌린 보증제도라고 할 수 있다.

2) 보증보험의 기능 및 특성[16]

보증보험은 기본적인 성격상 채무자가 채권자에 대하여 부담하는 각종 채무나 의무의 이행을 보증한다. 따라서 채무불이행이나 의무불이행에 따른 채권자의 재산상 손실을 예방하고 보전하여 채권자의 채권을 담보해주는 역할을 한다. 이를 통해 채무자는 자신의 담보력 또는 자본력을 확장하여 대외적인 신용도를 증가시킬 수 있고 채권자는 손해발생 시 보험자로부터 보험금을 신속하게 지급받음으로써 거래의 안정성을 높일 수 있다. 이렇듯 채권자의 채권확보와 채무자의 신용보완에 대한 필요성을 동시에 만족시킴으로써 거래를 활성화한다.

또한 보증보험의 도입은 담보위주의 거래에서 신용위주의 거래로의 전환을 돕는다. 이는 보증보험이 채무자의 이행능력을 보장하면서 채무가 이행되지 못할 경우 손해보상을 확실히 할 수 있는 신용수단으로서의 역할을 하기 때문이다. 이를 금융산업으로 확장시켜 보면, 보증보험제도가 공적 보증인이 되고 대출기관 측에는 자금대출에 대한 최종적인 담보책임을 부담해 줌으로써 물적담보 위주의 금융관행 문제를 해결하고 대출을 신용위주로 전환시켜 주게 된다. 이를 통해 다수의 개인 및 중소기업에게 신용거래의 기회를 부여함으로써 간접적으로 자금조달을 돕는 효과를 가져온다.

그리고 보증보험은 담보능력이 부족하거나 경제적 약자인 개인이나 중소기업들에게 경제

14 보증보험이 담보하는 리스크는 계약상 채무불이행 또는 법령상 의무불이행으로 리스크의 종류는 같지만 개인들의 태도나 성향의 차이에 따라 리스크의 속성은 다르다고 할 수 있다.

15 대법원 2004.12.24. 선고 2004다20265 판결

16 최정호, "보증산업의 육성 발전을 위한 금융 · 정책적 지원방안," 서울보증보험(주) 연구용역보고서, 2012년 3월

활동에 필요한 보증을 지원함으로써 국민경제의 균형적인 발전을 돕는다. 이들 경제적 약자들은 제도금융의 혜택으로부터 소외되는 반면 담보력과 신용도가 뛰어난 대기업들이 각종 거래의 혜택을 독점하는 등의 폐해를 막고 국민경제가 균형적으로 발전할 수 있도록 지원을 해주는 역할을 한다고 볼 수 있다.

한편, 보증보험 취급기관들에게는 본업인 보증업무 수행과정에서 대규모의 부채성 자금이 발생하게 되며 따라서 이를 효율적으로 운용해야 하는 자산운용업무가 발생하게 된다. 이러한 자금은 주식, 회사채, 국공채 등의 유가증권에 직 · 간접적으로 투자 운용됨으로써 국민경제 자금공급원으로서의 부수적인 역할을 하기도 한다.

앞서 언급한 바와 같이 다양한 미래의 불확실성을 감소시키는 사회적 제도로서 보증과 보험은 일맥상통하는 부분이 존재한다. 그러나 보증은 일반적인 보험과는 다른 다음과 같은 독특한 특성을 가진다. 첫째, 보증보험계약은 경제주체들이 각종 경제거래활동에서 필요로 하는 것이기 때문에 동일한 보험계약자가 경제활동을 하는 과정에서 다양하게 계약을 맺으면서 여러 보증보험계약을 체결하는 것이 일반적이다. 그렇기 때문에 보험계약자의 신용이 악화되는 것은 보험계약자와 관련한 모든 보증보험계약에 악영향을 미칠 수밖에 없으며 그 결과 보험사고는 연쇄적으로 발생하게 된다. 동일 보험계약자가 수개의 보험계약을 체결하고 있는 경우에 보험사고 발생에 대한 보험계약 상호 간의 관계를 보면, 일반 손해보험의 경우에는 아무런 상관관계가 없는 것이 원칙이나, 보증보험계약의 경우 동일한 보험계약자에 대한 채무불이행을 담보함으로써 특정한 보증계약에 보험사고가 발생하면 다른 보증계약까지도 동시에 발생하는 동시다발성이 있다. 따라서 보증보험은 보험계약자별로 존재하는 보험계약의 합계액(총보증금액)에 대한 총체적 관리를 필요로 한다.

둘째, 보증보험의 수요는 피보증인의 채무 또는 의무의 존재를 전제로 계약에 수반하여 발생한다. 따라서 보증보험회사의 일방적인 보증상품의 개발 및 판매에 의하여 수요가 발생되는 것이 아니며, 보증수요를 발생시키는 상거래활동이 증가해야 보증 수요가 증가하게 되는 특징을 가지고 있다. 즉, 보증보험은 일반 상품시장 및 보험시장에서와 같이 공급자의 일방적인 생산 및 마케팅활동에 의존하여 수요가 창출되거나 확장되기 어려운 특성을 갖고 있다.

마지막으로, 보증보험은 일반적인 손해보험과는 달리 본질이 보증이기 때문에 보험사고의 발생으로 보증보험회사가 보험금을 지급하게 되면 보험계약자에 대하여 구상권을 가지게 된다. 또한 피보험자의 이익을 해치지 않는 범위 내에서 피보험자가 보험계약자에 대해 가지는 권리를 대위한다. 따라서 위험을 최종적으로 부담하는 당사자는 보험계약자가 되는 성질을 가지기 때문에 보증보험회사와 보험계약자 사이에는 위험의 전가가 일어나지 않게 되는 특성을 가진다. 구상권은 보증보험회사가 보험계약자에게 모든 위험을 전가하기 위한 수단이라기보다는 보험계약자의 고의사고를 담보하는 보증보험의 특성으로 인해 발생하는 도덕적 해이(moral hazard)를 최소화하기 위한 것이다.

3. 공제와 보험

공제제도란 원래 특정 목적을 가지고 조직된 단체구성원 또는 조합원 간의 상호부조를 위해 운영되는 경제제도로서 보험법에 의한 보험과 다르기는 하지만 실제로 보험사업과 같은 기능을 하고 있는 유사보험의 일종으로 상호보험과 유사하다. 그러나 그 가입자가 한정되어 있고 영리를 목적으로 하지 않기 때문에 공제상품은 보험수리에 기초해 설계되는 것이 아니라 조합원의 상호부조를 목적으로 설계된다고 하겠다.

국내의 공제제도는 국가(정보통신부)에서 운영하고 있는 우체국보험을 비롯하여 농협, 수협, 신협, 새마을금고 및 교원공제회 등 각종 공제조합 등에서 운영하고 있으며 버스 및 영업용택시 그리고 화물자동차 공제 등이 있다. 특히 우체국보험은 정부가 보증하는 안정성과 각종 세제상의 혜택이 장점인 국영보험으로서 전국의 우체국을 통해 생명보험과 유사한 상품을 판매하고 있다. 1952년 국민생명보험으로 체신부에서 운영되다가 1977년 농협으로 이관되었다가 1983년 다시 정보통신부(구 체신부)에서 보험사업을 재개하여 현재에 이르고 있다.

한국의 공제제도는 일반인을 대상으로도 상품을 판매하고 있어 민영보험의 형태로 운영되고 있는 실정이다. 따라서 경영 및 리스크관리가 민영보험사에 비해 상대적으로 취약하여 부실경영에 대한 예방 및 대처가 곤란하다는 지적이 제기되고 있어 보험업법의 적용으로 엄격한 감독을 받아야 한다는 움직임이 나타나고 있다.

4. 헷징과 보험

헷징은 특히 바람직하지 않은 가격, 금리, 환율의 변동에 따른 재무적 리스크를 선물(future), 선도(forward), 스왑(swap) 등의 계약에 의해 비용을 지불하고 제3자에게 이전함으로써 관리하는 방법으로서 원래 포지션과 반대 포지션을 취해 손실발생 리스크를 제거하고자 하는 것이다. 계약에 의해 이미 존재하고 있는 리스크를 이전시킨다는 점과 리스크관리수단에 대한 대가를 기꺼이 지불할 의사가 있다는 점에서는 보험과 유사하다고 할 수 있다. 그러나 헷징은 리스크 중에서 부보가 가능하지 않은 재무적 리스크에 대하여 단순히 이전만을 하는 것인 반면에, 보험은 부보가능한 순수리스크를 이전시킴과 동시에 리스크를 이전받는 보험회사는 pooling에 의한 대수의 법칙을 적용하여 미래의 손실에 대한 예측을 개선함으로써 객관적 리스크를 줄이는 것이 가능하다.

헷징의 경우, 헷징이 가능하기 위해서는 주관적 판단을 가지고 새로운 리스크의 부담을 지면서 이익기회를 추구하는 투기자의 존재를 필요로 한다. 또한 유리하든 불리하든 재무적 리스크 자체를 제거하고 싶은지 아니면 다소 비용을 지불하고서라도 유리한 리스크는 남겨두고 싶은가를 판단하여 헷징의 목적을 명확히 해둘 필요가 있으며, 일정한 리스크를 감수할 경우 가격변동에 따른 이익획득 또는 손실기피 욕구 중 어느 것이 더 큰가에 대한 판단이 요구된다.

제5절 보험의 사회적 편익(便益)과 비용

보험은 사회적으로나 경제적으로 다양한 측면에서 혜택을 가져다주는 동시에 비용도 유발시키는 양면을 가지고 있다. 우선 보험활용으로 얻게 되는 주요 혜택을 살펴보면,

첫째로, Pooling테크닉을 통해서 미래에 발생할 수도 있는 알 수 없는 규모의 실제적 손실을 현재의 확실한 평균손실로 전환시켜주는 보험을 활용하여 미래의 손실발생에 따른 재무적 부담을 제거(full insurance의 경우)하거나 경감(partial insurance의 경우)함으로써 **개인이나 기업이 직면한 근심 및 불안을 감소**시켜주는 것이다. 개인이나 기업의 입장에서 적정한 수준의 보험에 가입하였을 경우 가장(家長)의 예기치 않은 사망, 심각한 질병이나 사고로 인한 장애, 공장이나 창고 등의 화재로 인하여 발생하는 수입이나 수익의 감소로 겪을 수 있는 재정적 어려움에 대한 근심이나 불안을 감소시킴으로써 안정적인 가정과 기업을 유지할 수 있게 하여 준다.

둘째로, 앞서 정의된 보험의 특징 중의 하나인 **손실에 대한 보상**이다. 부보된 리스크가 현실화되어 손실이 발생하였을 경우 보험회사로부터 보험금을 지급받음으로써 손실이 발생하

기전의 재무적 상태로 회복할 수 있다. 이렇게 됨으로써 개인의 입장에서 손실로 인한 가계의 어려움을 극복하기 위하여 높은 이자를 감수하고 금융기관으로부터 대출을 받거나 친지나 친구들로부터 돈을 빌릴 필요가 없게 되는 것이다. 기업의 입장에서도 손실로 인한 자금흐름의 문제점을 해결함으로써 소비자, 종업원, 협력업체, 주주 및 지역사회 등 주요 이해당사자들의 신뢰를 바탕으로 안정적인 기업경영을 지속할 수 있게 되는 것이다.[17]

셋째로, 보험은 **안전에 대한 의식을 고취**시키고 **손실의 사전적 예방을 위하여 다양한 활동**을 하게 함으로써 궁극적으로는 리스크로 인한 직접 및 간접적 손실을 감소시킬 수 있다. 보험에 가입하기 위해서는 보험료를 납입하여야 하는데 보험료는 기대되는 손실발생 빈도와 손실발생 시 손실규모와 연계되어 결정된다. 따라서 보험계약을 할 때나 보험계약을 갱신할 때 보험료를 절약하기 위해서라도 개인이나 기업의 입장에서 안전에 대한 인식을 제고하고 각종 안전교육과 안전점검을 강화하는 등의 사전적 예방활동을 강화하여 손실이 감소되도록 노력하게 되며 결과적으로 사고나 상해의 발생이 줄어들게 된다.

넷째로, 보험에 가입했다는 사실은 이해당사자들 사이에 존재하는 정보에 대한 비대칭을 해소시킴으로써 **개인이나 기업의 신용을 증대**시키는 결과를 가져올 수 있다. 보험회사의 입장에서 보험인수과정(underwriting process)에서 보험에 가입하려는 개인이나 기업에 대한 실질적인 정보를 수집하고 그것을 바탕으로 보험계약을 하게 된다. 따라서 보험계약의 성립 그 자체는 개인이나 기업의 이해당사자들에게 그들이 걱정하는 리스크, 예를 들면 신용리스크, 순수리스크의 발생확률이 낮다는 사실과 만약 그러한 리스크가 현실화되어 손실이 발생할 경우 보상된다는 사실을 알려 주는 의미를 가지는 것이다. 결국 보험에 가입한 개인이나 기업은 그렇지 않은 개인이나 기업에 비해 신용이 증대됨으로써 좀 더 유리한 입장에서 활동할 수 있는 환경이 조성되었다고 할 수 있다.

마지막으로, 보험산업은 대규모의 자본을 형성하여 **자본시장에서 투자나 적립에 있어서 중요한 역할**을 한다. 보험은 일종의 장기계약으로서 미래의 보험금지급이라는 재무적 의무를 수행하기 위하여 수입보험료를 장기적 관점에서 유가증권 등에 투자하여 자산으로 보유하고 있다. 이러한 측면에서 보험회사의 보험료는 자본시장에서 투자자금의 원천으로 활용되어 국가경제의 각 분야의 성장뿐만 아니라 고용증대에도 기여한다고 하겠다.

한편 보험으로 인하여 유발되는 사회적 비용은 크게 두 가지 측면에서 살펴볼 수 있는데, 하나는 보험영업을 시행하기 위해서는 필연적으로 **사업비가 유발**된다는 것이다. 보험계약자

---

17 좀 더 자세한 내용은 제8장 제3절 기업의 보험에 대한 수요를 참조하기 바란다.

가 보험회사에 납부하는 영업보험료(gross premium)는 부보된 리스크에 의해 발생할 수 있는 평균손실에 근거한 순보험료(pure premium)와 설계사의 상품판매수당(commission), 계약유지비, 인건비, 세금, 회사의 이윤 등 보험회사를 영위하는 데 필요한 사업비를 충당하기 위한 부가(附加)보험료(expense loading)로 구성되어 있다. 부가보험료의 비중은 상품마다 차이가 있으나 약 10~30%를 차지하고 있다.[18] 그러나 이러한 비용의 발생은 보험을 제공하기 위한 경제적 자원의 사용에 따른 필연적인 것으로서 보험가입자에게는 필요한 보험상품을 계약할 때 앞으로 납입하여야 되는 보험료가 재정적 부담으로 작용할 수 있으나 손실에 대한 불확실성의 감소, 고용창출 등의 사회적 기여라는 측면에서 볼 때 과도하지 않은 사업비는 긍정적으로 인식될 수 있는 부분이라 하겠다.

다른 하나는 도덕적 hazard에 의한 **보험사기**로서 고의적인 사고를 우연발생적인 사고로 위장하여 보험금을 청구하는 경우와 보험금을 과다하게 청구하는 경우가 이에 해당된다. 전자의 교과서적인 예로, 교통사고를 사전 각본에 의해 우연히 발생한 사고로 위장하거나 방화(arson) 등을 들 수 있다. 후자의 경우 충돌, 추돌 등의 자동차사고에 의해 비록 고의적으로 발생된 손실은 아니지만 부도덕한 의사와 변호사의 도움으로 의도적으로 치료비용 및 정신적 피해 등을 부풀려 실제의 손실을 초과하여 보험금을 청구하는 것을 들 수 있다. 보험사기는 보험회사와 보험계약자 또는 피보험자 사이의 리스크에 대한 정보의 비대칭에서 비롯된 것으로서 정보의 비대칭문제가 존재하는 한 보험사업에 부정적인 영향을 미치는 내재적인 문제이다. 보험사기로 인하여 지급되지 않아도 되는 보험금이나 과다하게 청구된 보험금을 지급하게 되면 보험회사의 손해율이 높아져 결국 보험료의 상승으로 이어질 수밖에 없다. 이는 선의의 보험계약자들이 피해를 입게 되는 사회적 비용을 유발하게 되는 것이다. 이런 병폐를 줄이기 위해서는 보험계약자들의 신의성실을 바탕으로 높은 도덕심을 요구하고 보험회사들은 보험사기를 예방할 수 있는 체계적인 시스템을 개발하여야 한다.

---

18 한 계리법인의 자체분석에 의하면 사업비의 비중은 생명보험의 경우 상품에 따라 차이가 있으나 10~30%, 손해보험의 경우 일반손해보험 30%, 장기보험 15%, 자동차보험 15%(온라인)와 25%(오프라인)를 차지하고 있는 것으로 나타나고 있다.

CHAPTER 04

보험계약의 이해

여러 사람이 거출한 보험료로 일정한 자금을 형성하고 그들 가운데 실제로 우연한 사고를 당한 사람이 보험금을 받아 경제적인 불안을 해결할 수 있도록 하는 보험제도는 원칙적으로 보험사업자와 보험가입자 사이의 계약을 통하여 형성될 수 있으며 양자 사이의 권리의무관계를 형성하기 위한 법률적 수단이 바로 보험계약이다. 보험계약은 물론 보험회사와 보험가입자가 체결하는 쌍방계약이기는 하나 보험가입자들이 계약서를 작성하거나 아무리 보험에 관한 전문적 지식이 있는 가입자라도 계약서를 수정 · 보완할 수 없다. 보험가입자들은 보험료, 보험료납입기간 등 극히 일부사항에 대한 상의나 협의를 제외하고는 보험회사가 작성한 기본적인 계약서에 사인만 할 뿐이다. 따라서 보험계약에 조금이라도 애매하거나 불분명한 단어나 구절이 있을 경우 보험가입자에게 유리하게 해석하는 것이 통례이다. 이러한 보험계약을 규율하는 법규가 보험계약법인 것이다.

주요용어

- 보험계약
- 보험업법
- 사행계약
- 편무계약
- 조건부계약
- 부합계약
- 인적계약
- 보상의 원칙
- 피보험이익
- 대위의 원칙
- 최대선의의 원칙
- 자기부담금
- 공동보험

제1절 보험계약관련 법규

보험계약법은 보험회사와 보험계약자 사이의 보험계약의 성립, 효과, 종료 등에 관한 법률관계 곧 보험관계를 규율하는 사법이다. 실질에 있어서 보험계약법은 민영보험, 특히 영리를 목적으로 하는 영리보험에서 보험회사와 보험계약자 사이의 법규를 규율하는 법을 말하며 형식적 의의에 있어서는 법전에 보험계약법으로 규정된 모든 법규를 말한다. 보험계약법의 법원(法源)은 상법 제4편(보험), 보험업법, 그리고 특수한 보험[01]에 대한 특별법 등의 제정법과 보통보험약관이 그 중심을 이루고 있다.

1. 상법 제4편 보험[02]

상법 제4편에서는 보험을 크게 손해보험과 인보험으로 구분하고 각각 그 종류별로 보험계약에 관한 규정을 두고 있다. 상법 제4편 보험은 제1장 통칙, 제2장 손해보험, 제3장 인보험으로 구성되어 있다. 제1장 통칙에서는 보험계약의 의의와 성립, 변경과 소멸 등에 관하여 규정하고 있다. 제2장 손해보험에서는 통칙, 화재보험, 운송보험, 해상보험, 책임보험, 자동차보험을 규정하고 있으며, 제3장 인보험에서는 통칙, 생명보험, 상해보험을 규정하고 있다. 이를 정리하면 [그림 4-1]과 같이 나타낼 수 있다.

2. 보험업법[03]

보험사업의 효율적인 감독과 보험계약자, 피보험자, 기타 이해관계자의 권익을 보호하여 보험사업의 건전한 육성과 국민경제의 균형 있는 발전에 기여하기 위하여 정부는 보험업법을 제정 · 운영하고 있다. 보험업법은 공법규정과 사법규정이 혼합되어 있는 법이다. 보험업법중 보험감독규정(허가, 인가, 승인, 신고, 등록, 검사, 명령, 처벌 등)과 금융감독원 등 설

---

01 자동차손해배상보장법, 원자력손해배상법, 사회보험법에 속하는 산업재해보상보험법 등을 말한다.

02 상법은 1963년 1월 1일부터 시행되었고, 보험편은 1991년 개정되고 2009년 5월 28일 일부 재개정되어 시행되고 있다.

03 1962년 1월 15일 법률 제973호로 제정 · 공포되어 1963년 1월 1일부터 시행되고 1977년 12월 31일 전문 개정, 2008년 3월 14일 재개정되어 시행되고 있다.

그림 4-1 ▶▶ 상법 제4편 보험의 분류

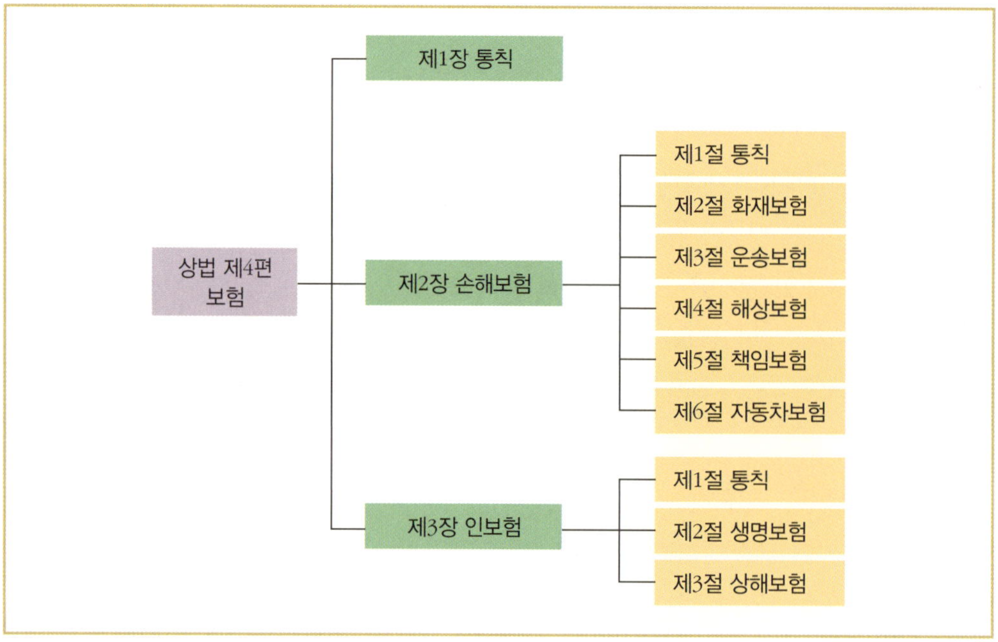

립 및 운영에 관한 규정은 공법 규정이고 보험회사(주식회사와 상호회사)의 설립과 운영에 관한 사항은 상법 회사법에 대한 특별법으로서의 지위를 가지고 있어 사법적 규정이다. 보험업법은 민영사업자에 대한 감독법규이므로 공영보험(국민연금, 의료보험 등)에는 적용되지 아니한다. 또한 특별법에 의하여 다른 행정기관의 감독을 받고 있는 보험공제에도 적용되지 아니한다.

3. 보통보험약관

보통보험약관이라 함은 보험회사가 미리 작성한 보험계약의 내용을 이루는 표준적 · 정형적 계약조항으로서 보험계약에 있어서 당사자 간에 반대의 의사표시가 없는 한 보험계약의 내용은 이 보험약관의 조항에 따라 정하여진다. 이처럼 보통보험약관은 일반적 표준적인 조항으로서 기본적인 것을 말하며 특별보통보험약관은 부가약관이라고도 하며 사정에 따라 자세한 약정을 필요로 할 때에 보통약관에 대하여 보충적으로 이용되는 것이다. 이 부가약관은 그것이 정형적인 한 그 명칭이 어떠하든 실질상 보통보험약관의 일부를 이루는 것으로 본다. 특별보험약관은 보험계약의 특약조항이며 개개의 보험계약을 체결할 때 구체적인 사정에 따라 체결되는 것으로서 보통보험약관을 변경하는 당사자의 특별한 의사표시에 의하여 정하여지는 것이다.

제2절 보험계약

보험계약은 사회경제제도인 보험을 이용하는 당사자인 보험회사와 보험계약자를 권리·의무관계로 결합하기 위한 법률적 수단이다. 상법에서는 보험계약의 의의에 관하여 "당사자 일방이 약정한 보험료를 지급하고 상대방이 재산 또는 생명이나 신체에 관하여 불확정한 사고가 생길 경우에 일정한 보험금액 기타의 급여를 지급할 것을 약정함으로써 효력이 생긴다"라고 정의하고 있다.[04] 보험계약의 법률적 의의에 대해서는 손해보상계약설, 경제수요충족설, 기술설, 금액급여설, 이원설 등의 학설이 있다.[05]

1. 보험계약의 법적 성격

1) 사행(射倖)계약(aleatory contract)

재화나 서비스 교환에 의한 일반적인 상업계약은 계약의 양 당사자 간에 교환되는 가치가 같은 등가(等價)계약(commutative contract)이나 보험계약에 있어서 보험회사의 보험금 지급의무는 미리 보험회사가 보험료를 수령하여도 우연한 사고의 발생을 전제로 교환되는 가치가 다른 사행계약에 속한다. 다시 말해서 자동차보험의 경우와 같이 보험계약자가 보험계약에 의해서 납부하는 보험료와 보험사고로 인해 보상받는 보험금이 서로 동일하지 않다는 것이다. 극단적인 예로 생명보험에서는 단 일회보험료를 납부한 후 우연발생적인 사고로 인하여 사망할 경우 거액의 보험금을 보상받을 수 있다. 이러한 점에서 도박과 유사하다고 할 수 있으나 도박은 스스로 리스크를 증가시키나 보험은 리스크를 감소시킨다는 점에서 다르다.

---

04 상법 제638조 의의

05 학설에 대한 자세한 내용은 보험계약법관련 교재를 참조하기 바란다.

2) 편무(片務)계약(unilateral contract)

보험계약은 보험회사와 보험계약자 사이에 이루어지는 계약으로서 당사자 쌍방이 보험금과 보험료라는 대가(對價)적 의미를 갖는 채무를 부담하므로 쌍무(雙務)계약(bilateral contract)이며 재산상의 출연을 하는 계약이므로 유상(有償)계약이다. 다만 서로 대가적 의미가 있는 두 개의 급부 가운데 보험계약자의 급부에 관하여는 문제가 없지만, 보험회사의 급부에 관하여는 보험계약의 법적 구조에 관한 논의와 관련하여 대립이 있을 수 있다. 다시 말해서 보험계약 이후 보험계약자는 중도에 보험료를 납부하지 않거나 하시(何時)라도 일방적으로 해약할 수 있으나 보험회사는 계약상의 하자가 없는 한 계약에 따른 보상이나 다른 서비스를 공여하여야 한다는 측면에서 편무계약이라고 할 수 있다. 미국에서는 보험계약을 편무계약으로 인식하고 있는 반면 영국에서는 쌍무계약설을 따르고 있다. 우리나라의 경우 보험계약의 쌍무계약설을 따르고 있다.

3) 조건부(條件附)계약(conditional contract)

보험계약은 보험회사와 보험계약자 사이의 계약의 성립, 효과, 종료 등에 관한 법률관계이므로 보험계약의 효력은 보험회사의 보험금지급의무에 대한 책임과 보험계약자가 보험금을 수령하기 위한 의무 등 필수조건들을 충실히 이행하느냐에 달려 있다. 다시 말해서 보험계약자는 계약상 정한 보험료의 납부, 손실발생 시 통지의무 등을 이행하여야 하며 보험회사는 우연발생적인 손실 등 모든 조건이 만족될 때 보상의 의무가 있다는 의미에서 조건부계약이라고 한다.

4) 부합(附合)계약(contract of adhesion)

보험계약은 그 성질상 다수의 가입자를 대상으로 하여 대량적으로 체결되는 계약이므로 보험회사가 미리 작성한 정형화된 약관에 의하여 체결되는 것이 일반적이다.[06] 따라서 보험계약자는 작성과정에 참가할 수 없기 때문에 보험계약 체결 시 약관을 전체로 받아들이거나 아니면 계약체결을 거절할 수밖에 없다. 이러한 성질을 부합계약이라고 한다. 이처럼 보험

06 기업보험의 경우 보험약관이 회사의 리스크 특성에 맞게 보험중개인이나 회사의 리스크관리자와 합의하에 작성되기 때문에 부합계약의 특성이 있다고 말할 수 없다.

회사가 일방적으로 작성한 약관은 보험에 대한 전문적 지식이 없는 보험계약자 등이 부당한 피해를 강요할 가능성이 있게 된다. 그러므로 보험회사가 일방적으로 작성한 약관으로부터 보험계약자 등을 보호하기 위해서 상법 제4편[07]에서 규제를 하고 있다. 판례를 보더라도 보험계약의 내용 중에 모호(ambiguities)하거나 불확실(uncertainties)한 것은 보험계약자에게 유리하게 해석하도록 하고 있다.

5) 인적(人的)계약(personal contract)

보험계약은 보험회사와 보험계약자 사이에서 이루어지는 계약으로서 정보의 비대칭 정도가 심하기 때문에 보험회사의 언더라이팅 기준에 맞아야 성립이 된다. 특히 손해보험의 경우 보험목적물이 아니라 보험목적물의 소유자가 피보험자가 되기 때문에 소유권이 이전될 때 기존의 보험계약이 새로운 소유주에게 승계가 되지 않는다. 따라서 피보험자가 누구냐에 따라 보험계약의 내용이 달라지거나 인수가 거절될 수가 있기 때문에 인적계약이라고 할 수 있다. 생명보험의 경우 보험계약 이후 보험회사의 동의없이 자유롭게 양도할 수 있기 때문에 인적 계약의 특성을 갖지 못한다.

2. 보험계약의 법적 원칙

1) 보상의 원칙(Principle of Indemnity)

보상의 원칙이란 보험사고의 발생으로 인해 보험회사가 피보험회사에게 지급하게 되는 보험금은 피보험자의 실제손해를 초과해서는 안 된다는 원칙을 말한다. 이러한 실손보상의 원칙은 두 가지의 목적이 있다. 첫째, 피보험자의 경제적 상태를 손실발생 이전의 상태로 회복시키는 것이다. 예를 들어 화재로 인한 손실금액이 1,000만원이라면 보상의 원칙에 따라 보험회사로부터 1,000만원을 보험금으로 지급받아 화재발생 전의 재산상태로 복구시켜주는 것이다. 실손보상의 원칙의 두 번째 목적은 보험을 통하여 손실금액 이상의 보험금수령을 통한 이득을 취하는 도덕적 hazard를 감소시키는 것이다. 상기의 예에서 보험사고의 발생으로 인한 손실금액인 1,000만원보다 많은 금액을 보상받음으로써 피보험자의 경제적 상태가

07 상법 제663조(불이익변경금지의 원칙), 제638조3(보험약관의 교부 명시의무)

보험사고가 발생하기 이전보다 좋아진다면 방화 등의 고의적인 사고발생 가능성이 높아짐에 따라 보험이 도박으로 악용될 소지가 크다.

우리 상법에서는 명문으로 실손보상의 원칙을 규정하고 있지는 않으나 상법 제668조의 피보험이익, 제676조의 시가보상의 원칙, 제672조의 중복보험, 제681조, 제682조의 보험회사대위 등의 규정을 통하여 실손보상의 원칙을 추론할 수 있다. 특별히 실손보상을 위하여 대체비용(replacement cost)에서 감가상각(depreciation)을 한 금액이나 공정시장가격(fair market value) 또는 손실과 관련한 여러 자료를 감안하여 결정한 금액 등과 같이 실질현금가치(actual cash value)에 기초한 보상방법이 활용되고 있다.

보상의 원칙의 예외로는 생명보험과 같이 보험계약을 할 때 미리 사망보험금을 약정하고 사망 시 약정금액을 지급하는 기평가정액보험(valued policy)과 손실보상금액을 결정할 때 감각상각을 고려하지 않는 대체비용보험(replacement cost insurance)이 있다.

2) 피보험이익의 원칙(Principle of Insurable Interest)

피보험이익이란 피보험자가 보험목적물에 대하여 가지는 경제적 이익을 말하는데, 손해가 발생했을 경우 피보험자에게 금전적으로 산정가능하고 적법하며 확정적인 손실이나 다른 형태의 손상(harm)이 일어나야 한다. 피보험이익은 통설적으로 손해보험 특유의 개념으로서 도박을 방지하고 도덕적 hazard를 줄이며 피보험이익과 같은 손실의 규모를 측정하기 위하여 모든 보험계약은 피보험이익이 뒷받침되어야 한다. 만약 피보험이익이 요구되지 않는다면 타인의 재산이나 생명을 보험에 가입하고 손실이 발생하거나 사망하기를 학수고대할 것이기 때문에 도박이나 다름없게 되고 우연을 가장한 고의적이고 계획적인 방화나 살해 등의 도덕적 hazard가 증가하게 될 것이다. 특히 생명보험의 경우 보험계약자, 피보험자, 수익자가 다를 경우 악용될 소지가 크므로 부인이 남편을 피보험자로 보험계약을 체결할 때 부부지간일지라도 반드시 피보험자인 남편의 자필서명을 받도록 되어 있다.

3) 대위의 원칙(Principle of Subrogation)

보험회사가 피보험자가 입은 손해액만큼 피보험자에게 보험금으로 지급한 경우 보험금한도 내에서 피보험자가 그 손해에 책임이 있는 제3자에 대하여 갖는 손해배상청구권을 보험회사가 취득하여 구상권(求償權)을 행사하는데 이를 대위라 한다. 따라서 대위는 피보험자의 위부(委付, abandonment))를 전제로 이루어지는데, 이는 동일한 손실에 대하여 책임이 있는 제3자와 보험회사 모두로부터 이중보상을 통한 이익추구를 방지할 목적으로 손해보험의 경우에만 인정되고 인보험의 경우에는 원칙적으로 대위가 금지된다. 다만 인보험의 일부 상해보험에서 당사자 간에 약정이 있을 경우에는 피보험자의 권리를 침해하지 않는 범위에서 대위를 인정하고 있다.[08]

4) 최대선의의 원칙(Principle of Utmost Good Faith)

일반적인 상업계약에서 당사자들은 자신의 이익에 반하는 불리한 사실들을 나열할 필요가 없으며 설사 일방이 타방에 의해 불이익을 받았다면 일방이 그러한 사실을 법적으로 입증할 책임이 있다. 그러나 앞서 언급된 여러 법적 성격을 가진 보험계약은 보험회사와 보험계약자 사이에 리스크에 대한 정보의 비대칭이 존재하는 상황하에서 보험회사의 보험금 지급의무가 미리 보험회사가 보험료를 수령하여도 우연한 사고의 발생을 전제로 교환되는 가치가 다른 사행계약이기 때문에 도덕적 hazard의 유인이 될 수 있다. 따라서 보험계약은 타 계약에 비해 상대적으로 높은 정직성(honesty)을 요구하는 최대선의의 원칙을 기본이념으로 하게 된다. 이러한 최대선의의 원칙은 고지(representation), 의도적 은폐(concealment) 그리고 담보(warranty) 등에 의해서 지원되고 있다.

보험계약자 또는 피보험자는 그들이 이전시키려는 리스크에 관한 모든 내용, 특히 인수여부에 영향을 미칠 중요한 사항을 보험회사에 고지할 의무가 있는데, 고지한 내용 중에서 사실(true fact)에 반하거나 거짓 또는 오도하는 진술(statement), 그리고 허위진술에 보험회사가 근거하였다면 고지의무를 위반하는 것이며 보험회사의 판단에 따라 보험계약을 무효로 할 수 있다. 의도적 은폐는 보험계약자가 청약과정에서 중대한 사실을 의도적으로 누락하거나 진실을 은폐함으로 고지의 의무를 이행하지 않는 것과 같은 의미를 가진다. 담보는 보험계약자나 피보험자에 의해 보험계약서에 서술된 진술이나 이행약속으로서 위반 시에는 보험계약의 해지나 보험회사의 면책이 될 수 있다.

08 상법 제729조

제3절 보험계약의 주요 내용

1. 성립요건

보험계약이 법적으로 효력을 갖기 위한 기본요건에는 청약과 수락(offer & acceptance), 약인(consideration), 합법적 당사자(legal competent), 그리고 계약의 합법적 목적(legal purpose) 등이 있다.

1) 청약과 수락

대부분의 보험계약은 보험가입을 희망하는 자가 청약서(application form)를 작성하여 보험회사에 제출하면 보험회사의 거절 또는 수락의 의사표시를 통하여 계약에 이르게 된다. 손해보험의 경우 이 과정이 문서 또는 구두로 하게 되는데, 보험증권이 발행되어 보험이 인수되기까지 보험중개인이나 보험회사의 어느 쪽에 의하든 보험보호가 주어지는데 이를 바인더(binder)라고 하고 계약당사자들을 의무지우는 일시적인 계약을 의미한다.[09] 반면 생명보험의 경우 청약은 모두 문서로 이루어지며 초회보험료와 청약서를 보험중개인을 통하여 보험회사에 제출하면 언더라이팅의 절차를 거쳐 보험회사가 수락함으로써 보험계약이 성립된다. 만약 거절 시에는 초회보험료를 다시 보험청약자에게 돌려주어야 한다.

2) 약인

일반적으로 약인이란 계약의 당사자가 계약에 관하여 주고받는 대가인데 보험계약의 성립을 위해 계약당사자인 보험계약자와 보험회사 간에 서로 대가를 지불하는 것을 의미한다. 이 약인이 없으면 보험계약은 성립되지 않는데, 보험계약에서 보험계약자의 약인은 보험료 납부와 보험증권에 명시된 제 조건을 준수하는 것이며, 보험회사의 약인은 제 조건이 충족될 때 보험계약자 또는 피보험자에게 보험금을 지급하는 것이다.

---

09 한국보험학회편(1997), '保險辭典', p.261.

3) 합법적 당사자

보험계약의 양 당사자인 보험계약자와 보험회사는 모두 법적으로 자격을 갖춘 당사자이어야 한다. 따라서 미성년자, 약물중독자, 금치산자, 한정금치산자는 스스로 법적 행위를 하지 못하므로 대상에서 제외된다.

4) 합법적 목적

보험계약이 공익과 사회건전성에 반하는 불법적 또는 비윤리적 이익을 취하기 위하여 악용되어서는 안 되며 법의 취지와 테두리 안에서 행해져야 한다.

2. 주요 내용

1) 부보사항(declaration)

부보대상이 되는 재물이나 행위에 대한 정보를 제공하는 부분으로서 증권번호, 피보험자 이름, 보험목적물(재물, 생명, 신체), 수익자, 계약기간, 보험금, 보험료, 자기부담금(deductible) 등의 기재사항이 담겨 있다.

2) 보장내용(insuring agreement)

보험계약의 핵심으로서 보험사고가 발생했을 때 주요 보장내용이 서술되어 있다. 손해보험에서는 주로 증권에 명시된 우연발생적 사고로 인한 손실만을 보장하는 기명된 우연사고(named-perils) 또는 특정 리스크를 제외한 모든 리스크에 의한 손실을 보장하는 올 리스크(all risks)의 두 가지 보장방법이 활용된다. 생명보험은 올 리스크에 의한 보장방법을 사용하고 있다. 보험회사 입장에서 비정상적인 hazard가 현존하거나 부보할 수 없는 사고나 도덕적 hazard를 방지하기 위하여 특정사고(perils), 손실(loss) 또는 재물(property)에 대해 면책(exclusion)을 활용하여 보상책임을 회피할 수 있다. 그 밖에 특약(endorsements or riders)[10]을 통하여 보험계약의 원본에 일부를 추가하거나 또는 원본 일부를 삭제 또는 변경할 수 있다.

3) 자기부담금(deductible)

자기부담금은 보험사고 발생으로 보험회사가 지급해야 하는 보험금에서 공제되는 일정금으로서 보험가입자의 재정적 부담이 된다. 주로 재산보험이나 자동차보험 등의 손해보험과 건강보험에서 활용되고 있는데, 보험회사나 보험가입자 모두에게 경제적 이익이 될 수 있다. 우선 보험회사 입장에서 일정금액 이하의 소손해에 대하여 손해사정비용(loss adjustment expenses)과 기타비용을 절감할 수 있으며, 보험가입자에게는 보상금액인 보험금의 일부가 감고되기 때문에 보험료의 하락요인으로 작용하여 좀 더 저렴한 보험료로 보험에 가입할 수 있다. 더욱이 보험사고 시 일부 손실을 부담하게 되고 그 부담금이 커질수록 손실방지를 위해 노력하는 동기부여가 될 수 있다. 자기부담금은 정액(straight), 누적(aggregate), 그리고 프랜차이즈(franchise) 등의 형태로 운용되고 있다.

정액자기부담금은 보험계약기간 동안 보험사고로 손실이 발생할 때마다 보험가입자가 부담해야 되는 보험증권상의 일정금액을 말한다. 자동차보험의 경우 손해액과 비용을 합한 금액의 20%로서 최대 50만원까지 자기부담금으로 정할 수 있다. 누적자기부담금은 매 손실에 적용되는 정액자기부담금과는 달리 보험계약기간 동안의 누적손실금액이 보험증권상의 일정 금액인 자기부담금을 초과할 경우 초과금액분부터 보험회사의 책임으로 한다. 예를 들어 누적자기부담금이 200만원일 경우 첫 손실이 50만원, 두 번째 손실이 120만원 그리고 세 번째 손실이 70만원이라고 하자. 누적 총손실금액이 240만원이 되어 첫째와 두 번째 손실에 대해서는 보험가입자가 부담하고 세 번째 손실금액 중에서 30만원을 제외한 40만원만 보상금으로 지급받게 된다. 그리고 나머지 계약기간 동안 발생하는 모든 손실은 보험회사가 전액 보상하게 된다. 프랜차이즈 자기부담금은 설탕이나 쌀 등의 농산물과 같이 부피가 큰 벌키(bulky) 화물의 해상보험에서 활용되는데 총손실의 일정비율(보통 2~5%) 또는 일정금액으로 정한다. 이 경우 발생한 손실이 보험증권에 명시된 일정비율이나 일정금액 미만일 때는 보험가입자가 감수하여야 하며 초과 시에는 발생된 손실금액 전부를 보험회사가 책임지고 보상한다.

---

10 두 용어는 같은 의미로 혼용되고 있으나 손해보험에서는 endorsement를, 생명보험에서는 rider를 사용하고 있다.

4) 공동보험(coinsurance)

보험가액이 큰 보험목적물에 대하여 전부보험이 아닌 일부보험으로 가입하는 재산보험에서 흔히 사용되는데 손실의 일정부분에 대하여 보험가입자에게 공동으로 부담하게 하는 조항이다. 다시 말해서 보험가액의 일정비율, 예컨대 80%를 초과하는 보험에 가입하도록 요구하고 만약 일정비율 이하의 보험에 가입할 경우 발생한 손실의 일정부분을 보험가입자에게 공동보험자로서 부담하도록 하는 것이다. 예를 들어 보험가액이 500억원의 빌딩에 대한 공동보험의 비율이 80%일 경우 요구보험가입금액은 400억(500억×0.8)원이 된다. 이때 건물에 대한 화재보험에 가입한 보험금액이 300억원이고 화재로 인하여 100억원의 손실이 발생하였을 경우 보상금액은,

$$\frac{\text{부보금액(insurance amount carried)}}{\text{요구부보금액(insurance amount required)}} \times \text{손실금액} = \frac{300\text{억원}}{400\text{억원}} \times 100\text{억원} = 75\text{억원}$$

이 되고 발생한 손실의 25%인 25억원은 보험가입자가 부담하여야 한다. 따라서 요구보험가입금액 대비 보험가입금액이 적을수록 보험가입자의 손실부담액이 늘어나게 된다. 그리고 보험가입금액이 요구보험가입금액과 같을 경우 보험가입자의 손실은 100% 보상되어 본인부담이 없는 전부보험에 가입한 결과와 같다. 상기의 예에서 만약 300억원 이상의 손실이 발생하게 되면 보험가입금액인 300억원까지만 보상받게 된다.

일반적으로 부보가액이 큰 보험목적물일수록 전손(全損)의 발생확률보다 손실이 일부분에 국한될 확률이 훨씬 높기 때문에 예상되는 손실의 범위 내에서 일부보험에 가입하면서 상대적으로 적은 보험료를 부담하려고 할 것이다. 이럴 경우 보험료를 더 많이 내는 전부보험에 가입하면서도 확률적으로는 일부보험에 가입한 보험가입자와 비슷한 수준의 손해를 보상받는 불공평한 상황이 발생될 수 있어 부보가액 대비 보험가입금액에 상관없이 동일한 보험료를 부과한다면 요율의 형평성에 어긋난다. 따라서 공동보험의 주목적은 요율의 형평성에 있다. 공동보험과 유사한 조항으로 건강보험에서 활용하는 일정비율부담약관(percentage participation clause)이 있는데, 이 약관은 자기부담금을 차감한 의료비 중에서 일정비율(20~25%)을 보험가입자가 부담하게 된다.

5) 타보험조항(Other Insurance Provisions)

영국적하보험증권의 약관에 타보험이란 보험의 목적물이 화재보험 또는 기타 보험에 부보되어 있는 경우에는 그 보험에서 보상받도록 하고 해상보험에서 보상하지 않는다는 것으로 타보험에서 보상되지 못하는 초과액에 대해서는 보상한다는 취지로 되어 있다.[11] 이상과 같이 같은 보험목적물에 대하여 2개 이상의 보험에 의해 보상될 경우 적용되는 조항으로 보험을 통한 이익추구와 보상의 원칙에 위배되는 것을 방지하기 위한 목적으로 주로 재산보험이나 건강보험에서 활용되고 있는데 다음과 같은 종류가 있다.

(1) 비례분담약관(Pro Rata Clause)

보험목적물에 대한 각 보험회사의 부보가액에 비례하여 발생한 손실의 분담이 이루어진다. 예를 들면 부보가액이 20억원인 건물에 대하여 A보험회사에는 10억원, B보험회사와 C보험회사에 각각 5억원의 화재보험에 가입하였는데 화재로 인해 1억원의 손실이 발생하였다고 하자. 이 약관에 따르면 각 보험회사의 손실분담금은 다음과 같다.

$$\text{A사} = \frac{10\text{억원}}{20\text{억원}} \times 1\text{억원} = 0.5\text{억원}(5{,}000\text{만원})$$

$$\text{B사, C사} = \frac{5\text{억원}}{20\text{억원}} \times 1\text{억원} = 0.25\text{억원}(2{,}500\text{만원})$$

(2) 균일분담약관(Contribution by Equal Shares Clause)

주로 배상책임보험에서 사용되는 약관으로서 각 보험회사의 배상금액이 같게 지급되거나 발생한 손실이 전액 지급될 때까지 가장 적은 배상책임이 있는 보험회시의 배상금액과 같은 액수가 분담되도록 하는 방식이다. 예를 들어 A보험회사에 10억원, B보험회사에 20억원, 그리고 C보험회사에 30억원의 배상책임보험에 가입한 후 15억원의 배상손실이 발생하였다면 이 약관에 따라 각 보험회사는 균등하게 5억원씩 배상금을 지급한다. 그러나 배상손실이 55억원일 경우 각 보험회사의 배상금액은 다음과 같다.

11 한국보험학회편(1997), '保險辭典', p.680.

보험회사	보험가입금액	1차분담	2차분담	3차분담	최종분담금
A	10억원	10억원			10억원
B	20억원	10억원	10억원		20억원
C	30억원	10억원	10억원	5억원	25억원

(3) 초과분담보험(Primary and Excess Insurance)

동일한 보험목적물의 손실에 대하여 일차적으로 책임지는 보험회사(primary insurer)가 자신의 보상금액한도까지 보상하고 보상하지 못한 초과분이 있다면 두 번째 보험회사(excess insurer)가 보상한도 내에서 보상해주는 방식이다. 예를 들어, A라는 사람이 렌트카회사로부터 250만원의 자동차대인배상책임보험에 가입되어 있는 자동차를 렌트하였고 A 역시 1,000만원의 자동차대인배상책임보험에 가입했다고 하자. 만약 교통사고가 발생하여 600만원의 손실을 배상하려고 할 때 1차적 배상책임은 렌트카회사의 보험회사로서 250만원을 배상하고 나머지 350만원에 대한 2차적 배상책임은 A의 보험회사에게 있다.

PART 02 보험의 이론적 배경

RISK & INSURANCE

CHAPTER 05

확률과 확률분포

보험영업의 건전성을 위해서는 보험수리적인 기법을 활용하여 리스크개념과 밀접한 관련이 있는 미래손실가능성(chance of loss)에 대한 예측이 선행되어야 하는데 이를 위해서는 확률(probability)과 통계(statistics)와 관련된 일부 개념에 대한 이해가 요구된다. 따라서 본 장에서는 이러한 개념들을 소개할 것이며, 이어지는 다음 장들에서 설명되는 많은 내용들을 이해하는 데 도움이 될 것이다.

주요용어

확률	분산	비대칭도
확률분포	표준편차	상관관계
기댓값		

제1절 확률과 확률변수

1. 확률의 기본개념

확률은 사건발생 가능성의 수치적 측정(numerical measure)으로, 경험 혹은 실험의 결과로 특정한 사건(event)이나 결과가 발생할 가능성을 말한다. 자동차 사고율, 40대 사망률, 특정산업의 재해율, 비가 올 가능성 등 이러한 것들이 확률이다. 이처럼 확률은 우리의 일상생활에서 자주 사용되고 있으며 보험영업을 비롯한 불확실성이 내재되어 있는 대부분의 의사결정은 확률 혹은 확률에 대한 판단을 필요로 하고 있다.

따라서 확률은 불확실성(uncertainty)의 정도(degree)로서 사용되며, 확률값은 항상 0에서 1의 값을 가진다. 확률값이 0 또는 1에 가까울수록 사건발생에 대한 불확실성이 낮다는 의미이며, 여기에서 확률이 '0' 또는 '1'이라는 것은 특정 사건이 발생한다(=1) 또는 발생하지 않는다(=0)에 대한 확실성(certainty)을 나타내는 것이다.

확률이 중요한 이유는 표본(sample)을 분석하여 얻은 표본통계량으로 모집단(population)의 특성을 나타내는 모수(parameter)를 추정하기 때문이다. 그런데 통계분석에서 사용되는 표본은 모집단으로부터 추출할 수 있는 수없이 많은 표본 중의 하나에 불과하기 때문에 표본의 특성을 나타내는 통계량 값은 확정적인 것이 아니라 추출된 표본에 따라 달라지는 확률적인 값이다. 따라서 표본을 추출하는 행위는 확률 개념을 포함하기 때문에 확률에 대한 이해가 선행되어야 모집단에 대한 추론이 가능하다. 리스크와 마찬가지로 확률 역시 크게 주관적인 확률과 객관적인 확률로 구분해 볼 수 있다.

1) 주관적 확률

주관적 확률은 의사결정자 개인의 지식, 정보 및 경험을 바탕으로 한 주관적 판단에 의하여 결정되는 확률을 말한다. 객관적인 정보나 경험이 제한된 상황하에서 어떤 사건이 발생할 가능성을 예측해야 할 경우 주관적인 확률이 사용된다. 즉, 경험적인 결과가 발생하리라는 개인의 믿음의 정도(degree of belief)를 나타낸다. 예를 들어 특별히 자신의 생일날에 로또티켓을 구입한다든지, 친구나 동료가 직업과 관련된 재해를 입을 가능성이라든지 등은 다분히 주관적인 확률에 근거하여 이루어지게 되는 경우가 대부분이며 동일한 현상의 발생

확률에 관해서 도 사람들에 따라 서로 상이하게 인식 · 판단될 수 있다. 주관적 확률은 개인의 지식, 정보 및 경험이 축적됨에 따라 정확도가 높아지며 따라서 객관성을 가질 가능성도 높아지게 된다.

2) 객관적 확률

객관적 확률은 동일한 조건하에서 동일한 실험을 무수히 반복적으로 수행할 경우 특정한 사건이 발생할 수 있는 확률을 말한다. 일반적으로 객관적 확률에는 고전적인 확률개념(classical probability)과 장기적 상대도수 확률개념(long-run relative frequency probability)의 두 종류가 있다.

(1) 고전적 확률

고전적인 확률개념은 가능한 모든 결과의 발생가능성이 명확하고 서로 다른 2개 이상의 결과가 동시에 발생할 수 없는 상황에서 실제 경험에 의한 것이 아니라, 특정한 결과가 발생할 가능성을 객관적으로 판단하여 추정한 확률이다. 고전적인 확률개념은 베르누이(Bernoulli)가 불충분 이유의 원리(principle of insufficient reason)라고 부른 원리에 근거를 두고 있다. 이 원리에 따르면 특별한 이유가 없다면 표본공간을 이루는 각 실험결과의 발생가능성은 동일하다고 본다. 고전적 확률은 실제 실험에 앞서 논리적 유추에 의한 확률개념이라는 점에서 사전적 확률(priori probability)이라고도 한다. 고전적 확률은 주로 게임에서 많이 사용되어 온 확률개념으로서 러시안 룰렛(Russian roulette)게임에서의 사망률 $\left(\frac{1}{6}\right)$, 주사위를 던져 3이 나올 확률 $\left(\frac{1}{6}\right)$ 또는 동전의 숫자 또는 그림이 나올 확률 $\left(\frac{1}{2}\right)$ 등은 실제로 경험하지 않아도 쉽게 짐작될 수 있다.[01]

(2) 장기적 상대도수 확률

장기적 상대도수 확률은 실제 실험이나 경험에 근거한 확률개념으로서 특정 사건이 발생할 수 있는 상대적 가능성을 판단하기 위하여 반복적인 수많은 실험을 통하여 그 결과로 판단하는 확률을 의미하기 때문에 확률의 개념이 장기적인 관점에서의 상대도수임을 알 수 있

---

01 러시안 룰렛게임의 경우 주관적 사망률은 $\frac{1}{6}$이나 참가자의 입장에서의 주관적 확률은 죽느냐 사느냐의 극단적 상황을 고려하면 훨씬 높은 $\frac{1}{2}$이 될 수도 있다.

다. 예를 들어, 주사위를 던져 6개의 점이 있는 면이 나올 확률이 $\frac{1}{6}$이라고 알고 있는데 실제로도 그러한지 실험을 통하여 확인하여 확률값을 구하는 것이다. 1,200번의 실험을 통하여 6개의 점이 있는 면이 나온 횟수를 확인하여보니 221번이었다면 정확히 $\frac{1}{6}$이 아니다. 그러나 10,000번, 100,000번까지 실험횟수를 증가시키면 그 값이 $\frac{1}{6}$에 수렴하게 된다. 이와 같이 반복적인 실험에 의해서 실제확률을 구할 수는 없지만, 실험의 횟수를 증가시키면 실제확률에 가까운 값을 구할 수 있는 것이다. 이러한 이유로 상대적 도수이론에 의한 확률을 사후적 확률(posterior probability) 혹은 경험적 확률(empirical probability)이라고도 한다.

2. 확률변수

1) 확률변수의 개념과 정의

변수(variable)는 관심의 대상이 되는 개체의 속성을 척도로 측정하여 수치로 표현하는 것을 의미하는 것으로서 변수의 값은 2개 이상의 서로 다른, 즉 다양한 값을 가져야 한다. 따라서 확률변수(random variable)란 확률의 개념과 변수의 개념이 결합된 것으로서 변수의 값이 불확실한 변수를 의미한다. 예를 들어 동전의 앞면(H)에 1, 뒷면(T)에는 -1의 값을 부여하여 두 개의 동전을 던져 나온 결과의 합을 X로 정의하여 보자. 이 경우 실제로 두 개의 동전이 던져져 결과가 나오기 전까지는 X의 값을 알 수 없으며 규칙에 따라 표본점 (H, H)의 경우에 변수 X의 값은 2가 되고 표본점 (H, T)와 (T, H)의 경우에는 0이 되며 표본점 (T, T)에 대응하는 값은 -2가 된다. 그리고 모든 가능한 표본점들은 그들이 발생할 수 있는 확률이 주어지기 때문에 변수 X가 특정한 값을 가질 수 있는 확률을 알 수 있다. 모든 표본점이 나올 확률은 일정하게 $\frac{1}{4}$이므로 변수 X가 -2 또는 2의 값을 가질 확률은 각각 $\frac{1}{4}$이고 0의 값을 가질 확률은 $\frac{1}{2}$이 된다. 이때 변수 X를 확률변수라 한다. 따라서 확률변수는 표본공간상에 나타나는 모든 표본점들에 수치를 부여하는 규칙으로 정의될 수 있다. 일반적으로 모집단으로부터 추출한 표본의 평균이나 분산과 같은 통계량은 확률과 변수의 개념을 모두 포함하고 있는 대표적인 확률변수에 해당한다.

2) 확률변수의 종류

일반적으로 확률변수는 이산확률변수(discrete random variable)와 연속확률변수(continuous random variable)로 구분한다. 이산확률변수는 확률변수가 취할 수 있는 값이 정수와 같이 서로 명확하게 구분되는 한정된 종류의 값들만을 가질 수 있는 확률변수를 말한다. 앞서 언급된 동전 두 개를 던져 나온 결과의 합을 변수의 값으로 하는 경우가 좋은 예가 되겠다.

반면에 연속확률변수는 확률변수가 가질 수 있는 값들의 개수를 일일이 셀 수 없을 만큼 무수히 많은 실수값을 취할 수 있는 확률변수를 말한다. 특정 보험회사의 보상금액 또는 특정 과목을 수강하는 학생들의 평균키 등이 좋은 예이다. 따라서 무수히 많은 실수값 중에서 어느 특정의 값을 가질 수 있는 확률은 $\frac{1}{\infty}$로서 0으로 볼 수 있기 때문에 특정한 값이 아니라 일정한 구간 내의 값을 가질 확률을 구하여 활용한다.

제2절 확률분포

1. 확률분포의 정의

확률변수에 대한 정보는 그 확률변수의 확률분포(probability distribution)에 의해서 요약될 수 있다. 특별히 확률분포는 확률변수가 가질 수 있는 모든 가능한 특정한 경우들의 값과 그 경우들이 나타날 수 있는 확률, 즉 상대적 가능성을 도수분포표나 그래프로 나타낸 것이다. 확률분포를 그래프로 나타내는 경우 확률분포를 나타내는 함수를 확률함수(probability function)라고 한다. 앞서 언급한 두 개의 동전을 던져 나온 결과의 합을 변수의 값으로 하는 경우의 확률분포가 [표 5-1]에 정리되어 있다. X축에는 가능한 변수의 값, 즉 특정한 경우의 값들이 그리고 Y축에는 특정한 경우들의 확률이 그려져 있다. 이 간단한 예에서 우리는 오직 4개의 가능한 경우들과 각각의 경우들이 나올 확률은 일정하게 $\frac{1}{4}$임을 볼 수 있다.

제1, 2장에서 강조하였듯이 위험관리와 관련된 의사결정자들은 회사의 이익에 영향을 미치는 주요 확률변수의 실제의 값(actual or realized outcomes)이 어떻게 나타날지 알지 못하며 그럼에도 불구하고 의사결정을 하여야 한다. 그렇기 때문에 확률분포의 중요성이 여기에 있다. 다시 말해서 회사에 도움이 되는 위험관리에 관한 의사결정에는 확률분포에 관한 정보가 필수적이다.

| 표 5-1 | 두 개의 동전을 던질 경우의 확률분포와 그래프

표본공간	확률변수 X의 값(x)	x의 값을 가진 확률
(T, T)	-2	$\frac{1}{4}$
$(H, T)(T, H)$	0	$\frac{1}{4}+\frac{1}{4}=\frac{1}{2}$
(H, H)	2	$\frac{1}{4}$

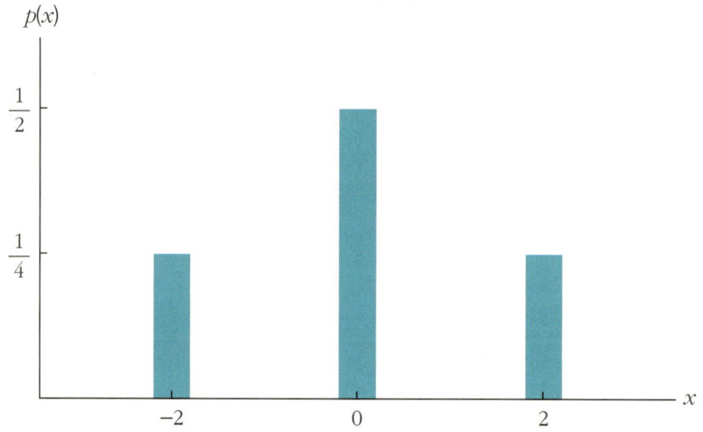

2. 확률분포의 종류

한 예로서 다가오는 1년의 기간에 자신이 보유한 차량이 사고로 인해 입을 피해액수와 관련하여 [표 5-2]와 같이 단순하게 5단계의 가능한 손실규모와 그에 상응하는 확률로 나타낸 확률분포를 생각해보자.

표 5-2 이산확률분포의 예

가능한 손실액(원)	확률
0	0.50
200	0.30
1,000	0.10
5,000	0.06
10,000	0.04

가장 가능성이 높은 손실규모의 값은 무사고에 의한 0원이며 가장 가능성이 낮은 손실규모의 값은 10,000,000원이다. 그리고 모든 경우수의 확률의 합은 1이 된다. 이러한 확률분포를 나타내는 방법으로 [그림 5-1]과 같이 모든 가능한 손실규모의 값에 대한 확률이 막대로 표시되어 있다.

그림 5-1 ▸▸ 이산확률분포의 그래프

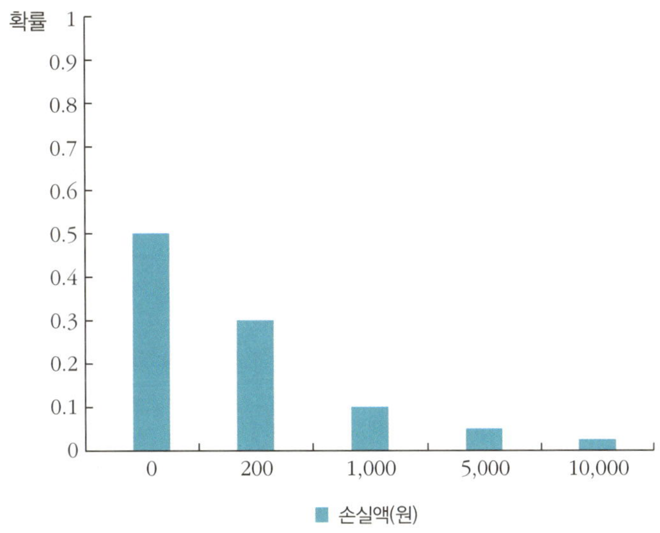

다른 예로서 자동차를 생산하는 기업의 연간이익에 대하여 생각해보자. 연간수익은 자동차를 생산하는 데 필요한 주원료인 철강가격과 노동조건 등 여러 가지 이유로 인해 불확실하며 여건의 변화에 따라 수익의 규모는 많은 가능한 특정값을 가진다. 따라서 자동차 생산기

그림 5-2 ▸▸ 연속확률분포의 예

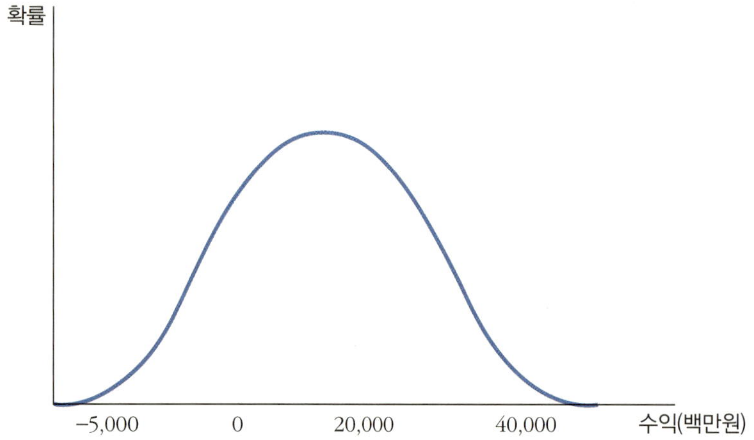

업의 연간수익도 확률변수라고 할 수 있다. 이 경우 앞서 언급된 자동차사고에 의한 손실규모의 확률분포와 달리 수많은 가능한 연간수익규모로 인하여 단순하게 나열될 수 없으며 그에 상응하는 확률 역시 그렇다. 따라서 [그림 5-2]와 같이 최소수익(−50억원)과 최대수익(400억원) 규모의 극한값을 가정하고 특별한 수학적 함수(special mathematical function)에 의한 확률을 활용하는 것이 유용하다.

그림에서 보듯이 곡선은 최소와 최대손익규모 사이의 수많은 가능한 수익규모의 값을 나타내는 막대의 끝을 연결한 결과이며 곡선 아래의 면적의 합은 1이다.

확률분포는 확률변수의 형태에 따라 전자의 예와 같은 이산확률분포와 후자의 예와 같은 연속확률분포로 나뉜다. 이산확률분포는 이산확률변수의 분포이고 연속확률분포는 연속확률변수의 분포이다. 확률변수를 나타내는 확률분포의 경우 대부분 어떠한 형태와 규칙을 가지고 있는지 정확하게 파악하기가 쉽지 않아 수식으로 표현하기가 쉽지 않다.

그러나 어느 정도 그 특성을 파악할 수 있고 수식으로 표현이 가능한 대표적인 이산확률분포로는 이항분포, 초기하분포, 그리고 포아송분포가 있다. 이산확률분포에 대한 확률함수는 확률질량함수(probability mass function: *pmf*)라고 부르며 $p(x)$로 표시한다. 그리고 대표적인 연속확률분포로는 정규(Z)분포와 t분포 그리고 χ^2분포와 F분포가 있다. 연속확률분포에 대한 확률함수는 확률밀도함수(probability density function: *pdf*)라고 부르며 $f(x)$로 표시한다.

3. 확률분포의 특성

확률분포의 실제 적용에 있어서 서로 다른 확률변수의 확률분포에 대한 상호비교가 필요하다. 특히 위험관리와 관련하여 보험구매 등 여러 관리대안에 대한 의사결정이 어떻게 확률분포에 영향을 미치는가에 대한 이해는 보다 나은 의사결정에 직결된다. 그러나 문제는 바로 대부분의 확률분포들이 서로 다른 많은 경우의 수를 가지고 있으며 상호비교가 쉽지가 않다는 점이다. 따라서 확률분포가 내포하고 있는 주요 특징들, 즉 기댓값(expected value), 분산 또는 표준편차(variance or standard deviation), 비대칭도(skewness), 그리고 상관관계(correlation)를 비교하는 것이 일반적이다.

1) 기댓값

확률분포의 기댓값은 확률변수가 가질 수 있는 모든 가능한 경우의 값이 평균적으로 얼마인가에 대한 정보를 제공한다. 기댓값은 모든 가능한 경우의 값에 그에 상응하는 확률을 곱하여 합산함으로써 구해진다. 앞서의 두 개의 동전을 던져 나온 결과의 값을 X로 하는 확률변수의 예에서

$$\text{Expected Value of } X = \frac{1}{4} \times (2) + 2 \times \frac{1}{4} \times (0) + \frac{1}{4} \times (-2) = 0$$

여기서 0의 의미는 동전던지기를 반복해서 많은 횟수를 실시한다면 평균값은 약 0이 된다는 것으로서 한번 실행했을 때 X의 실제값(acual or realized value)이 0이 된다는 것을 의미하지 않는다. 기댓값을 구하는 일반화된 공식은 다음과 같다.

$$\begin{aligned}\text{Expected Value of } X &= x_1p_1 + x_2p_2 + \cdots + x_np_n \\ &= \sum_{i=1}^{n} x_ip_i\end{aligned}$$

여기서, x_i: 확률변수 i
p_i: 확률변수 i의 확률

서로 다른 확률분포의 기댓값은 상기의 식으로 계산되어 비교될 수 있으나 계산을 하지 않고 그래프만을 이용하여 비교될 수 있다. 특히 종모양의 대칭형 분포일 경우 상대적으로

오른쪽으로 위치한 분포의 기댓값이 크다고 말할 수 있다. 비록 비대칭형의 서로 다른 확률분포의 경우라도 육안으로 나타날 가능성이 높은 또는 낮은 변수의 값을 비교함으로써 기댓값을 간접적으로 비교 · 분석할 수 있다.

리스크관리에 관한 많은 의사결정은 법적 소송, 종업원의 상해, 화사자산의 파손 등으로부터 발생되는 손실의 확률분포에 따라 좌우된다. 이러한 손실에 관한 확률분포를 손실분포(loss distribution)라고 하며 손실분포의 기댓값을 기대손실(expected loss)이라 칭한다.

2) 분산과 표준편차

확률분포의 분산은 분포의 특정 경우의 값과 기댓값과의 차이에 대한 정보를 제공하며 분포의 분산도를 나타내는 개념 중에서 가장 많이 활용된다. 만약 분포의 분산값이 낮다면 특정 경우의 실제값이 기댓값에 근접할 가능성 높으며, 분산값이 높다면 가능성은 상대적으로 낮다고 할 수 있다. 따라서 높은 분산값은 특정 경우의 값을 예측하기가 쉽지 않다는 것을 의미한다. 이러한 이유로 분산은 통상적으로 리스크 측정의 수단으로 사용된다. 표준편차는 분산의 제곱근(스퀘어 루트)이므로 분산의 특성을 모두 가지고 있을 뿐 아니라 확률분포를 구성하는 경우의 값 및 기댓값과 동일한 단위로 사용할 수가 있어 편의상 분산도척도로 종종 활용된다. 분산과 표준편차의 수학적 정의는 아래와 같다.

$$\text{Variance}(\sigma^2) = (x_1-\mu)^2p_1 + (x_2-\mu)^2p_2 \cdots\cdots + (x_n-\mu)^2p_n = \sum_{i=1}^{n}(x_i-\mu)^2p_i$$

$$\text{Standard deviation}(\sigma) = \sqrt{\sum_{i=1}^{n}(x_i-\mu)^2p_i}$$

여기서, μ: 기댓값

분산과 표준편차의 수학적 정의는 다른 경우가 나타날 확률들과 기댓값과 각각의 실제 경우의 값과의 편차가 리스크측정에 어떻게 영향을 미치는지 정확하게 보여주고 있다. 다시 말해서 같은 확률이라면 기댓값과 실제 경우의 값과의 편차가 클수록 그리고 같은 편차의 경우 그 편차가 나타날 확률이 높을수록 분산값이 높으며 이는 리스크가 크다는 것을 말해준다.

분산과 표준편차의 실례를 간단하게 보기 위하여 다음과 같은 사고로 인한 3가지의 서로 다른 손실분포를 생각해보자(단위 1,000원).

손실분포 1

손실	확률
250	0.33
500	0.34
750	0.33

손실분포 2

손실	확률
0	0.33
500	0.34
1,000	0.33

손실분포 3

손실	확률
0	0.4
500	0.2
1,000	0.4

직관적으로 각각의 손실분포의 기대손실은 500,000원으로 같으나 분산은 서로 다르다는 것을 알 수 있다. 손실분포 2가 손실분포 1에 비해 경우의 값이 나타날 확률이 같으면서 편차가 크기 때문에 분산값이 클 것으로 예측할 수 있으며 손실분포 3은 손실분포 2에 비해 경우의 값은 같으나 극한값, 즉 큰 편차에 해당하는 확률이 높기 때문에 분산값이 클 것으로 예측할 수 있다. 다음은 손실분포 3의 분산과 표분편차의 산출과정을 단계별로 보여주고 있으며 이를 통하여 리스크측정에 관한 이해에 좀 더 도움이 될 것이다.

$$\mu = 0 \times 0.4 + 500 \times 0.2 + 1,000 \times 0.4 = 500$$

$$\sigma^2 = (0-500)^2 \times 0.4 + (500-500)^2 \times 0.2 + (1,000-500)^2 \times 0.4 = 500,000$$

$$\sigma = \sqrt{500,000} = 707.11$$

앞서 언급하였듯이 분산과 표준편차는 확률분포의 특정 경우의 값과 기댓값의 차이의 수학적 정의를 통하여 계산되며 특정한 결과에 대한 예측가능성을 측정한다. 결과적으로 리스크를 기댓값에 대한 변동성(variability)이란 측면에서 볼 때, 우리는 일반적으로 분산과 표분편차를 사용하여 리스크를 측정한다.[02]

기댓값과 마찬가지로 분포의 표준편차도 계산과정 없이 확률분포를 육안으로 살핌으로써 상호비교를 할 수 있다. 한 예로서 [그림 5-3]은 사고로 인한 손실의 서로 다른 두 개의 분포를 보여주고 있다. 양 분포는 모두 약 1,000,000원의 기대손실을 보이고 있으나 각각의 표준편차는 다르다는 것을 알 수 있다. 분포 2의 표준편차가 상대적으로 높아 분포 2에 비해 분포 1에서 기대손실에 근접하는 손실의 경우가 나타날 기회가 높다고 할 수 있다.

02 때때로 다른 측정방법들이 사용되는데, 상황에 따라 극한적 결과(extreme outcome)가 나올 가능성, 즉 최대손실은 리스크측정의 대상이 될 수 있다. 통상적으로 사용되는 다른 방법은 maximum probable loss 또는 value at risk로서 이러한 방법들은 특정의 신뢰구간에서 초과되지 않는 손실규모를 인지하는 것이다.

그림 5-3 ▸▸ 표준편차가 다른 두 확률분포의 비교

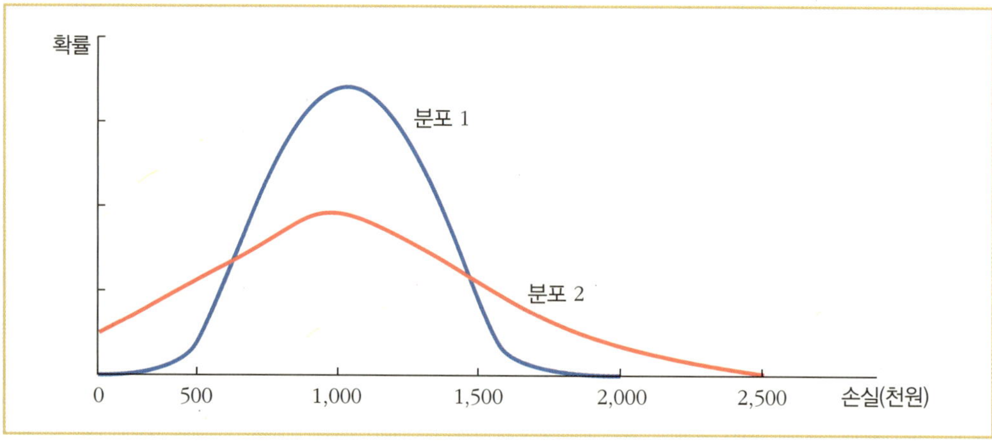

3) 표본평균과 표본표준편차

일반적으로 모집단의 통계적 특성, 즉 모수를 추정하기 위해서는 표본을 추출하여 표본의 결과로부터 얻은 통계적 특성, 즉 통계량(statistic)을 이용한다. 모집단의 평균은 μ로 표시하며 모집단의 표준편차는 σ를 사용한다. 표본으로부터 얻은 특정한 통계량의 평균과 표준편차는 $\overline{x}$와 s로 표시한다. 여기서 확률분포의 기댓값과 표본평균의 차이를 이해할 필요가 있다. 예를 들어 10,000건의 화재보험계약을 운영하는 S보험회사를 가정해보자. S보험회사는 화재보험계약의 월평균손실액(보험금)을 예상하기 위해서 화재보험계약 25건을 무작위로 추출하여 표본으로 하였다면, 표본 25건의 계약에서 발생한 손실액의 평균, 즉 표본평균($\overline{X}$)은 10,000건의 화재보험계약의 월평균손실액(μ)을 추정하는 통계량이 된다. 그러나 표본평균($\overline{X}$)이 모집단평균(μ)과 같을 가능성은 거의 없고 표본을 어떻게 추출했느냐(random fluctuation)에 따라 표본평균은 다르게 나타난다.

표본표준편차는 추출된 특정 표본의 경우들의 값과 표본평균의 차이를 반영하는 것으로 앞서 설명된 분산의 계산공식과 같은 공식을 이용하여 계산된 표본평균의 분산에 루트($\sqrt{\ }$)를 씌운 값, 즉 제곱근값이다. 그러나 3가지 점에서 차이가 있다. 첫째로 표본을 구성하는 특정한 경우의 수만을 활용하며, 둘째로 기댓값을 대신하여 표본평균을 사용하고 마지막으로 확률분포에 따른 확률을 사용하는 대신에 추출된 표본에서의 상대적 빈도를 표본평균과의 오차의 제곱(squared deviation)에 곱하여 준다는 것이다.[03]

개인이나 기업의 입장에서 언제 현실화되어 어느 정도의 손실규모를 가져올지 모르는, 확률변수의 특성을 가진 리스크의 확률분포에 대하여 알 수 없다. 따라서 확률분포의 기댓값과 표준편차를 측정하는데 표본평균과 표본표준편차가 유용하게 활용될 수 있다. 더욱이 특정그룹의 평균손실과 그 평균손실의 표준편차의 개념은 다음 장에서 다룰 pooling 협약(arrangement)을 통해서 어떻게 리스크감소(risk reduction)가 이루어지는지에 대한 주제를 설명하는 데 활용될 것이다. 만약 통계과목을 수강한 경우 표본평균과 표본표준편차의 값을 구하는 것은 어려운 일이나 여기서 강조하고 싶은 것은 확률분포의 기댓값과 표준편차와 특정 표본의 표본평균과 표본표준편차를 혼동하지 말고 명확한 차이를 알아야 한다는 것이다.

4) 비대칭도

위험관리를 실행하는 데 있어서 분산개념 이외에도 중요한 통계개념 중의 하나가 바로 확률분포의 모양이 종모양의 대칭분포에서 얼마나 벗어났는가를 알아보는 방법이다. 즉, 경우의 값들이 어느 쪽으로 치우쳐 있는가를 측정하는 것으로 비대칭도라 한다. 비대칭도를 알아보려면 집중화경향값인 산술평균과 중앙값을 비교해보면 된다. 왼쪽으로 비대칭이 되는 분포에서는 평균값이 중앙값보다 작게 되어 부(−)의 값을 갖는 반면, 오른쪽으로 비대칭이 되는 분포는 평균값이 중앙값보다 크게 되어 정(+)의 값을 갖게 된다.[04]

리스크관리의 대상이 되는 상당수의 손실들은 비대칭분포를 나타내고 있는데 [그림 5-4]와 같이 대칭형의 분포에 비해서 손실규모가 작은 경우의 확률이 높고 손실규모가 큰 경우의 확률이 낮아 (평균값 − 중앙값)이 부(−)의 값을 갖게 되는, 즉 왼쪽으로 비대칭이 되는 분포를 보이는 것이 일반적이다. 만약 그림과 같이 왼쪽으로 비대칭이 되는 손실분포를 가진 리스크를 대칭형으로 가정하여 리스크관리를 하였을 경우 실제로 규모가 큰 손실을 과대평가한 결과가 되어 개인이나 기업에 치명적일 수 있다.

---

03 계산의 결과는 오차의 제곱의 합을 표본의 수(sample size)로 나누어준 값과 동일한데 통계학자들은 대부분의 경우 표준편차의 불편성(unbiasedness)을 위하여 표본의 크기에서 1을 차감한 숫자($n-1$)로 나누어준다.

04 비대칭도를 측정하는 방법으로 많이 쓰이는 것이 피어슨의 비대칭도계수가 있다(Pearson's coefficient of skewness)다. 이는 산술평균과 중앙값의 차이가 표준편차에 비해서 얼마나 떨어져 있는가를 살펴보는 것으로 정(+)의 값 또는 부(−)의 값에 따라 비대칭도의 방향과 정도를 동시에 알 수 있다. 구하는 공식은 아래와 같다.

$$S_k = \frac{3(\overline{X} - M_d)}{S}$$

여기서 S_k: 피어슨의 비대칭도 S: 표준편차 M_d: 중앙값 $\overline{X}$: 평균

그림 5-4 ▸▸ 비대칭의 확률분포

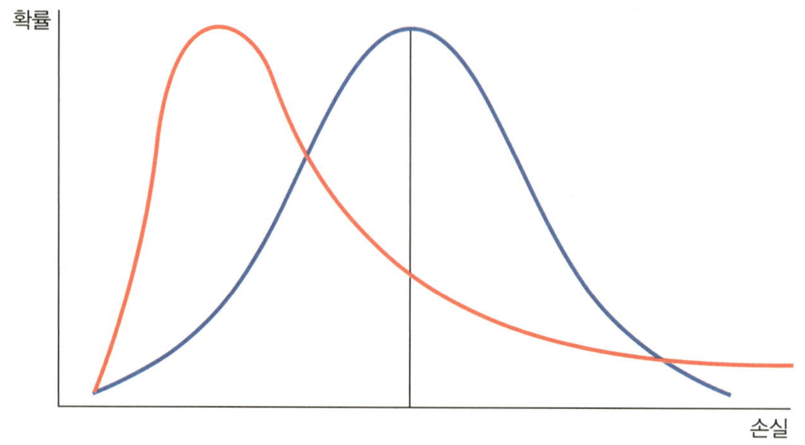

5) 상관관계

지금까지 우리는 하나의 확률변수와 확률분포와 관련된 내용에 대하여 설명하였다. 그러나 리스크관리 측면에서 개인이나 기업은 확률변수의 특성을 가진 다양한 형태의 리스크에 노출되어 있는 것이 현실이며, 노출되어 있는 리스크와 리스크 간의 관계가 어떠한지를 인지하는 것이 매우 중요하다. 따라서 상관관계란 확률변수 간의 직선적인 대응관계를 측정하는 것을 말한다.

만약 두 확률변수 X와 Y 사이에 상관관계가 없다면 직관적으로 확률변수 X의 경우의 값들로부터 확률변수 Y의 경우의 값들에 대한 정보를 얻을 수 없다는 것을 알 수 있으며 이는 두 확률변수 사이에 비례적인 관계를 발견할 수 없기 때문이다. 한 예로서 자동차를 생산하는 기업의 경우, 여러 리스크 중에서 이미 출고된 차량에 대한 제조물배상책임의 리스크와 철강가격의 불확실성에 의한 리스크에 노출되어 있다고 하자. 이 경우 철강가격의 변동은 제조물배상책임의 빈도와 배상규모에 어떠한 의미도 내포하고 있지 않다. 반대로 대규모 제조물배상책임의 발생 역시 철강가격에 관하여 어떠한 관계로도 연결될 수가 없다. 따라서 두 리스크 간에는 상관관계가 없다고 말한다. 두 확률변수 간에 상관관계가 없을 경우 일반적으로 두 확률변수는 독립적(independent)이다 또는 상관관계가 없다(uncorrelated)라고 표현한다.

확률변수들은 많은 경우 상관관계를 가지고 있다. 예를 들어 경기침체 시에는 신차에 대한 수요가 감소할 뿐만 아니라 철강가격도 떨어진다. 따라서 신차에 대한 수요감소 및 철강가격 하락은 모두 일반적 경제환경의 변화에 영향을 받으며 결과적으로 신차에 대한 수요와 철강 가격은 상관관계가 있다고 할 수 있다. 신차에 대한 수요가 높아지면 자동차의 주 원자재인 철강가격도 오르는 경향이 있다. 정(+)의 상관관계가 있다는 것은 확률변수 간의 움직임이 같은 방향으로 이루어지는 것을 의미하는 것으로서 확률변수 X의 큰 값에 확률변수 Y의 큰 값이 대응하고, X의 작은 값에 Y의 작은 값이 대응하는 관계를 말한다. 같은 맥락에서 두 변수가 각각 다른 방향, 즉 X의 큰 값과 Y의 작은 값, X의 작은 값과 Y의 큰 값 등으로 변수가 대응되는 경우에 부(−)의 상관관계가 있다고 한다. 예를 들어 어느 한 도시에서 하루 동안에 판매된 썬글라스와 우산의 숫자 사이에는 부(−)의 상관관계가 있다고 할 수 있다. 통계적으로 상관관계에 관한 좀 더 자세한 내용은 다음 장에서 다루도록 하겠다.

부록 확률분포의 분류

1. 이산형 확률분포

1) 이항분포

(1) 베르누이 시행

이항분포를 이해하기 위해서는 우선 베르누이 시행(Bernoulli trial)에 대한 사전적인 지식을 이해할 필요가 있다. 베르누이 시행이란 실험의 결과가 성공(success) 또는 실패(failure)의 두 가지 상호 배반적인 2가지 결과만을 기대할 수 있으며 실험의 결과가 성공일 확률이 p이고 실패할 확률이 $(1-p)$인 시행을 말한다. 베르누이 시행의 특징은, 첫째 베르누이 시행의 결과를 나타내는 확률변수는 1 혹은 0 값만을 가지는데, 일반적으로 성공이면 결과값이 1이 되고 실패이면 결과값이 0이 된다. 둘째, 베르누이 시행에서 성공확률과 실패확률의 합은 항상 1이다. 셋째, 각각의 베르누이 시행은 서로 독립적이기 때문에 여러 번에 걸친 베르누이 시행간에는 서로 영향을 미치지 않는다. 베르누이 확률변수의 확률질량함수는 다음과 같이 정의된다.

$$p(x) = \begin{cases} p, & x=1 \\ 1-p, & x=0 \\ 0, & \text{그 외의 경우} \end{cases}$$

베르누이 확률변수의 평균과 분산은 아래와 같이 계산되며 정리하면 [그림 5-5]와 같다. 베르누이 시행을 하는 이산확률변수의 평균은 성공할 확률인 p가 되고, 분산은 성공할 확률과 실패할 확률을 곱한 $p(1-p)$가 된다.

$$E(X) = \sum_{all\ x} xp(x) = 1 \cdot p + 0 \cdot (1-p) = p$$

$$Var(X) = E(X^2) - (E(X))^2 = \sum x^2 p(x) - (E(X))^2 = (1^2 p + 0^2 p) - p^2 = \mathrm{p}(1-p)$$

그림 5-5 ▸▸ 베르누이 확률변수의 평균과 분산

베르누이 확률변수의 확률분포표	
확률변수(X)	$P(X=x)=P(x)$
0 (실패)	$1-P$
1 (성공)	P

베르누이 확률변수의 평균과 분산			
확률변수(X)	$P(x)$	$xP(x)$	$(x-\mu)^2 P(x)$
0 (실패)	$1-P$	$0\times(1-P)$	$(0-P)^2\times(1-P)$
1 (성공)	P	$1\times P$	$(1-P)^2\times P$
합계	1	P	$P\times(1-P)$

(2) 이항분포의 개관

한 번 이상 반복 실시한 베르누이 시행 결과의 합을 변수값으로 하는 확률변수의 분포를 이항확률분포 혹은 간단히 이항분포(binomial distribution)라 한다. 이러한 이항분포의 모양을 결정하는 값들은 단일 시행, 즉 베르누이 시행에서의 성공확률(p)과 시행횟수(n)이다. 이항분포의 특징은 다음과 같다. 첫째, 이항확률변수의 값은 여러 개의 베르누이 시행 결과의 합이 된다. 따라서 확률변수는 0과 베르누이 시행의 수(n) 사이의 값을 갖게 된다. 둘째, 이항확률 변수값을 구성하고 있는 각각의 베르누이 시행은 상호 독립적이다. 셋째, 이항확률변수값들을 구성하고 있는 각각의 베르누이 시행에서 성공할 확률은 모두 동일하다. 이항확률변수의 확률질량함수 $p(x)$는 아래와 같이 정의된다.

$$p(x)=\begin{cases}\binom{n}{x}p^x(1-p)^{n-x}, & x=0,\ 1,\ 2,\ \cdots,\ n \\ 0, & \text{그 외의 경우}\end{cases}$$

이항확률변수의 평균과 분산은 베르누이 확률변수의 평균과 분산을 이용하여 구할 수 있다. 앞에서 설명한 것처럼 베르누이 확률변수의 평균과 분산은 각각 성공할 확률 p와 $p(1-p)$가 된다. 베르누이 확률변수들로 구성된 이항확률변수의 평균은 np가 되며, 분산은

$np(1-p)$가 된다.

$$E(X)=E(X_1+X_2+\cdots+X_n)=E(X_1)+E(X_1)+\cdots+E(X_n)=p+p+\cdots+p=np$$
$$Var(X)=Var(X_1+X_2+\cdots+X_n)=Var(X_1)+Var(X_2)+\cdots+Var(X_n)$$
$$=p(1-p)+p(1-p)+\cdots+p(1-p)=np(1-p)$$

2) 포아송분포

(1) 포아송분포의 개관

프랑스의 수학자 포아송(S. D. Poisson)에 의해서 소개된 포아송분포(poisson distribution)는 연속적인 시간이나 공간에서 발생하는 특정한 사건의 수를 확률변수값으로 하는 분포를 말한다. 포아송분포에는 다음과 같은 가정이 있다. 첫째, 일정한 단위시간이나 단위길이 혹은 단위면적에서 발생할 수 있는 사건들을 셀 수 있을 정도이며 서로 독립적이다. 둘째, 극히 짧은 단위시간과 단위면적 등에서는 한 번에 둘 이상의 사건이 동시에 발생할 확률은 매우 작기 때문에, 이러한 사건이 발생할 확률은 0으로 간주한다. 셋째, 일정한 단위시간이나 단위면적에서 발생하는 사건의 수는 단위시간이나 단위면적의 크기에 비례한다.

포아송분포의 확률질량함수는 아래와 같다. 확률질량함수에서 λ값은 일정한 측정단위당 평균적으로 발생하는 사건의 횟수 혹은 그 기댓값을 말하며, x는 정해진 단위시간이나 단위면적에서 발생하는 사건의 수, 즉 확률변수값을 나타낸다. 또한 e는 exponential의 약자로서 자연로그의 밑이 되는 지수를 의미하며 그 값은 약 2.71828 ⋯ 이다.

$$p(x)=\frac{e^{-\lambda}\lambda^x}{x!},\ x=0,\ 1,\ 2\ \cdots$$
$$0,\ otherwise$$

포아송분포의 기댓값과 평균은 포아송분포의 적률생성함수(moment generating function: mgf)를 이용하여 구할 수 있다. 그 결과를 보면 [그림 5-6]에서와 같이 포아송분포를 하는 확률변수의 기댓값과 분산은 모두 단위구간당 사건의 평균발생횟수인 λ로서 서로 동일함을 알 수 있다.

그림 5-6 ▶▶ 포아송분포 기댓값(평균)과 분산

기댓값(평균)	분산
$\mu = E(X) = \lambda$ 여기서, λ: 일정한 단위시간당 평균 발생횟수($\lambda = np$)	$\sigma^2 = var(X) = \lambda$

(2) 이항분포와 포아송분포와의 관계

베르누이 시행횟수(n)가 비교적 크고 시행의 성공확률(p)이 매우 작은 이항확률변수의 확률값은 포아송분포를 이용해서도 근사한 확률값을 구할 수 있다. 이항분포의 시행횟수(n)를 포아송분포의 단위시간이나 구간으로 보고, 이항분포의 평균(np)을 포아송분포의 단위당 평균발생횟수(λ)로 간주하여 계산하면, 이항분포를 이용하여 계산한 확률값과 거의 비슷한 확률값을 구할 수 있다.

2. 연속형 확률분포

연속형 확률분포란 연속형 확률변수의 분포인데 대표적인 연속확률분포에는 정규분포와 t분포, 그리고 χ^2분포와 F분포가 있으며, 이산확률분포의 하나인 포아송분포와 밀접한 관련이 있는 지수분포가 있다.

1) 정규분포

연속형 확률분포 중에서 가장 대표적인 분포로서 통계학에서 가장 중요한 확률분포라고 할 수 있다. 정규분포는 [그림 5-7]과 같이 종모양(bell-shaped)의 좌우대칭(symmetric)인 곡선이다. 확률변수 X가 정규분포를 하고, 평균과 분산이 각각 μ와 σ^2이면, 확률변수 X는 $X \sim N(\mu, \sigma^2)$으로 표시하며, 다음과 같은 확률밀도함수 $f(x)$를 갖는다.

$$f(x) = \frac{1}{\sigma\sqrt{2\pi}} exp\left[-\frac{1}{2}\left(\frac{x-\mu}{\sigma}\right)^2\right] \quad (-\infty < x < \infty)$$

그림 5-7 ▶▶ 정규분포

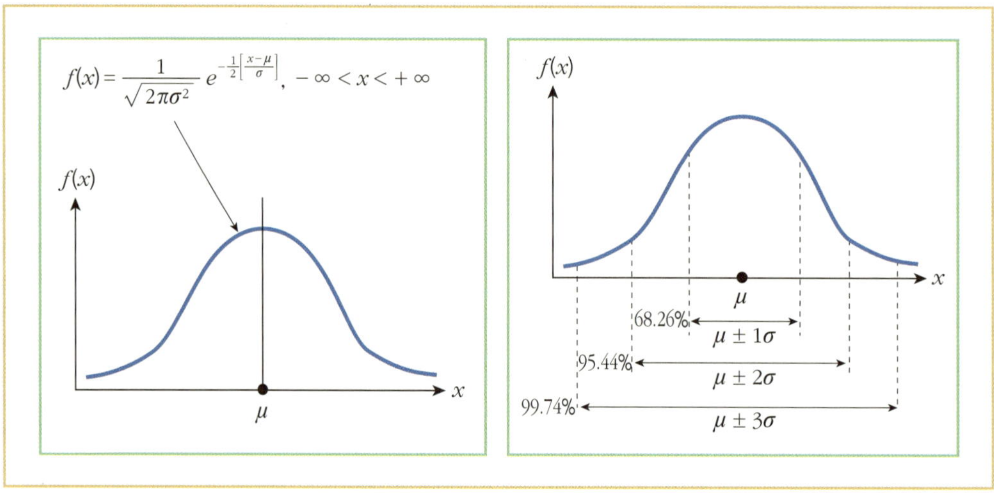

정규분포의 특징으로는, 첫째 확률밀도함수 $f(x)$는 평균(μ)을 중심으로 좌우대칭인 종모양을 하고 있다. 둘째, $f(x)$의 형태는 정규분포의 두 모수인 평균(μ)와 분산(σ^2)에 의해 결정된다. 분산이 커서 관측치들이 평균을 중심으로 넓게 퍼져 있으면 분포는 평균을 중심으로 평평한 구릉모양이 되고, 분산이 작으면 변수값들이 평균 주위에 몰려 평균을 중심으로 뾰족한 종모양의 형태를 취하게 된다. 셋째, 정규분포의 평균, 중앙값, 최빈값은 모두 일치한다. 정규분포의 경우 평균(μ)을 중심으로 좌우 1개의 표준편차($\mu + \sigma$) 안에 측정된 관측치, 즉 확률변수값들의 68.26%가 포함되어 있어야 하고, 좌우 2개의 표준편차($\mu \pm 2\sigma$) 안에는 95.44%의 확률변수값들이 있어야 하며, 좌우 3개의 표준편차($\mu \pm 3\sigma$) 안에는 99.74%에 이르는 대부분의 값들이 있다.

2) t분포

W. S. Gosset는 'student'라는 필명으로 t분포를 발표[05]하였는데, 다음과 같은 특징을 가지고 있다. 첫째, 표준정규분포와 마찬가지로 평균 0을 중심으로 [그림 5-8]과 같이 좌우대칭인 종모양을 하고 있다. 둘째, 자유도($n-1$), 즉 표본평균을 구하는 데에 사용된 관측치의 수(n)에 따라 모양이 변한다. 일반적으로 t분포의 모양은 자유도($n-1$)가 적을수록 표준정규분포보다 더 평평하고 두터운 꼬리모양을 가지게 되는데, 자유도($n-1$)가 증가함에 따라

05 'Student t'분포라고도 한다.

그림 5-8 ▶▶ 자유도에 따른 t분포의 모양

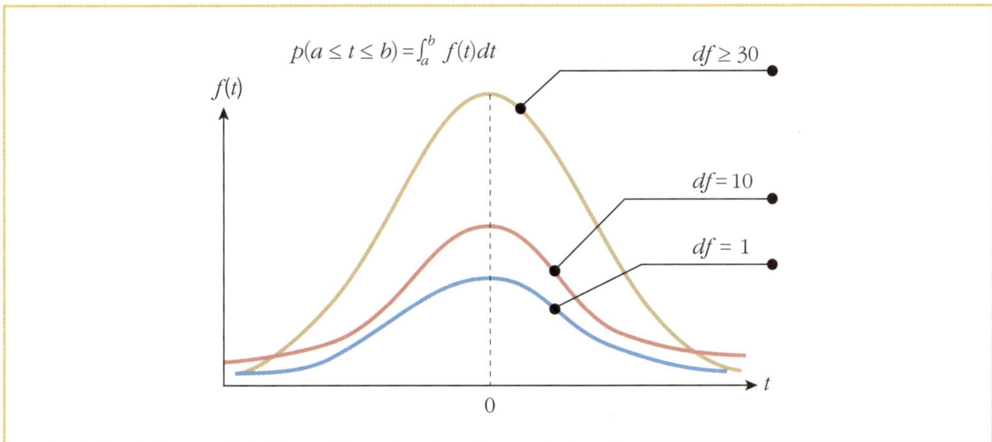

표준정규분포와 거의 동일한 분포를 취하게 된다. 일반적으로 표본의 수가 30개 이상인 경우 확률변수 t의 분포는 표준정규분포에 근사하게 된다. 따라서, t분포의 특수한 형태가 표준정규분포이며, t분포가 표준정규분포를 포함한다고 볼 수 있다.

3) 지수분포

지수분포는 포아송분포와 역의 관계에 있는 분포이다. 일정시간이나 공간 내에 발생하는 평균사상의 수가 포아송분포를 따른다면 연속하여 발생하는 사건의 시간간격이나 공간의 간격은 지수분포를 따른다. 일정기간 자동차사고가 발생하는 횟수가 포아송분포를 따른다면 자동차사고의 발생시간 간격은 지수분포를 따르게 된다. 만약 단위시간에 평균 λ개의 사건이 발생하는 경우 사건의 발생 간격은 평균적으로 $\frac{1}{\lambda}$가 된다. 지수분포의 확률밀도함수는 아래와 같이 정의되고 평균은 $\frac{1}{\lambda}$, 분산은 $\frac{1}{\lambda^2}$이며 함수모양은 [그림 5-9]와 같다.

$$f(x) = \begin{cases} \lambda e^{-\lambda x}, & x \ge 0, \\ 0 \quad , & x < 0 \end{cases}$$

그림 5-9 ▸▸ 지수분포의 확률밀도함수

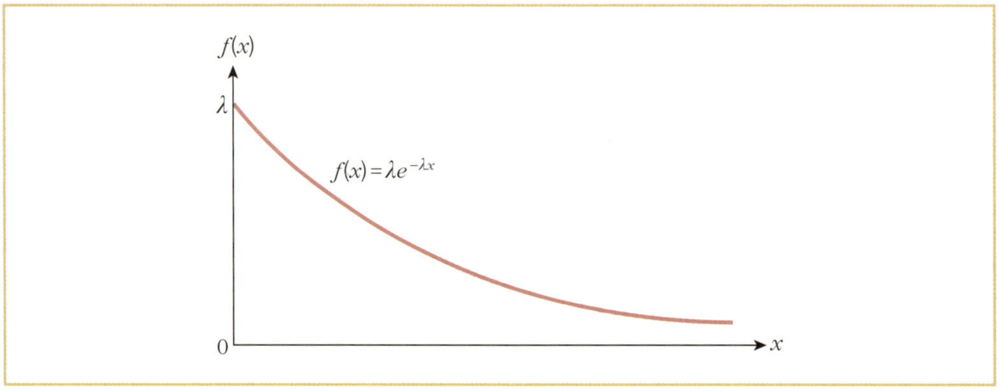

4) χ^2분포

χ^2은 칼 피어슨(Karl Pearson)에 의해서 개발된 분포이다. 확률변수 X가 $X \sim N(\mu, \sigma^2)$, 즉 평균의 μ이고 분산이 σ^2인 정규분포를 따른다면 확률변수 $Z=(X-\mu)/\sigma$는 평균이 0이고 표준편차가 1인 표준정규분포를 따른다. 여기서 Z를 제곱한 Z^2는 자유도가 1인 χ^2분포를 따르며, $\chi^2(1)$로 표시한다. 자유도는 독립적인 표준정규변수의 제곱합에 의해 결정된다. χ^2분포의 특징으로는 [그림 5-10]에서 보듯이, 첫째 χ^2은 표준정규변수를 제곱한 값이므로 음의 값을 가질 수 없다. 즉, 확률변수는 0보다 큰 값의 범위에서만 정의된다. 둘째, 오른쪽꼬리분포를 가진 비대칭형 분포로 자유도에 따라 그 모양이 결정된다.

그림 5-10 ▸▸ 자유도에 따른 χ^2분포의 모양

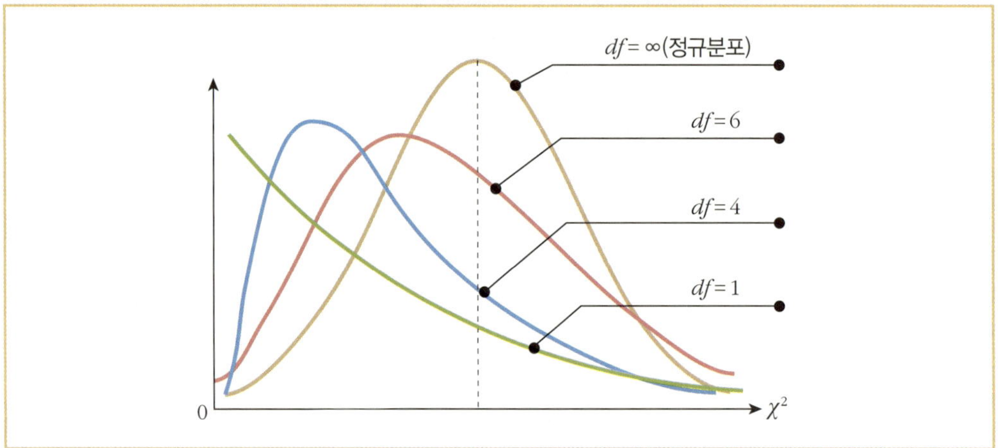

5) *F*분포

앞서 설명한 정규분포와 *t*분포는 대칭형 연속확률분포이며 χ^2은 비대칭형 연속확률분포이다. χ^2분포와 마찬가지로 대표적인 비대칭형 연속확률분포가 영국의 통계학자인 피셔(R. A. Fisher)가 개발한 *F*분포이다. *F*분포는 두 개의 독립적인 χ^2분포 값을 각각에 대응하는 자유도로 나눈 평균 χ^2값의 비를 변수값으로 하는 확률변수의 분포이다. 즉, 확률변수 *F*는 $F = \dfrac{(\chi^2_{n_1-1})/(n_1-1)}{(\chi^2_{n_2-1})/(n_2-1)} \sim F_{(df_1,\ df_2)}$로 표현된다. *F*분포는 [그림 5-11]에서 볼 수 있듯이 0부터 무한대의 값을 가지게 되는데, 이는 χ^2확률변수와 자유도가 모두 양의 값만을 가지기 때문이다. *F*분포는 오른쪽꼬리분포와 2개의 자유도를 가지게 되는데, 자유도에 따라 분포의 형태가 달라진다. 자유도가 증가함에 따라 *F*분포는 정규분포에 가까운 형태를 취하게 된다.

그림 5-11 ▸▸ 자유도에 따른 *F*분포의 모양

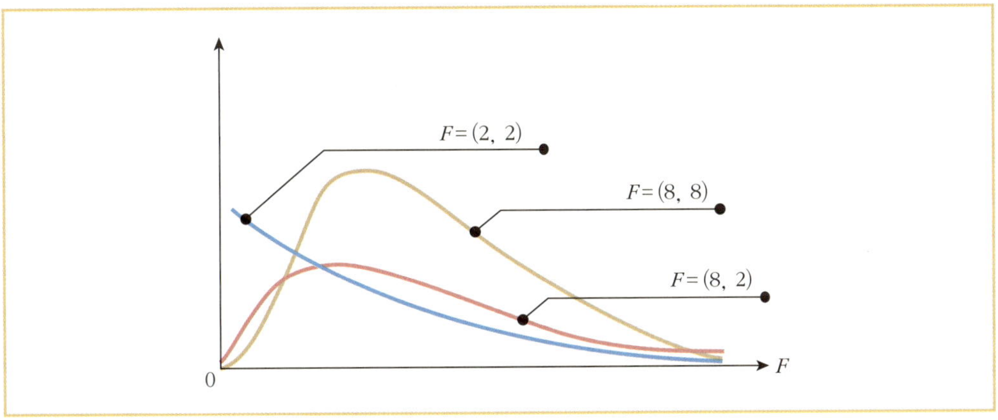

CHAPTER 06

Pooling 협약과 리스크분산

리스크관리에서 가장 중요한 개념은 리스크분산(Risk Diversification)이다. 분산은 보험시장과 금융시장에서 필수적인 요소이다. 본 장에서는 리스크분산에 영향을 미치는 요소에 초점을 맞추어 앞장에서 이미 언급된 확률과 통계의 개념을 활용하여 독립적(independent) 또는 상관관계가 없는(uncorrelated) 손실들이 pooling 협약을 통하여 어떻게 리스크를 감소시키는지를 설명한다.

주요용어

Pooling 대수의 법칙 중심극한정리
표본

제1절 Pooling을 통한 리스크감소(Risk reduction)

1. 두 사람 사이의 Pooling 협약

간단한 예로 갑과 을 두 사람이 있고 1년 동안에 두 사람은 다음과 같은 가정 아래 각자 사고발생 가능성에 노출되어 있다고 하자. 첫째, 사고로 인하여 2,000만원의 손실이 발생할 확률은 10%이고 사고가 발생하지 않을 확률은 90%이다. 둘째, 갑과 을의 사고로 인한 손실 사이에는 아무런 상관관계가 없다. 갑과 을 두 사람의 입장에서 사고로 인한 손실의 확률분포는 [표 6-1]에 정리되어 있으며, 분포는 손실이 발생하지 않을 확률이 높은 반면 큰 손실이 발생 할 확률은 무척 낮기 때문에 비대칭적이라는 것을 알 수 있다.

| 표 6-1 | 사고로 인한 손실확률분포(pooling 협약 전)

손실/만원	확률
0	0.9
2,000	0.1

만약 갑과 을 사이에 손실이 발생하였을 경우 어떠한 손실액도 똑같이 나누기로, 즉 손실액을 동등하게 배분하여 평균손실비용을 부담키로 약속하였다고 하자. 두 사람 사이의 이러한 협약(arrangement)을 pooling 협약(또는 손실 pooling 협약)이라고 한다. 과연 pooling 협약은 두 사람에게 어떠한 결과를 가져오는지 알아보도록 하자.

우선 pooling 협약이 없을 경우 갑과 을 각자에게 2,000만원의 손실이 나타날 확률이 10%이므로 기대손실(expected loss)과 표준편차는 다음과 같다.

$$expected\ loss = (0.9)(0) + (0.1)(2{,}000) = 200$$

$$Standard\ Deviation = \sqrt{0.9(0-200)^2 + 0.1(2{,}000-200)^2} = 600$$

우리의 목적은 pooling 협약이 각 개인의 기대손실과 표준편차에 어떠한 영향을 미치는가를 알아보는 것이다. Pooling 협약 아래에서는 협약의 한 사람, 즉 갑이 부담하여야 할 손실금액은 협약의 상대방인 을이 발생시킨 손실금액에 달려있고 을의 경우도 마찬가지로 갑이 발생시킨 손실금액에 달려 있을 뿐만 아니라 특별히 각자가 부담하는 손실금액은 갑과 을이 발생시킨 손실금액의 평균금액이기 때문에 pooling 협약은 [표 6-1]에 있는 개개인의 손실금액의 확률분포를 변화시킨다.

Pooling 협약에 따른 갑과 을의 변화된 확률분포는 [표 6-2]에 정리되어 있다. [표 6-2]의 첫 행은 pooling 후 갑과 을에게 나타날 손실의 경우의 수를 나타낸다. 두 사람 모두 사고가 나지 않을 경우 사고로 인한 손실비용은 0으로서 부담액도 0이다. 만약 갑과 을 중에서 한사람이 사고가 났을 경우 총손실비용은 2,000만원이며 각자의 부담비용은 1,000만원이며 두사람 모두에게 사고가 발생하면 총손실비용은 4,000만원으로서 각자 2,000만원씩 부담하게 된다.

다음으로 각 경우의 확률을 계산해보자. [표 6-2]의 마지막 행을 보면 갑과 을의 손실발생은 서로 독립적이기 때문에 두 사람 모두에게 사고가 발생하지 않는 확률은 단순히 각자에게 손실이 발생하지 않을 확률을 곱해주면 된다. 따라서 확률은 $(0.9)\times(0.9)=0.81$이 된다. 다음으로 갑과 을 중에서 한 사람에게 사고가 발생할 확률은, 즉 갑이 사고가 나고 을이 나지 않을 경우의 확률 $(0.1)\times(0.9)=0.09$와 반대로, 갑에게 사고가 나지 않고 을에게 사고가 날 경우의 확률 $(0.9)\times(0.1)=0.09$를 합한 0.18이 된다. 마지막으로 갑과 을 모두에게 사고가 발생할 확률은 $(0.1)\times(0.1)=0.01$이 된다.

표 6-2 | 사고로 인한 손실확률분포(pooling 협약 후)

발생 가능 손실/만원	각 개인이 부담하는 손실 (Average Loss)/만원	확률
0	0	$(0.9)(0.9)=0.81$
2,000	1,000	$(0.1)(0.9)=0.09$
2,000	1,000	$(0.1)(0.9)=0.09$
4,000	2,000	$(0.1)(0.1)=0.01$

[표 6-1]과 [표 6-2]를 통하여 확실하게 볼 수 있듯이 pooling arrangement는 갑과 을 각 개인의 손실확률분포를 변화시킨다. 예를 들어 갑 또는 을에게 2,000만원의 손실을 발생시키는 확률의 경우, 2,000만원의 손실비용이 유발되기 위해서는 두 사람 사이의 사고가 독립적이라는 전제 아래 갑과 을 모두에게 사고가 발생하여야 되는 경우에만 가능하게 된다. 따라서 각자의 사고발생확률인 0.1보다 훨씬 낮은 0.01로 감소한다.

상기의 예에서 보듯이 pooling 협약에 의해 변화된 손실확률분포에 따르면 극단적인 결과가 나타날 확률을 감소시키기 때문에 갑과 을이 부담하여야 하는 손실금액의 표준편차(리스크)는 약 424만원으로 pooling 협약 전의 표준편차인 600만원에 비해 감소하였다.

$$expected\ loss = (0.81)(0) + (0.18)(1,000) + (0.01)(2,000) = 200$$

$$Standard\ Deviation = \sqrt{0.81(0-200)^2 + 0.18(1,000-200)^2 + 0.01(2,000-200)^2} \approx 424$$

요약하면, pooling 협약은 갑과 을 각 개인의 기대손실을 감소시키지는 않으면서 표준편차를 600만원에서 약 424만원으로 감소시킨다. 따라서 사고로 인한 손실금액은 표준편차가 줄어든 만큼 더욱 예측이 가능해졌음을 의미하며 pooling 협약이 각 개인의 리스크(불확실성)를 감소시킨 것이다.

이상과 같이 pooling 협약은 분산(diversification)을 통해서 리스크가 어떻게 감소되는지를 보여주는 좋은 예로서 갑과 을은 사고로 인한 손실금액을 각자가 부담하는 대신 그들의 평균손실금액을 부담하게 된다. 동시에 중요한 점은 평균손실이 각자의 손실금액보다 훨씬 예측이 가능하다는 것이다.

2. 다수의 pooling 협약

추가적인 리스크 감소는 pooling 협약에 참여하는 숫자를 늘림으로써 달성될 수 있다. 한 예로서 앞절에서 언급한 갑과 을의 pooling 협약에 그들과 같은 확률분포와 서로 독립적 관계를 가진 병과 정 두 사람이 추가로 참여하였다고 하자. 1년이 지난 뒤 네 사람 각자는 총 손실금액의 $\frac{1}{4}$씩, 즉 평균손실금액을 부담하게 된다. 두 사람의 추가적인 참여는 극단적인 경우인 사고발생으로 인한 2,000만원의 손실금액을 부담하여야 할 확률을 추가적으로 감소시켜준다. 예로서 갑이 2,000만원을 손실금액으로 부담할 경우는 pooling 협약에 참여한 네 사람 모두가 2,000만원의 손실금액이 초래되는 사고가 발생하여야 한다. 이 같은 경우가 발생할 확률은 $(0.1)\times(0.1)\times(0.1)\times(0.1) = 0.0001$이 된다. 갑, 을, 병, 정 네 사람이 부담하여야 하는 손실금액의 표준편차(리스크)는 300만원으로 pooling 협약 전의 표준편차인 600만원과 갑과 을 두 사람의 pooling 협약 때인 약 424만원에 비해 감소하였다. 결과적으로 각 개인의 표준편차는 pooling 협약에 참여하는 숫자가 증가할수록 줄어드는 반면, 각 개인의 기대손실은 200만원으로 변하지 않는다(결과는 여러분이 확률분포를 작성하여 공식에 의하여 구한 기댓값과 표준편차로 확인하기 바란다).

상기와 같이 각 개인의 확률분포는 pooling 협약의 참여자가 많아질수록 변하게 된다. [그림 6-1]과 [그림 6-2]는 pooling 협약의 참여자가 4명과 10명일 때의 확률분포를 비교하고 있는데 참여자가 많아질수록 아주 높은 평균손실금액이나 아주 낮은 평균손실금액과 같은 극단적인 경우가 나타날 확률이 낮아진다는 것을 보여주고 있다. 다시 말해서 pooling 협약의 참여자 각자가 부담하여야 하는 평균손실이 200만원에 근접하는 확률은 점점 높아진다는 것이다. 또한 참여자의 숫자가 늘어날수록 참여자 개인이 부담하는 비용, 즉 평균손실의 확률분포는 기대손실을 중심으로 점점 대칭을 이루는 종의 모양에 가까워지는 형태를 보여준다.

확률변수가 이산확률분포인가 또는 연속확률분포인가를 떠나서 강조하고자 하는 것은 pooling 협약의 참여자는 자기의 리스크를 다른 참여자에게 단순히 전가시키는 것이 아니라 각 참여자의 리스크가 실질적으로 감소하는 것이다. 이것은 매우 중요한 내용으로 pooling 협약은 각 참여자가 감수하여야 할 리스크의 양을 줄여준다.[01]

그림 6-1 ▸▸ 4명의 pooling 협약 시 확률분포

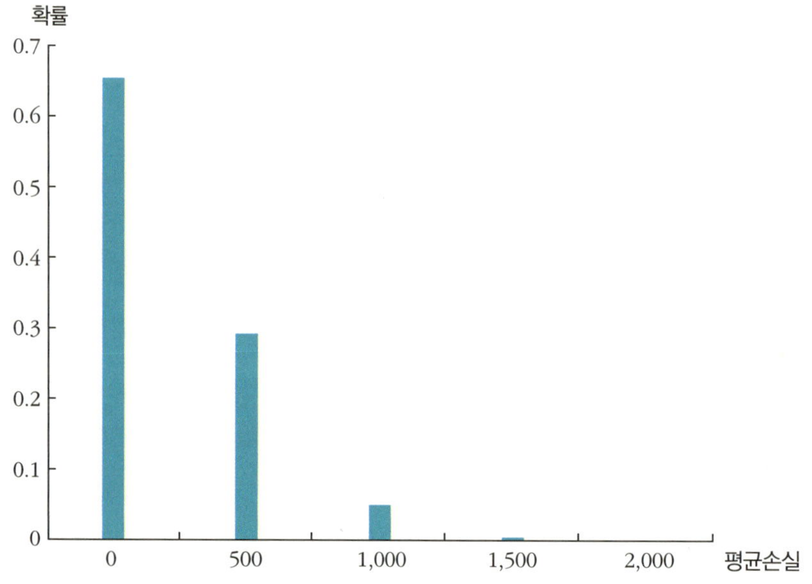

01 Pooling 협약의 참여숫자가 증가할수록 평균손실의 표준편차는 감소하는 반면에 참여그룹 총손실의 표준편차

그림 6-2 ▶▶ 10명의 pooling 협약 시 확률분포

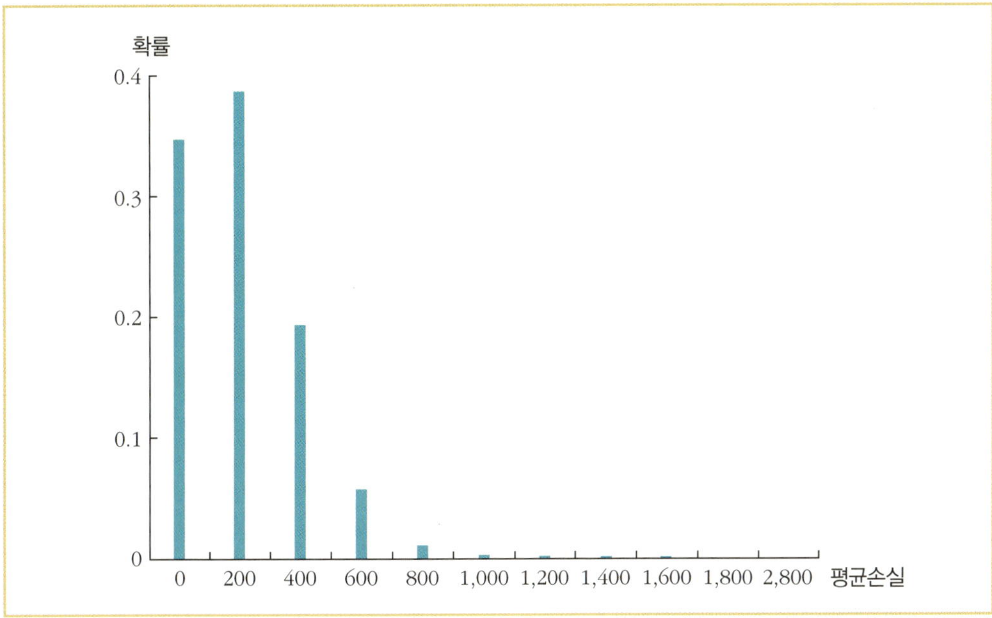

지금까지의 내용을 요약하면, 개별손실 간에 상관관계가 없이 독립적일 경우, pooling 협약은 각 참여자가 부담하여야 되는 사고비용인 손실금액의 확률분포에 두 가지 중요한 영향을 미친다. 첫째로 평균손실의 표준편차가 감소하며 그 결과 참여자에게 최소 또는 최대의 비용을 유발하는 극단의 경우가 나타날 수 있는 확률이 줄어든다는 것이다. 둘째로 평균손실의 분포가 참여자의 숫자가 증가할수록 점점 대칭형의 종모양으로 변한다는 것이다.

참여자의 숫자가 점점 증가하여 일정수준이 넘으면 개별 참여자가 부담하는 손실비용의 표준편차는 0에 근접하게 되어 리스크는 거의 무시하는 수준이 된다. 이는 통계에서 말하는 소위 대수의 법칙(the law of large numbers)을 반영하는 것이며 확률분포의 형태는 궁극적으로 정상분포(normal distribution)로 수렴된다. 이러한 결과를 소위 중심극한정리(central limit theorem)[02]라고 한다.

마지막으로 pooling 협약을 통한 리스크감소를 설명하기 위하여 앞에서 인용한 예에서 모든 참여자는 같은 확률분포를 가지고 있다고 가정하였다. 그러나 이 가정이 본질적인 것은 아니다. 다른 손실분포를 가진 참여자의 숫자가 늘어나는 경우에도 평균손실의 표준편차

는 증가한다. 그러나 증가된 총손실의 표준편차는 각 참여자의 리스크가 감소된다는 사실에 영향을 미치지 않는다.

02 자세한 내용은 부록 참조

는 줄어들며 더욱이 참여숫자가 무한대로 커지면서 리스크는 대체로 무시해도 좋다.

제2절 상관관계가 있는 손실의 pooling 협약

손실의 발생은 종종 개인이나 기업에 공통적으로 일어나는 사건들에 기인할 때가 있다. 허리케인, 지진, 쓰나미 등 자연재해에 의한 재앙적 손실은 동시에 많은 개인이나 기업에게 재산상의 손실을 가져오는 사건들이다. 이 경우 특정한 시간대에 특정한 지역에서 발생하는 손실은 서로 정(+)의 상관관계에 있다. 마찬가지로 신종플루 등 전염병도 특정한 시간대에 많은 사람들의 의료비용을 유발시키는데 이때의 의료비용은 정(+)의 상관관계가 있다고 하겠다. 이상의 예에서 알 수 있듯이 손실들이 정(+)의 상관관계를 보이는 경우들이 일상에서 많기 때문에 pooling 협약에 어떤 영향을 미치는지를 알아보는 것이 필요하다.

직관적으로 정(+)의 상관관계란 한 개인이 또는 사업상 기대손실보다 큰 손실이 발생했을 경우 다른 개인 또는 사업상의 손실도 기대손실 이상이 되는 경향이 있으며 마찬가지로 한 개인이 또는 사업상 기대손실보다 작은 손실이 발생하는 경우 다른 개인 또는 사업상의 손실도 기대손실 이하가 되는 경향이 있는 관계를 의미한다. 따라서 독립적일 경우보다 많은 사람들이 높은 손실과 낮은 손실을 유발할 가능성이 높다. 결론적으로 정(+)의 상관관계가 있을 때 pooling 협약은 평균손실의 표준편차를 독립적일 때만큼 감소시키지 못한다. 다시 말해서 평균손실을 예측하기가 더 어렵다.

제1절에서 언급된 갑과 을의 손실 사이에 정(+)의 상관관계가 있다고 하자. 정(+)의 상관관계는 갑과 을의 사고로 인한 손실금액의 확률분포 자체에 변화를 가져오지 않는다. 우리는 갑과 을의 사고발생확률은 0.1로서 같다는 것을 알고 있다. 여기서 갑에게 사고가 발생했으며 을의 사고발생 여부를 모른다고 하자. 만약 두 사고가 독립적이라면 을의 사고발생확률에 대한 여러분의 예측은 0.1로서 변함이 없을 것이다. 그러나 독립적이지 않고 정(+)의 상관관계가 있을 경우 갑의 사고소식은 을의 사고발생확률을 0.1보다 높게 예측할 것이다. 따라서 갑과 을 두 사람 모두에게 사고로 인한 손실발생의 확률과 사고가 발생하지 않을 확률은 각각 0.01과 0.81보다 높다는 것을 의미한다. 정(+)의 상관관계의 최고단계는 완전한 정(+)의 상관관계(perfect positive correlation)로서 만약 갑에게 사고가 발생하면 을에게도 사고가 발생하며 갑에게 사고가 발생하지 않으면 을에게도 발생하지 않는다는 것을 의미

한다. 결과적으로 갑과 을 모두에게 사고가 발생할 확률은 갑 또는 을에게 사고가 발생할 확률인 0.1과 같으며 두 사람 모두에게 사고가 발생하지 않을 확률은 갑 또는 을에게 사고가 발생하지 않을 확률인 0.9와 같다.

Pooling 협약에 참여하는 숫자가 증가할수록 평균손실의 표준편차에 어떠한 변화가 오는가를 조사함으로써 상관관계가 있는 손실이 Pooling 협약에 미치는 영향을 [그림 6-3]에 비교하여 보여주고 있다. Y축은 평균손실의 표준편차를, X축은 pooling 협약의 참여자 숫자를 나타내고 있는데 독립적인 손실의 경우 참여자의 숫자가 커질수록 표준편차가 0에 근접하는 것을 보여주고 있다. 반면에 완전 정(+)의 상관관계를 가진 손실의 경우 참여자 숫자에 관계 없이 표준편차에 변함이 없음을 알 수 있는데 이는 상관관계의 특성상 한 참여자에게 발생한 손실은 다른 모든 참여자에게도 발생하여 pooling에 의한 리스크감소가 전무하기 때문이다. 완전한 정(+)의 상관관계보다 약한 관계(less than perfect correlation)를 보이는 손실을 pooling할 경우 참여자의 숫자가 증가할수록 표준편차는 줄어드나 0에 근접하지는 않는다. 상관관계의 정도가 강하면 강할수록 리스크감소는 점점 더 적어지게 된다. 결론적으로 '참여자의 리스크를 감소시킨다'라는 pooling 협약의 본질은 손실이 완전한 정(+)의 상관관계를 가지고 있지 않는 한 유효하다. 다만 정(+)의 상관관계가 있을 경우 리스크감소의 정도가 상관관계가 독립적일 경우보다 약하다는 것이다. pooling 개념의 중요성을 감안하여 좀 더 자세한 내용은 다음 장에서 설명하도록 하겠다.

그림 6-3 ▸▸ 정(+)의 상관관계가 리스크감소에 미치는 영향

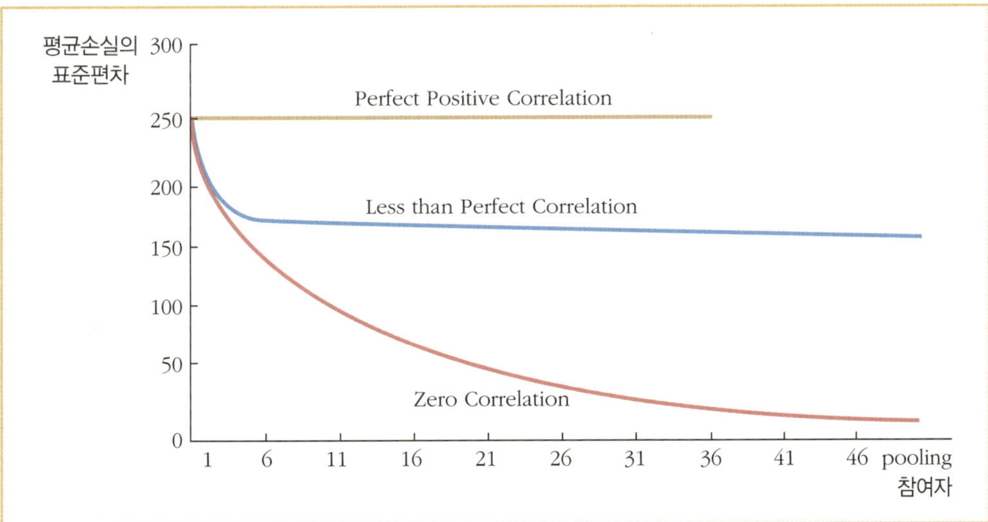

부록 표본의 이해

1. 표본의 개념

일반적으로 모집단의 모수를 추정하기 위해서는 표본을 추출하여 표본의 결과로부터 얻은 정보를 이용한다. 모수는 모집단의 특성을 나타내는 값이며, 통계량은 표본의 특성을 나타내는 값이다. 모집단의 평균은 μ로 표시하며 모집단의 표준편차는 σ를 사용한다. 표본으로부터 얻은 특정한 통계량의 평균과 표준편차는 $\overline{X}$와 s로 표시한다.

10,000건의 화재보험계약을 운영하는 S보험회사를 가정해보자. S보험회사는 화재보험계약의 월평균손실액(보험금)을 예상하기 위해서 화재보험계약 25건을 무작위로 추출하여 표본으로 하였다면, 표본 25건의 계약에서 발생한 손실액의 평균, 즉 표본평균($\overline{X}$)은 10,000건의 화재보험계약의 월평균손실액(μ)을 추정하는 통계량이 된다. 그러나 표본평균($\overline{X}$)이 모집단평균(μ)과 같을 가능성은 거의 없고 표본을 어떻게 추출했느냐에 따라 표본평균은 다르게 나타난다.

2. 표본평균의 분포

S보험회사는 100원, 300원, 500원, 700원, 900원의 보험금을 지급하는 5건의 화재보험계약을 보유하고 있다. 우선 5건 계약에 대한 예상보험금, 즉 손실의 평균은 500원이고 분산은 80,000원이다.

$$\mu = \frac{100(1+3+5+7+9)}{5} = 500$$

$$\sigma^2 = \frac{1}{5}[(100-500)^2 + (300-500)^2 + (500-500)^2 + (700-500)^2 + (900-500)^2] = 80,000$$

단순히 2건의 화재만이 발생 가능한 상황을 고려해보자. S보험회사가 보유하고 있는 5건의 화재보험계약 중 2건의 표본을 추출할 경우 표본의 평균과 분산은 다음과 같이 계산된다.

2건의 화재만이 발생하므로 가능한 조합은 다음 표의 왼쪽의 1행과 같이 나타난다. 보험

손실조합	평균손실($\overline{X}$)	$(\overline{X}-E(\overline{X}))^2$
(100,300)	200	90,000
(100,500)	300	40,000
(100,700)	400	10,000
(100,900)	500	0
(300,500)	400	10,000
(300,700)	500	0
(300,900)	600	10,000
(500,700)	600	10,000
(500,900)	700	40,000
(700,900)	800	90,000
	$E(\overline{X})=500$	$var(\overline{X})=30,000$

회사는 평균적인 금액을 보험금으로 지급할 것이라고 예상하므로 각 경우의 평균손실액은 2행과 같다. 각 경우마다 발생 확률은 동일하므로 표본평균과 표본분산은 맨 아래 열과 같이 나타난다.

위의 표에서 표본평균의 기댓값은 모집단의 평균과 같고 표본평균의 분산은 모집단의 분산보다 작음을 알 수 있다. 즉 $E(\overline{X})=\mu=500$이고 $Var(\overline{X})=30,000<\sigma^2=80,000$이다.

σ를 모집단의 표준편차, N은 모집단의 크기, n은 표본의 크기라고 하면, $\sqrt{Var}\,(\overline{X})$와 σ의 관계는 다음의 공식과 같다.

$$\sqrt{Var}\,(\overline{X})=\sqrt{\frac{N-n}{N-1}}\times\frac{\sigma}{\sqrt{n}}$$

무한모집단의 경우 $\sqrt{Var}\,(\overline{X})$는 다음과 같이 유도된다.

평균이 μ이고 분산이 σ^2인 무한모집단으로부터 크기가 n인 표본을 무작위로 추출하면 표본관측값들 X_i는 동일한 분포를 하는 서로 독립적인 확률변수이다. 표본평균 $\overline{X}=\frac{1}{n}(\sum_{t=1}^{n}X_i)$도 확률변수이다. 따라서 표본평균의 기댓값 $E(\overline{X})$과 분산 $Var(\overline{X})$는 다음과 같다.

$$E(\overline{X})=E\left[\frac{1}{n}(\sum_{i=1}^{n}X_i)\right]=\frac{1}{n}E(X_1+X_2+\cdots+X_n)$$

$$=\frac{1}{n}[E(X_1)+E(X_2)+\cdots+E(X_n)]=\frac{1}{n}(n\mu)=\mu$$

$$Var(\overline{X}) = Var\left[\frac{1}{n}(X_1 + X_2 + \cdots + X_n)\right] = \frac{1}{n^2}[Var(X_1) + Var(X_2) + \cdots + Var(X_n)]$$
$$= \frac{1}{n^2}(n\sigma^2) = \frac{\sigma^2}{n}$$

3. 대수의 법칙

대수의 법칙(Law of large Numbers)이란 표본평균이 표본의 크기가 증가함에 따라 모집단의 평균에 수렴해가는 것을 의미한다. 대수의 법칙은 베르누이(Bernoulli)에 의해서 처음으로 제안되었다. 베르누이는 n번 반복하는 베르누이 실험에서 성공의 수를 X라고 하면 상대도수 $p=\frac{X}{n}$는 n이 충분히 크면 실제의 성공확률에 접근한다고 하였다. 다시 말하면 n개의 독립적인 확률변수의 표본평균을 $\overline{X}$라 하면 $\overline{X}$의 평균 $E(\overline{X})$와 분산 $Var(\overline{X})$는 각각 $E(\overline{X})=\mu$, $Var(\overline{X})=\frac{\sigma^2}{n}$이다. 만약 n이 커지면 분산 $Var(\overline{X})$가 작아지므로 $\overline{X}$가 μ에 가까워질 확률이 1에 접근한다는 것이다. 대수의 법칙은 무작위표본으로 모집단을 추측할 수 있는 정당성을 제시해주는 중요한 법칙이다. 즉 표본이 크면 표본의 정보는 위험이 작아지며 정확할 가능성이 증가한다는 것이다.

4. 중심극한정리

확률변수 X_1, X_2, $\cdots$, X_n이 동일한 분포를 하는 n개의 독립적인 확률변수(independently indentically distributed random variables)이고, 동일한 분포의 평균과 분산을 각각 μ와 σ^2이라고 하자. 이 경우 n이 충분히 크면 n개의 독립적인 확률변수들의 합, 즉 $X_1+X_2+\cdots+X_n$의 분포는 개별 확률변수 X_i의 분포와 상관없이 평균이 $n\mu$이고 분산이 $n\sigma^2$인 정규분포를 한다. 또한 확률변수의 합의 평균, 즉 표본평균 $\overline{X}=\left(\frac{1}{n}\sum_{i=1}^{n}X_i\right)$도 평균이 μ이고, 표준편차가 $\frac{\sigma}{\sqrt{n}}$인 정규분포를 가진다. 따라서 중심극한정리에 의해서 표본평균은 모집단의 분포에 관계없이 근사적으로 정규분포를 하게 된다.

표본평균은 표본으로 추출되는 관측치의 수, 즉 표본의 크기(n)가 증가함에 따라 완만한 구릉모양에서 점차 종모양의 정규분포에 접근하게 된다. 이렇게 표본의 크기(n)가 증가함에 따라 표본평균($\overline{X}$)의 분포가 정규분포에 근접해가는 현상을 중심극한정리(The Central Limit Theorem: CLT)라 한다. 중심극한정리로 인하여 표본평균($\overline{X}$)을 이용한 모집단의 평균(μ)에 대한 추정이 가능하다. 일반적으로 확률변수의 분포는 매우 다양하지만 모집단에서 추출한 표본의 평균($\overline{X}$)은 모집단의 분포와 관계없이, 모집단의 평균(μ)을 중심으로 구릉이나 종모양의 분포를 한다. 즉 어떠한 분포를 하는 모집단으로부터 추출한 표본이든 간에 표본의 평균($\overline{X}$)은 모집단 평균(μ)을 중심으로 종모양의 정규분포나 최소한 좌우대칭인 구릉모양의 분포를 한다. 이러한 표본평균($\overline{X}$)의 분포 특성을 설명하는 이론을 중심극한정리라고 한다.

대부분의 사회현상은 모집단 전체를 조사하고 분석하는 것이 불가능하기 때문에 모집단으로부터 표본을 추출하여 분석하게 된다. 즉 표본을 분석하여 얻은 정보를 이용하여 모집단의 모수를 추정하고 모수에 대한 가설을 검정하게 된다. 이때 모집단으로부터 추출된 표본평균의 분포는 모집단의 분포에 관계없이 표본의 크기가 증가함에 따라 정규분포를 하게 된다. 즉, 중심극한정리는 사회현상을 정규분포에 의해서 분석할 수 있는 근거가 되는 것이다.

CHAPTER 07

포트폴리오 이론과 리스크관리

포트폴리오 이론(portfolio theory)의 정수는 너무나도 잘 알려진 문장 "Don't put all your eggs in one basket"에 녹아 있다. 이 문장이 주는 직관적 논리는 당신이 경마장에 갔을 때 가지고 있는 모든 돈을 한 마리의 경주말에 베팅하거나 또는 가지고 있는 모든 가용자금을 한 주식을 매입하는 데 투자하지 말 것을 경고하는 것이다. 이 이론은 여러 개의 엔진을 가진 비행기보다는 단발엔진의 비행기가 훨씬 위험하다는 것이며 사회적으로 공론화된 사안에 대한 대중적 지지를 받기 위한 여론조사의 표본크기는 커야 한다는 것을 말해주고 있다. 이처럼 다변화(diversification) 또는 분산(spreading)을 통하여 극단적 결과를 초래할 수 있는 확률을 피하거나 또는 적어도 최소화할 수 있음을 보여준다.

주요용어

포트폴리오　　공분산　　상관계수
손실분포

제1절 포트폴리오 이론과 리스크

포트폴리오 이론은 주어진 리스크선호를 극대화하는 여러 대안들 사이에서 어떠한 것을 결정할 것인가에 대한 문제의 해결책을 제시하는 것으로 최적리스크관리를 위한 계량적 분석으로 정의되어진다. 포트폴리오 이론의 발전은 다음의 세 영역에서 찾아볼 수 있다.

첫째는, 통계분야로서 표본과 그 표본이 추출된 모집단과의 관계에 관한 특성에 대하여 집중적으로 연구가 되어 왔다. 단순히 모집단으로부터 추출된 경우들의 포트폴리오에 해당하는 표본의 특성은 모집단에 대한 설명과 그 설명의 신뢰도에 대한 평가를 가능하게 한다. 한 예로서, 무작위로 충분한 크기의 한국남성의 표본을 추출한 후 일정수준의 신뢰도를 부여하여 평균무게를 측정할 수 있으며 그 결과를 바탕으로 "측정된 한국남성들의 평균 몸무게는 95% 신뢰수준에 70 ± 3kg입니다"라고 발표할 수 있다. 적절한 표본추출기법을 전제로 표본크기가 크면 클수록 오차범위를 줄일 수 있으며 이는 포트폴리오의 크기가 크면 클수록 잘못될 리스크를 줄일 수 있다는 것을 의미한다.

둘째로, 포트폴리오 이론이 성공적으로 적용된 증권분석(security analysis) 분야이다. 모든 증권의 수익률은 리스크에 노출되어 있으며 특히 보통주의 경우 수익의 편차는 상당히 큰 편으로서 짧은 기간 동안에 초기 가치의 상당부분을 잃거나 증가시킬 수 있다. 그러나 많은 수의 증권을 보유함으로써 주어진 일정기간 안에 주식가격의 등락으로 부분적으로 투자리스크가 조절될 수 있다. 그러나 잘 분산된 주식포트폴리오의 경우라도 전체 주식시장의 변화로 큰 손실을 입을 수 있다. 대부분의 주식은 변동폭의 차이는 있으나 KOSPI, Dow Jones Index 또는 Standard and Poors(S&P) Index 등과 같은 대표적인 주가지수에 연동되는 경향이 있으며 단순한 다변화로 가격변동성 리스크를 통제할 수 없다. 따라서 주식가격이라는 변수들 간의 상관관계는 투자자들의 관심대상으로서 증권시장의 분석은 리스크관리 측면에서 중요하다.

마지막으로, 포트폴리오 이론의 폭넓은 적용은 인구를 전형적으로 연령과 성별에 의해 분류하는 사망률(mortality rates)연구에 뿌리를 두고 있는 보험계리(actuarial science)분야이다. 생명보험회사에서 인수한 보험계약자의 포트폴리오와 같은 상당히 큰 표본크기의 경우 실제 사망률은 사망관련 자료은행을 통한 예정사망률과의 오차가 적다는 것을 알 수 있으며 보험회사 입장에서 개인의 사망시간과 장소에 대한 정보가 상대적으로 적다는 것을 감안하면 예측된 평균사망률은 상당히 정확하다고 할 수 있다. 결과적으로 생명보험회사는 상당한 수준의 신뢰수준으로 앞으로 지급될 사망보험금을 예측할 수 있으며 이는 사망리스크를 다변화하여 궁극적으로는 리스크를 감소시킨 결과이다. 보험 포트폴리오의 다변화에 대한 연구는 리스크관리에 있어서 포트폴리오 이론의 분석을 위한 유용한 출발점이 될 것이다.

제2절 독립적이고 동질적(homogeneous) 리스크의 보험포트폴리오

보험에서 보상의 대상이 되는 리스크에 노출된 기본단위를 통상적으로 'exposure unit'이라고 하는데 보험증권(policy)과는 다른 뜻을 가지고 있다. 자동차보험증권은 사고로 인해 손해를 당한 자동차들에 대한 보상을 약속한 것이며 각 자동차는 바로 보상의 단위가 된다. 각 자동차는 많은 다른 자동차들로 구성된 포트폴리오와 함께 보험에 가입되며, 이때 각 자동차는 하나의 exposure unit으로서 보상되는 사고원인(peril)에 의한 손상(damage)이나 손실(loss)이 서로 독립적이어야 한다는 것이다. 여기서 독립적이라는 전제는 너무 제한적이기 때문에 exposure unit들이 손상이나 손실의 가능성에 서로 분리되어(separately) 노출되어 있는 의미로 생각하면 될 것이다. 화재보험의 경우 아파트는 방화벽으로 설계되어 각 세대가 화재의 리스크로부터 분리된 것으로 간주되나 전통적 재래시장은 특성상 한곳의 화재가 전체시장을 쉽게 화마에 휩싸이게 할 수 있기 때문에 하나의 리스크로 간주된다. 그러나 한두 블럭 떨어져 있는 단독주택의 경우 방화, 지역적 기상조건, 동일건설업자에 의한 부실시공 등 동일요소에 의한 동시손실의 가능성이 있지만 하나의 다른 exposure unit으로 간주한다. 이와 관련된 기준이 바로 얼마나 독립적인가를 나타내는 독립성의 정도, 즉 상관관계이다.

보험회사가 인수한 각 exposure unit은 인수 후 언제라도 손상이나 손실로 인한 보상요구에 대한 지급의무가 있는 부채로서 보험증권이 발급되어 계약이 유효하게 되는 시점에서는 부채의 규모를 알 수 없으나 시간이 지나면서 보장된 손상이나 손실이 나타남으로써 알 수 있다. 부채의 규모는 사고원인에 따라 다양하며 실제로 많은 증권이 손실이 발생하지 않아 보험금청구가 없어 궁극적으로 부채가 없는 경우가 있다. 손실이 없는 경우를 포함하여 다음과 같이 'n'개의 exposure unit L을 인수한 보험회사를 생각해보자.

$$L_1,\ L_2,\ L_3,\ L_4,\ \cdots\cdots\cdots,\ L_n \qquad L_i \geqq 0$$

여기서 L_i는 exposure unit i에 대한 밝혀진 보험회사의 부채규모를 나타낸다. 따라서 보험회사의 총부채 L은 아래와 같다.

$$L_1 + L_2 + L_3 + L_4 + \cdots\cdots\cdots + L_n = \Sigma L_i$$

그러나 보험회사의 리스크관리 측면에서는 총부채의 규모보다는 리스크단위당(a per risk basis) 부채규모가 관심의 대상이다. 리스크단위당 부채규모는 총부채를 exposure unit의 개수인 n으로 나눈 값, 즉 평균손실(average loss)이 된다.

$$\frac{L}{n} = \left(\frac{1}{n}\right)\Sigma L_i$$

생명보험 이외의 대부분의 보험증권의 유효기간은 1년이지만 보험회사의 입장에서 유효기간이 만료된 뒤 상당한 시간이 경과한 후에도 총부채(L) 규모를 파악하지 못하는 경우가 있다. 이는 석면관련 질병, 진폐증 또는 교통사고로 인한 신체부상 등 특정 손상이나 손실은 최종 보상금액이 결정되고 해결될 때까지 상당한 시간이 걸리기 때문이다. 보험회사 입장에서 개별 exposure unit인 L_i를 인수할 때 얼마만큼의 손실을 유발할지 알 수가 없으며 따라서 확률변수의 특성을 가지고 있다.

앞서 언급하였듯이 보험회사의 관심은 평균손실 $\left(\frac{L}{n}\right)$이라는 변수이다. 보험가입자에게는 보험계약에 의거 보상받을 개별 exposure unit의 손실금액인 L_i에 관심이 있으나 보험회사의 재무적 성과는 평균보상지급액인 평균손실의 분포에 전적으로 달려 있다. 그러나 $\frac{L}{n}$의 분포는 L_i의 분포에 의해서 결정된다. L_i의 확률분포는 일반적으로 왼쪽으로 비대칭을 보이지만 exposure unit의 크기, 가치, 사고원인, 그리고 기타 관련요소에 따라 다양한 분포모양을 보인다. 그리고 이런 다양한 개별분포가 합쳐져 $\frac{L}{n}$의 분포가 형성된다. 이때 만약 개별 exposure unit인 L_i가 통계적으로 특성이 같고 서로 독립적일 경우 유용한 결과를 앞절에서 이미 언급한 중심극한정리(central limit theorem)에 의해서 다음과 같이 정리될 수 있다. **평균 μ와 분산 σ^2를 가진 n개의 확률변수인 L_i들이 독립적이고 동질적일 경우 평균손실인 $\frac{L}{n}$의 분포는 n의 숫자가 무한대로 증가하면서 평균 μ와 분산 $\frac{\sigma^2}{n}$을 가진 정상분포(normal distribution)에 근접한다.**

중심극한정리를 보험에 적용하기 위해서 가령 30세 이상 도시에 거주하는 남성 운전자와 같은 동일한 요율이 적용되는 범주에 속하는 n개의 자동차보험증권을 발행한 S보험회사가 있다고 하자. 발행된 증권들은 같은 범주에 속하는 모든 운전자의 모집단으로부터 추출한 하나의 표본으로서 표본을 구성하는 리스크들은 서로 독립적이고 충분히 동질적인 분포를 가지고 있으며 각 리스크는 같은 기대손실 $E(L_i)$과 같은 분산 $\sigma^2(L_i)$을 가지고 있다고 가정하자. 만약 S보험회사가 계속해서 자동차보험증권을 발행하여 보상해야 할 리스크를 증가시킨다면 S보험회사의 포트폴리오 자체의 리스크에는 어떤 영향이 있는지에 대하여 알아보자. 여기서 리스크란 분포의 퍼짐을 측정하는 통상적인 방법으로서 $\left(\frac{1}{n}\right)\sum L_i$ 즉 포트폴리오의 평균손실의 분산 또는 표준편차를 말한다.

포트폴리오 평균손실의 분산 또는 표준편차와 포트폴리오의 크기 사이의 관계를 알아보기 위해서 무엇보다 포트폴리오를 구성하는 개별리스크의 손실분포와 포트폴리오의 평균손실과의 관계를 설정하는 것이 필요하다. 우선 확률변수 L_1과 L_2로 구성된 포트폴리오가 있다고 했을 때 총손실 분포는 다음과 같은 특성을 가지고 있다.

$$E(L) = E(L_1) + E(L_2)$$

$$\sigma^2(L) = \sigma_1^2 + \sigma_2^2 + 2\sigma_{12}$$

여기서 $\sigma^2(L)$: 포트폴리오 L의 분산
σ_i^2: L_i의 분산
σ_{12}: L_1과 L_2의 공분산(covariance)

리스크측정과 관련하여 분산보다는 분산의 제곱근인 표준편차가 좀 더 유용하게 사용된다.

$$\sigma(L) = \sqrt{\sigma^2(L)}$$

공분산이란 일반분산과 구분하여 두 변수 간의 공통된 분포를 나타내는 분산으로서 두 변수 간의 선형적 연관성을 나타내는 대표적인 지표이다. 따라서 동시에 2개의 확률변수 L_1과 L_2의 변수값들을 갖는 개별 관측치들이 각 변수의 평균으로부터 어느 정도 산포되어 있는가를 나타내는 값으로 각 변수에 대한 평균과의 편차를 구한 다음 이들을 서로 곱한 편차곱의 평균이 되며 다음과 같이 정의된다.

$$\sum_{i=1}^{n} p_i(L_{1i} - E(L_1))(L_{2i} - E(L_2))$$

여기서 p_i는 확률변수 L_1과 L_2가 동시에 발생하는 확률이다.

공분산을 살펴보면 분산을 구하는 공식과 매우 흡사하다는 것을 알 수 있는데, 사실상 분산은 단순하게 한 확률변수와 확률변수 자체의 공분산이다.

$$\sum_{i=1}^{n} p_i(L_{1i}-E(L_1))(L_{1i}-E(L_1)) = \sum_{i=1}^{n} p_i(L_{1i}-E(L_1))^2$$

만약 3개 이상의 확률변수가 있을 경우, 평균값과 분산을 구하는 공식은 다음과 같다.

$$E(L) = E(L_1) + E(L_2) + E(L_3) + \cdots\cdots + E(L_n) = \sum_{i=1}^{n} E(L_i)$$

$$\sigma^2(L) = \sigma_1^2 + \sigma_2^2 + \sigma_3^2 + \cdots + \sigma_n^2 + 2\sigma_{12} + 2\sigma_{13} + \cdots = \sum_{i=1}^{n} \sigma_i^2 + \sum_i \sum_{j \neq i} \sigma_{ij}$$

포트폴리오를 구성하는 리스크가 동질적인 분포를 보이고 서로 독립적일 경우, 공분산의 값은 0이 되므로 평균손실의 분포의 분산은

$$\sigma^2\left(\frac{L}{n}\right) = \sigma^2\left(\frac{L_1 + L_2 + \cdots + L_n}{n}\right) = \sigma^2\left(\frac{L_1}{n}\right) + \sigma^2\left(\frac{L_2}{n}\right) + \cdots + \sigma^2\left(\frac{L_n}{n}\right)$$

여기서 개별 리스크의 분산은

$$\sigma^2\left(\frac{L_i}{n}\right) = \Sigma p_i\left(\frac{1}{n}L_i - \frac{1}{n}E(L_i)\right)^2 = \frac{1}{n^2}\sum_{i=1}^{n} p_i(L_i - E(L_i))^2 = \frac{\sigma_i^2}{n^2}$$

따라서 평균손실의 분포의 분산은 다음과 같이 정리될 수 있다.

$$\sigma^2\left(\frac{L}{n}\right) = \frac{1}{n^2}(\sigma_1^2 + \sigma_2^2 + \cdots + \sigma_n^2)$$

포트폴리오를 구성하는 모든 리스크는 동질적인 분포를 가지고 있기 때문에 각 리스크의 분산 역시 같다. 즉,

$$\sigma_1^2 = \sigma_2^2 = \sigma_3^2 = \cdots\cdots = \sigma_n^2$$

그러므로 평균손실의 분산은 결국 다음과 같은 값을 가지며 이 같은 결과는 이미 언급한 중심극한정리에 잘 설명되어 있다.

$$\sigma^2\left(\frac{L}{n}\right) = \left(\frac{1}{n^2}\right) n\sigma_i^2 = \frac{\sigma_i^2}{n}$$

구체적으로 예를 들어 설명하기 위하여 30세 이상의 도시에 거주하는 남성이 운전하는 자동차들로 구성된 포트폴리오가 있다고 하자. 각 자동차가 사고로 인한 평균손실은 200만원이고 표준편차가 600만원(분산은 $(600)^2 = 360{,}000$만원)일 경우 exposure unit당 보험회사가 보상하여야 할 재무적 의무, 즉 부채의 분산과 표준편차가 exposure unit의 숫자가 증가함에 따라 어떻게 변하는지 [표 7-1]에 정리되어 있다.

| 표 7-1 | 리스크의 감소(상관관계가 없을 경우)

n	$\sigma^2\left(\frac{L}{n}\right)$	$\sigma\left(\frac{L}{n}\right)$
1	360,000	600
10	36,000	189.73
100	3,600	60
1,000	360	18.97
10,000	36	6
∞	0	0

상기 표에서 알 수 있듯이 n의 숫자, 즉 인수하는 자동차(리스크)의 숫자가 커질수록 평균손실의 리스크인 분산과 표준편차의 값은 점점 줄어들어 결국은 0에 근접하는 것을 알 수 있다.

리스크분산을 통하여 리스크가 줄어들어 보험회사에게 도움이 된 것을 알 수 있다. 여기서 한 가지 짚고 넘어가야 하는 점은 우리가 측정한 것은 자동차보험증권 단위당 리스크로서 보험회사의 절대적 부채규모의 표준편차는 증가한다는 것이다. 단순한 예로서 보험회사가 인수한 자동차 포트폴리오 exposure unit의 숫자가 100에서 1,000으로 늘었다고 하였을 때, 보험회사 절대부채의 표준편차는 다음과 같은 변화를 보인다.

$$n = 100\text{일 때, } \sigma_p = \sqrt{100(600)^2} = 6,000$$

$$n = 1,000\text{일 때, } \sigma_p = \sqrt{1,000(600)^2} = 18,973.66$$

그러나 여기서 주목해야 하는 점은 포트폴리오 exposure unit이 10배로 증가한 것과 비교하여 볼 때 3배가 조금 넘는 훨씬 작은 비율로 증가한 사실이다. 총합리스크의 이 같은 작은 비율의 증가는 왜 증권단위당 리스크가 감소하는지를 잘 설명해주고 있다.

포트폴리오를 구성하는 숫자인 n이 점점 증가할수록 포트폴리오의 평균손실의 표준편차가 점점 줄어들 뿐만 아니라 분포의 형태도 정상분포에 근접하면서 점점 대칭적으로 변한다. 즉 평균손실인 μ를 중심으로 점점 가깝게 모여든다는 것을 알 수 있으며 이 같은 특성을 앞서 설명한 대수의 법칙이라 한다.

제3절 독립적이고 이질적(heterogeneous) 리스크의 보험포트폴리오

앞절에서는 리스크 간 서로 독립적이고 같은 확률분포를 가지고 있다는 점에서 동질적인 리스크의 포트폴리오를 통한 리스크감소를 알아보았는데 이번 절에서는 리스크 간 서로 독립적이지만 서로 다른 확률분포를 가진 이질적인 리스크로 포트폴리오를 구성하였을 경우 포트폴리오 숫자의 변화가 리스크감소에 어떤 영향을 미치는지 알아보도록 하자. 여기서 이질적인 리스크로 구성된 포트폴리오란 자동차보험뿐 아니라 화재보험, 제3자배상책임보험 등 서로 다른 형태나 또는 같은 종류의 형태라도 리스크 정도가 서로 다른, 즉 같은 화재보험이라도 이종산업으로 구성된 포트폴리오를 의미한다. 여기서 포트폴리오의 내용변화와 관련하여 단순히 규모와 관련된 것인지 또는 규모와 구성이 모두 변화된 두 가지 가능성을 염두에 두고 구분하여 리스크감소에 미치는 영향을 분석해보자.

전자는 exposure unit의 다양한 형태의 구성비율을 유지하면서 단지 포트폴리오의 성장을 의미하며, 후자는 보험회사가 기존의 보험증권과는 전혀 다른 리스크에 대한 증권을 발행함으로써 기존의 포트폴리오의 구성에 변화를 가져와 전체적인 성장을 꾀하는 것을 의미한다. 후자의 단순한 예를 들면 자동차보험만을 취급하던 보험회사가 화재보험을 취급하여

성장에 변화를 가져오는 경우이다. 포트폴리오의 규모변화가 포트폴리오 리스크에 미치는 영향을 알아보기 위하여 우선 전자의 경우처럼 구성의 비율을 유지하면서 단지 숫자에 변화가 있는 경우를 생각해보자.

보험회사들은 통상적으로 보험포트폴리오를 구성할 때 내부적으로 위험(hazard)의 수준에 따른 특성을 기준으로 상당히 동질적인 주요 리스크 종류(class), 즉 화재, 자동차, 해상, 제3자배상책임 등으로 세분한다.[01] 이와 같은 과정은 동질적인 부류에 속하는 리스크의 숫자는 상당히 많으나 보험요율 산정과 인수 여부를 결정하는 데 도움을 주기 위하여 미리 분류하는 것이다. 구체적으로 포트폴리오의 리스크감소 여부를 알아보기 위하여 화재보험(F), 자동차보험(A), 그리고 해상보험(M)으로 구성된 보험포트폴리오가 있다고 하자. 발급된 총 증권숫자인 n은 화재보험증권발행숫자 f, 자동차보험증권발행숫자 a, 그리고 해상보험증권발행숫자인 m의 합으로서 $n=f+a+m$이다. 그리고 각 리스크그룹을 구성하는 exposure unit은 서로 독립적이고 같은 평균손실($E(L_F)$, $E(L_A)$, $E(L_M)$)과 표준편차(σ_F, σ_A, σ_M)를 가진 동질적인 분포를 가지고 있다.

평균손실의 분포의 기댓값과 분산을 구하기 위한 공식에 따르면,

$$\mu_p = E\left(\frac{L}{n}\right) = \left(\frac{1}{n}\right)\sum_{i=1}^{n} E(L_i)$$

이며 가정에 의해 exposure unit은 서로 독립적이기 때문에 공분산은 0이므로

$$\sigma_p^2 = \sigma^2\left(\frac{L}{n}\right) = \left(\frac{1}{n^2}\right)\left(\sum_{i=1}^{n}\sigma_i^2 + \sum_i\sum_{j\neq i}\sigma_{ij}\right) = \left(\frac{1}{n^2}\right)\left(f\sigma_F^2 + a\sigma_A^2 + m\sigma_M^2\right)$$

상기의 정리된 공식을 활용하기 위하여 구체적으로 화재보험의 경우 $E(L_F)=700$, $\sigma_F=1{,}000$, 자동차보험의 경우 $E(L_A)=200$, $\sigma_A=600$, 그리고 해상보험의 경우 $E(L_M)=200$, $\sigma_M=300$이며 포트폴리오의 구성비율은 $f=0.5n$, $a=0.3n$, $m=0.2n$이라고 하자.

$$\mu_p = E\left(\frac{L}{n}\right) = \frac{(0.5n\ (700) + 0.3n\ (200) + 0.2n\ (200))}{n} = 450$$

---

01 생명보험의 경우 성별, 나이, 직업, 취미, 병력에 의해서, 화재보험의 경우 산업, 지역, 예방시설 등에 의해서, 그리고 자동차보험의 경우 자동차 종류, 운전자 나이, 성별, 주거지역, 사고 여부 등에 의해서 세분된다. 좀 더 자세한 내용은 PART Ⅳ의 제18장 언더라이팅과 요율산정을 참조할 것

$$\sigma_p^2 = \left(\frac{1}{n^2}\right)(0.5n(1{,}000)^2 + 0.3n(600)^2 + 0.2n(300)^2)$$

$$= \frac{(0.5(1{,}000)^2 + 0.3(600)^2 + 0.2(300)^2)}{n} = \frac{626{,}000}{n}$$

따라서 표준편차 $\sigma_p = \sqrt{\frac{626{,}000}{n}} = \frac{791}{\sqrt{n}}$이 된다.

공식에 따른 계산의 결과에 따라 n의 숫자에 변화를 줄 때 분산과 표준편차의 값이 어떻게 변화하는가가 [표 7-2]에 정리되어 있다. 포트폴리오의 리스크를 나타내는 분산이나 표준편차의 값은 n의 숫자가 커질수록 작아진다는 것을 분명하게 보여주고 있으며 n의 숫자가 무한대로 갈수록 0에 근접한다는 것을 알 수 있다.

| 표 7-2 | 리스크감소(독립적이고 이질적인 경우)

n	$\sigma_p^2\left(\frac{L}{n}\right)$	$\sigma_p\left(\frac{L}{n}\right)$
1	626,000	791.20
10	62,600	250.19
100	6,260	79.12
1,000	626	25.01
10,000	62.6	7.91
∞	0	0

상기의 결과가 대수의 법칙은 포트폴리오의 상대적인 구성비율을 유지하는 한 구성의 내용, 즉 동질적인 또는 이질적인 리스크와 관계없이 독립적인 리스크로 구성된 모든 포트폴리오에 적용된다는 것을 말해주고 있다.

다음으로 후자의 구체적인 예로서 10,000건의 자동차보험증권만을 발행한 보험회사가 있다고 하자. 전자의 경우와 마찬가지로, 각 자동차의 손실은 서로 독립적이고 $E(L_A) = 200$이고 $\sigma_A = 600$인 동질적인 분포를 가지고 있을 경우,

$$\mu_p = E\left(\frac{L}{n}\right) = \left(\frac{1}{n}\right)\sum E(L_A) = \frac{n \times 200}{n} = 200$$

$$\sigma_p = \sqrt{\sigma^2\left(\frac{L}{n}\right)} = \left(\left(\frac{1}{n^2}\right)\left(\Sigma\sigma_{Ai}^2 + \Sigma\Sigma\sigma_{Aij}\right)\right)^{\frac{1}{2}}$$

$$= \left(\left(\frac{1}{10,000^2}\right)\left(10,000\right)\left(600\right)^2\right)^{\frac{1}{2}} = 6$$

여기서 각 exposure unit은 서로 독립적이기 때문에 $\Sigma\Sigma\sigma_{Aij} = 0$이 된다.

만약 보험회사가 추가로 1,000건의 화재보험증권을 발행하였다고 하자. 각 화재로 인한 기대손실 $E(L_F) = 9,000$이고 표준편차 $\sigma_F = 12,000$일 경우 보험회사의 포트폴리오는 자동차에서 자동차와 화재에 따른 리스크로 구성되어지고 포트폴리오를 구성하는 총 exposure unit의 숫자도 10,000에서 11,000으로 증가함과 공시에 구성비율도 자동차 100%에서 자동차 91% 그리고 화재 9%로 변한다. 이러한 새로운 포트폴리로의 리스크는

$$\mu_p = \left(\frac{1}{11,000}\right)\left(10,000(200) + 1,000(9,000)\right) = 1,000$$

$$\sigma_p = \left\{\left(\frac{1}{11,000^2}\right)\left[(10,000(600)^2 + 1,000(12,000)^2\right]\right\}^{\frac{1}{2}} = 34.92$$

로서 상대적으로 작은 기대손실과 표준편차를 가진 자동차사고로 인한 리스크로만 포트폴리오를 구성할 때보다 기대손실과 표준편차로 각각 $\mu_F = 9,000$과 $\sigma_F = 12,000$을 가진 화재리스크를 인수하여 다변화된 포트폴리오를 구성함으로써 보험증권당 6의 표준편차를 가진 자동차보험 포트폴리오와 보험증권당 12,000의 표준편차를 가진 화재보험을 합쳐서 다변화가된 것을 의미한다. 이는 결국 전체적인 포트폴리오 리스크를 증가시킨 결과가 된 것이다. 독자 여러분들도 포트폴리오의 구성비율을 유지 또는 변화시키면서 공식을 적용하여 나온 결과를 통하여 특성이 변화된 포트폴리오의 리스크가 어떻게 변화하는지 직접 경험해보기 바란다.

제4절 상관관계가 있는 보험포트폴리오

앞절에서는 exposure unit 사이에 상관관계가 없는 독립적인 확률변수로 가정하였기 때문에 공분산을 0으로 간주하였다. 그러나 현실적으로 리스크에 노출된 exposure unit 사이

에는 손실가능성에 서로 영향을 받는 의존적(interdependent) 위치에 있는 경우가 많다. 예를 들어, 재래시장은 길을 사이에 두고 수많은 가게들이 다닥다닥 붙어 영업을 하고 있다. 만약 한 가게에서 누전 등 어떠한 이유에서 화재가 발생하였을 경우 주위여건으로 인해 불씨가 옮겨져 많은 가게들의 화재확률이 높아진다. 또한 허리케인이나 지진 등의 천재지변 역시 피해지역의 건물, 자동차는 물론 인명에도 많은 피해를 동시에 가져온다. 이런 경우 각 빌딩, 자동차의 손실가능성은 서로에게 영향을 주어 손실피해가 훨씬 커진다.

따라서 이번 절에서는 이러한 관계에 대한 실증분석이 아니라 exposure unit 사이에 상관관계가 있을 경우 공분산의 작용이 pooling을 통한 리스크감소에 어떤 영향을 미치는지 살펴보도록 하겠다.

1. 공분산과 상관계수

공분산의 작용을 이해하기 위하여 서강기업의 두 공장에서 화재로 인해 발생한 손실을 예로 들어보자. [표 7-3]에는 서강기업의 두 공장에서 발생한 지난 10년간의 손실이 정리되어 있다.

| 표 7-3 | 서강기업 공장의 손실내역

	year	1	2	3	4	5	6	7	8	9	10
plant #1	losses	200	400	0	200	400	0	800	600	600	800
plant #2	losses	0	0	200	600	400	800	400	800	200	600

두 공장에서 발생한 손실 사이에 상관관계가 있는지 알아보기 위하여 우선 앞절에서 이미 언급한 공식을 활용하여 공분산의 값을 구하여야 한다.

$$\sigma_{12} = \frac{\sum_{i=1}^{10}(L_{1i} - E(L_1)) \times (L_{2i} - E(L_2))}{n-1} = \frac{80,000}{9}$$

공분산은 양(+)의 값을 가짐으로써 서강기업의 제1공장의 손실은 제2공장의 손실이 있을 때 동시에 발생하는 경향을 보인다는 의미로 해석된다. 직관적으로 포트폴리오의 모든

exposure unit 사이에 정(positive)의 상관관계가 있다면 포트폴리오의 리스크는 클 것으로 기대하여야 할 것이다.

포트폴리오 리스크에 대한 공분산의 영향은 공분산의 상대적 강도에 달려 있다. 그러나 계산된 공분산의 값은 어떤 범위에서 어디에 위치하는지를 말해주지 않는 단순한 절대숫자에 불과하므로 $\sigma_{12}=\frac{80,000}{9}$이라는 그 자체가 상관관계의 강도를 직접적으로 나타내주는 것이 아니다. 또한 변수를 측정한 척도의 단위에 따라 그 값이 달라지기 때문에 공분산만으로 두 변수 간의 관계를 정확하게 파악하기 어렵다. 공분산 자체의 이러한 문제점을 보완하여 각 변수의 편차를 그 변수의 표준편차로 나누어 편차를 표준편차 단위로 바꾼 다음 이들을 서로 곱한 값들의 평균을 공분산으로 함으로써 변하지 않는 두 변수 간의 상관관계의 강도와 방향을 수학적인 수치로 정량화하여 표시하는 지수가 바로 상관계수이며, 이를 피어슨의 적률상관계수(Pearson's product-moment correlation coefficient) 혹은 간단히 상관계수(correlation coefficient; γ_{ij})라고 한다. 상관계수를 구하는 공식은 다음과 같다.

$$\gamma_{xy}=\frac{\sum\left(\frac{x_i-\overline{x}}{\sigma_x}\right)\left(\frac{y_i-\overline{y}}{\sigma_y}\right)}{n-1}=\frac{\sigma_{xy}}{\sigma_x\sigma_y}$$

상관계수는 −1에서 +1 사이의 값을 가진다. 상관계수가 +1 또는 −1의 값을 가질 경우에 두 변수 사이에는 완전한 정(positive)과 부(negative)의 상관관계를 갖는 반면에, 상관계수가 0의 값에 가까울 때 두 변수는 선형이 아닌 다른 관계이거나 서로 독립적이어서 무관한 관계에 있다고 말할 수 있다. 또한 상관계수의 절대값 크기는 변수들 간의 선형관계의 강도를 나타내는 지표로서 변수들 간의 연관성 정도를 판단하는 기준이 되는데 음(−)의 상관계수라도 절대값이 1에 가까울수록 두 변수의 상관관계가 높다고 판단할 수 있다. 따라서 서강기업의 두 공장에서 화재로 인해 발생하는 손실 사이의 상관계수는 0.1이 되며 이는 두 공장 사이의 손실 사이에는 무시할 수는 없으나 약한 정(+)의 관계가 있음을 보여주고 있다. 화재보험을 취급하는 보험회사의 입장에서 서강기업과 같은 리스크로 포트폴리오를 구성할 경우, 화재로 인한 큰 손실을 염려하지 않아도 되나 기대손실보다 큰 손실이 발생할 수 있는 가능성에 대하여 주의를 기울여야 할 것이다.

$$\gamma_{12} = \frac{\sigma_{12}}{\sigma_1 \sigma_2} = \frac{\frac{80,000}{9}}{\sqrt{\frac{800,000}{9}}\sqrt{\frac{800,000}{9}}} = 0.1$$

공분산 대신에 상관계수를 사용하여 포트폴리오의 분산을 구하는 공식은 다음과 같다.

$$\sigma^2(L) = \sum \sigma_i^2 + \sum\sum \sigma_{i,j} = \sum \sigma_i^2 + \sum\sum \gamma_{ij}\sigma_i\sigma_j$$

따라서 평균손실의 표준편차는 분산의 제곱근으로서

$$\sigma\left(\frac{L}{n}\right) = \left(\frac{1}{n^2}\left(\sum \sigma_i^2 + \sum\sum \gamma_{ij}\sigma_i\sigma_j\right)\right)^{\frac{1}{2}}$$

이 되며 이 공식이 바로 보험 포트폴리오의 리스크를 구하는 데 사용되는 것이다. 이 경우 exposure unit 사이가 독립적일 때 감안하지 않았던 상관관계부분을 고려하여야 하기 때문에 좀 더 복잡한 계산이 필요하다. 그러나 특별히 얼마나 많은 공분산이 있는지를 알면 계산에 도움이 된다. 포트폴리오를 구성하는 exposure unit 사이에 얼마나 많은 분산과 공분산이 있는가에 대한 해답은 [그림 7-1]에 있는 모형을 통하여 알 수 있다. 모형의 중심 대각선 선상의 색칠해진 사각형들이 분산이며 나머지 사각형들이 모든 가능한 공분산들이다. 따라서

그림 7-1 ▸▸ 분산-공분산 매트릭스

	L_1	L_2	L_3	L_4	…	L_{n-1}	L_n
L_1	σ_1^2	σ_{12}	σ_{13}	σ_{14}	…	$\sigma_{1,n-1}$	$\sigma_{1,n}$
L_2	σ_{21}	σ_2^2	σ_{23}	σ_{24}	…	$\sigma_{2,n-1}$	$\sigma_{2,n}$
L_3	σ_{31}	σ_{32}	σ_3^2	σ_{34}	…	$\sigma_{3,n-1}$	$\sigma_{3,n}$
L_4	σ_{41}	σ_{42}		σ_4^2	…	$\sigma_{4,n-1}$	$\sigma_{4,n}$
	⋮	⋮	⋮	⋮	⋮	⋮	⋮
L_{n-1}	$\sigma_{n-1,1}$	$\sigma_{n-1,2}$			…	σ_{n-1}^2	
L_n	$\sigma_{n,1}$	$\sigma_{n,2}$			…		σ_n^2

모형은 총 $n \times n$개의 사각형으로 구성되어 있고 그 가운데 n개가 분산이며 나머지 $(n^2 - n)$, 즉 $n(n-1)$개가 공분산이다.

2. 상관관계가 있는 보험포트폴리오의 리스크감소

n개의 동질적인 exposure unit들로 구성되어 있고 exposure unit 사이의 상관계수가 γ_{ij}인 보험포트포리오가 있다고 하자. 포트폴리오의 평균손실과 평균손실의 표준편차를 구하는 공식은 아래와 같다.

$$\mu_p = E\left(\frac{L}{n}\right) = \frac{\sum_{i=1}^{n} E(L_i)}{n} = E(L_i)$$

$$\sigma_p = \sigma\left(\frac{L}{n}\right) = \left(\left(\frac{1}{n^2}\right)\left(\sum_{i=1}^{n}\sigma_i^2 + \sum_i \sum_{j \neq i} \gamma_{ij}\sigma_i\sigma_j\right)\right)^{\frac{1}{2}}$$

$$= \left(\left(\frac{1}{n^2}\right)(n\sigma_i^2 + n(n-1)\gamma_{ij}\sigma_i\sigma_j)\right)^{\frac{1}{2}}$$

$$= \left(\left(\frac{1}{n}\right)\sigma_i^2 + \frac{(n-1)}{n}\gamma_{ij}\sigma_i\sigma_j\right)^{\frac{1}{2}}$$

구체적으로 n개의 자동차보험증권으로 구성되고 각 증권의 $\mu_i = 300$, $\sigma_i = 600$, $\gamma_{ij} = 0.1$인 보험포트폴리오의 경우

$$\mu_p = E\left(\frac{L}{n}\right) = 300$$

$$\sigma_p = \sigma\left(\frac{L}{n}\right) = \left(\frac{(600)^2}{n} + \frac{(n-1)}{n} \times (0.1) \times (600)(600)\right)^{\frac{1}{2}}$$

포트폴리오의 평균손실의 표준편차의 값이 n이 증가함에 따라 어떻게 변하는지 아래의 [표 7-3] 두 번째 행에 정리되어 있다.

| 표 7-3 | 상관계수와 표준편차 변화추이

n	$\gamma=0.1$	$\gamma=0.3$	$\gamma=0.5$	$\gamma=0.8$	$\gamma=1$
1	600	600	600	600	600
10	261.5339	364.9658	444.9719	543.3231	600
100	198.0909	332.4455	426.3801	537.3267	600
1000	190.5886	329.0167	424.4761	536.7234	600
10000	189.822	328.6719	424.2853	536.663	600
100000	189.7452	328.6374	424.2662	536.657	600
1000000	189.7375	328.6339	424.2643	536.6564	600
10000000	189.7367	328.6336	424.2641	536.6563	600

n의 숫자가 증가함에 따라 포트폴리오의 분산이나 표준편차의 값이 감소하나 무한대에 근접하면서 일정한 양(+)의 값인 189.7에 수렴하는 것을 볼 수 있다. 포트폴리오를 구성하는 exposure unit이 서로 독립적일 때 n이 무한대로 근접하면서 평균손실의 분포의 표준편차가 0에 수렴하는 것과 달리 exposure unit 사이에 상관관계가 있을 경우에는 n이 증가하면서 표준편차가 감소하나 어느 일정한 값 이하로 줄어들지 않는, 즉 리스크감소에 한계가 있다는 의미이다. 리스크감소의 한계는 상관관계의 강도를 보여주는 상관계수의 절대값의

그림 7-2 ▸▸ 상관계수가 pooling 효과에 미치는 영향

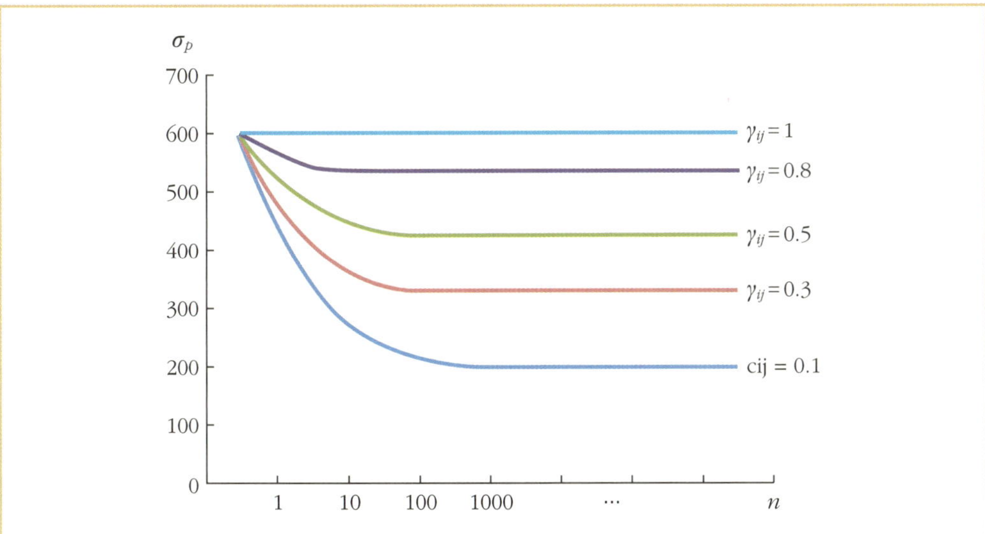

크기에 달려있다. 상관계수의 절대값이 1에 가까워질수록 리스크감소의 한계가 높아진다. [그림 7-2]는 앞서 예로 든 자동보험포트폴리오에서 상관계수가 0.1, 0.3, 0.5, 0.8 그리고 1.0으로 변할 때 표준편차의 변화, 즉 리스크감소에 미치는 영향을 잘 보여주고 있다. 상관계수에 따라 일정한 값에 수렴하며 상관계수의 값이 클수록 수렴하는 값도 커지는 것을 알 수 있다. 결론적으로 exposure unit 사이에 완전한 상관관계가 없는 한, 즉 상관계수가 1.0이 아닌 한 pooling을 통한 리스크감소의 효과가 있으며 그 효과는 상관계수의 값이 낮을수록 높아진다.

제5절 일반기업의 손실분포와 리스크관리

모든 기업들은 업종에 따라 차이가 있으나 다양한 형태의 리스크에 노출되어 있으며 기업의 재무성과와 가치에 영향을 받는다. 보험회사의 경우 독립적인 동종의 exposure unit들을 pooling하여 관리함으로써 리스크를 감소시키는 반면에, 일반기업은 개별적으로 인지하고 관리하는 것이 유용할 수 있으며 나아가 총손실(aggregate loss)의 분포를 예측하는 출발점이될 뿐만 아니라 안전과 예방적 활동을 통하여 손실비용을 줄일 가능성을 찾을 수 있다. 그러나 기업의 재무성과를 판단할 때 중요한 것은 개별 리스크들이 기업의 수익과 가치에 미친 총체적 영향이다. 그런데 개별 리스크의 합이 포트폴리오 리스크와 같지 않다는 점을 감안할 때 총체적 영향을 고려하여 기업의 리스크관리 전략을 수립하여야 한다.

모든 기업들은 경영활동에 있어 시장리스크, 금리리스크, 환율리스크 등과 같은 고유의 재무적 리스크들 이외에 화재, 산업재해, 소비자를 포함한 제3자에 대한 책임배상, 그리고 천재지변 등 자연재해로 인한 손실 등의 순리스크(pure risk)에 노출되어 있다. 즉 기업의 규모에 관계없이 여러 형태의 위험한 사고를 일으키는 다양한 리스크 exposure의 포트폴리오에 직면하고 있다고 할 수 있다. 이러한 포트폴리오의 리스크감소는 다양한 리스크를 어떻게 정의하고 리스크 상호간에 어느 정도의 상관관계가 있는지 판단하는데 달려있다.

기업의 리스크관리 입장에서 exposure unit이 서로 분리되어 있는지에 대한 인지는 상관관계의 정도와 관련한 판단의 문제로서 통계적으로 독립적이라고 정의할 수 없다. 따라서 공장과 사무실이 함께 있는 one-plant 기업의 경우 공장의 화재위험과 회사트럭의 충돌사고 가능성과는 아주 낮은 상관관계가 있다고 할 수 있다. 현대, 삼성, GE, GM, Toyota, IBM 등과 같이 많은 공장, 사무실, 매장, 창고 등이 좀 더 분산되어 있는 대기업의 경우, 화재라는 단일위험을 고려해볼 때 exposure unit들이 독립적이 아니라 분리되어 있다고 간주할 수 있다. 그러나 경영전반에 대한 정책, 경제적 환경변화 등이 기업 전반에 미치는 영향을 고려하면 분리된 exposure unit의 손실분포 사이에는 서로 영향을 미치는 상관관계가 있다고 할 수 있다. 그러나 상관계수가 1에 훨씬 못미치는 미약한 관계이기 때문에 상관관계가 있음에도 불구하고 어느 정도의 리스크감소를 달성할 수 있다. 따라서 타당한 리스크관리 비용을 예측하고 적절한 리스크관리 전략을 수립하기 위하여 기업이 직면한 리스크의 포트폴리오에 대한 특성을 파악하는 것이 무엇보다도 중요하다.

포트폴리오 이론의 일반적 원칙들이 일반기업의 리스크관리 문제에 융통될 수 있으나 상대적으로 편리하게 적용되는 보험회사의 보험 포트폴리오의 특성과는 달리 다음과 같은 차이들로 인해 쉽게 적용될 수가 없다. 첫째로, 보험 포트폴리오의 경우 동일한 리스크에 노출된 많은 exposure unit을 pooling하여 포트폴리오 리스크를 현저히 감소시키는 데 반하여, 기업의 경우 exposure unit의 숫자가 작기 때문에 비록 상관관계가 없을지라도 포트폴리오 리스크를 실질적으로 감소시키는 것에는 한계가 있다는 사실, 둘째로 기업이 직면한 많은 리스크들이 통계적으로 상호의존성을 의미하는 공통된 영향력이 있는 요소들, 예를 들면 기업의 전반적 경영전략, 노사관계, 안전에 관한 프로그램 등에 노출되어 있다는 사실, 또한 분리되어 있는 exposure unit이라도 거리의 근접성으로 인해 경우에 따라 대규모 손실을 발생시킬 수 있는 조건이 될 수 있다는 사실, 마지막으로 리스크에 노출된 exposure unit들이 가치와 기대손실이라는 측면에서 광범위한 차이를 보인다는 사실이다. 따라서 리스크관리 측면에서 포트폴리오의 평균손실의 분포보다는 기업의 리스크비용을 결정하고 리스크관리 전략을 수립하는데 중요한 총손실의 분포에 초점을 맞추어야 된다.

상기에서 언급한 차이점들은 결국 분산을 통한 기업의 리스크감소에는 한계가 있음을 의미하는 것이지만 화재라는 리스크에 노출되어 있으나 분산의 정도가 서로 다른 아래의 3개 기업의 예를 통하여 exposure unit 사이에 완전한 상관관계가 없는 한 리스크는 항상 일정 범위까지 감소될 수 있다는 것을 알수 있다. '갑' 기업은 유사한 면적과 내부장식, 그리고 같은 가치를 가진 30개의 피자 레스토랑을 운영하며 화재라는 동질의 위험에 노출되어 있다. 손실분포와 관련한 자료는 다음과 같다(수치의 단위는 백만원).

각 레스토랑의 가치	300
총기업가치	9,000
각 레스토랑의 기대손실/표준편차	1.5/2.5
총기대손실	45
상관계수(γ_{ij})=0	

'을' 기업은 플라스틱 제품을 생산하는 기업으로 화재로 인한 대규모 손실을 제한하기 위해 건물간의 간격을 충분히 가질 수 있는 적당히 넓은 터에 자리 잡고 있다. 각종 건물의 가치와 손실분포와 관련된 자료는 다음과 같으며 건물 간 손실의 상관계수(γ_{ij})는 0.1로 한다.

	가치	기대손실	표준편차
공장	5000	30	50
창고	2000	10	16
판매	1000	3	5
사무실	1000	2	3
총	9000	45	

'병' 기업은 '을' 기업과 마찬가지로 플라스틱 제품을 생산하는 기업이지만 생산관련 기능들이 모두 한 건물에 입주되어 있는 관계로 화재라는 리스크에 노출되어 있는 하나의 exposure unit으로 간주된다. '병' 기업의 가치와 손실분포는 다음과 같다.

기업가치: 9000　　기대손실: 45　　표준편차: 75

화재의 리스크를 감안한 기업가치와 리스크 특성이라는 관점에서 3개의 기업은 서로 비교가 되는데 각 기업은 업종에 관계없이 90억원의 기업가치와 4,500만원의 총기대손실을 나타내고 있다. 단지 각 기업의 총손실분포의 리스크에서 차이를 보이고 있을 뿐이다. 총손실의 표준편차를 구하는 아래의 공식을 활용하여 각 기업의 총손실분포의 리스크를 살펴보면,

$$\sigma(L) = (\sum\sigma_i^2 + \sum\sum\gamma_{ij}\sigma_i\sigma_j)^{\frac{1}{2}}$$

$$\sigma_{갑}(L) = (30(2.5)^2)^{\frac{1}{2}} = 13.693$$

$$\sigma_{을}(L) = [(50)^2 + (16)^2 + (5)^2 + (3)^2 + 2(0.1)(50)(16) + 2(0.1)(50)(5) + 2(0.1)(50)(3) + 2(0.1)(16)(5) + 2(0.1)(16)(3) + 2(0.1)(5)(3)]^{\frac{1}{2}} = 55.305$$

$$\sigma_{병}(L) = 75$$

각 기업의 기대손실은 4,500만원으로 동일하나 변동성(variability)에서는 큰 차이를 보이고 있으며 이러한 변동성의 차이는 기업의 리스크관리 전략수립에 실질적인 영향을 미친다. 한 예로서 리스크관리방법으로 보험을 활용할지의 여부는 손실분포의 변동성의 크기에 달려 있다. 따라서 보험을 가장 필요로 하는 기업은 '병' 기업이고 보험의 필요성이 상대적으로 적은 기업은 '갑' 기업으로 보험 대신에 자가보험(self insurance) 또는 종업원에 대한 안전교육 강화 등 손실통제(loss control)의 방법을 택할 가능성도 있다.

CHAPTER 08

보험의 경제적 개념

앞장에서 리스크에 대하여 한마디로 정의될 수 없으나 일반적으로 손실이나 손실을 발생시키는 사고에 대한 불확실성(uncertainty)으로 정의된다고 하였다. 개인이나 기업의 차원에서 많은 활동들은 리스크를 수반한다. 예를 들면 신차개발을 통한 이익실현의 여부는 실제로 신차가 판매된 뒤에 알 수 있기 때문에 신차개발은 자동차회사 입장에서 리스크를 수반한 의사결정이다. 같은 의사결정도 환경에 따라 리스크의 정도가 다른데 제약회사의 경우 신약개발을 개발하는 것이 이미 개발되어 판매되고 있는 약의 새로운 투여량 크기(dosage size)를 개발하는 것보다 훨씬 리스크가 크다.

불확실성이란 가능한 결과들의 범위에 대한 분산을 의미하는 것으로 리스크가 클수록 잠재적 분산도 크다. 경제적 관점에서 리스크란 이익 대신에 손실과 같이 어떤 결과의 반대되는 결과를 말하는 것이 아니라 미래의 결과를 예측할 수 없는 무능 또는 지식결여로 인한 의심으로서 분명히 불확실성은 리스크에 기인한다고 할 수 있다. 불확실성은 개인이나 기업의 의사결정과정에 상당한 영향을 미치기 때문에 상당히 중요하다. 만약 리스크, 즉 불확실성이 현실적으로 없다면, 의사결정은 아무 어려움 없이 확실하게 가장 많은 대가(payoff)가 주어지는 일련의 행동을 단순하게 선택하는 평범한 것이 된다. 그러나 리스크가 존재한다면, 비록 적은 것보다 많은 대가를 선호한다고 합리적으로 가정한다고 할 경우라도 리스크에 대한 반응이 사람마다 다르기 때문에 의사결정은 복잡하게 된다. 본 장에서는 의사결정에 영향을 미치는 리스크와 리스크의 효과와 관련한 의사결정 규칙과 이러한 규칙이 개인이나 기업의 보험구매에 어떻게 연결이 되는지에 대하여 구체적으로 알아보겠다.

주요용어

기대효용	St. Petersburg Paradox	순보험료
보험수요	효용과 리스크	영업보험료

제1절 의사결정의 법칙

1. 기댓값의 법칙(expected value rule)

리스크 유무에 따른 의사결정의 과정을 살펴보기 위하여 여러분이 지금 투자 가능한 10억원을 가지고 있다고 하자. 그리고 S은행의 PB(private banking)에 근무하는 자산관리자(asset manager)로부터 다음과 같이 2가지의 서로 다른 투자대안을 제시받고 의사결정을 해야 된다고 생각해보자.

투자대안	이익률(%)	확률
A	8	1.0
B	10	1.0

이 경우 합리적인 판단을 내리는 개인이나 기업의 가장 큰 목적은 같은 위험하에서 가장 큰 이익을 가져가거나 같은 이익하에서 가장 적은 위험을 감수하도록 하는 것이기 때문에 여러분은 8%의 수익률을 보장하는 투자대안 A보다 확실하게 2% 많이 투자수익률을 보장하는 투자대안 B를 결정할 것이며 누구도 이의가 없을 것이다. 왜냐하면 두 가지 투자대안 모두 일정기간에 확실하게 이자율을 보장함으로써 투자에 따른 리스크가 전혀 없는 정기예금과 같은 확실한 투자대안이기 때문이다.

다음으로 리스크, 즉 불확실성이 개인의 의사결정에 어떻게 영향을 미치는지 보기 위하여 상기의 2개의 투자대안을 포함하여 5개의 투자대안에 대한 의사결정을 생각해보도록 하자.

투자대안	이익률(%)	확률	이익률(%)	확률	이익률(%)	확률
A	8	1.0				
B	10	1.0				
C	−8	0.25	16	0.50	24	0.25
D	−4	0.25	8	0.50	12	0.25
E	−20	0.10	0	0.60	50	0.30

투자대안 A, B와 달리 투자대안 C, D, E는 수익률이 불확실한 확률분포의 성격을 가지고 있다. 어느 투자대안을 선택할 것인가에 대한 의사결정을 돕기 위하여 우선 객관적인 판단기준인 각각의 투자대안에 대한 평균 또는 기대수익률을 구해보자. 앞장에서 언급하였듯이 확률변수가 가질 수 있는 모든 가능한 경우의 값이 평균적으로 얼마인가에 대한 정보를 제공하는 기댓값(expected value: EV)은 모든 가능한 경우의 값에 그에 상응하는 확률을 곱하여 합산함으로써 구해진다. 기댓값을 구하는 일반화된 공식은 다음과 같다.

$$EV_j = \sum_{i=1}^{n} X_i p_i$$

여기서, EV_j: 대상 j의 기댓값
X_i: 가능한 경우
p_i: 특정한 경우 X_i가 나올 확률

직관적으로 기댓값이란 확률분포에서 나올 수 있는 많은 경우들의 평균값이라는 것을 알 수 있으며 구체적인 예로서 투자대안 C의 기대수익률 $EV_C = (-8) \times (0.25) + (16) \times (0.5) + (24) \times (0.25) = 12\%$로 구해진다. 모든 투자대안의 기대수익률을 구해보면 아래와 같다.

투자대안	수익률(%)
A	8
B	10
C	12
D	6
E	13

단순하게 수익률만을 고려한다면 여러분은 가장 높은 수익률을 기록하는 투자대안 E를 선택하게 된다. 이와 같이 여러 대안 중 가장 높은 기댓값으로 의사결정을 하는 것을 기댓값 법칙이라고 한다. 그러나 여러분은 실질적으로 이 같은 결정에 수긍하지 못하고 많은 사람들이 다른 투자대안인 C 또는 B를 선호하는 것을 볼 수 있다. 또한 여러 다른 결정들이 다른 선호를 보이며 기댓값 법칙에 위배되는 결정을 하는 것을 알 수 있다. 이같이 기댓값 법칙에 따른 예측과 다른 선호를 보이는 것을 비합리적이라고 할 수 없으며 기댓값 법칙이 단지 그러한 선호를 반영하지 못한다고 하겠다. 다시 말해서 일반적으로 개인은 리스크 회피적이지만 기댓값 법칙은 리스크를 반영하지 않기 때문에 개인의 선호도를 정확하게 예측하지 못한

다. 상기의 투자대안의 일부는 불확실성이 존재하고 있기 때문에 투자대안 E가 가장 좋은 투자대안이라고 단정할 수 없다. 즉 불확실성이 존재하기 때문에 기대수익률이 높다고 해서 무조건 채택될 수 없으며, 투자자의 위험감수 정도에 따라서 투자대안이 결정될 수 있기 때문이다.

2. St. Petersburg Paradox

기댓값 법칙이 불확실성하에서의 의사결정에는 효율적이지 못하다는 것을 단적으로 보여주는 예로서 18세기 스위스의 수학자 겸 물리학자이며 한때 러시아의 St. Peterburg의 러시아 아카데미의 교수였던 Daniel Bernoulli는 약 2세기 전에 'St. Peterburg Paradox'라고 알려진 다음과 같은 문제를 제시하였다.

"Consider a game in which one player flips a fair coin. If the coin reveals the head, this player will pay the other player 2 dollars (or ducats or whatever), and the game is over. If the coin lands on the tail, it is tossed again. If the second toss lands the head, the first player pays $(2)^2$ dollars to the second, and the game is over. If the second toss lands the tail, the coin is flipped again. Thus, the game continues until the first head appears, and then the first player pays the second $(2)^n$, where n signifies the number of tosses required to reveal the first head. Since a head will turn up eventually, the second player wants a long preceding run of tails. The problem is: how much will the second player be willing to pay to enter the game? Of course, individuals vary in their responses, but seldom will anyone be willing to pay more than $10 to enter such a game."

이 역설은 동전 던지기를 통해서 앞면(head)이 나오면 사전에 정한 일정한 액수를 지급하는 게임으로서 한 사람이 처음 앞면이 나타날 때까지 정상적으로 동전을 던진다. 따라서 n번째 시행에서 동전의 앞면이 나타나면 그는 $\$2^n$의 상금을 받는 게임이다. 이 역설의 본질은 제시한 게임의 기댓값에 있는데 게임의 상금은 확률변수로서 상금의 확률분포를 살펴보면 다음과 같다.

처음 앞면이 나올 때까지 동전을 던진 횟수(i)	동전 던지기 결과	확률(p_i)	상금(X_i)
1	H	$\frac{1}{2}$	2
2	TH	$\frac{1}{4}$	4
3	THH	$\frac{1}{8}$	8
⋮	⋮	⋮	⋮
n	$[(n-1)T]H$	$\frac{1}{2^n}$	2^n

따라서 게임의 기댓값은 다음과 같다.

$$EV = \sum_{i=1}^{n} X_i p_i = 2\left(\frac{1}{2}\right) + 4\left(\frac{1}{4}\right) + \cdots\cdots + 2^n\left(\frac{1}{2}\right)^n$$
$$= 1 + 1 + 1 + \cdots\cdots = \infty$$

즉 기댓값이 무한대라는 것을 의미하고 결국 이 게임에 참여하면 무한대의 돈을 상금으로 벌 수 있다는 것이다. 실제로 이 게임에 참여하여 무한대의 이익을 가져갈 수 있다면 사람들은 게임을 위해 큰돈을 투자할 것이다. 그러나 사람들은 한 번의 게임을 위해서는 큰돈을 지불하지 않는다. 다만 원하는 만큼 게임을 계속할 수 있고 게임을 끝낼 때 돈을 지불해야 한다면 사람에 따라서 큰돈을 지불하는 사람도 있을 수 있다. 백만 달러를 내고 게임에 참여할 경우 원금을 상회하는 상금을 받아 손실이 나지 않게 하려면 적어도 19번 이상 계속 뒷면(tail)이 나와야 하는데 그럴 가능성은 매우 희박하기 때문이다. 따라서 정상적인 사람은 무한대의 기댓값에도 불구하고 제한적인 투자를 한다는 것을 말해준다. 실제 조사를 해본 결과 이 게임을 위해 대부분의 사람들은 $2이나 $3의 돈을 배팅할 용의가 있으며 가장 높은 배팅액은 $8였고 $10 이상을 지불할 용의가 있는 사람은 거의 없었다.

이상과 같이 St. Peterburg Paradox는 위험한 결과가 내포되어 있는 불확실성을 감안하지 않았기 때문에 개인의 의사결정을 정확하게 예측하지 못했다. 앞에서 언급했던 투자대안의 결정에서 투자수익률이 가장 높은 E(13%) 대신에 B(10%) 또는 C(12%)를 대안으로 선택하는 것은 수익률은 상대적으로 낮지만 확실하게 보장하는 대안이나 상대적으로 리스크가 적은 대안을 선호한다는 것을 의미한다. 다시 말해서 투자대안 E를 택함으로써 얻을 잠재적 수익률 13%가 투자대안 B 또는 C를 대신할 만큼 매력적인 높은 수익률이 아니라는 것이다.

3. 기대효용의 법칙(expected utility rule)

St. Petersburg Paradox의 문제점을 해결하고 리스크를 감안한 불확실성하에서 개인의 의사결정을 보다 정확하게 예측할 수 있는 의사결정방법으로 Daniel Bernoulli는 게임의 결과로 주어지는 상금, 즉 화폐의 가치에 일정한 비중을 부과하는 방법을 제안했는데 이는 후에 수입이나 재산의 효용개념으로 연결된 접근방법이다(부록 1 참조). 효용은 소비자의 행동원리를 분석하는 데 사용되는 가장 기본적인 개념으로서 일반적으로 소비자가 경제재(economic goods)의 사용으로 얻는 주관적인 만족감을 나타내는 지표(index)로 정의된다.[01]

효용함수(utility function)란 재화소비량과 효용의 관계를 함수형태로 나타낸 것으로 특히 리스크 회피적(risk-averse) 효용함수는 다음의 두 가지 가정을 전제로 한다.

첫째, 재산이 증가할수록 만족수준은 증가한다.

둘째, 재산이 한 단위 증가할 때 추가적으로 얻는 만족은 감소한다.

두 가정을 효용함수와 연결하여 표현하면

만약 $W_1 < W_2$일 경우 $$U(W_1) < U(W_2)$$

$$U'(W_1) > U'(W_2)$$

$$U'' < 0$$

여기서 W_i는 재산을, U는 효용함수를, 그리고 U'과 U''은 함수의 1차 미분과 2차 미분을 각각 의미한다.

만약 리스크회피적인 사람이 있는데 현재 그의 재산이 10억원이라고 하자. 그리고 어느 날 길을 가다가 우연히 산 1,000만원짜리 복권이 당첨되었을 첫 번째 가정에 의하면 재산이 증가하였기 때문에 만족은 증가한다. 그러나 만약 100억원대의 위험회피적인 재력가에게 같은 1,000만원짜리 복권당첨은 만족의 증가를 가져오지만 매우 한계적(marginal)일 것이다. 이러한 개념이 바로 두 번째 가정이 의미하는 것으로서 한계효용체감의 법칙(law of diminishing marginal utility)이라고 한다. 이러한 두 가지 가정들을 모두 만족시키는 효용함수의 예가 [그림 8-1]에 나와 있다.

---

01 효용은 측정방법에 따라 측정치의 절대적 가치가 의미를 갖는 기수적 효용(cardinal utility)과 측정치의 절대치는 의미가 없고 단지 그 순서만이 의미를 갖는 서수적 효용(ordinal utility)이 있다.

그림 8-1 ▶▶ 리스크회피적인 사람의 효용곡선

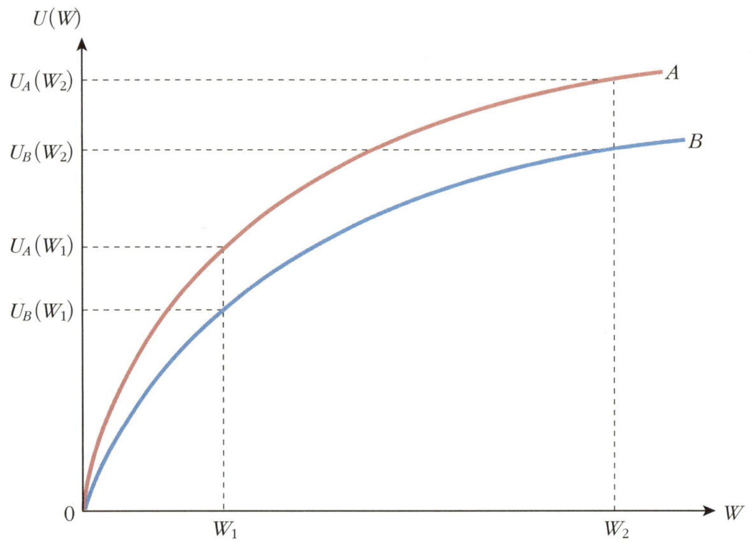

그림에서 A, B 효용함수는 모두 오목한(concave) 모양을 보이고 있다. 이때 효용함수가 어디에 위치(position)하는가보다는 어떠한 모양(shape), 즉 상대적으로 더 또는 덜 오목하느냐 하는 것이 중요한데 이유는 효용함수의 형태가 상대적인 만족의 차이를 보여줌으로써 서로 비교가 가능하기 때문이다. A에 비해서 B의 효용함수의 기울기가 재산이 증가할수록 훨씬 낮아지는 것을 볼 수 있는데 이는 재산이 증가할수록 B의 한계효용이 A에 비해 급속히 줄어듦을 말해주는 것이다. 이러한 특징은 앞으로 다루게 될 리스크에 대한 개인의 태도를 알려주는 결과를 가져온다.

모든 가능한 불확실한 결과들에 대한 기대효용(expected utility: EU)은 각각의 결과에 대한 효용에 그 결과가 나올 가능성, 즉 확률을 곱한 값을 모두 합한 값이다. 기대효용의 법칙은 화폐가치를 효용가치로 대체하여 가장 높은 효용값을 가진 대안을 선택한다는 것으로서 불확실성하에서 개인의 의사결정을 예측하는 데 효과적으로 사용될 수 있다.[02] 기대효용 EU를 구하는 공식은 다음과 같다.

$$EU = \sum_{i=1}^{n} p_i \times U(X_i)$$

---

02 기대효용의 법칙은 John Von Neumann과 Oskar Morgenstern(1944) 두 학자에 의해서 개발되어 리스크가 있는 대안들을 분석하는 데 매우 효율적인 기법으로 증명되었다.

여기서 p_i는 X_i라는 결과가 나올 확률이며 $U(X_i)$는 결과 X_i에 대한 효용을 의미한다.

4. 효용과 리스크

효용과 리스크와의 관계를 살펴보기 위하여 다음과 같은 간단하지만 극명한 게임을 예로 들어보자. 현재 재산총액이 15억원인 위험회피적인 갑에게 이기면 10억원을 상금으로 받고 지면 10억원을 잃어버리는 확률 50:50인 게임을 제시받았다고 하자. 갑에게는 2가지의 선택이 있을 수 있는데, 첫째는 게임을 포기하고 현 상태를 유지하는 것이고, 둘째는 50%의 확률을 가진 게임을 통하여 25억원으로 재산이 증가하든지 5억원으로 감소하는 경우이다. 만약 갑이 위험회피적인 사람으로서 대수함수(logarithmic function)의 효용곡선을 가지고 있을 경우 게임을 할 것인지의 여부를 [그림 8-2]를 통하여 알아보자.

그림 8-2 ▸▸ 게임결과에 따른 갑의 효용

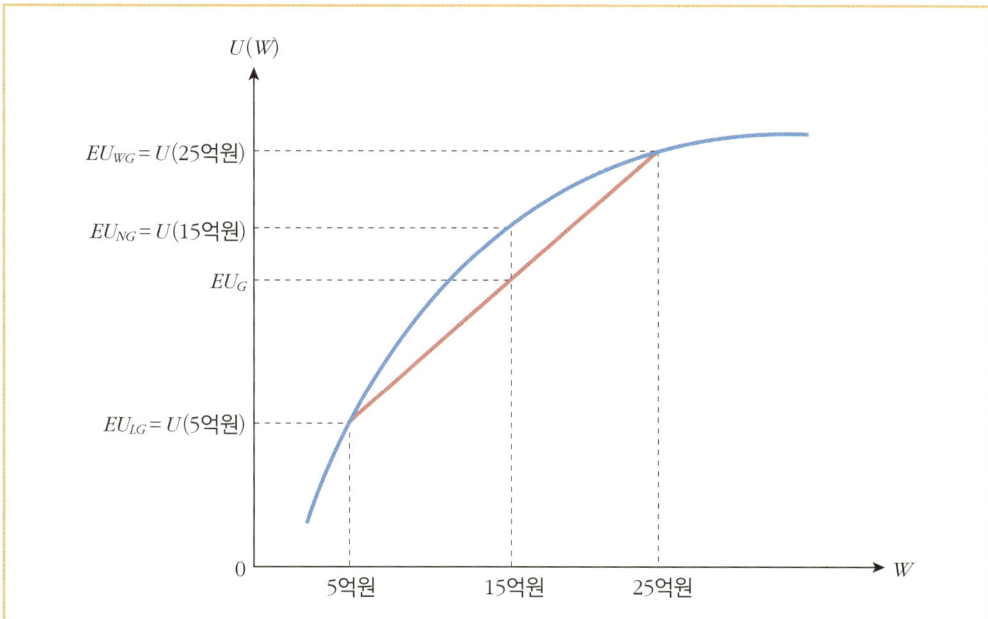

갑이 게임을 포기할 경우 현재의 재산인 15억원을 유지하면서 효용을 나타내는 Y축상에 $EU_{NG} = U(15) = 2.7081$로 표시되어 있다. 게임에서 이겨 현재의 재산이 25억원으로 늘어나는 경우 효용은 $EU_{WG} = U(25)$로서 $U(15)$보다 커지고 게임에서 져 재산이 5억원으로 감소하

는 경우 효용은 $EU_{LG}=U(5)$로서 $U(15)$보다 작아지는데 여기서 주목해야 할 점은 바로 재산의 변화에 따른 효용의 변동폭이다. 위험회피적인 사람의 효용곡선은 재산이 증가할수록 한계효용이 체감하는 특성으로 인하여 편편해지기 때문에 재산의 감소로 인한 효용감소가 같은 액수의 재산의 증가로 인한 효용증가보다 훨씬 크다는 것이다. 즉, $U(-\Delta)\gg U(+\Delta)$. 재산의 증가와 감소에 따른 차별적인 가치평가는 리스크를 내포한 의사결정에 불리한 편견을 가지게 했다.

본래의 게임으로 돌아와 갑이 게임에 졌을 경우 재산은 5억원으로 효용은 $U(5)=1.6094$로 급격히 줄어들면서 효용곡선의 기울기가 가파른 반면에, 이겼을 경우 재산이 25억원으로 효용이 $U(25)=3.2189$로 되면서 효용곡선의 기울기는 매우 편편하다는 것을 [그림 8-2]를 통해 알 수 있다. 게임의 확률이 50%이기 때문에 게임을 했을 경우 기댓값(expected payoff) EV_G와 기대효용 EU_G는 각각 다음과 같다.

$$EV_G=(0.5)(-10)+(0.5)(10)=0$$
$$EU_G=(0.5)U(25)+(0.5)U(5)=2.4142$$

다음으로 갑이 게임을 포기하고 확실하게 현재의 재산을 유지할 경우, 기대효용 EU_{NG}는 현재의 재산 15억원에 대한 효용과 같다.

$$EU_{NG}=(1.0)U(15)=U(15)=2.7081$$

따라서 게임을 포기했을 때의 효용이 게임을 했을 때보다 크기 때문에 기대효용의 법칙에 따라 갑은 게임을 포기하여야 한다. 이 같은 결과는 모든 사람이 게임을 하지 말아야 된다는 것이 아니라 50:50 확률에서는 게임을 하려 하지 않는다는 것을 의미한다. 따라서 이길 확률을 예를 들면 80~90%로 높여 게임의 기대효용을 게임을 안했을 때보다 크게 함으로써 게임을 좀 더 매력적으로 만들면 된다. 기대효용의 법칙이 주는 중요한 점은 오목한 효용함수를 가진 사람은 리스크를 회피하려고 하며 리스크를 회피하기 위하여 자기 재산의 일부를 소위 프리미엄(premium)으로 희생할 용의가 있음을 의미한다. 반면에 볼록한(convex) 효용함수를 가진 사람은 리스크를 통하여 부(+)의 값을 끌어내어 기대효용을 높이는 사람으로서 '리스크 taker' 또는 '리스크 lover'라고 한다.

제2절 보험과 기대효용

재산증식의 가능성을 얻기 위하여 일정한 재산을 희생하여야 하는 도박(gamble)과는 달리 보험증권은 재산손실의 가능성을 피하기 위하여 리스크를 보험회사에 이전시키는 대신 재산상의 일부를 소위 보험료(insurance premium) 이름으로 보험회사에 지불하여야 한다. 다시 말해서 도박은 리스크를 얻기 위해 지불하지만 보험은 리스크를 회피하기 위하여 지불하는 것이다. 앞서 언급된 기대효용의 법칙이 개인의 입장에서 리스크를 회피하기 위하여 보험료를 지불해야 하는 보험에 대한 수요를 알아보는 데 활용될 수 있다.

1. 순보험료(pure premium)와 보험수요

위험회피적인 갑은 총 200억원(W_1)의 재산을 가지고 있는데 그 중 건물이 150억원이며 산불로 인한 화재발생률이 10%이고 화재발생 시 건물은 전소한다고 가정하자. 화재로 인한 재산의 잔존가치는 50억원(W_2)이 되며 건물이 전소할 경우 100% 보상해주는 S보험사에 화재보험을 가입하려고 한다. S보험사는 거래비용 등을 무시하고 화재로 인한 건물의 기대손실을 보험료로 책정하여 부과하고자 한다. 이러한 보험료를 순보험료(pure premium: PP) 또는 계리적으로 적정한 보험료(actuarially fair premium: AFP)라고 부르는데 갑의 순보험료와 기대재산은 다음과 같다.

$$E(L) = (150\text{억원}) \times (0.1) + (0) \times (0.9) = 15\text{억원} = PP \text{ 또는 } AFP$$
$$EV(W) = (50\text{억원}) \times (0.1) + (200\text{억원}) \times (0.9) = 185\text{억원} = \hat{W}$$

한편 갑이 결정할 수 있는 대안은 2개로서 하나는 15억원의 보험료를 지불하고 화재로 인한 어떠한 손실도 이전시키는 것이고 다른 하나는 보험을 들지 않고 화재로 인한 손실을 감수 하는 것이다. 만약 갑이 건물을 화재보험에 가입한다고 결정하였다고 할 때 최종재산은 화재와 관계없이 185억원(화재발생 시: 200억원 − 15억원 − 150억원 + 150억원/ 화재미발생 시: 200억원 − 15억원))이며 화재로 인한 손실을 감수하기로 했을 경우, 최종재산은 200억원 또는 50억원이 되며 각각의 확률은 0.9와 0.1이므로 보험가입 시의 기대효용 EU_{WI}와 보험을 생각지 않을 경우의 기대효용 EU_{WOI}는 다음과 같다.

$$EU_{WI} = (0.1) \times U(185억원) + (0.9) \times U(185억원) = (1.0) \times U(185억원) = U(185억원)$$
$$EU_{WOI} = (0.9) \times U(200억원) + (0.1) \times U(50억원)$$

[그림 8-3]에서 U(50억)과 U(200억)을 잇는 직선 AB는 갑이 화재보험을 들지 않을 경우 두 최종재산의 모든 직선상 조합(linear combination)을 나타내는 선으로 기대효용선(expected utility line)이라고 한다. AB선상의 점 C는 기대효용선과 기대재산이 교차하는 점으로서 보험을 들지 않았을 경우의 기대효용을 나타내는데 이는 기대효용과 기대재산을 구할 때 사용한 비중이 같기 때문에 이런 결과를 얻을 수 있다. [그림 8-3]에서 보듯이 보험가입시의 기대효용인 EU_{WI}가 화재로 인한 손실위험을 감수할 때의 기대효용인 EU_{WOI}보다 크다. 따라서 기대손실로 보험료가 책정된 보험상품의 경우 보험가입 시의 기대효용이 보험을 들지 않았을 때의 기대효용보다 항상 크다.

그림 8-3 ▸▸ 순보험료와 리스크회피적인 사람의 보험수요

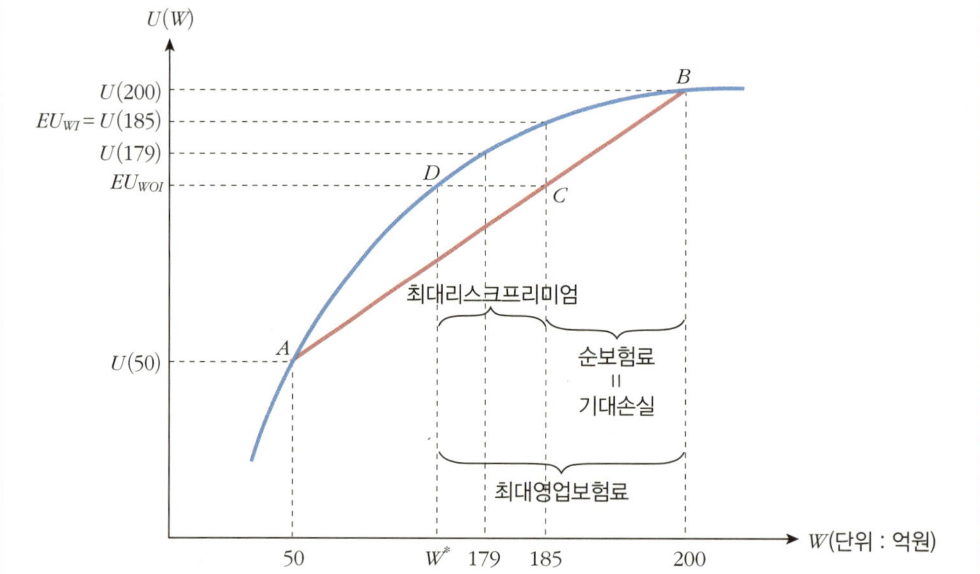

이러한 결과를 Bernoulli원칙(Bernoulli Principle)이라고 하며, 1968년 Mossin이 발표한 논문에서 보험과 관련하여 처음으로 알려졌다.[03] 확률변수 W와 단조오목함수(Strictly concave function) $f(W)$에 대하여 $f(W)$의 기댓값은 W의 기댓값에서 평가된 함수의 값보다 적다. 즉 $E(f(W)) < f(E(W))$라는 Jensen's Inequality에 의해서 일반적으로 Bernoulli원칙은 사실이다. 앞서의 예에서 확률변수 W는 갑의 최종재산으로서 (200억원 − L)인데 이때 L의 값은 확률변수로서 0원(화재미발생 시) 또는 150억원(화재발생 시)이 된다. 정의에 의해서 리스크회피적 효용함수는 단조오목한 형태로서 Jensen's Inequality를 이용하면 다음과 같은 결과를 얻는다.

$$\begin{aligned} E(f(W)) &= EU_{WOI} = E(U(200\text{억원} - L)) \\ &= (0.1) \times U(50\text{억원}) + (0.9) \times U(200\text{억원}) < U(185\text{억원}) \\ &= U(200\text{억원} - ((0.1) \times 150\text{억원} + (0.9) \times 0)) \\ &= U(E(200\text{억원} - L)) \\ &= EU_{WI} = f(E(W)) \end{aligned}$$

보험수요의 보다 현실적인 내용을 다루기 전에 예외적인 경우를 통하여 리스크회피에 대하여 좀 더 알아보고 특히 효용함수와 리스크에 대한 태도 사이의 연관성을 강조하고자 한다. [그림 8-4]에는 [그림 8-3]에서와 같은 표기와 기하학적 도형을 활용하여 재산이 증가할수록 한계효용이 증가하는 개인의 특성을 의미하는 볼록한(convex) 형태의 효용함수일 때(a)와 리스크에 중립적, 즉 회피적이지도 그렇다고 적극적으로 수용하지도 않는 직선의(linear) 효용함수일 때(b) 각각의 EU_{WI}와 EU_{WOI} 위치가 나타나 있다. [그림 8-4(a)]를 보면 볼록한 효용함수를 가진 사람의 리스크에 대한 태도는 지금까지 언급된 오목한 효용함수를 가진 사람의 태도와 다른 행태를 보이는데 점 C로부터 유도된 EU_{WOI} 위치가 점 D로부터 유도된 EU_{WI} 보다 높게 자리하고 있어 비록 순보험료로 책정된 보험상품이라도 구매하지 않는다는 것을 보여주고 있다. 리스크에 중립적인 [그림 8-4(b)]에서는 보험을 통한 리스크이전에 따른 기대효용과 리스크를 감수했을 때의 기대효용이 정확하게 같다. 따라서 리스크중립적인 사람의 경우 불확실성이 있는 경우라도 순전히 대안들의 기댓값에 근거하여 의사결정을 한다는 것을 의미한다.

03 Mossin, J., "Aspects of rational Insurance Purchasing," *Journal of Political Economy* 76(1968), pp.553–68.

그림 8-4 ▸▸ 리스크에 적극적 · 중립적인 사람의 보험수요

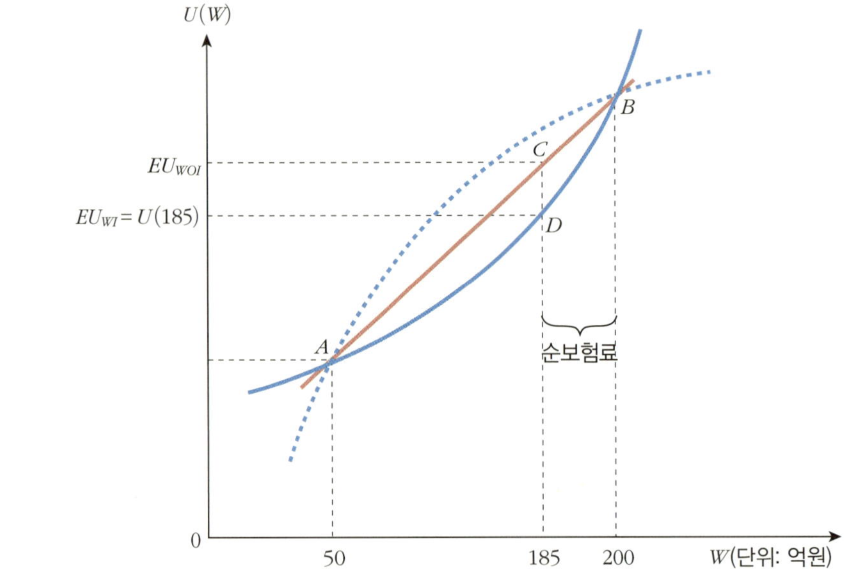

(a) 리스크에 적극적인 사람의 보험수요

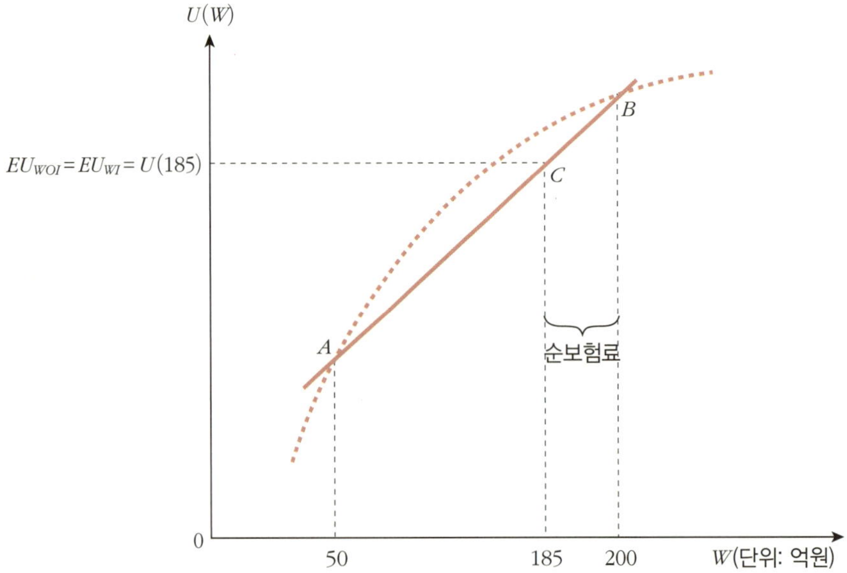

(b) 리스크에 중립적인 사람의 보험수요

2. 영업보험료(gross premium: GP)와 보험수요

지금까지 우리는 보험료가 기대손실과 같은 값을 갖는 순보험료 또는 계리적으로 적정한 보험료로 가정하고 보험구매의 여부를 살펴보았다. 그러나 현실적으로 순보험료로 요율이 결정되어 제공되는 보험상품은 거의 없으며 소비자가 지불하는 보험료는 순보험료에 보험회사를 유지하는 데 필요한 리스크인수비용, 설계사들에 대한 커미션, 보험금지급 및 업무관련 제비용 등의 사업비와 이윤과 세금을 고려한 추가비용(premium loading)이 포함된 영업보험료를 지불하고 보험상품을 구매한다. 따라서 추가비용의 규모가 보험의 수요결정에 어떻게 영향을 미치는지 알아보자.

앞서 언급된 갑의 건물에 대한 화재위험과 관련하여 순보험료의 40%가 추가비용으로 포함된 화재보험상품이 제시되었다고 가정하자. 이 경우 갑이 지불하여야 하는 보험료는 21억원(15억원×1.4)이며 갑의 최종재산은 179억원(200억원 − 21억원; $\hat{W}$)이 된다. 그리고 최종재산에 대한 기대효용은 [그림 8-3]에서 볼 수 있듯이 $EU_{WI} = U(179)$이며 화재발생으로 인한 손실을 화재보험없이 그대로 감수할 때의 기대효용인 EU_{WOI}보다 위에 있다. 따라서 추가비용으로 인한 추가적인 재산의 감소에도 불구하고 갑의 입장에서는 보험을 구매하는 것이 안하는 것보다 효용이 높다는 것을 알 수 있다.

만약 보험회사가 추가비용을 계속 올릴 경우 갑이 지불하여야 하는 보험료는 계속 증가하게 되므로 갑의 최종재산은 줄어들어 기대효용은 계속해서 낮아질 것이다. 갑의 기대효용이 낮아지면서 보험구매를 했을 때와 하지 않았을 때의 기대효용이 같아지는 점이 [그림 8-3] 상에 점 D로 표시되어 있다. 점 D로부터 재산축인 X축으로 선을 그어 내려왔을 때 만나는 점인 W^*가 바로 갑의 입장에서 화재리스크를 보험회사에 이전시키기 위해 지불하여야 할 보험료를 감안하여 감수할 수 있는 최종재산이다. 다시 말해서 재산의 감소를 감수하고 보험을 들었을 때의 효용과 보험을 들지 않고 리스크를 감수했을 때의 효용이 같아질 때의 재산으로서 이 값을 Certainty Monetary Equivalent(CME)라고 한다. 만약 W^*의 값이 160억원이라면 갑이 보험료로서 지불할 용의가 있는 최대액수, 즉 최대영업보험료는 40억원(200억원 − 160억원)이다. 여기서 화재로 인한 손실을 회피하기 위하여 순보험료 이상으로 지불할 용의가 있는 액수를 리스크프리미엄(risk premium: RP)이라고 하며 '갑'의 경우 그 최대리스크프리미엄(maximum risk premium)은 25억원(40억원 − 15억원)이 된다. 이상의 내용을 정리해보면

$$순보험료(PP = E(L)) = W_1 - \hat{W} = 200억원 - 185억원 = 15억원$$

$$최대리스크프리미엄(\text{Max. RP}) = \hat{W} - W^* = 185억원 - 160억원 = 25억원$$

$$최대영업보험료(\text{Max. GP}) = W_1 - W^* = 200억원 - 160억원 = 40억원$$

기대효용분석을 통하여 보험회사의 보험료는 기대손실에 개인의 리스크프리미엄을 합한 금액을 초과해서는 안 된다는 것을 보여주었다. 각 개인의 리스크에 대한 태도는 다르기 때문에 리스크프리미엄 역시 다르며 이는 보험의 수요에 영향을 미친다(부록 2 참조). 또한 리스크프리미엄은 개인의 재산수준의 변화에 따라 달라질 수 있다.

동질의 리스크에 대한 개인의 태도가 효용함수에 따라 어떻게 달라지는지를 살펴보기 위하여 상기에 언급된 '갑'과 동일한 상황에 있으나 단지 효용함수가 다른 '을'이 있다고 하자. 효용함수와 그에 따른 재산의 효용값을 정리해보면 아래와 같다.

재산	$U_{갑} = 2 + 3\ln(W)$	$U_{을} = 10 + \sqrt{W}$
$W_1 = 200$억원	73.15	141431.36
$W_2 = 50$억원	69.00	70720.68

다음으로 '갑'과 '을'의 CME(W^*)는 아래와 같이 구할 수 있다.

$$U_{갑}(W^*) = (0.9) \times (73.76) + (0.1) \times (69.00)$$
$$= 72.74 = 2 + 3\ln(W^*)$$
$$W^*_{갑} = e^{\frac{72.74-2}{3}} = e^{23.58} \fallingdotseq 174억원$$
$$최대영업보험료 = W_1 - W^* = 200억 - 174억 = 26억원$$
$$리스크프리미엄 = \hat{W} - W^* = 185억 - 174억 = 11억원$$

$$U_{을}(W^*) = (0.9) \times (141431.36) + (0.1) \times (70720.68)$$
$$= 134360.29 = 10 + \sqrt{W^*}$$
$$W^*_{을} = (134360.29 - 10)^2 \fallingdotseq 180억원$$
$$최대영업보험료 = W_1 - W^* = 200억 - 180억 = 20억원$$
$$리스크프리미엄 = \hat{W} - W^* = 185억 - 180억 = 5억원$$

계산 결과 '갑'의 리스크프리미엄이 '을'의 것보다 크기 때문에 화재리스크에 대해 '을'보다 더 회피적이며, 따라서 그러한 리스크를 회피하기 위해서 보다 많은 재산의 감소, 즉 더 많은 보험료를 지불할 용의가 있음을 보여주고 있다. 이러한 태도가 동질의 리스크에 대하여 보험을 구매하는 대가로 지불하여야 하는 영업보험료의 차이를 가져오는 것이다. 리스크프리미엄 이외에 개인의 보험수요에 영향을 미치는 다른 요소로는 개인의 수입과 재산, 손실에 대한 정보, 그리고 보상을 위한 보험 이외의 다른 출처 등을 들 수 있다.

개인의 수입과 재산은 적어도 네 가지 이유에서 보험에 가입하는 데 영향을 미친다. 첫째로, 보통 재산이 많으면 많을수록 손실에 노출되어 있는 많은 자산이 있으며 이는 보상을 위해 보다 많은 보험에 가입하여야 된다는 것을 의미한다. 둘째로, 수입이 충분치 못한 사람들의 경우 수입의 대부분을 생필품에 소진하기 때문에 결국 보험에 가입하는 대신 리스크를 감수하는 경향이 있다는 것이다. 셋째로, 리스크회피의 정도는 개인의 재산이 증가할수록 줄어 든다는 것이다. 예를 들어 총재산이 2억원인 사람과 100억원인 사람이 같은 사고에 의하여 1억원의 손실가능성에 직면하였다고 할 때 2억원을 가진 사람이 100억원을 가진 사람에 비해 더욱더 보험에 가입하려고 할 것이다. 마지막으로 배상책임리스크에 직면하게 된 상대적으로 적은 재산을 가진 사람의 경우, 대부분의 법제도는 그들의 현재의 재산 정도를 감안한 파산선고를 가능하게 하여 제한된 배상책임(limited liability)을 인정하고 있다. 예를 들어 전 재산으로 5억원을 가진 '갑'이라는 사람에게 사고로 인하여 100억원을 배상해주어야 하는 리스크가 있는데 확률이 0.005라고 하자. 만약 '갑'이 100억원을 보상해주는 보험에 가입하는 것을 고려할 경우, 다른 비용요소를 감안하지 않은 계리적으로 적정한 보험료는 5,000만원(100억원×0.005)이 되며 보험의 혜택은 보험료를 제외한 '갑' 본인의 재산을 지킬 수 있다. 그러나 보험으로 인한 기대혜택(expected benefit)은 2,500만원(5억원×0.005)으로서'갑'의 입장에서는 2,500만원의 기대손실에 대하여 5,000만원을 지불하여야 되기 때문에 비싼 보험상품으로 인식되어 자발적으로 보험을 회피할 것이다. 따라서 이러한 제도적 특성이 배상책임 보험의 수요를 줄일 수 있다는 것이다. 자동차보험의 경우 무보험에 의한 피해를 줄이기 위하여 하나의 정책보험으로서 운전자들은 의무적으로 기본적인 책임보험에 가입하도록 하고 있으며 미국의 경우도 대부분의 주에서 의무적으로 보험에 가입하게 하는 보험법을 채택하고 있다.

개인이 특정 리스크의 손실분포에 대하여 얼마나 많은 정보를 가지고 있느냐는 보험수요에 영향을 미친다. 특별히 특정한 손실의 가능성을 인지하지 못하는 개인은 강제성을 띄지 않는 한 보험에 가입하지 않을 것이며 일반적으로 보험회사가 평가한 손실규모보다 적은 손실이 발생할 것으로 기대하는 개인의 경우 보험에 대한 수요가 적다고 할 수 있다. 이유는 앞서 언급하였듯이 영업보험료를 구성하는 리스크프리미엄이 개인이 감당할 용의가 있는 액수를 초과하기 때문인 것이다. 반대의 경우도 가능한 것으로 개인이 본인의 기대손실을 과대평가했을 때는 보상을 많이 해주는 보험상품에 대한 가입을 좀 더 고려할 것이다. 여기서 중요한 것은 보험회사와 잠재적 보험가입자 사이에 리스크의 기대손실에 대한 정보를 정확하게 서로 공유한다면 문제가 없으나 현실적으로 보험회사가 잠재적 보험가입자보다 정보가 부족한 비대칭의 현상으로 역선택(adverse selection)의 문제가 발생하고 있다. 이 주제는 다음 장에서 좀 더 자세히 다룰 것이다.

마지막으로 보험 이외에도 손실을 보상받을 수 있는 방법이 있는 경우 보험에 의한 보상범위의 결정에 영향을 미친다고 할 수 있다. 예를 들어 장마로 인한 피해상습지역에 살고 있는 사람들은 정부 또는 지방자치단체의 긴급복구지원이나 대한적십자사와 같은 구호기구나 시민단체의 지원을 기대할 수도 있다. 이때 이러한 지원금은 일종의 보험역할을 함으로써 사람들은 실제적으로 보상범위가 적은 보험에 가입할 수도 있는 것이다.

제3절 기업의 보험수요

앞의 절들에서는 리스크회피적인 개인의 경우 리스크를 제3자에 이전시키기 위해 기대손실 이상의 대가를 리스크프리미엄으로 지불할 용의가 있음을 분석해보았다. 본 절에서는 같은 맥락으로 기대손실에 기초한 계리적으로 적정한 보험요율로 보험에 가입하기가 거의 불가능한 현실 속에서 왜 기업들이 보험에 가입하는지에 대하여 알아보겠다.

1. 주주들의 분산투자

제4장(Pooling 협약과 리스크분산)에서 보험회사가 분산을 통하여 어떻게 리스크회피적인 개인에게 적은 비용으로 리스크를 감소시키는지에 대하여 설명하였다. 주식시장 역시 개인들이 위험을 분산시키는 하나의 제도라고 할 수 있다.

주식시장에서 리스크를 어떻게 분산시키는지 보기 위해 한 가지 예로서 갑이라는 사람이 자신의 개인 사업체인 서강회사를 운영하고자 할 때에 부담해야 하는 리스크에 대해 알아보자. 사업을 운영하기 위한 자금으로 필요한 100억원을 갑이 보유하고 있을 경우 문제는 갑이 사업을 잘 운영하여 큰 이익을 낼 수도 있지만 반대로 그의 전 재산을 잃을 수도 있다는 것이다. 구체적으로 간단한 다음 상황을 가정해보자. 연말에 서강회사의 가치가 150억원으로 될 확률이 95%이고, 화재에 의한 시설파괴로 인하여 서강회사의 가치가 0원이 될 확률이 5%라고 하자.

사업초기자금 100억원을 마련하는 여러 대안 중의 하나는 갑이 투자자들에게 주식을 발행하여 마련하는 것이다. 주식을 발행하면 많은 개인투자자들이 소액을 기여하게 됨으로써 사업초기 비용을 충당할 수 있다. 또한 갑 자신도 새로운 사업에 자신의 재산 일부를 기여할 수 있다. 예를 들어 갑을 포함한 20명의 투자자들이 각각 5억원씩을 기여했을 경우, 사업을 시작하는데 충분한 자금이 조성된다. 수익이 생기면 갑을 포함한 모든 투자자들은 회사 수익의 $\frac{1}{20}$씩 나누어 분할된다. 하지만 무엇보다도 주식을 발행해서 얻는 혜택은 갑이 사업과 관련된 리스크를 나머지 19명과 나누어 분담한다는 것이다. 만약 화재로 인한 시설 파괴로 사업에 실패해서 서강회사가 없어진다 해도 갑을 포함한 20명이 모든 손실을 나누어 가진다.

주식을 발행함으로써 갑은 혼자 사업을 시작할 때의 필요자금인 100억원 중에서 5억원만큼만 부담하게 되었으므로 나머지 95억원의 잉여자금이 생기게 되는데 이를 다른 회사에 투자함으로써 오직 서강회사에 모든 재산을 투자하는 데 따르는 갑의 리스크를 줄일 수 있게 된다. 이러한 상황을 설명하기 위해 서강회사와 같이 초기투자금액이 100억원인 20개의 새로운 회사들이 있다고 가정하자. 또한 이들은 서강회사와 동일한 성공확률을 가지며, 각 회사의 영업활동의 결과는 서로 독립적이라고 하자.

만약 갑을 포함한 다른 기업인들이 20개의 회사에 각각 5억원씩 투자하였다면, 각 기업인은 각 회사주식의 $\frac{1}{20}$만큼을 소유하고 있는 것이다. 이것은 본질적으로 각 기업인이 각 회사의 이익과 손실에 대하여 균등하게 분담하는 pooling 협약을 맺은 것이다. 따라서 이러한 pooling 협약은 각 손실이 독립적이라고 가정했기 때문에 가능한 것이며, 갑을 포함한 각 기업인들은 독자적으로 사업을 운영할 때와 비교하여 $\frac{1}{20}$로 리스크를 줄일 수 있는 것이다. 이는 주식시장이 사업리스크들을 pooling하여 투자자들에게 분산하고 각 투자자는 각 회사의 리스크의 작은 일부분만을 감수하는 것을 보여주는 예이다. 다시 말해서, 보험회사가 특정 타입의 리스크들을 pooling하여 보험가입자 전체에 분산하는 것처럼, 각 개인기업의 손실리스크를 자본시장을 통하여 분산함으로써 결국 자본시장이 손실을 보장해주는 결과가 되는 것이다. 기업이 보험에 가입하는 것과 주주의 분산투자는 모두 주주들을 위하여 순리스크(pure risk)를 분산하기 위한 대안적인 장치들로서 순리스크의 발생으로 인한 주주들의 수익변동성, 즉 리스크를 줄이려는 장치들인 것이다. 상기의 예에서 보듯이 일반적으로 주주들은 이미 포트폴리오 구성으로 리스크를 분산하였기 때문에 자금흐름의 변동성을 줄이려는 보험구매 등 어떠한 기업활동도 필연적으로 주주의 리스크를 줄여주는 것은 아니다.

개인이 포트폴리오를 구성하여 분산하는 것과 기업이 보험에 가입하는 것은 주주의 리스크를 줄이려는 차원에서 밀접한 대체관계에 있다고 할 수 있다. 따라서 어떤 대안이 더 낮은 기대비용을 유발할 것인지를 따져봐야 한다. 주식시장을 통해 분산투자하는 비용은 주주가 분산된 포트폴리오를 구성하는 데 드는 비용이다. 개인의 경우 전형적으로 뮤추얼 펀드에 가입하는 비용은 하나의 주식을 사는 데 들어가는 거래비용보다 높지 않다. 다시 말해서, 분산된 포트폴리오를 보유하는 데 들어가는 한계비용은 0에 가깝다고 할 수 있다.

보험에 가입하기 위해서는 보험상품에 따라 차이가 있지만은 통상적으로 보험료의 10~50%를 차지하는 보험회사의 사업비와 자본비용 등을 포함한 프리미엄을 지불하여야 하기 때문에 기대손실에 기초한 계리적으로 적정한 보험료율로 책정된 보험상품에 가입하기란 현실적으로 거의 불가능하다고 할 수 있다.

2. 기업이 보험을 필요로 하는 이유

앞에서 언급하였듯이 주주의 입장에서 이미 포트폴리오를 구성하여 리스크를 분산하였음에도 불구하고 기대손실 이상으로 리스크프리미엄을 지불하는 보험에 왜 가입하려는 것인가 하는 질문이 생기게 된다. 현대적 재무이론(modern finance theory)에서는 기업을 이익을 추구하기 위한 재화 또는 용역을 생산하는 것을 목적으로 이해를 같이 하는 당사자들이 모인 법인체(legal mechanism)로 정의하고 있다.[04]

회사의 잔존가치는 통상적으로 전문경영인을 고용하여 회사의 운영을 맡기는 주주의 몫이다. 일반적으로 개인은 리스크회피적이므로 회사의 소유자 입장에서 회사의 리스크를 줄이려고 하는 전문경영인을 원하는 것이 합리적일지도 모른다. 그러나 그렇지 않다는 것은 기업재무관련 논문들에 잘 나타나있는데 일련의 가정들(assumptions)하에서 결국 투자자들은

04 좀 더 자세한 내용은 Jensen, M. C. and Meckling, W. H., "Theory of the Firm: Managerial Behavior, Agency Costs and Ownership Structure," *Journal of Financial Economics* 3, 1976, pp.305-60을 참조

자본시장에서 분산시킬 수 없는 리스크, 소위 체계적 리스크(systematic risk)에만 높은 수익을 요구한다는 것이다.

자본자산가격결정모형(capital asset pricing model: CAPM)에 의하면 체계적 리스크 β는 시장포트폴리오의 변화에 따른 개별회사의 주식가격의 민감도, 즉 시장포트폴리오와 개별주식의 공분산의 크기인 것이다. 따라서 주주의 입장에서는 이미 자본시장을 통하여 포트폴리오를 구성하여 분산하였기 때문에 개별기업의 수익변동성에는 관심이 없다고 하겠다. 결과적으로 기업의 소유자는 리스크가 있는 상황은 인식하지만 리스크회피적인 개인과는 달리 리스크중립적인(risk-neutral) 입장에서 기댓값의 법칙에 의해 의사결정을 하는 전문경영인을 원한다고 할 수 있다.[05]

따라서 리스크중립적인 효용함수는 리스크회피적인 개인의 효용함수와는 달리 재산이 한 단위 증가할 때 추가적으로 얻는 만족이 감소하는 것이 아니라 일정하다고 가정하고 있다. 이것을 효용함수와 연결하여 표현하면 다음과 같다.

$$\text{만약 } W_1 < W_2 \text{일 경우} \qquad U(W_1) < U(W_2)$$
$$U'(W_1) = U'(W_2)$$

따라서 리스크중립적일 경우 리스크가 있는 상황은 인식하지만 의사결정과정의 자체를 변화시키지 않는다는 것을 의미하며 결과적으로 리스크프리미엄을 지불하지 않는다는 것이다. 이러한 특성을 내포한 리스크중립적인 효용함수의 예가 앞서 언급된 [그림 8-4(b)]에 나와 있으며 효용함수가 곡선이 아닌 직선으로 표현된 점이 이러한 특성을 잘 보여주고 있다.

주식시장에 투자하는 특정 개인이 감당해야 하는 리스크는 각 주식에 투자한 개인의 재산이 얼마나 되느냐에 달려 있다. 만약 앞절에서 언급한 갑과 같은 개인기업의 소유자가 서강기업에 전 재산(100억원)을 투자했을 경우 심각한 리스크를 감당하여야만 한다. 반면에 재산의 일부(5억원)만 투자하고 나머지(95억원)를 다른 사업에 투자했을 경우 그의 재산은 여러 회사에 나뉘어져 분산된 포트폴리오를 구성함으로써 기대수익의 희생이 없이 리스크를 줄일 수 있는 것이다. 재무이론에서는 소유권이 폭넓게 분산된 대기업이 자본시장에서 기업특유의(firm-specific) 리스크를 효율적으로 제거할 수 있다고 제안한다.

개인기업의 경우 자본시장에서 효율적으로 리스크를 분산하기란 쉽지 않다. 만약 개인기

---

05 좀 더 자세한 내용은 Markowitz, H. M., "Portfolio Selection," *Journal of Finance* 7, 1952, pp.77-91을 참조하기 바람.

업의 소유자가 리스크를 효율적으로 분산하지 못했다면, 보험에 가입함으로써 리스크를 줄일 수 있다. 리스크회피적인 개인에게 보험구매가 유익하듯이 분산된 포트폴리오를 가지지 못한 리스크회피적인 개인기업의 소유자에게도 보험은 유익하다고 하겠다. 실증분석에서도 공개된 기업에 비해 개인소유의 기업이 보험을 더 많이 구매한다는 것을 보여주고 있다.[06] 한 사람 또는 몇 사람이 소유한 개인기업의 경우 보험에 가입하여 리스크를 보험회사로 이전시키는 것이 효과적인 방법이며 리스크를 인수한 보험회사는 pooling기법 내지는 자본시장에 직접 접근함으로써 분산할 수 있다. 특별히 자본시장이 발달하지 못한 국가에서는 보험이 리스크를 분산하기 위한 좀 더 효율적인 수단이 될 수 있다.

앞서 설명하였듯이 현금흐름의 변동성을 줄이기 위한 보험구매와 같은 기업의 활동은 이미 포트폴리오를 구성하여 리스크를 분산한 주주들의 리스크를 줄여주지 않는다. 그럼에도 불구하고 기업의 보험구매가 기업의 기대현금흐름을 증가시켜 기업의 가치를 높임으로써 간접적으로 주주들의 부를 증가시키는 혜택을 주는 것이다. 지금부터 기업이 보험에 가입함으로써 기업의 기대현금흐름에 어떻게 작용하는지 알아보겠다.

1) 손실과 관련된 서비스효율성 제공

보험은 단순히 손실보상만을 제공하는 것이 아니다. 보험계약 시 지불하는 리스크프리미엄에는 기업이 만약 보험에 가입하지 않았을 경우 스스로 부담해야 하는 보상절차나 손실통제에 필요한 경비를 포함하고 있다. 기업이 지불한 리스크프리미엄이 기업 스스로가 그에 상응하는 서비스를 제공받고 지불하는 비용보다 저렴할 경우 보험을 구매한 주주들의 입장에서는 분산투자를 해놓은 상태에서도 혜택을 얻게 되는 것이다. 예를 들어 일부국가의 제3자 배상책임보험(Liability Insurance)은 보험계약자가 소송에 휘말릴 경우 법적 소송에 필요한 서비스를 제공해줄 뿐만 아니라 좀 더 효율적인 배상관리를 제공해주기도 한다. 이 경우 기업은 주주들의 리스크를 줄이기 위해서 보험을 구입하는 것이 아니라 가장 저렴한 비용으로 보상절차와 손실통제의 서비스를 제공받기 위해 구입하는 것이다.

리스크관리에 관한 서비스 역시 일부 상업보험에서 제공되는데 언더라이팅(underwriting) 단계에서 기업의 잠재적 손실측정과 손실통제에 관한 조언을 위해 검사(inspection)가

---

06 Mayer, D. and C. W. Smith, "On the Corporate Demand for Insurance," *Journal of Business* 52 , 1982, pp.281–96와 "On the Corporate Demand for Insurance: Evidence form the Reinsurance Market," *Journal of Business* 63, 1990, pp.19–40을 참조하기 바람.

행해진다. 보험회사는 보험계약이 성립된 이후 적어도 손실의 리스크가 일부라도 있기 때문에 손실을 줄이고 방지하는 데 직접적이고 강력한 경제적 유인이 있다. 따라서 기업이 리스크관리에 관한 서비스를 받고자 하는 이유가 여기에 있는 것이다.

2) 재무적 손실의 기대비용감소

기업의 입장에서 리스크를 줄이는 것에 실패했다는 것은 막대한 손실을 초래할 가능성이 높아졌다는 것을 의미한다. 예를 들어 한 건물에 가구를 생산하는 데 필요한 모든 공정이 들어가 있는 기업체가 있는데 화재의 리스크에 노출되어 있어 한 번 화재가 발생할 경우 생산에 필요한 모든 시설이 파괴될 수도 있다고 하자. 이럴 경우 화재로 인한 손실을 만회하고 복구하기 위하여 내부자금(internal funds)을 동원하든지, 내부자금이 충분치 않을 경우 새로운 주식이나 채권을 발행하는 직접금융 또는 은행이나 개인으로부터 차입하는 간접금융을 통하여 필요한 자금을 확보하는 수단이 있다.

화재발생 전에 기업의 대차대조표와 잠재적 수익성에 근거하여 6%의 이자율로 필요자금을 조달할 수 있었다고 할 때 화재발생 후에도 6%로 자금조달을 하기란 거의 불가능하다고 할 수 있다. 그리고 새로운 증권을 발행하여 필요자금을 확보하려고 할 경우에도 발행주관사에 지급할 비용, 법적 · 규정적 절차에 필요한 비용, 그리고 저평가되어 증권판매가 이루어질 경우의 추가비용 등 막대한 비용이 수반된다. 따라서 기업의 입장에서 화재발생 후에 새로운 자금을 조달하여 손실을 보상하느냐 또는 손실 전에 화재보험에 가입하느냐를 결정하여야 한다. 이러한 결정을 위해서 새로운 자금을 조달하는 데 필요한 기대비용과 화재보험의 리스크프리미엄을 서로 비교하여 비용유발이 적은 대안을 선택하여야 하는데, 재무적 손실에 대비할 내부기금을 충분히 준비하지 못한 회사는 막대한 비용을 유발하는 외부로부터의 자금조달보다는 보험을 구입하는 것이 상대적으로 기업의 미래의 기대현금흐름을 증가시키는 결과를 가져온다.

3) 신규투자를 위한 필요자금조달의 가능성 감소

앞서의 예에서 가구생산업체가 비록 화재로 인한 막대한 손실을 감당할 수 있는 충분한 내부자금을 확보하고 있다고 하더라도 내부자금을 손실보상에 사용하는 것은 또 다른 기회비용을 유발할 수도 있다. 만약 화재리스크를 보험에 가입하지 않고 화재로 인한 손실을 내부자금으로 충당하였을 경우, 새로운 투자에 필요한 내부자금이 부족하게 되는 상황에 직면하게 된다는 것이다. 따라서 새로운 투자를 시행하기 위해서 필요한 자금을 조달하기 위하여 높은 이자를 지급하는 외부자금이나 높은 비용을 유발하는 증권을 발행하여야 한다. 이럴 경우 높은 금융비용으로 인하여 새로운 투자의 가치가 하락하게 되며 최악의 경우 기업의 가치를 증가시킬 수 있었던 정(+)의 순현가(Net Present Value: NPV)를 가진 바람직한 투자를 포기하여야하는 상황까지도 초래할 수 있다.

결론적으로 가구생산업체가 화재보험에 가입함으로써 추가자금을 마련하기 위한 금융비용을 절약할 수 있을 뿐만 아니라, 정(+)의 NPV를 가진 투자를 채택하는 개선된 결정을 내림으로써 궁극적으로 기업의 기대현금흐름을 증가시키는 결과를 가져온다고 하겠다.

4) 재정적 어려움(financial distress)이 발생할 가능성 감소

기업이 손실이 발생하여 채권자들에게 지급할 충분한 자금을 보유하고 있지 않으면 은행이나 투자자들이 신규자금을 제공하기 꺼려함으로써 파산으로 이어진다. 이렇게 될 경우 기업은 법적으로 채무를 재조정하는 구조조정에 들어가게 되거나 잔존가치를 채권자에게 배분하는 청산절차를 밟게 된다. 기업의 재무적 의무를 수행하는 데 어려움이 있는 파산 직전의 재무적 위험 역시 기업의 파산가능성이 상대적으로 높다고 할 수 있으나 항상 파산으로 연결되는 것은 아니다.

파산과 파산직전의 재무적 위험은 종업원, 채권자, 부품공급업자, 소비자 등 기업과 이해관계가 있는 당사자들에게 비용을 유발시킨다. 구조조정과정이나 청산과정 모두 변호사나 회계사들 그리고 컨설턴트들이 관여하게 됨으로써 막대한 직접적 비용을 유발하게 된다. 또한 소비자들의 외면으로 급감된 매출로 인한 수익감소, 채권자들에 대한 이자 및 원금 미지급에 따른 비용증가 등 다양한 간접비용도 유발된다. 이러한 모든 비용은 결국 기업의 가치를 감소시키게 되며 그 피해는 고스란히 기업의 이해당사자들에게 돌아가게 되는 것이다. 따라서 이해당사자들은 계약을 할 때 기업의 재무적 위험을 계약내용에 반영하게 되는 것이다. 기업이 보험을 구매함으로써 이러한 파산발생확률을 낮추는 조치들을 취하면 이해당사자들과의 계약조건이 개선되고 파산과 관련된 비용도 줄일 수 있게 된다. 이것은 결국 기업의 미래 기대현금흐름을 증가시킴으로써 기업의 가치를 높이게 되어 궁극적으로 주주에게 혜택이 돌아가는 것이다.

5) 투자에 대한 정상적인 의사결정을 유도

앞에서 예로 든 가구생산업체가 화재로 인한 막대한 손실이 발생하여 재무적 위험에 직면했지만 실제로 파산하는 최악의 상태가 아닌 상황(financial distress prior to bankruptcy)을 가정해보자. 기업의 이해당사자들인 채권자, 종업원, 소비자, 그리고 공급업자 등이 제시하는 요구들의 일반적인 특징은 기업에 유입되는 자금은 주주에 앞서 본인들에게 우선 먼저 지급되어야 한다는 것이다. 이러한 주장은 주주들이 투자결정을 할 때 두 가지 측면에서 잘못된 결정을 유도할 수 있다.

첫째로, 주주의 입장에서 때때로 정(+)의 NPV값을 가진 좋은 투자계획을 채택하지 않는 유인을 가지게 된다는 것이다. 왜냐하면 투자로부터 얻게 될 수익이 주주에 앞서 우선 다른 이해당사자들에게 돌아가기 때문이다. 예로서 가구생산업체가 화재로 생산시설이 전소되어 대체시설을 마련하지 않는 한 화재 이전의 차입자금에 대한 상환이 불가능하게 되었다고 하자. 이때 주주들은 대체시설에 대한 투자의 수익이 비용 대비 적을 경우 투자를 꺼려할 것이다. 왜냐하면 대체시설의 투자에 따른 수익이 모두 대주(貸主)에게 돌아가기 때문이다. 즉 대체시설이 대주들을 구제한 결과가 되는 것이다. 이러한 투자결정을 소극적 투자의 문제(underinvestment problem)라고 한다.

만약 가구생산업체가 화재보험에 가입했더라면 화재로 인한 손실을 보상받아 가구생산에 필요한 시설을 대체할 수 있을 것이다. 이렇게 함으로써 대주들의 걱정을 덜어주어 기업은 낮은 이자율로 자금을 빌릴 수 있게 된다. 반대로 화재에 대한 보험에 가입하지 않았을 경우, 대주들은 화재로 인한 손실이 가져올 재무적 위험과 주주들의 소극적 투자를 감안하여 높은 이자율을 적용하여 자금을 빌려줄 것이다. 결국 보험에 가입하지 않은 비용은 상대적으로 높은 이자율로 반영되어 주주의 부담으로 되어버린 것이다.

둘째로, 주주의 입장에서 높은 리스크를 수반하는 부(−) NPV값을 가진 바람직하지 못한 투자계획을 선택하는 유인을 가지게 된다는 것이다. 직관적으로 가구생산업체가 화재로 인한 막대한 손실로 파산 직전에 직면해 있다고 해보자. 주주의 입장에서는 높은 리스크를 수반한 투자의 결과가 나쁘더라도 잃을 것이 거의 없다고 생각하고 만약 결과가 좋으면 수익의 일부가 돌아올 것이기 때문에 '못 먹는 감 찔러나 본다'는 심정으로 투자결정을 할 수도 있다는 것이다. 이러한 투자결정을 적극적 투자의 문제(overinvestment problem)라고 한다. 투자자의 입장에서는 가구생산업체의 주주의 그러한 투자결정가능성까지도 감안하여 회사의 채권가격을 산정할 것이다.

가구회사의 입장에서는 화재보험에 가입하여 재무적 위험의 가능성을 줄임으로써 주주들의 무모한 투자결정의 가능성을 줄였다고 하겠다. 따라서 투자자들로 하여금 회사의 채권가격을 높게 평가함으로써 기업의 기대현금흐름을 증가시켜 기업의 가치를 높이게 되어 궁극적으로 주주에게 혜택이 돌아가는 것이다.

그 밖에 기업이 보험상품을 구매하는 이유로는 상대적으로 규제가 심한 산업에 속하는 기업들이 규제당국에 자신들이 예측한 기대손실을 설득하는 것보다는 손실분포의 예측에 전문성을 가진 보험회사의 상품에 가입하는 것이 쉽기 때문이다.[07] 또한 많은 국가에서는 고용보험(Unemployment Insurance), 산업재해보험(Worker's Compensation), 자동차보험(Auto Insurance) 등 특정 분야의 보험에 대하여 개인이나 기업이 법적으로 가입을 의무화한 정책보험으로 운영하고 있기 때문이다.

제4절 리스크관리와 주주의 부

앞절에서 언급하였듯이 보험구매를 통해서 현금흐름의 변동성을 줄이려는 기업의 활동, 즉 리스크관리가 반드시 그 기업의 주식을 보유하고 있는 주주들의 리스크를 줄여주는 것은 아니다. 왜냐하면 주주들은 잘 분산된 포트폴리오를 구성함에 따라 리스크를 이미 분산시켰을 수도 있기 때문이다. 그럼에도 불구하고 기업의 보험구매는 간접적으로 기업의 미래 현금흐름을 증가시키는 효과를 가져와 주주에게 혜택이 돌아간다. 그리고 앞 절에서 현금흐름의 증가효과를 간단하면서도 직관적으로 설명했는데 다시 정리하면 [표 8-1]과 같다.

보험구매로 인한 기업의 다양한 이점들(advantages)은 부보된 손실 이외에 주주들이나 다른 이해당사자들이 초래하는 추가비용의 발생 가능성을 감소시킨 결과에서 비롯된 것이다. 한 예로서 보험으로 인해 고비용의 외부자금조달 가능성이 줄어듦과 동시에 재정이 어려울 때 기업의 이해당사자들에 의한 추가비용 요구의 가능성도 줄어든다. 따라서 보험구매의 이점들은 부보되는 손실 이외의 비용발생 가능성이 감소함에 따라 나타나는 것이다. 이러한 측면에서 보험구매는 간접손실로 인한 기대비용을 감소시켜주기 때문에 하나의 손실통

07 좀 더 자세한 내용은 Myers, S. C., "The Application of Finance Theory to Public Utility Rate Cases," *Bell Journal of Economics* 6, 1972, pp.333-64.

| 표 8-1 | 보험구매가 미래현금흐름에 미치는 주요 영향

보험구매의 효과	미래현금흐름에 미치는 영향
부가보험료[08]의 지불	감소
보험사 제공의 서비스비용 감소	증가
신규자금 조달가능성 감소	증가
재정적 어려움 발생가능성 감소	증가
절세로 인한 세금감소	증가

제의 수단으로 간주될 수 있다.

지금부터 보험구매가 미래현금흐름에 미치는 영향을 가능한 간단하면서도 명확하게 보여주기 위해 각각의 효과마다 예를 통하여 구체적으로 설명하겠는데 현실적으로 보험구매를 하는 실무차원에서는 상호 배타적이 아니라 잠재적으로 연관시켜 부보의 규모를 결정한다.

1. 부가보험료

지금부터 보험구매 시 지급하는 보험료가 기업의 주가에 어떻게 영향을 미치는 가에 대해서 알아보겠다. 예를 들어, 앞으로 1년간의 영업활동기간에 배상책임소송에 휘말려 주당(per share of common stock) 300원의 손실이 발생할 수 있는 가능성이 10%인 서강기업의 연말 주당 기대순현금흐름이 1,000원이며 자본의 기회비용이 13.5%라고 할 때 기대연말현금흐름은 970원이 되고 현재의 주당가격은 854.63원이 된다.[09] 이 경우 세금은 없으며 1년간의 제한적 영업활동과 풍부한 현금흐름 때문에 배상책임으로 인한 외부자금의 차입을 고려하지 않아도 되며 또한 보험가입 시 배상에 따른 손실만을 보상한다고 가정한다.

1) 순보험료로 보험가입

주당 300원의 배상책임에 따른 손실을 보상하기 위해 연말에 30원의 보험료를 지불한다고 가정하자. 보험료 30원은 배상책임으로 인한 기대손실과 같기 때문에 부가보험료가 포함

08 리스크만을 감안하여 산정된 순보험료 이외에 보험회사를 유지하는 데 필요한 리스크인수비용, 설계사들에 대한 커미션 등 사업비와 이윤과 세금을 고려한 추가비용(premium loading)으로서 리스크 프리미엄이라고도 한다.

09 '제2장 제3절 1. 기업의 가치' 참조

되지 않은 순보험료이며 서강기업의 기대현금흐름은 아래의 표와 같다.

| 표 8-2 | 순보험료로 보험가입 시 주당 현금흐름의 확률분포

배상책임소송	확률	연말현금흐름
무	0.9	1,000−30=970
유	0.1	1,000−30−300+300=970

이 경우 보험가입으로 보험료가 지불되었음에도 불구하고 서강기업의 기대현금은 970원(0.9×970원+0.1×970원)으로 어떠한 경우라도 변함이 없을 뿐만 아니라 서강기업의 현금흐름의 예측가능성을 높이면서 주당가격에도 변화가 없다는 것을 알 수 있다.[10]

2) 영업보험료로 보험가입

일반적으로 보험구매 시 지불하는 영업보험료는 관리 및 자본비용을 포함하기 때문에 기대손실, 즉 순보험료를 초과하게 되는데 이 초과금액이 부가보험료가 된다. 만약 기대손실의 40%가 부가보험료라고 할 때 서강기업이 지불하여야 되는 보험료는 42원(30원×1.4)이 되고 서강기업의 기대현금흐름은 아래의 표와 같다.

| 표 8-3 | 영업보험료로 보험가입 시 주당 현금흐름의 확률분포

배상책임소송	확률	연말현금흐름
무	0.9	1,000−42=958
유	0.1	1,000−42−300+300=958

이 경우도 마찬가지로 배상책임소송이 있을 때나 없을 때나 서강기업의 기대현금흐름은 958원(0.9×958원+0.1×958원)으로 순보험료로 보험에 가입한 경우와 비교해볼 때 기대현금흐름이 12원의 부가보험료로 인해 감소(958원 vs. 970원)했다는 것을 알 수 있다. 따라서 주당가치는 844.1원(958원/1.135)이 되고 이 또한 배상책임에 대한 보험이 없는 경우의 주당가격(854.6원)보다 10.5원이 낮다. 그 이유는 바로 부가보험료의 현가(12원/1.135)에

10 이 경우 주주들은 포트폴리오를 구성하여 개별기업의 현금흐름에 대한 변동성을 분산하였기 때문에 서강기업의 자본의 기회비용, 즉 할인율은 13.5%로 변함이 없다.

기인된 것으로 만약 서강기업이 배상책임에 대비해서 보험에 가입하지 않았다면 절약할 수 있는 금액이다.

상기의 예에서 볼 수 있듯이 서강기업은 배상책임보험에 가입함으로써 배상책임리스크에 의한 기대손실을 보험회사로 이전시키는 대신에 기대손실을 초과하는 부가보험료로 인해 기대현금흐름이 감소한다는 것을 알 수 있다.

2. 보험회사가 제공하는 서비스

서강기업의 경우 보험회사가 배상책임에 따른 손실만을 보상한다는 전제하에 부가보험료로 인해 서강기업의 기대현금흐름이 감소한다고 하였다. 현실적으로 보험회사는 보험금을 지급한다는 약속 이외에 일반적으로 배상책임리스크와 관련된 손실통제(loss control)와 보상절차(claims processing)에 대한 서비스를 함께 묶어 서강기업에 제공하나 경우에 따라서는 기업이 자체적으로 업무를 수행할 인력을 고용하거나 또는 외부기업(noninsurance companies)으로부터 비용을 지불하고 제공받을 수도 있다.

여기서 중요한 쟁점은 서비스의 내용이 같다는 전제하에 보험가입을 할 때 보험금지급 약속뿐만 아니라 손실통제나 보상절차와 관련된 서비스를 묶어서 함께 제공받는 것이 그렇지 않은 경우보다 비용측면에서 유리하냐는 것이다. 예로서 배상책임보험에 가입하기 전 손실통제와 보상절차에 필요한 서비스의 비용이 주당 15원이라고 가정하자. 이때 서강기업의 기대현금흐름의 확률분포는 아래와 같다.

| 표 8-4 | 보험가입 전 서비스비용을 감안한 주당 현금흐름의 확률분포

배상책임소송	확률	연말현금흐름
무	0.9	1,000 − 15 = 958
유	0.1	1,000 − 15 − 300 = 685

이 경우 서강기업의 주당 기대현금흐름은 955원(0.9×985원 + 0.1×685원)으로서 앞서 언급한 부가보험료가 포함된 보험료를 지급하고 배상책임보험에 가입했을 때의 주당 기대현금흐름인 958원에 비해 3원이 낮다. 왜냐하면 보험료에 포함된 서비스비용(12원)이 외부기업이 제공할 때의 서비스비용(15원)보다 낮기 때문이다.

직접적인 손실에 대한 지급과 부가서비스들을 함께 통합하는 것이 왜 비용절감에 도움이 되냐는 것인데 이유는 함께하는 것이 좀 더 양질의 서비스를 제공하려는 유인(誘因)을 가지기 때문이다. 예를 들어 한 회사는 손실에 대한 지급과 손실통제서비스를 제공하고 있는데 추가적으로 비용을 절감할 수 있는 손실통제수단을 찾아 시도하려는 유인을 가지고 있고 다른 회사는 손실에 대한 지급과 보상절차에 대한 서비스를 제공하는데 사기적인 보상청구의 인지에 대한 유인을 가지고 있다고 하자. 만약 추가적인 서비스와 손실지급이 함께 제공되도록 통합되어 있지 않다면 두 회사 모두 새로운 서비스를 제공하는 주체에 대한 모니터링과 계약을 작성하는 데 필요한 추가적인 자원이 투입되어야 한다. 그러나 모니터링 비용이 비싸고 계약 작성에 쏟는 노력이 비효율적일 경우 그러한 서비스들을 재무적 책임인 손실지급과 통합하는 것이 비용적인 측면에서 가장 저렴한 방법(least-cost method)이 될 수 있다.

3. 보험과 높은 금융비용의 외부자금조달 가능성

1) 손실보상을 위한 자금조달

배상책임이 현실화되어 보상해야 될 경우 보험에 부보되지 않은 배상금액에 대한 충분한 내부자금을 확보하고 있지 않다면 금융시장에서 은행대출 등의 간접금융이나 증권발행 등의 직접금융 등을 통하여 자금을 확보하거나 여의치 않을 경우 파산신청을 할 수밖에 없다. 금융시장을 통해서 직 · 간접금융을 활용한 경우 자금조달 후에 기업의 미래자금흐름을 이용하여 상환하게 된다. 이 경우 배상책임에 따른 보상은 은행이나 투자자들의 몫이 아니고 배상책임이 발생한 당시의 기업의 주주들에게 돌아가는데 이유는 은행이나 투자자들에게 상환할 자금이 기업의 미래현금흐름의 일부이기 때문이다.

직 · 간접금융을 통해 배상책임에 대한 보상이 이루어졌다 하더라도 자금조달과정에서 상업은행이나 투자은행에 지급하여야 하는 조달비용(transaction cost)이 발생할 뿐만 아니라 새로 발행된 증권의 경우 증권의 실제가치(real worth)보다 낮은 가격으로 투자자들이 증권을 매수한다는 것이다. 기업의 입장에서 증권이 저가로 발행되면 본질적으로 기존의 주주들이 기업가치의 일부를 새로운 투자자들에게 양도하는 결과가 된다. 따라서 기업의 리스크관리와 재무관리 책임자는 배상책임에 따른 보상을 위해 외부자금을 조달할 것인지 아니면 배상책임이 발생하기 전에 보험에 가입할지를 결정하여야 한다. 의사결정의 여러 변수 중 하나는 바로 외부자금조달에 필요한 기대비용과 보험가입에 따른 부가보험료의 상호비교에 대한 것으로서 다음의 예를 통해서 설명하기로 하겠다.

2) 보험구매와 외부자금조달

앞으로 2년간의 활동을 통해 첫해에는 주당 15원, 둘째 해에는 주당 25원의 현금흐름이 예상되는 서강기업이 있다고 하자. 문제는 첫해에 확률 10%의 배상책임리스크가 있으며 리스크가 현실화될 경우 주당 20원의 손실이 예상된다. 만약 서강기업이 배상책임보험에 가입하지 않고 손실이 발생하게 될 경우, 외부자금을 조달하여 해결하지 못하면 파산할 수밖에 없으나 다행히도 둘째 해에는 확실하게 주당 25원의 현금흐름이 발생한다고 가정하자. 만약 배상책임보험에 가입하지 않았을 경우, 서강기업은 금융기관으로부터 대출을 받거나 증권을 발행하여 새로운 투자자로부터 배상책임에 따른 보상금액을 마련한 후 둘째 해의 확실한 현금흐름으로 상환하면 되지만 서강기업은 증권발행으로 자금을 조달하기로 결정했다고 가정하자.[11] 이 경우 우선 조달비용은 없으며 신규 투자자들에게 자본의 기회비용인 10%로 수익률을 보장하기로 약속을 했다면 둘째 해에는 22원(20원×1.1)을 상환해야 한다. 만약 1년 만기 배상책임보험에 가입하여 배상책임보험금으로 보상한다고 했을 때 보험료는 부가보험료가 포함되지 않은 순보험료인 2원(20원×0.1)으로 보험료가 책정되었다고 하자. 이 경우 배상책임리스크의 현실화 유무와 관계없이 서강기업은 보험료로 2원을 지불하여야 한다. 배상책임을 위해 증권발행을 통한 외부자금조달과 보험구매에 의한 기대현금흐름을 정리하면 아래 표와 같다.

| 표 8-5 | 보험구매 vs 증권발행 현금흐름 비교

리스크관리방법	배상책임	첫해 현금흐름	둘째 해 현금흐름
보험가입	무	13원(15원－2원)	25원
	유	13원(15원－2원－20원＋20원)	25원
증권발행	무	15원	25원
	유	15원(15원－20원＋20원)	3원(25원－20원×1.1)

11 금융기관을 통해서 자금을 조달하는 경우에도 같은 결론이 나온다고 가정한다.

상기 [표 8-5]에서 볼 수 있듯이 배상책임보험에 가입할 경우 배상책임의 유무에 상관없이 보험료는 지불하여야 하며 대신에 배상책임유무에 상관없이 비록 2원이 감소하였지만 13원의 안정적인 현금흐름을 보장하고 있음과 동시에 둘째 해의 현금흐름에 전혀 영향을 미치지 않는다. 반면에 증권을 발행한 경우 배상책임이 발생하지 않는다면 현금흐름에는 변동이 없으나 배상책임이 발생하는 첫해에는 신규 투자자들로부터 20원을 조달하여 보상이 이루어졌으므로 예정된 15원의 현금흐름이 유지되나 둘째 해에는 보장된 25원의 현금흐름에서 투자자들에게 원금인 20원과 함께 보장한 10%의 수익률을 합쳐 총 22원을 상환하여야 된다. 따라서 실제적인 현금흐름은 3원으로 대폭 감소하게 되어 기존 주주들은 애초 보장된 주당 25원이 아니라 3원을 받게 된다.

서강기업의 배상책임에 따른 손실가능성에 대비한 리스크관리 수단으로 거래비용이 없이 증권을 발행하거나 부가보험료 없이 순보험료로 보험에 가입하는 것을 선택했을 경우, 주주 입장에서 주당 현금흐름에서 차이를 보이고 있으나 첫해 초기의 각각의 주가에는 32.48원으로 차이가 없음을 아래의 표에서 알 수 있다.

표 8-5 | 주가의 상호비교(첫해 초기)

리스크관리방법	첫해 초기의 주가
보험가입	$\frac{13원}{1.1}+\frac{25원}{1.1^2}=32.48원$
증권발행	$\frac{15원}{1.1}+\frac{25원\times0.9+3원\times0.1}{1.1^2}=32.48원$

그러나 미래 주가의 불확실성과 관련하여 두 자금조달전략(financing strategy)에는 차이가 있다. 차이점을 알기 위해 첫해 말의 주가를 예측해보면 아래의 표와 같다.

표 8-6 | 주가의 상호비교(첫해 말)

리스크관리방법	배상책임	첫해 말의 주가
보험가입	유/무	$13원+\frac{25원}{1.1}=35.73원$
증권발행	무	$15원+\frac{25원}{1.1}=37.73원$
	유	$15원+\frac{3원}{1.1}=17.73원$

보험가입의 경우 배상책임의 발생유무와 상관없이 주가는 37.73원이 된다. 그러나 증권을 발행했을 경우 배상책임이 없을 때에는 37.73원이 되나 있을 때에는 17.73원으로 20원의 가치하락을 보이고 있다. 이러한 주가차이의 의미는 배상책임에 따른 보상을 위해 증권을 발행할 경우 궁극적으로 기존 주주들이 보상에 따른 손실을 감당하여야 한다는 것이다. 증권발행은 실무적으로 은행의 발행비용이나 등록비용이 추가로 발생할 뿐만 아니라 시장에서 저가로 발행될 수도 있기 있는데 이 경우 기존 주주들에게는 실제가치보다 낮은 가격으로 매도하는 것과 같은 의미로서 비용부담을 안게 된다. 따라서 자금조달방법을 선택할 때 기업은 증권발행에 따른 기대비용과 보험의 부가보험료를 반드시 비교하여야 한다.

한 예로서 배상책임보험의 부가보험료가 기대보상금액의 20%이고 증권발행을 할 때 발생되는 총비용이 조달금액의 25%라고 가정할 때 부가보험료는 주당 0.4원(20원×0.1×0.2)이 되고 총비용은 주당 5원(20원×0.25)이 된다. 그런데 총비용의 발행확률이 10%이기 때문에 주당 기대발행비용은 0.5원(5원×0.1)이다. 따라서 보험가입에 따른 부가보험료가 증권발행의 따른 기대발행비용보다 저렴하기 때문에 서강기업은 배상책임리스크의 관리방법으로 보험가입을 택할 것이다.

부보되지 않은 배상책임리스크에 직면한 서강기업의 예에서 언급된 내용을 정리해보면 리스크가 현실화되어 보상하여야 할 때 내부자금이 충분하지 않을 경우 금융기관대출을 통한 간접금융이나 증권발행 등의 직접금융을 통해 필요한 자금을 조달하여야 한다. 만약 증권발행을 통해서 자금을 조달한다면 보상에 따른 손실만큼 주가하락이 예상되기 때문에 결국 기존 주주들이 손실을 감수하여야 한다. 그리고 보험가입을 선택할 경우에는 납입보험료에서 차지하는 부가보험료와 증권발행에 필요한 기대발행비용을 비교하여 결정하여야 한다.

3) 신규투자 프로젝트 수행을 위한 추가자금조달의 가능성

만약 한 기업이 손실을 감당하기에 충분한 내부자금을 확보하고 있다고 해도 손실보상을 위해 사용될 경우 기회비용이 발생할 수도 있다. 보험에 부보되지 않은 손실을 보상하기 위해 내부자금을 사용함으로써 새로운 프로젝트를 시행하기 위한 내부자금이 줄어든다는 것을 의미한다. 따라서 프로젝트 수행에 필요한 자금을 충당하기 위해 조달비용이 수반되는 증권을 발행하여야 되는 가능성이 높아지고 비용유발은 프로젝트의 가치감소로 이어지며 상황에 따라서는 증권발행과 저평가(underpricing)에 따른 높은 비용이 정상적인 상태에서 높은 수익이 기대되는 투자프로젝트를 포기해야 하는 경우도 발생할 수 있다. 이와 같이 보험을 활용한 리스크관리를 통해서 증권발행에 필요한 비용을 절약할 수 있을 뿐만 아니라 이미 수립된 투자결정을 예정대로 실행에 옮길 수가 있다.

한 예로 250억원을 투입하여 연말에 새로운 공장을 건설함으로써 현가로 270억원의 추가 현금흐름을 유발하는 투자기회를 가진 서강기업이 있다고 하자. 이 프로젝트의 순현재가치인 NPV(net present value)는 20억(270억－250억)원이 된다. 서강기업의 입장에서는 연말에 새로운 증권을 발행하거나 대출을 통해서 공장건설에 필요한 자금을 조달할 수 있다. 증권발행을 통해서 자금을 조달할 경우 앞서 언급하였듯이 투자은행에 지급하여야 하는 비용뿐만 아니라 증권의 저평가로 인하여 조정순현재가치(adjusted NPV)는 감소할 수밖에 없다. 만약 증권발행을 통한 자금조달에 10억원의 비용이 유발되었다면 프로젝트의 NPV는 10억원으로 감소하고 만약 조달비용이 25억원이라면 NPV는 －5억원으로 서강기업은 프로젝트를 포기함으로써 투자기회를 상실한다.

만약 서강기업이 내부적으로 충분한 자금을 보유하고 있다면 신규증권발행을 통해 외부자금을 조달할 때 유발되는 비용도 회피하고 심지어 투자프로젝트를 포기하는 최악의 시나리오를 피할 수 있다. 하지만 문제는 충분한 내부자금도 없고 동시에 5%의 배상책임리스크에 노출되어 있으며 300억원을 배상하여야 할 경우이다. 만약 배상책임이 현실화된다면 서강기업 입장에서 배상책임보험이 없을 경우 자금조달을 위해 신규증권을 발행하거나 이미 수립된 투자프로젝트를 포기해야 된다. 대안으로 서강기업이 배상책임보험에 가입한다면 투자프로젝트의 자금지원을 위한 충분한 내부자금을 확보할 수 있다.

한 예로서 서강기업이 배상책임리스크를 관리하기 위해 최대 250억원을 보험금으로 지급하는 배상책임보험에 가입하면서 보험료로 13억원을 지불하였다고 하자. 이때 서강기업이 지불한 부가보험료는 보험료 13억원에서 배상책임리스크의 기대배상금액 12.5억(250억×0.05)원을 차감한 0.5억(13억－12.5억)원이 된다. 따라서 서강기업은 배상책임보험에 가입할 때 지불한 부가보험료 0.5억원과 투자프로젝트를 위한 내부자금 부족으로 인해 발생할 수 있는 기대비용을 비교하여 의사결정을 하여야 한다.

앞서 언급한 바와 같이 배상책임보험에 가입하지 않은 상황에서 배상책임이 발생한다면 서강기업은 투자프로젝트를 포기하고 증권발행을 통해 자금을 조달하는데 25억원의 비용이 발생한다고 하자. 그런데 배상책임이 발생할 확률이 5%이기 때문에 투자프로젝트를 위한 내부자금 부족으로 인한 기대비용은 투자프로젝트의 NPV인 20억원의 5%인 1억원이 된다. 이 경우 투자프로젝트를 포기하는 데 따른 기대비용인 1억원보다 부가보험료로 납부한 0.5억원이 더 저렴하기 때문에 서강기업은 배상책임보험에 가입하여 배상책임리스크를 관리하여야 한다.

일반적으로 증권발행을 통한 외부자금의 조달비용이 비싸기 때문에 신규투자를 위한 자금은 내부적으로 조달하는 것이 저렴하다. 그러나 배상책임과 같은 예기치 않은 사태로 인해 투자를 위한 내부자금이 충분하지 않을 경우 투자를 포기하거나 증권발행에 따른 비용을 감수하여야 한다. 따라서 배상책임리스크를 보험으로 관리를 하면 배상책임이 현실화되더라도 보험금으로 보상이 이루어지기 때문에 기업은 신규증권발행에 따른 비용부담 없이 내부자금으로 기존에 수립한 수익성 있는 투자프로젝트를 예정대로 수행할 수가 있다.

4. 보험과 재정적 어려움

한 기업이 채무이행을 위한 충분한 자금이 없는 경우 파산상태에 있다고 볼 수 있으며 법적으로 채무이행의 조건을 새로 조정하거나 아니면 청산할 수밖에 없다. 그러나 구조조정이나 청산 모두 절차적으로 복잡하고 변호사와 회계사들을 고용하는 등 많은 비용이 유발된다. 따라서 파산의 가능성을 줄이려는 다양한 조치를 취하는 것이 파산비용발생의 가능성을 줄이기 때문에 이해당사자들에게 이익이 된다. 또한 재무적 의무를 이행하는 데 어려움에 직면하여 상대적으로 파산의 가능성이 높아지는 재정적 어려움을 겪는 기업도 있을 수 있는데 이런 기업들은 항상 그런 것은 아니지만 때론 파산에 이르게 된다. 파산이나 재정적인 어려움을 겪고 있는 파산직전의 기업들은 근로자, 협력업체, 채권자, 그리고 소비자 등 계약관계로 맺어진 많은 이해당사자들에게 비용을 전가할 수 있기 때문에 기업의 재정적 어려움을 각자의 계약에 반영하게 된다. 보험은 기업이 재정적 어려움에 처할 가능성을 줄여줌으로써 이해당사자들과 계약을 할 때 기업의 입장에서 유리한 조건으로 체결할 수 있도록 하여 궁극적으로는 기업의 기대현금흐름을 증가시키는 결과를 가져온다. 이러한 효과를 이해하기 위해 파산가능성이 이해당사자와의 계약에 어떻게 영향을 미치는지 예를 통해서 알아보겠다.

1) 보험과 임원연봉

서강기업에 임원으로 근무하고 있는 철수는 서강기업이 파산할 경우 근로계약서에 명시된 1억원의 연봉을 보장받을 수 없을 뿐만 아니라 새로운 직장을 찾는데 비용이 발생한다는 사실을 잘 알고 있다. 구체적으로 예를 들어 서강기업은 협력업체에 대한 10억원의 배상책임리스크가 있으며 확률은 5%이고 배상책임이 없을 경우 철수에게 연봉을 지급하기 전 서강기업의 연도 말 현금흐름이 10억원이라고 가정하자. 만약 서강기업이 배상책임이 있다고 확정되면 배상금지급으로 철수는 한 푼도 받을 수 없다는 것을 알고 있다. 이러한 상황을 심각하게 받아들인 철수는 서강기업에 대하여 배상책임으로 약속된 연봉을 받지 못할 가능성과 새로운 구직활동에 대한 보상(risk premium)으로 2천5백만원이 인상된 1억 2천5백만원을 연봉으로 요구한다. 이 경우 배상책임보험에 가입을 하지 않은 서강기업의 현금흐름을 정리해 보면 아래와 같다.

| 표 8-7 | 서강기업의 현금흐름(보험가입 전)

(단위: 천원)

배상책임	확률	연봉지급 전 현금흐름	철수연봉	순현금흐름(주주)
무	0.9	1,000,000	125,000	875,000
유	0.1	0	0	0

상기의 표에서 알 수 있듯이 비록 연봉이 인상된다 하더라도 배상책임리스크에 대한 관리, 즉 배상책임보험 없이 배상책임이 현실화되어 파산한다면 서강기업이나 철수 모두에게 한 푼의 현금이 주어지지 않는다는 것을 알 수 있다. 더욱이 배상책임이 없는 경우에도 연봉 인상으로 서강기업의 현금흐름은 감소하게 된다. 그러나 서강기업이 보험을 통해 배상책임리스크를 관리한다는 의미는 배상책임이 현실화되더라도 파산하지 않으며 철수의 연봉은 계약대로 지급된다는 의미이므로 연봉계약에는 변화가 있을 수 있다.

만약 400,000,000원까지 보상하는 배상책임보험에 30,000,000원의 보험료를 지불하고 가입하였다고 가정할 때, 보험을 통한 서강기업의 기대보상금액은 20,000,000원(400,000,000원×0.05)이므로 부가보험료는 10,000,000원이 된다. 그리고 철수의 연봉은 현 수준을 유지한다고 할 때 배상보험이 서강기업의 현금흐름에 미치는 영향을 정리해보면 아래와 같다.

| 표 8-8 | 서강기업의 현금흐름(보험가입 후)

(단위: 천원)

배상책임	확률	연봉지급 전 현금흐름	철수연봉	순현금흐름(주주)
무	0.9	1,000,000 − 30,000	100,000	870,000
유	0.1	0 − 30,000 + 400,000	100,000	270,000

보험가입 후 철수의 연봉지급 전 현금흐름을 살펴보면, 배상책임이 없을 경우 970,000,000원이며 배상책임이 있는 경우에는 370,000,00원으로 배상책임의 유무와 관련 없이 철수의 연봉 100,000,000원을 확실하게 지급보장하기에 충분한 현금흐름을 유지하게 된다는 것을 알 수 있다. 따라서 철수의 입장에서 배상책임리스크에 따른 보상이 필요 없게 되어 현재 수준인 100,000,000원으로 연봉계약을 체결할 수 있다.

보험가입 전 · 후의 표에서 알 수 있듯이 보험가입 전의 기대현금흐름 831,250,000원[12]보다 보험가입 후의 기대현금흐름 840,000,000원[13]이 높다. 이는 배상책임보험을 통해 임원의 기대연봉을 줄임으로써 서강기업의 현금흐름을 증가시키는 효과를 가져왔기 때문이다. 다시 말해서 보험가입 전 기대연봉은 118,750,000원(125,000,000원×0.95+0원×0.05)이고 보험가입 후 기대연봉은 100,000,000원으로 차액인 18,750,000원을 절약한 반면 부가보험료로 지출한 금액은 10,000,000원이므로 결국 서강기업은 배상책임보험을 통해서 8,750,000원의 기대현금흐름을 증가시킨 결과가 된다. 서강기업이 배상책임보험을 통해서 철수에게 지급될 연봉비용을 줄일 수 있었던 이유는 파산의 경우 리스크회피적인 철수의 구직활동에 들어가는 기대비용이 줄었기 때문이다. 사실상 서강기업의 입장에서는 낮은 연봉계약을 받아들인 리스크회피적인 철수가 지불한 것이나 다름없는 보험료로 배상책임보험에 가입하여 연봉을 보장한 것과 같다.

2) 보험과 이해당사자들

임원의 연봉계약 이외에 서강기업과 거래하는 다른 이해당사들과의 계약에서도 마찬가지로 보험은 서강기업에 유리하게 작용될 수 있다. 예를 들어, 서강기업에 물품을 납품하는 협력업체와의 계약에서도 배상책임으로 인한 파산의 가능성이 있을 때는 계약이 무산되거나 불리한 계약조건을 받아들일 수밖에 없으나 배상책임보험에 가입하여 파산의 가능성이 줄었다면 납품단가를 낮추거나 유리한 결제방법으로 계약을 유도할 수 있다. 더욱이 협력업체가 납품을 위한 기계시설의 증설과 관련한 구체적인 투자를 결정해야만 할 시기라면 보험의 효과는 더욱 커질 수 있다. 마찬가지로 소비자의 경우 파산가능성이 줄어들면 지속적으로 양질의 서비스를 제공한다고 믿기 때문에 다소 높은 가격에도 기꺼이 구매를 할 것이다. 예를 들어, 파산가능성이 있는 항공사를 이용하는 이용객은 항공사가 안전에 투자를 소홀히 할

12 875,000,000원×0.95+0원×0.05

13 870,000,000원×0.95+270,000,000원×0.05

것이라는 두려움에 항공권구매를 꺼려하거나 아주 낮은 가격으로 구매하려 할 것이다. 기업에 자금을 빌려준 채권자의 경우도 기업의 파산가능성에 관심이 높고 가능성이 커질수록 회수비용을 감안하여 높은 이자율을 요구할 것이고 결국에는 보증할 것을 요구한다.

지금까지 배상책임으로 파산가능성이 있는 서강기업의 예를 들었으나 실제 파산으로 연결되지 않으나 다양한 손실로 인해 재정적인 어려움을 겪는 상황에도 보험의 유용성이 적용될 수 있다. 주주 이외의 채권자, 소비자, 근로자, 그리고 협력업체들의 요구들(claims)은 주주에게 돌아가는 배당에 앞서 해결되어야 하는 일반적 특성으로 인해 앞 절에서 언급하였듯이 재정적 어려움을 겪고 있는 기업의 주주들에 의한 소극적(under) 또는 적극적(over) 투자 등의 왜곡된 결정으로부터 정상적인 투자결정을 할 수 있도록 유도한다. 한 예로서 30억원의 투자를 통해서 경쟁기업보다 좀 더 효율적인 부품공장을 신설하려는 서강기업의 사장인 철수가 있다고 하자.[14] 원활한 부품공장신설을 위하여 철수는 1년 후에 28억원을 갚는 조건으로 얼마를 대출받을 수 있는지 서울은행에 타진해보았다. 이에 서울은행 대출심사부는 철수가 과연 28억원을 상환할 능력이 있는지에 대해 알아보는 과정에서 부품공장이 5%의 폭발가능성이 있다는 정보를 얻게 되었다. 만약 폭발이 없이 정상가동이 이루어질 경우 1년 후 부품공장의 자산가치는 35억원이 되고, 폭발이 있을 경우 부품공장 가치는 20억원으로 하락하며, 이때 철수가 추가적으로 10억원을 투자한다면 자산가치는 15억(35억 – 20억)원이 증가하여 35억원으로 될 수 있다는 것이다. 서울은행 입장에서 1년 후의 상환금액은 폭발 여부와 폭발이 있을 경우 철수의 재투자 여부에 달려있으며 상황을 정리해보면 다음과 같다.

| 표 8-9 | 철수의 상환금액의 가능성

폭발가능성	재투자 여부	상환금액
무(0.95)		28억원
유(0.05)	투자	28억원
	포기	20억원

결국 상환금액은 부품공장의 폭발이 있을 경우 철수의 재투자 여부에 달려있는데 만약 재투자를 약속한다면 당초 필요로 하는 28억원을 대출받을 수 있으나 재투자의 약속을 못한다면 기대상환금액인 27.6억(0.95×28억+0.05×20억)원을 대출받을 수 있다고 볼 수 있다.

---

14 설명의 편의상 현재가치를 구하기 위한 할인율과 리스크프리미엄은 0%이며 1년 후에 공장을 매각하는 것으로 가정하자.

따라서 철수가 신설 부품공장 가동 이후 폭발사고가 발생할 경우 재투자를 할 것인가에 대해 알아보기 위하여 폭발 유무에 따라 철수가 받게 될 보상을 비교해보아야 한다.

철수가 폭발사고가 있을 경우 재투자하기로 약속했다면 이는 서울은행으로부터 28억원을 대출받아 철수 자신의 2억원을 투자해서 부품공장을 건설할 수 있음을 의미한다. 이 경우 95%의 확률로 자산가치는 35억원이 될 것이며 이 중에서 28억원은 대출금 상환에 사용되고 2억원의 초기투지금액을 제외하면 5억원이 철수의 몫이 된다. 하지만 5%의 폭발확률이 현실화되어 철수가 10억원을 재투자하게 되면 자산가치는 35억원이 되지만 대출금 28억원, 초기투자금액 2억원, 그리고 재투자금액 10억원을 감안할 때 5억(35억－28억－2억－10억)원의 손실을 감수하여야 한다. 따라서 철수의 현금흐름의 기대가치는 4.5억{0.95×(5억)＋0.05×(−5억)}원으로서 부품공장신설과 재투자약속으로 4.5억원의 수익을 기대할 수 있다.

만약 폭발에 따른 재투자를 하지 않고 부품공장을 신설하고자 한다면 서울은행으로부터 27.6억원을 대출받을 수 있어 철수의 초기투자액은 2.4억원이 되어야 한다는 의미를 내포하고 있다. 이것이 바로 재투자 유무의 결정적인 차이가 된다. 이 경우 95%의 확률로 자산가치는 35억원이 될 것이며 이 중에서 27.6억원은 대출금 상환에 사용되고 2.4억원의 초기투자금액을 제외하면 5억원이 철수의 몫이 된다. 하지만 5%의 폭발확률이 현실화되면 부품공장의 자산가치인 20억원은 서울은행의 몫이 되며 철수에게 남는 것은 없다. 따라서 철수는 초기투자금액인 2.4억원을 잃게 되며 기대수익은 4.63억{0.95×(5억)＋0.05×(−2.4억)}원이 된다. 여기서 중요한 점은 과연 철수가 폭발이 일어날 경우 재투자를 하겠다고 약속을 하면 은행이 단순하게 믿고 받아들이겠는가 하는 것이다. 은행의 입장에선 당연히 부정적일 수밖에 없는데 그 이유는 비록 철수가 재투자를 약속했을지라도 막상 폭발이 일어나면 재투자해야 하는 10억원에 비해 훨씬 적은 7억원밖에 회수가 안 되고 투자에 따른 대부분의 수익이 은행에 돌아간다는 것을 인지하고 있어 재투자에 대한 인센티브가 없기 때문이다. 따라서 철수는 폭발 후 부품공장의 실질가치를 복구시키기 위한 추가자금을 투자하지 않을 것이며, 결국 은행의 입장에서는 철수가 재투자를 하지 않을 것을 전제로 대출심사가 행해질 것이다.

여기서 철수의 재투자약속 문제를 보험이 어떻게 잠재적으로 해결할 수 있는지에 대해 알아보겠다. 우선 철수가 폭발로 인한 부품공장의 손실을 복구하는 데 필요한 10억원의 자금을 보상받을 수 있는 재산보험에 가입하고 보험료로 60,000,000원[15]을 납부했다고 하자. 철

15 순보험료(pure premium)는 기대손실인 50,000,000(0.05×10억)원이며 따라서 부가보험료(premium

수의 보험가입으로 부품공장의 실질가치는 폭발사고의 유무와 관계없이 항상 35억원이 될 것이며 은행의 입장에서도 대출금을 100% 회수할 수 있기 때문에 철수의 재투자약속과 무관하게 28억원을 대출할 수 있다. 따라서 철수는 부품공장 신설로 폭발사고의 유무와 관계없이 얻게 되는 7억원의 수익에서 자신의 초기투자액 2억원과 보험료 60,000,000원의 제외한 4.4억원의 순수입을 보장받을 수 있게 된다. 결국 보험가입으로 철수는 재투자를 위한 자금을 확보함과 동시에 은행으로부터의 대출금도 증가하여 본인의 초기투자금액을 줄이면서 부품공장에 대한 정상적인 투자를 하게 된다.

그 밖에 이익이 많으면 많을수록 세금이 많이 부가되는 누진적인 세제에서는 순수입흐름(net income streams)을 안정되게 가져감으로써 세금을 줄여 현금흐름의 증가를 가져온다.[16] 예를 들어, 금년 예상수입이 40억원으로 앞으로 5년 동안 매년 5억원씩 증가하고 평균 3년마다 45억원을 배상하여야 하는 배상책임가능성에 직면해 있는 서강기업의 입장에서 배상금을 당시의 현금이나 배상책임보험(보험료 15억원)에 가입하여 보험금으로 대처할 수 있으며 배상에 따른 손실이나 보험료는 세금공제 대상이라고 하자. 세율은 누진세로서 30억원까지는 20%, 30억원을 초과할 때는 35%라고 할 때 보험의 유무에 따른 기대현금흐름은 아래와 같다.

| 표 8-10 | 누진세하에서 보험 유무에 따른 기대현금흐름 비교

(단위: 억원)

년도	1	2	3	4	5	6	합계
수입	40	45	50	55	60	65	315
보험료	15	15	15	15	15	15	90
순수입	25	30	35	40	45	50	225
세금	5	6	7.75	9.50	11.25	13	52.50
수익	20	24	27.25	30.5	33.75	37	172.5
배상책임	0	0	45	0	0	45	90
순수입	40	45	5	55	60	20	225
세금	9.5	11.25	1	14.75	16.5	4	57
수익	31.5	33.75	4	40.25	43.5	16	168

loading)는 10,000,000원이 된다.

16 Main, B., "Corporate Insurance and Taxes," *Journal of Risk and Insurance* 50, 1983, pp.197–223.

상기의 표에서 보험의 유무에 관계없이 앞으로 6년 동안 총기대순수입은 225억원으로 동일하지만 서강기업이 부담하여야 할 법인세는 비록 손실의 유무에 관계없이 보험료납부로 인해 기대수입이 줄었지만 현금(57억원)이 아닌 배상책임보험으로 관리할 때(52.5억원)가 적게 납부한다는 것을 알 수 있다. 따라서 기대수익도 높다(172.5억원 vs 168억원). 이와 같은 결과는 서강기업의 수입흐름이 안정되어 있고 세율이 누진적인데 기인된 것이다.

결론적으로 파산과 관계없이 재정적으로 어려움을 겪을 가능성을 줄여주는 보험은 기업의 다양한 이해당사자들과의 거래계약을 유리하게 개선하여 기업의 현금흐름을 간접적으로 증가시켜 기업가치를 높임으로써 주주의 부를 증가시키는 매우 유익한 리스크 관리방법이다.

부록 1 St. Petersburg Paradox에 대한 Solution

(1) Daniel Bernoulli는 대수함수(logarithmic function)의 효용곡선을 이용하였다.

$$
\begin{aligned}
U(X) &= b\log\frac{X}{a} \\
&= b\log\frac{2^{x-1}}{a} \\
&= b\log 2^{x-1} - b\log a \\
&= b[(x-1)\log 2 - \log a]
\end{aligned}
$$

여기서 X는 게임을 통해서 얻을 수 있는 수입이고, x는 동전을 던지는 횟수이며, 앞면이 나올 확률은 $\frac{1}{2^x}$이 된다. 이때 기대효용은

$$
\begin{aligned}
EU(X) &= \sum_{x=1}^{\infty} p(X) \times U(X) \\
&= \sum_{x=1}^{\infty} \frac{1}{2^x}[b[(x-1)\log 2 - \log a] \\
&= b\sum_{x=1}^{\infty} \frac{x-1}{2^x}\log 2 - b\sum_{x=1}^{\infty} \frac{1}{2^x}\log a
\end{aligned}
$$

여기서 $\sum_{x=1}^{\infty} \frac{x-1}{2^x}$과 $\sum_{x=1}^{\infty} \frac{1}{2^x}$의 값을 구해보면 다음과 같다.

$\sum_{x=1}^{\infty} \frac{x-1}{2^x}$의 경우 $x=1$일 때 0

$x=2$일 때 $\frac{1}{4}+\frac{1}{8}+\frac{1}{16}+\frac{1}{32}+\cdots\cdots=\frac{1}{2}$

$x=3$일 때 $\frac{1}{8}+\frac{1}{16}+\frac{1}{32}+\cdots\cdots=\frac{1}{4}$

$x=4$일 때 $\frac{1}{16}+\frac{1}{32}+\cdots\cdots=\frac{1}{8}$

$x=5$일 때 $\quad \frac{1}{32}+\cdots\cdots=\frac{1}{16}$

$$\Rightarrow \sum_{x=1}^{\infty}\frac{x-1}{2^x}=1$$

$\sum_{x=1}^{\infty}\frac{1}{2^x}$의 경우,

$$\sum_{x=1}^{\infty}\frac{1}{2^x}=\frac{1}{2}+\frac{1}{4}+\frac{1}{8}+\frac{1}{16}+\cdots+\cdots\frac{1}{128}+\cdots\cdots=\frac{\frac{1}{2}}{1-\frac{1}{2}}=1$$

기대효용에 상기의 두 값을 대입하게 되면

$$\begin{aligned} EU(X)&=b\sum_{x=1}^{\infty}\frac{x-1}{2^x}\log 2-b\sum_{x=1}^{\infty}\frac{1}{2^x}\log a \\ &=b\log 2-b\log a \\ &=b\log\frac{2}{a} \end{aligned}$$

따라서 $X=2$가 되며 대수함수의 효용곡선을 가진 사람은 게임을 위해 \$2를 베팅할 용의가 있는 것으로 나타났다.

(2) Gabriel Cramer는 루트함수(root function)의 효용곡선을 이용하였다.

$U(X)=\sqrt{X}$ 여기서 X는 게임을 통해 얻을 수 있는 수입

$$EU(X)=\sum_{x=1}^{\infty}p(X)\times U(X)$$

$$=\sum_{x=1}^{\infty}\frac{1}{2^x}\sqrt{2^{x-1}} \text{ (여기서 } x\text{는 동전을 던진 횟수)}$$

$$=\frac{1}{2}+\frac{\sqrt{2}}{4}+\frac{\sqrt{2}\sqrt{2}}{8}+\frac{\sqrt{2}\sqrt{2}\sqrt{2}}{16}+\cdots\cdots$$

$$=\frac{1}{2}\times\frac{1}{1-\frac{\sqrt{2}}{2}}=\frac{1}{2-\sqrt{2}}$$

$$\therefore X=\left(\frac{1}{2-\sqrt{2}}\right)^2=1.707^2=2.93$$

따라서 $X=2.93$이 되며 루트함수의 효용곡선을 가진 사람은 게임을 위해 \$2.93를 베팅할 용의가 있는 것으로 나타났다.

부록 2 보험에 대한 개인의 수요

가정 1. 사람은 리스크회피적이다(concave 효용곡선).

2. $W = wealth$, $L = loss$, $p = probability$

$\alpha = insurance\ coverage (0 \le \alpha \le 1)$

$\pi = loading$

State	Prob.	No Insurance	Insurance
No Loss	$1-p$	W	$W-\alpha pL(1+\pi)$
Loss	p	$W-L$	$W-\alpha pL(1+\pi)-L+\alpha L$

$$Max\ EU = (1-p)U(W-\alpha pL(1+\pi)) + pU(W-\alpha pL(1+\pi)-L+\alpha L)$$

여기서 $A = W-\alpha pL(1+\pi)$, $B = W-\alpha pL(1+\pi)-L+\alpha L$

$$\text{F.O.C.}: \frac{\delta EU}{\delta\alpha} = (1-p)U'(A)(-pL(1+\pi)) + pU'(B)(-pL(1+\pi)+L) = 0$$

$$\frac{U'(A)}{U'(B)} = \frac{p(pL(1+\pi)-L)}{(1-p)(-pL(1+\pi))}$$

$$= \frac{pL(p(1+\pi)-1)}{-(1-p)(1+\pi)pL}$$

$$= \frac{1-p(1+\pi)}{(1-p)(1+\pi)} = \frac{1-p(1+\pi)+\pi-\pi}{(1-p)(1+\pi)}$$

$$= \frac{(1-p)(1+\pi)-\pi}{(1-p)(1+\pi)} = 1-\frac{\pi}{(1-p)(1+\pi)}$$

1) $\pi = 0$일 때, 즉 부가보험료 없이 순보험료로 보험요율이 산정되었을 경우

$$\frac{U'(A)}{U'(B)} = 1 \Rightarrow U'(A) = U'(B) \Rightarrow A = B$$

$$W-\alpha pL(1+\pi)=W-\alpha pL(1+\pi)-L+\pi L$$
$$L-\alpha L=L(1-\alpha)=0$$

$\therefore\ \alpha=1$, 즉 전부보험(full insurance)에 가입한다.

2) $\pi>0$일 때, 순보험료에 부가보험료가 더해져 보험요율이 산정되었을 경우

$$\frac{U'(A)}{U'(B)}<1\Rightarrow U'(A)<U'(B)\Rightarrow A>B$$
$$W-\alpha pL(1+\pi)>W-\alpha pL(1+\pi)-L+\alpha L$$
$$L(1-\alpha)>0$$

$\therefore\ \alpha<1$, 즉 일부보험(partial insurance)에 가입한다.

CHAPTER 09

도덕적 Hazard와 역선택

제1절 도덕적 Hazard
제2절 역선택

정보는 사람들이 갖기를 원하지만 희소하다는 측면에서 하나의 경제적 자원이라고 할 수 있다. 미래가 불확실한 상황에서 다양한 선택을 해야 하는 사람들은 상당한 대가를 지불하고 정보를 얻고자 한다. 그러나 현실을 보면 완전한 정보가 갖추어진 상황보다 불완전한 정보가 갖추어진 상황이 더 흔하며 더욱이 보험회사와 보험가입자 사이, 주주와 경영자 사이, 고용주와 피고용주 사이 등과 같이 정보가 한쪽에 치우쳐진, 다시 말해서 정보가 비대칭적으로 분포되어 있는 상황이 있다. 이처럼 정보가 비대칭적인 상황에서는 여러 가지 독특한 경제상황이 나타나고 있다.

보험이란 리스크로 인한 손실이 재정적으로 부담이 되는 개인이나 기업이 그러한 리스크를 좀더 부담이 없이 수용할 수 있는 보험회사에게 이전시키는 것이다. 이렇게 리스크가 이전될 경우 이전 전과 이전 후의 행동에 대한 유인(incentives)이 달라진다. 이로 인한 문제점 중에서 가장 두드러진 두 가지가 바로 리스크를 보험회사로 이전한 후 손실을 줄이려는 보험가입자의 유인이 약해진다는 도덕적 hazard와 이전하는 리스크의 정보에 대한 보험회사와 보험가입자 간의 비대칭으로 인하여 각 개인에게 적절한 보험료를 책정할 수 없기 때문에 발생하는 역선택(Adverse Selection)이다. 이러한 문제점들은 보험시장에 의도하지 않았던 결과를 초래할 수도 있다.

주요용어

도덕적 Hazard　　역선택

제1절 도덕적 Hazard

도덕적 hazard[01]는 보험에만 있는 유일한 문제가 아니다. 한쪽의 행동에 대한 정보를 다른 쪽에서 갖고 있지 못한 상황, 즉 감추어진 행동이 문제되는 비대칭적 정보의 상황에서 생겨나는 문제의 전형적인 예가 바로 소유주-대리인문제(principal-agent problem)인데, 그 한 예가 바로 도덕적 hazard이다.

이 문제는 어떤 일을 하려는데 소유주(principal) 대신에 일을 대신해 처리해주는 대리인(agent)을 고용하여 일처리를 부탁하는 상황에서 발생한다. 만약 소유주가 대리인의 모든 행동을 감시할 수 없다면 대리인이 나름대로 수행하는 일에 대하여 이해관계가 있을 경우 소유주의 완전한 분신처럼 행동하지 않을지도 모른다. 가장 흔한 예로서 기업의 주주와 전문경영인과의 관계를 들 수 있다. 전문경영인은 주주에 의해 고용되어 주주의 이해관계 속에서 주주의 투자가치를 극대화하도록 의사결정을 하고 경영하여야 한다. 그러나 전문경영인의 입장에서 자신의 이해관계를 좇아 행동할 수 있는 여지가 있다. 즉, 주주를 위해 이윤의 극대화를 추구하는 것이 아니라 자신의 실직의 위험을 최소화하는 사업추진, 새로운 직장을 위한 자신의 시장성만을 극대화하는 등 자신의 이득을 위한 다른 목표를 추구하기 위해 소유주의 이익에 해가 되는 행동을 할 가능성이 있다는 뜻이다. 따라서 대리인의 이러한 행동들을 감시하는 것이 어려울수록 대리인이 자신의 이해를 좇아 행동할 가능성은 점점 더 커지면서 문제가 발생하게 되는 것이다.

보험에서는 보험에 가입했기 때문에 보험가입자의 행동이 바뀌는 경향을 지칭하며, 이러한 문제점은 보험가입자들이 전형적으로 보험에서 보상하는 사건의 빈도(frequency)나 정도(severity)를 어느 정도 통제control)하기 때문에 발생한다. 일반적으로 운전자의 경우 사고를 피하거나 사고로 인한 손실을 줄이기 위해 좀 더 천천히 그리고 주의를 기울여 운전할 수 있고 건물소유주는 화재의 예방이나 화재발생 시 손실을 줄이기 위해 연기감지기, 스프링쿨러 등을 설치하거나 가연성물질을 깨끗하게 제거할 수 있다. 또한 기업의 경우 산업재해를 줄이기 위해 안전교육을 강화하거나 안전수칙의 철저한 이행을 주지시킬 수 있다. 그러나 보험에 가입하여 손실을 보상받을 수 있을 경우 개인이나 기업의 유의수준(level of

01 도덕적 hazard의 개념은 1963년에 Kenneth J. Arrow가 American Economic Review 53(pp.941-73)에 발표한 "Uncertainty and the Welfare Economics of Medical"에서 처음 소개되었다. 보험과 관련한 자세한 내용은 Ralph A. Winter, "Moral Hazard and Insurance Contracts," In Contribution to Insurance Economics. G. Dionne, ed. Boston: Kluwer Academic Publisher, 1992를 참조

care)이 낮아지거나 안전에의 투자(investment in safety)가 소홀해지는 경향이 있는데, 이를 보험에서는 도덕적 hazard라 하며 인간의 윤리적인 면을 함축하고 있다.

앞장에서 이미 설명하였듯이 보험회사는 pooling을 통하여 리스크 포트폴리오의 평균손실을 기대손실로 예측하는데, 도덕적 hazard가 있을 경우 보험회사가 인수한 리스크의 기대손실은 보험에 의한 손실보장 때문에 예측한 것보다 증가될 수 있다. 만약 보험회사가 완전하게 보험가입자의 행위를 감시할 수 있다면 보험가입자가 선택한 유의 또는 안전수준에 따라 보상범위, 즉 보험료를 책정할 수 있기 때문에 별 문제가 되지 않을 것이다. 그러나 도덕적 hazard에 따른 문제는 보험가입자가 보험회사에게 유의수준을 숨길 때 발생한다. 다시 말해서 보험의 효력이 발생한 후 보험가입자가 유의수준이나 안전에의 투자를 줄이려 한다는 것이다. 따라서 보험회사의 입장에서 취할 수 있는 최선의 방법은 보험가입자의 그러한 행동변화를 예측하고 보험요율에 반영하는 것인데, 이럴 경우 도덕적 hazard에 의한 기대손실의 증가분을 보험가입자에게 미리 청구하는 것과 같기 때문에 보험료는 상승하여 보상에 비해 비싸지게 되는 문제가 발생한다.

도덕적 hazard는 사전적(ex ante)인 것과 사후적(ex post)인 것으로 구분될 수 있다. 사전적인 도덕적 hazard는 보험이 보험가입자의 손실방지(loss prevention)를 위한 유인에 영향을 주는 것이다. 자동차보험의 경우 보험가입자는 자동차사고로 인한 어떤 손실도 보상된다는 것을 알고 있기 때문에 보험에 가입하지 않은 사람보다 운전할 때 조심성이 떨어진다고 볼 수 있다. 극단적인 경우 보험금을 타기 위하여 의도적으로 손실을 발생시키는 보험사기(insurance fraud)를 할 수도 있다. 보험사기는 모든 보험시장에서 주요한 쟁점 중의 하나로서 우리나라의 보험시장도 예외는 아니다.

사후적인 도덕적 hazard는 보험가입자가 손실이 발생한 이후 추가적인 손실을 줄이려는 유인에 영향을 주는 것이다. 다시 말해서, 보상되는 손실로 고통을 받고 있는 보험가입자가 추가적인 손상을 최소화하려는 노력을 게을리 하거나 전혀 하지 않을 수도 있다. 예를 들어 고용보험의 경우 실직으로 실업수당을 수령하는 사람이 같은 환경 속에서 실업수당을 받지 않는 사람에 비해 새로운 직업을 찾으려는 노력을 게을리 할 수도 있다.

1. 도덕적 Hazard의 기본모형

보험시장에서 일어나는 도덕적 hazard의 현상을 살펴보기 위하여 화재리스크에 직면한 어떤 사람이 있다고 하자. 그가 화재를 예방하기 위하여 스프링쿨러, 연기탐지기, 방화벽 또는 방화문 등에 투자하는 등 유의 또는 안전의 수준을 선택하여야 한다. 안전수준이 높을수록, 즉 화재예방에 쏟는 노력이 많을수록 화재로 인한 손실은 줄어들 것이 분명하다. 화재예방에 들어가는 비용을 C라고 할 때 C는 선택한 안전수준 s의 함수 $C(s)$로서 예방비용은 안전수준이 높으면 높을수록 증가하는, 다시 말해서 C는 s의 비례함수라고 할 수 있다. 반면에 화재예방은 화재의 빈도(frequency)나 정도(severity)를 줄여주는 쪽으로 영향을 주기 때문에 화재로 인한 기대손실이 낮아진다. 화재로 인한 손실 L의 확률 p는 안전수준 s에 달려 있는데 확률 $p(s)$는 s의 수준이 높아질수록 낮아진다.

그런데 어느 정도의 화재예방이 필요한가를 결정할 때 기준은 화재예방을 위해 추가적인 노력을 함으로써 생기는 한계편익(marginal benefit)과 한계비용(marginal cost)을 비교하는 것이다. 화재예방의 노력으로 생기는 한계편익은 화재로 인한 손실이 줄어드는 정도에 의해서 결정된다. 분석의 편의를 위해 우선 화재예방을 위한 노력의 한계비용이 일정한 수준이며 화재에 직면한 어떤 사람이 리스크에 개의치 않아(indifferent) 보험을 들지 않았을 경우 건물의 기대가치를 극대화하는 안전수준은 선택한 안전수준에 의한 한계편익과 한계비용이 같아지는 수준이다. [그림 9-1]에서 보는 바와 같이 S_1의 왼쪽에서는 화재예방을 위한 안전수준 S_2에서 나오는 한계편익이 한계비용보다 크므로 안전의 수준을 더 높이는 것이 이

그림 9-1 ▸▸ 보험과 가치극대화를 위한 예방수준

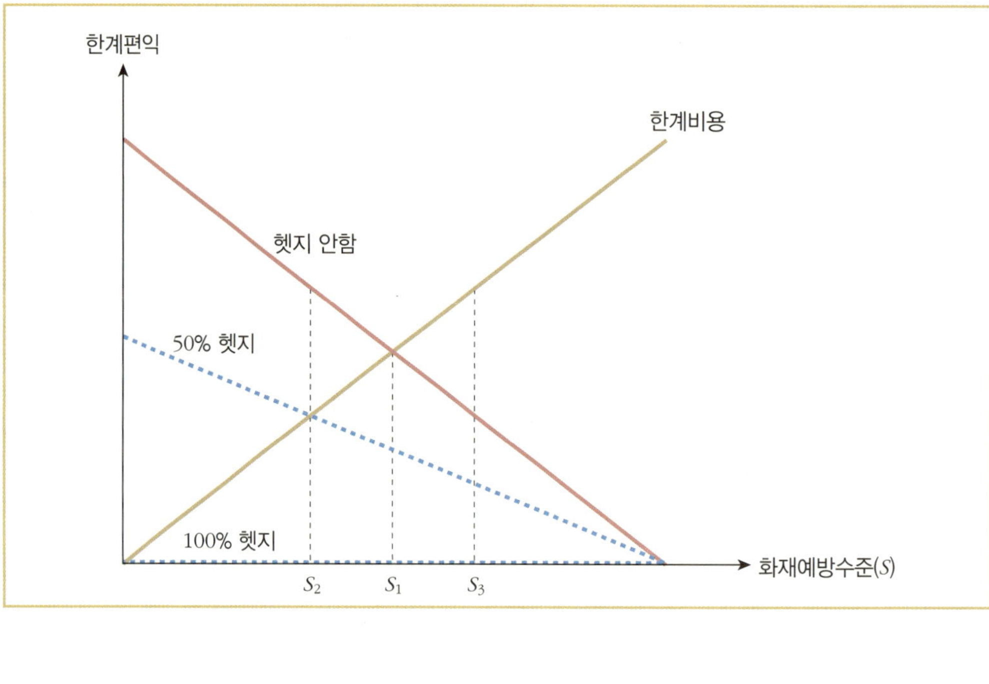

득이 되지만 S_1의 오른쪽인 안전수준 S_3에서는 한계편익이 한계비용보다 작으므로 안전의 수준을 더 낮추는 것이 이득이 된다. 따라서 두 개의 함수가 교차하는 S_1만큼의 안전수준을 유지하는 것이 가장 유리한 결정이 된다.

이것을 수식으로 표현하기 위하여 초기의 건물가치를 W_0라 하고 건물의 기대가치를 W_i라고 할 때,

$$W_i = W_0 - C(s) - \Sigma p_i(s) \times L$$

건물의 기대가치 W_i를 극대화하기 위한 화재예방을 위한 안전수준 s를 결정하기 위하여 상기의 식의 양쪽을 s에 대하여 미분하고 0의 값을 주면 다음과 같다.

$$\frac{\partial W}{\partial s} = -\frac{\partial C}{\partial s} - \Sigma \frac{\partial p_i}{\partial s} L = 0$$

상기 식에서 한계편익인 $-\Sigma \frac{\partial p_i}{\partial s} L$과 한계비용인 $\frac{\partial C}{\partial s}$이 같아지는 화재예방의 안전수준이 건물의 가치를 극대화한다는 것을 알 수 있다.

그런데 만약 건물주가 화재보험에 가입할 경우 어떠한 변화가 있는지 알아보자. 우선 분명한 것은 앞서 설정한 가정에 의하여 그의 화재예방 노력과 관련된 한계비용에는 아무런 변화가 없을 것이다. 그러나 건물주의 입장에서 한계편익에는 변화가 일어나게 되는데 화재가 발생하였을 때 보험을 통해 손실을 보상받을 수 있으므로 자발적인 예방을 위한 안전수준에서 나오는 한계편익은 보험에 가입하지 않았을 때에 비해 더 작아지게 된다. 왜냐하면 화재예방을 위한 안전수준에서 나오는 한계편익은 보험에서 보상해주지 않는 부분의 손실이 줄어드는 것에만 관련을 갖기 때문이다. 예를 들어 [그림 9-1]에서 볼 수 있듯이 100% 손실을 보상해주는 전부보험(full insurance)에 가입하는 경우 한계편익(100% 헷지)은 안전수준에 관계없이 0이 된다. 그러나 50%를 보상해주는 부분보험(partial insurance)에 가입하는 경우 새로운 한계편익(50% 헷지)으로 나타나 있는데, 보험에 가입한 후 화재예방을 위한 안전수준이 S_2로 떨어지는 것을 볼 수 있다. 이것이 바로 도덕적 hazard를 말해주고 있다. 이러한 내용을 수식으로 보여주기 위하여 보험회사가 α의 손실을 보상해주고 나머지$(1-\alpha)$를 건물주가 부담한다고 할 때 건물주가 납입해야 하는 보험료(P)는 보장되는 리스크에 비례하게 되므로 αP가 된다. 따라서 건물의 기대가치는 다음과 같다.

$$W_i = W_0 - C(s) - (1-\alpha) \times p_i(s)L - \alpha P$$

건물의 기대가치 W_i를 극대화하기 위한 화재예방을 위한 안전수준 s를 결정하기 위하여 상기 식의 양쪽을 s에 대하여 미분하고 0의 값을 주면 다음과 같다.

$$\frac{\partial W}{\partial s} = -\frac{\partial C}{\partial s} - (1-\alpha)\Sigma\frac{\partial p_i}{\partial s}L = 0$$

상기 식에서 한계비용이 $(1-\alpha) \times$한계편익과 같아지는 것을 볼 수 있는데, 건물주의 화재예방을 위한 안전수준이 보험가입으로 인하여 낮아진다는 것을 알 수 있다. 화재예방을 위한 안전수준에 관한 정보는 오직 화재보험에 가입하려는 건물주만이 갖고 있으며, 정보를 갖고 있지 않은 보험회사의 관점에서는 건물주가 바람직하지 않은 행동인 안전수준을 낮추는 선택을 하고 있는 것이다.[02]

2. 보험시장에 미치는 영향

도덕적 hazard가 보험시장에 미치는 영향을 알아보기 위하여 400만원으로 평가되는 자동차와 현금으로 1,200만원을 소유하고 있는 직업이 영업사원인 갑이라는 사람이 있다고 하자. 직업의 특성상 자동차를 이용한 이동이 많기 때문에 자동차사고가 날 확률은 갑이 얼마만큼 조심스럽게 운전하느냐에 달려 있다. 갑이 시간에 쫓겨 급하게 운전할 경우 사고확률은 40%이고 여유를 가지고 조심스럽게 운전할 경우 사고확률은 10%이다. 그런데 여유를 가지고 조심스럽게 운전하는 경우 업무를 완수하는 데 필요한 추가적인 이동시간으로 인하여 50만원의 추가비용이 유발된다. 만약 자동차사고가 날 경우 자동차는 전손(total loss)으로 처리되어 자동차의 잔존가치는 없다.

상기의 가정하에서 갑의 재산에 대한 효용함수는 대수의(logarithmic) 형태를 가지고 있다. 기대효용의 법칙에 따라 갑이 여유를 가지고 조심스럽게 운전할 경우의 기대효용 EU_C과 시간에 쫓겨 급하게 운전할 경우의 기대효용 EU_{CL}는 각각 다음과 같다.

---

01 이 경우 보험회사가 건물주가 선택한 안전수준인 s를 감시할 수 없다는 가정하에서 설명된 것이며 만약 안전수준에 걸맞는 보험료를 부과할 경우 문제점은 없을 것이다.

$$EU_C = (0.1) \times U(1,600\text{만원} - 50\text{만원} - 400\text{만원}) + (0.9)) \times U(1,600\text{만원} - 50\text{만원})$$
$$= (0.1) \times \ln(1,150\text{만원}) + (0.9) \times \ln(1,550\text{만원}) = 16.53$$
$$EU_{CL} = (0.4) \times U(1,600\text{만원} - 400\text{만원}) + (0.6)) \times U(1,600\text{만원})$$
$$= (0.4) \times \ln(1,200\text{만원}) + (0.6) \times \ln(1,600\text{만원}) = 16.47$$

기대효용의 법칙에 따라 갑은 추가비용이 유발됨에도 불구하고 여유를 가지고 조심스럽게 운전하여 이동하는 것을 택할 것이다.

만약 갑이 기대손실(계리적으로 적정한 요율)로 보험료가 책정된 자동차보험에 가입할 수 있다고 가정하였을 때, 보험회사의 입장에서는 갑이 어떻게 운전할 것인가의 판단에 따라 보험료를 달리 제시할 수 있다. 다시 말해서 보험회사가 갑이 여유를 가지고 조심스럽게 운전한다고 판단할 경우 보험료 AFP_C는 40만원(0.1×400만원)이 된다. 그러나 시간에 쫓겨 급하게 운전한다고 판단할 경우 보험료 AFP_{CL}은 160만원(0.4×400만원)이 된다. 보험회사의 입장에서 과연 갑에게 어떤 보험료를 제시할 것인가에 대한 해답을 구하기 위해 우선 갑이 조심스럽게 운전해야 하는 유인에 대하여 생각해보자. 보험에 가입하면 자동차사고로 인한 어떤 손실도 즉시 보상된다는 것을 갑은 알고 있다. 만약 갑이 40만원의 보험료를 지급하고 보험에 가입할 경우 조심스럽게 운전함으로써 유발되는 50만원의 추가비용을 지불할 아무런 이유가 없다. 따라서 보험회사 입장에서 갑이 조심스럽게 운전함으로써 얻는 경제적 유인이 없다는 것을 알고 급하게 운전할 것이라고 가정하고 보험료로 160만원이 책정된 자동차보험을 제시할 것이다. 이 경우 갑이 보험을 구매했을 때의 기대효용 EU^I_{CL}은 다음과 같다.

$$EU^I_{CL} = U(1,600\text{만원} - 160\text{만원}) = \ln(1,440\text{만원}) = 16.48$$

상기의 결과를 정리해보면 $EU_C(16.53) > EU^I_{CL}(16.48) > EU_{CL}(16.47)$라는 것을 알 수 있다. 이것은 갑이 계리적으로 적정한 요율로 보험료가 책정된 자동차보험에 가입하는 대신 추가비용의 유발에도 불구하고 여유를 가지고 조심스럽게 운전하는 것을 의미한다고 하겠다.

3. 보험회사의 대응

도덕적 hazard의 문제는 결국 보험가입자 스스로 사고예방을 위한 노력을 하도록 보험회사가 어떠한 유인책을 제시하는가에 달려있다. 도덕적 hazard가 나타나는 이유는 보험에 가입한 후 가입자가 취한 예방의 추가비용은 가입자의 부담으로 남는 반면 예방으로 인한 편익은 보험회사로 이전되기 때문이다. 이러한 문제점을 극복하기 위하여 보험회사는 예방조치에 의한 한계편익 또는 부주의로 인한 한계비용 또는 한계편익과 한계비용 모두가 정(+)의 값을 갖도록 노력하고 있다.

한계편익의 값이 정(+)이 되게 하는 방법 중의 하나가 자기부담금(deductible) 또는 공동보험(coinsurance)의 조항을 활용하여 보험가입자에게 손실비용의 일부를 전가시키는 것이다. 자기부담금은 손실비용 중에서 보험가입을 할 때 미리 정한 일정금액을 보험가입자 본인이 부담하게 하고 나머지 금액만을 보상해주는 방식으로 사고가 나면 일정금액이 자동적으로 보험가입자의 부담이 되므로 스스로 예방하는 노력을 할 것이다. 공동보험의 경우 손실비용 중에서 보험가입을 할 때 미리 정한 일정비율을 보험가입자 본인이 부담하게 하고 나머지 비율만을 보상해 주는 방식인데, 예를 들어 손실비용의 20%를 보험가입자가 부담하고 나머지 80%만을 보험회사가 보상해주는 형식으로 일정비율이 자동적으로 보험가입자의 부담이 되므로 사고예방을 위한 노력을 게을리하지 않을 것이다. 두 방법 모두 손실비용의 일부를 보험가입자에게 부담시킴으로써 사고예방으로 인한 한계편익을 정(+)의 값이 되게 한다. 따라서 보험가입자에게 손실을 줄이려는 경제적 유인을 부여하는 것이다.

한계편익의 값이 정(+)이 되게 하는 두 번째 방법으로는 손실예방을 위한 조치를 취한 보험가입자에게 보상해주는 것으로서 구체적으로 소급요율산정방식(retrospective rating plan)과 경험요율산정방식(experience-rating plan)이 있다. 전자의 경우 현재의 보험계약에 의해 책정된 잠정적 보험료(provisional premium)를 계약기간 동안에 실제로 발생한 손실을 반영하여 계약만료와 동시에 조정하는 방식이며, 후자는 보험계약을 체결할 때 지난 기간에 보험가입자가 경험한 손실기록을 바탕으로 보험료가 정해지는 방식으로 두 방식 모두 예방노력과 적은 손실을 발생시킨 것에 대하여 보험가입자에게 보상하는 것이다.

제2절 역선택

경쟁적 모델(competitive model)에서 중요한 가정들 중의 하나가 바로 구매자와 판매자가 모두 완전한 정보를 공유하고 있다는 것이다. 그러나 현실적으로 정보가 비대칭적으로 분포되어 있는 상황이며 이를 극명하게 보여주는 예로서 중고차시장을 들 수 있다. 겉보기만 그럴듯하고 속으로는 형편없는 물건을 영어로는 'lemon'이라고 하는데, 이를 빗대 중고차시장의 문제를 'lemon problem'이라고 한다.[03]

현재 중고차시장에 동일한 연대에 제작된 100대의 동일한 모델의 BMW가 전시되어 있고 그 중 절반인 50대는 겉보기도 좋고 엔진 등 차체상태가 좋은 A급 lemon인 반면, 나머지 50대는 겉모양은 그럴 듯하나 차체상태가 상대적으로 좋지 않은 B급 lemon이라고 가정하자. A급의 소유자는 최소 3,000만원은 받아야 한다고 생각하고 있는 반면에, B급의 소유자는 1,500만원만 받았으면 하는 생각이다. 한편 중고차를 구매하려는 사람은 A급에 대해서는 3,500만원 그리고 B급에 대해서는 2,000만원까지 지불하고 구매할 용의가 있음을 밝혔다.

만약 중고차에 대한 정보가 판매자와 구매자 사이에 모두 공유되고 있다면 각각 원하는 구매와 판매가격 범위에서 거래가 이루어 질 것이다. 그러나 정보가 공유되지 못하고 겉으로 보기에 어떤 유형인지 구분이 어려운 경우 구매자는 매우 조심스러운 태도를 취할 수밖에 없는 상황에서 이야기는 달라진다.

정보의 비대칭 상황에서 구매자가 지불할 수 있는 기대금액은 A급과 B급에 지불할 수 있는 금액에 각각의 확률 0.5를 곱하여 구한 2,750만원이 된다. 구매자가 2,750만원이란 구매가격을 제시할 경우 A급 판매자는 본인이 받으려는 금액인 3,000만원보다 적기 때문에 판매를 포기하는 반면에, B급 판매자는 기꺼이 팔려고 할 것이다. 따라서 중고차시장에는 A급은 자취를 감추고 온통 B급 lemon만 남게 되는 현상이 나타난다. 이 같은 성격의 시장을 'lemon시장(market for lemons)'이라고 하며, 거래의 실패가 나쁜 자동차인 B급을 팔려고 중고차시장에 내놓는 행위에서 만들어지고 있다. 현실적으로 좋은 것에서부터 나쁜 것까지 다양한 품질의 차가 거래되는 중고차시장에도 상기의 논리가 그대로 적용되는데, 평균적인 차의 품질에 의해 중고차의 가격이 결정되는 상황에서 상대적으로 품질이 좋은 중고차는 점점 사라져 결국 나쁜 품질의 중고차만 시장에 남게 되는 현상이 나타난다.

이 같이 정보가 비대칭적으로 분포된 상황에서 정보를 갖지 못한 사람의 입장에서 볼 때 바람직하지 못한 상대방과 거래를 할 가능성이 높아진 현상이 나타났을 때 역선택에 직면하게 된다. 역선택의 문제는 결국 감추어진 특성 때문에 생기는 것이며 또한 나쁜 차를 소유한 사람은 자발적으로 팔려고 내놓는 반면에, 좋은 차를 소유한 사람은 자발적으로 자취를 감

03 좀 더 자세한 내용은 George Akerlof, "The Market for Lemons: Quality Uncertainty and the Market Mechanism," *Quarterly Journal of Economics* 84, 1970, pp.488-500을 참조

추게 되는, 즉 정보를 갖고 있는 사람의 자기선택(self-selection)과정에서 생기는 현상이라고 할 수 있다.

1. 역선택의 기본모형

역선택은 보험시장과 관련하여 활발하게 논의되는 분야로서 잠재적인 보험가입자들이 보험회사보다 그들 자신의 손실과 관련된 성향에 대하여 보다 많은 정보를 가지고 있는 정보의 비대칭에서 비롯된 것으로 보험시장에 영향을 미칠 수 있다. 보험에서의 역선택이란 보험가입자들이 그들의 리스크에 대한 우월한 정보를 이용하여 계리적으로 합당한 보험료보다 낮은 보험료로 보험상품을 구매하고 유지하려는 경향을 말하는데, 보험회사가 개인의 리스크의 유형에 맞는 적정한 보험료를 결정하는 데 어려움을 가져온다. 역선택의 문제가 보험시장에서 어떻게 일어나는지를 알아보기 위해서 손해보험의 경우를 살펴보자.

이해를 돕기 위하여 대수함수(logarithmic function)와 같은 효용곡선을 가진 갑과 을이 있다고 하자. 두 사람의 초기재산은 125M원이며 다가오는 1년 안에 100M원의 손실을 입을 가능성이 존재하고 있다(여기서 M은 백만을 의미). 갑의 경우 손실확률이 0.25로서 리스크가 낮은(low-risk) 그룹(L)에 속하고 을의 경우는 손실확률이 0.75로서 리스크가 높은(high-risk) 그룹(H)에 속한다. 앞서 언급한 Bernoulli principle에 따라서 두 사람은 각자에게 계리적으로 적정한 보험료율(기대손실)로 만들어진 상품이 있으면 전부보험(full insurance)에 가입한다는 것을 알고 있다. 따라서 보험가입을 할 때 갑(L)과 을(H) 각각의 기대효용은 다음과 같으며 상대적인 효용의 위치는 [그림 9-2]에 나타나 있다.

$$EU_I^L = U(100\text{M}) = 18.42 > 0.75U(125\text{M}) + 0.25U(25\text{M}) = 18.24 = EU_{NI}^L$$
$$EU_I^H = U(50\text{M}) = 17.73 > 0.25U(125\text{M}) + 0.75U(25\text{M}) = 17.44 = EU_{NI}^H$$

만약 보험회사가 리스크가 낮은 갑과 리스크가 높은 을을 구별할 수 있다면 각각에 맞는 계리적으로 적정한 보험요율의 상품을 제공하여 두 사람 모두 자동차보험에 가입할 것이다.

만약 보험회사가 갑과 을의 리스크를 구분할 수 없을 경우 과연 손익분기점에 도달하는 보험료를 어떻게 산출해 낼 것인가를 알아보기 위하여 우선 갑과 을 두 사람만이 보험에 가입한다고 가정하자. 이 경우 보험회사는 두 사람에게 각각 부과되는 계리적으로 적정한 보험료의 평균인 공정한 공동보험료(fair pooled premium) 50M원((25M+75M)/2)을 부과할 수 있다.

적정한 공동보험료가 부과된 자동차보험의 구매결정은 보험에 가입하지 않았을 때의 각각의 기대효용과 적정한 공동보험료를 지불하고 보험에 가입하였을 때의 기대효용을 비교하여 이루어질 것이다. 두 사람 모두 같은 초기재산을 가지고 있으며 자동차사고로 인한 리스크를 보험회사에 이전시키기 위해 같은 보험료를 지불하기 때문에 보험가입 후 두 사람의 기대효용은 같을 것이다. 공동보험료를 지불한 후의 기대효용은 $EU_I^P = U(75M) = 18.13$이며 효용의 위치는 [그림 9-2]에 나타나 있다.

그림 9-2 ▸▸ 리스크(L, H)에 따른 기대효용

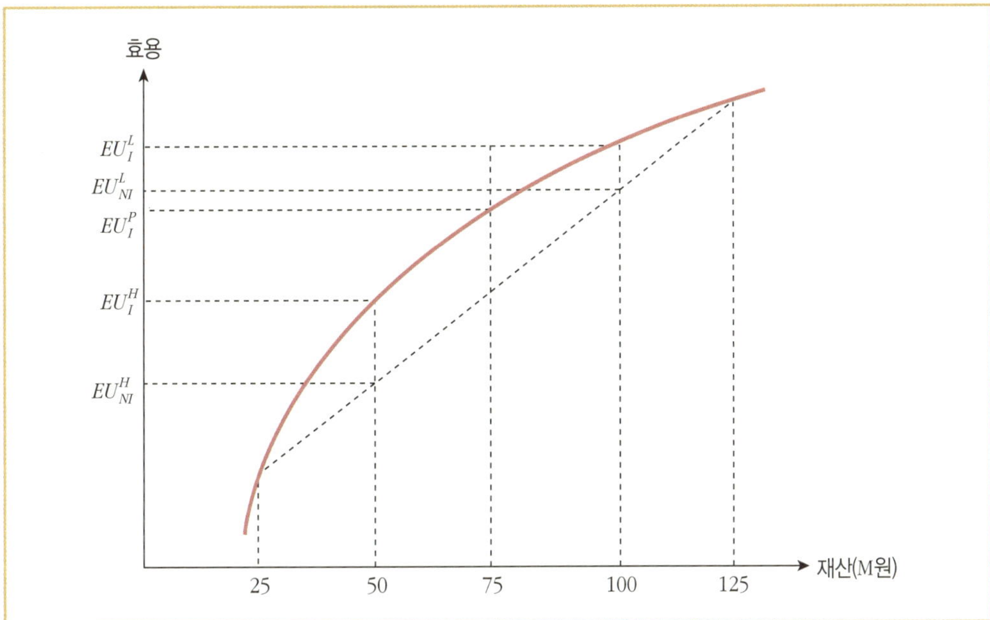

기대효용의 순서는 $EU_I^L = 18.42 > EU_{NI}^L = 18.24 > EU_I^P = 18.13 > EU_I^H = 17.73 > EU_{NI}^H = 17.44$로 나와 있다. 이를 통하여 을과 같은 리스크가 높은 그룹에 속한 사람들은 기대손실보다 낮은 보험료로 책정된 상품에 만족할 것이고 반면에 리스크가 높은 사람들을 보조해 주는 갑과 같은 리스크가 낮은 그룹에 속한 사람들은 보험에 가입하지 않을 때의 기대효용이 높기 때문에 자동차보험에 가입하지 않을 것이다.

공동보험료는 두 사람이 모두 보험에 가입하는 것을 전제로 책정된 것이므로 보험회사의 입장에서 리스크가 낮은 사람들이 보험에 가입하지 않음으로써 리스크포트폴리오의 구성에 변화가 와서 결국 기대손실이 75M원인 리스크가 높은 사람들만이 포트폴리오를 구성하게 된다. 이렇게 되면 공동보험료인 50M원이 적정하지 않아 보험회사는 수입보험료보다 많은 보상금을 지급하게 됨으로써 궁극적으로 공동보험료로 책정된 자동차보험상품의 영업을 중단할 수밖에 없는 상황에 직면하게 될 것이다. 따라서 리스크가 낮은 사람들은 보험에 가입하지 못함으로써 발생한 효용의 감소(a deadweight loss)를 감수하여야 하는 반면에, 보험에 가입하려는 사람들은 상대적으로 리스크가 높은 사람들이다.

2. 보험회사의 대응

이상과 같은 역선택의 상황은 보험가입자에 대한 보험회사의 정보부족에서 비롯된 것으로 결국 리스크가 높은 사람들만이 남게 될 때까지 계속될 것이다. 물론 완벽한 정보를 공유하기란 불가능하다. 따라서 정보의 비대칭이 존재하는 한 역선택의 문제는 보험회사가 풀어야 할 숙제인 것이다. 그러나 보험회사의 입장에서 역선택의 문제를 해결하는 것은 현실적으로 불가능하기 때문에 역선택의 문제를 가급적 줄이려는 노력을 해야 할 것이다.

역선택의 직접적인 원인이 보험회사와 보험에 가입하려는 잠재적 가입자 사이의 리스크에 관한 정보의 비대칭에서 비롯되는 것이기 때문에 정보부족의 문제를 극복하기 위한 방법으로 잠재적 가입자에 대한 보다 많은 정보를 이끌어 내야 한다. 이러한 기능은 보험회사의 조직 중에서 보험인수를 담당하는 부서(underwriting department)에서 수행하는데, 장래의 보험가입자에 대한 충분한 정보수집은 보험회사가 어느 정도의 엄밀한 리스크 분류제도를 시행하고 있느냐에 달려 있다.[04]

역선택의 문제를 줄이기 위한 두 번째 방법으로는 보험계약의 내용을 다양하게 함으로써 보험가입자로 하여금 그들에게 가장 적절한 리스크 분류에 속하는 자기선택을 하도록 유도하는 것이다. 앞서의 예를 그대로 인용하면서 보험회사가 다음과 같은 두 가지의 보험상품을 제시한다고 가정하자. 첫 번째 상품($P1$)은 리스크가 높은 사람들의 기대손실인 75M원으로 보험료가 책정된 종합보험이며 두 번째 상품($P2$)은 90M원의 자기부담금이 있으며 보험료로 2.5M원[05]이 책정된 보험상품이다. 두 사람 모두 대수함수라는 같은 효용함수를 가지고

---

04 보험회사의 underwriting 기능에 대해서는 제14장과 제18장에서 좀 더 심도있게 다룰 것임.

05 상기의 보험료는 90M원의 자기부담금을 감수하는 리스크가 낮은 사람의 기대손실로서 다음과 같이 계산되어 산출되었다. $0.75 \times 0 + 0.25 \times (100M - 90M)$

있다는 가정하에 각 상품에 대한 기대효용을 계산해보면 다음과 같다.

$$EU_{P1}^{L}=0.75U(125\text{M}-75\text{M})+0.25U(125\text{M}-75\text{M}-100\text{M}+100\text{M})$$
$$=0.75U(50\text{M})+0.25U(50\text{M})=U(50\text{M})=\ln(50\text{M})=17.73$$

$$EU_{P1}^{H}=0.25U(125\text{M}-75\text{M})+0.75U(125\text{M}-75\text{M}-100\text{M}+100\text{M})$$
$$=0.25U(50\text{M})+0.75U(50\text{M})=U(50\text{M})=\ln(50\text{M})=17.73$$

$$EU_{P2}^{L}=0.75U(125\text{M}-2.5\text{M})+0.25U(125\text{M}-2.5\text{M}-100\text{M}+(100\text{M}-90\text{M}))$$
$$=0.75U(122.5\text{M})+0.25U(32.5\text{M})=0.75\ln(122.5\text{M})+0.25\ln(32.5\text{M})=18.29$$

$$EU_{P2}^{H}=0.25U(125\text{M}-2.5\text{M})+0.75U(125\text{M}-2.5\text{M}-100\text{M}+(100\text{M}-90\text{M}))$$
$$=0.25U(122.5\text{M})+0.75U(32.5\text{M})=0.25\ln(122.5\text{M})+0.75\ln(32.5\text{M})=17.63$$

보험에 가입하지 않았을 때의 기대효용을 포함하여 상기의 결과를 정리한 내용이 [표 9-1]에 정리되어 있다. 리스크가 높은 사람들은 보험에 가입하지 않는 것보다 기대손실로 보험료가 책정된 보험상품($P1$)에 가입하는 것을 선호하는 것으로 나타났는데 이는 Bernoulli Principle과 일치하는 것을 보여주고 있다. 또한 자기부담금이 있는 보험상품($P2$)의 경우 자기부담금을 감당해야 하는 확률이 상당히 높기 때문에 보험료부담이 상대적으로 적음에도 불구하고 리스크가 높은 사람의 입장에서는 자기부담금이 없지만 보험료가 큰 보험상품($P1$)을 선호한다. 이를 통하여 리스크가 높은 사람의 리스크형태가 밝혀진 것과 같은 효과가 있다.

리스크가 낮은 사람의 경우 어느 계약보다도 보험료가 저렴한 보험상품($P2$)를 선호하는

표 9-1 | 역선택 대응보험 상품의 예

계약형태	기대효용	
	EU^{L}	EU^{H}
보험에 가입 안함	18.24	17.44
보험상품($P1$)/보험료 75M원 (자기부담금 없음)	17.73	17.73
보험상품($P2$)/보험료 2.5M원 (90M원 자기부담금)	18.29	17.63

것으로 나타났다. 리스크가 낮은 사람은 보험상품을 구매할지라도 본인이 잠재적으로 적은 손실을 발생시킨다는 것을 알리기 위하여 다소의 비용은 감수한다는 것이다. 리스크가 낮은 사람에게는 그들의 기대손실로 보험료가 책정된 종합보험을 선호하며, 이때의 기대효용은 18.42지만 역선택의 문제로 인하여 자기부담금이 있는 보험상품(*P*2)을 선택할 수밖에 없어 0.13이라는 효용의 손실을 가져왔다.

마지막으로 보험회사 간의 경쟁이 역선택의 문제를 줄일 수도 있다. 개별운전자에 대한 예상손실에 대한 정보는 곧 보험회사가 보상해야 할 금액이라는 경제적 가치를 가지고 있다. 예상손실에 관한 정보를 가진 보험회사는 단순히 저렴한 보험료에 의해 리스크가 낮은 운전자에게만 보험가입을 허용하는 것으로 차별화하는 경쟁보험회사로부터 리스크가 낮은 운전자들을 선별적으로 유인할 수 있다. 그러므로 보험회사 간의 경쟁은 보험회사들이 리스크그룹 간에 어느 정도 차별되는 보험료가 부과되는 제도를 활용할 수 있는 정보를 찾아서 축적하도록 유도할 것이다. 물론 완벽한 정보를 서로 공유할 수 없으며 따라서 역선택의 문제는 이러한 정보의 비대칭이 해결되지 않는 한 결코 해결될 수 없다. 그러나 활발한 경쟁적 보험시장이 형성된다면 역선택의 문제는 정보에 대한 투자비용을 반영하는 수준까지 줄어들 수 있을 것이다.

PART 03

생명보험

RISK & INSURANCE

CHAPTER 10

생명보험의 본질

어느 경제학자의 말처럼 우리가 죽을 때까지 피할 수 없는 것이 죽음이다. 인간에게 있어 죽음이란 확정적인 사건이지만 그 시기가 불확실하다는 것은 분명한 사실이다. 일반적으로 행복한 삶이란 평소 꿈꾸어 왔던 바를 이루고, 단란한 가정을 꾸리며, 풍요로운 노후를 보내는 것일 것이다. 꿈의 성취를 위해서는 건강이 뒷받침되어야 하며, 단란한 가정은 가장(breadwinner)의 역할과 책임이 전제되어야 한다. 풍요로운 노후 역시 건강의 유지와 충분한 재력이 축적되어 있어야 가능한 일이다. 그러나 건강과 죽음에 대한 불확실성은 우리의 행복한 인생을 위협하게 된다.

자신이 꿈꾸던 소원을 질병이나 상해 등 건강의 악화로 인해 중도에 포기하거나, 가장의 예기치 않은 사망으로 인해 가정이 경제적인 곤란을 겪게 된다거나, 준비되지 않은 노후로 인해 여생을 불행하게 보내는 사람들을 주변에서 적지 않게 볼 수 있다.

결국, 행복한 삶이란 생을 마감하는 날까지 건강한 삶을 지속적으로 유지하는 것이다. 건강 악화, 경제력 상실, 노후 불안 등을 걱정하는 일들이 어떠한 수단을 통하여 경감될 수 있다면 우리의 삶의 질은 보다 나아질 것은 분명한 사실이다. 이러한 인간의 근본적인 필요를 충족시켜 주는 수단이 바로 생명보험이다.

주요용어

생명보험	가장(breadwinner)	인생주기
평균수명	조기사망	

제1절 생명보험의 의의

일반적으로 사람은 출생에서 사망에 이르는 동안 성장, 결혼, 육아, 노후와 같은 인생주기(life cycle)를 따라 일생을 살아간다. [그림 10-1]에서 볼 수 있듯이 출생 이후 성장과 함께 소정의 교육과정을 마치게 되면 직장생활을 통한 사회생활을 시작으로 미래를 설계하고 결혼, 주택구입 등 가정을 꾸미는 구체적인 계획을 마련한다. 결혼 이후에는 자녀가 출생하게 되고 그들을 양육하고 결혼시키는 책임이 주어진다. 그리고 자녀들의 혼사가 마무리될 무렵 직장에서 퇴직과 동시에 노후생활이 기다리고 있다. 이러한 인생주기를 거치면서 가정생활자금, 주택마련자금, 자녀교육 및 결혼자금, 노후생활자금, 긴급자금 등이 필요하게 되며 이러한 필요자금을 마련하기 위해 현재의 소비를 억제하고 줄이는 희생을 통하여 저축, 증권, 부동산 등 수익성이 높은 투자수단을 활용하는 노력을 게을리 하지 않는다.

그림 10-1 ▸▸ 인생주기와 리스크

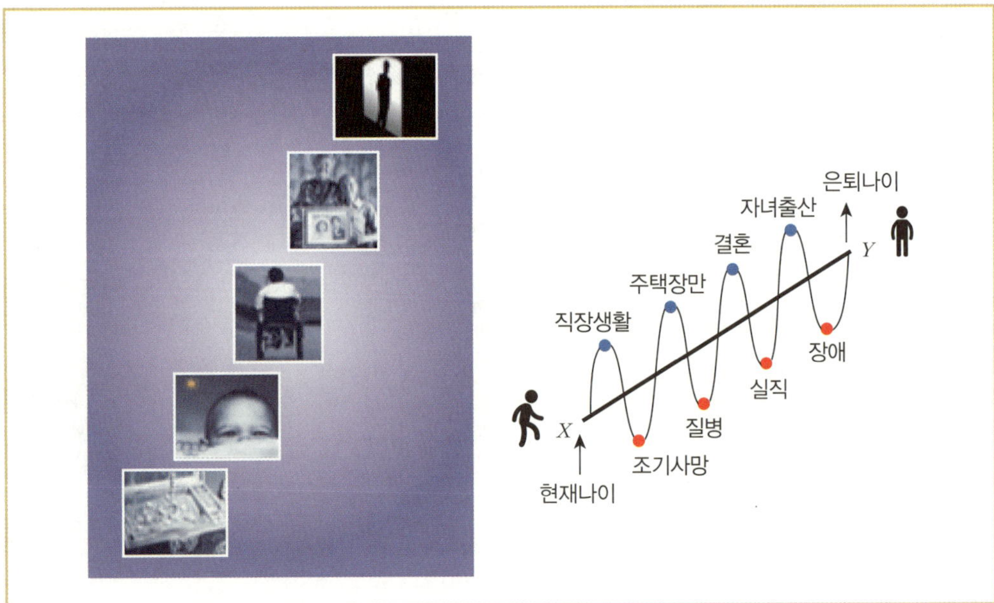

그러나 인생주기에는 항상 청신호만 켜져 순탄한 행보만을 할 수 없게 만드는 원치 않는 적신호가 곳곳에 도사리고 있다. 예컨대 풍수해 등의 천재지변으로 인한 자연재해, 화재, 도난과 같은 각종 재해로부터 가장(家長, breadwinner)의 예기치 않은 조기사망(premature death), 각종 질병(illness)이나 상해(injury) 및 그로 인한 장애(disability), 그리고 원치 않은 실업(loss of job) 등 예측할 수 없는 우연발생적인 사고가 헤아릴 수 없이 많으며 이들 사고나 재난은 문명의 발달에도 불구하고 날로 증가하고 있다. 따라서 우리의 일상생활은 경제적 · 정신적 고통을 수반하는 예측할 수 없는 수많은 불의의 사고에 의해 위협받고 있으며, 발생 시 개인뿐만 아니라 가족구성원의 안정적인 삶을 유지하는 데 큰 어려움을 겪게 된다.

이상과 같이 인생주기에서 나타나는 청신호에 수반되는 필요한 자금을 마련하고 예기치 않은 적신호에 대비한 기술적 · 경제적인 수단을 마련할 필요가 있는 것이다. 기술적 수단으로는 손실통제(loss control)를 통하여 사고의 빈도를 줄이는 손실예방(loss prevention)과 사고 발생 시 신속한 수습을 통한 손실감소(loss reduction)가 있으며, 경제적 수단으로는 발생시기를 예측할 수 없는 우연발생적 사고(예로서 가장의 예기치 않은 사망)로 인한 재정적 부담을 경감시키기 위한 보험이 있으며 발생시기를 예측할 수 있는 확실한 경우(예로서 자녀결혼자금, 주택구입 등)의 경제적 수요를 충족시키기 위한 저축이 있다.

그러나 기술적 수단은 여건상 제약이 있으므로 불충분하고 불안정하다. 따라서 인생주기를 거치면서 우리를 둘러싸고 있는 수많은 적신호로부터 우리의 경제생활을 지켜줄 뿐 아니라 청신호를 유지하기 위한 필요자금을 충족시켜줄 수 있는 가장 합리적이고 확실한 협력수단이 필요한 것이며 이러한 필요성에 따라 생명보험제도가 성립된 것이다.

생명보험은 상부상조의 정신을 바탕으로 인생주기에서 누구나 공통적으로 느끼는 일정한 형태의 리스크, 즉 우연한 사고, 질병, 장애, 상해, 사망, 퇴직 등의 불의의 사고로 인한 경제적 손실을 복구(restoring)할 목적뿐만 아니라 인생주기에서 필요자금으로 인한 수입과 지출의 균형을 유지할 목적으로 다수의 계약자로부터 합리적으로 계산된 분담금인 보험료를 모아서 형성된 공동준비재원을 불의의 사고를 당한 사람에게 약정된 금액인 보험금을 지급하는 금융수단(financial instrument)의 형태라고 할 수 있다. 이처럼 생명보험은 재산을 마련하는 저축기능뿐만 아니라 우연히 발생하는 사고에 대비하는 보장기능을 동시에 갖추고 있다. 생명보험은 상부상조의 정신이 근간이 되므로 독일학자 마네스(Manes)가 적시한 '일인(一人)은 만인(萬人)을 위하여, 만인은 일인을 위하여'라는 말이 널리 인용되고 있다.

제2절 생명보험의 역사

1. 고대

기원전부터 사람들은 집단생활을 하면서 구성원이 사망하거나 사고를 당해 손해를 입는 경우 이를 공동부담으로 도와주었다. 보험과 유사한 이들 제도는 장례비를 부담하거나 천재지변에 따른 손해를 구제하기도 하였다.

전형적인 계급사회였던 로마제정시대에 조직된 콜레기아(Collegia Tenuiorum)는 당시 사회적 약자나 하층민들이 서로 돕기 위해 만든 상호부조조합이었다. 콜레기아는 회비를 부담하여 종교활동에 필요한 비용을 충당하기도 하고 회원의 사망 시에는 장례비를 부담하였으며 유가족을 위한 급부금도 지급하였다.

2. 중세

13~14세기경부터 유럽, 특히 독일에서 발달한 길드(Guild)는 동업자 간의 상호부조조합이다. 길드는 항해 도중에 발생한 선박이나 화물의 손해를 공동으로 부담하였으며, 동업자 등 모임인 상인길드, 예배나 기도를 목적으로 하는 종교길드, 친목과 자선을 목적으로 하는 사교길드 등의 다양한 형태로 구성되었다.

또한 갈드는 구성원의 사망, 화재, 도난 등의 재해도 구제해 주었다. 길드의 상호구제 기능은 점차 그 필요성에 따라 전문화되고 자본주의가 성립하면서 영국의 우애조합(friendly society) 및 독일의 구제금고(hilfskasse) 등과 같은 형태로 발전하게 되었다. 길드는 16세기까지 전성기를 이루었다.

17세기말 프랑스에서는 루이 14세가 톤틴연금(Tontine Annuity)을 시행하였다. 톤틴연금은 톤티(Lorenzo Tonti)가 궁핍한 국가재정을 해소하기 위해 건의한 국채모집제도로서 사망률, 이자계산방법 등 기초적인 생명보험기술을 기반으로 하였으며 유럽 여러 나라로 전파되어 보험사상을 광범위하게 보급시키는 계기가 되었다. 한편, 17세기말 프랑스의 수학자 파스칼(Pascal)은 사람의 생존율을 연구하였으며 영국의 천문학자 할리(Halley)는 최초의 사망표를 작성함으로써 생명보험이 과학적인 근거를 갖춘 산업으로 발전하는 기술적 기초를 제공하였다.

3. 근대

1762년 영국에서는 세계 최초로 근대적인 생명보험체계를 갖춘 에퀴터블(Equitable)생명보험회사가 설립되었다. 에퀴터블사는 신체검사, 가입금액의 제한, 해약환급금제도, 보험계약자배당 등 오늘날의 생명보험의 토대가 된 각종 근대적인 제도를 도입하였다. 에퀴터블에 이어 페리칸, 런던라이프, 프로베이던트 등 생명보험회사가 설립되었으며 영국은 1870년에 생명보험주식회사법을 제정함으로써 국가감독을 통해 보험산업의 발달과 보험계약자의 이익을 도모하였다.

독일에서는 중세기의 길드가 붕괴되고 자본주의 경제가 완성됨에 따라서 19세기 들어 근대적인 생명보험기반을 확립하였다. 1828년에 고타(Gotha)생명보험상호회사가 창립되었으며 이어 라이프찌히, 하노버, 베를린생명 등이 설립되었다. 독일의 생명보험에서 특기할 것은 군인에 대한 생명보험과 공영보험의 발전이다.

프랑스는 톤틴연금제도 이후 비교적 부진한 상황이였다. 1787년에 제국보험회사(Companie Royale d'Assurance)가 창립되었으나 프랑스대혁명으로 곧 해산되었으며 혁명 이후에도 유니온, 페릭스, 르몽드 등 여러 회사가 설립되었으나 19세기까지 생명보험의 발전은 매우 완만하게 진행되었다.

미국은 1812년에 펜실베니아생명보험회사가 창립되었으며 이후 메사추세츠생명, 뉴욕생명, 뉴잉글랜드생명 등이 설립되어 본격적으로 생명보험이 보급되었다. 그러나 생명보험회사가 과도한 경쟁과 부적절한 경영으로 위기에 처하게 되자 1905년 뉴욕주 암스트롱조사위원회가 생명보험회사 경영 판매실태를 조사하여 이듬해 뉴욕주보험법에 반영함으로써 생보사의 건전한 발전기반을 마련하였다.

일본은 메이지유신 이후 서양의 문물을 활발하게 받아들여 1880년에는 共濟五百名社라는 상호보험조직과 日本保險會社가 설립되었다. 이후 諸國生命日本生命 등이 설립되었고 1900년에는 보험업법이 제정됨으로써 보험사들은 엄격한 감독을 받게 되었다. 20세기에 접어들면서 일본의 생명보험은 급속도로 발달하였다.

4. 한국의 생명보험

1) 상호부조제도

우리나라에는 대표적인 상호부조제도로서 보(寶)와 계(契)가 있었다. 삼환시대부터 시작된 계는 여러 사람이 돈이나 곡식 등을 추렴하여 소수의 사람에게 모아줌으로써 경제적 필요를 해결하는 제도이다. 조선시대에는 친목을 도모하고 관혼상제부담을 덜어주는 다양한 계가 등장하였으며 최근까지도 목돈마련을 위한 대중적인 수단으로 널리 이용되고 있다.

신라시대부터 시작된 보는 불교사원에서 공동재산을 운영하고 그 이자로 자선이나 대부를 해주던 제도였다. 이후 보는 불교사원뿐만 아니라 점차 사회적 보장제도로 확대되었으며 고려시대에 들어와서 크게 발전하였다.

2) 근대적 생명보험

우리나라에 근대적 생명보험이 도입된 것은 1876년 일본과 강화도조약 체결 이후 일본의 생명보험회사가 국내에 대리점을 설치하면서부터이다. 제국생명이 1891년 최초로 부산에 대리점을 낸 데 이어 共濟生命, 日本生命, 千代生命 등이 인천, 목포 등 주로 항구도시에 대리점을 개설하였다. 그 후 1921년 한상룡 등 기업인들이 우리나라 최초의 생명보험회사인 조선생명보험주식회사를 설립하였다.

일제 강점기 동안 우리나라 보험업계는 일본 생보사가 독점하였다. 그러나 광복 이후 일본 생보사들은 계약금을 환급하지 않고 본국으로 철수해버려 당시 보험계약자들은 큰 경제적 손실을 입게 되었을 뿐만 아니라 이로 인하여 보험불신풍조를 초래하게 되었다. 이후 우리 민족 자본으로 몇몇 생명보험회사가 설립되어 재건을 시도하였으나 1950년 한국전쟁과 4 · 19 등을 거치면서 생명보험업도 침체상태에서 벗어나지 못했다.

1960년대 들어 경제개발계획이 추진되고 생명보험회사가 국민저축기관으로 지정되면서 단체보험이 크게 성장하였다. 1970년대 생명보험산업은 경제성장과 더불어 발전을 거듭하면서 보험시장도 개인보험위주로 전환되었으며, 특히 정부가 1977년을 보험의 해로 지정하여 대대적인 보험산업의 근대화정책을 추진함으로써 수입보험료 및 자산이 대폭 신장되었다. 1960년대부터 30여년간 생명보험산업은 고도성장을 지속함으로써 국민의 복지향상과 기관투자자로서 자본시장의 육성에도 크게 기여하였다.

반면 1990년대에 들어서는 1986년의 보험시장개방이래 많은 외국사 합작사 그리고 신설사들의 시장진입과 금융자율화 등에 따라 한때는 33개의 생명보험회사들이 본격적인 경쟁체제로 전환되었다. 한편으로는 규모위주의 외형성장과정에서 나타난 사업비 증가 과다한 실효해약 등으로 생명보험회사의 경영부실이 드러나기 시작하였다. 결국 1997년 IMF 구제금융위기를 겪고 업계의 구조조정을 거치면서 허가가 취소되거나 계약이전하거나 합병되어 2018년 현재 24개 국내외 회사가 생명보험산업을 형성하고 있다.[01]

제3절 생명보험의 필요성

인간이 세상에 태어나 살아가는 동안에 피할 수 없는 것이 죽음이다. 따라서 인간에게 있어 죽음이란 그 시기가 불확실한 것은 분명한 사실이지만 확정적인 사건인 것이다. 일반적으로 행복한 삶이란 평소 꿈꾸어 왔던 바를 이루고, 단란한 가정을 꾸리며, 풍요로운 노후를 보내는 것일 것이다. 꿈의 성취를 위해서는 건강이 뒷받침되어야 하며, 단란한 가정은 배우자와 자녀들에 대한 가장의 역할과 책임이 전제되어야 한다.

그러나 인생주기에는 각종 재해로부터 가장의 예기치 않은 죽음, 각종 질병이나 상해 및 그로 인한 장애, 그리고 원치 않은 실업 등 항상 청신호만 켜져 순탄한 행보만을 할 수 없게 만드는 원치 않는 적신호가 곳곳에 도사리고 있다. 특히 가장의 갑작스런 조기사망의 경우 배우자를 비롯한 생존가족들은 정신적인 고통은 물론이고 가장의 미래수입의 상실과 불충분한 금융자산으로 인한 재무적인 고충과 그에 따른 삶의 질 저하로 인하여 여러 경제적 어려움에 직면하게 될 수 있다. 특별히 가장이 혼자 벌어 부모 또는 자식세대 모두에게 경제적 부담을 지게 되는 전통적 대가족, 핵가족, 편부모가족, 그리고 재혼가족의 경우, 가장의 갑작스런 조기사망은 1인 가족이나 맞벌이가족에 비해 가장의 수입에 전적으로 의존해 살아온 생존가족에게 크나큰 경제적 부담을 증가시키게 된다.

한편 지난 세기 동안 경제성장에 따른 가계수입의 증가, 식생활개선, 의학의 발전과 공공건강을 위한 위생관리제도와 시설들의 개선으로 인류의 평균수명은 급격하게 증가하였다. 경제협력개발기구(OECD)가 2년마다 회원국에 배포하는 '한눈에 보는 OECD 건강지표

---

01 생명보험산업의 현황에 대해서는 제11장 참조

(OECD Health at a glance 2017)에 따르면 2015년 우리나라의 기대수명은 이스라엘과 같이 OECD 35개국 평균(80.6년)보다 1.5년이 긴 82.1년(남성 79.0년, 여성 85.2년)으로 이는 일본(83.9년), 스페인(83.0년), 프랑스(82.4년) 그리고 스웨덴(82.3년)보다 짧지만 독일(80.7년), 미국(78.8년)보다는 긴 것으로 나타났다.[02] 이러한 인간수명의 지속적인 증가로 인하여 조기사망의 경제적 문제점들이 점점 감소하는 추세이나 2017년 11월 21일 국민건강보험공단이 발표한 '2016년 건강검진 통계연보'에 따르면 40대 남성의 흡연율과 30~40대 남성의 비만율이 각각 46.5%와 45.3%로 남녀 전 연령층 가운데 가장 높았는데 고된 직장생활로 인해 운동을 할 여유를 가지지 못하면서 음주와 육류 섭취를 반복하기 때문인 것으로 분석됐다. 40대 역시 치열한 경쟁에서 살아남고 가족의 생계를 책임지기 위해 잠시라도 맘편할 날이 없으며 특히 음주, 흡연, 식습관, 운동부족, 스트레스 방치는 40대의 건강을 위협하는 생활습관으로서 세계적으로 가장 높다는 40대 사망률과 무관치 않다. 따라서 가장의 조기사망으로 인하여 유가족들이 부담하여야 할 비용발생과 경제적 문제점들은 여전히 사회적 이슈로 대두되고 있다.

앞절에서 언급한 생명보험의 역사에서 볼 수 있듯이 생명보험은 사회적 약자나 하층민 그리고 재산이 없던 종교단체 구성원들이 만일의 사고에 대비해 유족들을 서로 돕기 위해 만든 상호부조의 경제제도로서 특히 가장의 조기사망으로 인해 어려움에 처한 미망인이나 고아들을 구제하는 데서 시작된 것임을 알 수 있다. 생명보험은 보험가입기간에 아버지, 남편 또는 집안의 가장이 우연히 발생하는 인명사고에 대비하여 유가족에게 사망보험금을 지급하여 경제적 여력을 보장해주는 기능뿐만 아니라 인명사고가 없더라도 보험료가 적립되어 금융자산이 형성되는 저축기능을 갖춘 금융수단(financial instrument)이다. 따라서 가장의 사망, 특히 인생에서 가장 활발하게 활동하는 3~40대의 갑작스런 조기사망으로 남은 유가족을 위해 생명보험가입자가 혜택을 받게 된다면 생명보험의 당위성과 경제적 필요성은 정당화될 수 있다. 특히 우리나라에서는 보험계약이 10년 이상 장기간 유지될 경우 이자에 대한 소득세가 면제될 뿐만 아니라 상속의 한 수단으로 생명보험을 활용하면 상속세도 절약할 수 있고 상속세납부재원으로서도 종신생명보험이 가장 바람직한 수단의 하나로서 권장되고 있다.

---

02 그밖에 스위스(83.0년), 이태리(82.6년), 오스트리아(82.5년), 아이스랜드(82.5년), 룩셈부르크(82.4년), 노르웨이(82.4년) 등이 한국보다 평균수명이 길다. 특별히 터키(78.0년), 한국(82.1년), 칠레(79.1년) 3개국은 1970년 이래 평균수명이 각각 24년, 20년, 17년이 늘어나 가장 급속한 노령화를 보여주고 있으며 평균수명이 가장 짧은 국가는 남아프리카공화국(57.4년)에 이어 인도(68.3년)로 나타났다. 한편 OECD 회원국의 남성과 여성의 기대수명은 각각 77.9년과 83.1년으로 5.2년의 차이를 보이고 있다.

CHAPTER 11

회사조직과 판매채널

우리나라의 생명보험시장 규모는 세계 7위의 위치에 있으며 아시아권에서는 일본과 최근에 급성장한 중국에 이어 세 번째로 큰 시장을 형성하고 있다. 보험상품을 판매할 수 있는 기능을 수행할 수 있는 기관으로 여러 형태가 있으나 대체로 소유구조 및 자산에 대한 청구권에 의존한다. 예를 들면 주식회사 형태는 주주가 소유주이고 상호회사 형태는 보험계약자가 주인이다.
일본이나 미국의 경우 주식회사도 있고 상호회사도 있지만 우리나라에 있는 생명보험회사는 상호회사의 형태를 지닌 보험회사는 없고 모두가 주식회사이다. 판매채널은 전통적으로 보험설계사를 활용한 전속대리점 형태의 전속판매채널이 주류를 이루고 있으나 타 금융권과의 업무제휴를 통한 방카슈랑스, 교차모집제도의 도입, 특히 국내최초로 인터넷전용 생명보험회사도 등장하는 등 다양화되고 있다.

주요용어

회사조직	전속중개인	교차판매전속중개인
판매채널	전속대리점	개인독립중개인

제1절 산업현황

글로벌 생명보험시장의 규모는 2017년말 수입보험료 기준으로 $2,657,270M (million)으로서 가장 큰 38.5%의 비중을 차지하고 있는 아시아시장을 비롯하여 유럽과 북미시장이 전체시장의 94.1%를 차지하고 있다. 우리나라의 생명보험시장의 규모는 수입보험료기준(2017년말) $104,169M로 [그림 11-1]에서 볼 수 있듯이 미국, 중국, 일본, 영국, 프

그림 11-1 ▶▶ 글로벌 생명보험시장 규모[수입보험료 기준](2017년말 기준)

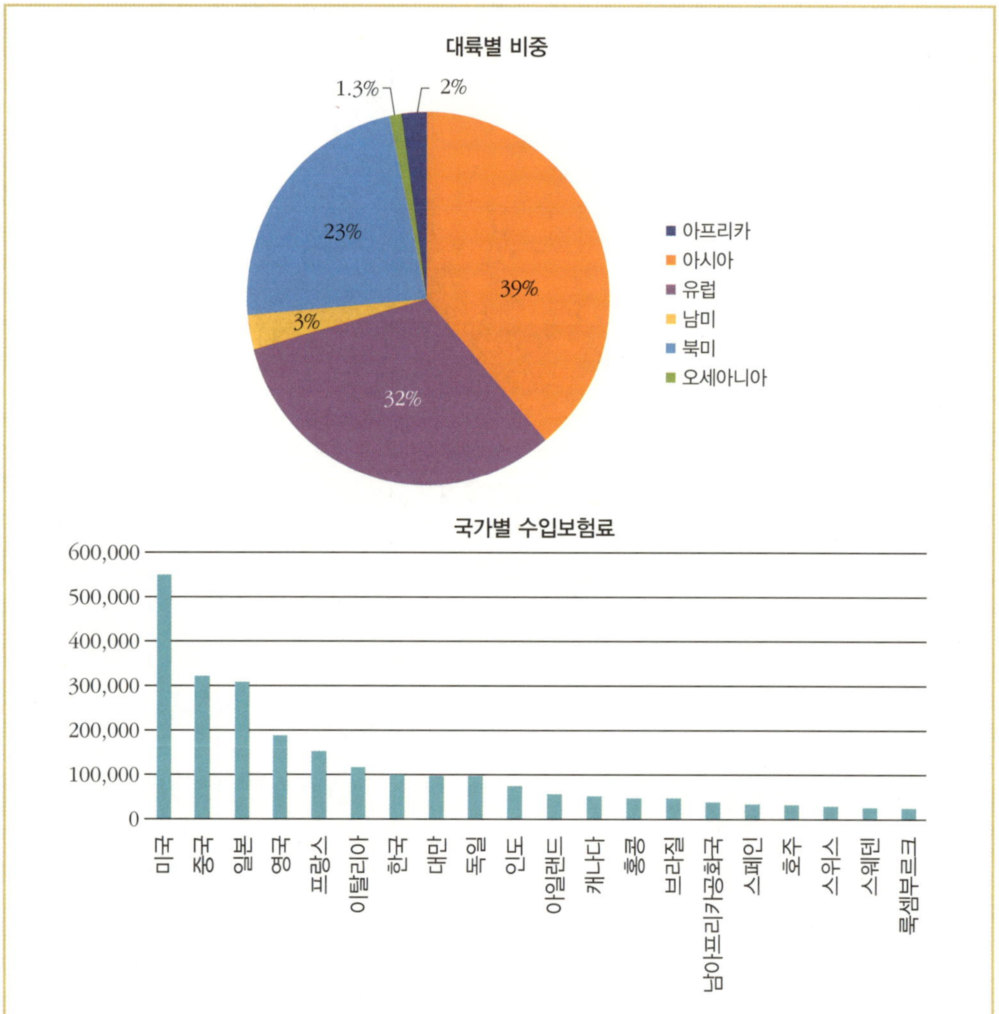

출처: Swiss Re Institute, sigma(No3/2018) Statistical appendix.

랑스, 이탈리아에 이어 세계 7위의 규모를 가지고 있으며 이시아권에서는 일본과 최근에 급속한 성장을 보이고 있는 중국에 이어 세 번째로 큰 시장을 형성하고 있다.

2017년말 현재 국내 금융산업의 규모는 총자산이 약 5,263조원이며 은행, 보험, 금융투자 등 총 3,021개 회사에 약 30만 명의 임직원이 근무하고 있는데, 이 중 생명보험산업은 총자산이 약 833조 4,400억원에 달하고 있으며, 삼성, 교보, 한화 등 총 24개[01] 보험회사에 약

그림 11-2 ▸▸ 국내 생명보험사 일반현황

금융권역별[02] 자산규모(2017년말 현재)

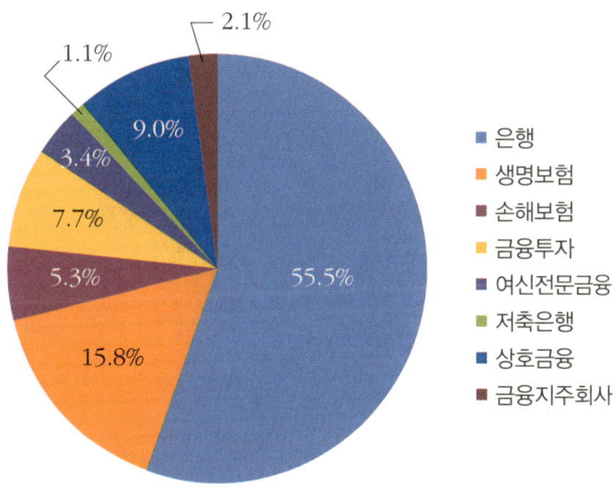

생명보험사 일반현황(2018년 3월 31일 현재)

회사수	24개
점포수	3,404개
임직원수(임원)	23,631(580)명
대리점수	6,371개
설계사수(전속)	120,455(104,854)명
자산	833.44조원
당기순이익	3.91조원

출처: 월간생명보험 6(Vol.472/2018)

01 국내사(14): 한화, 삼성, 흥국, 교보, DGB, 미래에셋, KDB, DB, 신한, 하나, KB, 현대라이프, IBK, NH농협
외국사(9): ABL, 동양, 메트라이프, 푸르덴셜, 처브라이프, ING, BNP파리바카디프, 라이나, AIA,
합작사(1): 교보라이프플래닛

02 은행 : 국내은행, 외은지점

2만 3천여 명의 임직원과 12만여 명의 전속 및 등록설계사(life planner)들이 영업활동을 하고 있다.

제2절 회사형태와 조직

대부분의 국가에서는 법으로 영속성(permanence)과 재무건전성(financial solvency)을 바탕으로 생존력 있는 보험업자(insurer)만이 국민을 대상으로 보험상품을 판매할 수 있도록 규정하고 있다. 이러한 요건을 충족할 수 있는 형태는 회사(corporation)로서 우리나라의 경우 사람의 생존 또는 사망에 관하여 약정한 급여의 제공을 약속하고 금전을 수수하는 생명보험업(보험업법 제2조2)을 영위하는 생명보험회사에는 주식회사(stock company), 상호회사(mutual company), 그리고 외국회사가 있다.

주식회사 형태의 보험회사는 투자자본에 대한 적절한 수익을 추구하는 주주들이 회사의 주인으로서 그들의 부(wealth)를 극대화하는 방향으로 운영되는 유한책임(limited liability) 회사이다. 300억원 이상의 자본금을 납입하여야 보험업을 개시할 수 있으며 만약 보험종목의 일부만을 영위하고자 하는 경우에는 50억원 이상의 범위에서 대통령령으로 자본금의 액수를 달리 정할 수 있다. 보험상품은 원칙적으로 무배당상품이며 투표권이 없는 배당상품을 판매하기도 한다.

상호회사는 주식회사와는 달리 보험사업 특유의 제도로서 보험업법(제3절)에 의하여 설립되는 회사이다. 상호회사는 회사명칭에 상호회사라는 문자를 반드시 사용하여야 하며 설립을 위해 100인 이상의 사원이 300억원의 기금을 금전으로 납입하여야 한다. 주식회사와는 달리 모든 보험상품은 배당형이 원칙이나 경쟁을 위하여 무배당상품도 판매한다. 따라서 배당, 무배당상품으로 주식과 상호회사의 차이를 구분하는 것은 무의미하다고 하겠다. 상호회사는 회사의 이윤이 주주에게 귀속되는 주식회사와는 달리 상호보험구성인 사원에게 분배되고 상품판매에 따른 수수료를 전혀 지급하지 않기 때문에 수수료지출이 불가피한 주식회사에 비해 사업비가 적게 소요되기 때문에 같은 내용의 상품이라도 보험료가 저렴하다. 그러나

금융투자: 증권사, 선물사, 자산운용사, 투자자문사, 부동산신탁, 종합금융회사
여신전문금융: 신용카드사, 리스사, 할부금융사, 신기술금융사
상호금융: 신용협동조합, 농업협동조합, 수산업협동조합, 산림조합

증자나 전산시설 등 대규모자본이 필요할 경우 자본시장접근이 용이치 않으며 회사규모가 커질수록 회사운영에 사원의 참여기회가 적어 소속감이 떨어지는 결과를 초래할 수 있다.

상호회사의 형태는 보험사업의 결과에 따른 추가보험료의 부과 여부에 따라 선납보험료상호보험(advanced premium mutual)와 부과식상호보험(assessment mutual), 그리고 공제보험(fraternal insurer)으로 구분된다. 선납보험료상호보험은 보험기간의 종료 시에 또는 일정한 기간마다 확정보험료가 이미 납부한 선납보험료를 초과하여 부족한 경우에도 추가징수를 하지 않는 상호조직으로 선납보험료를 여유를 두고 충분하게 산정하여 부과하는 것이 일반적이다. 반면에 부과식상호는 보험계약자가 최초 1년분의 보험료를 선납하고 사원이 된 후 손해발생 결과에 따라 최초 1년간의 보험료를 추징한도로 하여 선납보험료의 비율에 따라 보험료를 추징하는 상호조직으로 보험자의 관념은 거의 존재하지 않으며 가장 원시적인 상호보험형태의 유물이다.[03] 현재 대부분의 상호보험회사는 선납보험료 이외에는 어떠한 손해가 있어도 추징을 하지 않는 비부과식, 즉 선납보험료상호방식을 채택하고 있다. 공제보험은 일반적으로 농업, 운수업, 교육, 건설 등 사회적 조직 및 종교적 조직의 구성원들에게 보험을 제공하는 형태로서 상호회사와 유사한 법인이라기보다는 구성원 상호 간의 상부상조를 위한 조합의형태를 가진다.

현실적으로 적지 않은 기금납입과 보험가입자인 사원이 충족되어야 하는 까다로운 조건으로 현재 국내에는 상호회사가 없으나 공제기관으로는 수협, 대한교원공제회 등이 있다. 외국의 경우 초창기에는 주로 상호회사 형태의 생명보험회사로 출범하였으나 금융환경의 변화와 자본시장접근, 지급여력증가, 대규모의 투자, 그리고 조직의 유연성증대 등의 필요가 증대됨에 따라 1980년대 말부터 주식회사로 전환하는 탈상호화(demutualization) 현상이 일어났다. 미국의 경우 2010년에 전체 917개의 생명보험회사 중 76%가 주식회사이고 오직 14%만이 상호회사였음이 그러한 현상을 말해주고 있다. 최근에는 규모와 범위의 경제와 수익의 다변화를 추구하기 위하여 하나의 지주회사(holding company)를 설립하고 그 아래에 보험회사를 소유하는 형태로 바뀌어 가고 있다.

회사의 조직구조는 각 회사의 특성에 따라 다소 차이가 있으나 기능에 따라 이사회(Board of Directors)와 산하에 계리(Actuarial), 영업(Marketing), 회계(Accounting), 자산운용(Investment), 법무(legal), 언더라이팅(Underwriting), 그리고 경영지원(Adminstration) 등 7개 기능을 수행하는 부서로 조직되어 보험사업을 영위하고 있다.

---

03 한국보험학회편(1997), '保險辭典', p.354.

이사회는 보험회사의 최고의결 · 감독기구로서 이사회 이사들은 보험계약자(상호회사)나 주주(주식회사)에 의해서 선출되며 감사위원회, 리스크관리위원회 등의 여러 위원회가 있다. 계리부서는 보험회사의 가장 중요한 역할을 수행하는 곳으로서 보험요율 및 준비금 산정, 수익률 분석, 신상품설계, 사망률 및 질병률 분석뿐만 아니라 금융환경 변화에 따른 자산부채종합관리에도 깊숙이 관여하고 있다. 영업부서는 기존 및 새로운 보험상품의 판매뿐 아니라 계약유지고객에 대한 꾸준한 서비스를 제공하고 보험설계사의 고용, 훈련과 관련한 모든 업무를 관장한다. 회계부서는 보험회사의 특수성에 따라 보험회계뿐만 아니라 세법 및 규정에 관한 업무와 사업비 분석 및 회사운영에 관한 통계(계리관련 제외)업무도 관장한다. 자산운용부서는 보험계약에 따른 미래의 재무적 의무, 즉 보험금 지급을 위하여 납입된 보험료를 채권, 주식 등에 효율적으로 투자하고 관리하는 역할을 한다. 따라서 투자와 관련한 폭넓은 지식을 요구하고 있으며 급변하는 금융환경으로 현금흐름의 듀레이션매칭을 위해 계리부서와의 긴밀한 업무협조가 요구된다. 법무부서는 보험소비자 감독당국 그리고 동종 또는 관련업종들 사이에서 일어나는 이해충돌에 따른 모든 법적 문제를 다루고 해결하는 부서이다. 언더라이팅 부서는 보험회사와 보험계약자 간에 존재하는 리스크에 대한 정보의 비대칭에 따른 역선택[04]과 도덕적 hazard에 의한 보험범죄를 최소화하도록 리스크를 선택(selection)하고 pooling을 통하여 잠재적 기대손실(expected loss potential)이 유사한 리스크끼리 분류(classification)하여 계리적으로 공정한 보험가격(actuarially fair price)을 차별적으로 부과하여 보험회사의 성장과 수익을 기반으로 재무건전성에 도움을 주는 보험계약을 체결 · 유지하도록 하는 중요한 업무를 수행한다. 경영지원부서는 효율적인 보험계약과 유지를 위하여 영업의 일선에 있는 보험설계사와 지점 등의 판매채널과 보험계약자들이 필요로 하는 서비스를 제공하는 역할을 수행한다.[05]

최근의 금융환경변화, 정보통신기술발전, 수익성제고, 그리고 점증하는 보험소비자에 대한 보다 나은 서비스요구에 부응하기 위해서 지금까지의 수직적(hierarchical) 조직에서 네트워크(network) 조직체계로 변하면서 관리의 단순화, 통제확대, 업무의 팀제, 전략적 제휴, 아웃소싱, 그리고 외부소통네트워크 구축 등을 지향(指向)하고 있다.

---

04 역선택에 관한 자세한 내용은 제9장 참조

05 보험회사의 세분화된 조직구조는 부록 참조

제3절 판매채널

일반적으로 판매채널은 전통적 판매채널인 전속대리점(설계사), 비전속대리점(주로 독립대리점)으로 구분되며 2000년 이후 주목받고 있는 직접판매(Direct Marketing), 은행 및 증권사가 현재 생명보험 시장에서 널리 활용되는 채널이다. 판매채널을 보다 세부적으로 구분하여 보면 보험중개인조직인 전속보험중개인(Affiliated Agent), 전속대리점(Agency Building), 교차판매전속중개인(Multiple Line Execlusive Agent), 개인대리점(Home Service), 개인독립중개인(Personal Producing General Agent), 중개사(Broker), 직급, 직판 및 은행 등으로 분류할 수 있다. 이들 각각의 판매채널을 요약하면 다음과 같다.[06]

- **전속중개인(Affiliated Agents)**
  한 개의 보험회사와 전속계약을 맺고, 계약을 맺은 회사의 상품만 판매하는 중개인을 말한다.
- **전속대리점(Agency Building)**
  생명보험, 건강보험, 연금보험, 단체보험 및 증권상품을 판매하는 계열(전속)대리점을 말한다.
- **교차판매전속중개인(Multiple Line Exclusive Agent: MLEA)**
  개인생명보험, 건강 및 연금보험, 손해보험을 판매할 수 있는 자격을 가진 계열(전속)중개인으로서 MLEA는 한 개의 회사를 대표한다.
- **개인대리점(Home Service)**
  한정된 지역에서 개인생명보험, 건강보험 또는 손해보험 상품을 판매하는 계약(전속)대리점으로서 보험료 수집(거수)의 책임을 가질 수 있다.
- **개인독립중개인(Personal Producing General Agent: PPGA)**
  독자적인 모집활동을 하는 독립된 보험중개인으로 본인이 직접 판매활동에 종사하는 경험이 있는 고능률 판매사원이다. 회사로부터 수수료를 받을 뿐 기타의 지원은 받지 않는것이 일반적이며 PPGA는 1개회사와 주요 전속관계를 맺을 수도 있고, 여러 회사와는 계약관계를 체결할 수 있다.

06 Ashley Durham, Shauna Walker, Individual Life Insurance Sales, LIMRA International, 2006.

- 중개사(Broker)

  보험계약자를 대표하여 다수의 보험회사 상품 중에서 고객의 수요에 맞는 상품을 소개해 줌으로써 보험계약을 중개해 주는 모집조직을 말한다.

- 직장마케팅(Worksite Marketing)

  직장에서 직장인을 상대로 개별적으로 보험상품을 판매하는 형태를 말하며 보험료는 각 개인봉급에서 공제하도록 되어 있다.

- 직접 판매(Direct Response)

  메일, 미디어광고 및 텔레마케팅을 통해서 구매자가 중간대리점 등을 거치지 않고 직접 보험상품을 구매하는 방식이다.

- 은행(Banks)

  생명보험상품이 은행, 대부업체, 신용조합 및 저축금융기관 등 타 금융기관을 통해서 판매되는 것으로써 금융기관이 직접방식 또는 대리점방식 등으로 보험을 판매하는 경우도 포함된다.

단일생명보험시장으로 최대 규모인 미국시장[07]의 경우 개인보험중개인(Individual Intermediaries), 기관보험중개인(Institutional Intermediaries), 그리고 개인이나 기관중개인을 거치지 않는 직접판매(direct response)를 활용한다. 판매채널에는 Captive Agent, Career Agent, Exclusive Agent, 또는 Tied Agent 등으로 불리는 개인보험중개인이 하나의 보험회사에 소속되어 그 회사의 보험상품을 판매하는 전속판매채널(Affiliated Distribution Channel or Agency Building System)과 한 보험회사에 소속되지 않은 개인보험중개인인 중개사(Broker)가 여러 보험회사의 상품을 판매하는 독립판매채널(Independent Distribution Channel or non-Agency Building System), 보험중개인을 거치지 않고 통신, 방송, 메일 등을 통하여 보험소비자에게 판매하는 직접판매채널(Direct Response Channel), 그리고 은행, 증권 등 비보험 금융기관의 구성원 통하여 보험상품을 판매하는 금융기관중개(Financial Institution Intermediaries) 등으로 구분된다.[08]

전속판매채널에는 전속대리점(Career Agencies), 교차판매전속중개인(Multiple Line Exclusive Agent: MLEA), 개인대리점(Home Service), 그리고 개인중개인(Salaried)이 있

07 2017년 기준으로 수입보험료가 $546,800M로서 세계시장의 20.58%를 차지하고 있다. 자세한 내용은 제11장 산업현황 참조

08 Kenneth Black, Jr, Harold D. Skipper, Kenneth Black, III, '*Life Insurance*', 14th ed. 2013, Lucretian, LLC, pp.221–229.

다. 전속대리점에는 채용과 관리주체에 따라 지점제도(Branch Office System or Managerial System)와 총대리점제도(General Agency System)로 구분된다. 총대리점제도는 회사와 완전 독립된 보험판매사업자인 총대리인(General Agent: GA)이 특정 보험회사와 보험판매에 관한 총괄계약을 체결하고 자기의 책임하에 보험을 판매하며 대리점을 관리하는 제도로서 판매사원(개인중개인)의 고용, 훈련, 판매관리 등 모든 판매책임은 GA에게 있으며 GA는 판매실적에 따라 보험회사로부터 수수료를 받는다. 개별대리점들이 총대리점과 계약을 체결함에 따라 점포경비 등 고정비가 적게 소요되는 장점이 있으나, 총대리점에게 지급하는 수수료에 따라 회사에 대한 로열티, 총대리점에 대한 통제력 등이 변하는 단점도 있다. 중소 규모의 생명보험회사 또는 신설보험회사가 신규시장을 개척할 때 GA제도를 많이 활용한다.

전속대리점제도는 생명보험회사 및 손해보험회사가 거의 동일하게 운영하고 있는 대리점제도로서 보험회사 조직 내에 지점(branch)을 설치하고, 보험을 판매할 때 보험회사의 피고용자인 고정급제 지점장(office manager)의 감독을 받는다. 지점장은 보험판매를 위한 보험설계사의 고용, 훈련 및 판매와 관련한 모든 업무를 관장한다. 지점장을 포함한 지점의 인력은 모두 보험회사 직원의 신분을 갖지만, 보험판매사원은 신분이 모두 동일하지 않다. 따라서 지점장을 포함한 사무직원은 회사에서 급여를 받지만 지점에 소속된 보험판매원은 실적에 따라 수수료를 받는다. 이 제도는 지점운영경비가 많고, 전문판매원을 관리하기가 어려워 대체로 대규모 생명보험회사가 많이 활용하는 제도이다.

교차판매전속중개인(Multiple Line Exclusive Agent: MLEA)은 개인생명보험, 건강 및 연금보험, 손해보험을 판매할 수 있는 자격을 가진 계열(전속) 중개인으로서 MLEA는 하나의 회사를 대표한다. 미국의 State Farm, Farmers, 그리고 Allstate가 MLEA 형태의 대표적인 회사이다. 마지막으로 개인중개인(Salaried)은 단체 및 건강보험을 회사에 판매하는 것을 목적으로 보험회사가 봉급과 판매성과에 따른 성과급을 받는 개인 보험중개인을 채용하여 판매하는 것을 말한다.

독립판매채널에는 개인독립총대리점(Personal Producing General Agency: PPGA)과 중개사(Brokerage), 그리고 독립마케팅조직(Independent Marketing Organizations: IMOs)의 형태가 대표적이다. PPGA는 총대리점 제도의 변형으로 대리점의 관리 및 운영보다는 상품판매를 중심으로 활동하는 자이다. 이들은 다수의 생명보험회사와 총대리점 계약을 체결하고, 보험회사들에게서 판매수수료를 받을 뿐 기타의 지원을 받지 않는다. 보험회사는 일반적으로 영업성과가 우수하고 자질이 높은 대리점을 PPGA로 채용한다. 따라서

PPGA는 전속설계사 보다 연수 · 교육비가 적게 들고, 계약 후 바로 높은 생산성을 기대할 수 있는 채널이다.

중개사는 보험계약자를 대표하여 다수의 보험회사 상품 중에서 고객의 수요에 맞는 상품을 고객에게 소개한다. 즉 중개사는 보험계약을 중개해 주는 판매조직으로 생명보험보다는 손해보험에서 주로 활동한다. 생명보험상품 판매전업자는 대부분 특정 생명보험회사에 전속된 대리점이라고 볼 수 있다. 하지만, 미국에서는 전속대리점이라도 자기가 모집한 보험계약을 타사에 제안할 수 있기 때문에 한 대리점이 어떤 회사 입장에서는 전속대리점이지만 타 보험회사 입장에서는 중개사가 될 수 있다. 그리고 독립마케팅조직이란 우량(high-quality) 생명보험회사와 계약을 통하여 특정 상품(specific products)이나 목표시장(target markets)에 특화하여 보험상품을 판매하는 독립회사로서 주로 고소득층의 소비자들을 대상으로 한 고급시장(high-end market)에 주력하는데 대표적인 회사로는 가장 오래되고 규모가 제일 큰 미국의 M Financial Group이 있다.

금융기관중개(Financial Institution Intermediaries)는 저축은행, 투자은행, 증권 등의 금융기관의 구성원을 통하여 보험상품을 판매하고 수수료를 지급하는 형태로서 방카슈랑스(Bancassurance)라고도 한다. 방카슈랑스란 유니버셜뱅킹(Universal Banking), 알리안츠(Alfinanz) 등과 함께 종합금융화를 대표하는 의미로서 과거 금융기관들이 전업주의에서 탈피, 업무영역 자유화에 따라 금융겸업화로 변화하는 현상을 의미하는 것으로서 자유경쟁을 통한 효율성 제고, 금융기관 간 시너지(synergy)효과, 다양한 욕구를 가진 고객에게 다각화된 금융서비스를 제공, 경영위험 분산, 범위의 경제(economies of scope)를 실현하는 것을 의미하지만 협의(俠義)로는 은행창구를 통해서 보험상품을 판매하는 것으로 이러한 판매제휴 외에도 상품제휴 등을 포함하는 업무제휴의 의미가 있다.

직접판매는 보험중개인을 통하지 않고 전화, 메일, 방송매체, 그리고 인터넷 등을 활용하여 보험회사가 직접 보험소비자에게 판매하는 형태로서 판매수수료 등의 비용절감뿐만 아니라 상대적으로 보험계약 안내 및 마케팅이 소홀했던 중 · 저소득층의 시장에 침투하여 고객을 확보하는 데 활용된다.

국내 보험상품의 판매와 관련하여 보험업법 제83조에 보험모집을 할 수 있는 자는 보험설계사, 보험대리점, 보험중개사, 보험회사의 임원(대표이사, 사외이사, 감사 및 감사위원 제외) 또는 직원 그리고 보험대리점 또는 보험중개사의 임원 또는 사용인으로 모집에 종사할 자로 신고한 자 등 기존 모집조직에 의한 모집과 우편, 전화, 인터넷 등 정보통신매체를 이용하는 직접판매와 은행 등 타 금융권과 업무제휴를 통한 방카슈랑스 등에 의한 모집으로 대별될 수 있다. 그러나 현실적으로 1사 전속주의(보험업법 제85조 제2항)를 택하고 있기 때문에 15만여 명의 전속보험설계사(life planner)를 고용한 지점을 활용하는 전속대리점 형태의 전속판매채널을 활용하고 있으며, 2008년 8월 30일부터 생명보험회사에 속한 보험설계사가 1개의 손해보험회사를 위하여 모집을 허용하는 교차모집제도(보험업법 제85조 제3항 부칙 제1조)를 도입하여 실시하고 있다.

또한 은행, 증권, 저축은행, 신용카드사 등의 금융회사가 보험회사의 대리점 또는 중개사 자격으로 보험상품을 판매하는 방카슈랑스제도가 2003년 8월에 도입되어 단계적으로 판매 가능상품이 확대시행되어 왔으나 2008년 3월 불완전판매, 보험설계사 실업 등을 우려하여 4단계 확대실시가 철회됨에 따라 개인보장성보험, 장기보장성보험 및 자동차보험의 판매는 허용되지 않고 있다. 금융회사 점포 내의 지정된 장소에서 2인 이내의 모집종사자에 의한 대면 모집과 인터넷 홈페이지를 이용한 안내 및 설명을 통하여 모집을 할 수 있다. 그러나 자산 2조원 이상의 대형금융회사는 1개 보험사의 상품을 25%를 초과하여 판매할 수 없도록 되어 있다.

2008년 5월 일본에서 보험가입과 보험금지급을 모두 인터넷으로 처리할 수 있는 인터넷 생명보험회사 라이프넷과 넥스티아가 영업을 시작한 이래 15만 건의 보험계약을 성사시키며 흑자전환에 성공함으로써 설계사에 대한 의존도가 높은 일본시장에 지각변동을 몰고 왔다. 우리나라도 1962년 보험업법을 제정한 이후 국내최초로 인터넷전용 생명보험회사가 탄생했다. 2013년 10월 30일 금융위원회가 교보생명과 일본 라이프넷이 합작한 온라인 생명보험회사인 '교보라이프 프레닛 생명보험'에 보험업 허가를 내주었는데 이 회사가 취급하는 보험상품은 인터넷을 통해서만 가입할 수 있으며 보험금지급신청도 인터넷을 통해 이루어진다.

2000년대 초 국내에 처음 도입된 독립보험대리점은 GA, 즉 General Agency라는 의미를 가지고 있는데 특정 보험회사에 소속되지 않고 여러 보험회사와의 제휴를 통해 보험상품을 파는 영업 형태로 고객에게 객관적인 입장에서 원스톱 서비스를 표방하는 비전속법인대리점을 의미한다. GA 소속설계사는 특정 보험회사의 소속이 아니고 독립된 대리점에 소속된 설계사를 말하는데, 장점은 특정 보험회사의 보험상품이 무조건 좋다고 하지 않고 여러 보험회사들의 상품을 비교·분석해서 소비자 니즈에 맞는 상품을 골라 추천한다. GA의 운영형태는 지분관계, 경영방식, 출자형태 등에 따라 직영(지점제), 네트워크형(연합제, 지사제), 그리고 자회사형으로 구분되며 2017년 4월말 현재 4,519개의 법인대리점이 영업활동을 하고 있다.[09]

최근 보험영업환경 악화에도 불구하고 외형적 성장이 지속되어 대형화되는 등 보험회사의 주요 판매채널로 자리매김하고 있다. 최근 3년간 GA 소속설계사가 2015년 198,367명(115,449명), 2016년 208,291명(131270명), 2017년 4월말 현재 217,289명(136,065명)[10]으로 증가하며 빠른 속도로 몸집을 키우고 있는 가운데 500명 이상 소속설계사를 보유한 대형 GA 수는 54개이며, 특히 5,000명 이상 보유한 초대형 GA 수도 7개에 달한다. 원수보험사들이 예전과 같이 거대한 직속 대면채널을 유지하기가 힘들어지자 다양한 상품을 취급하는 GA와의 제휴를 추진하면서 FP(Financial Panner), LP(Life Planner) 등의 기존채널 간 생명보험은 월납초회보험료기준, 손해보험은 원수보험료기준의 실적격차가 축소되고 있다.

하지만 문제는 과도한 수수료 지급에 따른 GA 간의 과도한 스카우트 경쟁으로 철새설계사가 늘어나면서 그 피해가 소비자에게 전가되고 있다는 점이다. 철새설계사들로 인해 불완전판매가 일어나는 것은 물론이고, 이들의 잦은 이동으로 계약자 관리가 제대로 이루어지지 않는 이른바 고아계약이나 승환계약이 속출하는 상황이다. 따라서 GA의 운영기준을 강화하고 소속설계사들의 전문성과 준법의식을 높이고 내부통제강화를 위한 감독기관의 검사 · 제재를 강화함과 동시에 독일 등 해외선진국처럼 GA에 대한 직접적인 배상책임을 부여함으로써 책임경영을 통한 건전한 판매채널로 자리매김할 수 있도록 관련 법 · 규정 등을 개정할 필요가 있다.

---

09 생명보험협회 '법인보험대리점(GA) 시장분석보고'
- 지점제: A+에셋어드바이저, 리치엔코, 피플라이프
- 연합제: GA코리아, 케이지에이, 메가
- 지사제: 프라임에셋, 인카인슈, 유퍼스트, W에셋
- 자회사: 삼성금융서비스, 라이나금융서비스, 한화금융서비스

10 괄호 안의 숫자는 소속설계사 500인 이상의 대형 GA 소속설계사임.

11 소속설계사 500인 이상의 대형 GA의 비중은 1.2% 수준이나 소속설계사는 64.5%를 차지하고 있다. 이는 GA 채널 수수료 제도가 대형 GA에 유리한 구조이기 때문에 수수료 협상력 강화를 위해 중 · 소형 GA가 대형 GA의 지사 또는 지점으로 편입되는 현상에 기인한다.
- 5,000~9999명: 인카금융서비스, KGA에셋, 메가, 리더스금융판매
- 10,000명 이상: 지에이코리아, 프라임에셋, 글로벌금융판매

부록 국내 생명보험회사 조직도의 예

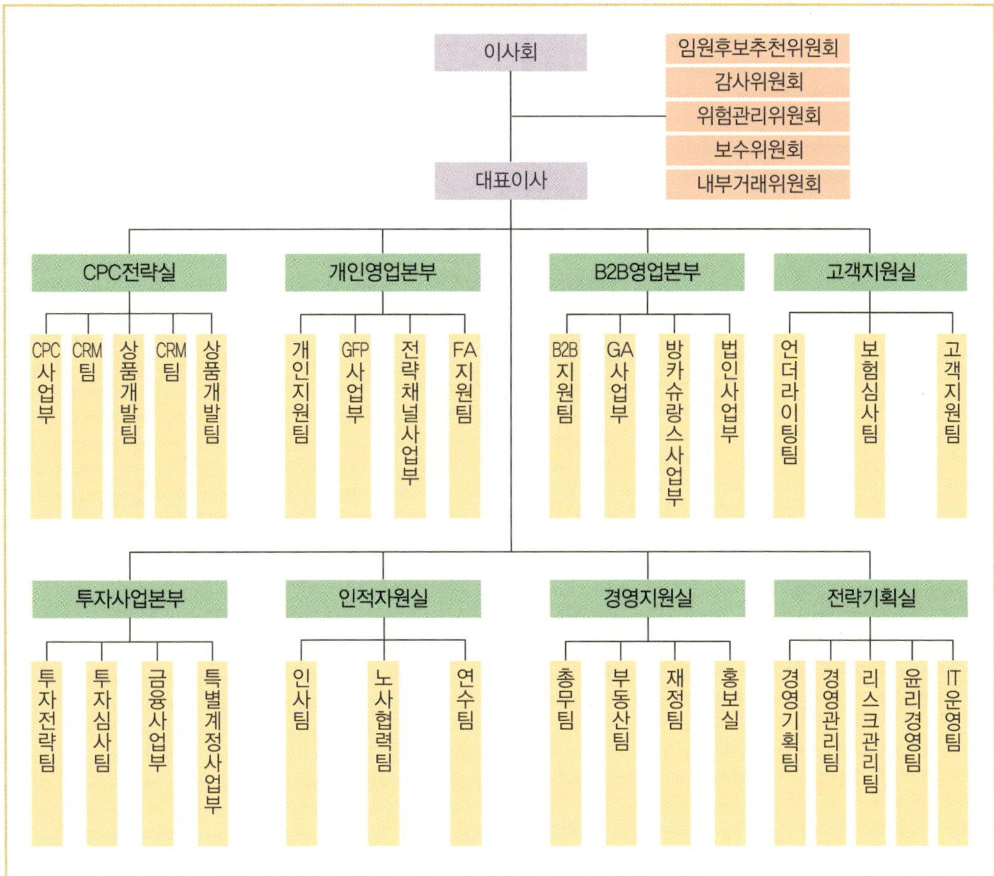

CHAPTER 12

생명보험상품과 주요 규정

리스크가 현실화되었을 경우, 손실의 가능성만이 존재하는 순수리스크(pure risk)만이 리스크 이전에 의해서 보험회사로부터 손실을 보상받을 가능성이 있는 리스크이다. 순수리스크 중에서 인간의 생명 또는 건강과 관련하여 우발적으로 발생하는 리스크 즉 조기사망(premature death), 질병(illness), 그리고 노령화(old age)로 인한 경제적 손실에 대처하기 위한 금융상품이 바로 생명보험인 것이다. 생명보험상품은 여러 형태로 분류할 수 있겠으나 전통적으로 적립금(cash value) 유무에 따라 일시적 보장만을 제공하는 정기보험(term insurance)과 저축기능을 가지고 있어 소멸되지 않는 현금가치가 있는 종신보험(whole life insurance) 그리고 생사혼합보험(endowment)으로 구분할 수 있다. 1960년대 중반 이후 인플레이션으로 인한 고정급부의 가치하락 및 자본시장의 불안정성이 증가함에 따라 보장과 투자가 결합된 변형된 종신보험과 유니버셜보험과 같은 신개념의 금융형 신상품이 소개되기 시작했다. 우리나라의 생명보험 상품은 변화되는 보험소비자의 욕구를 충족시키기 위해 매우 다양하게 개발되어 판매되고 있는데 기본적인 분류는 크게 보장성 상품과 저축성 상품으로 대별된다.

보장성 상품에는 사망보험이, 저축성 상품에는 생존보험, 생사혼합보험의 두 가지 형태가 있다. 보험계약이 완료되고 발급되는 보험증권의 약관에는 보험회사의 보험계약자를 각각 보호하는 규정이나 약관들과 보험계약자가 활용할 수 있는 여러 옵션을 제공하고 있다.

주요용어

정기보험	변액생명보험	변액유니버셜생명보험
종신보험	유니버셜생명보험	현재가정종신보험
생사혼합보험		

제1절 전통적 생명보험상품

생명보험상품은 여러 형태로 분류할 수 있겠으나 전통적으로 적립금(cash value) 유무에 따라 적립금은 쌓이지 않고 일시적 보장만을 제공하는 정기보험(term insurance)과 저축기능을 가지고 있어 소멸되지 않는 현금가치가 있는 종신보험(whole life insurance) 그리고 생사혼합보험(endowment)으로 구분할 수 있다.

1. 정기보험

정기보험은 피보험자에 대하여 명시된 보험계약기간 예를 들면 1년, 5년, 10년 또는 20년 등 일정기간 동안에 발생하는 리스크로 인한 손실을 보장하며 기간만료 시 계약이 종료되고 보험료는 소멸되는 상품으로서 몇 가지 특징을 가지고 있다.

첫째로, 갱신가능성(renewability)이다.

보험계약기간이 만료됐을 경우 별도의 언더라이팅 과정을 통한 부보가능성(insurability)을 인정받지 않고 보험계약기간을 갱신할 수 있다는 것이다. 그리고 매 갱신 시마다 보험가입자의 연령이 높아지므로 그에 따른 사망률의 증가로 인하여 보험료는 상승하게 되어 있다. 따라서 계약초기의 낮은 보험료에 비해 점점 높아지는 보험료로 인한 연령에 따른 경제적 부담 때문에 가입에 한계가 있다.

정기보험의 갱신가능조항은 궁극적으로 역선택의 문제를 야기시키는데, 갱신 시 보험료가 상승하는 구조로 인하여 상대적으로 건강이 좋지 않은 보험가입자들이 건강한 보험가입자에 비해 계약을 갱신하려는 성향이 두드러지게 나타나게 된다. 이러한 현상이 누적될 경우 보험회사는 보험료 수입보다 보험금 지급이 많아져 결국 재무건전성의 문제를 야기시켜 경영상 어려움에 직면하게 된다. 이러한 역선택에 따른 문제점을 최소화하기 위한 방편으로 보험회사들은 갱신할 수 있는 연령에 제한을 두고 있다.

둘째로, 전환가능성(convertibility)이다.

대부분의 정기보험상품은 별도의 언더라이팅 과정을 거치지 않고 cash value가 있는 상품, 즉 종신보험상품으로의 전환을 허용하는 조항을 두고 있다. 이러한 전환가능조항은 정기보험가입자로 하여금 소득수준이 높아짐에 따라 보험상품에 대한 needs 변화에 유연하게 대처할 수 있도록 하여준다. 만약 종신보험을 비롯하여 적립금이 있는 보험상품으로 전환할 경우 전환 당시의 나이를 기준으로 계약하는 방법(attained age method)과 정기보험을 계약했던 당시의 나이로 소급하여 계약하는 방법(original age method)이 있다.

정기보험의 경우 보험료가 리스크로 인한 손실을 보장하는데 모두 충당되기 때문에 적립되는 부분이 없다. 따라서 계약기간 동안 보험금의 지급사유가 발생하지 않을 경우 일부 만기환급형 상품을 제외하고는 만기 시 그동안 납입된 보험료는 소멸되는 보험상품으로서 적립금 또는 저축요소가 없이 순수하게 리스크에 대한 보장이 목적인 보장성 상품인 것이다. 이러한 이유로 적금식으로 적립되는 은행 등의 금융상품과는 근본적으로 차이가 있음에도 불구하고 부정적 이미지가 있을 수 있겠으나 계약기간 중 예기치 못한 사고가 발생했을 경우 납부한 보험료 총액에 비해 엄청난 규모의 보험금을 받을 수 있어 유가족에게는 경제적으로 큰 도움이 되는 장점이 있다.

일반적으로 정기보험은 다른 생명보험상품에 비해 초기 보험료가 저렴할 뿐만 아니라 보험가입자 입장에서 상품에 대한 정보의 비대칭 문제가 적기 때문에 보험료를 근거로 타사 상품과 비교를 통하여 저렴한 상품의 구매가 가능하다. 이러한 이유로 보험회사 입장에서는 판매경쟁이 치열한 반면 실효율이 높고 수익률은 낮은 편이다.

정기보험의 대표적인 상품이 바로 매년 갱신가능한 1년 만기 정기보험(yearly renewable term)이다. 이 상품의 경우, 보험계약자는 계약상에 명시된 연령까지 별도의 언더라이팅과정 없이 매년 계속해서 갱신할 수 있으며 갱신할 때마다 보험료는 상승하게 된다. 또한 정기보험은 5년, 10년 또는 20년 등 일정기간 동안 혹은 65세, 70세 등 명시된 특정 연령까지 장기계약을 통하여 보장받을 수 있다. 보장기간 동안 보험료는 일정한 금액을 납부하는 평준보험료(level premium)이며 갱신 시 예정사망률에 따라 상향조정된다.

정기보험은 소득이 한정적이거나 일시적으로 보장이 필요한 경우 효율적으로 활용될 수 있는 보험상품인 반면, 연령이 높아질수록 보험료의 상승폭이 커져서 특정 연령, 즉 65세 또는 70세 이후에는 적절하지 못하다는 제약점이 있다. 또한 자녀의 대학등록금, 은퇴자금 등 목돈 마련을 위해 저축을 필요로 하는 보험가입자에게는 적절한 보험상품이 될 수 없다.

2. 종신보험

일시적인 보장을 제공하는 정기보험과는 달리 종신보험은 평생보장을 제공하는 보험상품으로서 피보험자가 언제 사망하든지 지정된 수익자에게 보험계약상 명시된 보험금을 지급한다. 특히 한 가정의 경제를 책임지고 있는 가장(家長, breadwinner)의 예기치 못한 사망으로 인해 상실된 유가족의 경제적 보상을 위하여 유효하게 활용될 수 있는 보험상품이라 할 수 있다.

국내에 종신보험이 소개된 것은 1990년대 후반으로 국내 생명보험시장에 진출한 푸르덴셜 등 외국사 위주로 판매가 이루어졌다. 그러나 보험에 대한 인식의 변화와 시장이자율의 하락 그리고 건강보험, 재해보장보험 등에 대한 손해율이 증가함에 따라 안정적인 사차익(死差益)을 향유할 수 있는 종신보험을 국내생명보험회사들도 판매하기 시작했다.

종신보험에는 보험가입 후 평생 동안 보험료를 납입해야 하는 보통종신보험(ordinary life insurance 또는 continuous premium whole life and straight life)과 10년 또는 20년 등의 일정기간 또는 60세 또는 65세와 같이 명시된 연령까지 보험료를 납부하고 평생보장을 받는 유한납입(limited payment) 종신보험이 있다. 유한납입의 경우 보험료가 완납(paid-up)되더라도 보험계약은 유효하며 사망보험금이 지급되거나 만기 시 보험금이 지급됨으로써 보험계약이 만료된다. 유한납입의 방법들 중에는 보험계약 시 보험료를 일시에 전부 납부하는 일시납(single premium payment) 종신보험이 있다. 한번에 많은 액수의 보험료를 납부하고 평생을 보장받는 일시납 상품은 일부 퇴직자나 시니어그룹에서 투자의 목적으로 활용하는 경우가 많다.

대부분의 종신보험 가입자들은 보험료가 매기별 동일한 액수가 되도록 산출된 평준보험료를 납부하고 있다. 이러한 보험료 납부방법으로 인하여 가입 후 일정기간은 가입자의 예정사망률에 비하여 과도한 보험료를, 그 이후에는 가입자의 예정사망률에 비하여 저렴한 보험료를 납부하게 된다. 따라서 일정기간 동안 납입된 초과보험료는 복리로 축적되어 일정기간 이후의 부족한 납입보험료를 보완하는 데 사용되는 데 이를 책임준비금(legal reserve)이라 한다. 그리고 납입된 보험료 중 일부는 저축의 형식으로 적립되어 cash value가 발생하게 되고 이는 몰수금지(non-forfeiture)금액으로서 보험계약자의 몫이 되는 것이다. 적립금은 중도 해약하는 경우 보험계약자에게 지급되는 해약환급금(cash surrender value)이나 보험계약자가 경우에 따라 필요한 자금을 확보할 수 있는 계약자대부(policy loan)의 원천이 된다.

종신보험 역시 배당의 유무에 따라 유배당(participating)과 무배당(non-participating)

그림 12-1 ▶▶ 유한납입방법과 적립금의 예

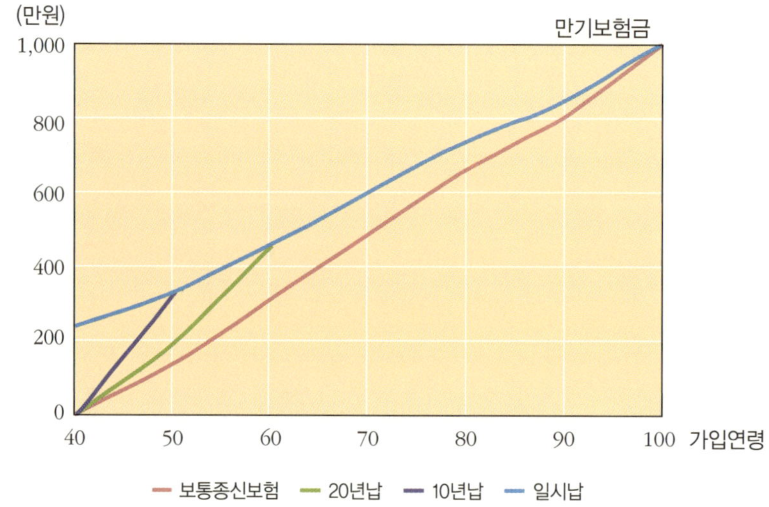

상품으로 구분되는데 대부분 유배당 상품으로 판매되고 있으며 배당금이 사전에 확정되거나 배당을 보장하지는 않는다. 배당 시 배당금의 형태로 정산되어 현금으로 지급되거나 보험료가 완납된 보험을 추가로 구입하는 데 사용되거나 또는 보험료 납부에 충당될 수 있어 계약자에게 유효하게 활용될 수 있다. 반면에 무배당 상품의 경우 예정이율이나 예정사망률이 보다 엄격하게 적용되어 유배당 상품에 비해 보험료가 상대적으로 낮게 산출되어 부과된다.

3. 생사혼합보험

생사혼합보험은 주로 한국, 일본, 대만, 태국 등 아시아 국가와 독일에서 판매되고 있는 상품으로서 정기보험과 생존보험(pure endowment)이 혼합된 보험상품이다. 이 상품은 피보험자가 명시된 보험계약기간 만료 전에 사망할 경우 사망보험금이 지급될 뿐만 아니라 보험계약이 만료될 때 생존하고 있을 경우 만기보험금이 지급되는 상품으로서 다른 측면에서 [그림 12-2]에서 볼 수 있듯이 사망보험금이 감소하는 정기보험(decreasing term insurance)과 증가하는 저축부분(increasing savings)이 합쳐진 보험상품이라고 할 수 있다.

생사혼합보험은 정기보험과 마찬가지로 일정기간 또는 특정 연령까지 계약이 유지되는 형태를 가지고 있으나 대부분의 아시아 국가에서는 3년에서 10년의 계약기간이 일반적이다.

그림 12-2 ▸▸ 생사혼합보험

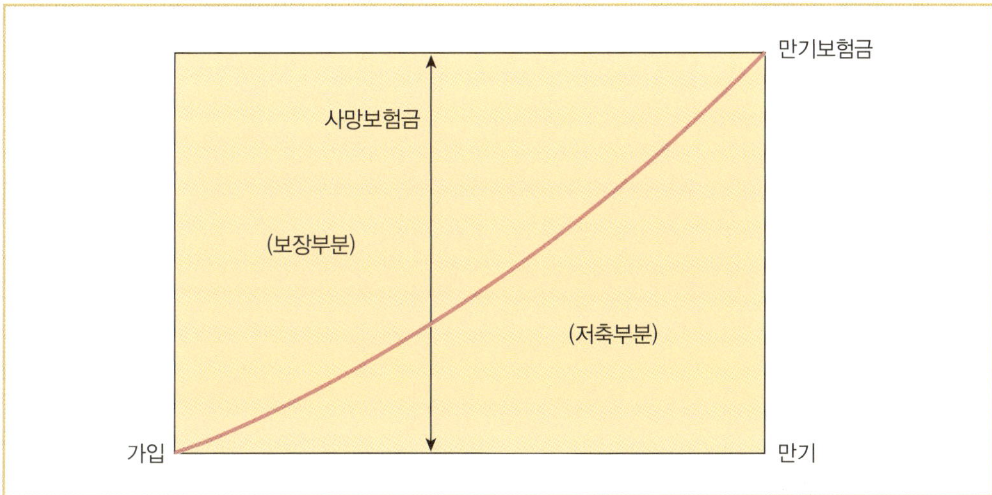

이상품은 자녀교육, 결혼 또는 정년퇴직에 대비한 목돈마련을 위한 저축목적으로 활용되고 있으며 특히 한국과 일본에서는 자녀들이 중 · 고등학교, 대학교 진학에 따른 학자금 마련을 위한 교육보험(educational endowment policies) 형태로 개발되어 판매되고 있다.

그러나 상대적으로 계약기간이 짧은 생사혼합보험은 보장성의 의미가 없기 때문에 보험의 효율성 측면에서 문제가 있다고 하겠다. 최근에는 종신보험과 정기보험 등 보장성보험의 시장점유율이 높아짐에 따라 자연히 판매가 줄어들고 있는 실정이다.

제2절 선진형 생명보험상품

제2차 세계대전 이후 세계경제를 주도해온 미국이 1960년대 중반 이후 10% 이상의 높은 인플레이션으로 인한 고정급부의 가치하락 및 자본시장의 불안장성이 증가함에 따라 이에 대비한 비보험 금융기관들이 높은 이자율을 지급하는 투자상품을 선보이기 시작했다. 또한 금융산업 간 업무영역에 대한 법적 규제가 완화되고 컴퓨터 통신 등 IT기술의 발달로 복잡한 금융상품의 개발이 가능해짐에 따라 전례없는 금융기관 간의 치열한 경쟁이 가속화되었다.

한편 종신보험을 축으로 하는 보험업계는 시중금리보다 낮은 고정이자율로 인한 보험계약자의 인플레이션에 대한 피해의식이 상존하고 금융환경의 변화에 부응한 보험료나 보험금의 융통성 결여 등의 취약점이 노출됨으로써 전통적인 cash-value 보험상품에 대한 소비자의 불만이 고조되고 해약 등으로 인한 자금유출이 심각한 수준에 이르게 되었다. 따라서 보장과 투자가 결합된 변형된 종신보험과 신개념의 금융형 신상품이 소개되기 시작했다. 이러한 상품으로는 변액생명보험(variable life insurance), 유니버셜생명보험(universal life insurance), 변액유니버셜생명보험(variable universal life insusrance), 그리고 현재가정 종신보험(current assumption whole life insurance) 등이 있다.

1. 변액생명보험(variable life insurance)

전통적으로 장기계약상품인 종신보험의 경우 높은 이자율의 금융환경하에서 시장수익률의 변화와 인플레이션에 취약한 문제점이 노출됨으로써 보험이라는 특성을 감안하더라도 금융상품으로서의 가치가 크게 떨어지게 마련이다. 이를 극복하기 위하여 전통적인 종신보험 상품에 보험계약자가 납부할 보험료의 일부 또는 전부를 기금으로 형성하여 투자운용한 성과를 계약자의 지분에 따라 분배하는 방식으로 인플레이션에 대응하는 효과를 부여함으로써 보험금의 실질가치를 보전하려는 변액생명보험을 개발하여 1976년에 처음으로 보험시장에 소개하였다. 미국, 캐나다 등에서는 Variable Life Insurance, 영국은 Unit-linked Life Insurance, 독일은 Fund-linked Life Insurance 등으로 운영되고 있다.

변액생명보험은 보험가입자가 납부한 보험료 중 순사망비용(mortality charge)과 사업비를 제외한 보험료를 일반보험상품을 관리하는 일반계정(general account)이 아닌 분리(특별)계정(separate account)에 기금형식으로 조성되어 투자되고 투자실적은 cash value에 반영되어 보험금의 가치가 변화되는 상품이다.[01] 전통적으로 투자에 따른 리스크는 보험회사에 귀속되나 변액생명보험의 경우 예정이율은 단지 보험료의 산출이나 예정책임준비금의 계산에 이용되는 기초율에 불과하여 보증되지 않고 투자실적에 따라 변동되기 때문에 투자리스크를 보험계약자가 부담하여야 한다. 따라서 투자실적의 성과 여부가 변액생명보험의 성패에 직결되므로 투자대상의 선택이 매우 중요하다.[02]

---

01 변액생명보험은 자산운용수익을 즉시 계약자에게 환원하기 때문에 자산운용수익을 정액보험과 관련되는 운용수익과 명확히 구분하기 위하여 분리(특별)계정을 설정하는 것이다.

02 보험계약자는 규정상의 한도 내에서 투자대상을 명시할 수 있으나 주로 주식위주의 성장형, 채권위주의 안정형, 그리고 주식과 채권의 혼합형 중에서 선택하도록 되어 있다.

변액생명보험의 보험료는 종신보험과 같이 예정이율, 예정사망률, 그리고 예정사업비율의 3요소에 의해서 산출되며 평준보험료(level premium)로서 고정되어 있다. 이 중 별도계정에 투자된 저축보험료 부분은 금액으로 관리되지 않고 계좌(unit)수로 운용되며 보험료납입 당시 계좌의 단위가격 및 저축보험료의 크기에 따라 각 보험증권별 배분되는 계좌수가 결정된다.

해약환급금과 사망보험금은 투자실적에 따라 달라지는 것이 원칙이지만 사망보험금의 경우 최소한의 금액이 보장된다. 그러나 중도에 해약하는 경우 해약에 따른 해약환급금은 보험가입자가 선택한 투자자산의 해약 당시의 cash value에 전적으로 달려 있기 때문에 보장금액이 명시되어 있지 않다. 따라서 변액생명보험의 사망보험금은 최소보장부문(guaranteed minimum death benefit)과 분리(특별)계정의 투자실적에 따른 변동부문(variable death benefit)으로 구성되어 있다.

그 밖에 변액생명보험은 앞서 언급하였듯이 투자결과가 보험금에 반영되기 때문에 예정이자율과 실세이자율의 차이에 의한 이차(利差)배당이 없는 무배당형 상품의 형식을 취할 수도 있고 사망률차이나 사업비율차이, 즉 사차(死差)나 비차(費差)배당을 하는 유배당형 상품의 형식을 취할 수도 있다. 감독규제 측면에서는 보험업법 및 규정을 따라야 될 뿐만 아니라 간접투자상품으로 간주되어 간접투자자산운용법에 의해 규제를 받는다. 미국의 경우 연방증권법(federal securities laws)에 따라 SEC(Securities and Exchange Commission)에 의해 규제를 받고 있다.

2. 유니버셜생명보험(universal life insurance)

1970년대 이전에는 거의 모든 생명보험상품이 보험료가 고정되어 있는 형식으로 보험계약이 이루어졌다. 따라서 보험계약자의 입장에서 가계소득의 변화에 따른 보험료납부의 신축성(flexibility) 결여로 종종 경제적인 어려움에 처하기도 하였다. 그러나 컴퓨터의 도입과 그에 따른 IT기술의 발달로 인하여 보험계약자가 납부할 보험료의 수준을 결정하고 계약기간 중에 정해진 한도 내에서 보험료와 보험금을 조정할 수 있는 조정가능생명보험(Adjustable Life Insurance)이 1971년 미국에서 처음으로 선보였다. 이후 조정가능생명보험을 강화하여 보험료납부의 폭넓은 신축성, 조정 가능한 보험금, 실세금리적용, 그리고 저축과 보장의 분리, 그에 따른 요율산정 등 지금까지의 기본적 보험구조를 탈피한 새로운 개념의 보험상품인 유니버셜생명보험이 1979년 E. F. Hutton Life Insurance 회사에 의해 미국 보험시장에 소개되었고 고이자율 금융환경의 1980년대 중반에는 38%를 상회하는 시장 점유율을 보이며 폭넓게 판매되었다.

유니버셜생명보험은 여러 측면에서 전통적인 보험상품과 본질적으로 차별되는 특징들을 찾아볼 수 있다. 첫째로 상품의 구성요소인 보험료, 보장, 저축, 순사망비용(mortality charge), 사업비(expenses), 그리고 cash value 등을 항목으로 분류하여 기금이 어떻게 분배되어 운용되고 있는지 투명하게 보여주고 있다. 운영내역의 투명성은 상품가치의 적정성(adequacy)이 아니라 기금의 배치(disposition)에 초점을 맞추고 있는 것이다. 따라서 보험회사는 정기적으로 운영내역을 보험계약자들에게 보고함으로써 그들이 납부한 보험료가 어떻게 운용되어 적립되어 가고 있는지에 대하여 소상히 인지할 수 있도록 하고 있다. 보험료의 경우 초회보험료 납입 후 보험료납입의 횟수와 금액을 보험계약자가 정할 수 있는데, 일반적으로 보험계약이 명시된 기간 동안 유효하게 유지될 수 있는 평준보험료인 target premium을 제시하고 있다. 순사망비용은 보장비용으로 cash value 계정에서, 사업비는 납입보험료에서 일정비율로 공제한다. 이자수입은 cash value 계정에 적립되는데 이자율은 보장되는 최저이자율(guaranteed minimum interest rate)과 보장되지 않는 실세이자율(not guaranteed current rate)이 적용될 수 있다.

둘째로, 유니버셜생명보험에는 사망보험금의 종류에 따라 두 가지 형태로 구분할 수 있다. 하나는 Option A로 cash value가 증가함에 따라 보장금액(Net Amount at Risk: NAR)이 감소하여 일정한 사망보험금(level death benefit)을 지급하는 형태이다. 그러나 보험계약 후반에는 조건이 충족될 경우 증가할 수도 있다.[03] 다른 하나는 Option B로 cash value가 누적되어 증가함에 따라 일정한 보장금액과 합해져서 증가하는 사망보험금(increasing death benefit)의 형태를 보이고 있다. Option B의 경우 현실적으로 보험계약자가 납부하는 보험료의 금액과 납입횟수, 그리고 이자율이 변동될 수 있기 때문에 cash value가 증가할 수도 감소할 수도 있으며 심지어 최악의 경우 소진되어 영(zero)이 될 수도 있다([그림 12-3] 참조).

셋째로, 전통적인 보험계약에 비해 상당한 신축성을 제공하고 있다는 것이다. 보험계약자는 보험료의 금액과 납입횟수를 결정할 수 있으며, 만약 cash value가 다음 달의 순사망비용과 사업비를 충당할 수 있는 충분한 금액이 적립되어 있는 한 보험료 납부를 중단할 수도

---

03 미국에서는 소득세 감면과 관련하여 Internal Revenue Code에서 요구하는 Corridor Test를 충족시킬 경우 사망보험금은 증가하게 된다.

그림 12-3 ▸▸ 유니버셜생명보험 사망보험금

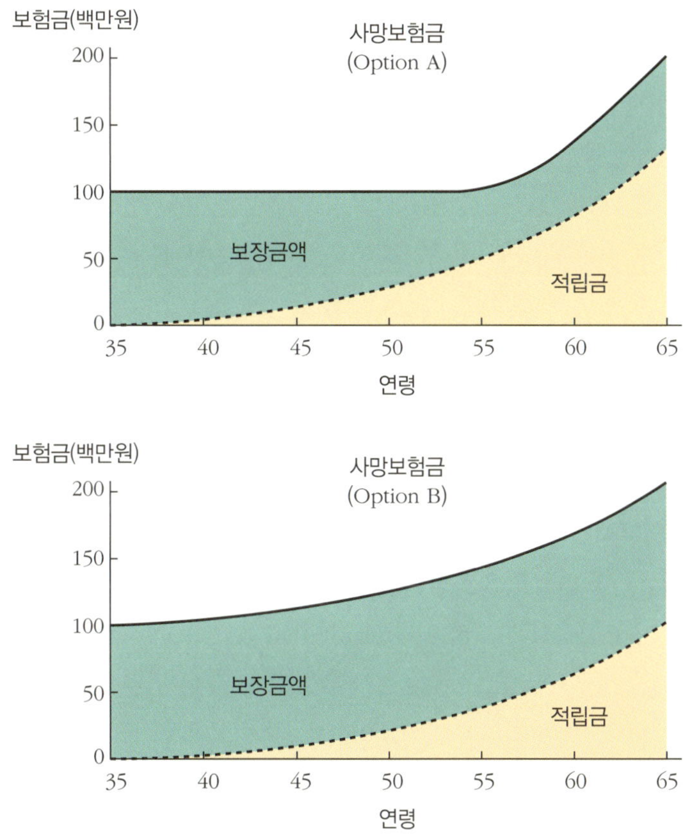

있다. 사망보험금은 증액 또는 감액이 가능하며 증액하는 경우 부보가능하다는 증거(evidence of insurability)를 제시하여야 한다. 또한 사망보험금과 관련하여 일정조건이 만족될 때 Option A로부터 Option B로 전환할 수 있으며 계약자대부(policy loans) 역시 적정한 이자율로 활용할 수 있다.

마지막으로 유니버셜생명보험계약자는 필요시 적립된 cash value의 전부 또는 일부를 은행예금처럼 인출(cash withdrawals)할 수 있으며 인출 시마다 보험회사는 소정의 수수료(fee)를 부과할 수 있다. 한편 사망보험금은 인출한 금액만큼 감소하게 된다.

상기와 같이 전통적인 보험상품에 비해 여러 가지 특성을 가진 유니버셜생명보험이지만 다음 몇 가지 점에서 제약점을 지적할 수 있다. 우선 상품에서 제시된 수익률(rate of return)은 판매수수료, 사업비 등 상품과 관련된 제비용을 반영하지 않았기 때문에 실제로 유효한 연 수익률은 제시된 수익률보다 낮다는 것이다. 또한 판매 시 예측된 cash value와 보험료에 적용된 이자율은 시간이 지남에 따라 변동될 수 있기 때문에 실제 적립될 cash value는 예측된 것보다 낮아질 수 있다는 것이며 순사망비용 역시 보험계약자의 노령(getting older)에 따른 사망률 증가에 의한 것이 아니라 보험회사의 사업비 증가로 인하여 일정한 범위한도 내에서 증액될 수도 있다는 것이다. 그리고 보험계약자가 보험금의 액수와 납입횟수를 스스로 결정하게 하는 보험료납부의 신축성은 결국 계약기간 중의 어느 시점에서는 계약의 실효를 방지하기 위하여 보험료가 충당되어야 한다는 사실이다.

3. 변액유니버셜생명보험(variable universal life insurance)

종신보험의 중요한 변형 중의 하나가 바로 변액유니버셜생명보험으로서 변액생명보험의 특징인 분리계정의 투자신축성과 유니버셜생명보험이 가지고 있는 보험료납부와 사망보험금의 신축성이라는 주요 특징을 결합하여 상품의 유연성을 극대화한 금리감응형 보험상품이라고 할 수 있다. 이 보험상품은 1985년에 Prudential Life Company of America의 자회사인 Pruco Life에 의해 처음으로 미국보험시장에 소개된 이래 주식시장의 호황에 힘입어 1990년대에는 약 20%의 시장점유율을 기록하기도 했다.

주요 특징으로는 유니버셜생명보험에서와 같이 저축과 사망부분에 대해 별도의 비용을 부과하는 분리상품이며 변액생명보험에서와 같이 적립금은 분리계정으로 운용되며 보험료와 보험금은 고정되어 있지 않다. 적립금은 투자실적에 따라 변동하기 때문에 보장기능이 없으며 따라서 이론적으로는 최악의 경우 적립금액이 상실될 수도 있다. 최저사망보험금의 설정과 관련하여 보험료가 적정하게 납입되지 않을 수 있으므로 최저보장금액이 요구되지 않으나 보험회사에 따라서는 최저사망보험금의 보장이 가능할 수도 있다.

4. 현재가정종신보험(current assumption whole life)

전통적인 종신보험의 경우 예정이율, 예정사망률, 그리고 예정사업비율 등의 예정기초계산율에 의해 대략적인 보험료가 산정되고 상품의 현재가치가 평가되는 것이 일반적이다. 그러나 현실적으로 사망률은 빈번히 변동하는 것은 아니지만 시장금리는 경제상황에 따라 수시로 변하며 변동폭이 클 수도 있다. 이러한 상황에서 유배당형 종신보험의 경우 계약자배당 형태로 정산해 주는 방법이 있지만 무배당형 상품은 그렇지 못하다. 이러한 한계점을 보완하기 위하여 정기적으로 보험회사의 실질적인 사망, 투자 그리고 사업비 등의 영업실적에 기초하여 실세금리와 현재의 순사망비용을 활용하여 cash value가 재평가되는 무배당형 종신보험이 바로 현재가정종신보험이며, 일명 금리감응종신보험(Interest Sensitive Whole Life) 또는 정액보험료유니버셜생명보험(Fixed Premium Universal Life)이라고도 한다.

상기 보험상품들의 특성을 정리하면 [표 12-1]과 같다.

| 표 12-1 | 보험상품별 특성비교

상품	보험료	사망보험금	cash value	배당	계약자 대부	일부 인출	해약금 (Surrender Charge)
정기(무배당)	갱신시 증가	평준 또는 감소	무(無)	무	무	무	무
정기(배당)	갱신시 증가	평준 또는 감소	무	유	무	무	무
종신(무배당)	평준(level)	평준	예정대로 보장	무	유	무	무
종신(배당)	평준	평준	예정대로 보장	유	유	무	무
생사혼합	평준	평준	예정대로 보장	무	무	무	무
변액	평준	최소보장	실적에 연동	무	유	무	유
유니버셜	가변 (flexible)	평준(option A) 증가(option B)	최소보장	무	유	유	유
변액유니버셜	가변	실적에 연동	실적에 연동	무	유	유	유
현재가정종신	평준	평준	최소보장	무	유	유	유
일시납종신	일시납	평준	예정대로 보장	유(배당형) 무(무배당형)	유	무	유

제3절 우리나라 생명보험상품

우리나라의 생명보험상품은 변화되는 고객의 욕구를 충족시키기 위해 매우 다양하게 개발되어 판매되고 있는데, 생명보험상품의 기본적인 분류는 크게 보장성 상품과 저축성 상품으로 대별된다. 보장성 상품에는 사망보험과 제3분야 보험이, 그리고 저축성 상품에는 생존보험, 생사혼합보험의 두 가지 형태가 있다.

- 보장성 — 사망
  - 질병, 상해, 장기간병, 종신, 정기보험 등
  - 변액종신, 변액유니버셜(보장형)
- 저축성
  - 생존
    - 일반연금보험, 교육보험 등
    - 연금저축, 변액연금, 자산연계형
  - 생사혼합
    - 장기주택마련저축, 유니버셜보험, 저축보험
    - 변액유니버셜(적립형)

1. 사망보험(死亡保險)

사망보험은 생존보험과는 반대로 피보험자가 보험기간 중에 사망했을 때 보험금이 지급되는 보험이다. 따라서 보험기간 만료일까지 생존했을 때에는 보험금이 지급되지 아니함은 물론 납입한 보험료도 환급되지 않는다. 이 보험은 보험기간을 미리 정해 놓고 피보험자가 보험기간 내에 사망하였을 때 보험금을 지급하는 정기보험(定期保險)과 일정한 기간을 정하지 않고 피보험자가 어느 때 사망하더라도 보험금을 지급하는 종신보험(終身保險)으로 나누어진다. 이러한 사망보험은 만기보험금이 없기 때문에 저렴한 보험료로 사망 시 고액의 보장을 받을 수 있는 장점을 지니고 있다. 제3분야보험에는 상해보험, 질병보험 그리고 장기간병보험 등이 있으며 생명보험과 손해보험이 함께 영위하는 보험이다.

2. 생존보험(生存保險)

피보험자가 보험기간 만기일까지 생존했을 때에만 보험금이 지급되는 보험이다. 즉, 사망보험에서 사망이라는 것을 조건으로 하여 보험금을 지급하는 것과는 정반대로 어느 일정시점에 있어서 피보험자가 생존하고 있는 것을 조건으로 보험금을 지급하게 되며, 피보험자가 보험기간 중 사망했을 때에는 보험금이 지급되지 않고 납입한 보험료도 환급되지 않는 것이 원칙이다. 그러나 현재 우리나라에서 판매되고 있는 생존보험은 대부분 피보험자가 보험기간 중 사망하더라도 사망보험금을 지급받을 수 있도록 각종 사망보장이 부가되어 판매되고 있다.

3. 생사혼합보험(양로보험)

생사혼합보험은 피보험자가 일정기간 내에 사망했을 때에 사망보험금을 지급하는 정기보험과 만기까지 생존했을 때에 만기보험금을 지급하는 생존보험을 합친 것이다. 즉, 생존보험과 사망보험의 장 · 단점을 서로 보완한 것으로서 사망보험금의 보장기능과 생존보험의 저축기능을 동시에 겸비한 생명보험이라 할 수 있다.

제4절 보험증권의 주요 규정(provisions)

보험증권의 약관에는 보험회사와 보험가입자를 각각 보호하는 규정이나 약관, 보험계약자가 활용할 수 있는 여러 옵션을 제공하고 있다.

1. 불가항쟁약관(incontestable clause)

보험계약자 또는 피보험자의 고지의무위반의 경우 보험자는 보험계약을 해지할 수 있지만 당사자 간의 관계를 너무 장기간에 걸쳐 확정하지 않은 상태로 두는데서 오는 폐해를 방지하기 위하여 상법은 보험자의 해지권의 행사기간을 해지의 원인인 고지의무위반사실을 안 날로 부터 1월 또는 계약을 체결한 날로부터 3년으로 규정하고 있다(상법 제651조). 생명보험약관에서는 상법상의 3년의 기간을 보험자의 책임개시일로부터 2년(진단계약의 경우 1년)으로 단축하고 있는데, 이러한 기간을 설정한 이유는 법률관계를 조속히 확정하려는 데 있으므로 이 기간이 지나면 보험자는 고지의무위반을 이유로 계약의 효력을 다툴 수 없는 것이다.[04] 이와 같이 일정한 기간이 경과한 후에는 고지의무위반 등을 이유로 보험계약을 해지할 수 없다고 정한 조항이 불가항쟁약관이라고 한다.

04 한국보험학회편(1997), '保険辭典', p.363.

2. 유예(猶豫)기간조항(grace period provision)

보험료 납입기간이 경과되었을 경우에 일정기간을 다시 정해서 그 기간 내에 보험료가 납입되면 계약을 유효하게 유지시키는 기간을 말하는데, 생명보험약관의 경우 통상 납입기간이 지난 후부터 2개월로 정해져 있으나 월납보험료인 경우 납입기간이 속해 있는 달의 다음 달 마지막 날까지로 정하고 있다. 단체보험에서는 납입기일이 경과한 후 1개월로 정하기도 한다. 유예기간 중 피보험자의 사망 등으로 보험금지급사유가 발생하면 보험금은 미납된 보험료를 빼고 지급한다. 천재지변으로 인해 납입하지 못한 경우에는 일정지역에 한하여 유예기간을 연장할 수 있다.[05]

3. 몰수금지조항(non-forfeiture provision)

보험계약이 실효되거나 해약이 되더라도 보험계약자가 납부한 보험료 전부를 보험회사가 차지(몰수)하게 되는 것이 아니라 몰수금지가액 또는 해약가액을 보험계약자에게 귀속시킬 것을 보증하는 조항으로서 해약가액으로서 일시지급보험료에 충당하여 연장정기보험 또는 감액기지급보험으로 변경하거나 환급금으로 수령할 권리가 부여되는데 이러한 보험계약자의 권리를 몰수금지조항이라고 한다. 미국은 법률에 의하여 보험약관에 규정하도록 요구되는 조항이지만 우리나라는 상법의 보험료 등의 반환에 관한 규정에 의거하여 미국의 경우와 같은 기능을 하고 있다.[06]

4. 부활약관(reinstatement clause)

1993년 개정보험법에 의해 신설된 조항으로 보험료 납입기간이 경과되었을 경우에 일정기간을 다시 정해서 그 기간 내에 보험료가 납입되면 계약을 유효하게 유지시키는 기간인 유예기간을 경과한 보험계약에 대해서는 계약의 효력이 소멸되어 해지환급금이 지급되지 않은 경우 실효보험증권(lapsed policy)으로 분류된다. 이 경우 보험계약자는 소정의 기간 내에 보험자의 승낙, 연체보험료와 이자의 지급, 그리고 실효기간 중의 중요사항에 대한 고지의

05 한국보험학회편(1997), '保險辭典', p.543.
06 한국보험학회편(1997), '保險辭典', p.246.

무이행 등 일정한 요건을 충족시킬 경우 종전의 계약을 부활시킬 수 있도록 하고 있다.[07]

5. 자살약관(suicide clause)

일반적으로 자살이란 자기 의지로 자기의 생명을 끊는 것으로서 미리 그 결과를 행위자가 아는 경우를 말하는데, 국제원인분류에서는 원인의 여하를 막론하고 자살행위는 외인사(外因死) 중의 자살항목으로 분류되나 생명보험에서는 전신질환 또는 정신장애에 기인하는 자살행위는 자기 의사에 의한 것으로 보지 않고 병사(病死)로 취급한다.[08] 한때는 자살을 계획하고 의도적으로 생명보험에 가입하는 것을 막아야 하기 때문에 자살리스크 자체를 보험계약에서 배제하였으나 생명보험의 주된 목적이 피보험자의 부양가족을 보호하는 것이고 보험료산정에 사용하는 사망률에는 자살에 의한 사망까지도 포함되어 있기 때문에 자살리스크를 배제하기보다는 역선택과 도덕적 hazard로부터 보험회사를 보호하기 위하여 생명보험약관에서는 계약 후 2년 이내의 자살은 면책으로서 보험금을 지급하지 않는다고 규정되어 있다.

6. 양도약관(assignment clause)

영문해상보험증권 모두(冒頭)의 보험계약자 및 피보험자에 관한 기재난 바로 다음에 규정되어 있는 약관으로 증권상의 명의자뿐만 아니라 보험의 목적이 현재 귀속되고 있는 자 또는 장래 귀속할 자를 위하여도 부보된 것이라는 점을 명백히 한 것으로 보험증권의 양도뿐 아니라 타인을 위한 보험이라도 무방하다는 것을 인정하고 있는데, 내용에 비추어 양도약관이라고 부른다.[09] 생명보험에서는 보험증권의 소유권에 관한 이전(transfer of ownership rights)에 관한 약관으로서 현재의 증권소유자를 제3자로 변경하여 소유권을 완전히 이전하는 절대적(absolute) 양도와 보통 은행이나 대부기관으로부터 대출을 받을 때 일시적으로 소유권을 이전하는 담보적(collateral) 양도 두 종류가 있다.

---

07 한국보험학회편(1997), '保險辭典', p.358.
08 한국보험학회편(1997), '保險辭典', p.580.
09 한국보험학회편(1997), '保險辭典', p.481.

7. 계약자대부약관(policy loan clause)

보험계약자가 생명보험약관에 의한 보장을 유지하면서 필요한 자금을 마련할 수 있게 하는 것으로서 생명보험계약의 해약환급금 범위 내에서 소정의 이율로 보험회사로부터 자금을 빌려 일정기간 내에 상환하는 제도를 말한다. 만약 상환기간을 넘겨 대출원금과 이자의 총액이 해약환급금보다 많아지면 보험증권의 효력은 자동적으로 종결(policy termination)되므로 보험회사 입장에서는 계약자대부로 인한 신용리스크가 전무하다고 할 수 있다.

CHAPTER 13

생명보험의 수리적 개념

거래가 이루어지는 모든 상품에는 가격이라는 것이 있다. 보험계약에 의해 판매되는 보험상품에도 보험료라는 일정한 값이 매겨져 있다. 그렇다면 보험료는 어떻게 결정되는 것일까. 보험의 기본은 보험회사가 보험계약자들로부터 수납한 보험료는 모두 보험금으로 지급된다는'수지상등의 원칙'이다. 그런데 문제는 보험료를 수납하는 시점과 보험금을 지급하는 시기에 시차가 존재한다는 점이다. 그러나 보험회사는 이러한 시차를 이용하여 보험료로 들어온 자금으로 채권, 주식, 부동산 등에 투자를 한다. 결국 보험회사가 보험료를 계산할 때 보험료가 수납되는 시점을 기준으로 할인율이라는 개념의 일정한 이자율을 감안하여 만기 때 지급되는 보험금이 되도록 일치하도록 하는데 이를 예정이율이라고 한다. 그 밖에 사망률을 통계적으로 나타낸 예정사망률, 보험사업에 필요한 경비와 관련된 예정사업비 등 세 가지의 기초계산율 요소에 의해 결정된다. 이처럼 보험료는 과학적 기초를 근거로 산출되기 때문에 일반 시장에서 거래되는 상품을 흥정하는 것과는 다르다. 또한 보험계약의 특성상 장래에 지급하는 보험금의 지급책임을 완전히 이행할 수 있도록 준비하는 책임준비금과 보험계약이 만기 전에 해약 또는 실효가 될 경우 책임준비금에서 보험계약자의 지분인 해약환급금이 있다.

주요용어

보험요율	경험생명표	순보험료
보험료	예정사망률	일시잡보험료
책임준비금	예정이율	평준보험료
해약환급금	예정사업비율	영업보험료

제1절 보험요율산정의 기준

생명보험의 요율을 산정하는 데 적용되는 기준은 요율의 적정성(rate adequacy), 요율의 형평성(rate equity), 그리고 과도하지 않은 요율(rate not excessive)을 들 수 있다.

1. 요율의 적정성

생명보험상품의 요율은 그 상품이 제공하는 혜택(주로 보험금)을 감안하여 적정하게 결정되어야 한다. 만약 요율이 보험상품의 혜택에 비례하여 적정하지 않게, 즉 낮게 책정되었을 경우 회사가 재무적으로 심각한 문제에 직면할 수 있다. 보험회사가 보험상품을 팔게 되면 수입과 지출부분이 형성된다. 수입은 보험계약자가 전 보험기간 보험회사에 납부하는 보험료와 보험금지급까지의 시간차를 활용한 투자수익으로 이루어진다. 지출은 보험계약에 따라 계약자에게 지급하여야 할 보험금과 보험회사 운영을 위한 사업비가 차지한다. 따라서 보험요율은 적어도 수입의 현가와 지출의 현가가 같도록 산정되어야 하는데, 이를 수지상등(收支相等)의 원칙이라고 하며 보험요율의 최저요율(floor rate)을 의미한다.

보험회사 입장에서는 현실적으로 보험계약이 만료되어 보험금이 지급될 때까지는 요율이 적정하게 산정되었는지 확신할 수 없다. 생명보험증권은 전 보험기간 이미 확정된 요율과 제조건에 의해서 발행되어 보험계약자 한 사람 한 사람에게 개별적으로 전달되기 때문에 요율이 적정하게 산정되었는가는 초회보험료의 수준을 결정하는 데 특별히 중요한 문제가 된다.

2. 요율의 형평성

보험상품의 요율은 피보험자(insured)가 속해 있는 보험 pool의 기대손실을 포함한 제비용에 비례한 보험료를 부과함으로써 각각의 보험계약자에게 공정하여야 한다. 보험요율은 피보험자의 리스크에 대한 정보의 비대칭을 전제로 산정되기 때문에 피보험자의 진정한 리스크에 합당한 요율을 부과하는 것은 쉽지 않은 작업임에는 틀림없다.

보험요율의 공정성을 위해 너무 세분화된 리스크 분류는 상대적으로 높은 비용을 유발시키게 되어 결과적으로 보험계약자가 높은 보험료를 부담하게 된다. 또한 세분화되지 않을 경우 역선택[01]의 문제가 심각하게 대두되어 상대적으로 적은 손실을 발생시키는 피보험자(low risk)가 많은 손실을 발생시키는 피보험자(high risk)를 불공정하게 지원(subsidization)하는 문제가 발생하게 되며 이 문제가 심화될 경우 보험산업의 건전성에 악영향을 미칠 수 있다. 따라서 pooling을 통해 피보험자가 발생시키는 정확한 비용을 측정하기란 불가능하다.

이러한 제약된 여건 속에서 보험요율의 공정성을 최대한 달성하고자 하는 것이 보험회사 언더라이팅(underwriting)[02] 기능의 목적 중의 하나이다. 언더라이팅이란 보험회사가 보험계약자에게 보험계약에 따른 제조건과 보험료를 포함한 보험증권을 교부하기까지의 일련의 과정을 지칭한다. 생명보험의 경우, 피보험자에게 공정한 요율을 적용하기 위하여 나이, 성별, 직업, 건강상태, 병력, 가족력, 취미, 제공되는 혜택 등과 같은 요소들을 활용하고 있다. 그러나 동일한 상황에 처해 있는 남성과 여성에게 서로 다른 보험요율을 적용할 경우 비록 계리적 측면에서 형평성(actuarial equity)을 가진다고 하여도 때로는 사회적으로 받아들일 수 없는 사회적 형평성(social equity) 개념과 충돌하는 현실적인 문제도 있다.

3. 과도하지 않은 요율

보험요율은 보험상품이 제공하는 혜택과 비교하여 과도하지 않아야 한다. 앞서 언급된 요율의 적정성이 개념적으로 최저요율(floor rate)의 기준이 된다면 과도하지 않은 요율은 최고 요율(ceiling rate)의 기준이 된다고 하겠다.

종종 활용되는 과도한 요율인지를 판단하는 기준의 하나는 보험회사가 상품판매로 인한 수입보험료 중 합리적 또는 계리적으로 적어도 최소 몇 %(예를 들어, 50%)가 보험금으로 지급되어야 하는 것이다. 보험회사에 따라 보험상품의 가격은 차이가 있을 수 있으나 세계적으로 보험시장의 판매경쟁이 과거에 비해 격화됨에 따라 과도한 가격설정은 현실적으로 쉬운 일이 아닐 것이다. 달리 표현하면 경쟁시장 구도하에서 시장을 무시한 보험요율과 이자율을 적용한다면 보험상품 판매에 어려움을 겪을 수 있다는 것이다.

---

01 좀 더 자세한 내용은 제9장 참조
02 좀 더 자세한 내용은 제13장 참조

제2절 보험료 산출요소

보험료 산출요소는 생명보험상품의 가격을 산정하는 데 필요한 요소로서 보험산업의 근간이 될 수 있으며, 특히 회사의 손익과 직결되므로 그 중요성은 매우 크다고 하겠다. 미국의 경우 부적절한 보험가격 설정으로 인해 경영 파탄한 사례가 가장 많다.[03] 보험료 산출요소는 시대 및 환경변화에 따라 변화되는데, 장래의 보험료 수입과 장래에 지출될 보험금의 합계가 보험료 산출시점에서 상등(相等)이 되도록 하는 보험사업의 기본원칙인 '수지상등의 원칙'을 충족케 하는 기술적 요소이다.

보험료 산출요소는 계산기초율인 예정사망률, 예정이율, 예정사업비와 계약상 지급될 보험금 등 4가지 요소로 구성되어 있다.

1. 예정사망률

보험상품의 가격(보험료)은 pooling,[04] 즉 손실분담(loss sharing)의 개념에 기초하고 있다. 손실을 입은 소수의 피보험자에게 보험금을 지급하기 위하여 pooling을 통해 형성된 집단의 모든 피보험자가 분담하는 소정의 금액으로 자금을 축적하여야 한다. 모든 피보험자가 분담하여야 할 액수를 산정하기 위해서 보험회사 입장에서는 그 집단의 손실가능성(likelihood of loss)에 대한 정보가 중요한 단서가 된다.

생명보험에서 손실가능성은 보통 0세에서 10만 명(미국의 경우 1,000만 명 기준)이 생존해 있다고 가정하고 이 집단에 속해 있는 사람들이 연령대별로 어떠한 확률로 사망하여 감소하는지를 보여주는 생명표 또는 사망표(mortality table)에 의해서 예측되며 요율산정의 기초가 된다. 생명표에는 각 연령(x)마다 생존자수(lx), 사망자수(d_x)에 따른 생존율(p_x), 사망률(q_x)이 나타나 있다.[05]

[표 13-1]은 제7회 경험생명표의 30세에서 45세까지의 연령대를 보여주고 있는데 이를 이용하여 사망률과 생존율을 계산해보기로 하자. 예로서 30세의 경우 98,612명의 생존자

---

03 1976년부터 1991년 사이 파산한 207개 보험회사 중에서 22.7%가 부적절한 보험가격 및 잉여금 계산이 원인이었다.

04 좀 더 자세한 내용은 제6장 참조

05 생명표에 관한 자세한 내용은 [부록 1] 참조

| 표 13-1 | 제7회 경험생명표(남자 30~45세)

나이(x)	사망률(q_x)	생존자수(l_x)	사망자수(d_x)	생존율(p_x)
30	0.00058	98,612	57	0.99942
31	0.00057	98,555	56	0.99943
32	0.00057	98,499	56	0.99943
33	0.00058	98,443	57	0.99942
34	0.00060	98,386	59	0.99940
35	0.00063	98,327	62	0.99937
36	0.00068	98,265	67	0.99932
37	0.00074	98,198	73	0.99926
38	0.00081	98,125	79	0.99919
39	0.00091	98,046	89	0.99909
40	0.00102	97,957	100	0.99898
41	0.00114	97,857	112	0.99886
42	0.00127	97,745	124	0.99873
43	0.00140	97,621	137	0.99860
44	0.00154	97,484	150	0.99846
45	0.00169	97,334	164	0.99831

(l_{30})에서 1년 동안(30세부터 31세 사이) 57명이 사망(d_{30})하여 1년 후 31세가 될 때 98,555명이 생존(l_{31})하게 된다. 그 다음 1년 동안(31세부터 32세 사이) 56명이 사망(d_{31})하여 98,499명이 생존(l_{32})하게 된다. 따라서

$$l_x - d_x = l_{x+1}$$

의 관계가 성립된다. 또한 생존율(p_x)과 사망률(q_x)은

$$p_x = \frac{l_{x+1}}{l_x}$$

$$q_x = \frac{d_x}{l_x} = \frac{l_x - l_{x+1}}{l_x}$$

이므로 이로부터

$$l_{x+1} = l_x p_x$$
$$d_x = l_x q_x$$

가 되는 것을 알 수 있다. 아울러

$$p_x + q_x = 1$$

이라는 관계가 성립되는 것을 알 수 있다. 예로서 30세의 사망률(q_{30})과 생존율(p_{30})은 다음과 같이 계산된다.

$$30\text{세 사망률}(q_{30}) = \frac{30\text{세부터 31세 사이 사망자수}(d_{30})}{30\text{세 생존자수}(l_{30})}$$
$$= \frac{57}{98,612} = 0.00058$$

$$30\text{세 생존율}(p_{30}) = \frac{31\text{세 생존자수}(l_{31})}{30\text{세 생존자수}(l_{30})}$$
$$= \frac{98,555}{98,612} = 0.99942 = (1 - q_{30})$$

생명보험은 다양한 연령대에서 가입하게 되며 일반적으로 나이가 들수록 그 해 1년 동안 사망자수는 늘어난다. 따라서 요율의 형평성에 따라 보험요율은 연령이 높아질수록 증가할 수 밖에 없다.

2. 예정이율

원금에 이자를 가산하여 지불하는 은행의 예금과는 달리 계약기간이 장기인 생명보험은 보험계약의 제 조건에 부합되는 보험금을 지급하기 전에 보험료를 수납하고 수납된 보험료

중 보험금이나 사업비에 당장 충당되지 않는 일부는 축적되어 미래에 지급되는 보험금이나 지속적으로 필요한 경비(ongoing expenses)를 위한 수입보험료를 보충하기 위한 투자자금으로 활용되어 수익을 창출한다. 이때 축적된 자금이 장래 얼마정도의 수익률로 운용되어 필요로 하는 자금을 얻을 것인가 하는 관점에서 적용되는 최소한의 수익률이 예정이율이다. 일단 정해진 이율은 그 상품의 계약이 만료될 때까지 적용되므로 생명보험회사 입장에서는 안전한 이율의 선정이 무엇보다 중요하다고 하겠다. 보험료 산출과정을 이해하기 위해 우선 화폐의 시간적 가치(time value of money)의 개념에 대한 이해가 필요하다.

1) 화폐의 시간적 가치

여러분에게 지금 당장 10,000원을 받는 것과 1년 후에 10,000원을 받는 두 가지 옵션 중 하나를 선택할 수 있는 기회가 주어졌다면 어느 옵션을 선택할 것인가? 액수의 크기에 비추어 볼 때, 누구나 1년 후에 10,000원을 받느니 현재의 10,000원을 선택하리라 본다. 이는 미래의 10,000원보다 현재의 10,000원의 가치가 더 크다는 판단에서 내린 선택이라고 본다.

일반적으로 사람은 누구나 동일한 금액의 현금에 대하여 불확실한 미래의 현금흐름보다는 확실한 현재의 현금을 선호하기 때문이다. 설혹 미래의 불확실성이 없는 상황 아래에서도 인플레이션이 발생할 경우 현재의 10,000원의 현금가치가 미래시점의 10,000원의 현금가치보다 더 큰 구매력을 가지고 있기 때문에 당연히 현재의 10,000원 현금을 선호하게 된다. 따라서 미래의 불확실성이 없다고 하더라도 투자자는 소비의 지연에 따른 불편과 인플레이션으로 인한 구매력 감소 등에 대한 보상을 바라게 되며 이러한 보상은 이자(interest)로서 지불된다. 예로서 이자율이 5%라면 현재 10,000원을 은행에 맡긴 투자자는 은행으로부터 10,500원 받게 되고 투자자가 받게 되는 500원은 구매력 감소와 소비지연의 불편을 감수한 대가가 되는 것이다. 이러한 대가의 지불은 투자자로 하여금 현재의 10,000원과 1년 뒤의 10,500원에 대하여 동일한 가치를 느끼게 된다. 이와 같이 일정한 현금액이 시간에 따라 다른 가치로 평가 되는 것을 화폐의 시간적 가치라고 한다.

2) 미래가치

이자율이 5%일 때 현재의 10,000원은 미래의 10,500원과 동일한 가치를 가진다는 의미이다. 여기서 미래수입 10,500원은 현재수입 10,000원에 대한 미래가치(Future Value:

FV)라부르고 현재수입 10,000원을 미래수입 10,500원에 대한 현재가치(Present Value: PV)라고 부른다.

미래가치는 복리계산에 의해서 구해지는데 가령 위의 예에서 투자자가 현재 10,000원을 5% 이자율로 투자한다면 이 투자로 인해 1년 후에 얻게 되는 금액은 10,500원(10,000×1.05)이 된다. 이 금액이 다시 1년간 5% 이자율로 재투자된다면 연 이자금액 525원(10,500×5%)을 포함하여 2년 후에 얻게 되는 금액은 총 11,025원이 된다. 같은 방법으로 3년 후의 미래가치는 11,576.25원이 된다. 따라서 현재의 원금을 P_0, 이자율을 i라고 하면

1년 후 미래가치 $P_1 = P_0 + P_0 \times i = P_0(1+i)$

2년 후 미래가치 $P_2 = P_1(1+i) = P_0(1+i)(1+i) = P_0(1+i)^2$

3년 후 미래가치 $P_3 = P_2(1+i) = P_0(1+i)(1+i)(1+i) = P_0(1+i)^3$

이 된다. 이와 같은 방법으로 n년 후 미래가치 P_n을 나타내면 다음과 같다.

$$P_n = P_0(1+i)^n$$

따라서 이자율이 i일 때 현재 1원은 n년 후에 $(1+i)^n$이 되며 이를 복리이자요소(compound value interset factor)라고 하며, 복리이자요소를 i와 n의 크기에 따라 계산하여 만든 표를 복리계수표(compound value table)라고 한다.[06]

3) 현재가치

현재가치는 미래에 정해진 어떤 특정 금액을 얻기 위하여 현재 투자에 소요되는 금액을 의미한다. 예로서 이자율이 5%일 경우 1년 후 10,500원, 2년 후 11,025원, 3년 후 11,576.25원을 얻기 위하여 필요한 현재의 투자금액은 모두 10,000원이었다. 따라서 5%의 이자율이 적용될 경우 1년 후 10,500원, 2년 후 11,025원, 3년 후 11,576.25원의 현재가치는 모두 10,000원인 것이다. 즉, 현재가치는 현재의 가치를 미래의 특정 시점에서의 가치로 계산하는 미래가치와는 달리 미래에 발생하게 될 금액을 현재시점에서의 가치로 환산한 것이며 미래가치와 서로 상대되는 개념이다.

06 복리계수표는 [부록 3]을 참조

현재가치의 계산은 미래가치(P_n)를 알고 그것의 현재가치(P_0)를 알려고 하는 것이므로 미래가치를 구하는 식을 변형하여 구하면 다음과 같이 된다.

$$P_0 = \frac{P_n}{(1+i)^n}$$

위의 식에서 i는 미래가치계산에서는 이자율 또는 증가율이 되지만 현가계산에서는 할인율(discount rate)의 의미를 가진다. 또한 $P_n=1$일 경우 n년 말에 1원을 주기 위해 현재 받아야 할 금액은 $\frac{1}{(1+i)^n}$이 된다. 이를 복리현가율이라고 하고 기호로는 v^n으로 표시한다. 여기서 v는 $n=1$일 경우이므로 $v=\frac{1}{1+i}$이다.[07] 식을 이용하여 현재로부터 1년 동안 이자율(할인율)이 5%일 경우 1년 후에 10,000원에 대한 현재가치를 구하면 다음과 같다.

$$\frac{10,000}{1+0.05} = 9,523.8\text{원}$$

3. 예정사업비율

생명보험사업을 영위하기 위해서는 보험상품 판매를 위한 계약의 작성, 발행, 유지를 위한 비용뿐만 아니라 인건비, 세금, 회사이익 및 예기치 않은 상황변화 등 회사운영 전반에 필요한 경비를 사전에 고려하여야 한다. 부가보험료를 산정할 때 필요한 경비는 보험금액 또는 보험료의 일정비율로 정하는데 이를 예정사업비율이라고 한다.

4. 보험금

리스크가 현실화하여 손실이 났을 경우 손실의 정도를 측정 · 평가하여 실질적인 손실금액을 보상해 주는 자동차보험이나 건강보험과는 달리 생명보험의 경우 보험계약을 할 때 보상받을 금액을 사전에 정한다. 따라서 사망할 경우 받게 될 보험금이 정해져 있고 미리 알기 때문에 기평가된 정액(定額)보험(valued policy)이라고 한다.

---

07 다양한 i값에 대한 복리현가표는 [부록 2] 참조

제3절 보험료 산정

일반적으로 보험료는 보험계약자가 피보험자의 사망 또는 생존에 따라 생명보험회사로부터 약속된 보험금을 지급받기 위하여 지불하여야 하는 반대급부로서 영업보험료(gross or insurance premium)를 의미한다. 영업보험료는 예정사망률, 예정이율, 그리고 보험금을 기초로 하여 계산되는 순보험료(pure or net premium)와 신계약체결, 체결된 계약의 유지관리, 보험료 수금 등 보험사업을 영위하는 데 필요한 제 경비를 미리 예정한 사업비율로 계산되는 부가보험료(loading)로 구성되어 있다.

장래에 실제로 발생하는 사망률, 이자율, 그리고 사업비율은 보험료 산정에 활용된 예정률인 계산기초율과는 차이가 있을 수 있다. 따라서 생명보험의 장기계약에 따른 재무건전성 차원에서 일반적으로 계산기초율을 보수적으로 안전하게 설정한다.

사망보험의 경우 실제 사망률이 예정사망률을 초과하는 경우 납입된 보험료는 보험금을 지급하기에 부족하고 반대인 경우 잉여금이 생긴다. 이를 각각 사차손(死差損), 사차익(死差益)이라고 한다.

예정이율은 일반적으로 시장금리보다 낮게 책정되기 때문에 예정된 이자보다 실제 발생된 이자가 많은 것이 보통이며 이 초과분을 이차익(利差益)이라 한다. 그러나 시장금리가 변동하여 예정이율보다 낮게 형성된 경우 역마진 현상이 나타나 실제 발생된 이자가 예정된 이자보다 적게 발생한다. 이럴 경우를 이차손(利差損)이라 한다.

예정사업비의 경우 실제사업비와 비교하여 초과하여 지출될 수도 있고 적게 지출될 수도 있기 때문에 비차손(費差損) 또는 비차익(費差益)이 발생할 수도 있다.

보험료는 납입방법에 따라 보험기간 동안의 전체 보험료를 일시에 납입하는 일시납(single premium plan)과 여러 번에 걸쳐 납입하는 분할납이 있다. 분할납에는 매년 갱신가능한 정기납(Yearly Renewable Term: YRT) 방법과 전체 보험기간에 걸쳐 평준화된 일정한 수준의 보험료를 납입하는 평준보험료납(Level Premium Plan) 방법이 있다. 또한 납입기간에 따라 월납, 3개월납, 6개월납 그리고 연납이 있다. 1년에 한 번씩 내는 평준보험료를 연납평준보험료(annual level premium)라고 한다.

1. 순보험료

생명보험의 순보험료는 수지상등의 원칙에 의해 예정사망률과 예정이율을 계산기초율로 하여 장래에 지급될 보험금의 현가와 납입되는 순보험료의 현가가 서로 상등되도록 되어 있다. 순보험료를 계산하는 데는 다음과 같이 몇 가지 가정을 전제로 한다.

첫째, [부록 1]에 나타나 있는 경험생명표를 예정사망률로 한다.

둘째, 사망보험금은 10,000원이며 매년 말에 지급하는 것으로 한다.

셋째, 보험료는 매년 초에 납입되는 것으로 한다.

넷째, 예정이율은 5%로 한다([부록 2] 복리현가율표 참조).

1) 매년 갱신가능 정기납

매년 갱신가능한 정기보험은 1년의 보장기간과 보장기간 만료 후 보험계약을 계속 지속하여 유지할 수 있는 갱신권한을 보험계약자에게 부여한다. 이 경우 보험료는 매년의 보험료 수입과 보험금 지출이 동일하도록 산정되며 이를 자연보험료라고 하며 매년 사망률이 증가하므로 매년 증가하게 되어 있다. 예로서 35세 남자가 사망 시 10,000원의 사망보험금을 지급하는 1년짜리 정기보험에 가입하려고 할 때 보험료로 얼마를 지불하여야 하는지 계산하여 보자.

[표 13-1]에 의하면 35세 남자의 사망률은 0.00063으로서 98,327명 중 1년간 62명이 사망한다는 것을 알 수 있다. 1인당 지급되는 보험금이 10,000원이므로 보험회사 입장에서 예상되는 지급보험금의 총액은 $10,000 \times 62 = 620,000$원이 된다. 그런데 보험금은 연말에 지급되기 때문에 연초에는 1년간의 할인된 현가만큼의 사금을 보험료로 수납하면 된다. 즉, 예정 이율이 5%이므로 복리현가율은 $\frac{1}{1+0.05} = 0.95238$이고, 따라서 연초에 필요한 전체금액은 $620,000 \times 0.95238 = 590,475.60$원만큼만 있으면 된다. 이 금액은 최초의 남자 35세 가입자 98,327명이 균등하게 분담하는 것으로 1인당 순보험료는 $590,475.60 \div 98327 = 6.0$으로서 약 6.0원이 된다. 동일한 계산과정을 통해 일부 연령의 1년 정기보험료를 보면 30세는 5.50원, 39세는 8.65원이 된다. 상기 계산과정을 일반화된 식으로 정리하면

$$(S \times d_x)v = P \times l_x$$

v: 복리현가율
S: death claim(보험금)
P: premium(보험료)

$$\therefore P = \frac{(S \times d_x)v}{l_x}$$

위의 식에서 연령대가 높아갈수록 생존자수(l_x)는 줄어들고 사망자수(d_x)는 늘어가므로 1년 정기보험료는 상승하며 앞서 언급하였듯이 예정사망률 자체가 매년의 보험료를 산정하는 데 직접 반영되기 때문에 자연보험료라고 한다.

2) 일시납보험료

매년 갱신가능한 정기납과 달리 보험계약을 할 때 전 보험기간에 필요한 보험료 전액을 일시에 납부하는 방법을 일시납이라고 한다. 일시납의 경우 보험회사 입장에서는 보험계약을 유지하고 보험료를 수금하는 데 들어가는 비용을 절약할 수 있으며, 미리 받은 보험료를 적절하게 운용하여 얻은 투자수익을 미래에 지급할 보험금에 충당할 수 있다.

그러나 일시납은 보험금의 크기에 따라 일시에 선납하는 보험료의 부담이 크기 때문에 재정적으로 부담이 없는 일부 계층에서 일종의 투자목적으로 활용되고 있는 것이 현실이다.[08] 예를 들어, 현재 35세의 남자가 5년 만기 사망보험금 10,000원을 주는 정기보험에 들었을 경우 일시납을 계산해보자. [표 13-1]에 의하면 첫해 사망자수(d_{35})는 62명이고 그해 말에 보험금이 지급되므로 그 현가(v^1)는 0.95238095(1÷1.05)이므로 첫해에 지급될 보험금의 현가는

$$10{,}000 \times 62 \times 0.95238095 \fallingdotseq 590{,}476.19\text{원}$$

이 된다. 같은 방법으로 각 년도에 지급될 보험금의 현가를 구해보면

$$\text{2년째} \quad 10{,}000 \times 67 \times 0.90702947 \fallingdotseq 607{,}709.74\text{원}$$

08 SPDA(Single Premium deferred Annuity)

3년째 10,000×73×0.86383759≒630,601.44원

4년째 10,000×79×0.82270247≒649,934.95원

5년째 10,000×89×0.78352616≒697,338.28원

이 되며 따라서 총 5년간 지급될 보험금의 총액은 3,176,060.60원이 된다. 이 액수는 35세의 생존자(l_{35}) 98,327명이 공동으로 부담해야 하는 금액이므로 1인당 부담해야 할 일시납 보험료는 32.30원이 된다. 상기 계산과정을 수지상등의 원칙에 의해 일반화해서 표기해보면 다음과 같다.

$$S(d_x v^1 + d_{x+1} v^2 + \cdots\cdots + d_{x+n-1} v^n) = P l_x$$

$$\therefore\ P = \frac{S(d_x v^1 + d_{x+1} v^2 + \cdots\cdots + d_{x+n-1} v^n)}{l_x}$$

3) 평준보험료

실제로 보험계약자가 보험회사에 납입하는 보험료는 매년 갱신가능 정기납이나 일시납보다는 전 보험기간에 걸쳐 매회 납입하는 보험료가 평준화된 평준보험료 방식이 사용되며 대부분 월납형태를 취하고 있다. 그러나 설명의 편의상 앞서 일시납에서의 예와 같이 35세 남성이 5년 만기 사망보험금 10,000원을 지급하는 정기보험에 가입했을 경우 연납평준보험료를 계산해보기로 하겠다. 보험회사 입장에서 보험료는 5년 동안 매년 생존자로부터 일정한 액수가 납입되므로 보험료수입 총액의 현가는 다음과 같이 계산되어진다.

35세 $P \times 98,327 \times 1 = 98,327P$

36세 $P \times 98,265 \times 0.95238095 = 93,585.71P$

37세 $P \times 98,198 \times 0.90702947 = 89,068.48P$

38세 $P \times 98,125 \times 0.86383759 = 84,764.06P$

39세 $P \times 98,046 \times 0.82270247 = 80,662.69P$

따라서 수입보험료 현가총액은 446,407.94P가 되며 이 금액은 수지상등의 원칙에 따라 앞서 일시납에서 구한 5년 동안 지급될 사망보험금의 현가와 같게 되므로 446,407.94P=

3,176,060.60원이라는 등식이 성립된다. 이때 P의 값은 7.11원으로서 5년 만기 정기보험의 평준보험료가 되는 것이다. 평준보험료 액수는 일시납의 산술평균인 6.46원(32.30÷5)보다 큰 액수인데, 그 이유는 평준보험료의 경우 생존자만이 보험료를 지불하는 것이고 매년 사망자수가 증가함에 따라 생존자수가 줄어들기 때문이다.

상기 계산과정을 일반화해서 표기하면 다음과 같다.

$$S(d_x v^1 + d_{x+1}v^2 + \cdots\cdots + d_{x+n-1}v^n) = P(l_x v^0 + l_{x+1}v^1 + \cdots\cdots + l_{x+n-1}v^{n-1})$$

$$\therefore P = \frac{S(d_x v^1 + d_{x+1}v^2 + \cdots\cdots + d_{x+n-1}v^n)}{l_x v^0 + l_{x+1}v^1 + \cdots\cdots + l_{x+n-1}v^{n-1}}$$

2. 영업보험료

생명보험사업에 필요한 사업비는 모집인의 활동보수 · 점포운영 · 광고선전 등의 경비에 충당되는 신계약비, 초회보험료 이후의 관리운용, 기타 사무처리 그리고 이를 위한 인력 및 사무집기에 필요한 유지비, 그리고 2회차 보험료 이후 보험료수금에 필요한 수금비로 구성되어 있다. 이러한 사업비는 계산기초율과 같이 자료에 근거하는 것이 아니라 생명보험회사의 오랜 경험에 의존하여 적당한 사업비율을 예정해 두고 보험가입자에게 부담시키고 있다. 현재 우리나라의 예정사업비 중 신계약비는 초년도 가입금액과 영업보험료의 일정액에 비례하여, 유지비는 매년 보험가입금액과 영업보험료의 일정액에 비례하여, 그리고 수금비는 영업보험료에 일정률을 부과하고 있다. 영업보험료 산출의 예시를 위하여 다음과 같이 설정한다.

- 가입연령: 35세
- 가입기간: 5년
- 납입기간: 전기연납
- 보장내용: 사망 시 10,000원
- 보험료 산출기초:
  - 사망률: 제7회 경험생명표 [표 13-1]

– 예정이율: 5%
– 예정사업비율: ① 신계약비(α): 초년도 보험가입금액의 $\frac{15}{1,000}$
② 유지비(β): 매년 보험가입금액의 $\frac{3}{1,000}$
③ 수금비(γ): 매년 영업보험료의 3%

영업보험료를 P', 순보험료를 P 그리고 부가보험료를 L이라고 했을 때 $P'=P+L$로 표시되며 수지상등의 원칙에 따라 다음과 같은 등식이 성립된다.

$$P'A = PA + S\alpha l_{35} + S\beta A + \gamma P'A$$

단, $A = l_{35}v^0 + l_{36}v^1 + l_{37}v^2 + l_{38}v^3 + l_{39}v^4$

상기 등식에서 왼쪽식은 (영업보험료×매년 생존자수)의 현가로서 보험회사의 수입부분이며, 오른쪽식은 (순보험료+부가보험료)의 현가로서 지출부분이다. 이를 영업보험료 P'에 대해서 정리하여 표기하면

$$P' = \frac{P + \frac{S\alpha l_{35}}{A} + S\beta}{1-\gamma}$$

이 된다. 상기 식에서 순보험료 P와 보험기간 5년 동안의 생존자의 현가인 A에 대한 값은 앞서 평준보험료를 산출할 때 이미 계산된 값이므로 식에 대입하여 영업보험료를 산출하면 71.65원이 나온다.

영업보험료의 계산과정을 보여주기 위한 예시에서 순보험료에 비해 부가보험료가 높게 나온 것은 예정사업비율이 높게 부과되었기 때문이며 실제로 정기보험의 경우 가격경쟁이 심하기 때문에 부가보험료가 높게 책정되지 않는다.[09]

09 상품특성에 대해서는 제11장 참조

제4절 상품별 순보험료

앞서 제3절에서 보험료 산정방식에 대하여 설명하였듯이 순보험료를 산출할 때는 예정사업비율을 제외한 예정사망률, 예정이율 그리고 보험금 등이 활용되는데 이와 관련된 계리적 표기를 다시 한 번 정리하면 다음과 같다.

x: 나이, l_x: x의 생존자수, d_x: x의 사망자수, q_x: x의 사망률, p_x: x의 생존율

$$q_x = \frac{d_x}{l_x} \qquad \text{예) } q_{35} = \frac{d_{35}}{l_{35}} \qquad {}_3q_{35} = \frac{d_{35}+d_{36}+d_{37}}{l_{35}}$$

$$p_x = \frac{l_x - d_x}{l_x} = \frac{l_{x+1}}{l_x} \qquad \text{예) } p_{35} = \frac{l_{36}}{l_{35}} \qquad {}_3p_{35} = \frac{l_{38}}{l_{35}}$$

$$v = \frac{1}{1+i} \qquad v^n = \left(\frac{1}{1+i}\right)^n$$

1. 일시납순보험료(Net Single Premium: NSP)

1) 정기보험

35세의 남자가 5%의 예정이율이 적용되는 5년 만기 사망보험금 10,000원이 지급되는 정기보험에 가입할 경우 일시납순보험료는 다음과 같이 산출된다.

계약년도	나이(x)	산출과정	보험금현가
1	35	$(10,000)\left(\frac{d_{35}}{l_{35}}\right)(v) = (10,000)\left(\frac{62}{98,327}\right)(0.952)$	6.00
2	36	$(10,000)\left(\frac{d_{36}}{l_{35}}\right)(v^2) = (10,000)\left(\frac{67}{98,327}\right)(0.907)$	6.18

3	37	$(10,000)\left(\frac{d_{37}}{l_{35}}\right)(v^3)=(10,000)\left(\frac{73}{98,327}\right)(0.864)$	6.41
4	38	$(10,000)\left(\frac{d_{38}}{l_{35}}\right)(v^4)=(10,000)\left(\frac{79}{98,327}\right)(0.823)$	6.61
5	39	$(10,000)\left(\frac{d_{39}}{l_{35}}\right)(v^5)=(10,000)\left(\frac{89}{98,327}\right)(0.784)$	7.10
		합계	32.30

2) 종신보험

35세의 남자가 정기보험 대신 같은 조건의 종신보험에 가입할 경우 일시납순보험료는 다음과 같이 산출된다.

계약년도	나이(x)	산출과정	보험금현가
1	35	$(10,000)\left(\frac{d_{35}}{l_{35}}\right)(v)=(10,000)\left(\frac{62}{98,327}\right)(0.952)$	6.00
2	36	$(10,000)\left(\frac{d_{36}}{l_{35}}\right)(v^2)=(10,000)\left(\frac{67}{98,327}\right)(0.907)$	6.18
3	37	$(10,000)\left(\frac{d_{37}}{l_{35}}\right)(v^3)=(10,000)\left(\frac{73}{98,327}\right)(0.864)$	6.41
4	38	$(10,000)\left(\frac{d_{38}}{l_{35}}\right)(v^4)=(10,000)\left(\frac{79}{98,327}\right)(0.823)$	6.61
5	39	$(10,000)\left(\frac{d_{39}}{l_{35}}\right)(v^5)=(10,000)\left(\frac{89}{98,327}\right)(0.784)$	7.10
⋮	⋮	⋮	⋮
63	97	$(10,000)\left(\frac{d_{97}}{l_{35}}\right)(v^{63})=(10,000)\left(\frac{948}{98,327}\right)(0.046)$	4.46
64	98	$(10,000)\left(\frac{d_{98}}{l_{35}}\right)(v^{64})=(10,000)\left(\frac{648}{98,327}\right)(0.044)$	2.90

65	99	$(10,000)\left(\frac{d_{99}}{l_{35}}\right)(v^{65}) = (10,000)\left(\frac{414}{98,327}\right)(0.042)$	1.77
		합계	1,242.88

3) 생사혼합보험

35세의 남자가 같은 조건에서 정기보험 대신 생사혼합보험에 가입할 경우 사망뿐만 아니라 보험계약이 만료될 당시 생존할 경우에도 보험금이 지급되기 때문에 만기 시 생존확률인 ${}_5p_{35}\left(=\frac{l_{40}}{l_{35}}\right)$가 반영된 일시납순보험료의 산출과정은 다음과 같다.

계약년도	나이(x)	산출과정	보험금현가
1	35	$(10,000)\left(\frac{d_{35}}{l_{35}}\right)(v^{1}) = (10,000)\left(\frac{62}{98,327}\right)(0.952)$	6.00
2	36	$(10,000)\left(\frac{d_{36}}{l_{35}}\right)(v^{2}) = (10,000)\left(\frac{67}{98,327}\right)(0.907)$	6.18
3	37	$(10,000)\left(\frac{d_{37}}{l_{35}}\right)(v^{3}) = (10,000)\left(\frac{73}{98,327}\right)(0.864)$	6.41
4	38	$(10,000)\left(\frac{d_{38}}{l_{35}}\right)(v^{4}) = (10,000)\left(\frac{79}{98,327}\right)(0.823)$	6.61
5	39	$(10,000)\left(\frac{d_{39}}{l_{35}}\right)(v^{5}) = (10,000)\left(\frac{89}{98,327}\right)(0.784)$	7.10
		$(10,000)\left(\frac{l_{40}}{l_{35}}\right)(v^{5}) = (10,000)\left(\frac{97,957}{98,327}\right)(0.784)$	7810.50
		합계	7842.80

2. 평준순보험료(Net Level Premium: NLP)

평준순보험료를 산출하기 위해 일시납순보험료를 초기 pooling한 숫자로 단순히 나누면 된다고 생각할 수 있다. 그러나 일시납순보험료는 미래에 지급할 보험금을 예정이율로 할인하여 얻은 값이지만 평준순보험료를 산출하기 위해서는 보험계약기간 동안에 매년 사망자가 발생하고 따라서 보험료수입이 줄어듦과 동시에 보험회사 입장에서는 투자자금이 축소됨에 따라 투자수익도 감소된다는 점을 감안하여야 한다. 보험계약기간 동안에 주기적으로 같은 금액을 납부하는 평준순보험료는 기초납(期初納)이므로 보험료가 계약자로부터 보험회사에 납입되는 기초납연금으로 보아 일시납순보험료에 해당하는 기초지급연금(Life Annuity Due: LAD)[10]이 되는 것이다. 따라서 평준순보험료의 산출에 필요한 요소는 일시납순보험료와 보험료납입기간(premium paying period: PPP) 동안 1원의 기초지급연금현가(PVLAD of 1 for PPP)이다. 이들 요소를 이용하여 평준순보험료를 산출하는 식은 다음과 같다.

$$NLP = \frac{NSP}{PVLAD\ of\ 1\ \text{for}\ PPP}$$

1) 정기보험

일시납순보험료를 산출할 때와 같은 조건에서 연납평준순보험료를 산출하기 위해 우선 기초보험료납입기간인 5년 동안 1원의 기초지급연금현가를 구하여야 한다.

계약년도	나이(x)	산출과정	PVLAD of 1
1	35	$({}_0p_{35})(v^0)$ 1 due immediately	1.0000
2	36	$({}_1p_{35})(v^1) = \left(\frac{l_{36}}{l_{35}}\right)(v^1) = \left(\frac{98,265}{98,327}\right)(0.952)$	0.95
3	37	$({}_2p_{35})(v^2) = \left(\frac{l_{37}}{l_{35}}\right)(v^2) = \left(\frac{98,198}{98,327}\right)(0.907)$	0.91
4	38	$({}_3p_{35})(v^3) = \left(\frac{l_{38}}{l_{35}}\right)(v^3) = \left(\frac{98,125}{98,327}\right)(0.864)$	0.86
5	39	$({}_4p_{35})(v^4) = \left(\frac{l_{39}}{l_{35}}\right)(v^4) = \left(\frac{98,046}{98,327}\right)(0.823)$	0.82
		합계	4.54

10 생명연금에서 연금지급이 각 기간(매월, 매3개월, 매6개월, 매년)의 기초(期初)에 지급되는 연금을 말하며 선급생명연금이라고도 한다.

$$NLP = \frac{NSP}{PVLAD\ of\ 1\ \text{for}\ PPP}$$

$$= \frac{32.30}{4.54}$$

$$= 7.11$$

2) 종신보험

연납평준순보험료를 산출하기 위해 우선 기초보험료납입기간인 99세까지 1원의 기초지급연금현가를 구하여야 한다.

계약년도	나이(x)	산출과정	PVLAD of 1
1	35	$({}_0p_{35})(v^0)$ 1 due immediately	1.0000
2	36	$({}_1p_{35})(v^1)=\left(\frac{l_{36}}{l_{35}}\right)(v^1)=\left(\frac{98,265}{98,327}\right)(0.952)$	0.95
3	37	$({}_2p_{35})(v^2)=\left(\frac{l_{37}}{l_{35}}\right)(v^2)=\left(\frac{98,198}{98,327}\right)(0.907)$	0.91
4	38	$({}_3p_{35})(v^3)=\left(\frac{l_{38}}{l_{35}}\right)(v^3)=\left(\frac{98,125}{98,327}\right)(0.864)$	0.86
5	39	$({}_4p_{35})(v^4)=\left(\frac{l_{39}}{l_{35}}\right)(v^4)=\left(\frac{98,046}{98,327}\right)(0.823)$	0.82
⋮	⋮	⋮	⋮
63	97	$({}_{62}p_{35})(v^{62})=\left(\frac{l_{97}}{l_{35}}\right)(v^{62})=\left(\frac{2,504}{98,327}\right)(0.049)$	0.0012
64	98	$({}_{63}p_{35})(v^{63})=\left(\frac{l_{98}}{l_{35}}\right)(v^{63})=\left(\frac{1,556}{98,327}\right)(0.046)$	0.0007
65	99	$({}_{64}p_{35})(v^{64})=\left(\frac{l_{99}}{l_{35}}\right)(v^{64})=\left(\frac{908}{98,327}\right)(0.044)$	0.0004
		합계	18.39

$$NLP = \frac{NSP}{PVLAD\ of\ 1\ \text{for}\ PPP}$$

$$= \frac{1242.88}{18.39}$$

$$= 67.60$$

3) 유한납입종신보험

보험료납입기간이 20년일 경우 연납평준순보험료의 산출과정은 다음과 같다.

계약년도	나이(x)	산출과정	PVLAD of 1
1	35	$({}_0p_{35})(v^0)$ 1 due immediately	1.0000
2	36	$({}_1p_{35})(v^1) = \left(\frac{l_{36}}{l_{35}}\right)(v^1) = \left(\frac{98,265}{98,327}\right)(0.952)$	0.95
3	37	$({}_2p_{35})(v^2) = \left(\frac{l_{37}}{l_{35}}\right)(v^2) = \left(\frac{98,198}{98,327}\right)(0.907)$	0.91
4	38	$({}_3p_{35})(v^3) = \left(\frac{l_{38}}{l_{35}}\right)(v^3) = \left(\frac{98,125}{98,327}\right)(0.864)$	0.86
5	39	$({}_4p_{35})(v^4) = \left(\frac{l_{39}}{l_{35}}\right)(v^4) = \left(\frac{98,046}{98,327}\right)(0.823)$	0.82
⋮	⋮	⋮	⋮
18	52	$({}_{17}p_{35})(v^{17}) = \left(\frac{l_{52}}{l_{35}}\right)(v^{17}) = \left(\frac{95,789}{98,327}\right)(0.436)$	0.43
19	53	$({}_{18}p_{35})(v^{18}) = \left(\frac{l_{53}}{l_{35}}\right)(v^{18}) = \left(\frac{95,476}{98,327}\right)(0.416)$	0.40
20	54	$({}_{19}p_{35})(v^{19}) = \left(\frac{l_{54}}{l_{35}}\right)(v^{19}) = \left(\frac{95,132}{98,327}\right)(0.396)$	0.38
		합계	12.96

$$NLP = \frac{NSP}{PVLAD\ of\ 1\ \text{for}\ PPP}$$

$$= \frac{1242.88}{12.96}$$

$$= 95.87$$

유한납입종신보험의 경우 보험료납입기간에 상관없이 *NSP*는 같고 종신보험에 비해 보험료납입기간이 짧기 때문에 분모인 *PVLAD*의 값이 더 적어져 당연히 연납평준보험료가 높게 산출되었다.

제5절 책임준비금

1. 책임준비금의 개념

책임준비금은 보험회사가 보험계약에 대하여 장래에 지급하는 보험금, 환급금, 배당금 등의 지급책임을 완전히 이행할 수 있도록 준비하는 금액이다. 통상 보험계약자가 보험회사에 납입하는 (영업)보험료의 순보험료 부분에서 당해 연도의 예정보험금 지급에 사용한 후의 금액으로 장래의 보험사고로 피보험자가 입은 손해를 보상하기 위한 보험금 지급을 적립하여야하는 적립금액의 누적금액을 지칭한다.

앞서 언급된 보험료 산출방식 중 매년 갱신가능 정기납의 경우 매년 납입되는 보험료와 당해 년도에 지급되는 보험금이 일치하도록 계산되기 때문에 계산기초율이 실제와 일치한다고 가정하면 보험회사 입장에서 수입과 지출이 일치하기 때문에 과부족이 발생하지 않는다. 그러나 이 방식의 보험료는 나이가 증가함에 따라 사망률도 증가하기 때문에 (자연)보험료도 증가하게 되어 있다. 따라서 상대적으로 건강한 보험계약자 입장에서 고연령으로 갈수록 보험계약을 유지하기가 쉽지 않을 뿐만 아니라 보험회사 입장에서도 역선택[11]으로 인한 지출초과로 재무건전성에 문제가 발생할 수 있기 때문에 상품판매에 한계가 있다.

11 역선택에 관한 자세한 내용은 제9장 참조

그림 13-1 ▸▸ 자연보험료 vs 평준보험료

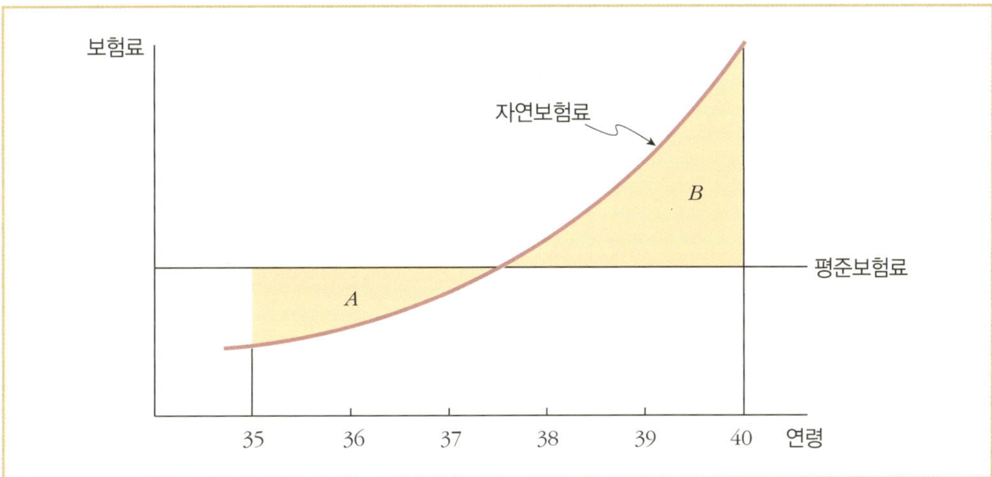

한편 보험기간별 리스크의 크기에 따라 산출된 보험료를 전 보험기간에 걸쳐 평균하여 적용하는 평준보험료 방식의 경우 아래의 [그림 13-1]에서 볼 수 있듯이 보험계약 후 일정기간까지는 당해 연도의 보험사고에 의해 지급하는 보험금보다 많은 보험료가 부과되어 초과보험료가 발생한다. 그러나 일정시점이 지난 후부터는 자연보험료가 평준보험료보다 훨씬 초과하게 되어 이러한 현상이 역전되는 상황이 발생한다. 따라서 보험회사가 재무건전성에 문제가 없으면서 정상적으로 보험계약이 유지되기 위해서는 보험계약 초기년도에 발생하는 초과보험료 부분(A)을 적립하여 계약후기에 발생하는 부족분(B)에 충당하여야 한다. 다시 말해서 평준보험료 방식의 적용에 따라 발생하는 실제와 예정과의 차액보험료의 적립금을 책임준비금이라고 한다.[12]

2. 책임준비금의 구성 및 적립방식

1) 구성원

생명보험회사의 책임준비금은 부채로서 자산의 거의 대부분을 차지하고 있는데 만약 책임

---

12 책임준비금 적립은 보험업법 제120조, 시행령 제63조, 시행규칙 제29조 · 제30조 · 제23조 · 감독규정 제6-11, 12조, 보험업 감독규정시행세칙 제4-4조에 규정되어 있다. 또한 보험상품별 기초서류상 책임준비금 산출기초율 및 산출방법을 명기하여 운영하고 있다.

준비금을 적절하게 유지하지 못하면 결과적으로 보험회사의 재무적 의무인 보험금 지급을 이행하지 못하게 되므로 책임준비금의 충실한 적립이 매우 중요하다고 하겠다. 책임준비금의 주요 구성원으로는 [표 13-1]에서와 같이 보험료적립금과 미경과보험료적립금이 있으며 그 밖에 지급준비금, 계약자배당준비금, 그리고 계약자이익배당금 등이 있다.

| 표 13-1 | 책임준비금 구성원

책임준비금				
① 보험료 적립금	② 미경과 보험료 적립금	③ 지급 준비금	④ 계약자 배당준비금	⑤ 계약자 이익배당 준비금

① 보험료적립금은 결산기말 현재 보험금 등의 지급사유가 발생하지 아니한 유효한 보험계약에 대하여 그동안 납입한 저축보험료[13]에 예정이율로 부리된 이자부분을 가산한 금액과 평준보험료 납입으로 인한 자연보험료 초과분의 적립부분이다.

② 미경과보험료적립금은 납입기일이 당해 사업연도에 속하는 순보험료 수입 중에서 사업연도말 현재 기간이 경과하지 않은 보험료에 대한 적립금을 말한다.

③ 지급준비금은 매 결산기말 현재 보험금 등의 지급사유가 발생한 계약에 대하여 보험금, 환급금, 또는 계약자배당금에 관한 소송이 계류 중인 금액이나 보험금 지급이 확정된 금액과 보험금 지급사유가 이미 발생하였거나 보험금 지급금액의 미확인으로 인하여 아직 지급하지 아니한 금액으로 미지급금이 있으며 보험료납입 유예기간이 지나도록 보험료를 납부하지 않아 효력이 상실된 계약에 대한 준비금인 실효준비금이 있다.

④ 배당준비금은 '보험사업자가 보험계약자에게 배당하기 위하여 적립한 금액으로서 금융감독위원회의 승인을 얻은 금액'으로 규정되어 있다. 배당준비금은 사업연도 중에 보험계약자가 배당금을 찾아가지 않거나 규정상 배당지급을 일정기간 후에 지급하기로 되어 있는 경우 회계연도 말에 보험회사 내에 남아 있는 금액을 의미하며 이러한 배당준비금에는 금리차보장준비금, 위험률차배당준비금, 이자율배당준비금, 사업비차배당준비금, 장기유지특별배당준비금 등이 있다.

⑤ 계약자이익배당준비금은 보험회사가 잉여금의 처분으로서 보험계약자 지분으로 배분

13 평준보험료 납입방식의 영업보험료의 순보험료에는 사망보험금에 충당되는 위험보험료와 당해 연도에 사망보험금을 지급하고 남은 금액을 만기 보험금 지급을 위해 저축을 해두는 저축보험료로 구성되어 있다.

한 금액 중 보험계약자에게 할당하지 않고 장래 계약자배당의 재원으로 사용하기 위해 적립하고 있는 금액이다.

2) 책임준비금의 적립방법

책임준비금의 적립은 계산기초율이 확정되지 않고 환경변화에 변동하여 장래의 지출 또는 수입을 파악하기 곤란한 경우 과거의 수입종가와 과거의 지출종가의 차액을 응용한 과거법(retrospective reserve)과 보험계약자에게 장래 지급할 보험금 사업비를 예정대로 집행한다고 하고 보험료도 예정대로 납입될 것으로 가정하여 현재시점에서 장래 보험금 및 사업비를 예정대로 집행하기 위한 필요금액을 산정하는 장래법(prospective reserve)을 기본원리로 응용한다. 책임준비금의 적립방법에는 순보험료식, Zillmer식(전기, 단기), 해약환급금식, 초년도 정기식, 영업보험료식, 보험감독관식 등을 비롯하여 이들의 방식을 응용한 여러 방법들이 있는데 각 국가의 상황과 판단에 따라 다양한 방법을 채택하고 있다.

순보험료식 적립방법은 책임준비금을 산출할 때, 보험사업을 영위하는 데 필요한 경비에 관한 사항은 일체 고려하지 않고 순보험료와 보험금만을 대상으로 한다. 따라서 사업비는 매년 일정한 금액의 부가보험료로 충당한다는 것을 전제로 계산되기 때문에 초년도의 과중한 신계약비는 기존 계약의 부가보험료 등에서 충당한다는 방식이다. 이러한 계리상의 부담에도 불구하고 책임보험금의 적립이라는 관점에서 가장 충실한 적립방식으로 인식되고 있다.

순보험료식 적립방법에서는 매년 일정한 금액의 순보험료가 납입되므로 영업보험료에서 순보험료를 차감한 부가보험료도 매년 일정한 금액이라고 전제한다. 그러나 보험계약의 초년도에는 많은 금액의 신계약비가 필요하기 때문에 일정한 금약의 초년도 부가보험료로는 충분하지 못하다. 이를 보전하기 위해서 초년도의 순보험료 수준을 평준보다 작게 하는 대신에 그만큼 부가보험료를 크게 하여 사용하고 2차년도부터 부가보험료로 보충하여 나가는 방식을 Zillmer식 적립방법이라고 한다. Zillmer식에는 시간이 경과할수록 순보험료식 책임준비금에 근접하게 되어 만기 때에 일치하는 전기 Zillmer식과 보험료의 납입이 완료되면 일치하는 단기 Zillmer식 두 가지 적립방법이 있다.

제6절 해약환급금

생명보험의 보험료 납입방식 중에서 가장 보편적인 납입방식이 보험기간별 리스크의 크기에 따라 산출된 보험료를 전 보험기간에 걸쳐 평균하여 적용하는 평준보험료 방식이다. 이 방식은 보험기간 후반에 증가하는 위험에 대비하여 보험기간 전반에 필요한 금액을 초과하는 보험료를 부과하는데 이 초과된 금액을 책임준비금으로 적립하여 자산으로 비축한다. 이렇게 적립된 책임준비금은 부족한 위험보험료에 충당되며 보험계약 만기에 수입과 지출이 일치하게 된다. 따라서 보험계약자가 납부하는 보험료에 의해서 적립된 책임보험금의 일부는 성격상 상실되지 않는 가치(non-forfeiture value)를 포함하고 있으며 이 부분은 보험계약자의 지분으로서 현금가치(cash value)를 가지고 있다.

그런데 보험계약은 특성상 보험계약자가 보험계약의 만기가 도래하기 전에 어느 때라도 계약을 임의로 해약할 수 있으며 보험료가 일정의 유예기간이 지난 후에도 납입되지 않을 경우 보험계약의 효력이 실효될 수 있다. 이렇게 보험계약이 해약 또는 실효가 될 경우 책임준비금에서 계약자의 지분인 현금가치를 계약자에게 돌려줘야 되는데 이를 해약환급금(cash surrender value)이라고 한다. 보험계약을 계속 유지할 경우 보험계약자는 현금가치 한도 내에서 계약자대부(policy loan)[14]를 통하여 유용한 자금으로 활용할 수 있다.

보험계약자에 의한 해약의 의미는 보험계약 이후 해약시점까지의 기간에 대한 것이 아니라 해약시점부터 만기까지의 기간에 대한 것이기 때문에 해지 시 계약해약자에게 돌아갈 환급금의 규모는 pooling에 참여하여 계속해서 보험계약을 유지하고 있는 여타의 계약자들에 대한 보험회사의 재무적 의무를 이행할 수 있는 한도 내에서 산출되어야 한다. 따라서 중도해약에 따른 해약환급금은 일반적으로 책임준비금에서 어느 정도의 금액을 차감하고 지급되는데 이를 해약공제(surrender charge)라고 한다.

해약공제를 하는 중요한 이유를 살펴보면, 첫째로 **신계약비 미상각분에 대한 회수**이다. 계약초기에 집행되는 신계약비는 통상 초년도 부가보험료보다 크기 때문에 전 보험기간에 거쳐 균등하게 납입되므로 미상각부분을 공제하지 않으면 안 된다. 둘째로, **해약에 의한 역선택의 방지**이다. 해약의 경우 건강하지 않은 계약자보다 건강한 계약자가 상대적으로 많기 때문에 해약이 이루어진 후의 잔존 pooling의 사망률이 보험계약 시 전체 pooling의 사망률

14 계약자대부와 관련된 내용은 제12장 참조

보다 높아질 가능성이 커지므로 이에 따른 위험부담을 줄여야 한다. 셋째로, **투자수익률 하락에 대한 대가**이다. 보험회사는 수시로 행해지는 해약으로 지급할 해약환급금을 현금이나 현금화가 빠른 유동성자산으로 보유하여야 하기 때문에 투자금액과 투자이익의 감소를 초래할 수 있다. 따라서 해약자에게 이에 대한 대가의 지불이 필요하다. 마지막으로 보험계약의 특성상 정상적인 상태에서 계약해지의 권한이 보험계약자에게만 주어지는 일방적 계약(unilateral contract)으로 발생하는 **사무처리비용과 해약의 남용을 방지하기 위한 성격의 금액**을 부담시킬 필요가 있다.

해약환급금을 산출하는 방식은 국가마다 차이가 있다. 미국의 경우 표준해약환급법에 근거하여 준비금과 해약환급금을 구분하여 취급하고 별도 이율을 적용하여 산출하는 최저해약환급금제도가 있으며 일본에서는 Zillmer식이지만 상각기간이 10년으로 일정하며 보험회사의 이익발생이 증가함에 따라 해약환급금이 점진적으로 확대되는 방식이다.[15]

우리나라의 해약환급금은 보험료 및 책임준비금 산출방식에서 계산한 금액과 표준해약환급금(순보험료식 보험료적립금 − 미상각 신계약비) 중 큰 금액으로 한다. 여기서 미상각신계약비는 총예정신계약비에서 경과된 신계약비를 차감한 금액이다. 이러한 산출방식을 공식으로 표시하면 다음과 같다.

$$ {}_tW = {}_tV - \alpha \times \left(\frac{12m - t}{n} \right) $$

여기서 ${}_tW$: 표준해약환급금
${}_tV$: 순보험료식 보험료적립금
α: 예정신계약비
t: 납입경과월수
m: 보험료납입기간

상기 식에서 보험료 납입기간이 신계약비 상각기간이 되며 이 기간이 7년 이상일 경우에는 7년으로 한다. 이때 m의 값은 7이 되며 해약공제료가 없다는 의미가 된다. 과거에는 보험계약을 체결한 후 3년이 경과되지 않은 계약에 대해서는 신계약비 상각기간을 10년으로 하였으나 2000년 4월에 7년으로 변경됨에 따라 해약환급금이 소폭 증가하게 되었다.

15 미국: 최저해약환급금 = 장래급부금의 현가 − 수정된 장래보험료의 현가
일본: 해약환급금 = 순보험료식 − 예정신계약비 × $(10-t)/10$

부록 1 제7회 경험생명표

〈남자〉

나이 (x)	사망률 (qx)	생존자수 (lx)	사망자수 (dx)	생존율 (px)
0	0.00416	100,000	416	0.99584
1	0.00041	99,584	41	0.99959
2	0.00033	99,543	33	0.99967
3	0.00026	99,510	26	0.99974
4	0.00020	99,484	20	0.99980
5	0.00017	99,464	17	0.99983
6	0.00015	99,447	15	0.99985
7	0.00014	99,432	14	0.99986
8	0.00014	99,418	14	0.99986
9	0.00013	99,404	13	0.99987
10	0.00013	99,391	13	0.99987
11	0.00012	99,378	12	0.99988
12	0.00013	99,366	13	0.99987
13	0.00015	99,353	15	0.99985
14	0.00019	99,338	19	0.99981
15	0.00025	99,319	25	0.99975
16	0.00030	99,294	30	0.99970
17	0.00035	99,264	35	0.99965
18	0.00039	99,229	39	0.99961
19	0.00041	99,190	41	0.99959
20	0.00043	99,149	43	0.99957
21	0.00045	99,106	45	0.99955
22	0.00048	99,061	48	0.99952
23	0.00052	99,013	51	0.99948
24	0.00056	98,962	55	0.99944
25	0.00059	98,907	58	0.99941
26	0.00061	98,849	60	0.99939
27	0.00061	98,789	60	0.99939
28	0.00060	98,729	59	0.99940

〈여자〉

나이 (x)	사망률 (qx)	생존자수 (lx)	사망자수 (dx)	생존율 (px)
0	0.00505	100,000	505	0.99495
1	0.00044	99,495	44	0.99956
2	0.00034	99,451	34	0.99966
3	0.00025	99,417	25	0.99975
4	0.00019	99,392	19	0.99981
5	0.00015	99,373	15	0.99985
6	0.00013	99,358	13	0.99987
7	0.00012	99,345	12	0.99988
8	0.00011	99,333	11	0.99989
9	0.00009	99,322	9	0.99991
10	0.00008	99,313	8	0.99992
11	0.00008	99,305	8	0.99992
12	0.00009	99,297	9	0.99991
13	0.00011	99,288	11	0.99989
14	0.00013	99,277	13	0.99987
15	0.00015	99,264	15	0.99985
16	0.00018	99,249	18	0.99982
17	0.00020	99,231	20	0.99980
18	0.00023	99,211	23	0.99977
19	0.00026	99,188	26	0.99974
20	0.00029	99,162	29	0.99971
21	0.00032	99,133	32	0.99968
22	0.00034	99,101	34	0.99966
23	0.00036	99,067	36	0.99964
24	0.00037	99,031	37	0.99963
25	0.00036	98,994	36	0.99964
26	0.00036	98,958	36	0.99964
27	0.00035	98,922	35	0.99965
28	0.00035	98,887	35	0.99965

29	0.00059	98,670	58	0.99941	29	0.00035	98,852	35	0.99965
30	0.00058	98,612	57	0.99942	30	0.00036	98,817	36	0.99964
31	0.00057	98,555	56	0.99943	31	0.00037	98,781	37	0.99963
32	0.00057	98,499	56	0.99943	32	0.00039	98,744	39	0.99961
33	0.00058	98,443	57	0.99942	33	0.00040	98,705	39	0.99960
34	0.00060	98,386	59	0.99940	34	0.00041	98,666	40	0.99959
35	0.00063	98,327	62	0.99937	35	0.00043	98,626	42	0.99957
36	0.00068	98,265	67	0.99932	36	0.00045	98,584	44	0.99955
37	0.00074	98,198	73	0.99926	37	0.00047	98,540	46	0.99953
38	0.00081	98,125	79	0.99919	38	0.00049	98,494	48	0.99951
39	0.00091	98,046	89	0.99909	39	0.00052	98,446	51	0.99948
40	0.00102	97,957	100	0.99898	40	0.00056	98,395	55	0.99944
41	0.00114	97,857	112	0.99886	41	0.00060	98,340	59	0.99940
42	0.00127	97,745	124	0.99873	42	0.00065	98,281	64	0.99935
43	0.00140	97,621	137	0.99860	43	0.00070	98,217	69	0.99930
44	0.00154	97,484	150	0.99846	44	0.00075	98,148	74	0.99925
45	0.00169	97,334	164	0.99831	45	0.00081	98,074	79	0.99919
46	0.00186	97,170	181	0.99814	46	0.00087	97,995	85	0.99913
47	0.00205	96,989	199	0.99795	47	0.00093	97,910	91	0.99907
48	0.00225	96,790	218	0.99775	48	0.00100	97,819	98	0.99900
49	0.00246	96,572	238	0.99754	49	0.00108	97,721	106	0.99892
50	0.00270	96,334	260	0.99730	50	0.00116	97,615	113	0.99884
51	0.00297	96,074	285	0.99703	51	0.00125	97,502	122	0.99875
52	0.00327	95,789	313	0.99673	52	0.00133	97,380	130	0.99867
53	0.00360	95,476	344	0.99640	53	0.00141	97,250	137	0.99859
54	0.00397	95,132	378	0.99603	54	0.00150	97,113	146	0.99850
55	0.00435	94,754	412	0.99565	55	0.00159	96,967	154	0.99841
56	0.00474	94,342	447	0.99526	56	0.00170	96,813	165	0.99830
57	0.00512	93,895	481	0.99488	57	0.00183	96,648	177	0.99817
58	0.00551	93,414	515	0.99449	58	0.00197	96,471	190	0.99803
59	0.00592	92,899	550	0.99408	59	0.00212	96,281	204	0.99788
60	0.00637	92,349	588	0.99363	60	0.00229	96,077	220	0.99771
61	0.00689	91,761	632	0.99311	61	0.00248	95,857	238	0.99752
62	0.00749	91,129	683	0.99251	62	0.00271	95,619	259	0.99729
63	0.00823	90,446	744	0.99177	63	0.00298	95,360	284	0.99702

64	0.00910	89,702	816	0.99090
65	0.01014	88,886	901	0.98986
66	0.01133	87,985	997	0.98867
67	0.01265	86,988	1,100	0.98735
68	0.01410	85,888	1,211	0.98590
69	0.01558	84,677	1,319	0.98442
70	0.01706	83,358	1,422	0.98294
71	0.01857	81,936	1,522	0.98143
72	0.02018	80,414	1,623	0.97982
73	0.02209	78,791	1,740	0.97791
74	0.02433	77,051	1,875	0.97567
75	0.02722	75,176	2,046	0.97278
76	0.03092	73,130	2,261	0.96908
77	0.03579	70,869	2,536	0.96421
78	0.04224	68,333	2,886	0.95776
79	0.05010	65,447	3,279	0.94990
80	0.05852	62,168	3,638	0.94148
81	0.06652	58,530	3,893	0.93348
82	0.07413	54,637	4,050	0.92587
83	0.08189	50,587	4,143	0.91811
84	0.09083	46,444	4,219	0.90917
85	0.10193	42,225	4,304	0.89807
86	0.11722	37,921	4,445	0.88278
87	0.13163	33,476	4,406	0.86837
88	0.14767	29,070	4,293	0.85233
89	0.16546	24,777	4,100	0.83454
90	0.18502	20,677	3,826	0.81498
91	0.20584	16,851	3,469	0.79416
92	0.22872	13,382	3,061	0.77128
93	0.25380	10,321	2,619	0.74620
94	0.28122	7,702	2,166	0.71878
95	0.31109	5,536	1,722	0.68891
96	0.34349	3,814	1,310	0.65651
97	0.37849	2,504	948	0.62151
98	0.41614	1,556	648	0.58386

64	0.00332	95,076	316	0.99668
65	0.00373	94,760	353	0.99627
66	0.00419	94,407	396	0.99581
67	0.00470	94,011	442	0.99530
68	0.00529	93,569	495	0.99471
69	0.00595	93,074	554	0.99405
70	0.00669	92,520	619	0.99331
71	0.00759	91,901	698	0.99241
72	0.00865	91,203	789	0.99135
73	0.00984	90,414	890	0.99016
74	0.01121	89,524	1,004	0.98879
75	0.01278	88,520	1,131	0.98722
76	0.01459	87,389	1,275	0.98541
77	0.01679	86,114	1,446	0.98321
78	0.01967	84,668	1,665	0.98033
79	0.02350	83,003	1,951	0.97650
80	0.02861	81,052	2,319	0.97139
81	0.03492	78,733	2,749	0.96508
82	0.04149	75,984	3,153	0.95851
83	0.04735	72,831	3,449	0.95265
84	0.05403	69,382	3,749	0.94597
85	0.06161	65,633	4,044	0.93839
86	0.07021	61,589	4,324	0.92979
87	0.07997	57,265	4,579	0.92003
88	0.09101	52,686	4,795	0.90899
89	0.10349	47,891	4,956	0.89651
90	0.11757	42,935	5,048	0.88243
91	0.13341	37,887	5,055	0.86659
92	0.15120	32,832	4,964	0.84880
93	0.17113	27,868	4,769	0.82887
94	0.19336	23,099	4,466	0.80664
95	0.21809	18,633	4,064	0.78191
96	0.24546	14,569	3,576	0.75454
97	0.27563	10,993	3,030	0.72437
98	0.30869	7,963	2,458	0.69131

99	0.45637	908	414	0.54363
100	0.49913	494	247	0.50087
101	0.54425	247	134	0.45575
102	0.59149	113	67	0.40851
103	0.64054	46	29	0.35946
104	0.68728	17	12	0.31272
105	0.73178	5	4	0.26822
106	0.77456	1	1	0.22544
107	0.81482	–	—	0.18518
108	0.85179	–	—	0.14821
109	0.88481	–	—	0.11519
110	1.00000	–	—	0.00000

99	0.34470	5,505	1,898	0.65530
100	0.38362	3,607	1,384	0.61638
101	0.42535	2,223	946	0.57465
102	0.46967	1,277	600	0.53033
103	0.51623	677	349	0.48377
104	0.56453	328	185	0.43547
105	0.61395	143	88	0.38605
106	0.66367	55	37	0.33633
107	0.71279	18	13	0.28721
108	0.76028	5	4	0.23972
109	0.80509	1	1	0.19491
110	0.84620	–	—	0.15380
111	0.88274	–	—	0.11726
112	1.00000	–	—	0.00000

부록 2 복리현가표$\left(\frac{1}{1+i}\right)^n$

Years n	3.0%	4.0%	5.0%	5.5%	6.0%	7.0%	8.0%	9.0%	10.0%
1	0.971	0.962	0.952	0.948	0.943	0.935	0.926	0.917	0.909
2	0.943	0.925	0.907	0.898	0.890	0.873	0.857	0.842	0.826
3	0.915	0.889	0.864	0.852	0.840	0.816	0.794	0.772	0.751
4	0.888	0.855	0.823	0.807	0.792	0.763	0.735	0.708	0.683
5	0.863	0.822	0.784	0.765	0.747	0.713	0.681	0.650	0.621
6	0.837	0.790	0.746	0.725	0.705	0.666	0.630	0.596	0.564
7	0.813	0.760	0.711	0.687	0.665	0.623	0.583	0.547	0.513
8	0.789	0.731	0.677	0.652	0.627	0.582	0.540	0.502	0.467
9	0.766	0.703	0.645	0.618	0.592	0.544	0.500	0.460	0.424
10	0.744	0.676	0.614	0.585	0.558	0.508	0.463	0.422	0.386
11	0.722	0.650	0.585	0.555	0.527	0.475	0.429	0.388	0.350
12	0.701	0.625	0.557	0.526	0.497	0.444	0.397	0.356	0.319
13	0.681	0.601	0.530	0.499	0.469	0.415	0.368	0.326	0.290
14	0.661	0.577	0.505	0.473	0.442	0.388	0.340	0.299	0.263
15	0.642	0.555	0.481	0.448	0.417	0.362	0.315	0.275	0.239
16	0.623	0.534	0.458	0.425	0.394	0.339	0.292	0.252	0.218
17	0.605	0.513	0.436	0.402	0.371	0.317	0.270	0.231	0.198
18	0.587	0.494	0.416	0.381	0.350	0.296	0.250	0.212	0.180
19	0.570	0.475	0.396	0.362	0.331	0.277	0.232	0.194	0.164
20	0.554	0.456	0.377	0.343	0.312	0.258	0.215	0.178	0.149
21	0.538	0.439	0.359	0.325	0.294	0.242	0.199	0.164	0.135
22	0.522	0.422	0.342	0.308	0.278	0.226	0.184	0.150	0.123
23	0.507	0.406	0.326	0.292	0.262	0.211	0.170	0.138	0.112
24	0.492	0.390	0.310	0.277	0.247	0.197	0.158	0.126	0.102
25	0.478	0.375	0.295	0.262	0.233	0.184	0.146	0.116	0.092
26	0.464	0.361	0.281	0.249	0.220	0.172	0.135	0.106	0.084
27	0.450	0.347	0.268	0.236	0.207	0.161	0.125	0.098	0.076
28	0.437	0.333	0.255	0.223	0.196	0.150	0.116	0.090	0.069
29	0.424	0.321	0.243	0.212	0.185	0.141	0.107	0.082	0.063
30	0.412	0.308	0.231	0.201	0.174	0.131	0.099	0.075	0.057
31	0.400	0.296	0.220	0.9190	0.164	0.123	0.092	0.069	0.052
32	0.388	0.285	0.210	0.180	0.155	0.115	0.085	0.063	0.047
33	0.377	0.274	0.200	0.171	0.146	0.107	0.079	0.058	0.043
34	0.366	0.264	0.190	0.162	0.138	0.100	0.073	0.053	0.039
35	0.355	0.253	0.181	0.154	0.130	0.094	0.068	0.049	0.036
36	0.345	0.244	0.173	0.146	0.123	0.088	0.063	0.045	0.032
37	0.335	0.234	0.164	0.138	0.116	0.082	0.058	0.041	0.029
38	0.325	0.225	0.157	0.131	0.109	0.076	0.054	0.038	0.027
39	0.316	0.217	0.149	0.124	0.103	0.071	0.050	0.035	0.024
40	0.307	0.208	0.142	0.117	0.097	0.067	0.046	0.032	0.022
41	0.298	0.200	0.135	0.111	0.092	0.062	0.043	0.029	0.020

부록 3 복리계수표$(1+i)^n$

n/i	1.0	1.5	2.0	2.5	3.0	3.5	4.0	4.5	5.0	5.5
1	1.01000	1.01500	1.02000	1.02500	1.03000	1.03500	1.04000	1.04500	1.05000	1.05500
2	1.02010	1.03022	1.04040	1.05062	1.06090	1.07122	1.08160	1.09202	1.10250	1.11302
3	1.03030	1.04568	1.06121	1.07689	1.09273	1.10872	1.12486	1.14117	1.15762	1.17424
4	1.04060	1.06136	1.08243	1.10381	1.12551	1.14752	1.16986	1.19252	1.21551	1.23882
5	1.05101	1.07728	1.10408	1.13141	1.15927	1.18769	1.21665	1.24618	1.27628	1.30696
6	1.06152	1.09344	1.12616	1.15969	1.19405	1.22926	1.26532	1.30226	1.34010	1.37884
7	1.07214	1.10984	1.14869	1.18869	1.22987	1.27228	1.31593	1.36086	1.40710	1.45468
8	1.08286	1.12649	1.17166	1.21840	1.26677	1.31681	1.36857	1.42210	1.47746	1.53469
9	1.09369	1.14339	1.19509	1.24886	1.30477	1.36290	1.42331	1.48609	1.55133	1.61909
10	1.10462	1.16054	1.21899	1.28008	1.34392	1.41060	1.48024	1.55297	1.62889	1.70814
11	1.11567	1.17795	1.24337	1.31209	1.38423	1.45997	1.53945	1.62285	1.71034	1.80209
12	1.12682	1.19562	1.26824	1.34489	1.42576	1.51107	1.60103	1.69588	1.79586	1.90121
13	1.13809	1.21355	1.29361	1.37851	1.46853	1.56396	1.66507	1.77220	1.88565	2.00577
14	1.14947	1.23176	1.31948	1.41297	1.51259	1.61869	1.73168	1.85194	1.97993	2.11609
15	1.16097	1.25023	1.34587	1.44830	1.55797	1.67535	1.80094	1.93528	2.07893	2.23248
16	1.17258	1.26899	1.37279	1.48451	1.60471	1.73399	1.87298	2.02237	2.18287	2.35526
17	1.18430	1.28802	1.40024	1.52162	1.65285	1.79468	1.94790	2.11338	2.29202	2.48480
18	1.19615	1.30734	1.42825	1.55966	1.70243	1.85749	2.02582	2.20848	2.40662	2.62147
19	1.20811	1.32695	1.45681	1.59865	1.75351	1.92250	2.10685	2.30786	2.52695	2.76565
20	1.22019	1.34685	1.48595	1.63862	1.80611	1.98979	2.19112	2.41171	2.65330	2.91776

n/i	6.0	6.5	7.0	7.5	8.0	8.5	9.0	9.5	10.0	10.5
1	1.06000	1.06500	1.07000	1.07500	1.08000	1.08500	1.09000	1.09500	1.10000	1.10500
2	1.12360	1.13422	1.14490	1.15562	1.16640	1.17722	1.18810	1.19902	1.21000	1.22102
3	1.19102	1.20795	1.22504	1.24230	1.25971	1.27729	1.29503	1.31293	1.33100	1.34923
4	1.26248	1.28647	1.31080	1.33547	1.36049	1.38586	1.41158	1.43766	1.46410	1.49090
5	1.33823	1.37009	1.40255	1.43563	1.46933	1.50366	1.53862	1.57424	1.61051	1.64745
6	1.41852	1.45914	1.50073	1.54330	1.58687	1.63147	1.67710	1.72379	1.77156	1.82043
7	1.50363	1.55399	1.60578	1.65905	1.71382	1.77014	1.82804	1.88755	1.94872	2.01157
8	1.59385	1.65500	1.71819	1.78348	1.85093	1.92060	1.99256	2.06687	2.14359	2.22279
9	1.68948	1.76257	1.83846	1.91724	1.99900	2.08386	2.17189	2.26322	2.35795	2.45618
10	1.79085	1.87714	1.96715	2.06103	2.15892	2.26098	2.36736	2.47823	2.59374	2.71408
11	1.89830	1.99915	2.10485	2.21561	2.33164	2.45317	2.58043	2.71366	2.85312	2.99906
12	2.01220	2.12910	2.25219	2.38178	2.51817	2.66169	2.81266	2.97146	3.13843	3.31369
13	2.13293	2.26749	2.40984	2.56041	2.71962	2.88793	3.06580	3.25374	3.45227	3.66193
14	2.26090	2.41487	2.57853	2.75244	2.93719	3.13340	3.34173	3.56285	3.79750	4.04643
15	2.39656	2.57184	2.75903	2.95888	3.17217	3.39974	3.64248	3.90132	4.17725	4.47130
16	2.54053	2.73901	2.95216	3.18079	3.42594	3.68872	3.97030	4.27195	4.59497	4.94079
17	2.69277	2.91705	3.15881	3.41935	3.70002	4.00226	4.32763	4.67778	5.05447	5.45957
18	2.85434	3.10665	3.37993	3.67580	3.99602	4.34245	4.71712	5.12217	5.55992	6.03283
19	3.02560	3.30859	3.61653	3.95149	4.31570	4.71156	5.14166	5.60878	6.11591	6.66627
20	3.20713	3.52364	3.86968	4.24785	4.66096	5.11204	5.60441	6.14161	6.72750	7.36623

CHAPTER 14

생명보험 언더라이팅

생명보험회사는 보험계약기간 동안 빈도와 규모를 바탕으로 얼마의 손실이 발생하여 보험금으로 지급될지를 예측하여야만 한다. 따라서 언더라이팅의 주요 목적은 보험회사와 보험계약자 간에 존재하는 리스크에 대한 정보의 비대칭에 따른 역선택과 도덕적 hazard에 의한 보험범죄를 최소화하도록 리스크를 선택(selection)하고 pooling을 통하여 잠재적 기대손실(expected loss potential)이 유사한 리스크끼리 분류(classification)하여 계리적으로 공정한 보험가격(actuarially fair price)을 차별적으로 부과하는 것이다. 이렇게 함으로써 등급 간에 계리적인 형평성(equity)을 유지할 수 있게 되고 의도적 보조(intentional subsidy)의 결과가 초래되지 않으며 궁극적으로는 보험회사의 성장과 수익을 기반으로 재무건전성에 도움을 주는 보험계약을 체결 · 유지하도록 하는 것이다.

주요용어

언더라이팅 위험등급 리스크평가

제1절 언더라이팅을 위한 정보의 중요성

생명보험의 대상이 되는 개인의 어느 집단을 보더라도 대부분 정상적인 건강상태를 보이고 있으나 일부는 질병, 암, 장애 등으로 고통을 겪고 있거나 진폐증이나 고엽제후유증과 같은 직업적인 환경 때문에 생명에 위협을 받거나 건강악화로 고생하는 사람들도 있다. 따라서 사망률이나 질병률에 영향을 주는 다양한 요인들에 대한 폭넓은 지식과 이해를 바탕으로 생명보험회사는 상대적으로 유사한 사망률이나 질병률을 가진 피보험자들을 하나의 표준체(standard)로 분류할 수 있으며 평균 이상의 사망률 또는 질병률을 나타내는 대상들은 표준미달체(substandard)로 분류한다. 만약 언더라이터가 피보험자에 대한 정보를 충분하고도 완벽하게 가지고 있다고 한다면 언더라이팅은 단순한 분류과정이 될 수 있다.

그러나 현실적으로 보험회사와 피보험자 사이에는 피보험자의 리스크에 대한 정보의 비대칭이 존재하므로 보험회사 입장에서 한 개인의 부보가능성에 대한 모든 가능한 정보를 얻기란 실행불가능하고 설사 가능한다고 하더라도 엄청난 비용이 들기 때문에 비현실적이다. 그러므로 역선택의 문제와 보험회사 간의 경쟁이란 측면에서 언더라이팅을 위한 정보 및 정보의 수집은 대단히 중요하다고 하겠다.

1. 역선택의 문제

보험회사와 보험가입자 간의 리스크에 대한 정보의 비대칭으로 인하여 언더라이팅과정을 거치더라도 일부 피보험자 또는 보험가입자들은 그들의 과거병력, 가족력, 직업환경 등 부보 가능성 및 보험요율에 영향을 줄 수 있는 정보를 있는 그대로 밝히려 하지 않는다. 이러한 정보비대칭은 보험가입자들이 그들의 리스크에 대한 우월한 정보를 이용하여 계리적으로 합당한 보험료보다 낮은 보험료로 보험상품을 구매하고 유지하려는 역선택을 조장하여 보험회사가 개인의 리스크의 유형에 맞는 적정한 보험료를 결정하는 데 어려움을 가져온다.

이러한 역선택의 경향은 단순히 보험구매과정에만 국한된 문제가 아니라 잠재적인 손실에 비해 보험료가 높다고 생각하는 기존 보험가입자에게도 나타나 해약에 따른 경제적 부담이 없거나 적을 경우 해지할 수 있는 옵션을 행사하여 속해 있는 pool에서 탈퇴하게 된다. 이러한 현상이 계속될 경우 보험회사 입장에서는 보험료를 올릴 수밖에 없으며 그에 따라 손실에 비해 보험료가 높다고 생각하는 가입자들의 이탈이 계속되어 계약해지와 보험료상승이 반복되는 역선택의 악순환(adverse selection spiral)이 발생하여 pooling효과가 없어지게 되어 결국 보험회사는 보험서비스를 중단할 수밖에 없는 상황에 처하게 된다. 이러한 형태의 역선택 문제는 보험회사가 언더라이팅과 요율산정에서 보험가입자에게 중요한 리스크요소를 간과할 경우 더욱 악화될 수 있다.

문지기와 같은 역할을 하는 언더라이팅이 없다면 최악의 경우 역선택의 악순환으로 인하여 민영보험시장이 붕괴될 수밖에 없으며 그렇지 않다면 높은 손해를 내는 보험가입자만이 존재하는 보험시장이 되어 보험회사의 재무건전성에 악영향을 미칠 것이다. 따라서 가급적 충분한 정보를 근거로 하는 언더라이팅을 통하여 역선택을 못하게 하거나 간파함으로써 보험료를 적정수준에서 유지하여 보험시장을 안정시킬 수 있다.

2. 보험사 간의 경쟁

민영보험시장에서 역선택의 문제뿐만 아니라 보험사 간의 경쟁측면에서 언더라이팅은 중요한 역할을 한다. 일반업종과 마찬가지로 보험회사들 간에 경쟁사보다 유리한 경쟁요소를 찾는 경쟁은 끊임없이 일어나고 있으며 그 결과물은 새로운 보험상품의 소개, 특약, 새로운 마케팅전략 및 판매채널 등 다양한 방면에서 찾아볼 수 있다. 그 중에서 경쟁우위의 가장 확실한 수단은 언더라이팅과정에서 경쟁사보다 우월한 정보를 활용하여 적은 비용으로 신청한 피보험자를 위한 적합한 리스크분류를 할 수 있는 것이다.

또 다른 경쟁우위를 확보하는 수단은 과거 사망률과 질병률에 대한 지속적인 분석과 연구를 통하여 계리사나 언더라이터가 사망률과 질병률에 영향을 미치는 주요 요인들에 대한 폭넓은 이해를 할 수 있도록 돕는 것이다. 예를 들어 1970년대 미국의 보험계리사들은 담배에 포함된 유해한 물질들이 흡연자들의 사망리스크를 증가시킨다는 사실을 알고 있었다. 그럼에도 불구하고 이러한 정보를 언더라이팅과정에서 흡연자와 비흡연자에게 차별화된 요율을 반영하지 않았고 흡연에 관계없이 같은 요율을 적용하였다. 그러나 고소득자를 대상으로 하는 보험시장에서 경쟁우위를 확보하려고 노력하는 한 생명보험회사가 비흡연자에게 기존의 요율에 비해 대폭 낮은 요율을 적용하기 시작하였다. 이와 같이 흡연에 관계없이 같은 등급의 요율(pooled rates)을 적용하는 타 보험사에 비해 흡연의 역효과에 관한 정보를 언더라이팅에 반영하여 하나의 표준체를 두 개의 그룹으로 구분하여 서로 다른 요율을 산정하여 부과함으로써 경쟁우위로 작용하게 된 것이다. 따라서 흡연에 관계없이 같은 등급의 요율체계를 적용하는 보험회사에 가입하면 비흡연자로부터 효율적인 보조를 받는다는 것을 알게 된 흡연자들은 자연스럽게 기존의 보험회사에 가입하려는 경향을 보인다. 이러한 상황이 지속되면 비흡연자는 좀 더 낮은 요율을 적용하는 다른 보험회사를 찾게 되고 시간이 갈수록 기존회사의 흡연자의 가입비율이 높아지게 되기 때문에 경쟁에서 살아남기 위해서는 흡연자와 비흡연자에 대하여 각각 차별화된 다른 요율을 적용할 수밖에 없다. 지금은 대부분의 국가에서 흡연자와 비흡연자의 사망률분포의 합이 표준체의 사망률분포와 정확하게 일치한다는 전제하에 [그림 14-1]처럼 하나의 표준체를 흡연자그룹과 비흡연자그룹으로 분리하여 각기 다른 요율을 적용하고 있다.

그림 14-1 ▶▶ 흡연관련 표준체의 분류

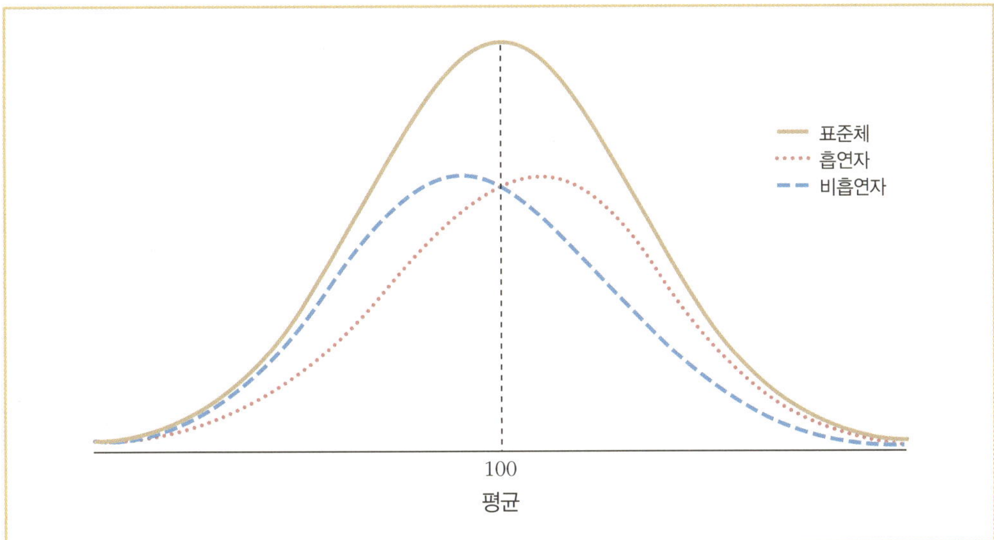

언더라이팅에 영향을 주는 정보를 내포하고 있는 요소로는 피보험자의 나이, 성별, 그리고 신체조건, 개인 및 가족의 병력 그리고 흡연 여부 등과 관련한 의학측면, 알콜과 약물복용 여부, 직업, 취미, 거주지역, 재무상태 등이 있다.

제2절 국내 생명보험회사의 언더라이팅

생명보험업계 언더라이팅의 리스크평가는 크게 역선택 및 도덕적 hazard를 방지하기 위한 청약과정에서의 정책적 리스크평가와 언더라이팅 매뉴얼에 기초한 공정한 요율책정을 위한 인수과정에서의 개별 리스크평가의 과정으로 나누어진다. 특히 역선택 및 도덕적 hazard를 방지하기 위하여 다음과 같이 크게 신체, 환경 그리고 재정 등 세 영역으로 나누어 리스크를 식별하고 평가하여 언더라이팅을 하고 있다.

1. 신체적 리스크평가

과거 및 현재의 질병이 가장 중요한 평가 요소이며 신체적 리스크요소 중 체격, 흡연, 음주, 가족력, 약물복용 여부가 중요한 판별요소이다. 체격과 관련하여 정상적인 근육질 소유자는 과체중으로, 마른 복부비만자는 정상으로 나올 수 있다는 한계점이 있으나 비만 여부를 판정하는 체질량지수, 즉 BMI(몸무게(kg)/키(m)2)로 측정한다. 판단기준은 [표 14-1]과 같다.

흡연의 경우 의학적으로나 통계적으로 흡연자의 사망률이 비흡연자의 사망률에 비해 높고 특히 나이가 50세 이상일 경우 더 높아진다는 결과가 나와 있다. 흡연에 대한 리스크산정은 생명보험회사마다 다소 차이가 있으나 흡연자의 성실신고 여부에 따라 언더라이팅의 적용에 한계가 있다. 전형적인 평가는 하루 2갑 이상(−12), 1~2갑(−7), 금연(0) 등으로 한다.

적정한 음주는 관상동맥질환에 대한 예방이 되는 순기능을 하나 지나친 음주는 간질환, 위염, 췌장암, 고혈압, 중풍, 식도염, 당뇨병 등을 유발하는데 음주습관에 관한 정보는 통상

표 14-1 BMI에 따른 판정기준

BMI	판정기준
18.50 미만	과소체중(underweight)
18.5 ~ 24.9	표준체중(normal)
25.0 ~ 29.9	과체중(overweight)
30.0 ~ 39.9	비만(obesity)
40.0 이상	병적비만(morbid obesity)

적으로 보험가입자의 고지에 의존하여 얻을 수밖에 없는 리스크요소이다. 보험에 가입하려는 청약자가 알콜중독자로 판명될 경우에는 사망률을 높이는 치명적인 리스크요인으로 간주되어 청약이 거절된다. 음주에 대한 평가는 많이 마시는 편(−8), 보통(+1.5), 금주(0) 등으로 한다.

그 밖에 가족력과 약물복용이 있는데 현대 의학자들이 밝혀낸 가족력의 영향을 받는 질환은 1만 가지가 넘는다고 한다. 가족력은 개인의 사생활이나 차별이라는 사회적인 측면을 고려하여야 하는데 가계도에서 3대를 기준으로 같은 질환자가 3명 이상일 때 가족력으로 판단한다. 알콜과 달리 프로포풀, 모르핀, 코카인, 필로폰, 마리화나 등의 약물복용은 불법이며 물리적 hazard는 물론 정신적 및 도덕적 hazard의 가능성도 판단하여야 한다.

2. 환경적 리스크평가

환경적 리스크를 평가하는 요소로는 직업, 운전경력, 직업병 및 직업관련 사고력, 주거환경, 그리고 취미 등에 대하여 리스크등급(등급이 낮을수록 위험이 높다)을 부여하여 요율을 차별화하는 데 활용하고 있다. 직업의 경우 피보험자의 하는 일, 직위, 근무처 등을 고려하여 해당 직업의 리스크등급(부록 참조)을 부여하고 가입한도를 차별화하고 운전경력도 주계약에 대한 인수 여부, 보험가입금액 등의 제한, 특약종류별 가입제한 등에 영향을 주는데 운전자의 연령, 운전경력, 사고유무, 차량용도 등 고지된 내용을 근거로 리스크가 분류되어 등급이 부여되고 가입한도에도 차별화가 된다. 중금속중독, 소음성난청, 진폐증 등 직업병이나 직업관련 사고력뿐만 아니라 재해사고율에 의한 직업분류(아래에 의해 업계에서는 사망, 입원, 장애급부의 가입한도와 아울러 일부 보험회사는 수술급부의 가입한도도 차별화하고 있다.

전쟁, 빈곤도, 자살률, 거주환경, 의료시설구비정도, 근로환경 등 주거환경에 따라 리스크등급을 차별화하여 인수기준으로 삼고 있다. 특히 소말리아, 아프가니스탄, 이라크 등 아프리카 및 중동의 일부 국가에 대해서는 단기체류 및 장기체류 모두 청약에 대한 인수를 거절하고 있다. 피보험자의 취미 역시 기본지식의 유무와 숙련도, 감시자 유무, 긴급시 구제수단 등을 기준으로 리스크등급을 부여하는데 특히 비행기, 열기구, 자동차경주, 행글라이딩, 빙벽 및 암벽등반, 래프팅 등은 1등급의 아주 위험한 취미로 분류하고 있다.

3. 재정적 리스크평가

보험청약자의 자산, 연간수입, 납입보험료, 보험가입금액 및 신용불량정보 등을 활용하여 재정적 리스크평가를 하여 차별화하고 있다.

이상과 같은 여러 항목들의 리스크평가를 통해서 피보험자의 리스크 정도[01]에 따라 표준체, 우량체, 표준미달체, 그리고 거절체로 분류하여 보험요율 또는 보험금지급 등을 차별화하여 계약을 통하여 리스크를 인수한다. 표준체의 경우 신체적, 환경적, 재정적 리스크가 없거나 보통수준으로 판단되는 피보험자에 대하여 인수하고 우량체는 표준체보다 건강상태 및 기대수명이 더 나은 피보험자집단이며 표준미달체는 리스크 정도가 표준에는 미달이나 요율할증, 보험금삭감, 일정기간 보장유예 등을 통하여 인수하게 되는 대상이다. 마지막으로 거절체는 피보험자의 리스크 정도가 너무 높아 가입이 제한되는 경우를 말한다.

앞서 언급된 표준미달체를 인수하는 기법에는 삭감법, 할증법, 부담보 그리고 연령증가법이 있다. 삭감법은 일본과 우리나라에서만 사용한 기법으로서 외상, 위궤양, 십이지장궤양 등 시간이 경과함에 따라 리스크의 정도가 차츰 감소하는 체감성 리스크인 경우 계약체결 후 일정기간(1~5년) 내에 일반 사망 시 미리 약정한 비율에 따라 지급보험금을 삭감하여 지급하는 방법이다. 할증법은 표준체에 적용되는 보험료 이외에 리스크 정도에 따라 추가보험료(할증 후 납입보험료 − 표준체의 납입보험료)를 부과하는 방법으로서 선진보험국가에서 활용되는 대표적인 인수방법이다. 인수하려는 리스크가 비만, 고혈압, 당뇨, 단백뇨 등 만성질환 등과 같이 시간이 경과함에 따라 증가하는 체증성 리스크의 경우에 할증법을 이용하여 보험료를 추가하며 주로 종신보험에서 활용한다. 부담보는 사망 이외의 특약에서 정한 해당 부위 또는 질병으로 인한 보험사고인 경우에 전 기간 또는 일정기간(1~5년) 동안은 입원, 수술, 진단보험금 등을 보장하지 않는 기법이다. 마지막으로 연령증가법은 체증성 리스크에 주로 적용했는데 지금은 거의 사용하지 않는 기법으로서 피보험자의 실제 연령이 아닌 증가된 연령의 보험료를 납입하게 하는 방법이다.

---

01 회사별로 그 기준은 다르나 리스크지수 135까지를 표준체로, 300 미만을 표준미달체로, 그리고 300을 초과하는 피보험자는 인수를 거절하는데 회사와 보험상품의 보장내용에 따라 종신보험의 경우 300~500까지, CI보험의 경우 200~300까지 인수한다.

부록 직업 및 위험등급 분류표

직업 및 위험등급 분류표

구분	직업	등급
자연과학 공학 컴퓨터 통신	-선장, 선박기관장, 항해사, 경비행기·헬기·테스트조종사 -전력선 가설, 포설 및 유지보수원	1
	-통신선 가설, 포설 및 유지보수원 -화학 관련 기술직 종사자(석유화학·고무·플라스틱·농약·비료·도료·비누제품·의약품·화장품) -건축·토목 견적·측량 및 기계·금속 관련 기술직 종사자	2
	-도선사, 민간항공기 조종사 -전기·전자 관련 기술직 종사자 -교통영향 평가원, 화재예방 및 감식원, 비파괴 검사원 -생산관리·기타 공학관련·통신 기술직 종사자 -방송장비·통신장비 설치 및 수리원	3
	-항법사, 산업안전 및 보건관리원, 건물검사원 -컴퓨터 설치 및 수리원 -화학·전기·기계·금속·통신망·통신장비 엔지니어 -건물·조경 건축가, 도시·교통 설계가, 측량 엔지니어 -자연·생명과학 관련 기술직 종사자 -환경 및 보건위생 검사원, 품질검사원	4
	-전자·반도체·토목공학 엔지니어	비
교육 의료 종교 문화예술 스포츠 사회복지	-종군기자, 곡예사, 차력사, 스턴트맨, 운동선수(격투기) -경마·경륜·경정 선수, 자동차·오토바이 경주 선수 -전문등반인(암벽·빙벽 포함), 오지탐험가	1
	-구급요원(응급구조사) -운동선수(격투기 제외, 장비 착용 및 비착용 포함)	2
	-인테리어 디자이너, 운전학원 실기강사, 스포츠 마사지사 -대중업소 악사 · 무용수, 마술사, 엑스트라, 경기감독·코치 -레저·스포츠센터 강사, 운동·경기 관련 종사자 -안마사, 무당, 간병인, 의료사무원(사무장·원무과직원)	3
	-연기자, 코미디언·개그맨, 대중가요 가수, 연예인 매니저 -조각가, 무속인, 프로게이머, 촬영·음향·조명 감독 및 기사 -방송 프로듀서, 영화·CF·뮤직비디오 감독, 무대감독 -경기 심판·기록원, 스포츠 에이전트 매니저 -생활 보조원, 취업 알선원(사설인력업체)	4
판매	-매장물품 운반 및 하역원	1
	-화공약품, 석유, 가스 등 위험품 판매원 및 자영업자 -노점 및 이동판매원(차량 사용) -보험대리점(타사), 보험설계사(타사), 보험중개사	2
	-머천다이저(MD), 매장물품 정리 및 판매보조원, 주유원 -농축산물·담배·음식료품·산업용 중간재(재생재) 판매원 -가정용 기기·가구·장비 소매판매원 -슈퍼마켓·편의점·기타상점 판매원 및 자영업자 -노점 및 이동판매원(차량 비사용), 방문판매원	3
	-자동차(중고차)·장비·용품(제품)기술 판매원, 일반영업원 -구매대리인, 경매사, 상품중개인, 부동산 대리인 -의복·신발·가정용품 및 기기 판매원 및 자영업자 -서적·문구·사무, 정밀기기 판매원 및 자영업자 -모델(나레이터 모델 제외), 홍보판촉원(나레이터 모델 포함) -백화점 판매원, 신용카드설계사	4
농림어업 광업 축산업	-벌목·벌채원, 어업종사자(해녀·해남 포함), 원양어업 종사원 -광원, 채석원, 발파원, 점화 및 발파원 -시추장비·채광장치·유정천공·건설자재 채취기 조작원 -광석·석재 가공장치 조작원 -농림어업·광업·축산업 관련 단순노무 종사자	1
	-동물 및 조류사육자, 기타 동물사육 및 관련 종사원	2
	-곡식·과수작물 재배자, 특용작물·채소·육모 재배자 -정원사, 조경사, 원예사, 조림원, 영림원 -내수면·연안 어류양식원, 굴·해조류 양식원 -양봉·양잠가, 임산물 채취원, 임업용식물 증식원, 목탄굽기원 -낙농품 생산자, 육우·돼지·가금사육자, 감별사	3
서비스	-선박조리사, 선박승무원, 폐품수집 및 분류작업자 -항공·수상·육상 레저 관련 종사자 (암벽·빙벽, 자동차·오토바이 경주 취미활동 포함) -건물외부 청소원, 생활폐기물 수거원, 거리미화원 및 관련종사원 -물품배달원(이륜차 및 차량운전자), 이삿짐운반원(남자)	1
	-동물 조련사	2
	-민간항공기 승무원 -호텔·음식점·병원·열차식당·기타 조리사, 바텐더 -음식·음료·주류 서비스 종사원, 일반숙박·놀이시설 종사원 -카지노·오락(장)·여가관련 서비스종사자, 응원단원 -애완동물 관리 및 미용관련 종사자 -주방보조원, 세탁업 종사자, 건물내부 청소원 -우편물집배원(이륜차 제외), 이삿짐운반원(여자), 세차원 -자동판매기 유지원, 수금원, 대중욕장 종사원, 구두미화원 -전단지 배포·벽보원, 단순 서비스직 종사원	3
	-열차 승무원, 유흥서비스 관련 관리·경영자 -주방장, 호텔서비스 사무원, 호텔 청소원, 병원 안내원 -장의사 및 관련서비스 종사원, 레크레이션 지도자 -파출부·가정부, 물품보관 및 정리원, 계기 검침·안전 점검원	4
건설	-석재절단·완성 및 조각원, 철근원, 건물외벽·배관·수조청결원 -건물구조물 설치원, 건물해체원, 건물골조 및 관련 기능원 -카펫공, 외벽·기타 미장원, 건물 유리원, 항공기 배관원 -건물·철구조물·무대장치 도장 및 관련 기능원 -삭구원, 케이블 접속원 및 수중작업원, 철로보수원, 토공작업원 -석재·인조석제품 가공기 조작원, 건물·건설 잡역부	1
	-전통건물 적축원, 조적원, 석재부설원, 건물보수원, 비계설치원 -보도블럭·조립콘크리트·거푸집 설치원, 테라조원, 목공 -대리석·타일 부착원, 마루설치원, 장식미장원 -건물·시설장치 단열원, 판·장식 유리원 -상하수·가스·선박 배관원, 관 부설원, 시멘트 혼합·완성원 -콘크리트제품·석면시멘트제품 가공기조작원	2
	-석재선별 및 설계원, 도배원, 병충해 방역원	3
운송	-오토바이 운전자, 각종차량 시운전자, 운반·하역원 -갑판장, 갑판원, 선박관련 승무원 -일반택시·렉카차(영업용)운전자	1
	-개인택시·승합차(영업용)·화물차·콜밴 운전자 -건설기계 운전자, 대리운전 기사 -렉카차(자가용)운전자, 긴급자동차 운전자(앰블런스)	2
	-승합차(자가용)운전자, 법인장기임대렌트카 운전자 -철도 신호원·수송원, 등대지기	3
	-열차·지하철 기관사, 화물열차 차장	4
전기 전자 기계 금속	-산업·외선전공, 내선전공(750V이상) -절단원(취부사), 모형제조원(원형·목형), 주형원, 단조원, -프레스 조작원(완전자동 제외), 금속용해 및 압연기 조작원 -용광로·열처리로·주조기 조작원, 조선관련 도장원	1
	-내선전공(750V미만), 자동차·금속 관련 도장원 -엘리베이터·에스커레이터 설치 및 정비원 -호이스트·타워크레인 설치 및 정비원 -제관원, 판금원, 닥트원, 도금원, 금속연삭원 -선반 조작원(완전자동 제외), 프레스 조작원(완전자동) -밀링·평삭기·보링기·광택기·금속공작기·판금기 조작원 -금속공작기계 설치 및 정비원, 건설기계 정비원	2
	-전기 냉난방장치·전기장비 설치 및 정비원, 보일러 조작원 -영상기기·전자음향장비·전자사무기기·의료장비 설치 및 수리원 -가전제품 수리원, 자동차·운송장비 정비원 -농기계·광산기계·섬유기계·인쇄기계 조립·설치 및 정비원 -전기·전자장비 제조기계 조작원, 선반조작원(완전자동) -인쇄기·제책용 기계·종이제품용 기계 조작원 -자동차·항공기·선박(기관) 조립 및 검사원	3
식품	-도살원, 절육원	1
	-제빵·제과원, 떡·두부 및 유사제품 제조원 -식품(과실포함) 선별·염장원, 수산물 염장·가공원 -식품·음료·담배제조 관련 기계·장비·장치 조작원	3
화학 섬유	-탄약제품용·폭약용·불꽃제품용 기계 조작원	1
	-석유·가스 화합물 가공관련 정제장치 조작원 -화합물·플라스틱·고무제품 제조관련 기계·장비·장치 조작원 -신발제조 및 관련기계 조작원 -고무·플라스틱 제품 조립원, 섬유·가죽 및 관련제품 조립원	2
	-의복·모자제조 및 수선원, 패턴사, 재단사, 재봉원(미싱·봉제) -가죽·천·벨트 가공 및 장식원, 제화원 및 구두수선원 -약제품·화장품·세제 생산기 조작원 -섬유가공기(연조기·조방기·권사기·정방기·연사기) 조작원 -직조·편조·표백 및 마무리 관련 장비·장치 조작원	3
	-한복사, 양장사, 양복사	4
설비 기타제조	-석공예원, 점토제품가공장치·유약제조기 조작원 -석제·인조석제품 가공기 조작원	1
	-연판·전기·인쇄·사진 제판원 및 관련종사자 -목재·펄프·종이(종이제품) 제조 장치·기계 조작원 -합판 장식공, 콜크 제조공, 도장원(건설·조선 도장원 제외) -벽돌·타일로·도자기로 조작원, 유리 가공 관련 조작원 -유리원료 혼합장치 조작원, 유리섬유제품 제조기 조작원 -시멘트·석회·콘크리트·석제품 제조관련 조작원 -금속·비금속 제품 조립원, 목재 및 관련제품 조립원 -화력발전장치 운전원 -금속·목재 조판원, 식각원, 기타 인쇄 조판원 및 관련 종사자	2
	-상하수 및 소각로 처리 관련 조작원, 정밀기구 수리원 -발전장치 조작원(화력발전장치 제외), 악기 제조원 및 수리원 -건물 전기 및 냉난방설비 조작원, 인쇄조판원(금속·목재 제외) -귀금속 및 보석 세공원, 공예원(석공예원 제외), 사진 식자원 -간판 제작원(간판도장원), 바구니세공·솔제조 관련 기능원 -사진처리 및 관련 종사자, 가구제조 및 수리원 -스크린 인쇄 및 직물인쇄 종사자, 가구조립 및 검사원	3
군인 경찰 경호 소방 경비	-소방사(구조), 산림소방사, 경호원, 인명구조원 -특수병과 군인(영관급 제외)	1
	-소방사(운전·구급), 기타보안서비스 종사원 -기타군인(일반사병, 전의경 및 공익근무요원) -경찰특공대원, 마약단속반원, 수사관(강력계) -교통지도원, 해양경찰관, 교통경찰	2
	-부사관(특수병과 군인제외), 소방장 및 소방교, 소방사(소방관) -청원경찰, 무인경비순찰원, 안전순찰원	3
	-경사 및 경장, 일반경찰관, 교도관, 보도관 -초급군장교(대위~준위, 특수병과 군인제외) -예비군 중대장, 군무원, 사관생도 및 경찰대학생 -경비원 및 건물 관리원	4
주부 학생 기타	-남자 무직(16~60세)	1
	-특수학교·체육학교 학생, -항공대 학생(항공운항과 학생 및 조종교관)	2
	-61세 이상 남자 및 여자(직업종사자 제외)	3
운전	-오토바이(50CC 미만 포함)	1
	-승용차(영업용), 화물차(영업용·자가용)	2
	-승합차(영업용·자가용), 건설기계, 농기계	3
취미	-자동차·오토바이 경주, 빙벽·암벽등반	1
	-스쿠버다이빙, 행글라이딩·패러글라이딩, 스카이다이빙 -수상스키, 번지점프, 래프팅, 제트스키	3
거절직업	-종군기자, 오지탐험가, 전쟁지역 거주자, 해외등반 예정자	거절

PART 04

손해보험

RISK & INSURANCE

CHAPTER 15

회사형태와 판매채널

우리나라의 손해보험시장의 규모는 세계 7위의 규모를 가지고 있으며 아시아권에서는 중국과 일본에 이어 세 번째로 큰 시장을 형성하고 있다. 손해보험회사의 형태에는 주식회사, 상호회사, 비법인(unincorporated) 형태의 상호보험교환(reciprocal exchange)과 Lloyd's of London이 있는데 우리나라의 경우 현재 주식회사와 외국보험회사로 구성되어 있다. 판매채널은 크게 독립대리점(independent agency), 전속대리점(exclusive agency) 직접판매회사(direct writer), 직접판매(direct response)채널 그리고 다(多)판매(multiple distribution)채널로 구분되는데 최근에 보험회사들은 극심한 판매경쟁 속에서 채널사용방법에 따른 구분이 모호해진 새로운 판매채널을 통하여 성장을 추구하려고 하고 있다. 우리나라 손해보험의 판매채널은 전속 및 독립대리점판매채널의 활용뿐만 아니라 직접판매채널을 동시에 활용하고 있어 다판매채널 방식을 채택하고 있다고 하겠다.

주요용어

회사형태	전속대리점	직접판매
독립대리점	직접판매회사	다판매채널

제1절 산업현황

글로벌 손해보험시장의 규모는 2017년말 수입보험료기준으로 $2,234,424M (million)달러로서 대륙별로는 40.2%의 비중을 차지하고 있는 북미시장을 비롯하여, 유럽과 아시아시장이 전체시장의 92.5%를 차지하고 있고, 가장 큰 단일시장으로는 전체시장의 37.2%를 차지하고 있는 미국 보험시장이다. 우리나라의 손해보험시장의 규모는 수입보험료

그림 15-1 ▸▸ 글로벌 비생명보험시장 규모(수입보험료 기준)(2012년말 기준)

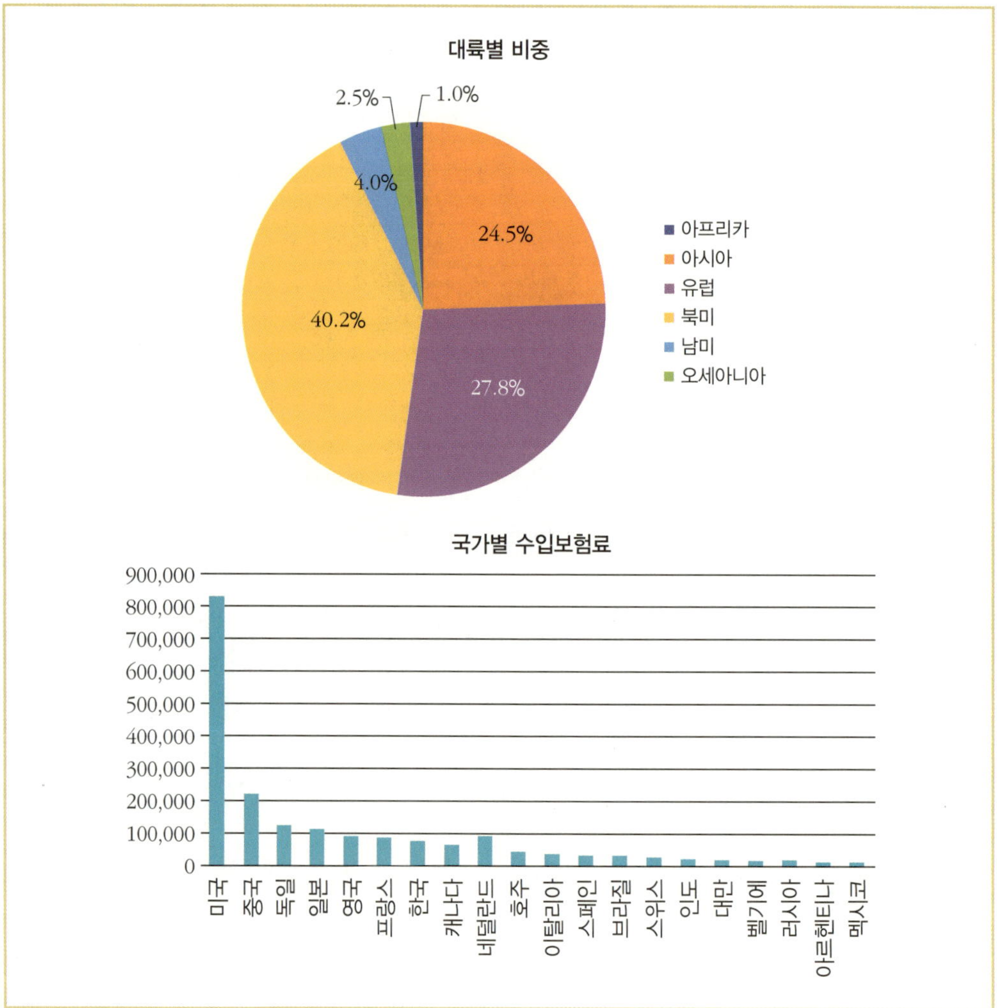

출처: Swiss Re Institute, sigma(No3/2018) Statistical appendix.

기준(2017년말) $78,378M로서 [그림 15-1]에서 볼 수 있듯이 미국, 중국, 독일, 일본, 영국, 프랑스에 이어 세계 7위의 규모를 가지고 있으며 이시아권에서는 중국과 일본에 이어 세 번째로 큰 시장을 형성하고 있다.

2017년말 현재 국내 금융산업의 규모는 총자산이 약 5,263조원이며 은행, 보험, 금융투자 등 총 3,021개 회사에 약 30만 명의 임직원이 근무하고 있는데 이 중 손해보험산업은 총자산이 약 279조원으로 5.3%의 비중을 차지하고 있으며 삼성화재해상보험, 현대화재해상보험, KB손해보험, DB손해보험 등 총 31개[01] 보험회사에 약 32,760명의 임직원과 16만 8천

그림 15-2 ▸▸ 국내 손해보험사 일반현황

금융권역별[02] 자산규모(2017년말 현재)

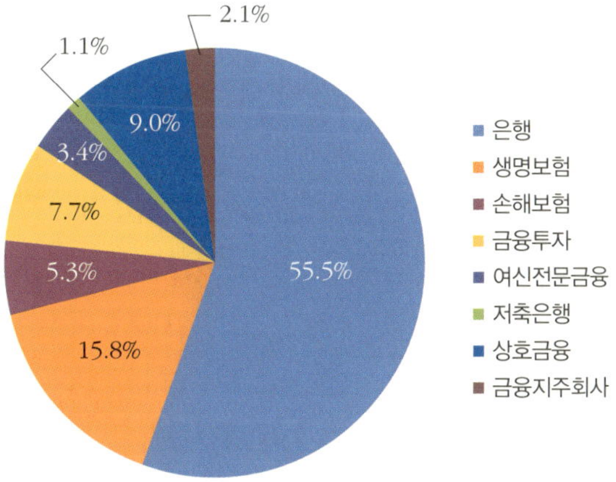

손해보험사 일반현황(2018년 3월 31일 현재)

회사수	31개
점포수	2,948개
임직원수	32,760명
대리점수	28,557개
설계사수(전속)[03]	168,020(80,548)명
자산	279.153조원
당기순이익(2017)	3.852조원

출처: 손해보험 06(Vol.595/2018)

01 국내회사(14): 메리츠화재해상보험, 한화손해보험, 롯데손해보험, MG손해보험, 흥국화재해상보험, 삼성화재해상보험, 현대해상화재보험, KB손해보험, DB손해보험, 서울보증보험, 코리안리재보험, The-K손해보험, NH농협손해보험, 한국해양보증보험

여 명의 설계사들이 일선에서 영업활동을 하고 있다.

제2절 회사형태

손해보험회사의 형태에는 주식회사, 상호회사 그리고 Lloyd's of London이 있는데 주식회사와 상호회사의 내용은 이미 생명보험의 회사형태(제11장)에서 자세히 설명하였기에 본장에서는 상호회사로서 비법인(unincorporated) 형태의 상호보험교환(reciprocal exchange)과 Lloyd's of London에 대하여 설명하도록 하겠다.

상호보험교환은 상호회사의 변형된 형태로서 비법인이며 법적 대리인(attorney-in-fact)에 의해 운영된다. 개인이나 기업 등의 가입자가 법적 대리인을 통하여 상호 간에 보험을 교환하므로 보험가입자가 보험자인 동시에 피보험자가 된다. 보험가입자에 의해서 조직의 운영에 관한 권한을 위임받는 법적 대리인은 통상적으로 법인(corporation)이 되는데 위임받은 법인은 새로운 가입자의 물색, 손실지급, 보험료수납, 재보험협정관리, 투자관리 및 기타 행정적 직무를 수행하여야 한다. 이러한 형태의 조직은 보험모집수수료가 없고 조직이 간소하고 수익이 배당금으로 지급되며 보험가입자가 보험자인 동시에 피보험자가 되기 때문에 손실액을 의도적으로 증가시키는 도덕적 hazard가 비교적 적게 발생한다는 장점이 있다.

초기의 상호보험교환 형태는 순수상호보험교환(pure reciprocal)으로서 비용(at cost)개념으로 보험료가 산정되어 추가보험료가 부과될 수 있고 각 가입자의 개별계정에 의해 보험료, 투자수익배당, 손실 및 비용이 관리된다. 오늘날의 상호교환은 선납보험료상호보험(advanced premium mutual)과 유사한 수정상호보험교환(modified reciprocal)이다. 이

- 외국회사(4): AXA손해보험, BNP파리바카디프손해보험, AIG손해보험, 에이스아메리칸화재해상보험
- 외국지점(13): 제너럴재보험, 스위스재보험, 뮌헨재보험, 퍼스트아메리칸권원보험한국지점, 미쓰이스미토모해 상화재보험한국지점, 동경해상일동화재보험서울지점, 스코리인슈어런스컴파니한국지점, 알지에이인슈어런스 컴파니한국지점, 하노버재보험한국지점, 다스법률비용보험, 퍼시픽라이프리한국지점, 아시아캐피탈인슈어런 스그룹피티이엘티디한국지점, 알리안츠글로벌코퍼레이트엔스페셜티에스이한국지점

02 은행: 국내은행, 외은지점
- 금융투자: 증권사, 선물사, 자산운용사, 투자자문사, 부동산신탁, 종합금융회사
- 여신전문금융: 신용카드사, 리스사, 할부금융사, 신기술금융사
- 상호금융: 신용협동조합, 농업협동조합, 수산업협동조합, 산림조합

03 기준일자 말로 손해보험협회에 등록된 손해보험 설계사수로 교차모집설계사가 포함된 수치이며 전속설계사는 제3보험을 제외한 손해보험 전속설계사임.

형태는 각 가입자의 수익이나 손실을 반영하는 개별계좌가 없고 추가보험료 부과가 없기 때문에 법적 대리인이 운영한다는 것 외에는 자금운영(financial operation) 면에서 상호회사(mutual insurer)와 유사하다고 하겠다.

Lloyd's of London(이하 로이드)은 보험회사라기보다는 리스크를 pooling하고 분산하기 위해 모이는 회원들에게 원활한 보험거래를 할 수 있도록 편의와 시설들을 제공하는데, New York Stock Exchange와 같은 일종의 보험거래장소(insurance market)라고 할 수 있다. 로이드에서의 보험인수는 엄격한 심사를 거쳐 재력이 인정된 회원지위에 있는 개인회원들과 법인들로 구성된 보험조합, 즉 신디케이트(syndicates)에 의해서 행하여지는데 보험금 지급의 책임은 신디케이트가 아니고 name이라고 불리는 개개의 회원이며 name은 자기가 인수한 보험에 대하여 무한책임을 부담한다. 그러나 1990년대 초반에 발생한 석면(asbestos)피해에 대한 막대한 배상으로 무한책임을 부담하는 많은 name들이 파산에 이르자 새로 가입하는 name에 대해서는 법적으로 유한책임(limited legal liability)을 부담하도록 하고 있다. 현재는 무한책임과 유한책임의 개인회원들이 혼재해 있으나 무한책임의 개인회원들이 탈퇴하거나 사망함에 따라 계속해서 줄어가고 있다. 또한 유한책임을 지는 법인도 회원가입을 허용함으로써 신규자본의 유입에 따른 보험인수 능력을 증가시키고 있다. 로이드는 해상, 항공, 대재해(catastrophe), 자동차 등의 배상책임에 특화되어 있으며 원수보험뿐만 아니라 큰 비중을 차지하고 있는 재보험시장에서도 주요 역할을 하고 있다.

우리나라의 경우 우연한 사고로 인하여 발생하는 손해의 보상을 약속하고 금전을 수수하는 것을 업으로 행하는 손해보험업(보험업법 제2조 제3항)을 허가받을 수 있는 자는 주식회사, 상호회사와 외국보험회사에 한한다(보험업법 제4조 ③)고 되어 있으나 현재 손해보험시장은 주식회사와 외국보험회사로 구성되어 있다.

제3절 판매채널

손해보험 채널은 크게 독립대리점(independent agency), 전속대리점(exclusive agency), 직접판매회사(direct writer), 직접판매(direct response)채널 그리고 다(多)판매(multiple distribution)채널로 구분된다.

독립대리점은 다수의 보험회사를 대신하여 바인딩(binding)권한[04]을 가지고 보험을 인수하고 인수금액에 따라 수수료를 지급받는 형태이다. 독립대리점의 주요 자산은 바로 가입자의 보험계약만기에 대한 정보로서 보험계약의 갱신(renewal)과 직결된다. 따라서 갱신 시 기존 보험회사가 아닌 다른 보험회사가 인수할 수도 있으며 마찬가지로 대리점계약도 만기가 되면 다른 보험회사와 대리점계약을 맺고 판매활동을 할 수 있다. 일부 보험상품에 대해서는 보험회사를 대신하여 보험가입자에게 직접 보험료를 청구하고 수납하는 경우도 있다.

전속대리점은 하나의 보험회사만을 대표하여 그 보험회사 상품만을 판매하고 판매에 따른 수수료를 지급받는 형태로서 만기계약에 대한 소유권한이나 갱신권한이 없다. 독립대리점의 판매수수료와 달리 전속대리점의 갱신 시 지급하는 수수료는 신계약수수료보다 낮은 편인데 이는 독립계약직(independent contractor)인 중개인(agent)으로 하여금 새로운 계약을 하도록 유도하려는 데 목적이 있다.

직접판매회사는 하나의 보험회사를 대표하여 독립계약직이 아닌 영업사원을 직원으로 고용하여 보험상품을 판매하는 회사로서 직원봉급뿐만 아니라 판매비용까지도 회사가 부담한다. 전속중개인과 같은 영업사원의 봉급은 기본급에 판매에 따른 수수료를 더해 지급하거나 기본급에 상여금을 더해 지급하기도 한다. 직접판매채널은 TV, 전화, 편지, 신문 등의 매체를 통하여 직접 보험소비자들에게 판매하는 형태로서 정보기술의 발전에 따라 웹사이트(web sites)를 활용하여 보험상품에 관한 정보를 제공하고 있다. 주로 자동차보험과 같은 개인보험상품의 판매에 활용되고 있다.

최근에 보험회사들은 극심한 판매경쟁 속에서 새로운 판매채널을 통하여 성장을 추구하려고 하고 있다. 최근 미국손해보험시장에서는 채널사용방법에 따른 구분이 모호해진 경향이 있다. 즉 독립대리점을 이용하는 보험회사도 인터넷이나 메일을 사용한 직접방식으로 고객에게 접근하기도 하고, 은행 및 직급 채널을 동시에 사용하기도 한다. 또한 과거에는 독립대리점과 중개사는 성격에 차이가 있었다. 즉 대리점은 회사를 대표하지만 중개사는 고객을 대표하여 소비자에게 적정상품 및 계약조건을 찾아 제공해주는 역할을 하였다. 그러나 최근에는 대리점과 중개사의 두 가지 역할을 하는 채널 조직이 생겨났다. 따라서 기존의 전통적인 전속 또는 독립대리점판매채널에 직접판매채널을 함께 활용하거나 전속대리점이 독립대리점을 동시에 활용하고 있는데 이것이 바로 여러 채널을 동시에 활용하는 다판매채널 방식이다.

---

04 제4장 보험계약의 주요 내용 참조

우리나라 손해보험의 판매채널은 국내사의 경우 전속 및 독립대리점판매체널을 활용하고 있으며 AXA, 더케이는 직접판매채널을 이용하는 회사들이다. 그러나 현대화재해상보험, 삼성화재해상보험 등 국내사들도 전속 및 대리점판매채널뿐만 아니라 직접판매채널을 동시에 활용하고 있어 다판매채널방식을 채택하고 있다. 특히 2000년대 초 국내에 처음 도입된 독립보험대리점은, GA 즉 General Agency라는 의미를 가지고 있는데, 특정 보험회사에 소속되지 않고 여러 보험회사와의 제휴를 통해 보험상품을 파는 영업 형태이다. 고객에게 객관적인 입장에서 원스톱 서비스를 표방하는 비전속법인대리점을 의미하는데 원수보험사들이 예전과 같이 거대한 직속 대면채널을 유지하기가 힘들어지자 다양한 상품을 취급하는 GA와의 제휴를 추진하면서 보험회사의 주요 판매채널로 자리매김하고 있다.[05]

05 좀 더 자세한 내용은 제11장을 참조

CHAPTER 16

손해보험상품

손해보험은 우연한 사고로 인하여 발생하는 손해를 보상하는 것을 목적으로 하는 보험으로서 손해보험업의 보험종목으로는 보험업법 제4조(보험업의 허가) 제1항 제2호에 화재보험, 해상보험(항공, 운송보험포함), 자동차보험, 보증보험, 재보험 그밖에 대통령이 정하는 보험종목으로 시행령 제8조 제1항에 책임보험, 기술보험, 부동산권리보험 그리고 그밖에 총리령이 정하는 보험종목으로 시행규칙 제3조에 도난보험, 유리보험, 동물보험, 원자력보험, 비용보험이 있으며 그밖에 손해보험업의 보험종목으로 분류할 수 있는 보험으로서 금융위원회가 정하는 보험으로 되어 있다. 그리고 상해, 질병, 간병보험 등의 제3보험업의 보험종목도 보험업법 제4조 제2항에 의해 허가받은 보험종목으로 취급하고 있다. 따라서 본 장에서는 손해보험상품을 재산(property)보험, 특종(casualty)보험, 배상책임(liability)보험, 보증(guarantee)보험 등 분야별로 구분하여 설명하고자 한다.

주요용어

재산보험	보증보험	항공보험
특종보험	화재보험	운송보험
배상책임보험	해상보험	자동차보험

제1절 재산보험

민법 제99조 제1항에 재산(財産)은 소유권과 동의어로서 타인의 간섭 없이 합법적인 목적으로 동물이나 물건을 처분하거나 사용할 수 있는 권리라고 하고 있다. 이러한 재산에는 건물, 건물의 내용물, 토지, 곡식 혹은 토지 위에서 자라는 모든 것들을 포함하는 부동산과 법적으로 모양이나 성질을 변형시키지 않고 이동시킬 수 있는 동산이 있는데 보험사고발생의 객체, 즉 보험목적물이 재산(財産)인 경우의 보험을 물건(物件)보험 또는 재산보험이라고 한다. 재산보험에는 화재보험(fire insurance), 해상보험(marine insurance), 항공보험(aviation insurance), 그리고 운송보험(transit insurance)이 있다.

1. 화재보험

화재보험은 화재발생으로 인하여 보험목적물인 개인소유의 주택, 가재도구, 상점, 창고 등의 재산이나 기업소유의 공장, 생산시설, 건물, 제품, 원자재 등의 멸실 · 손상 등 직접적인 재산상의 손실뿐만 아니라 이익의 상실, 피난, 소방 또는 손실감소조치로 인한 손해, 잔존물제거비용 등 간접손실도 보상하여 개인의 생활안정과 기업의 원활한 경제활동을 보장해 줌으로써 국민생활과 경제활동에 중요한 역할을 하는 대표적인 재산보험이라고 할 수 있다. 화재보험은 일반화재보험, 주택화재보험, 주택상공종합보험 등의 세 종류로 구분된다.

1) 일반화재보험

우리나라 화재보험의 대표적인 형태로서 보통약관에 기본적인 내용만을 포함하고 다양한 특별약관을 만들어 모든 상황 또는 특별한 문제를 해결하고 있다. 금융감독원에 공시된 표준약관[01]의 주요 내용은 다음과 같다.

01 금융감독원(www.fss.or.kr) > 업무자료 > 보험업무 > 보험약관

제**10**조(보험목적의 범위)

① 이 약관에서 보험의 목적이라 함은 이 약관에 따라 보험에 가입한 물건으로서 보험증권(보험가입증서)에 기재된 건물 등을 말합니다.

② 아래의 물건은 보험증권(보험가입증서)에 기재하여야만 보험의 목적이 됩니다.

1. 통화, 유가증권, 인지, 우표 및 이와 비슷한 것
2. 귀금속, 귀중품(무게나 부피가 휴대할 수 있으며 점당 300만원 이상), 보옥, 보석, 글, 그림, 골동품, 조각물 및 이와 비슷한 것
3. 원고, 설계서, 도안, 물건의 원본, 모형, 증서, 장부, 금형(쇠틀), 목형(나무틀), 소프트웨어 및 이와 비슷한 것
4. 실외 및 옥외에 쌓아둔 동산

③ 아래의 물건은 다른 약정이 없으면 보험의 목적에 포함됩니다.

1. 건물인 경우
   (ⅰ) 건물의 부속물: 피보험자의 소유인 칸막이, 대문, 담, 곳간 및 이와 비슷한 것
   (ⅱ) 건물의 부착물: 피보험자 소유인 간판, 네온사인, 안테나, 선전탑 및 이와 비슷한 것
2. 가재인 경우: 피보험자와 같은 세대에 속하는 사람의 소유물

제**11**조(보상하는 손해)

① 회사는 보험의 목적이 화재(벼락을 포함합니다)로 입은 아래의 손해를 보상하여 드립니다.

1. 사고에 따른 직접손해
2. 사고에 따른 소방손해(화재진압과정에서 발생하는 손해)
3. 사고에 따른 피난손해(피난지에서 5일 동안에 보험의 목적에 생긴 위 제1호 및 제2호의 손해를 포함합니다)

② 회사는 제1항에서 보장하는 위험으로 인하여 손해가 발생한 경우 계약자 또는 피보험자가 지출한 아래의 비용을 추가로 지급합니다.

1. 잔존물 제거비용: 사고현장에서의 잔존물의 해체비용, 청소비용(사고현장 및 인근 지역의 토양, 대기 및 수질오염물질 제거비용과 차에 실은 후 폐기물 처리비용은 포함되지 아니합니다) 및 차에 싣는 비용. 다만, 제1항에서 보장하지 아니하는 위험으로 보험의 목적이 손해를 입거나 관계법령에 의하여 제거됨으로써 생긴 손해에 대하여는 보상하여 드리지 아니합니다.
2. 손해방지비용: 손해의 방지 또는 경감을 위하여 지출한 필요 또는 유익한 비용
3. 대위권 보전비용: 제3자로부터 손해의 배상을 받을 수 있는 경우에는 그 권리를 지키거나 행사하기 위하여 지출한 필요 또는 유익한 비용
4. 잔존물 보전비용: 잔존물을 보전하기 위하여 지출한 필요 또는 유익한 비용. 다만, 제30조(잔존물)에 의해 회사가 잔존물을 취득한 경우에 한합니다.
5. 기타 협력비용: 회사의 요구에 따르기 위하여 지출한 필요 또는 유익한 비용

제**12**조(보상하지 아니하는 손해) 회사는 아래의 사유로 인한 손해는 보상하여 드리지 아니합니다.

1. 계약자, 피보험자(법인인 경우에는 그 이사 또는 법인의 업무를 집행하는 그 밖의 기관)는 이들의 법정대리인의 고의 또는 중대한 과실
2. 화재가 발생했을 때 생긴 도난 또는 분실로 생긴 손해
3. 보험의 목적의 발효, 자연발열, 자연발화로 생긴 손해. 그러나, 자연발열 또는 자연발화로 연소된 다른 보험의 목적에 생긴 손해는 보상하여 드립니다.
4. 화재로 기인되지 아니한 수도관, 수관 또는 수압기 등의 파열로 생긴 손해
5. 발전기, 여자기(정류기 포함), 변류기, 변압기, 전압조정기, 축전기, 개폐기, 차단기, 피뢰기, 배전반 및 그 밖의 전기기기 또는 장치의 전기적 사고로 생긴 손해. 그러나 그 결과로 생긴 화재손해는 보상하여 드립니다.
6. 원인의 직접, 간접을 묻지 아니하고 지진, 분화 또는 전쟁, 혁명, 내란, 사변, 폭동, 소요, 노동쟁의, 기타 이들과 유사한 사태로 생긴 화재 및 연소 또는 그 밖의 손해
7. 핵연료물질(사용된 연료를 포함합니다. 이하 같습니다) 또는 핵연료물질에 의하여 오염된 물질(원자핵 분열 생성물을 포함합니다)의 방사성, 폭발성 그 밖의 유해한 특성 또는 이들의 특성에 의한 사고로 인한 손해
8. 위 제7호 이외의 방사선을 쬐는 것 또는 방사능 오염으로 인한 손해
9. 국가 및 지방자치단체의 명령에 의한 재산의 소각 및 이와 유사한 손해

제**21**조(손해방지의무)

보험사고가 생긴 때에는 계약자 또는 피보험자는 손해의 방지와 경감에 힘써야 합니다. 만약, 계약자 또는 피보험자가 고의 또는 중대한 과실로 이를 게을리한 때에는 방지 또는 경감할 수 있었을 것으로 밝혀진 값을 손해액에서 뺍니다.

제**23**조(지급보험금의 계산)

① 회사가 지급할 보험금은 아래에 따라 계산합니다.[02]

1. 보험가입금액이 보험가액의 80% 해당액과 같거나 클 때: 보험가입금액을 한도로 손해액 전액. 그러나 보험가입금액이 보험가액보다 클 때에는 보험가액을 한도로 합니다.
2. 보험가입금액이 보험가액의 80% 해당액보다 작을 때: 보험가입금액을 한도로 손해액 보험가입금액/보험가액의 80% 해당액

② 동일한 계약의 목적과 동일한 사고에 관하여 보험금을 지급하는 다른 계약(공제계약(각종 공제회에 가입되어 있는 계약)을 포함합니다)이 있고 이들의 보험가입금액의 합계액이 보험가액보다 클 경우에는 아래에 따라 지급보험금을 계산합니다. 이 경우 보험자 1인에 대한 보험금청구를 포기한 경우에도 다른 보험자의 지급보험금 결정에는 영향을 미치지 아니합니다.

1. 다른 계약이 이 계약과 지급보험금의 계산방법이 같은 경우:
   손해액 이 계약의 보험가입금액/다른 계약이 없는 것으로 하여 각각 계산한 보험가입금액의 합계액

02 공동보험(coinsurance)과 관련한 자세한 내용은 제4장 참조

2. 다른 계약이 이 계약과 지급보험금의 계산방법이 다른 경우:
손해액 이 계약에 의한 보험금/다른 계약이 없는 것으로 하여 각각 계산한 보험금 합계액

③ 하나의 보험가입금액으로 둘 이상의 보험의 목적을 계약하는 경우에는 전체가액에 대한 각 가액의 비율로 보험가입금액을 비례배분하여 제1항 또는 제2항의 규정에 따라 지급보험금을 계산합니다.

2) 주택화재보험

주택으로만 쓰이는 건물 및 그 수용가재를 대상으로 하는 화재보험으로서 일반 화재보험에서 담보하는 화재, 낙뢰 외에 파열, 폭발까지 담보한다.

3) 주택상공종합보험

주택 또는 가재를 대상으로 하는 주택종합보험과 점포, 사무실 등과 각종 동산을 대상으로 하는 상공종합보험을 합친 것이다. 화재, 벼락, 파열 또는 폭발위험뿐만 아니라 항공기, 차량, 소요, 노동쟁의, 도난, 풍 · 수재 위험으로 인하여 생긴 손해를 담보하며 또한 이 손해에 따른 임시비용 및 상해비용 같은 비용손해까지도 아울러 담보한다.

2. 해상보험

가장 오랜 역사를 가지고 있는 해상보험은 선박의 운항, 선박에 의한 화물의 수송 등 해상사업에 수반되는 리스크로 인해 발생하는 손해를 보상하는 보험으로서 보험회사와 피보험자(보험계약자) 사이에 적하(積荷)를 보험의 목적으로 하고 해상사업과 관련된 보험사고로 인한 손해를 합의한 방법과 범위 내에서 보험자가 피보험자에게 보상할 것을 인수하는 해상보험계약[03]을 체결함으로써 구체화된다. 해상보험은 오늘날 주로 선박회사, 해운업자, 무역업자 등에 의해 선박보험(hull insurance), 적하보험(cargo insurance) 등이 이용되고 있어

---

03 영국의 해상보험법(Marine Insurance Act: MIA) 제1조
Marine Insurance Defined. – A contract of marine insurance is a ontract whereby the insurer undertakes to indemnify the assured, in manner and to the extent thereby agreed, against marine losses, that is to say, the losses incident to marine adventure.

상대적으로 기업보험 성격이 두드러진다고 할 수 있는데 피보험이익에 따라 선박보험, 적하보험이 있고 보험기간에 따라 항해보험(voyage policy), 기간보험(time policy), 혼합보험(mixed policy)이 있으며 그 밖에 운임보험(freight insurance) 등이 있다. 해상보험에서 보상하는 손해와 관련된 주요 용어는 다음과 같다.

- 전손(Total Loss)

  보험목적물 전부가 멸실되거나 손상 정도가 심해서 구조나 수리비가 보험에 가입한 금액보다 큰 경우로서 현실전손과 추정전손으로 구분한다.

  - 현실전손(Actual Total Loss): 보험목적물이 현실적으로 존재할 수 없을 정도로 심한 손상을 입거나 멸실된 경우
  - 추정전손(Constructive Total Loss): 보험목적물이 손실 또는 손상되어 수리비용과 보험금 등이 수리 후의 보험목적물의 가치를 초과하여 전손으로 추정될 정도의 손해를 입은 경우

- 분손(Partial Loss)

  보험목적물의 일부만이 손상됨으로써 발생한 손해로서 단독해손과 공동해손이 있다.

  - 단독해손(Particular Average): 피보험자가 단독으로 입은 손해
  - 공동해손(General Average): 해상에서 위험에 처한 선박을 구하기 위해서 일부를 희생시킴으로써 발생한 손해이며 이와 같은 손해에 대해서는 손해를 면하게 된 이익관계자 전부가 공동으로 공평하게 부담하게 된다.

1) 선박보험

상선, 비상선 또는 개인선박이나 공용선박을 막론하고 통념상의 선박으로 인정되는 것을 보험목적물로 하여 해상리스크로 인한 우연한 사고로 선박의 침몰과 손상 등의 물리적 손해 및 이로 인한 구조비, 손해방지비용, 공동해손비용 등의 비용, 다른 선박과 충돌 시 발생하는 배상책임, 운임과 같은 수입상실 등의 경제적 손실을 보험계약상의 방법과 범위에 따라 보상하는 보험이다. 선박보험에는 선주가 보험계약자가 되어 선박의 불가동상태에 따른 경제적 손실을 보상받는 선박불가동손실보험(loss of earning insurance), 제3자 및 선원 그리고 하주(荷主)에 대한 배상책임을 담보하는 P&I보험(Protection & Indemnity insurance), 그리고 항해에 필요한 제 비용을 지출하였음에도 불구하고 운임을 받지 못함으로써

발생한 손해를 보상받는 선비(船費)보험(disbursement insurance)이 있고, 선박건조자가 보험계약자로 하여 선박건조에서부터 진수, 시운전 및 인도에 이르기까지 해상이나 육상리스크의 발생으로 입은 손해를 보상받는 선박건조보험(builder's risk insurance)이 있다. 또한 선박수선자가 보험계약자로서 선박의 수선 또는 개조공사 중에 육상이나 해상리스크로 인하여 선박이나 공사자재에 발생한 손해를 보상받는 선박수선자공사보험과 수선공사 중 조선소의 과실로 인하여 선박에 손해가 발생하여 수선의뢰인이나 제3자에 대한 배상책임을 보상받는 선박수선자배상책임보험 그리고 수선재료비, 공임 등 수선비를 받지 못하여 발생한 손해를 보상받는 선박수선비보험이 있다.

2) 적하보험

선박으로 운송되는 운송물이 보험목적물로서 적하에 대한 이익을 피보험이익으로 하여 통상적인 해상운송과정에서 발생한 해상리스크로 손상을 입었을 경우, 그 손해를 보상해 주는 보험이다. 적하보험 계약은 실무적으로 적하보험 청약서 또는 상업송장을 제출하여 보험회사가 이를 승낙하면 계약이 성립된다. 적하보험의 조건은 적하보험의 보상범위에 관한 보험조건을 규정하고 있는 신/구협회적하약관을 바탕으로 각각 세 조건씩 모두 여섯 조건 중에서 어느 조건을 택할 것인지를 거래당사자의 합의에 따라 결정한 다음 특수조건이나 기타 부가조건을 추가할지 여부를 결정한다.

그림 16-1 ▸▸ 협회적하약관

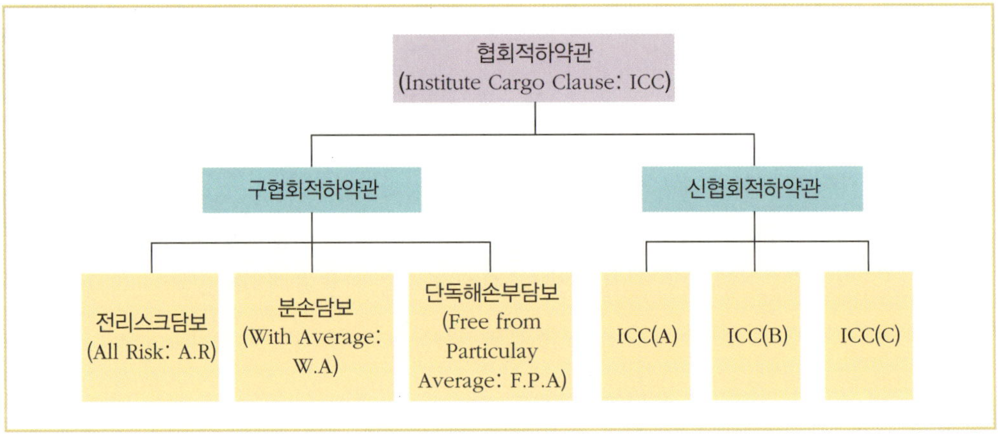

(1) 구협회적하약관상 담보리스크

① 단독해손부담보조건

- 전손(현실전손 및 추정전손)
- 선박 등 운송용구의 침몰, 좌초, 충돌, 대화재를 당한 경우의 단독해손(인과관계를 불문하고 분손도 보상)
- 본선 또는 부선, 기타 운송용구와 물 이외의 타 물체와의 충돌이나 접촉과 상당한 인과관계가 있는 경우의 화물의 멸실 또는 손상
- 선적, 환적, 하역 중의 매 포장당 전손
- 손해방지비용(보험가입금액과 별도로 지급)
- 구조료, 특별비용
- 공동해손 희생손해, 분담금 등의 공동해손 손해

② 분손담보조건

- F.P.A의 보상범위에 추가하여 항해 중 악천후에 의한 손해를 담보
- W.A 3% 조건은 단독해손이 화물가액의 3%를 초과한 경우에 한하여 손해액 전액을 보상하는 조건이며, W.A IOP 조건은 면책한도 없이 단독해손 전액을 보상

③ 전리스크담보조건

- W.A 조건의 보상범위에 추가하여, 면책사항을 제외한 운송과정 중 발생가능한 모든 위험을 담보

(2) 신협회적하약관상 담보리스크

① ICC(C)

- 화재, 폭발
- 본선/부선의 좌초, 침몰, 교사, 전복, 충돌, 접촉
- 육상 운송용구의 전복 또는 탈선
- 피난항에서의 화물의 하역
- 공동해손 희생손해, 투하

② ICC(B)

ICC(C) 조건의 보상범위에 추가하여

• 지진, 화산의 분화, 낙뢰
• 갑판유실
• 본선, 부선, 운송용구, 콘테이너 및 보관장소에 해수, 호수, 강물의 침입
• 선적, 하역 작업 중 추락한 매 포장당 전손

③ ICC(A)

ICC(B) 조건의 보상범위에 추가하여 면책사항을 제외한 운송과정 중 발생가능한 모든 리스크를 담보

적하보험에서는 주로 ICC(A) 조건을 많이 사용하는데 피보험자의 고의나 중과실, 통상의 누손, 자연소모, 포장의 불완전, 보험목적물 고유의 하자 또는 성질, 지연 등에 의한 손해는 담보되지 않으며 일부 면책사항은 특별약관을 추가하여 담보받을 수 있다. 적하보험 외에도 운송화물이 목적지에 도착함으로써 하주가 당연히 얻게 되는 희망이익을 해상리스크의 발생으로 상실된 경우 그 상실된 희망이익을 보상하는 희망이익보험, 수입화물이 항해 중 손상되었으나 정해진 수입세를 지급함으로써 하주가 입은 손해를 보상하는 수입세보험 그리고 컨테이너와 관련된 컨테이너보험 등이 있다.

3) 항해보험

인천에서 뉴욕까지 왕항(往航), 복항(復航)과 같이 1항해 또는 수(數)항해 등 일정항해를 표준으로 하여 보험기간을 정하는 형태의 보험계약으로 선박이 어느 항구를 출항해서 다른 항구에 도착할 때까지의 항해에서 해상리스크로 인하여 선박에 발생한 손해를 보상하는 보험이다. 수출선의 인도, 고철로 해체될 선박의 항해, 작업선의 작업장소로 이동을 위한 항해 등이 주로 항해보험으로 인수된다. 적하보험에서는 적하를 대상으로 발송지로부터 도착지까지의 운송단위로 인수하기 때문에 통상 항해보험으로 계약이 이루어진다.

4) 기간보험

2013년 10월 1일부터 2013년 12월 30일까지와 같이 보험기간을 구체적으로 정하는 형태로 보험회사의 보상책임의 유효시한을 일정기간으로 표시하는 보험이다. 선박보험과 선비보험 등에서 통상 활용되는 보험계약이다.

5) 혼합보험

앞에서 언급한 항해보험과 기간보험에서 사용하는 보험기간인 일정항해와 일정기간을 모두 활용하여 보험기간을 정하는 계약방식으로 '2013년 10월 1일부터 2013년 12월 30일까지 인천에서 뉴욕까지'와 같이 표시된다. 현재는 거의 사용되지 않고 있다.

6) 운임보험

선주 또는 하주의 운임이익에 대한 해상보험으로서 운임후불(freight collect)의 화물운송의 경우 항해 중의 사고에 의해 항해가 중단되면 선주는 계약운임을 취득할 수 없게 되는데 이러한 미수운임을 목적으로 한 보험을 운임보험이라 한다. 만약 손상된 화물이 있더라도 운임 전부를 지불해야 한다면 하주의 입장에선 손상으로 인한 감가부분에 대하여 운임을 부담하게 되는 결과가 된다. 이런 경우를 대비하여 하주가 감가부분에 대해 보상받을 수 있도록 하는 보험을 미필운임보험(contingent freight insurance)이라고 한다.

3. 항공보험

항공보험은 항공과 관련된 사고로 인하여 생기는 손해를 담보하는 보험의 총칭으로서 항공리스크에 노출된 항공기의 물적 손해뿐만 아니라 항공경영, 즉 항공기의 소유, 관리 및 운용중 제3자의 재산이나 신체에 손해를 끼쳤을 경우의 배상책임, 승객 및 승무원의 인명과 소지품에 대한 담보 등도 제공한다. 항공보험의 종류에는 그 피보험이익을 기준으로 직접적 재산손해를 보상하는 항공기보험, 항공운송보험, 타인에 대한 손해배상책임으로 인한 손해를 보상하는 제3자 배상책임보험, 승객배상책임보험, 화물배상책임보험,[04] 공항관리자 배상

04 항공기에 적재된 화물에 생긴 손해를 담보하는 항공운송보험과는 달리 화물운송업자가 운송화물에 손해를 입

책임보험, 격납고관리자 배상책임보험, 생명 또는 신체상해를 보상하는 승무원상해보험, 승객상해보험 등이 있다. 항공기사고의 경우 고액의 보험금액을 필요로 하는 사례가 많고 보험회사에게도 치명적인 손해의 가능성이 높아 pool 또는 조합형태의 공동인수와 아울러 재보험의 필요성도 높기 때문에 런던을 중심으로 한 재보험시장이 형성되어 있다.

4. 운송보험

육상(陸上) 및 내수로(內水路)에서 기차, 트럭 등의 육상운송수단(하천, 호수운송 및 헬기)을 이용하여 화물을 출발지에서 지정된 목적지까지 운송하는 도중에 우연한 사고로 인하여 화물에 발생한 손해를 보장하는 구간보험으로서 화물이 반출(적재위험 포함)되는 시점부터 도착지의 보관장소에 반입(하역위험 포함)되는 시점까지 보장한다. 도착지의 창고 또는 보관장소에 반입되기 전이라도 도착지의 보관장소에 도착한 후 24시간이 경과하면 보험보장은 자동으로 종료된다. 운송보험에서 담보하는 위험에 따라 보상하는 손해와 보상하지 않는 손해는 다음과 같다.

1) 전위험 담보

(1) 보상하는 손해

- 전손 및 분손 담보에서 보상되는 손해
- 운송 도중 발생한 면책사항 이외의 모든 화물 손해를 보상

(2) 보상하지 않는 손해

- 계약자, 피보험자의 고의에 의한 손해
- 화물의 하자, 자연소모에 의한 손해
- 포장의 불완전으로 인한 손해
- 핵연료/방사선에 의한 손해
- 운송지연에 의한 손해
- 전쟁으로 인한 손해

힌 경우를 담보하는 보험이다.

- 이사화물중독, 항아리, 병 등의 파손 및 내용물의 멸실
- 기화물을 자기소유의 차량으로 운송하는 도중 생긴 손해
- 냉동장비, 냉장기계, 기타 부속기구 및 이를 작동시키는 동력기구의 파손으로 생긴 손해 → 특약으로 추가 보장 가능

2) 전손 및 분손담보(열거위험)

(1) 보상하는 손해

- 운송 중 운송용구의 탈선, 전복, 화재, 충돌로 인해 발생한 화물의 일부 또는 전부손해
- 화물의 적재, 하역 중 화물의 추락으로 인해 발생한 포장당 전손

(2) 보상하지 않는 손해

- 전위험 담보의 보상하지 않는 손해
- 전손 및 분손 담보에서 보상하는 손해 이외의 모든 손해

3) 전손담보(열거위험)

(1) 보상하는 손해

- 운송 중 운송용구의 탈선, 전복, 화재, 충돌로 인하여 발생한 화물의 전부손해
- 화물의 적재, 하역 중 화물의 추락으로 인해 발생한 포장당 전손

(2) 보상하지 않는 손해

- 전위험 담보의 보상하지 않는 손해
- 전손담보에서 보상하는 손해 이외의 모든 손해

제2절 특종보험

1. 자동차보험

자동차보험은 피보험자가 자동차를 소유하고 있는 기간에 자동차사고로 인하여 발생한 손실에 대하여 보상받는 손해보험상품으로서 자동차사고의 피해자에게 보상금을 지급하여 피해자보호뿐만 아니라 개인생활 및 기업경영의 안정을 유지하게 하는 역할을 한다. 담보하는 위험의 형태에 따라 제3자의 신체에 대한 사상(死傷)/재물의 손실에 대한 대인(Ⅰ, Ⅱ)/대물배상책임보험, 피보험자의 상해/자동차의 손실에 대한 자기신체사고/자기차량손해보험 그리고 무보험자에 의한 자동차사고로부터 피보험자를 보호하기 위한 무보험자상해보험으로 구분할 수 있다. [표 16-1]은 자동차보험 종목 및 가입대상을 보여주고 있다.

표 16-1 | 자동차보험 종목 및 가입대상

보험종목	가입대상
개인용 자동차보험	법정 정원 10인승 이하의 개인 소유 자가용 승용차. 다만, 인가된 자동차학원 또는 자동차학원 대표자가 소유하는 자동차로서 운전교습, 도로주행교육 및 시험에 사용되는 승용자동차는 제외
업무용 자동차보험	개인용 자동차를 제외한 모든 비사업용 자동차
영업용 자동차보험	사업용 자동차
이륜자동차보험	이륜자동차 및 원동기장치자전거
농기계보험	동력경운기, 농용트랙터 및 콤바인 등 농기계

개인용 자동차보험 표준약관[05]의 주요 내용은 다음과 같다.

> 제2조(자동차보험의 구성)
>
> ① 보험회사가 판매하는 자동차보험은 [대인배상Ⅰ], [대인배상Ⅱ], [대물배상], [자기신체사고], [무보험자동차에 의한 상해], [자기차량손해]의 6가지 보장종목과 특별약관으로 구성되어 있습니다.

07 금융감독원(www.fss.or.kr) > 업무자료 > 보험업무 > 보험약관
(개정 2012.12.28, 시행 2013.4.1, 일부 2013.7.1 시행)

② 보험계약자는 다음과 같은 방법에 의해 자동차보험에 가입합니다.

1. 의무보험: [자동차손해배상보장법] 제5조에 의해 보험에 가입할 의무가 있는 자동차보유자는 [대인배상 I]과 [대물배상]([자동차손해배상보장법]에서 정한 보상한도에 한함)을 반드시 가입하여야 합니다.
2. 임의보험: 의무보험에 가입하는 보험계약자는 의무보험에 해당하지 않는 보장종목을 선택하여 가입할 수 있습니다.

③ 각 보장종목별 보상내용은 다음과 같으며 상세한 내용은 제2편 자동차보험에서 보상하는 내용에 규정되어 있습니다.

1. 배상책임: 자동차사고로 인하여 피보험자가 손해배상책임을 짐으로써 입은 손해를 보상

보장종목	보상하는 내용
가. [대인배상 I]	자동차사고로 다른 사람을 죽게 하거나 다치게 한 경우에 [자동차손해배상보장법]에서 정한 한도에서 보상
나. [대인배상 II]	자동차사고로 다른 사람을 죽게 하거나 다치게 한 경우, 그 손해가 [대인배상 I]에서 지급하는 금액을 초과하는 경우에 그 초과손해를 보상
다. [대물배상]	자동차사고로 다른 사람의 재물을 없애거나 훼손한 경우에 보상

2. 배상책임 이외의 보장종목: 자동차사고로 인하여 피보험자가 입은 손해를 보상

보장종목	보상하는 내용
가. [자기신체사고]	피보험자가 죽거나 다친 경우에 보상
나. [무보험자동차에 의한 상해]	무보험자동차에 의해 피보험자가 죽거나 다친 경우에 보상
다. [자기차량손해]	피보험자동차에 생긴 손해를 보상

제**3**조(보상하는 손해)

[대인배상 I]에서 보험회사는 피보험자가 피보험자동차의 운행으로 인하여 다른 사람을 죽거나 다치게 하여 [자동차손해배상보장법] 제3조에 의한 손해배상책임을 짐으로써 입은 손해를 보상합니다.

제**5**조(보상하지 않는 손해)

보험계약자 또는 피보험자의 고의로 인한 손해는 [대인배상 I]에서 보상하지 않습니다. 다만, [자동차손해배상보장법] 제10조의 규정에 따라 피해자가 보험회사에 직접청구를 한 경우, 보험회사는 자동차손해배상보장법령에서 정한 금액을 한도로 피해자에게 손해배상금을 지급한 다음 지급한 날부터 3년 이내에 고의로 사고를 일으킨 보험계약자나 피보험자에게 그 금액의 지급을 청구합니다.

제**6**조(보상하는 손해)

① [대인배상 II]에서 보험회사는 피보험자가 피보험자동차를 소유, 사용, 관리하는 동안에 생긴 피보험자동차의 사고로 인하여 다른 사람을 죽게 하거나 다치게 하여 법률상 손해배상책

임을 짐으로써 입은 손해([대인배상Ⅰ]에서 보상하는 손해를 초과하는 손해에 한함)를 보상합니다.

② [대물배상]에서 보험회사는 피보험자가 피보험자동차를 소유 · 사용 · 관리하는 동안에 생긴 피보험자동차의 사고로 인하여 다른 사람의 재물을 없애거나 훼손하여 법률상 손해배상책임을 짐으로써 입은 손해를 보상합니다.

제**8**조(보상하지 않는 손해)

① 다음 중 어느 하나에 해당하는 손해는 [대인배상Ⅱ]와 [대물배상]에서 보상하지 않습니다.

1. 보험계약자 또는 기명피보험자의 고의로 인한 손해
2. 기명피보험자 이외의 피보험자의 고의로 인한 손해
3. 전쟁, 혁명, 내란, 사변, 폭동, 소요 또는 이와 유사한 사태로 인한 손해
4. 지진, 분화, 태풍, 홍수, 해일 등 천재지변으로 인한 손해
5. 핵연료물질의 직접 또는 간접적인 영향으로 인한 손해
6. 영리를 목적으로 요금이나 대가를 받고 피보험자동차를 반복적으로 사용하거나 빌려 준 때에 생긴 손해. 다만, 임대차계약(계약기간이 30일을 초과하는 경우에 한함)에 따라 임차인이 피보험자동차를 전속적으로 사용하는 경우에는 보상합니다. 그러나 임차인이 피보험자동차를 영리를 목적으로 요금이나 대가를 받고 반복적으로 사용하는 경우에는 보상하지 않습니다.
7. 피보험자가 제3자와 손해배상에 관한 계약을 맺고 있을 때 그 계약으로 인하여 늘어난 손해
8. 피보험자 본인이 무면허운전을 하였거나, 기명피보험자의 명시적 · 묵시적 승인하에서 피보험자동차의 운전자가 무면허운전을 하였을 때에 생긴 사고로 인한 손해. 다만, [자동차손해배상보장법] 제5조 제2항의 규정에 따라 자동차보유자가 의무적으로 가입하여야 하는 [대물배상] 보험가입금액 한도에서는 보상합니다.
9. 피보험자동차를 시험용, 경기용 또는 경기를 위해 연습용으로 사용하던 중 생긴 손해. 다만, 운전면허시험을 위한 도로주행시험용으로 사용하던 중 생긴 손해는 보상합니다.

② 다음 중 어느 하나에 해당하는 사람이 죽거나 다친 경우에는 [대인배상Ⅱ]에서 보상하지 않습니다.

1. 피보험자 또는 그 부모, 배우자 및 자녀
2. 배상책임이 있는 피보험자의 피용자로서 [산업재해보상보험법]에 의한 재해보상을 받을 수 있는 사람. 다만, 그 사람이 입은 손해가 같은 법에 의한 보상범위를 넘어서는 경우 그 초과손해를 보상합니다.
3. 피보험자동차가 피보험자의 사용자의 업무에 사용되는 경우 그 사용자의 업무에 종사 중인 다른 피용자로서, [산업재해보상보험법]에 의한 재해보상을 받을 수 있는 사람. 다만, 그 사람이 입은 손해가 같은 법에 의한 보상범위를 넘는 경우 그 초과손해를 보상합니다.

③ 다음 중 어느 하나에 해당하는 손해는 [대물배상]에서 보상하지 않습니다.

1. 피보험자 또는 그 부모, 배우자나 자녀가 소유 · 사용 · 관리하는 재물에 생긴 손해
2. 피보험자가 사용자의 업무에 종사하고 있을 때 피보험자의 사용자가 소유 · 사용 · 관리하는 재물에 생긴 손해
3. 피보험자동차에 싣고 있거나 운송중인 물품에 생긴 손해
4. 다른 사람의 서화, 골동품, 조각물, 그 밖에 미술품과 탑승자와 통행인의 의류나 휴대품에 생긴 손해
5. 탑승자와 통행인의 분실 또는 도난으로 인한 소지품에 생긴 손해. 그러나 훼손된 소지품에 한하여 피해자 1인당 200만원의 한도에서 실제 손해를 보상합니다.

④ 제9조(피보험자 개별적용) 제1항에 따라 보험회사가 피해자에게 손해배상을 하는 경우, 보험회사는 손해배상액을 지급한 날부터 3년 이내에 배상책임이 있는 피보험자에게 그 금액의 지급을 청구합니다.

제**10**조(지급보험금의 계산)

① [대인배상 I], [대인배상Ⅱ], [대물배상]에서 보험회사는 이 약관의 '보험금지급기준에 의해 산출한 금액'과 '비용'을 합한 금액에서 '공제액'을 공제한 후 보험금으로 지급하되 다음의 금액을 한도로 합니다.

1. [대인배상Ⅰ]: 자동차손해배상보장법령에서 정한 기준에 따라 산출한 금액
2. [대인배상Ⅱ], [대물배상]: 보험증권에 기재된 보험가입금액

지급 보험금	=	'보험금지급기준에 의해 산출한 금액' 또는 '법원의 확정판결 등(*1)에 따라 피보험자가 배상하여야 할 금액'	+	비용	−	공제액

② 소송(민사조정, 중재를 포함)이 제기되었을 경우에는 대한민국 법원의 확정판결 등(*1)에 따라 피보험자가 손해배상청구권자에게 배상하여야 할 금액(지연배상금을 포함)을 제1항의 '보험금지급기준에 의해 산출한 금액'으로 봅니다.

③ 제1항의 '비용'은 다음 중 어느 하나에 해당하는 금액을 말합니다. 이 비용은 보험가입금액과 관계없이 보상하여 드립니다.

1. 손해의 방지와 경감을 위하여 지출한 비용(긴급조치비용을 포함)
2. 다른 사람으로부터 손해배상을 받을 수 있는 권리의 보전과 행사를 위하여 지출한 필요 비용 또는 유익한 비용
3. 그 밖에 보험회사의 동의를 얻어 지출한 비용

④ 제1항의 '공제액'은 다음의 금액을 말합니다.

1. [대인배상Ⅱ]: [대인배상Ⅰ]에서 지급되는 금액 또는 피보험자동차가 [대인배상Ⅰ]에 가입되지 않은 경우에는 [대인배상Ⅰ]에서 지급될 수 있는 금액

2. [대물배상]: 사고차량을 고칠 때에 엔진, 변속기(트랜스미션) 등 부분품을 교체한 경우 교체된 기존 부분품의 감가상각에 해당하는 금액

(*1) '법원의 확정판결 등'이라 함은 법원의 확정판결 또는 법원의 확정판결과 동일한 효력을 갖는 조정결정, 중재판정 등을 말합니다.

제**11**조(음주운전 또는 무면허운전 관련 사고부담금)

① 피보험자 본인이 음주운전이나 무면허운전을 하는 동안에 생긴 사고 또는 기명피보험자의 명시적 · 묵시적 승인하에서 피보험자동차의 운전자가 음주운전이나 무면허운전을 하는 동안에 생긴 사고로 인하여 보험회사가 [대인배상 Ⅰ], [대인배상 Ⅱ] 또는 [대물배상]에서 보험금을 지급하는 경우, 피보험자는 다음에서 정하는 사고부담금을 보험회사에 납입하여야 합니다.

1. 음주운전 사고부담금: 1사고당 [대인배상 Ⅰ · Ⅱ는 200만원, [대물배상]은 50만원
2. 무면허운전 사고부담금: 1사고당 [대인배상 Ⅰ]는 200만원, [대물배상]은 50만원

② 피보험자는 지체 없이 음주운전 또는 무면허운전 사고부담금을 보험회사에 납입하여야 합니다. 다만, 피보험자가 경제적인 사유 등으로 이 사고부담금을 미납하였을 때 보험회사는 피해자에게 이 사고부담금을 포함하여 손해배상금을 우선 지급하고 피보험자에게 이 사고부담금의 지급을 청구할 수 있습니다.

제**12**조(보상하는 손해)

[자기신체사고]에서 보험회사는 피보험자가 피보험자동차를 소유 · 사용 · 관리하는 동안에 생긴 자동차의 사고로 인하여 죽거나 다친 때 그로 인한 손해를 보상하여 드립니다.

※ [자기신체사고]에서 보장하는 '자동차의 사고'에 관한 구체적인 사항은 개별 보험회사의 약관에서 규정

제**14**조(보상하지 않는 손해)

다음 중 어느 하나에 해당하는 손해는 [자기신체사고]에서 보상하지 않습니다.

1. 피보험자의 고의로 그 본인이 상해를 입은 때. 이 경우 그 피보험자에 대한 보험금만 지급하지 않습니다.
2. 상해가 보험금을 받을 자의 고의로 생긴 때에는 그 사람이 받을 수 있는 금액
3. 피보험자동차 또는 피보험자동차 이외의 자동차를 시험용, 경기용 또는 경기를 위해 연습용으로 사용하던 중 생긴 손해. 다만, 운전면허시험을 위한 도로주행시험용으로 사용하던 중 생긴 손해는 보상합니다.
4. 전쟁, 혁명, 내란, 사변, 폭동, 소요 및 이와 유사한 사태로 인한 손해
5. 지진, 분화 등 천재지변으로 인한 손해
6. 핵연료물질의 직접 또는 간접적인 영향으로 인한 손해
7. 영리를 목적으로 요금이나 대가를 받고 피보험자동차를 반복적으로 사용하거나 빌려준 때

에 생긴 손해. 다만, 임대차계약(계약기간이 30일을 초과하는 경우에 한함)에 따라 임차인이 피보험자동차를 전속적으로 사용하는 경우는 보상합니다. 그러나 임차인이 피보험자동차를 영리를 목적으로 요금이나 대가를 받고 반복적으로 사용하는 경우는 보상하지 않습니다.

제**17**조(보상하는 손해)

[무보험자동차에 의한 상해]에서 보험회사는 피보험자가 무보험자동차로 인하여 생긴 사고로 죽거나 다친 때에 그로 인한 손해에 대하여 배상의무자(*1)가 있는 경우에 이 약관에서 정하는 바에 따라 보상하여 드립니다.

(*1) '배상의무자'라 함은 무보험자동차로 인하여 생긴 사고로 피보험자를 죽게 하거나 다치게 함으로써 피보험자에게 입힌 손해에 대하여 법률상 손해배상책임을 지는 사람을 말합니다.

제**19**조(보상하지 않는 손해)

다음 중 어느 하나에 해당하는 손해는 [무보험자동차에 의한 상해]에서 보상하지 않습니다.

1. 보험계약자의 고의로 인한 손해
2. 피보험자의 고의로 그 본인이 상해를 입은 때. 이 경우 당해 피보험자에 대한 보험금만 지급하지 않습니다.
3. 상해가 보험금을 받을 자의 고의로 생긴 때는 그 사람이 받을 수 있는 금액
4. 전쟁, 혁명, 내란, 사변, 폭동, 소요 및 이와 유사한 사태로 인한 손해
5. 지진, 분화, 태풍, 홍수, 해일 등 천재지변으로 인한 손해
6. 핵연료물질의 직접 또는 간접적인 영향으로 인한 손해
7. 영리를 목적으로 요금이나 대가를 받고 피보험자동차를 반복적으로 사용하거나 빌려 준 때에 생긴 손해. 다만, 임대차계약(계약기간이 30일을 초과하는 경우에 한함)에 따라 임차인이 피보험자동차를 전속적으로 사용하는 경우는 보상합니다. 그러나 임차인이 피보험자동차를 영리를 목적으로 요금이나 대가를 받고 반복적으로 사용하는 경우는 보상하지 않습니다.
8. 피보험자동차 또는 피보험자동차 이외의 자동차를 시험용, 경기용 또는 경기를 위해 연습용으로 사용하던 중 생긴 손해. 다만, 운전면허시험을 위한 도로주행시험용으로 사용하던 중 생긴 손해는 보상합니다.
9. 피보험자가 피보험자동차가 아닌 자동차를 영리를 목적으로 요금이나 대가를 받고 운전하던 중 생긴 사고로 인한 손해
10. 다음 중 어느 하나에 해당하는 사람이 배상의무자(*1)일 경우에는 보상하지 않습니다. 다만, 이들이 무보험자동차를 운전하지 않은 경우로, 이들 이외에 다른 배상의무자(*1)가 있는 경우에는 보상합니다.

가. 상해를 입은 피보험자의 부모, 배우자, 자녀

나. 피보험자가 사용자의 업무에 종사하고 있을 때 피보험자의 사용자 또는 피보험자의 사용자의 업무에 종사 중인 다른 피용자

(*1) '배상의무자'라 함은 무보험자동차의 사고로 인하여 피보험자를 죽게 하거나 다치게 함으로써 피보험자에게 입힌 손해에 대하여 법률상 손해배상책임을 지는 사람을 말합니다.

제21조(보상하는 손해)

[자기차량손해]에서 보험회사는 피보험자가 피보험자동차를 소유 · 사용 · 관리하는 동안에 발생한 사고로 인하여 피보험자동차에 직접적으로 생긴 손해를 보험보험증권에 기재된 보험가입금액을 한도로 보상합니다. 다만, 보험가입금액이 보험가액보다 많은 경우에는 보험가액(*1)을 한도로 보상합니다. 이 경우 피보험자동차에 통상 붙어있거나 장치되어 있는 부속품과 부속기계장치는 피보험자동차의 일부로 봅니다. 그러나 통상 붙어 있거나 장치되어 있는 것이 아닌 것은 보험증권에 기재한 것에 한합니다.

(*1) '보험가액'이라 함은 보험개발원이 정한 차량기준가액표에 따라 보험계약을 맺었을 때에는 사고발생 당시 보험개발원이 정한 최근의 차량기준가액을 말합니다. 그러나 위 차량기준가액이 없거나 이와 다른 가액으로 보험계약을 맺었을 경우 보험증권에 기재된 가액이 손해가 생긴 곳과 때의 가액을 현저하게 초과할 때에는 그 손해가 생긴 곳과 때의 가액을 보험가액으로 합니다.

※ [자기차량손해]에서 보장하는 '사고'에 관한 구체적인 사항은 개별 보험회사의 약관에서 규정

제23조(보상하지 않는 손해)

다음 중 어느 하나에 해당하는 손해는 [자기차량손해]에서 보상하지 않습니다.

1. 보험계약자 또는 피보험자의 고의로 인한 손해
2. 전쟁, 혁명, 내란, 사변, 폭동, 소요 및 이와 유사한 사태로 인한 손해
3. 지진, 분화 등 천재지변으로 인한 손해
4. 핵연료물질의 직접 또는 간접적인 영향으로 인한 손해
5. 영리를 목적으로 요금이나 대가를 받고 피보험자동차를 반복적으로 사용하거나 빌려 준 때에 생긴 손해. 다만, 임대차계약(계약기간이 30일을 초과하는 경우에 한함)에 따라 임차인이 피보험자동차를 전속적으로 사용하는 경우는 보상합니다. 그러나 임차인이 피보험자동차를 영리를 목적으로 요금이나 대가를 받고 반복적으로 사용하는 경우는 보상하지 않습니다.
6. 사기 또는 횡령으로 인한 손해
7. 국가나 공공단체의 공권력 행사에 의한 압류, 징발, 몰수, 파괴 등으로 인한 손해. 그러나 소방이나 피난에 필요한 조치로 손해가 발생한 경우에는 그 손해를 보상합니다.
8. 피보험자동차에 생긴 흠, 마멸, 부식, 녹, 그 밖에 자연소모로 인한 손해
9. 피보험자동차의 일부 부분품, 부속품, 부속기계장치만의 도난으로 인한 손해
10. 동파로 인한 손해 또는 우연한 외래의 사고에 직접 관련이 없는 전기적, 기계적 손해
11. 피보험자동차를 시험용, 경기용 또는 경기를 위해 연습용으로 사용하던 중 생긴 손해. 다만, 운전면허시험을 위한 도로주행시험용으로 사용하던 중 생긴 손해는 보상합니다.

12. 피보험자동차를 운송 또는 싣고 내릴 때에 생긴 손해
13. 피보험자동차가 주정차중일 때 피보험자동차의 타이어나 튜브에만 생긴 손해. 다만, 다음 중 어느 하나에 해당하는 손해는 보상합니다(타이어나 튜브의 물리적 변형이 없는 단순 오손의 경우는 제외).
  가. 다른 자동차가 충돌하거나 접촉하여 입은 손해
  나. 화재, 산사태로 입은 손해
  다. 가해자가 확정된 사고(*1)로 인한 손해

(*1) '가해자가 확정된 사고'라 함은 피보험자동차에 장착되어 있는 타이어나 튜브를 훼손하거나 파손한 사고로, 경찰관서를 통하여 가해자(기명피보험자 및 기명피보험자의 부모, 배우자, 자녀는 제외)의 신원이 확인된 사고를 말합니다.

14. 다음 각목의 어느 하나에 해당하는 자가 무면허운전, 음주운전 또는 마약 · 약물운전(*1)을 하였을 때 생긴 손해
  가. 보험계약자, 기명피보험자
  나. 30일을 초과하는 기간을 정한 임대차계약에 의해 피보험자동차를 빌린 임차인.(*2)
  다. 기명피보험자와 같이 살거나 생계를 같이 하는 친족

(*1) '마약 · 약물운전'이라 함은 마약 또는 약물 등의 영향으로 인하여 정상적인 운전을 하지 못할 우려가 있는 상태에서 피보험자동차를 운전하는 것을 말합니다.
(*2) 임차인이 법인인 경우에는 그 이사, 감사 또는 피고용자(피고용자가 피보험자동차를 법인의 업무에 사용하고 있는 때에 한함)를 포함합니다.

제**42**조(보험기간)

보험회사가 피보험자에 대해 보상책임을 지는 보험기간은 다음과 같습니다.

구분	보험기간
1. 원칙	보험증권에 기재된 보험기간의 첫날 24시부터 마지막 날 24시까지. 다만, 의무보험(책임공제를 포함)의 경우 전(前) 계약의 보험기간과 중복되는 경우에는 전 계약의 보험기간이 끝나는 시점부터 시작합니다.
2. 예외	보험료를 받은 때부터 마지막 날 24시까지. 다만, 보험증권에 기재된 보험
자동차보험에 처음 가입하는 자동차(*1) 및 의무보험	기간 이전에 보험료를 받았을 경우에는 그 보험기간의 첫날 0시부터 시작합니다.

(*1) '자동차보험에 처음 가입하는 자동차'라 함은 자동차 판매업자 또는 그 밖의 양도인 등으로부터 매수인 또는 양수인에게 인도된 날부터 10일 이내에 처음으로 그 매수인 또는 양수인을 기명피보험자로 하는 자동차보험에 가입하는 신차 또는 중고차를 말합니다. 다만, 피보험자동차의 양도인이 맺은 보험계약을 양수인이 승계한 후 그 보험기간이 종료되어 이 보험계약을 맺은 경우를 제외합니다.

제43조(사고발생지역)

보험회사는 대한민국(북한지역을 포함) 안에서 생긴 사고에 대하여 보험계약자가 가입한 보장종목에 따라 보상해 드립니다.

제44조(계약 전 알릴 의무)

① 보험계약자는 청약을 할 때 다음의 사항에 관해서 알고 있는 사실을 보험회사에 알려야 하며, 제4호와 제5호의 경우에는 당해 피보험자나 피보험자동차 소유자의 동의가 필요합니다.

1. 피보험자동차의 검사에 관한 사항
2. 피보험자동차의 용도, 차종, 등록번호(이에 준하는 번호도 포함하며 이하 같음), 차명, 연식, 적재정량, 구조 등 피보험자동차에 관한 사항
3. 이 보험계약을 맺기 직전에 해당 피보험자동차로 가입했던 [대인배상 I] 또는 책임공제에 관한 사항
4. 피보험자의 주소, 성명, 연령 등 피보험자에 관한 사항
5. 기명피보험자와 피보험자동차 소유자가 다른 경우 소유자에 관한 사항
6. 그 밖에 보험청약서에 기재된 사항 중에서 보험료의 계산에 영향을 미치는 사항

② 보험회사는 이 보험계약을 맺은 후 보험계약자가 계약 전 알릴 의무를 위반한 사실이 확인되었을 때에는 추가보험료를 더 받고 승인하거나, 제53조(보험회사의 보험계약 해지) 제1항 제1호, 제4호에 따라 해지할 수 있습니다.

제45조(계약 후 알릴 의무)

① 보험계약자는 보험계약을 맺은 후 다음의 사실이 생긴 것을 알았을 때에는 지체 없이 보험회사에 그 사실을 알리고 승인을 받아야 합니다. 이 경우 그 사실에 따라 보험료가 변경되는 경우 보험회사는 보험료를 더 받거나 돌려주고 계약을 승인하거나, 제53조(보험회사의 보험계약 해지) 제1항 제2호, 제4호에 따라 해지할 수 있습니다.

1. 용도, 차종, 등록번호, 적재정량, 구조 등 피보험자동차에 관한 사항이 변경된 사실
2. 피보험자동차에 화약류, 고압가스, 폭발물, 인화물 등 위험물을 싣게 된 사실
3. 그 밖에 위험이 뚜렷이 증가하는 사실이나 적용할 보험료에 차이가 발생한 사실

② 보험계약자는 보험증권에 기재된 주소 또는 연락처가 변경된 때에는 지체 없이 보험회사에 알려야 합니다. 보험계약자가 이를 알리지 않으면 보험회사가 알고 있는 최근의 주소로 알리게 되므로 불이익을 당할 수 있습니다.

제46조(사고발생 시 의무)

① 보험계약자 또는 피보험자는 사고가 생긴 것을 알았을 때에는 다음의 사항을 이행하여야 합니다.

1. 지체 없이 손해의 방지와 경감에 힘쓰고, 다른 사람으로부터 손해배상을 받을 수 있는 권리가 있는 경우에는 그 권리(공동불법행위에서 연대채무자 상호간의 구상권을 포함하며 이하 같음)의 보전과 행사에 필요한 절차를 밟아야 합니다.

2. 다음 사항을 보험회사에 지체 없이 알려야 합니다.
   가. 사고가 발생한 때, 곳, 상황 및 손해의 정도
   나. 피해자 및 가해자의 성명, 주소, 전화번호
   다. 사고에 대한 증인이 있을 때에는 그의 성명, 주소, 전화번호
   라. 손해배상의 청구를 받은 때에는 그 내용
3. 손해배상의 청구를 받은 경우에는 미리 보험회사의 동의 없이 그 전부 또는 일부를 합의하여서는 안 됩니다. 그러나 피해자의 응급치료, 호송 그 밖의 긴급조치는 보험회사의 동의가 필요하지 않습니다.
4. 손해배상청구의 소송을 제기하려고 할 때 또는 제기당한 때에는 지체 없이 보험회사에 알려야 합니다.
5. 피보험자동차를 도난당하였을 때에는 지체 없이 그 사실을 경찰관서에 신고하여야 합니다.
6. 보험회사가 사고를 증명하는 서류 등 꼭 필요하다고 인정하는 자료를 요구한 경우에는 지체 없이 이를 제출하여야 하며, 또한 보험회사가 사고에 관해 조사하는 데 협력하여야 합니다.

② 보험회사는 보험계약자 또는 피보험자가 정당한 이유 없이 제1항에서 정한 사항을 이행하지 않은 경우 그로 인하여 늘어난 손해액이나 회복할 수 있었을 금액을 보험금에서 공제하거나 지급하지 않습니다.

2. 도난보험(burglary insurance)

계약에 정해진 수용장소에 수용되어 있는 동산의 도난(불법침입자, 절도, 강도에 의하여 생긴 도취(盜取), 훼손 또는 오손(汚損)에 의한 손해)에 대해서 보험금을 지급하는 보험으로서 보험의 목적은 가재, 일용품, 집기비품, 의류 등 주택 내의 물건과 회사, 공장, 영업소의 상품, 원재료, 제품과 집기비품 등뿐만 아니라 도난품의 회수에 소요되는 비용도 손해액으로 간주되어 보상된다. 특약에 따라 귀금속, 현금, 서화, 골동품 등을 담보할 수 있다. 그러나 소매치기, 좀도둑, 분실과 망실은 면책이 되며 화재현장에서의 도난, 일정기간(통상 72시간) 이상 부재 중에 생긴 도난, 지정장소 이외에서 발생한 도난 등은 담보되지 않는다.[06] 각종 종합보험(주택상공종합보험, 장기종합보험, 동산종합보험)에서도 도난리스크는 담보되지만, 이 보험은 도난리스크만을 담보한다는 특색이 있다.

---

06 한국보험학회편(1997), '保險辭典', p.214.

3. 동물보험(animal insurance)

동물을 보험의 목적으로 하는 보험으로서 피보험자가 사육 또는 관리하는 가축, 경주마, 또는 애완동물 등의 사망으로 인하여 입은 손해를 보상하여 준다. 우리나라의 경우 마장마술(馬場馬術)을 하는 경기마 또는 경주마와 농촌의 가축, 동물원에서 사육되는 동물 등이 보험의 대상이었다. 그러나 독신가정의 증가와 고령화사회로의 급속한 진행과 함께 2013년 1월에 시행된 반려동물 등록제에 따라서 애완동물에 대한 질병과 관리차원에서 애완동물보험에 대한 관심이 증가하면서 대부분의 국내 보험회사에서는 자기부담금 및 배상, 상해 및 질병치료비 보상금액, 수술 및 입원 그리고 건강검진 등의 연회비 등에 차이가 있으나 개와 고양이에게 적용되는 애완동물보험관련 상품을 출시 · 시판하고 있다.

4. 유리보험(glass insurance)

보험의 목적물인 유리가 화재, 폭발, 지진, 홍수, 전쟁, 폭동, 내란, 동맹파업 등의 비상사태 이외의 우연한 사고로 파손된 경우 이를 보상하는 보험으로서 진열장의 유리, 대형유리, 유리벽, 건물의 상용에 쓰이는 후판(厚板)유리 또는 장식용 색채유리, 이 · 미용실의 유리 등 각종 유리가 보험목적물이 된다. 보험가입금액은 유리 자체의 가격에다 별도로 명시된 부착비용을 합산하여 산출하는 데 미국에서 발달한 보험이다.

5. 원자력보험(nuclear risks insurance)

원자력시설 자체와 사무실, 연구실, 터빈시설 등에서 일어난 원자력사고와 그 밖의 사고로 말미암아 입은 물적 손해를 담보하는 원자력재산보험, 원자로의 가동에서 일어날 수 있는 배상책임을 대상으로 하는 원자력손해배상책임보험, 그리고 핵연료 등의 운송 중에 발생할 수 있는 배상책임관계를 담보하는 배상손해 및 원자력선의 운항자가 부담하는 배상손해를 보상하는 원자력운송배상책임보험 등을 총칭하여 원자력보험이라 한다.

원자력 사고는 재산손해, 배상책임손해 모두가 방대한 것이 될 가능성이 있는 반면, 대상이 되는 시설의 수가 한정되어 보험인수의 기초가 되는 대수의 법칙이 적용되기 어렵기 때문에 단일보험회사의 인수가 어려워 보험업계의 인수능력을 최대한으로 활용할 필요가 있고 또한 각국 간의 재보험교환에서도 pool단위로 교환하도록 국제회의에서 결의됨으로써 각국마다 다수의 보험회사에 의한 공동인수기구로서 pool을 조직하고 있다. 국내 보험회사들도 간사보험회사인 코리안리를 중심으로 서울보증보험과 9개의 손해보험회사가 원자력pool을 구성하여 국내에서 발생하는 원자력관련 리스크를 공동인수하고 관리소홀 등의 인재에 의한 원전사고가 발생할 경우 각각의 리스크를 분담하여 보장하고 있다. 2012년 일본대지진에 의한 후쿠시마원전사고가 인재의 보험담보가 아닌 자연재해로 인한 보험면책사항으로 알려진 가운데 국내서도 원자력보험에 대한 관심이 증폭되고 있는 반면 손해보험업계가 구성 · 운영 중인 '원자력보험pool'의 실효성에 대한 문제가 대두되고 있다.

6. 부동산권리보험(title insurance)

문서위조, 사기, 선순위 담보권 등 부동산권리의 하자로 인하여 피보험자인 부동산의 매수인 또는 담보권리자가 완전한 권리의 취득 및 행사에 지장을 받음으로써 발생하는 손해를 보상하는 보험상품으로서 미국이나 유럽에서는 일반화되어 있으나 국내에는 2001년에 도입되었다. 부동산거래당사자뿐만 아니라 부동산을 담보로 하여 대출을 하는 금융기관에서도 널리 사용되는 데 필수적인 대출서류 중의 하나이며 이를 근거로 하여 대출채권의 유통이 가능하여 미국의 부동산저당채권시장이 급속도로 성장하기도 하였다. 위조, 사기, 선순위담보권 등 등기부로 발견할 수 없는 잠재적 리스크로 인해 피보험자의 부동산권리에 하자가 생길 때 이를 보상하여 주고 부동산권리에 대한 하자 또는 상실, 보험계약체결 당시 그 부동산에 존재하는 우선 특권의 실행으로 인한 손해를 배상하여주는 부동산권리보험을 통하여 부동산거래의 안정성을 제고하고 저당권의 유통성을 높이며 신용을 창출하는 기능을 제고할 수 있다. 부동산권리보험의 종류에는 소유권, 저당권 그리고 임차권 등 세 가지 형태의 상품이 있다.

제3절 배상책임보험

특정인 또는 불특정의 제3자의 신체 또는 재산에 손해를 입혀 법률상의 배상책임[07]을 부담함으로써 입는 손해를 담보하는 보험을 총칭한다. 보상하는 손해의 범위는 피해자에게 지급한 손해배상금뿐만 아니라 보험자의 승인을 얻어 지출한 각종 비용도 포함되며 법률상의 배상책임 외에 당사자 간의 특약에 의한 계약상의 배상책임(contractual liability)을 담보할 수 있다.

배상책임보험의 보상하는 손해와 보상하지 않는 손해에 대하여 표준약관[08]에는 다음과 같이 나와 있다.

제**10**조(보상하는 손해)

회사는 피보험자가 보험증권(보험가입증서)상의 보장지역 내에서 보험기간 중에 발생된 보험사고로 인하여 피해자에게 법률상의 배상책임을 부담함으로써 입은 아래의 손해를 이 약관에 따라 보상하여 드립니다.

1. 피보험자가 피해자에게 지급할 책임을 지는 법률상의 손해배상금
2. 계약자 또는 피보험자가 지출한 아래의 비용
   가. 피보험자가 제23조(손해방지의무)제1항 제1호의 손해의 방지 또는 경감을 위하여 지출한필요 또는 유익하였던 비용
   나. 피보험자가 제23조(손해방지의무)제1항 제2호의 조치를 취하기 위하여 지출한 필요 또는 유익하였던 비용
   다. 피보험자가 지급한 소송비용, 변호사비용, 중재, 화해 또는 조정에 관한 비용
   라. 보험증권(보험가입증서)상의 보상한도액 내의 금액에 대한 공탁보증보험료. 그러나 회사는 그러한 보증을 제공할 책임은 부담하지 아니합니다.
   마. 피보험자가 제24조(손해배상청구에 대한 회사의 해결)제2항 및 제3항의 회사의 요구에 따르기 위하여 지출한 비용

제**11**조(보상하지 아니하는 손해)

회사는 아래의 사유로 인한 손해는 보상하여 드리지 아니합니다.

1. 계약자, 피보험자(법인인 경우에는 그 이사 또는 법인의 업무를 집행하는 그 밖의 기관) 또는 이들의 법정대리인의 고의로 생긴 손해에 대한 배상책임
2. 전쟁, 혁명, 내란, 사변, 테러, 폭동, 소요, 노동쟁의 기타 이들과 유사한 사태로 생긴 손해에 대한 배상책임
3. 지진, 분화, 홍수, 해일 또는 이와 비슷한 천재지변으로 생긴 손해에 대한 배상책임

---

07 일반 불법행위는 물론 채무불이행, 수탁, 운송 등에 관한 일반법과 특별법의 관계법규에 따른 모든 법률관계상의 손해와 책임을 의미한다.

08 금융감독원(www.fss.or.kr) > 업무자료 > 보험업무 > 보험약관
(개정 2010.3.29, 2011.1.19, 2011.6.29)

4. 피보험자가 소유, 사용 또는 관리하는 재물이 손해를 입었을 경우에 그 재물에 대하여 정당한 권리를 가진 사람에게 부담하는 손해에 대한 배상책임
5. 피보험자와 타인 간에 손해배상에 관한 약정이 있는 경우, 그 약정에 의하여 가중된 배상책임
6. 연료물질(사용된 연료를 포함합니다. 이하 같습니다) 또는 핵연료물질에 의하여 오염된 물질(원자핵 분열 생성물을 포함합니다)의 방사성, 폭발성 그 밖의 유해한 특성 또는 이들의 특성에 의한 사고로 생긴 손해에 대한 배상책임
7. 위 제6호 이외의 방사선을 쬐는 것 또는 방사능 오염으로 인한 손해
8. 티끌, 먼지, 석면, 분진 또는 소음으로 생긴 손해에 대한 배상책임
9. 전자파, 전자장(EMF)으로 생긴 손해에 대한 배상책임
10. 벌과금 및 징벌적 손해에 대한 배상책임

제**23**조(손해방지의무)

① 보험사고가 생긴 때에는 계약자 또는 피보험자는 아래의 사항을 이행하여야 합니다.

1. 손해의 방지 또는 경감을 위하여 노력하는 일(피해자에 대한 응급처치, 긴급호송 또는 그 밖의 긴급조치를 포함합니다)
2. 제3자로부터 손해의 배상을 받을 수 있는 경우에는 그 권리를 지키거나 행사하기 위한 필요한 조치를 취하는 일
3. 손해배상책임의 전부 또는 일부에 관하여 지급(변제), 승인 또는 화해를 하거나 소송, 중재 또는 조정을 제기하거나 신청하고자 할 경우에는 미리 회사의 동의를 받는 일

② 계약자 또는 피보험자가 정당한 이유 없이 제1항의 의무를 이행하지 아니하였을 때에는 제10조(보상하는 손해)에 의한 손해에서 다음의 금액을 뺍니다.

1. 제1항 제1호의 경우에는 그 노력을 하였더라면 손해를 방지 또는 경감할 수 있었던 금액
2. 제1항 제2호의 경우에는 제3자로부터 손해의 배상을 받을 수 있었던 금액
3. 제1항 제3호의 경우에는 소송비용(중재 또는 조정에 관한 비용 포함) 및 변호사비용과 회사의 동의를 받지 아니한 행위에 의하여 증가된 손해

배상책임보험에는 개인배상(personal liability), 영업배상(business liability) 등의 일반배상책임(general liability)보험과 전문직업인배상책임(professional liability)보험 그리고 생산물배상책임(product liability)보험 등이 있다.

1. 개인배상책임보험

개인이 일상생활을 하는 과정에서 남에게 신체의 장애(障碍) 또는 재물의 손괴(損壞)를 입히는 수가 있는데, 이러한 것에 기인해서 법률상의 손해배상책임을 부담함으로 말미암아 입는 손해를 담보하는 보험을 말한다. 개인, 사냥, 골프, 테니스 등의 각 배상책임보험이 이에 해당된다. 개인의 권리의식이 높아짐에 따라 일상생활 가운데에서도 손해배상 문제가 늘어나고 있어서 이 보험의 필요성이 증대되고 있다. 그 가운데에는 개인에 관계되는 법률상의 배상책임 외에 계약상의 배상책임뿐만 아니라 골프나 테니스 등의 스포츠리스크(자동차에 관한 리스크는 면책)도 포함해서 한꺼번에 포괄적으로 담보하는 개인포괄배상책임(comprehensive personal liability)보험도 있다.

2. 영업배상책임보험

피보험자가 소유, 사용, 관리하는 건물 기타의 시설 또는 그 시설의 목적에 따라 또는 부수적으로 행하는 업무활동에 기인하여 생긴 사고로 인하여 제3자에게 발생한 배상책임을 담보하는 책임보험을 총칭한다. 예를 들어, 빼곡하게 차가 세워져 있는 주차장에서 주차를 하거나 주차되어 있던 차를 이동할 때 가벼운 접촉사고의 위험이 크고 혹은 주차장에 세워 둔 차에 파손이 생긴 경우도 있다. 이런 상황과 같이 피보험자가 소유, 사용, 관리하는 주차시설 및 그 시설의 용도에 따른 주차업무의 수행으로 생긴 우연한 사고로 주차를 목적으로 수탁받은 차량에 재물손해를 입히거나 기타 제3자에게 신체의 장해나 재물손해를 입혀서 법률상의 배상책임을 부담함으로써 입은 손해를 보상하는 것이 영업배상책임보험이다. 이와 같이 사업과 관련한 각종 리스크를 보험회사에 전가함으로써 영업의 안전을 유지함과 동시에 사업주, 그의 대리인 및 피해자인 제3자의 이해관계를 조정하여 합리적인 분쟁해결에 도움을 주는 보험상품이다.

3. 전문직업인배상책임보험

사회의 고도화 · 분업화에 따라 전문성을 요구하는 분야들이 늘어남과 동시에 소비자보호의식의 향상으로 전문직에 종사하는 개인이나 기관은 그들이 제공하는 전문성의 성격상 고도의 주의의무를 요구받고 있으며 부주의, 과실행위가 있을 경우 이해당사자로부터 소송제기와 더불어 청구금액의 고액화 가능성이 매우 크다고 하겠다. 이에 손해배상청구로 인한 재정적 리스크를 회피하기 위한 수단으로 일반적인 업무행위와 관련하여 발생하는 타인에 대한 물리적 피해를 보상하는 영업배상책임보험과는 별도로 전문직업인배상책임보험을 활용하여 공인회계사, 변호사, 의사 등 전문적인 업무지식과 기술 또는 기능을 가지고 업무를 제공하는 피보험자가 업무수행의 과정에서 부주의, 태만, 실수 등 주의(注意)의무를 다하지 못함으로써 의뢰인, 기타의 제3자에게 신체장애나 유 · 무형의 재산손해를 입힘으로써 부담하여야 하는 민사상의 배상책임을 담보한다. 보상하는 손해의 범위는 소송 시 확정된 법률상 손해배상금, 소송 전 합의 시 합의금 그리고 보험회사의 동의하에 지급된 변호사비용, 소송비용과 중재, 화해, 조정에 관한 비용 등의 법률비용이다. 반면에 피보험자의 고의로 인한 손해, 벌과금 및 징벌적 손해에 대한 배상책임손해, 그리고 피보험자에 의해 행해진 중상, 비방 및 명예훼손으로 인한 배상책임은 보상하지 않는다.

4. 생산물배상책임보험

제조물[09] 위험이 증가하고 소비자보호와 기업책임에 대한 요구가 강화되면서 1982년 이후 수차례 제조물배상책임법, 일명 PL(Product Liability)법 제정논의가 있었으나 세계적으로 PL법 도입이 확산된 1994년경부터 국내도입을 본격적으로 검토하기 시작하여 2000년 1월 12일에 PL법을 제정하였고 도입논의가 시작된 이래 20년만인 2002년 7월 1일부터 시행하였다. 따라서 제작 · 유통한 제조물에 대해 안전을 보장하고 제조물결함[10]으로 인한 사고에 대해 책임을 져야 하는 기업의 입장에서 제조물책임[11]에 대한 대책은 무엇보다도 결함이 없는 안전한 제품을 만드는 것이지만 아무리 제조물책임에 따른 사고를 방지하기 위하여 노력

09 제조물이란 공산품(완제품, 부품, 원재료)을 의미하며 분양(임대)된 주택이나 아파트 등을 제외한 가공하지 아니한 부동산, 농수산물은 제외한다. 형체가 없는 소프트웨어는 PL법에서 제외되지만 소프트웨어가 설치된 디스크, IC, 기타 기계제품의 사고원인이 소프트웨어의 결함으로 판명될 경우 PL법의 적용을 받는다.

10 제조물결함에 대한 법적 정의
- 제조물자체: 제품을 개발하는 단계에서 안전하지 못하게 설계하여 생긴 설계상 결함과 제조하는 과정에서 발생하는 제조상 불량으로 원자재불량과 제조과정상의 불량으로 구분된다.
- 경고 · 표시상: 제품사용에 대한 안내를 제대로 하지 못했거나 사고발생 가능성에 대해 경고를 하지 않은 것을 결함으로 본다.

11 PL법(제7조)에 의한 손해배상의 청구권은 피해자가 손해 및 가해자를 안 날로부터 3년, 제조업자가 제품을 공급한 날로부터 10년이 지나면 책임이 소멸된다.

하더라도 한 번의 사고발생이나 손해배상금, 소송비용 등의 막대한 비용이 소요되는 소송에서의 패소가 기업운명을 좌우할 수 있기 때문에 제조물책임에 대한 사전(事前) 및 사후(事後)적 대책수립과 아울러 배상책임에 따른 재정적 리스크를 전가할 수 있는 수단을 검토하여야 한다.

PL법이 시행된 이래 제조물책임에 따른 기업의 리스크를 효과적으로 전가시킬 수 있는 방법 중의 하나가 바로 생산물배상책임보험으로서 완성품제조자, 원재료 · 부품의 제조자, 주문자상표(OEM)부착 제조자, 표시 제조자, 수입업자, 제조물의 공급자 등의 피보험자가 제조, 판매, 또는 제공한 생산물 자체를 담보하는 것이 아니라 제조물결함으로 인한 사고로 소비자 및 제3자가 입은 신체장애 또는 재물손해를 담보하는 손해배상책임보험이다. 보상하는 손해로는 피보험자의 법률상 대인/대물손해배상금과 피보험자가 지출한 손해방지비용, 소송비용, 공탁보증보험료, 보험회사의 요구에 따라 소송이나 사고조사를 위해 협력하여 실행하는 데 소요된 협력비용 등의 기타비용이다. 그러나 생산물 자체의 손해에 대한 배상책임, 결함이 있는 생산물의 회수, 검사, 수리 또는 대체하는 데 소모되는 비용에 대한 배상책임, 생산물에 의한 수질, 토지, 대기 등의 환경오염에 대한 배상책임, 벌과금 및 징벌적 손해에 대한 배상책임은 면책이 된다.

제4절 보증보험

보증보험은 각종 거래행위에서 발생하는 신용위험을 감소시키기 위하여 보험에서 취급하는 보증제도이다. 보증의 대상이 되는 주계약의 채권자와 채무자가 보험계약의 당사자가 되며, 보증계약의 특성상 고의 · 과실로 인하여 발생한 손해도 보상한다는 측면에서 다른 손해보험과 차이가 있다. 각종 상거래에서 발생하는 신용위험과 고의손해를 보상하는 특성으로 인해 경기변동에 따라 거대위험에 노출되는 특징이 있으므로 민간 보증보험회사보다는 공적 보증회사들(신용보증기금, 무역보험공사, 주택도시보증공사, 주택금융공사 등)과 보증공제조합들이 다양한 형태로 시장에 참여하고 있다. 보증보험상품은 보증의 대상이 되는 주계약의 유형에 따라 신원보증, 이행보증, 주택보증, 대출보증, 매출채권보증, 법령성보증 등으로 구분되며, 각 부문별 보증보험상품은 다음과 같다.

1. 신원보증

1) 신원보증보험(Fidelity)

취업으로 신원보증이 필요한 직장인을 위하여 인보증을 대체하는 상품이다. 신원보증보험은 직원(피보증인)이 고용주(피보험자)를 위하여 사무를 처리하면서 중대한 과실을 저지르거나 또는 직무상의 지위를 이용하여 범죄행위(절도, 강도, 사기, 횡령, 배임)를 한 경우 피보험자가 입게 되는 재산상의 손해를 보상한다. 아르바이트나 임시직 등 고용관계가 아니더라도 이에 준하는 일정한 관계라면 신원보증보험에 가입하여 보호받을 수 있고, 직원이 가입하여 회사에 제출하는 경우도 있으나 고용주가 소속 직원을 일괄로 가입시키는 유형이 더 일반적이다.

2) FCI(Fidelity Credit Insurance)

신원보증보험과 동일한 위험을 담보하지만 보장범위가 훨씬 광범위한 상품이다. 금융회사나 대기업 등의 경우 금융사고가 다양화 · 대형화되는 추세에 있어 소속 직원들의 횡령, 배임 등의 사고가 발생할 경우 그 손해가 매우 크다. 따라서 피보증인별로 일정 금액만을 담보하는 신원보증보험으로는 고용주의 손해를 모두 보상받을 수 없는 경우가 발생한다. FCI는 이러한 대형손해를 보장하는 상품으로 고용주가 전체 직원(피보증인)을 대상으로 가입한다. 배상책임보험의 BBB(Banker's Blanket Bond)나 DDD(Dishonesty Disappearance and Destruction)와 동일한 형태로 운용된다.

3) 신원보증인보증보험

다른 사람의 취업에 신원보증을 한 신원보증인이 입을 수 있는 손해를 보장해 주는 상품이다. 취업자가 고용주에게 입힌 손해를 신원보증인이 배상한 경우, 신원보증인이 입은 재산상의 손해를 보증보험회사가 보상한다. 취업자가 신원보증인을 위하여 보험에 가입할 수도 있고 신원보증인이 자신을 위하여 보험에 가입할 수도 있다.

2. 이행보증

공사계약, 매매계약, 도급계약 등 각종 계약과 관련하여 채무자의 채무이행을 보증하는 상품으로, 광범위한 업종에서 다양하게 사용된다. 세부 상품으로 입찰보증, 계약보증, 차액보증, 선금보증, 하자보증, 지급보증 등으로 구분 · 운용된다.

1) 이행(입찰)보증보험

이행(입찰)보증보험은 입찰에 참가하는 응찰자(채무자)가 입찰에 낙찰되었음에도 불구하고 계약을 체결하지 아니하여 발주자(채권자)가 입은 손해를 보상한다. 입찰에서 낙찰받은 응찰자가 계약을 체결하지 않을 경우 발주자는 재입찰을 통하여 낙찰자를 다시 선정하여야 할 뿐만 아니라, 정해진 일정에 맞추어 계약을 진행할 수 없어 사업상 손실을 입게 된다. 이행(입찰)보증보험은 이러한 손해를 보상한다. 응찰자 입장에서는 입찰보증금이 없더라도 이행(입찰)보증보험을 통해 응찰할 수 있는 기회를 제공받을 수 있는 장점이 있고, 발주자 입장에서는 안정적인 입찰을 진행할 수 있다는 장점이 있다.

2) 이행(계약)보증보험

이행(계약)보증보험은 수주자(채무자)가 계약에서 정한 채무를 이행하지 아니하여 발주자(채권자)가 입은 손해를 보상한다. 계약보증금은 채무자가 계약상 채무를 이행하지 않았을 때 채권자가 몰수 또는 귀속시키는 위약벌로, 수주자는 통상 계약이행을 담보하기 위하여 계약보증금을 납부할 의무가 있다. 이행(계약)보증보험은 계약보증금을 대신하여 이용되는 보증으로, 수주자 입장에서는 계약보증금을 조달하지 않더라도 계약을 체결할 수 있다는 장점이 있고, 발주자 입장에서는 채무가 불이행되더라도 보증보험회사를 믿고 계약을 진행할 수 있다는 장점이 있다.

3) 이행(차액)보증보험

이행(차액)보증보험은 입찰에 참가한 응찰자가 예정가격 미만으로 낙찰을 받아 계약을 체결한 후 계약에서 정한 채무를 이행하지 아니하여 발주자가 입은 손해를 보상한다. 발주자가 입찰에서 최저가 응찰자를 선정하는 경우 당초 예상했던 예정가격 이하로 낙찰되는 경우가 발생한다. 이때 계약보증금에 추가하여 저가 낙찰에 대한 추가납부 보증금을 요구하는 경우가 있는데, 이행(차액)보증보험은 이러한 보증금을 갈음하는 상품이다. 차액보증금은 예정가격과 낙찰금액 차액의 2배에 해당하는 금액으로 정하는 것이 일반적이며, 보증기간은 계약기간과 동일하게 적용된다. 다만, 국가계약법에서 차액보증제도가 폐지된 이후 정부발주 계약에서는 사용되지 않고 있으며, 민간계약에서만 제한적으로 이용되고 있다.

4) 이행(선금급)보증보험

이행(선금급)보증보험은 발주자가 선금(전도금)이나 자재 등을 지급한 경우에 수주자의 채무불이행이 발생하여 발주자가 입은 손해를 보상한다. 공사계약이나 제조 · 납품계약 등의 경우 발주자는 공정률이나 납품률에 따라 선금을 지급해야 하는 경우가 있다. 발주자가 선금을 지급한 후 수주자가 채무를 이행하지 아니할 경우 발주자는 선지급한 금액이나 자재를 회수하지 못할 위험에 노출되는데, 이행(선금급)보증보험은 이러한 손해를 담보하는 상품이다.

5) 이행(하자)보증보험

이행(하자)보증보험은 수주자가 계약상 채무를 이행한 후 하자담보 책임기간 내에 발생한 하자에 대하여 보완 요청을 받았음에도 불구하고 하자보수 책임을 이행하지 않은 경우에 발생한 손해를 보상한다. 수주자는 각종 계약의 준공검사 또는 납품검수 후 일정기간 동안 하자보수 책임을 부담하며, 이를 담보하기 위하여 하자보증금을 납부할 의무가 있다. 이행(하자)보증보험은 하자보증금을 대신하여 이용되는 보증으로, 수주자의 하자담보 책임기간 동안 하자보완을 보증한다.

6) 이행(지급)보증보험

이행(지급)보증보험은 도급계약, 매매계약, 임대차계약, 위임계약, 임차계약, 소비대차계약 등 다양한 계약에 수반하여 발생할 수 있는 채무불이행 보증금을 대신하여 활용되는 상품이다. 입찰보증, 계약보증, 하자보증 등과 같이 정형화되지 않은 다양한 채권채무관계를 포괄적으로 담보할 수 있다는 특징이 있다. 보장범위는 계약에서 정한 채무자의 채무 중 특정 내용을 지정하여 운영된다.

7) Surety Bond

Surety Bond(보증증권)는 우리나라에 보증보험제도가 도입된 초기 미군 군납보증에서 출발한 상품으로 이행보증보험의 영문보증 상품으로 알려져 있다. 그 종류도 이행보증보험과 유사하게 Bid Bond(입찰보증), Performance Bond(이행보증), Advance Payment Bond(선급보증), Maintenance Bond(하자보증), Counter Guarantee Bond(복보증), Refund Guarantee(선박선수금환급보증) 등으로 구분되며, 보상하는 손해도 거의 동일하다.

그러나 Surety Bond는 계약관계, 담보위험, 보상방식 등에서 이행보증보험과 차이를 보인다. 보증보험(Guarantee Insurance)은 손해의 전보를 목적으로 하는 보험계약으로, 보험회사와 채무자가 채권자를 위하여 체결하는 2자계약이다. 법률상 부종성이 인정되며 정형화된 약관에 따라 운용되고, 채권자가 손해를 입증해야 보험금을 지급받을 수 있다. 반면, Surety Bond(보증증권)는 채무 또는 의무이행 담보를 목적으로 하는 보증계약으로, 채무자와 보증인의 보증위탁계약과 채권자와 보증인의 보증계약으로 구성된 3자계약이다. 일반적으로 부종성이 인정되나 보증에 따라서는 인정되지 않는 경우도 있으며, 보증증권에 기재된 보증문언에 따라서 보장범위가 변경된다. 또한 보험금 지급시 손해의 입증책임이 보증회사에 있는 경우도 있다.

Surety Bond는 주로 해외 채권자와의 거래나 수출계약의 하도급계약, 또는 국내에서 사업을 영위하는 외국계 기업과의 거래 등에서 사용된다. 보증보험회사와 무역보험공사, 보증공제조합은 Surety Bond 형태로 해외보증을 취급하는 반면, 은행의 경우 지급보증(Bank Guarantee) 또는 보증신용장(Standby L/C) 형태로 해외보증을 취급하고 있다.

3. 주택보증

주택보증은 크게 주택공급자에 대한 보증과 주택수요자에 대한 보증으로 구분된다. 주택공급자에 대한 보증은 주택 건설과 관련된 보증으로 분양보증, 부동산PF보증, 주택하자보증 등으로 세분되며, 주택수요자에 대한 보증은 중도금대출보증, 모기지보험, 주택임차자금보증, 전세금반환보증, 기타 주택관리보증 등으로 세분하여 볼 수 있다.

1) 분양보증보험

분양사업자(채무자)가 분양계약에서 정한 채무를 이행하지 아니하여 수분양자(채권자)가 입은 손해를 보상한다. 우리나라의 주택형태는 집합건물(아파트)이 일반적이며, 집합건물에서 주택공급 형태는 선분양제도를 기본으로 하고 있다. 선분양제도하에서 수분양자(주택구매자)는 주택가격을 미리 지급(계약금 및 중도금)하고 주택이 완공되면 사후에 주택을 인도받게 된다. 분양사업자가 분양계약을 이행하지 못하여 주택을 준공하지 못할 경우 수분양자는 주택을 인도받지 못할 뿐만 아니라 선지급한 분양대금도 회수할 수 없게 되는데, 이를 담보하는 상품이 분양보증보험이다. 집합건물 분양보증보험은 주택도시보증공사(HUG)가 독점적으로 사업을 영위하고 있으며, 상가와 오피스텔에 대한 분양보증보험은 보증보험회사와 보증공제조합이 사업을 영위하고 있다.

2) 부동산PF보증보험

부동산PF(Project Financing)계약에서 시행사(채무자)가 PF 대출계약상 대출원리금 상환의무를 이행하지 아니하여 금융회사(채권자)가 입은 손해를 보상한다. 아파트 등 대형공사를 추진하기 위해서는 사업 초기 토지구입비용 등 대규모 사업자금 조달이 요구되며, 이들 자금은 통상 PF 형태로 금융회사 대주단이 제공하는 것이 일반적이다. 시행사의 경우 업력이 짧거나 자산규모가 적은 경우가 많아 금융회사에 제공할 수 있는 담보여력이 부족하며, 금융회사는 시행사를 믿고 대출투자를 하기 어려운 경우가 많다. 부동산PF보증보험은 사업성 분석을 통해 시행사를 보증함으로써 금융회사가 대출투자를 할 수 있도록 도와준다. 주택건설의 경우 주택도시보증공사가, 일반건설의 경우 보증공제조합이 사업을 영위하고 있다.

3) 주택하자보증보험

주택사업자(분양사업자)가 주택을 건설하여 분양한 후 하자담보 책임기간 내에 발생한 주택하자에 대하여 하자보수 요청을 받았음에도 불구하고 하자보수 책임을 이행하지 않은 경우에 발생한 손해를 보상한다. 선분양제도하에서는 분양공고시 주택가격이 이미 확정되어 있으므로 건설사 입장에서는 낮은 가격으로 시공하는 것이 이익이 된다. 따라서 부실시공에 대한 논란이 끊이지 않게 되는데, 정부는 주택수요자를 보호하기 위해서 법으로 주택하자 항목별로 하자보수 책임을 명시하고 있다. 주택하자보증보험은 주택사업자가 하자보수 의무를 다하지 아니한 경우에 주택수요자를 보호해 주는 상품이다.

4) 중도금대출보증보험

아파트 수분양자(채무자)가 중도금을 대출받고 대출원리금을 상환하지 아니하여 금융회사(채권자)가 입은 손해를 보상한다. 아파트를 분양받은 수분양자들은 아파트 건설기간 동안 4~5회에 걸쳐 중도금을 납부하게 되는데, 중도금을 납부할 여력이 부족한 경우에는 금융회사의 대출을 이용하게 된다. 그러나 건설 중인 아파트의 경우 미등기건물이므로 금융회사들은 담보권을 설정할 수 없어 대출을 시행하기가 곤란하다. 이 경우 보증회사가 수분양자의 대출원리금 상환을 보증함으로써 대출이 시행될 수 있도록 한다. 중도금대출보증보험은 주택도시보증공사와 주택금융공사가 사업을 영위하고 있다.

5) 모기지보험

주택소유자(채무자)가 주택담보대출을 받은 후 대출원리금을 상환하지 아니하여 금융회사(채권자)가 입은 손해를 보상한다. 은행은 주택담보대출시 LTV(Loan To Value)에 따라 대출가능금액을 산정하며, 소액임차보증금에 해당하는 금액은 대출금에서 차감한 후 대출한다. 주택소유자 입장에서는 소액임차보증금을 차감하지 않고 대출을 더 받고자 하는 수요가 발생할 수 있는데, MCI(Mortgage Credit Insurance)나 MCG(Mortgage Credit Guarantee)에 가입함으로써 대출금을 늘릴 수 있다. 한편, 정부에서 정한 LTV 초과분에 대한 대출을 추가로 받고자 할 경우 MI(Mortgage Insurance)에 가입함으로써 LTV 초과분에 대하여도 대출을 받을 수 있는데, 최근 가계부채 우려가 확산되면서 이용도가 높지는 않다.

6) 역모기지보험

주택소유자가 역모기지(Reverse Mortgage) 대출계약에서 정한 채무를 이행하지 아니하여 금융회사가 입은 손해를 보상한다. 역모기지 대출계약은 주택은 소유하고 있으나 생활자금이 필요한 고령자에게 주택을 담보로 연금을 지급하는 제도로, 대출기간에 따라 종신형 역모기지와 만기확정형 역모기지로 구분된다. 우리나라의 경우 종신형 역모기지는 주택금융공사에서 전담하여 운영하고 있고, 만기확정형 역모기지는 이용도가 높지 않다.

7) 전세금대출보증보험

전세로 주택임대차계약을 체결한 임차인(채무자)이 전세금대출을 받은 후 대출원리금을 상환하지 아니하여 금융회사(채권자)가 입은 손해를 보상한다. 전세금은 임차인 입장에서는 자산이 되지만 부동산과 같이 담보권을 설정할 수 있는 자산은 아니다. 금융회사 입장에서는 주택담보대출은 부동산에 담보권을 설정할 수 있으므로 대출이 용이한 반면, 전세금대출은 담보권 설정이 어려워 쉽게 대출하기 어렵다. 전세금대출보증보험은 임차인 입장에서는 전세금 부족분을 대출을 통해서 충당할 수 있도록 지원하고, 금융회사 입장에서는 보증보험회사의 보증을 담보로 대출을 실행할 수 있도록 지원한다.

8) 전세금보장신용보험

전세로 주택임대차계약을 체결한 임차인(채권자)이 임대차계약이 종료되었음에도 불구하고 임대인(채무자)으로부터 임차보증금을 반환받지 못하여 입은 손해를 보상한다. 전세계약의 임차인은 전세기간이 종료되더라도 후속 임차인을 확보하지 못한 경우 임차보증금을 반환받지 못하는 경우가 발생하며, 이로 인해 주거이전을 하지 못하는 경우가 발생할 수 있다. 전세금보장신용보험은 전세금 반환을 담보함으로써 임차인의 전세금을 보호하는 한편, 적시에 주거이전이 이루어질 수 있도록 보장하는 상품이다.

9) 공공임대주택보증보험

민간에서 건설한 공공임대주택의 임대사업자(채무자)가 임대보증금을 반환하지 아니하여 임차인(채권자)이 입은 손해를 보상한다. 민간건설 공공임대주택은 민간기업이 국민주택기금이나 공공택지를 지원받아 공공임대주택을 건설하는 경우, 법령상 임대의무 기간 동안 해당 주택을 임대한 후 분양전환하는 주택을 말한다. 임대사업자는 임차인에 대한 임차보증금 반환채무를 부담하게 되는데, 공공임대주택보증보험은 이러한 채무를 담보하는 상품이다.

4. 대출보증

1) 개인대출보증보험

개인(채무자)이 금융회사(채권자)로부터 대출받은 대출원리금을 상환하지 아니하여 금융회사가 입은 손해를 보상한다. 대출방식이나 대출기관, 보험계약 체결방식 등에 따라 소액대출보증보험, 생활안정자금보증보험, 개인금융신용보험, 오토론신용보험 등으로 구분된다.[12]

소액대출보증보험은 개인이 은행이나 보험회사 등으로부터 대출받은 대출원리금을 상환하지 아니하여 금융회사가 입은 손해를 보상한다. 소액대출보증보험은 1988년에 최초 출시된 개인신용대출 보증상품으로, 당시 주택담보대출 이외에는 대출을 받을 수 없었던 개인들에게 신용대출을 제공할 수 있는 계기를 마련해 준 상품이다. 소액대출보증보험 이후 우리나라에는 개인신용평가(Credit Scoring System: CSS) 방식이 도입되었으며, 1990년대 후반까지 개인대출 상품의 중요한 수단으로 역할을 했다. 2000년대 이후에는 은행의 개인신용평가시스템이 자리를 잡으면서 금융회사들이 보증서 없이 신용대출을 취급하게 됨에 따라 시장에서 점차 사라지고 있다.

생활안정자금보증보험은 기업이 임직원들에게 생활안정자금을 대출한 후 임직원들이 대출원리금을 상환하지 아니하여 기업이 입은 손해를 보상한다. 기업들은 임직원들의 생활안정과 복리증진 측면에서 일정 금액의 신용대출을 제공한다. 이러한 대출은 기업이 직접 제공하는 방식도 있고 직장조합, 직장내 새마을금고, 협동조합 등에서 제공하는 방식도 있으며, 기업의 임직원을 대상으로 금융회사와 협약을 체결하여 대출하는 방식도 있다. 생활안정자금보증보험은 다양한 방식의 임직원 대출을 보증함으로써 구성원들이 신용대출을 받을 수 있도록 지원하는 상품이다.

---

12 주택구입자금대출, 주택임차자금대출 등 주택과 관련된 개인금융보증은 주택보증 참조

개인금융신용보험은 개인대출을 취급하는 금융회사가 대출원리금을 회수하지 못하여 입은 손해를 보상한다. 대출금융회사가 자신이 입을 수도 있는 손해를 담보받기 위하여 가입하는 상품으로 다양한 개인대출상품에 적용될 수 있다. 보증보험회사는 금융회사와 대출대상, 대출기간, 대출금액 등을 사전에 협약으로 정하고, 운용실적에 따라 대출조건을 조정하거나 보험료를 증감시켜 상품을 안정화시킨다. 대출을 받는 개인들은 보증서를 개별적으로 발급받는 불편을 없앨 수 있고, 대출금융회사는 특정 채무자 집단 전체를 보험에 가입시킴으로써 보다 효율적으로 리스크 관리를 할 수 있는 장점이 있다.

오토론신용보험은 자동차 구매자금 대출 금융회사가 대출원리금을 회수하지 못하여 입은 손해를 보상한다. 개인금융신용보험의 일종인 오토론신용보험은 은행의 자동차 할부금융을 보증하는 상품이다. 자동차 할부금융은 1970년대 후반 할부판매보증보험을 통해 국내에 도입되었다. 보증보험회사의 보증서를 담보로 금융회사가 대출을 시행하다가 1990년대 중반부터 할부금융 전업사가 생겨나면서 2000년대 중반까지는 할부금융사를 중심으로 사업이 영위되었다. 최근 은행권에서 고신용자를 대상으로 저금리 자동차 할부금융 상품을 출시하면서 시장수요가 확대되는 추세에 있다.

2) 기업금융보증보험

기업 등(채무자)이 금전소비대차계약상 대출원리금을 상환하지 아니하여 금융회사 등(채권자)이 입은 손해를 보상한다. 기업들은 사업활동을 하면서 운전자금, 시설자금 등에 대한 대출을 필요로 하지만 담보력이 부족한 경우 금융회사의 대출을 이용하기 곤란하다. 기업금융보증보험은 담보력이 부족한 기업들에게 보증을 제공함으로써 금융회사 대출이 이루어질 수 있도록 지원한다. 기업들은 보증을 통해 대출에 대한 담보를 제공할 수 있고, 금융회사는 보증서를 담보로 대출을 시행할 수 있게 된다.

또한 대기업들이 협력기업이나 자사 대리점에 대하여 대출지원을 하는 경우나, 정부나 공공기관이 정책목적상 기금 또는 자금을 지원하는 경우에도 담보제공이 요구된다. 이 경우에도 기업금융보증보험을 통해서 협력자금 지원이나 정책자금 대출을 받을 수 있다. 통상 기업들에 대한 금융회사의 대출보증은 공적 보증기관인 신용보증기금과 기술신용보증기금이 주로 담당하고 있으며, 보증보험회사와 보증공제조합이 협력기업 대출과 정책자금 등에 대한 대출보증을 일부 담당하고 있다.

3) ABS보증보험

자산유동화를 통한 자금조달에서 ABS(Asset Backed Securities) 발행자(채무자)가 원리금 상환채무를 이행하지 아니하여 투자자(채권자)가 입은 손해를 보상한다. 기업들은 현금성 자산이 필요한 경우 매출채권이나 분양대금 등 비현금성 자산을 ABS 방식으로 유동화하여 자금을 조달하게 된다. 유동화 대상 자산의 신뢰도가 높은 경우에는 우량한 금리조건으로 쉽게 유동화할 수 있지만, 자산의 신뢰도가 낮거나 위험이 높은 경우에는 자산유동화가 용이하게 이루어지지 않는다. 이 경우 투자자들은 ABS에 대한 투자원리금 반환에 대한 담보를 요구하게 되는데, ABS보증보험은 이러한 위험을 보장함으로써 금융시장의 원활한 유통을 지원한다.

5. 매출채권보증

1) 이행(상품판매대금)보증보험

계속거래계약에서 물품의 외상구매자(채무자)가 결제기일에 물품대금을 상환하지 아니하여 외상판매자(채권자)가 입은 손해를 보상한다. 매매계약에서 물품의 구매와 판매는 현금으로 이루어지는 경우도 있지만, 계속거래계약에서는 일정기간 동안 외상으로 물품을 제공하고 결제하는 거래가 빈번하게 발생한다. 외상물품은 판매와 동시에 현금화될 수 있는 자산이므로 판매자 입장에서는 외상으로 제공한 물품에 대한 대금미회수 위험에 노출되므로 구매자에게 담보를 요구하게 되는데, 통상 부동산이나 현금 또는 예금 등이 담보로 제공된다. 그러나 구매자가 이러한 담보를 제공할 수 없거나, 판매자가 효율적인 담보관리를 필요로 하는 경우에 은행의 지급보증서나 이행(상품판매대금)보증보험을 요구하게 되는데, 이행(상품판매대금)보증보험은 이러한 위험을 담보함으로써 구매자의 신용위험을 보장한다.

2) 매출채권신용보험

이행(상품판매대금)보증보험이 구매자(채무자)가 판매자(채권자)를 위하여 가입하는 외상매출채권 담보상품이라면, 매출채권신용보험은 판매자가 자신을 위하여 가입하는 외상매출채권 보장상품이다. 이행(상품판매대금)보증보험은 구매자 입장에서 볼 때 구매처(판매자)별로 보증서를 발급받아 제출해야 하는 상품인 반면, 매출채권신용보험은 판매자 입장에서 볼 때 구매자 집단 전체를 대상으로 보험에 가입하는 방식이다.

구매자가 개별적으로 가입하여 보증서를 제출하는 경우에는 판매자 입장에서는 구매자별로 다양한 담보수단(부동산, 현 · 예금, 지급보증서, 보증보험증서 등)을 관리해야 하는 번거로움이 따르며, 각 담보수단별 차이에 따른 손해충당 방식이 서로 상이하게 된다. 반면, 판매자가 구매자집단 전체를 대상으로 보험에 가입할 경우, 판매자의 연간 외상매출채권 총액의 전체 대손율에 따라 보험계약이 관리되므로 보다 효율적으로 매출채권을 관리할 수 있게 된다. 해외 주요국의 경우 구매자별 개별담보 방식의 매출채권 관리보다는 매출채권신용보험 방식의 일괄관리 방식이 주로 활용되고 있으며, 우리나라도 점진적으로 매출채권신용보험이 확대되는 추세에 있다. 국내 매출채권신용보험은 보증보험회사와 신용보증기금에서 취급하고 있다.[13]

한편, 구매자가 해외에 있는 기업인 경우 수출계약에 따라 거래가 이루어지게 된다. 수출계약에서도 국내계약과 동일하게 외상매출채권에 대한 위험이 발생하게 되는데, 국내 매출채권신용보험(Domestic Credit Insurance)과 구분하여 수출(신용)보험(Export Credit Insurance)으로 관리되고 있다.[14] 국내거래나 해외거래 모두 외상매출채권의 가장 중요한 위험은 구매자의 신용위험(Credit Risk)이라는 점에서는 동일하다. 그러나 수출거래시 외상매출채권의 회수와 관련해서는 국내거래에서는 발생하지 않는 정치위험(Political Risk)이 수반된다. 수출거래에서는 해외 정부가 특정 자산을 국유화하거나, 송금금지 또는 환전금지 조치로 대금을 송금할 수 없게 되는 경우가 발생할 수 있다. 또는 전쟁이나 내란 등이 발생하여 외상매출채권을 회수할 수 없게 되는 경우도 있는데, 이러한 위험들을 정치위험이라 한다.

기존에는 국내거래와 해외거래를 구분하여 보험에 가입하는 것이 일반적이었다. 그러나 글로벌 거래환경 변화에 따라 해외시장에 대한 접근성이 낮아짐에 따라 기업들의 국내거래와 해외거래 구분이 모호해지고, 각각의 외상매출채권을 구분하여 관리하는 실익이 없어짐에 따라 최근에는 국내외 거래를 포괄하여 매출채권신용보험에 가입하는 사례가 증가하고 있다. 이에 따라 정부는 무역보험공사가 전담하여 취급하던 수출보험을 민간 손해보험사가

---

13 보증보험회사는 보험업법상 용어인 '매출채권신용보험'으로 사업을 영위하고 있으며 신용보증기금은 '매출채권보험'으로 사업을 영위하고 있어 용어의 차이는 있으나, 보장하는 손해나 상품 영위방식은 거의 동일하다.

14 '수출보험'은 '수출신용보험'의 약어로, 해외에서는 Export Credit Insurance 또는 Export Credit으로 통칭된다.

취급할 수 있도록 허용하였으며, 향후 그 활용빈도가 더욱 증가할 것으로 예상된다.

3) 팩토링신용보험

외상물품 판매자(채무자)가 자신이 보유한 외상매출채권을 담보로 금융회사 등(채권자)으로부터 자금을 대여받은 후 원리금을 상환하지 아니하여 금융회사가 입은 손해를 보상한다. 외상매출채권을 담보로 자금을 조달하는 방식은 매출채권 유동화를 통한 자금의 조기회수 수단으로 해외에서 널리 활용되는 방식이다. 우리나라에서는 금융회사의 부수업무로 되어 있어 팩토링 시장이 활성화되어 있지 않으나, 매출채권신용보험 확대에 따라 향후 점진적으로 매출채권 팩토링 부문이 확대될 것으로 예상된다.

4) 신용카드신용보험

신용카드 회원(채무자)이 신용카드 사용액을 결제하지 아니하여 신용카드사(채권자)가 입은 손해를 보상한다. 신용카드 회원들은 신용카드를 현금처럼 사용하지만, 신용카드사 입장에서는 회원이 사용한 카드대금은 일정기간 이후에 회수되는 신용공여(외상매출채권)에 해당한다. 신용카드사는 개인회원에 대하여는 자체 신용평가기법을 활용하여 회원별 신용공여액을 정하여 두고 신용카드매출을 관리하고 있으나, 기업 구매카드나 법인카드 등 특정 목적으로 운용하는 신용카드의 경우 채권관리가 용이하지 않은 경우가 발생한다. 신용카드신용보험은 상거래에서 발생하는 지급결제 수단의 위험을 담보함으로써 신용카드를 활용한 거래 안정화 수단을 제공한다.

5) 상거래결제신용보험

물품 매매계약에서 판매자(채무자)가 판매자금 또는 제작자금을 금융회사(채권자)에서 대출받은 후 대출원리금을 상환하지 아니하여 금융회사가 입은 손해를 보상한다. 매매계약에서는 구매자가 구매자금을 필요로 하는 경우도 있지만, 판매자가 판매자금이나 제작자금을 필요로 하는 경우도 있다. 매매계약만 체결된 상태에서 미래에 매출이 발생할 것을 전제로 하여 이루어지는 대출을 미래매출채권 담보대출이라고 한다. 그러나 금융회사 입장에서는 매매계약이 체결되었다 하더라도 진성계약인지 여부를 확인할 수 없고, 미래에 실제로 매출이 발생할 것인지 여부를 확신할 수도 없다. 보증보험회사는 판매자와 구매자 사이의 신용정보와 계약정보를 바탕으로 보증을 제공함으로써 금융회사의 대출을 가능하게 하는 역할을 한다.

6) 할부판매보증보험

할부로 물품을 구매한 구매자(채무자)가 할부원리금을 상환하지 아니하여 판매자 등(채권자)이 입은 손해를 보상한다. 할부판매시 판매자는 판매물품에 대하여 채권보전을 필요로 하게 되는데, 자동차, 중장비 등 고가의 물품일수록 그 필요성은 더욱 높아진다. 판매자는 구매자의 채무상환능력을 판단하기 어렵기 때문에 보증보험회사가 이에 대한 보증을 제공함으로써 원활한 활부거래를 가능하게 한다.

판매자는 금융회사와 연계하여 할부금융을 일으킴으로써 할부판매대금을 조기에 회수할 수도 있는데, 할부판매보증보험은 이 경우에도 채권보전 수단으로 역할을 한다. 판매자 입장에서는 할부채권을 이전함으로써 재무건전성을 높일 수 있고, 금융회사 입장에서는 이자수익을 기대할 수 있다는 장점이 있다.

할부판매 물품이 휴대폰 등과 같이 소액이고 불특정 다수의 구매자 집단으로 구성된 경우 판매자가 직접 보험에 가입할 수도 있는데, 이 경우에는 할부신용보험으로 취급될 수 있다. 소액의 물품에 대하여 구매자가 건건이 보험에 가입하기보다는 판매자가 일괄로 가입하는 방식이다. 구매자 입장에서는 보험가입 절차가 생략되므로 할부구매가 용이해 질 수 있고, 판매자 입장에서는 할부판매 물품에 대하여 일괄적으로 채권보전을 할 수 있다는 장점이 있다. 또한 판매자는 할부채권이 보증을 통해 위험이 헷지되는 효과가 있으므로, 할부채권을 유동화하여 재무건전성을 제고시키는 효과도 기대할 수 있다.

7) 렌탈신용보험

소비자가 물품을 직접 구입하는 대신 판매자로부터 물품을 임대하여 사용 · 수익하고 렌탈료를 지급하는 렌탈계약(임대차계약)에서 소비자(채무자)가 렌탈료를 지급하지 아니하여 판매자(채권자)가 입은 손해를 보상한다. 기존에는 일반적인 소비형태가 제품의 구매를 통해 이루어졌으나, 최근에는 렌탈계약이 확산되는 추세에 있다. 따라서 과거에는 할부 · 리스 방식의 구매가 이루어졌으며 그에 따라 할부보증, 리스보증 수요가 높았으나, 최근에는 렌탈

보증 수요로 이전하고 있으며 그 활용빈도도 증가하는 추세이다.

6. 법령성 보증

1) 인허가보증보험

영업허가, 개발행위 등에 필요한 정부의 인허가시 수허가자(채무자)가 당초 인허가 조건을 이행하지 아니하여 정부 또는 제3자(채권자)가 입은 손해를 보상한다. 영업등록의 허가나 부동산 개발 등을 출원하는 자는 허가 관청에 각종 보증금(예치금 등)을 납부하여야 하는데, 이를 보증서로 대체함으로써 수허가자의 부담을 줄여준다. 인허가보증보험은 주로 부동산 개발사업 중단 등에 따른 원상복구나 불법적 영업행위에 따른 제3자 손해배상을 위한 담보로 활용된다.

2) 납세보증보험

조세납부 의무자(채무자)가 국세, 지방세, 관세, 기타 조세에 관한 법령에서 정한 납세의무를 이행하지 아니하여 국가나 지자체(채권자)가 입은 재산상의 손해를 보상한다. 납세의무자가 정부로부터 국세를 징수유예받거나, 관세나 부가세 납부를 유예받는 경우, 또는 상속세를 연부연납하는 경우 등 세금을 즉시 납부하지 않고 일정기간 동안 유예받는 경우, 정부나 지자체는 이에 대한 채권보전을 필요로 하게 된다. 납세의무자 입장에서는 자금 확보시까지 세금을 유예받을 수 있다는 장점이 있고, 국가와 지자체는 납세담보를 통해 세금을 안정적으로 징수할 수 있다는 장점이 있다.

3) 공탁보증보험

가압류, 가처분 등 각종 민사사건의 신청에 대하여 권리자인 피신청인이 손해배상청구권에 관한 확정판결을 받음으로써 신청인이 상대방에게 배상하여야 할 손해를 보상한다. 가압류나 가처분 등과 관련하여 법원은 청구채권액의 일정금액을 담보로 제공할 것을 명령할 수 있다. 공탁보증보험은 신청인이 제공해야 할 담보금액을 보증서로 대체함으로써 담보제공을 보다 용이하게 해준다.

4) 경매보증보험

법원에서 실시하는 부동산 경매입찰에서 입찰참가자가 강제경매 또는 임의경매에 참가하여 매수인으로 선정되었음에도 불구하고 매각조건을 이행하지 않거나 매각대금을 납부하지 아니하여 법원이 회수해야 할 보증금을 보상한다. 입찰참가에 따른 보증상품으로 이행(입찰)보증보험과 유사한 상품이다.

CHAPTER 17

손해보험회사의 준비금

손해보험회사의 재무구조를 보여주는 대차대조표의 대변은 회사의 부채, 잉여금 및 기타항목으로 구성되어 있다. 일반적으로 부채항목은 영업과정에서 금전과 관련하여 발생하는 책임으로써 미래에 자산을 양도하거나 특정 서비스를 제공하여야 할 법적 의무라고 할 수 있다. 같은 맥락에서 보험영업, 즉 보험상품의 판매와 관련된 부채에 대하여 보험업계는 회계측면에서 전통적으로 부채(liability)라는 용어 대신에 책임준비금(reserves)이라는 용어를 사용하여 오고 있는 데 일반적으로 지급준비금(Reserves for Losses and Loss Adjustment Expenses), 미경과보험료적립금(Reserves for Unearned Premiums) 그리고 기타준비금 등 세 가지로 분류되고 있다. 특히 대차대조표상의 지급준비금이 부채로서 보험회사가 피보험자에게 지급하여야 할 금액에 대한 추정치라 할지라도 부채의 시장가치는 바로 미래에 지급되어야 할 현금흐름의 현재가치로서 손해보험상품이 피보험자의 경제적 손실을 보상키 위해 고안된 점을 감안할 때 변화하는 경제환경과 밀접하게 연계되어 영향을 받을 수 있다. 따라서 추계적 성격을 가진 부채라는 관점에서 준비금을 인식하는 것이 중요하다.

주요용어

책임준비금　　손실지급금　　테일러분리기법

제1절 책임준비금

손해보험회사의 보험계약과 관련된 준비금은 일반적으로 세 가지로 분류하여 볼 수 있다. 첫 번째가 지급준비금(Reserves for Losses and Loss Adjustment Expenses)이며 두 번째가 미경과보험료적립금(Reserves for Unearned Premiums)으로서 보험영업 특성상 보험회사의 책임이 남아 있는 부보된 보험을 위해 미리 지불된 보험료의 일정비율을 시간경과에 따라 반영한 것이다. 그리고 마지막으로 보험영업결과로 인한 다른 모든 법적 의무를 기타 준비금으로 분류되고 있다. 물론 보험회사의 영업특성, 다시 말해서 상품의 믹스, 보험보전의 종류, 그리고 보험상품의 평균계약기간에 따라 부채의 구성에 차이는 있을 수 있으나 우리나라의 경우 손해보험회사 회계규정 시행세칙의 규정에 따라 책임준비금은 지급준비금, 장기저축성보험료적립금, 미경과보험료적립금 및 계약자배당적립금으로 세분되어 있다.

지급준비금은 특정 회계연도에 발생한 보험사고의 보상을 위하여 보험회사가 적립하는 부채로서, 산출방법으로는 보험사고유형별로 손해사정자가 지급준비금 산정기준의 세목별 항목에 의거 개별적으로 추산하여 적립하는 개별추산법(individual case estimate method), 경과보험료 중 일정한 비율(예정손해율)의 금액이 장래에 발생될 손해에 보험금으로 충당된다는 가정하에 수입보험료에 예정손해율을 곱하여 구한 예정보험금에서 그 시점까지 실제로 지급된 지급보험금을 차감한 금액을 지급준비금으로 적립하는 손해율법(loss ratio method), 손해가 발생한 이후부터 정산이 완료될 때까지의 경과기간 동안 사고 건당 평균지급보험금이 매우 일정한 비율로 진전되었다고 가정할 때 장래에도 동일하게 일정한 비율로 진전될 것을 예상하여 지급준비금으로 추산하는 평균지급보험금방식(average payment method), 손해가 발생한 시점부터 정산되는 시점까지의 경과기간 동안 손해액이 어떻게 진전되는가를 총체적으로 분석하여 향후 지급될 것으로 예상되는 지급준비금을 추산하는 사다리방법(chain ladder method) 또는 손해진전삼각형방법(loss development triangle method), 그리고 손해율법과 사다리법을 합성한 것으로 예정손해율과 연계된 손해진전계수를 동시에 고려하는 Bornhuetter-Ferguson방법 등이 있다. 우리나라의 경우 보험회사에 사고발생의 통지가 되었으나 미지급된 손해인 기보고미지급보험금과 보험사고가 회계기간 중 발생되었다고 추정되나 아직 보험회사에 사고통지가 이루어지지 않아 미지급된 손해인 기발생미보고(Incurred But Not Reported: IBNR) 손해액으로 구성되며 전체지급준비금은 지급준비금과 IBNR의 합계금으로 계산된다. 보험종목별 지급준비금 적립방법은 [표 17-1]과 같다.

| 표 17-1 | 보험종목별 준비금적립방법

종목	구분	산출방법
자동차보험	지급준비금	최근 5개년 통계를 이용한 사다리법(Chain Ladder Method)
	IBNR	전년도 경과보험료의 1%에 해당액(대인배상액은 3%)
상해, 배상, 근재	지급준비금	개별추산법. 다만, 수재보험은 출재보험자로부터 통보된 금액
	IBNR	전년도 경과보험료의 3% 해당액
해외 수재보험	지급준비금	해외 재보험자로부터 통보된 기보고 발생손해액
	IBNR	위 준비금의 10%와 해외재보험자가 통보한 IBNR 중 큰 금액
보증보험	지급준비금	– 개별추산법. 다만, 수재보험은 출재보험자로부터 통보된 금액 – 금융형 보증보험: 당좌거래 중지된 경우 계약별 손해액 추산
	IBNR	전년도 1년간의 경과보험료의 3%
기타 종목	지급준비금	개별추산법. 다만, 수재보험은 출재보험자로부터 통보된 금액
	IBNR	적립하지 않음

출처: 보험개발원

지급준비금은 현금이나 유동성자산자금(liquid asset fund)이 아니며 대차대조표상의 부채항목으로써 보험상품의 판매와 관련하여 발생된 조건부 채무를 뒷받침하기 위한 보험회사의 재무적인 책임을 나타내고 있다. 따라서 손실발생과 최종 보험금지급 결정 사이의 시간상의 차이 때문에 보험회사로서는 부채로서의 지급준비금을 적정하게 산출하여야 한다. 이러한 시간상의 차이는 일반적으로 재산보험분야(property insurance lines)보다는 배상책임보험분야(liability insurance lines)에서 수년을 초과해서 연장될 수 있다. 일반적으로 '자동차 인체상해배상책임보험'(auto bodily injury liability), 의료사고 배상책임보험(medical malpractice), 노동자산업재해보상(worker's compensation) 및 기타 일반배상책임보험(general liability)과 같이 배상기간이 상대적으로 긴 long tail 분야가 상대적으로 짧은 기간에 배상이 마무리되는 short tail 분야보다 많은 지급준비금을 요구한다. 이에 주관적 또는 관리적 판단에 입각한 다양한 측정방법들이 지급준비금 산정을 위해 동원되나 정확하게 그 액수를 측정하기란 쉽지가 않다. 따라서 지급준비금의 적립은 손해보험회사의 경영측면에서 중요한 과제 중의 하나라고 하겠다.

지급준비금은 보험회사의 부채산정에 있어 전통적인 방법이기는 하나 크게 세 가지 문제점을 지적할 수 있다. 첫 번째가 바로 가치측정의 시간적인 측면(time value of money)을 전혀 고려하지 않았다는 점이다. 둘째로 지적되는 문제점이 바로 IBNR 손실을 위한 준비금의 산정이다. 대부분의 책임보험 상품들은 클레임의 제기 또는 손실발생일에 관계없이 보험회사가 법적으로 계약기간 내에 지불할 의무가 있는 클레임에 대해서 모든 보험계약자들에게 배상책임을 가지고 있다. 어떤 보험분야에서는 대부분의 클레임이 사고발생 직후 보고되어 지급준비금 산정에 별문제가 없으나 의료사고 배상책임보험과 같은 일부 보험분야에서는 IBNR이 지급준비금 산정에 있어서 주요 애로점으로 작용하고 있는 것이다. Warren, McVeigh 그리고 Griffin(1978)의 조사에 따르면, IBNR 준비금이 실제로 지급된 손실금(paid losses)에서 차지하는 비중에 있어서 10개의 손해보험회사 사이에 큰 차이를 보이고 있다고 하였다.[01] 또한 Stevens, McIntyre 그리고 Gibson(1986)에 의하면 일반배상책임보험의 경우 최초로 산정된 손실규모에 비해 첫해의 손실증가(Loss Development) 규모가 무려 70%가 넘으며, 심지어 6년이 경과한 뒤에도 4%의 증가를 보여주고 있다.[02] 이것은 IBNR을 위한 지급준비금의 규모가 보험회사의 재무상태나 영업활동 결과뿐 아니라 투자전략에도 심각한 영향을 미칠 수 있음을 의미한다고 할 수 있다. 그리고 지급준비금과 관련된 또 다른 문제점은 바로 보험회사가 그들의 지급준비금의 수준을 조작할 수 있다는 것이다.[03] 다시 말해서 보험회사의 영업결과에 대해서는 보험계약자 외에 주주 및 정부당국, 특히 국세청의 관심이 배당과 세금 측면에서 각각 다르다고 할 수 있다. 따라서 보험회사 입장에서 영업결과에 따라 지급준비금의 수준을 조절함으로써 각기 다른 관점의 두 주체에 대해 회사의 입장을 정당화시킬 수 있다고 하겠다.

이러한 연유로 지급될 보험금액을 정확히 산정하는 것은 쉬운 작업이 아니며 추정된 지급준비금은 대차대조표에 표기된 부채와 자본규모에 영향을 미치게 된다. 이런 점에서 지급준비금의 추정방법은 보험사의 지급여력 및 적정한 요율산정에 직결된 문제라고 할 수가 있다. 그럼에도 불구하고 우리가 간과해서는 안될 중요한 사실은 보험회사의 진정한 부채는 지급준비금의 수준이 아니라 미래에 실제로 지급되어야 할 예상된 지급금의 현재가치(present value or market value)인 것이다.

---

01 Warren, Mcveigh and Griffin, "Risk Management Notes; IBNR Reserves by Line", *Business Insurance* 17, April 1978, p.30.

02 Virginia M. Stevens, William S. McIntyre and Jack P. Gibson, *Risk Financing, International Risk Management*, Dollars Texas, 1986, p.F-2.

03 좀 더 자세한 내용은 Grace, Elizabeth V., "Property-Liability Insurer Reserve Errors: A Theoretical and Empirical Analysis," *Journal of Risk and Insurance* 52, March 1990, pp.28-46.

제2절 손실지급금의 예측[04]

모든 금융수단 또는 금융기관은 자금흐름의 연속으로 볼 수 있으며 이러한 자금흐름은 금융수단이나 기관의 성격에 따라 미리 확정적인 것일 수도 있고 또는 비추계적(stochastic)일 수도 있다. 그러나 양쪽 모두 이자율 관리의 함수관계에 따라 시장가격이 변동된다.

앞서 언급되었듯이 대차대조표상의 지급준비금이 부채로서 보험회사가 피보험자에게 지급하여야 할 금액에 대한 추정치라 할지라도 부채의 시장가치는 바로 미래에 지급되어야 할 현금흐름의 현재가치인 것이다. 또한 손실에 대한 보상액수나 지급시기가 미리 정해져 있지 않을 뿐 아니라 보험상품이 피보험자의 재산이나 수입 등의 경제적 손실을 보상키 위해 고안된점을 감안할 때 변화하는 경제환경과 밀접하게 연계되어 영향을 받을 수 있다. 따라서 추계적 성격을 가진 부채라는 관점에서 준비금을 인식하는 것이 중요하다. 왜냐하면 보험상품들이 바로 피보험자들의 재산, 재화, 수입 또는 용역 등의 경제적 손실을 보상키 위하여 고안된 것이며 그들의 시장가치는 종종 경제적 여건변화와 밀접하게 연계되어 있기 때문이다. 따라서 본 절에서는 손해보험회사의 부채의 시장가치를 측정하는 데 있어 중요한 손실지급금의 예측을 위한 자금흐름의 계량화에 대해서 알아보겠다.

1. 손실지급금의 예측방법

한편 보험상품별 손실지급금을 예측하는 데에는 회계연도(calender year)와 사고연도(accident year)에 근거한 두 가지 데이터가 있는데, 회계연도에 근거한 데이터는 사고발생연도에 관계없이 당해 회계연도에 지급된 모든 손실지급금을 포함하고 있는 반면에, 사고연도에 근거한 데이터는 사고가 발생한 연도를 기준으로 보상된 손실지급금을 취합함으로써 손실지급금의 지급과정을 알 수 있게 해 준다. 예를 들어 2000년에 지급된 손실지급금은 당해 2000년을 비롯하여 1999년, 1998년 그리고 그 전년도에서 실제로 발생한 사고들과 연계된 손실지급금의 합계인 것이다. 따라서 데이터의 유용성 면에서 앞으로 언급될 손실지급금의 예측방법은 사고연도를 기준으로 한 데이터에 입각한 것이다.

04 최정호, "손해보험사의 부채관리를 위한 손실지급금(loss payments) 예측," 보험학회지 제62집, 2002, pp.118-143.

손실지급금을 예측하는 데 있어 가장 간단하고 손쉬운 방법으로는 아래 식(1)에서 보듯이 사고발생연도 t에 예측한 손실지급금(Incurred Loss: IL_t)에 사고경과연도인 j연도의 상품별 업계의 평균지급률(Industry Payout Rate: IPR_{t+j})을 곱하여 줌으로써 산출될 수 있다.

$$E_t(LP_{t+j}) = IL_t \times IPR_{t+j} \qquad \cdots\cdots (1)$$

$E_t(LP_{t+j})$: 사고보상연도 t 이후 j년을 경과한 연도의 기대손실지급금
IL_t: 사고발생연도 t를 기준으로 한 손실예측금
IPR_{t+j}: 사고발생연도 t 이후 j년이 경과한 연도의 상품별 업계 평균지급률

이 방법의 경우 두 가지의 문제점을 지적할 수 있는데, 그 중 하나는 신뢰성과 관련된 것으로서 IL_t의 데이터에 대한 조작성 문제이다. 준비금과 관련하여 앞에서 언급한 바와 같이 실증분석을 통해서 증명된 것으로서 보험회사의 수익성이나 세금문제와 관련하여 숫자를 조절할 수 있다는 것이다.[05]

또 다른 문제점은 IPR_{t+j}와 관련된 것으로 여기서의 평균지급률은 사고연도 t에 발생한 사고와 관련하여 실제로 지급된 총손실지급금(actual cumulative loss payments)에 대하여 사고 후 j년이 경과한 해에 지급된 손실지급금의 평균지급률을 나타내고 있다는 것이다. 따라서 IPR_{t+j}는 실질적으로 IL_t와는 무관하다고 하겠다.

IL_t의 신뢰성 문제와 관련하여 좀 더 나은 방법으로는 사고발생연도 t에 실제로 지급된 손실지급금인 LP_t를 활용하는 것을 고려해볼 수 있다. 식(1)로부터 우리는 사고발생연도 t의 기대손실지급금인 $E(LP_t)$를 식(2)와 같이 구할 수 있다.

$$IL_t \times IPR_t = E(LP_t) \qquad \cdots\cdots (2)$$

그리고 $E(LP_t)$에 대한 LP_t의 비율인 $LP_t/E(LP_t)$를 IL_t와 연계시킴으로써 조작의 가능성을 낮춘 손실지급금을 예측할 수가 있으며, 여기에 IPR_{t+j}를 곱하여 줌으로써 좀 더 신뢰성 있는 손실지급금의 흐름을 계량화할 수 있다고 할 수 있다.

한편 어느 방법이 IL_t의 산정에 더 바람직하다고 단정할 수는 없는데, 왜냐하면 IL_t에는 기업이 가지고 있는 사고와 그에 따른 손실지급금에 대한 정보가 반영되어 있는 반면, LP_t는 항상 그렇다고 할 수가 없기 때문이다. 그러나 긍정적인 측면에서 IL_t와 LP_t가 모두 사고발생

05 자세한 내용은 Grace(1990)을 참조

연도 t의 연말에 보고된다는 사실을 고려한다면 상당히 활용할 가치가 있는 방법이라고 할 수 있다.

상품별 업계평균지급률인 IPR_{t+j}와 관련하여 Babbel, Klock 그리고 Polachek(1987)는 예측된 손실지급금은 연도가 경과함에 따라 조정된다는 점에 착안하여 상품별 업계지급 패턴에 대하여 연구하였다. 즉 최종적으로 조정된 손실예측금에 대한 손실지급금의 비율에 대하여 BEST'S REVIEW를 발간하는 A. M. Best 회사의 자료를 활용하여 연구를 하였는데, 그 결과 기지급연도에 나타난 지급률과 미소한 차이만을 보이는 안정적인 지급패턴(Industry Payout Pattern: IPP)을 발견하였다.[06] 따라서 IPR_{t+j} 대신에 IPP_{t+j}를 적용시킬 경우 좀 더 나은 손실지급금의 현금흐름을 예측할 수 있다.

다음으로는 다른 어떤 방법에 비해 복잡하지만 사고발생연도 이후의 환경 변화를 반영함으로써 신뢰성 있는 변형된 테일러의 분리기법에 대해서 설명하고자 한다.

2. 테일러분리기법(Taylor's Separation Method)

1) 테일러분리기법과 문제점

예상된 미래손실지불금에 기초한 보험회사의 부채의 시장가치를 측정키 위해서 과거의 지불형태와 미래의 지불금에 대한 예측을 모형화하기 위한 기법들이 발전되어 왔다. 1970년대 초반에 사다리법(chain ladder method) 또는 이의 약간 변형된 방법이 널리 사용되었다. 기본적인 사다리법은 run-off 데이터[07]에 널리 적용된 첫 번째 방법이지만은 통계적인 측면에서 문제점[08]과 외부요인에 의한 run-off 데이터가 왜곡될 수 있음을 간과했다는 비판을 받아왔다. 따라서 결국에는 인플레이션을 감안한 사다리법이 개발되었다.

일반적 접근방식으로서의 총액클레임 준비금은 과거 손실지불금의 구조에 기초한 미래 현금흐름을 예측하는 것으로 구성되어 있다. 총액손실에 근거한 방법론의 선구자적 개발은 그

---

06 Babbel, Klock and Polachek(1987)의 p.9의 표 참조

07 손해가 발생한 시점부터 정산되는 시점까지의 경과기간 동안의 손해액이 어떻게 진전되는가를 총계적으로 보여주는 자료를 지칭함.

08 수학적으로 $E(XY)=E(X)\times E(Y)$의 등식은 무작위 변수 X와 Y가 독립적일 때 성립된다(여기서 E는 기대치를 지칭함). 그러나 사다리법의 경우 경과년도 사이의 클레임에 대한 지급금의 인플레이션을 나타내는 변수가 분명히 독립변수가 아님에도 불구하고 독립변수로서 사용되고 있는 것이다. 좀 더 자세한 내용은 Lemaire (1985) 또는 Taylor(1986)를 참조할 것.

대부분이 오스트레일리아의 보험계리사인 G. C. Taylor에 의해 이루어졌다. 테일러분리기법은 증식방법(multiplicative method)의 하나로서 손실이 발생한 연도(year of loss incurred) 이후 손실이 진전된 마지막 연도(the end of the development year)까지 손실지급금의 누적금액에 대한 삼각형모형을 사용하는 것이 아니고 클레임당 경과년도에 따른 진전된 손실(development of losses)로 구성되어 있다.

테일러분리기법은 다음과 같은 두 가지의 가정을 전제로 하고 있다. 하나는 각 경과년도에 지급된 손실지급금의 비중이 과거나 미래에 관계없이 일정한 수준을 유지한다는 것이다. 다른 하나는 인플레이션이 미치는 영향이 일정하다는 것이다. 이러한 가정을 바탕으로 하여 클레임 건당 또는 손실노출 단위당 지급된 손실금액에 기초하여 과거 손실지급금의 구조를 loss escalation과 tail 두 요소로 분리한 후 클레임 숫자를 곱하여 줌으로써 총지급준비금을 산정하게 된다. 이러한 과정을 거치게 되는 분리방법의 장점은 클레임을 주어진 그대로 활용하는 것보다 클레임 상승(claim escalation)에 대한 것을 산정해 내는 데 있다고 하겠다. 그러나 만약 보험회사가 판매하는 자사 상품의 전반적인 구성에 주요 변화가 있을 경우 보험상품의 특성을 초월한 전반적인 구성(aggregate lines)에 근거한 계산과 예측은 오류를 범할 가능성이 그만큼 크게 되는 것이다.[09]

2) 변형된 테일러분리기법

보험회사의 부채산정에 전통적으로 사용되어온 테일러분리기법에 대한 하나의 대안으로 Kim Staking(1989)[10]은 시장가치에 입각한 자산부채관리를 염두에 둔 변형된 테일러분리기법을 소개하였다. 이 변형된 테일러분리기법은 기존의 테일러분리기법과는 달리 손실삼각모형이 11년 동안의 개별기업의 손실지급금으로 구성되었으며 또한 과거 손실지급금을 tail, escalation 외에 보험금 성장(payment growth)이라는 또 하나의 요소로 분리하고 있다. 그리고 인플레이션을 감안한 과거의 손실지급금에 기초하고 있고 가치평가가 인플레이션과 이자의 기간구조에 근거하고 있기 때문에 기존의 방법보다 부채관리 측면에서 우월하다고 하

09 예를 들어 A라는 보험회사의 보험영업이 자동차보험 70%, 화재보험 20% 그리고 일반책임보험 10%로 구성되어 있다고 하자. 보험인수 형태에 큰 변화가 없다면 전반적으로 예측에서 오는 실수는 그다지 크다고 볼 수 없다. 그러나 만약 보험영업 활동의 변화에 따라 회사의 상품구성이 자동차보험 30%, 화재보험 10% 그리고 일반책임보험 60%로 변화되었다면 영업별로 분리해서 분석함이 없이는 미래손실지급금, 나아가서는 지급준비금에 대한 정확한 예측은 기대할 수 없을 것이다.

10 Stakig, Kim B., "Interest Rate Sensitivity and the Value of Surplus: Duration Mismatch in the Property-Liability Insurance Industry", Ph.D. Dissertation, the Wharton School, 1989.

겠다. 그러나 본 연구에서는 시장가치에 입각한 부채관리를 목적으로 인플레이션과 이자율 기간구조를 활용한다는 점에서는 Kim Staking(1989)의 방법과 동일하나 다음과 같은 점에서 차별화함으로써 앞서 언급된 Babbel, Klock 그리고 Polachek(1987)의 보험상품별 업계 지급패턴에 대한 연구결과를 손실지급금의 예측에 활용코자 하였다.

첫째, 현재의 지급준비금 적립방법이 최근 5년의 통계를 활용한 사다리법을 이용한다는 점에서 11년 대신 5개년 통계를 삼각모형의 기본으로 삼았다.

둘째, 사고발생연도 t에 예측한 손실지급금인 IL_t는 보험회사가 직면한 사고와 그에 따른 손실지급금에 대한 정보가 반영된 반면, 사고연도 손실지급금인 LP_t는 항상 그렇다고 할 수는 없다. 그러나 두 데이터가 연말에 보고된다는 사실을 고려하여 시간의 흐름에 따른 영업규모변화를 원만하게 반영하고자 LP_t를 활용하였다. 이렇게 함으로써 장부상 영업에 기초한 손실패턴을 예측하는 데 있어서 과거의 데이터를 좀 더 유용하게 적용하게 될 것이다.

셋째, 개별기업의 손실 tail에 기초한 예측손실지급금의 현재가치 대신에 상품별 업계지급패턴을 이용하여 손실지급금을 예측하고 예측된 손실지급금을 사고연도의 이자율 기간구조를 활용한 현재가치를 보험청구건수를 대신할 proxy로서 활용하였다.

이러한 변형된 테일러분리기법을 설명하기 위하여 5년간의 사고기간을 가진 자동차 인체상해배상책임보험(Auto Bodily Injury Liability Insurance)을 예로 선택하였다.[11]

(1) 과거손실지급금의 삼각모형(Loss Triangle)

삼각모형은 5년의 사고기간을 나타내며 여기서 LI는 Loss Incurred의 약어이며, LP0는 사고발생연도에 지급된 손실지급금을 나타내며, LP1은 사고발생연도 다음해, 즉 첫 번째 경과년도의 손실지불금을, LP2는 두 번째 경과년도 손실지불금을, LP3, LP4는 각각 세 번째, 네 번째 경과년도 손실지급금을 표시한다. 여기서 경과년도라 함은 사고발생연도 이후 손실금이 부분적으로 지급된 연도를 표시한다. 사고발생연도를 기초로 한 삼각모형은 1979년의

11 본 자료는 필자가 1990년 Goldman Sachs에 제출한 보고서에서 활용한 미국손해보험업계를 대표하는 30대 그룹의 자료에서 발췌한 것으로서 인용된 숫자는 계산의 편의를 위해 천 단위 이하를 생략하였음. 참고로 30대그룹은 다음과 같음. All State Insurance Group, Chubb Group of Insurance Co., Continental Insurance Group, CNA Insurance Group, Farmers Insurance Group, Fireman's Fund Co., GEICO Corporation Group, Hartford Insurance Co., Home Group Insurance Co., Kemper Group, Liberty Mutual Group, American General Group, Reliance Insurance Group, Royal Insurance Group, SAFECO Insurance Co., St. Paul Group, Sentry Insurance Group, State Farm Group, Transamerica Insurance Group, Travelers Insurance Group, United States F&G Group, Ohio Casualty Group, CIGNA Group, Prudential of America Group, Tetna Life & Casualty Group, USAA Group, Hanover Insurance Group, America Internation Group, Nationwide Group, and Crum & Forster Co.

사고연도에 발생한 사고에 기초한 손실예측금(Loss Incurred)과 그 해의 사고와 관련하여 지급된 손실지급금 등을 보여주고 있다. 삼각모형은 1979년 당해연도뿐 아니라 1979년 이전에 발생한 손실로서 1979년 말까지의 경과년도까지를 포함한 관련 자료들을 내포하고 있다.

LOSS PAYMENTS TRIANGLE

AUTO	LI	LP0	LP1	LP2	LP3	LP4
75	7304137	2797265	2086280	976254	588172	371249
76	7916638	3061752	2206047	1040967	661547	
77	8912515	3294647	2498537	1248548		
78	10104984	3772721	2902476			
79	11366112	4286390				

(2) 인플레이션을 감안한 자료조정

삼각모형에서 같은 대각선상에 있는 자료는 비록 사고발생연도는 다를지라도 같은 경과년도에 지급된 손실지급금을 표시하고 있다. 예를 들어, 5번째 대각선상의 자료는 1979년에 지급된 손실지급금으로서 사고발생연도에 따라 각기 다른 경과년도에 지급된 손실금을 포함하고 있다. 따라서 1979년 현재 1979년 이전에 지급된 손실금에 대해서는 1979년 소비자물가지수(CPI)에 기초한 인플레이션을 적용한 자료조정이 필요한 것이다.

인플레이션이 적용된 자료조정의 예를 들면 다음과 같다. 4번째 대각선의 손실지불금은 1978년에 지불된 것으로써 1978년의 CPI(195.3)에 대한 1979년 CPI(216.6)의 비율로써 조정되어져야 한다.

$$3772721 \times 216.6/195.3 = 4184185$$

$$2498537 \times 216.6/195.3 = 2771035$$

$$1040967 \times 216.6/195.3 = 1154498$$

$$588172 \times 216.6/195.3 = 652320$$

ADJUSTMENT TO CPI

CPI	160.6	170.1	181.8	195.3	216.6
	3772650	2656603	1163128	652320	371249
	3898739	2628327	1154498	661547	
	3925306	2771035	1248548		
	4184185	2902476			
	4286390				

위와 같은 방법으로 세 번째, 두 번째, 첫 번째 대각선상의 자료들도 각각 216.6/181.8, 216.6/170.1, 216.6/160.6으로 조정되어 재구성한다.

(3) 사고연도의 손실지급금(LP0)을 이용한 영업규모 변화에 대한 표준화

인플레이션을 감안한 손실지급금의 영업규모 변화에 대한 표준화는 기대손실지급금의 산정과정에서 시간이 흐름에 따른 영업규모 변화를 원만하게 반영키 위한 것이다. 따라서 이 과정은 현재의 보험회사의 장부상 영업에 기초한 손실패턴(loss pattern)을 예측하는 데 있어서 과거의 데이터를 좀 더 유용하게 적용되게 만든다.

예를 들면, 첫 번째 횡렬에 있는 손실지급금은 1975년에 발생한 사고에 대한 것으로써 1975년의 LP0에 대한 1979년의 LO0의 비율로써 재계산한다. 이런 과정을 통하여 모든 과거의 손실에 대한 자료를 현재의 가격수준과 영업규모를 감안하여 재조정하는 것이다. 마찬가지로 두 번째, 세 번째, 네 번째 횡렬은 각각 4286390/3898739, 4286390/3925906, 4286390/4184185의 비율로 재조정되어진다. 이렇게 함으로써 미래손실지급금을 예측하는데 과거의 데이터가 적용될 수 있도록 해주는 것이다.

$2656603 \times 4286390/3772650 = 3018366$

$1163128 \times 4286390/3772650 = 1321516$

$652320 \times 4286390/3772650 = 741149$

$371249 \times 4286390/3772650 = 421804$

ADJUSTMENT TO BUSINESS VOLUME

4286390	3018366	1321516	741149	421804
4286390	2889661	1269290	727325	
4286390	2973373	1363401		
4286390	3025939			
4286390				

(4) 보험금청구건수(number of claims)를 대신할 변수 산정

테일러분리기법에서 사용되는 청구건수를 대신할 변수를 산정하는 데 있어 Kim Staking (1989)은 개별기업의 손실 tail에 기초하여 배분된 예측손실지급금의 현재가치를 활용하였다. 그러나 앞서 지적하였듯이 실증연구에 의해 안정된 상품별 업계지급패턴(IPP)이 기지급연도의 지급률과 별 차이가 없음이 밝혀졌다.[12] 더욱이 본 글에서 인용한 데이터가 미국 손해보험업계를 대표하는 30대 그룹 기업의 데이터를 활용한 것이기 때문에 본 글에서는 상품별 업계 지급패턴을 이용하여 손실지급금을 예측하고 예측된 손실지급금을 사고연도의 이자율 기간구조를 활용하여 할인함으로써 계산된 예측 손실지급금의 현재가치인 $PV(LI_t)$를 보험금청구건수를 대신할 proxy로서 활용하였다.

PV(LI): LI × IPP/TERM(i)

	0.3431	0.3088	0.1503	0.0882	347677
124473	62506049	2255518	1097812	644225	376832
6691866	2716198	2444658	1189871	698247	424236
7675566	3057884	2752185	1339551	786084	480997
8480566	3467020	3120419	1518779	891260	0.0476
9231467	3899713	3509855	1708327	1002491	541027

(5) 테일러 분리기법을 위한 손실삼각모형

인플레이션과 영업규모 변화를 감안하여 조정된 각 횡렬의 손실지급금을 앞서 구한

12 Babbel, Klock and Polachek(1987).

$PV(LI_t)$로 나누어주게 되며 tail(γ_j)과 escalation(λ_t) 요소를 산출하기 위한 삼각모형이 된다. 삼각모형의 각각의 작은 항은 다음과 같이 다시 쓰여질 수 있다.

| 표 17-2 | 손실삼각모형

손해발생연도	경과년도				
	LP0	LP1	LP2	LP3	LP4
1975	$\lambda_1\ r_1$	$\lambda_2\ r_2$	$\lambda_3\ r_3$	$\lambda_4\ r_4$	$\lambda_5\ r_5$
1976	$\lambda_2\ r_1$	$\lambda_3\ r_3$	$\lambda_4\ r_3$	$\lambda_5\ r_4$	
1977	$\lambda_3\ r_1$	$\lambda_4\ r_4$	$\lambda_5\ r_3$		
1978	$\lambda_4\ r_1$	$\lambda_5\ r_5$			
1979	$\lambda_5\ r_1$				

테일러는 다음과 같은 예측기법을 제안하였다. D_t를 같은 대각선상의 항들의 합이라 할 때,

$$D_t=\lambda_t \sum_{j=1}^{t} r_j \qquad t=1,\ 2,\ \cdots,\ 5 \qquad \cdots\cdots (3)$$

그리고 V_j를 j 종렬상의 항들의 합이라 할 때,

$$V_j=r_j \sum_{t=1}^{5} \lambda_t \qquad j=1,\ 2,\ \cdots,\ 5 \qquad \cdots\cdots (4)$$

$t=5$인 경우, $D_5=\lambda_5(r_1+r_2+r_3+r_4+r_5)$가 된다. 정의상 $\sum r_j=1$이기 때문에 $\lambda_5=D_5$가 된다. 따라서 $\lambda_5\ r_5=V_5$라는 등식이 성립되기 때문에 $r_5=\dfrac{V_5}{\lambda_5}$가 된다. 이러한 과정을 단계단계 거치면서 회귀적으로 테일러의 분리기법에 의한 요소의 값을 아래와 같이 구해낼 수 있다.

$$\lambda_4=\frac{D_4}{1-r_5},\ r_4=\frac{V_4}{1-\lambda_5-\lambda_4} \qquad \cdots\cdots (5)$$

$$\lambda_3=\frac{D_3}{1-r_4-r_5},\ r_3=\frac{V_3}{\lambda_5+\lambda_4+\lambda_3} \qquad \cdots\cdots (6)$$

$$\lambda_2 = \frac{D_2}{1 - r_3 - r_4 - r_5},\ r_2 = \frac{V_2}{\lambda_5 + \lambda_4 + \lambda_3 + \lambda_2} \qquad \cdots\cdots (7)$$

$$\lambda_1 = \frac{D_1}{1 - r_2 - r_3 - r_4 - r_5},\ r_1 = \frac{V_1}{\lambda_5 + \lambda_4 + \lambda_3 + \lambda_2 + \lambda_1} \qquad \cdots\cdots (8)$$

아래의 절차상 내용에서 볼 수 있듯이 $\lambda_t(t=1,\ 2,\ \cdots,\ 5)$, $r_j(j=1,\ 2,\ \cdots,\ 5)$의 값은 각각 LAMBDA($t$)와 RHO($j$)이다. 그리고 회귀식 $\lambda_t = \alpha_t + \beta$를 이용하여 λ_6, λ_7, λ_8 그리고 λ_9의 예상값을 얻어 낼 수 있다. 따라서 λ_t, r_j, $PV(LI_t)$ 그리고 이자의 기간구조를 이용하여 각기 다른 경과년도 손실지급금을 예측할 수 있다. 예를 들면, 1980년에 지급될 예상손실 지급금은 아래와 같이 예측될 수 있다.

$\lambda_6 = 0.9907$, $r_2 = 0.3033$, $r_3 = 0.1503$, $r_4 = 0.0935$, $r_5 = 0.0589$

$9231467 \times 0.9907 \times 0.3033 \times 1.1266^{0.5*} = 2944092$

$8480566 \times 0.9907 \times 0.1503 \times 1.1266^{0.5} = 1340406$

$7675566 \times 0.9907 \times 0.0935 \times 1.1266^{0.5} = 754782$

$6691866 \times 0.9907 \times 6.0589 \times 1.1266^{0.5} = 414155$

* 사고발생연도 t, 경과년도 j의 기대손실은 경과년도 j의 중간에 지불된 것으로 가정하기 때문에 여기서 0.5라는 승수가 사용되었음.

LTRI FOR TAYLOR'S SEPARATION METHOD

	0.6999	0.4928	0.2158	0.1210	0.0689
	0.6405	0.4318	0.1897	0.1087	
	0.5584	0.3942	0.1776		
	0.5054	0.3506			
	0.4643				
LAMBDA(5)	1.1701	LAMBDA(6)	0.9907	RHO(5)	0.0589
LAMBDA(4)	1.2861	LAMBDA(7)	0.8355	RHO(4)	0.0935
LAMBDA(3)	1.4229	LAMBDA(8)	0.6803	RHO(3)	0.1503
LAMBDA(2)	1.6254	LAMBDA(9)	0.5251	RHO(2)	0.3033
LAMBDA(1)	1.7763			RHO(1)	0.3940

같은 방법으로 계속되는 연도의 예상손실지급금을 예측할 수 있다. 아래 삼각형을 형성하는 굵은 숫자가 상기 방법에 의해서 예측된 손실지급금이며 이렇게 함으로써 직사각형의 모든 항을 채우게 된다.

EXPECTED LOSS PAYMENTS

AUTO	LI	LP0	LP1	LP2	LP3	LP4
75	7304137	2797265	2086280	976254	588172	371249
76	7916638	3061752	2206047	1040967	661547	**414155**
77	8912515	3294647	2498537	1248548	**754782**	**444395**
78	10104984	3772721	2902476	**1340406**	**780152**	**445040**
79	11366112	4286390	**2944092**	**1364977**	**769733**	**405140**

최근의 금융환경 변화 속에서 기존의 사다리법에 의한 지급준비금의 산정은 재고의 필요성이 있다고 사료되며 따라서 손해보험회사의 효율적인 부채관리를 위하여 부채의 시장가치 산출에 중요한 미래손실 지급금의 예측을 위한 여러 방법을 알아보았다. 특히 수입보험료의 성장, 물가상승 및 이자율의 기간구조 등 환경변화를 감안하여 예측된 손실지급금을 기초로 지급준비금의 적립수준을 객관적으로 제시할 수 있다는 점에서 변형된 테일러분리기법이 기존의 방법보다 현실적이라고 할 수 있겠으며 나아가 시장가치를 반영한 효율적인 자산부채 관리에 도움이 되리라 사료된다. 물론 이 방법 역시 자료측면에서 손실지급금의 이자율에 대한 민감도를 반영하게 하기 위해서는 좀 더 포괄적인 연구가 계속되어야 할 것이다. 예를 들면, 사건발생연도에 지급된 손실지급금인 LP_t의 경우, 보험료가 연구에 사용된 자료상 일반적으로 영업분야별로 구분되지 않기 때문에 전년도 대비 영업실적 변화를 반영키 위한 하나의 proxy로서 사용되었다. 그러나 LP_t는 주로 보험료 수준이 아닌 클레임의 수에 영향을 받기 때문에 LP_t에 의한 영업실적 변화를 감안한 손실지급금의 조정결과는 실제적인 보험료 수준 변화를 반영하지 못할지도 모른다.

지급준비금 적립수준을 객관적으로 지도 · 감독하는 것은 보험사의 지급능력 및 건전한 재무상태를 유지하는 데 매우 중요한 역할을 한다고 하겠다. 비록 본 장에서는 미국의 자료를 인용하여 설명하였으나 기본적인 측면에서 이러한 기법이 하나의 시스템으로서 정착되어 손실지급금의 지급패턴 등 상품판매에 대한 각종 자료 등 보험산업 전반에 대한 데이터베이스 구축이 필요하다.

CHAPTER 18

언더라이팅과 보험요율산정

보험회사의 경영과 관련하여 상품개발(production), 판매(distribution), 보험금지급(claim settlement), 재보험(reinsurance), 투자(investment)를 포함한 자산운용 등 여러 주요 분야가 있지만 그 중에서 보험회사의 수익성과 재무건전성에 직결되는 중요한 분야가 바로 보험가입을 신청한 리스크에 대한 평가(risk assessment)이다. 리스크평가에는 관련된 두 절차가 있는데 하나는 리스크를 선택(selection)하고 분류(classification)하는 일련의 심사과정인 언더라이팅과 다른 하나는 선택 · 분류한 리스크에 대하여 부과될 요율수준을 결정하는 보험요율산정(rate making)이다. 언더라이팅은 원래 해상보험에서 유래된 용어로서 선주가 가져온 서류를 본 뒤 항해에 따른 리스크에 대한 책임을 부담할 사람의 이름과 책임보장의 한도를 기입하여 서류 맨 아래에 서명한데서 유래되었다. 손해보험의 보험요율 역시 회사의 재무건전성을 유지하고 보험계약자에 대한 재무적 의무, 즉 보험금지급의 이행을 통한 보험계약자를 보호하기 위하여 요율의 적정성(rate adequacy), 요율의 형평성(rate equity), 그리고 과다하지 않은 요율(rate not excessive) 등 3가지 규제상의 기준이 있다.

주요용어

언더라이팅	순보험료방식	경험요율
판단요율	손해율방식	소급요율
등급요율	할인할증요율	스케줄요율

제1절 언더라이팅의 유래와 개념

언더라이터(Under-writer)는 원래 '서명하는 사람'이라는 뜻이다. 1600년대 말 런던에서만 2,000~3,000개 정도의 Coffee House가 있었다고 하는데 세계의 해상보험거래에서 차지하는 영국의 지위를 결정적으로 한 사실은 하나의 Coffee House로서 1688년 Edward Lloyd(1648~1713)라는 인물이 시작한 Lloyd's Coffee House(현재 세계적 재보험사)이다. 이 찻집은 테임즈강변의 선착장에 가까운 Tower Street에 있었기 때문에 당초 선원의 집합소가 되었으며 출항하기 전에 보험에 가입하는 선주들이 배 이름, 적재화물, 종사원, 목적지 등을 기재한 서류를 가져와 항해에 따른 리스크에 대한 책임을 부담할 사람을 찾는 장소였다. 그 책임을 지는 사람은 선주가 가져온 서류를 본 뒤 자기이름과 책임보장의 한도를 기입하여 서류 맨 아래에 서명한데서 유래되었으며 언더라이팅은 여기에서 파생되었다. 따라서 생명 및 손해보험 등 보험분야에서 사용하는 언더라이팅은 원래 해상보험에서 유래된 용어로서 보험을 청약하는 사람이 보험에 가입되어질 수 있는지, 가입된다면 어떤 보험요율[01]로 가입될 등급인지를 분류하는 과정이다.

보험이란 개인의 불확실하고 잠재적인 기대손실(expected liss)에 대한 리스크를 현재의 확실하고 작은 손실인 보험료 형태로 보험회사와 교환하고 손실이 발생하였을 경우 보상받는 수단이다. 그러므로 보험회사는 보험계약기간 동안 빈도와 규모를 바탕으로 얼마의 손실이 발생하여 보험금으로 지급될지를 예측하여야만 한다. 따라서 언더라이팅의 주요 목적은 정보비대칭에 따른 역선택과 도덕적 hazard에 의한 보험범죄를 최소화하고 미래손실발생가능성이 유사한 리스크로 분류하고 등급(class)으로 구성하여 적절한 요율을 책정함으로써 재무건전성에 도움을 주는 보험계약을 체결하도록 하는 것이다. 이러한 언더라이팅의 기능과 목적을 달성하기 위해서 보험회사 고유의 목적을 달성하는 방향으로 보험가입 신청자격과 인수가능성을 체계적으로 자세하게 명시하고 있는 언더라이팅 기준을 정하고 준수하여야 하며 선택된 리스크들이 특성에 따라 동일한 보험료를 지급하는 요율등급으로 분류되어 그 등급의 모든 손실과 비용이 충당될 수 있도록 배정이 이루어져 요율등급 내의 적절한 균형이 유지되도록 하여야 한다. 또한 리스크 특성에 따라 보험요율이 공평하게 차등적으로 산정되

01 보험요율과 보험료는 유사한 의미로 혼용되나 엄밀하게 정의하면 보험요율은 보험상품 가격을 보험단위에 대하여 나타내는 보험단위가격으로서 보험가격의 상대적 수준을 비교하는 데 용이한 반면, 보험료는 보험계약자가 보험회사에 지불하는 금액으로서 보험요율에 보험가입금액을 곱하여 산출한다.

어 계약자그룹 간에 보조(subsidization)하는 결과가 초래되지 않도록 리스크 간의 형평성(equity)이 유지되도록 하여야 한다.

언더라이팅업무인 리스크선택의 방법은 다음의 4단계를 거치게 된다. 1차 선택은 설계사에 의한 가장 기본적이며 중요한 선택과정으로, 청약인의 연령 · 성별 · 건강상태 · 가족력 · 보험가입의 동기 및 목적 등으로 쉽게 파악이 가능하다. 2차 선택은 진단의(診斷醫)에 의한 선택으로 진단계약의 경우에 한해서 이루어진다. 3차 선택은 언더라이터에 의한 선택과정으로 보험사의 실질적이고 최종적인 리스크선택업무를 담당하며 종합적인 심사가 이루어진다. 마지막으로 4차 선택은 계약적부심사와 사고심사에 의한 선택이다. 고지의무 위반 계약을 조기에 발견함으로써 역선택 및 보험사고발생 후 분쟁가능성을 최대한 배제하기 위한 계약적부심사와 보험금지급사유와 불지급사유를 명백히 하여 선의의 계약자를 보호하는 사고심사로 이루어진다. 언더라이팅업무의 효율성은 손해율(Loss Ratio: *LR*)과 사업비율(Expense Ratio: *ER*)을 합한 통합비율(Combined Ratio: *CR*)에 의해 판단할 수 있는데 만약 $CR = LR + ER < 1$일 경우 언더라이팅이 효율적으로 수행되어 수익이 난 것으로, 만약 $CR > 1$이면 언더라이팅과정에서 리스크의 특성과 그에 따른 예상손실을 잘못 판단한 결과 손실이 발생한 것이다.

제2절 리스크분류를 위한 기준[02]

통계적 관점에서 볼 때 만약 리스크평가가 완벽했다고 하면 보험계약자가 자불하는 보험료의 손실부분, 즉 순보험료(pure premium)는 보험계약에 의해 지급되어야 하는 기대손실(expected loss)을 반영하여야 한다. 그러나 현실적으로 기대손실을 정확하게 산정할 수 없기 때문에 예측할 수밖에 없다. 따라서 리스크를 분류할 때 전체집단(general population)은 객관적인 특성을 바탕으로 유사한 손실확률(probability of loss)을 가졌다고 예측되는 개인들로 구성되는 하부집단(subpopulation)으로 분류되며 이를 리스크등급(risk class)이라고 한다. 리스크평가의 현실적인 문제점을 보완하기 위해서 리스크분류의 목적

---

02 Natalie Shayer, "Driver Classification in *Automobile Insurance*," *in Automobile Insurance Risk Classification: Equity & Accuracy*(Boston: Division of Insurance, Commonwealth of Massachusetts, 1978).

(objectives)과 제약점(constraints)을 반영하는 기준들(criteria)을 설정하는 것이 유용하다. 기준에는 분리성(separation), 동질성(homogeneity), 신뢰성(reliability), 수용성(admissibility) 그리고 동기유인(incentive value) 등 5가지가 있다.

1. 분리성

두 리스크등급 간 실질적이고도 통계적으로 유의한(significant) 평균기대손실(mean expected loss)의 차이에 의해서 분류되었다면 보험요율의 차이를 설명하는 근거가 된다. 만약 한 리스크등급의 평균기대손실이 100만원일 때 다른 리스크등급의 평균기대손실을 105만원으로 설정하였다고 하자. 두 리스크등급에 속하는 개개인의 손실이 각각 100만원과 105만원에 근접하게 일어나지 않는 한 상당수의 개인이 중복분류되는 사태에 직면한다. 따라서 분리의 목적은 우발적 실수 또는 등급 간 중복분류로 인한 리스크의 오분류(misclassification) 가능성을 줄이기 위한 것이다.

2. 동질성

앞서의 분리성이 리스크등급 간 평균기대손실의 차이에 관한 것이라면 동질성은 형평성의 측면에서 평균기대손실이 같은 등급 내 구성원 간의 기대손실의 차이에 관한 것으로서 각 구성원의 기대손실이 평균기대손실과 비교하여 큰 차이가 없어야 바람직하다는 것이다. [그림 18-1(a)]에서 볼 수 있듯이 통계적으로 분산값이 작게 나오는 높은 동질성을 보이는 경우

그림 18-1 ▸▸ **분산과 동질성**

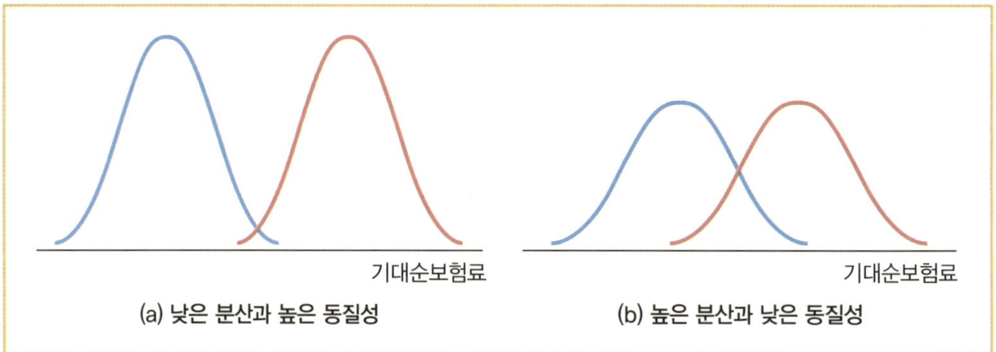

리스크등급 간의 중복되는 부분이 줄어들게 됨으로써 등급 간 오분류의 가능성이 적게 된다. 반면에 [그림 18-1(b)]에서와 같이 분산값이 크게 나오는 낮은 동질성을 보이는 경우 길게 퍼진 분포의 특성 때문에 많은 구성원들이 등급 간 중복되어 부적절한 보험료를 부담할 가능성이 높다.

3. 신뢰성

리스크의 분류체계 측면에서 각 리스크등급의 구성원들의 손실을 예측하는 방법이 실질적이고 신뢰할 수 있어야 한다. 분류의 차이를 나타내는 특성들이 객관적이고 분명하게 정의되어 쉽게 증명되어 관리하기 쉽고 사무적인 실수나 보험사기에 악용되지 않아야 한다. 예를 들어, 자동보험의 경우 자동차의 종류는 증명하기가 쉽고 확실하나 자동차의 사용장소 또는 운전능력 등은 보험회사가 직접 확인하거나 능력테스트를 실행하기가 현실적으로 쉽지 않다.

4. 수용성

리스크분류의 차이를 나타내는 특성들이 비록 통계적인 측면에서 가능성이 있다고 하더라도 성별, 학력, 지역, 종교, 지위 등에 관계없이 공정하고 보험가입을 신청한 개개인을 공명정대하게 취급하는 등 사회적으로 수용이 가능한 최소한의 기준을 충족하여야 한다.

5. 동기유인

가능한 한 분류체계는 보험가입자로 하여금 보험사고와 손실을 줄이려고 하는 예방조치를 취하도록 유도하는 동기를 부여하여야 한다. 산재보험, 화재보험, 자동차보험 등에서 손실예방을 권장하는 요율체계(loss prevention rating)라든지 할인할증제도(merit rating)가 대표적인 예라고 할 수 있다.

제3절 보험요율산정

앞서 생명보험의 요율산정의 기준[03]에서 언급하였듯이 손해보험의 보험요율 역시 회사의 재무건전성을 유지하고 보험계약자에 대한 재무적 의무, 즉 보험금지급의 이행을 통한 보험계약자를 보호하기 위하여 요율의 적정성(rate adequacy), 요율의 형평성(rate equity), 그리고 과도하지 않은 요율(rate not excessive) 등 3가지 규제상의 기준이 있다. 아울러 경영측면에서도 몇 가지 기준을 충족하도록 요율체계를 갖추어야 한다. 첫째로, 요율체계에 대한 이해가 쉽도록 단순하게 설계되어 상품개발부서에서 최소의 비용과 시간으로 해당 상품에 대한 보험료가 산출될 수 있도록 하여야 한다. 둘째로, 소비자만족 측면에서 보험요율이 단기간에는 안정적 수준을 유지하도록 한다. 만약 보험요율이 급격히 변동하게 될 경우 감독기관의 경영간섭의 빌미를 제공하게 될 수도 있다. 셋째로, 보험요율은 부보대상의 증감이나 인플레이션 등 경제환경의 변화에 신속하게 반응하여 요율의 적정성에 부합되도록 하여야 한다. 끝으로, 요율체계는 손실의 빈도나 규모를 줄이려는 손실통제(loss control)의 활동을 장려하는 동기를 부여하여야 한다. 보험요율의 산정에는 다음과 같은 방식이 있다.

1. 판단요율(judgement rating)

판단요율은 개별 부보대상(exposure)에 대하여 언더라이터(underwriter)가 자신의 경험과 지식을 바탕으로 평가하여 보험요율을 결정하는 방식이다. 이 방식은 부보대상들이 내포하고 있는 리스크의 특성이 다양하여 일괄적으로 요율을 산정하여 부과하는 등급요율을 적용하기 어렵거나 손실에 관한 믿을 만한 통계자료가 존재하지 않는 경우에 활용된다. 판단요율은 주로 해상보험에서 폭넓게 사용되는 방식으로서 부보대상인 선박, 적하(cargo), 항구 및 항해구간 등이 복잡하고 다양하여 리스크의 정도가 천차만별이기 때문에 전문지시과 경험이 풍부한 언더라이터의 개별적인 판단에 따라 보험요율이 결정된다.

03 자세한 내용은 제13장 참조

2. 등급요율(class rating)

등급요율은 손해보험에서 가장 보편적으로 활용되는 방식으로서 유사한 특성의 리스크를 가진 부보대상들을 하나의 등급으로 분류하고 그 등급의 평균손실을 보험요율로 적용한다. 등급요율이 효율적으로 적용되기 위해서 동질적이고 독립적인 리스크에 노출되어 있고 대수법칙이 적용될 만큼의 많은 부보대상이 존재해야 되므로 자동차보험, 산재보험 등에서 활용되고 있다. 이 방식의 장점은 요율적용이 단순하고 간편하여 보험료가 상대적으로 쉽게 산출되므로 비용이 저렴하다는 점이다. 등급요율에는 다음과 같이 두 가지 방식이 있다.

1) 순보험료방식

순보험료는 보험계약자가 보험회사에 지불하는 영업보험료에서 부가보험료를 제외하고 손실보상에 필요한 보험료로서 다음과 같은 식으로 구할 수 있다.

$$
\begin{aligned}
\text{순보험료} &= \text{평균손실빈도} \times \text{평균손실규모} \\
&= \frac{\text{사고발생건수}}{\text{계약건수}} \times \frac{\text{지급보험금}}{\text{사고발생건수}} \\
&= \frac{\text{지급보험금}}{\text{계약건수}}
\end{aligned}
$$

보험계약자에게 부과되는 영업보험료는 앞서 구한 순보험료에 부가보험료를 더하여 산출되는데, 부가보험료는 일반적으로 영업보험료에 일정비율의 %로 표시되는 사업비율(expense ratio)을 곱하여 나온 값이다. 따라서 영업보험료는 아래의 식을 통하여 구할 수 있다.

$$
\begin{aligned}
\text{영업보험료} &= \text{순보험료} + \text{부가보험료} \\
&= \text{순보험료} + (\text{영업보험료} \times \text{사업비율})
\end{aligned}
$$

$$\text{영업보험료}(1 - \text{사업비율}) = \text{순보험료}$$

$$\text{영업보험료} = \frac{\text{순보험료}}{1 - \text{사업비율}}$$

2) 손해율(loss ratio)방식

손해율방식은 보험계약기간 동안의 실제손해율과 보험계약 전에 예측한 예정손해율을 비교하여 현재의 보험요율을 조정하는 방식으로서 아래의 식으로 요율조정이 이루어진다.

$$M = \frac{ALR - ELR}{ELR}$$

M: 조정요율
ALR: 실제손해율
ELR: 예정손해율

예를 들어, 과거 경험을 바탕으로 예정손해율을 80%로 예측했는데 보험계약기간 동안의 실제손해율이 90%로 나타났다면 조정요율 M은 $\frac{0.9-0.8}{0.8} = 0.125$로서 현재의 요율을 12.5% 인상하여 새로운 보험요율을 산정하게 된다.

3. 할인할증요율(merit rating)

부보대상의 개별적 리스크의 특성을 고려하여 기초요율(basis rate)을 조정하거나 보험계약기간 동안의 손실경험을 반영하여 개별적으로 요율을 할인 또는 할증하여 산정하는 방식으로서 경험요율, 소급요율, 그리고 스케줄요율이 있다.

1) 경험요율(experience rating)

경험요율은 피보험자의 과거 손실경험을 바탕으로 등급요율을 할인 또는 할증하여 조정하는 방식이다. 이 방식의 가장 두드러진 특징은 보험계약기간 동안에 실제로 발생한 손실을 근거로 갱신하는 기간의 보험료가 결정되므로 과거의 손실경험이 미래의 보험요율에 직접적으로 영향을 준다는 점이다. 따라서 손실규모가 피보험자가 속해 있는 등급의 평균손실보다 높으면 요율이 할증되고 낮으면 요율이 할인된다. 경험요율은 주로 일반배상책임보험, 산재보험, 자동차보험 등에서 활용되고 있다.

2) 소급요율(retrospective rating)

소급요율은 피보험자가 보험계약을 할 때 계약기간에 적용될 최소와 최대보험료 사이에서 책정된 잠정보험료(provisional premium)를 지불한 후 계약기간 동안에 실제로 발생한 손실규모를 근거로 실제보험료가 산정되고 잠정보험료와 비교하여 정산하는 방식이다. 이 방식은 대기업의 산재보험, 일반배상책임보험, 자동차보험 및 도난보험 등에서 폭넓게 사용되고 있다.

3) 스케줄요율(schedule rating)

스케줄요율은 피보험자의 활동에 있어 일정한 물리적 특성이 손실에 영향을 미친다는 전제 아래 각 부보대상에 개별적으로 적용된다. 우선 피보험자에게 적용될 기초요율을 산정하고 부보대상의 개별적 리스크의 물리적 특성에 따른 바람직한 요소들(credits)과 바람직하지 못한 요소들(debits)에 의해 각각 할인 또는 할증됨으로써 기초요율이 조정되어 최종적으로 보험요율이 결정되는 방식이다. 이 방식은 주로 대규모 복합 상업건물 및 산업시설의 화재보험에 활용되는데 개별적인 건물이나 시설의 구조(construction), 용도(occupancy), 방재시설(protection), 재해가능성(exposure) 그리고 유지보수(maintenance) 등의 물리적 특성이 요율조정을 위한 요소로 작용한다.

CHAPTER 19

재보험

재보험이란 보험을 위한 보험이라고 할 수 있는데 한 보험회사가 인수한 보험계약의 일부 또는 전부를 다른 보험회사로 이전시키는 것을 말한다. 재보험은 손해보험의 일종으로 책임보험이며 1370년 스페인의 Cadiz로부터 네덜란드 Sluis까지의 항해가 가장 위험한 구간으로 생각되어 이 구간만을 재보험에 가입함으로써 최초로 사용하게 되었다. 전 세계적으로 재보험시장 규모는 보유보험료기준 약 1,800억 달러 규모이며 Munich Re, Hanover Re(이상 독일), Swiss Re(스위스), Lloyd's(영국), SCORE Re(프랑스) 등 유럽계 재보험사와 Berkshire Hathaway, RGA 등 미국계 재보험사가 상위권을 형성하고 있으며 한국에는 Korean Re가 유일하다(Global Reinsurance Highlight 2013, S&P).

주요용어

재보험	원수보험사	비례재보험
재보험사	특약재보험	비비례재보험
재재보험	임의재보험	

제1절 재보험의 개념과 목적

1. 재보험의 개념

보험이란 이론적으로 동종의 리스크에 직면한 다수의 독립적이고 동질적인 노출단위(exposure units)를 대상으로 pooling을 통한 리스크분산에 기반을 두고 있다. 그러나 현실적으로 보험회사가 대수의 법칙과 리스크분산의 원칙을 효과적으로 활용할 수 있는 상황이 항상 조성되는 것은 아니다. 통상 인수하는 보험계약은 담보리스크의 성격과 손실규모가 다른 이질적인 리스크들이거나 보험회사가 보유할 수 있는 능력을 초과할 정도의 대규모의 리스크, 또는 효과적인 리스크분산이 어려운 소수의 독특한 리스크들을 담보하므로 실제로 보험사고가 발생할 경우 보상책임에는 큰 차이가 있을 수 있다. 따라서 일반보험가입자와 마찬가지로 보험회사가 보험계약을 통해 인수한 리스크의 일부 또는 전부를 다른 보험회사에게 전가하여 안정적인 보험사업과 보험의 사회적인 공공성을 도모하는 중요한 방법으로 재보험이 활용되고 있다.

이와 같이 보험계약상 재무적 책임의 일부 또는 전부를 재보험계약을 통하여 다른 보험회사에게 인수시키는, 즉 출재(出再)하는 보험회사를 원수보험사(Primary Carrier or Insurer) 또는 출재회사(Ceding Company or Cedant)라고 하고 인수받는, 즉 수재(受再)하는 보험회사를 재보험사(Reinsurance Company or Reinsurer)라고 한다. 재보험의 구조는 [그림 19-1]과 같다.

2. 재보험의 목적

재보험의 목적은 원수보험사의 입장에서 다양할 수 있으나 다음과 같이 정리해볼 수 있다.

1) 언더라이팅 능력(underwriting capacity)의 확대

재보험의 가장 중요한 목적 중의 하나가 바로 언더라이팅 능력의 확대이다. 만약 재보험

그림 19-1 ▶▶ 재보험계약의 구조

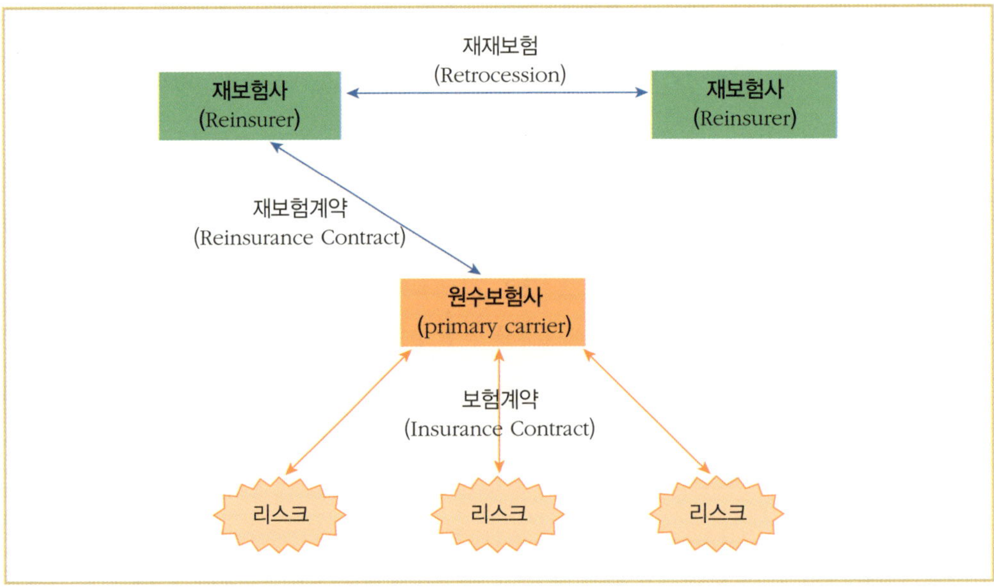

을 활용할 기회가 없을 경우 원수보험사의 순자산가치에 따라 제한된 담보능력으로 인하여 대규모 리스크 등 특정 리스크에 대한 보험계약인수가 불가능하게 되며 보험영업에 많은 지장을 받게 된다. 따라서 보험계약을 통해 인수한 리스크의 일정부분만을 원수보험사가 보유하고 나머지를 재보험사에게 전가하게 되면 원수보험사의 인수능력이 전가한 만큼 확대되어 안심하고 리스크를 인수할 수 있을 뿐만 아니라 큰 규모의 리스크를 인수할 수 있어 보험사업을 확장할 수 있게 된다.

2) 수익과 손해율 변동의 안전화

원수보험사의 입장에서 동종의 리스크에 직면한 다수의 독립적이고 동질적인 집단에서의 보험사고 발생은 그 빈도나 손실규모에 대해 어느 정도 예측이 가능하다. 그러나 예기치 못한 대형사고나 재앙적 손실이 발생할 경우 손해율이 급등하여 영업실적의 급격한 악화를 초래할 뿐만 아니라 수익성 악화로 연결되어 경영안정성에 악영향을 미칠 수 있다. 이러한 상황에 대한 대비책으로 재보험을 활용하게 되면 특정 사고로 인한 손실규모에 따라 원수보험사가 부담할 수 있는 책임한도액을 정하고 그 한도액을 초과하는 부분은 재보험사에게 보상책임을 전가시킴으로써 손해율의 급격한 변동을 방지하고 수익과 경영의 안정을 확보할 수 있다. 예를 들어, 원수보험사가 최대 보험책임금액이 500억원인 보험계약을 인수한 후 500억원의 손실이 발생하였다고 하자. 만약 재보험에 가입하지 않았다면 500억원 전부에 대해 보험금으로 지급하여야 하는 부담으로 경영에 막대한 영향을 초래할 수 있다. 그러나 원수보험사의 책임한도액이 100억원인 재보험에 가입하였다면 원수보험사가 지급하여야 할 보험금은 100억원으로 제한되고 나머지 400억원은 재보험사가 부담함으로써 결국 원수보험사의 손해율의 급격한 상승을 막아주고 수익성에 충격을 줄여줌으로써 보험경영의 안정을 꾀할 수 있게 된다.

3) 미경과보험료적립금의 경감

미경과보험료적립금이란 보험료납입기일이 당해 사업연도에 속하는 순보험료 수입 중에서 사업연도말 현재 기간이 경과하지 않은 보험료에 대한 적립금을 말하며, 보험계약의 해지 또는 보험사고 발생 시 해약환급금 또는 보험금지급을 보장하기 위하여 법으로 적립하도록 되어 있다. 따라서 미경과보험료적립금은 원수보험사에게 보험계약자에 대한 부채로서 새로운 보험계약이 늘어날수록 충당해야 될 미경과보험료적립금은 지속적으로 증가하게 되어 재무적으로 부담이 될 수밖에 없다. 이러한 상황에서 재보험을 활용하게 되면 수입보험료에서 재보험료만큼을 차감한 금액을 기준으로 미경과보험료적립금이 결정되므로 그만큼 재정적으로 부담을 경감시킬 수 있다.

4) 보험계약자보호

상기에서 언급한 재보험의 기능을 활용하여 보험회사의 경영안정을 노모하고 나아가 보험금지급불능사태를 방지할 수 있다. 또한 선진 재보험사와의 협력을 통하여 리스크의 분석, 인수, 보험료산정 등의 분야에서 선진보험기술 이전에 도움을 받을 수 있다. 이를 통해 원수보험사의 재무적 능력과 경쟁력을 강화함으로써 궁극적으로 보험계약에 따른 재무적 의무를 이행하여 보험계약자를 보호하게 된다.

제2절 재보험의 종류

원수보험사가 보험계약에 의해 인수한 리스크의 재무적 책임의 일부 또는 전부를 재보험사에게 이전시키는 방법에는 절차상의 거래유형에 따라 특약재보험(Treaty Reinsurance), 임의재보험(Facultative Reinsurance), 그리고 의무적 임의재보험(Automatic Facultative or Facultative Obligatory Cover)이 있으며 책임분담방식에 따라 비례재보험(Proportional Reinsurance)과 비비례재보험(Non-Proportional Reinsurance)으로 분류되고 있다.

1. 거래유형에 따른 종류

그림 19-2 ▸▸ 재보험 거래유형에 따른 분류

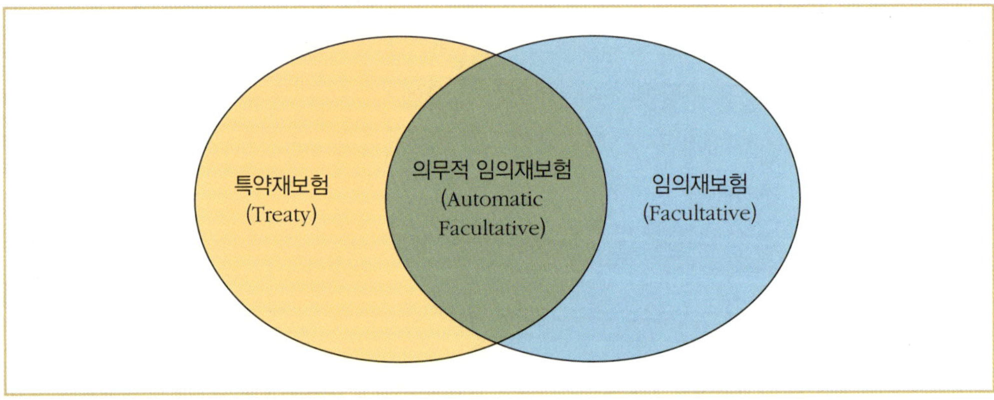

1) 특약재보험

특약재보험은 원수보험사와 재보험사 간에 사전에 재보험의 형태, 담보보험종목, 특약개시 및 종료시점, 보험료, 수수료, 보험금관련조항, 특약에서 제외되는 리스크의 형태, 분쟁시 준수규정 등 재보험에 관한 기본적인 계약조건을 정하고 약정기간(통상 1년) 동안 양측의 재보험청약과 인수가 자동적으로 이루어지는 방식이다. 이러한 특성으로 재보험사의 입장에서는 원수보험사의 재무상태, 신용도 및 언더라이팅 정책에 대한 정확한 정보를 바탕으로 재보험사에게 적정한 이익이 실현될 수 있도록 특약이 운영되어야 한다.

특약재보험은 한 번 계약이 체결되면 일반적으로 장기간 자동적인 재보험처리가 보장되는 특성에 따라 상대적으로 사무비용 및 시간이 절감되는 장점이 있으나 계약당사자 양측에게 매 계약마다 담보리스크에 따른 인수 여부를 결정하는 데 있어 재량권이 없다는 단점이 있다.

2) 임의재보험

임의재보험은 가장 오래된 재보험거래 유형으로 원수보험사가 재보험을 필요로 하는 개별 계약마다 재보험사에게 재보험청약을 하고 재보험사는 각개의 청약에 대하여 인수 여부를 결정하는 거래방식이다. 임의재보험의 경우 원수보험사가 계약별로 리스크의 보유규모 및 계약조건을 임의로 조정하여 결정할 수 있어 보다 자유롭게 재보험사에게 리스크를 분산시킬 수 있다는 장잠이 있다. 그러나 재보험계약이 완료될 때까지 사무적 번잡함과 업무량과다로 인하여 많은 시간이 소요될 뿐만 아니라 원수보험사에게는 담보능력을 초과하는 리스크까지 책임을 지게 되어 보험계약에도 부정적 영향을 미칠 수 있다. 따라서 임의재보험은 특약재보험의 한도액을 초과하는 대규모 리스크나 특약재보험에서 제외되는 리스크 그리고 신규로 인수한 리스크에 대하여 사용된다.

3) 의무적 임의재보험

의무적 임의재보험은 원수보험사의 입장에서 출재 여부를 임의로 결정할 수 있으나 재보험사는 의무적으로 수재하도록 정해진 방식이다. 재보험료와 재보험금액의 균형이 잘 안 맞고 특약의 손해율도 불규칙하여 재보험사들이 수재를 꺼리는 제보험방식으로 통상 비례재보험 특약이나 초과액재보험특약의 재보험담보력이 소진된 후에 사용되고 있다.

2. 책임분담방식에 따른 종류

1) 비례재보험

비례재보험에는 보험계약상의 보험금액에 대한 원수보험사의 보유액과 재보험사의 인수금액의 비율에 따라 보험료가 배분되고 손실보상을 위한 보험금에 대해서도 동일한 비율이 적용되어 각자의 부담액이 산출되는 방식이다. 비례재보험방식에는 비례재보험특약(Quota Share Reinsurance Treaty)과 초과액재보험특약(Surplus Reinsurance Treaty)이 있다.

그림 19-3 ▸▸ 재보험 책임분담 방법에 따른 분류

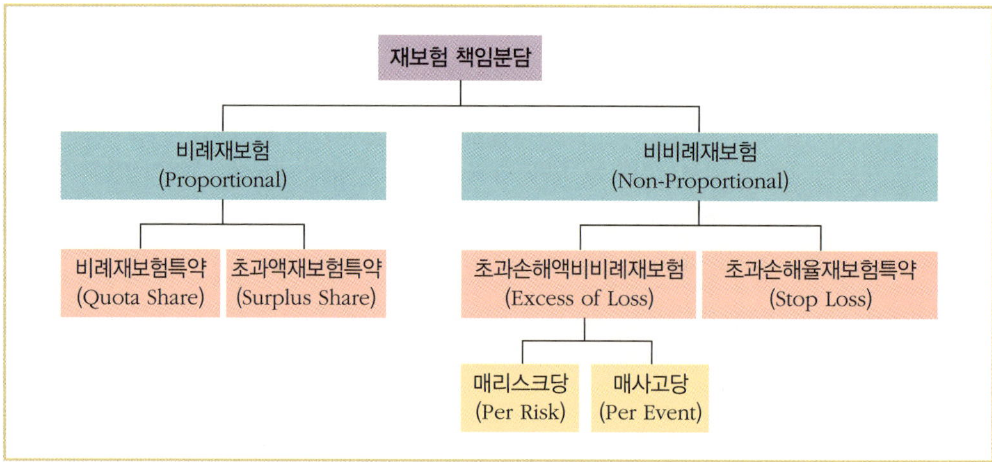

(1) 비례재보험특약

원수보험사가 인수한 보험계약 중에서 미리 정한 일정조건에 부합되는 모든 계약마다 원수보험사의 보유보험가액과 재보험사의 인수금액의 일정비율(출재율)에 따라 재보험으로 처리되고 보험료와 손실부담액인 보험금도 동일비율로 정해지는 형태의 재보험방식이다. 따라서 원수보험사에게는 간편한 사무처리와 그에 따른 시간절감뿐 아니라 비교적 유리한 조건으로 용이하게 재보험사를 선택할 수 있다는 장점이 있다. 재보험사의 입장에서도 리스크에 대한 원수보험사의 역선택 가능성이 적어 상대적으로 광범위한 특약참여와 함께 원수보험사로부터 우량한 특약에 대한 다량의 보험료인수가 가능하다는 이점이 있다.

예시 비례재보험특약

보험가액	보험료	보험금(손실부담액)
재보험사 X%	재보험사 X%	재보험사 X%
원수보험사 Y%	원수보험사 Y%	원수보험사 Y%

그림 19-4 ▸▸ 비례재보험특약

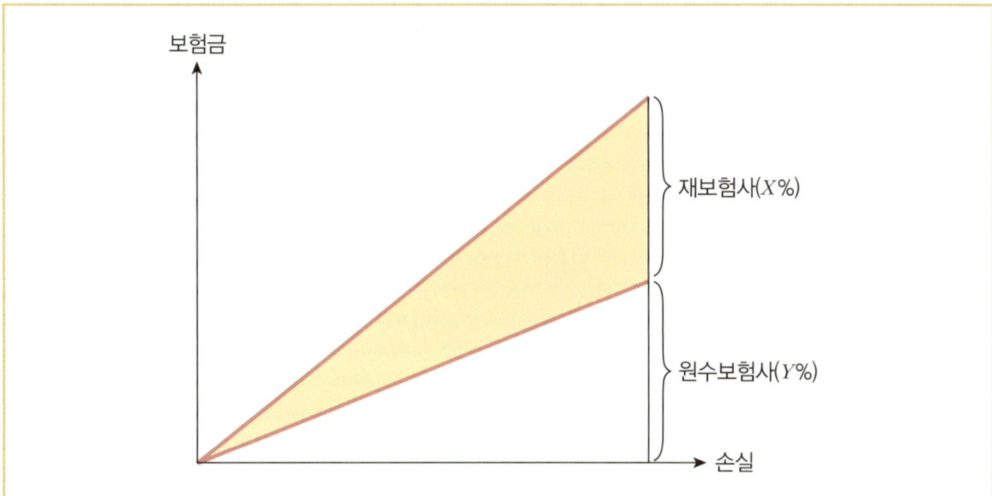

(2) 초과액재보험특약

보험계약을 인수한 원수보험사가 매 계약마다 우선 자기보유 보험가액([그림 19-5] M에서)을 정한 후 이를 초과하는 보험가액을 특약한도 내에서 재보험으로 출재하는 방식으로서 재보험사는 출재한도액 내에서 보유보험가액의 일정배수를 수재하게 된다. 이 방식은 원수보험사가 보유할 수 있는 금액이내의 보험가액에 대해서는 출재할 필요가 없어 원수보험사가 손실부담액 전액을 보험금으로 부담하고 보유액을 초과하는 경우에는 수재보험금액의 비율에 따라 동일비율로 손실부담액을 분담하게 된다. 따라서 비례재보험특약과는 달리 보험가액으로 표시되는 보험종목에만 사용된다. 예를 들어, 원수보험사가 보험계약을 통하여 보험가액으로 10억원을 인수하여 자기보유보험가액으로 1억원을 보유하고 나머지 9억원을 초과액재보험특약을 통해 재보험사에게 출재하였다고 하자. 이후 보험사고로 인하여 보험금으로 지급하여야 될 5억원의 손실부담액이 발생했을 경우 원수보험사가 재보험사로부터 회수할 수 있는 금액은 5억원에 대해 보유초과액비율인 90%$\left(\frac{9억}{10억}\times 100\right)$를 곱하여 산출된 4.5억원이 된다.

초과액재보험특약은 임의재보험에 비해 운영이 쉽고 처리가 간편할 뿐만 아니라 리스크의 종류와 성질에 따라 원수보험사의 보유한도 내에서 보험인수금액을 신축성 있게 조절하여 보유 포트폴리오의 동질성을 유지할 수 있어 원수보험사에게 유리한 재보험 형태이다. 반면에 재보험사 입장에서는 상대적으로 질적으로 불량 물건을 인수할 리스크가 높기 때문에 다

그림 19-5 ▶▶ 초과액재보험특약

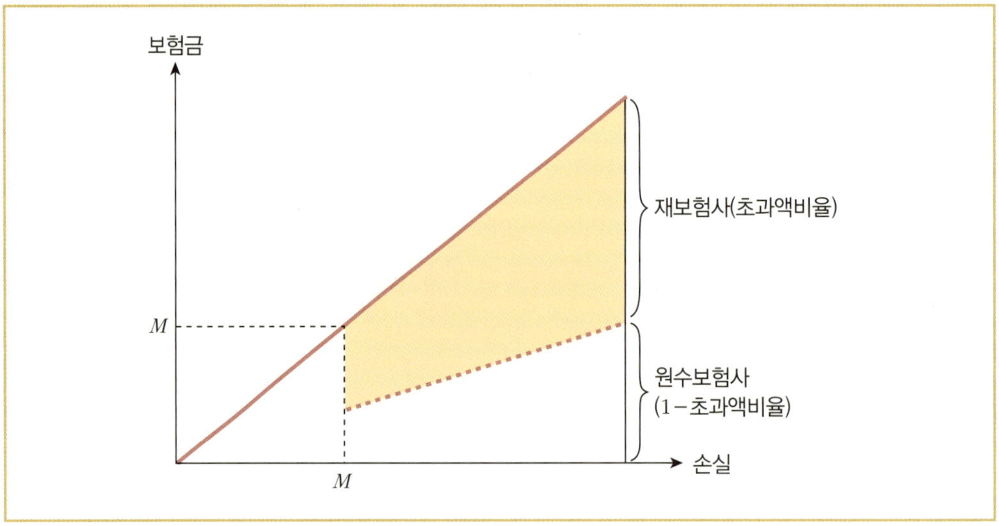

소복잡하고 전문적인 언더라이팅기술이 요구된다.

2) 비비례재보험

비비례재보험은 원수보험사의 보험계약을 근거로 보험사고로 인해 보상하는 보험금인 손실부담액을 기준으로 원수보험사와 재보험사가 책임을 분담하여 어떠한 비례성도 존재하지 않는 재보험 방식이다. 따라서 원수보험사가 책임지는 미리 정해진 일정손해액을 초과하는 금액만을 재보험사가 책임지게 되고 재보험료도 초과 손실부담액의 발생빈도와 손실규모를 감안하여 대상계약의 보험료 총계에 재보험료율을 곱하여 별도로 산출한다. 비비례재보험에는 초과손해액 비비례재보험(Excess of Loss Reinsurance)과 초과손해율 비비례재보험(Stop Loss Reinsurance)이 있다.

(1) 초과손해액 비비례재보험

손실부담액을 기준으로 사전에 원수보험사가 책임지는 일정보상액(Excess Point)과 재보험사의 책임한도액(Upper Limit)을 약정해 두고 원수보험사와 재보험사 간의 책임을 분할하는 재보험 방식으로 Excess of Loss Cover(E.L.C) 또는 XOL Cover라고도 한다.

손해액을 산정하는 방법에는 재보험사의 리스크에 대한 담보가 매 리스크(per risk)를 기준으로 이루어지는 매 리스크당 비비례재보험과 매 사고(per event or occurrence)를 기준으로 이루어지는 매 사고당 비비례재보험이 있다. 매 리스크당 비비례재보험의 경우는 특약에 포함된 원수보험사의 모든 보험계약의 각각에서 발생한 보험사고의 손실금액이 일정금액([그림 19-6]에서 *M*)을 초과할 때마다, 매 사고당 비비례재보험의 경우는 1건의 사고로 인하여 특약에 포함된 다수의 원수보험사가 인수한 물건이 입은 손실금액의 합계가 일정금액을 초과할 때에 재보험사에 자기부담금이 있는 경우 자기부담금을 제외한 보험금을 각각 청구하게 된다. 만약 보험금이 재보험사의 책임한도액([그림 19-6]에서 *UL*)을 초과하게 되면 초과금액은 원수보험사가 책임진다.

그림 19-6 ▸▸ 책임한도액이 있는 초과손해액 비비례재보험

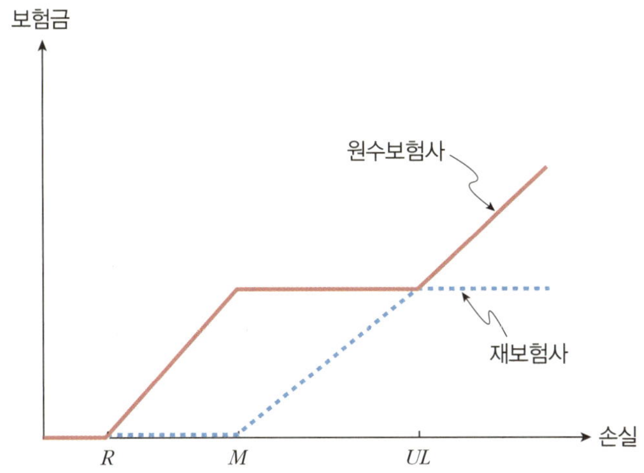

(2) 초과손해율 비비례재보험

손실금액을 기준으로 원수보험사와 재보험사 간에 책임분담이 구분되는 초과손해액 비비례재보험과는 달리 특약기간 중에 발생하는 누적손실금액이 보험료의 일정비율로 나타내는 예정손해율을 초과하는 경우 재보험사가 보상해주는 방식이다. 이 방식은 원수보험사의 연간 보험인수 영업실적이 평균손해율을 크게 상회하는 경우 영업실적의 안정화를 통한 경영불안을 해소하기 위한 재보험담보로 주로 우박보험(Hail Insurance)이나 농작물보험(Corp Insurance)에 사용된다.

이상과 같이 비비례재보험방식은 보유액이나 출재액을 계산하지 않고 일정보상액을 설정하여 책임을 분담하기 때문에 재보험관리비용이 상대적으로 저렴하고 대규모 리스크나 대규모 손실의 발생가능성이 있는 누적리스크를 담보하는 데 보다 적절한 방식으로서 원수보험사 입장에서 보유보험료를 증대할 수 있다는 장점이 있다. 그러나 재보험사 입장에서는 비례재보험방식에 비해 수익성은 높으나 보험료수입은 적고 적정수준의 보유손해액을 결정하기 위해서는 전문보험계리인력을 필요로 한다.

PART 05

사회 및 정책성보험

RISK & INSURANCE

CHAPTER 20

산업재해보상보험

산업재해보상보험(이하 산재보험)은 근로자의 업무상 재해를 신속하고 공정하게 보상하며, 재해근로자의 재활 및 사회 복귀를 촉진하기 위한 보험시설을 설치 · 운영하고, 재해 예방과 그 밖에 근로자의 복지 증진을 위한 사업을 시행하기 위한 사회보험을 말한다. 산재보험은 세계 최초로 도입되어 전 세계에 널리 퍼진 사회보험으로 1884년 독일에서 처음 도입하여 시행된 이래 지구상 거의 모든 국가가 산업재해에 대한 보상제도로 활용되고 있다. 산재보험은 근로자가 산재보험급여를 받기 위해 고용주의 과실을 입증할 필요가 없는 무과실프로그램(No-Fault Program)으로 국가별로 다소 차이는 있으나 장애, 사망, 의료비 등에 기인한 소득의 객관적인 경제적 손실에 대해서만 보상을 한다.

민법에 의해서 고용주를 고소함으로써 산재에 대한 보상을 받는 데에는 여러 고용주의 과실을 증명하기가 어렵고 고소할 경우 적대관계로 악화되어 직장복귀가 쉽지 않을 뿐 아니라 직장 내 구성원으로부터 증언을 얻기가 쉽지 않다. 비록 승소하더라도 실보상액이 그리 크지 않다는 점 등의 여러 제약점이 있을 뿐 아니라 급속히 진행된 산업사회의 현대화, 고도화, 정보화 등으로 책임소재가 불분명한 재해, 질병으로 인하여 고용주책임에 의한 산업재해의 배상에는 한계가 있었다. 따라서 시간 경비 및 경제적 노력이 덜 드는 제도의 필요성이 대두되어 도입된 산재보험은 연방정부체제나 광활한 국토에 의해 각주, 지역, 영토별로 별개 프로그램을 운영하는 호주, 캐나다, 미국 등 일부국가를 제외한 모든 국가는 단일한 전국프로그램을 갖고 있다. 관리운영체계는 경쟁적 사적기관이나 공사혼합관리운영체계를 택하는 경우도 있으나 많은 국가에서 공적기관에서 독점적으로 관리 운영하는 공적기관단독운영체계를 가지고 있다.

주요용어

산업재해보상보험	휴업급여	장애급여
요양급여	상병보상연금	유족급여

제1절 우리나라 산재보험의 특성

1960년대 공업화가 진전되면서 산업재해 발생이 급격히 증가하여 영세한 사업주의 재산만으로는 업무상 재해를 당한 근로자에게 근로기준법에 따른 재해보상을 할 수 없는 경우가 빈번히 발생함에 따라 근로자를 보호하기 위해 1964년 산업재해보상보험법이 제정되어 시행된 사회보험 중 가장 오래된 제도이다. 산재보험이 적용되기 전까지는 1953년에 제정된 근로기준법에 따라 산업재해에 대한 책임소재가 사용자에게 있음을 분명하게 규정하여 사업주의 개별책임하에 보상이 이루어지도록 하였다. 그러나 실질적인 재해보상이 이루어지는 데에는 여러 문제점이 제기되었다. 즉, 사용자의 책임소재에 의한 책임이행의 강제성이 미약하고 이에 대한 행정적 규제 또한 미흡할 뿐만 아니라 사용자의 경제적인 보상능력에 의존할 수밖에 없는 현실적인 제약점들로 인하여 보상으로 이어지는 데에는 한계가 있었다. 더욱이 갑의 입장에 있는 사용자들이 협상능력과 법에 대한 이해가 부족한 을의 입장에 있는 근로자들을 악용하는 사례가 빈번하게 발생하였다. 따라서 근로기준법상의 문제점들을 해결하고 사업주의 개별책임주의에 따른 사용자의 책임소재를 더욱 강화하도록 제정된 법이 산업재해보상법이다.

보험적용대상이 되는 근로자의 개념과 급여 그리고 보험료산정의 근간이 되는 평균임금과 관련하여 근로기준법을 준용하는 산재보험제도는 사업자의 재해보상에 대한 책임이 있는 이행을 담보하기 위한 사업주의 책임보험의 성격을 가지고 있다. 이에 따라 보상책임을 각 사업장별로 공동분산하고 아울러 재해보상을 둘러싼 노사관계 악화를 미연에 방지하여 사업주의 부담을 경감시켜줄 뿐 아니라 근로자에 대한 신속한 보상이 이루어질 수 있고 정부가 보험자로서 배상을 보증함으로써 재해보상에 대한 안전성을 확보할 수 있다는 점에서 노사 양측에 장점이 있다고 할 수 있다.

산재보험제도에서 개별사업주는 보험가입자가 되고 근로자는 보험수혜자로서 산재보험의 부담금인 보험료는 전적으로 사업주의 몫이 되기 때문에 일반보험과는 달리 보험가입자와 수혜자가 일치하지 않는다. 따라서 보험수혜자인 근로자의 보험능력, 즉 근로자의 개인적인 상황이 보험가입 및 급여수급에 대한 조건이 될 수 없다. 또한 산재보험의 보험료 징수 등 제반보험관리 역시 개별근로자가 아닌 사업장별로 관리되고 있다.

산재보험이 처음 시행된 1964년 당시에는 상시근로자가 500인 이상인 광업과 제조업 64개 사업장 8만여 명의 근로자에게만 적용하는 것으로 출발하여 꾸준히 적용대상 업종 및 사

표 20-1 | 산재보험 대상업종 및 사업장별 확대추이

연도	업종	사업장
1964	광업제조업	500인 이상
1965	전기가스업, 운수창고업	200인 이상
1966		150인 이상
1967	유기사업(연간 25,000인 이상)	100인 이상
1969	건설업, 서비스업, 수도, 위생설비업, 통신업, 신설	50인 이상
1974		16인 이상
1976	광업제조업, 중화학, 석유, 석탄, 고무, 플라스틱 제조업은 5인 이상	16(5)인 이상
1982	벌목업 추가	10(5)인 이상
1983	농산물 위탁판매업 및 중개업 추가	10(5)인 이상
1986	베니아판제조업 등 14개 업종은 5인 이상	10(5)인 이상
1987	목재품제조업 등 20개 업종은 5인 이상	10(5)인 이상
1988	전자제품제조업 등 16개 업종 5인 이상	5인 이상
1991	광업, 임업, 어업, 수렵업, 도소매업, 부동산업 10인 이상 확대	5(10)인 이상
1992	광업 임업 수렵업 도소매업 부동산업 5인 이상	5인 이상
1996	교육서비스업 보건 및 사회복지사업	
1998	금융보험업 해외파견업	
2000	중소사업주(근로자수 50인 미만 사업장)	1인 이상
2001	• 국가 또는 지방자치단체에서 직접 행하는 사업 추가	• 동종사업 일괄적용 규모 확대 −2년 전 총공사실적 30억원 이상
2005	• 중소기업사업주 산재보험 임의가입 대상 확대	• 자동차를 사용하여 행하는 여객 또는 화물운송사업을 근로자를 사용하지 아니하고 행하는 자도 적용특례에 의거 산재보험에 가입 가능
	• 건설공사 적용확대	• 건설업자(주택건설, 전기, 정보통신, 소방시설, 문화재수리업자) 아닌 자가 시공하는 총공사금액 2천만원 미만 건설공사 또는 연면적 330m² 이하의 건축물의 건축 및 대수선 공사는 적용 제외
	• 5인 미만의 근로자를 사용하여 농 · 임 · 어업 · 수렵업을 행하는 법인(1인 이상 당연적용)은 산재보험 적용	• 농업 · 임업(벌목업 제외) · 어업 · 수렵업 중 법인이 아닌 자가 행하는 상시 5인 미만 사업 적용 제외

2008	• 특수행태근로종사자 산재보험 대상 확대	• 4개 직종 특수형태근로종사자(보험모집인, 콘크리트믹서트럭자차기사, 학습지 교사, 골프장 캐디) 산재보험 적용 확대
2009	• 건설공사 적용확대	• 건설업자(주택건설, 전기, 정보통신, 소방시설, 문화재수리업자) 아닌 자가 시공하는 총공사금액 2천만원 미만 건설공사 또는 연면적이 100제곱미터 이하인 건출물의 건축 또는 연면적이 200제곱미터 이하인 건축물의 대수선에 관한 공사는 적용 제외
2012	• 특수형태근로종사자 및 중소기업사업주 산재보험 대상 확대	• 택배기사 및 전속 퀵서비스기사는 특수형태근로자 방식, 퀵서비스업자 및 비전속 퀵서비스기사는 중소기업사업주 방식으로 적용 확대
2012	• 중소기업사업주 산재보험 임의가입대상 확대	• 예술활동의 제공 대가로 보수를 받을 목적으로 체결된 계약에 따라 활동하는 예술인도 산재보험에 가입 가능

출처: 노동부, '산재보험사업연보(2014년)', 2016. 1.

업장 규모를 확대하여 왔다([표 20-1] 참조). 1인 이상의 전사업장으로 확대적용 중인 고용보험 등 타 사회보험과 적용범위를 일치시켜 사회보험의 사각지대를 최소화하기 위하여 1999년 12월 법 개정을 통하여 2000년 7월부터는 농업, 임업(벌목업 제외), 어업, 수렵업 등 일부 업종을 제외한 모든 업종에서 상시근로자 1인 이상의 모든 사업장의 근로자로 적용이 확대되었다. 또한 근로자는 아니나 산업재해에 노출될 위험성이 높은 사업주에게도 산재보험의 보호를 받을 수 있는 길을 열어주었는데 2000년부터는 50인 미만 근로자를 사용하는 있는 중 · 소기업 사업주도 임의가입을 통해 산재보험의 적용을 받을 수 있게 되었으며, 2012년 11월에는 예술인에 대해 산재보험 임의가입을 확대하였다. 2005년 1월부터는 고용보험 및 산업재해보상보험료에 관한 법률이 제정되어 시행되고 있다.

제2절 산재보험의 급여구조 및 내역

산재보험에서 업무상 사유로 부상, 질병, 장애 또는 사망한 경우 이를 회복시키거나 소득을 보장하고 그 가족의 생활보호를 위하여 지급되는 것이 보험급여(산재보험법 제38조 제1

항)로서 처음에는 요양급여, 휴업급여, 장해급여, 유족급여, 장의비, 일시급여로 총 6가지로 출발하였으나, 2000년에는 상시 또는 수시로 간병이 필요한 중증장해자를 보호하기 위해 간병급여를, 2008년에는 산재근로자의 사회 · 직업 복귀를 촉진하기 위한 직업재활급여를 도입하였다. 2010년 1월부터는 진폐보상연금과 진폐유족연금이 신설되었다.

표 20-2 산업재해 급여구조

산업재해보상 보험급여	진폐에 대한 산업재해보상 보험급여
• 요양급여 • 휴업급여 • 장해급여 • 간병급여 • 유족급여 • 상병보상연금 • 장의비 • 직업재활급여	• 요양급여 • 간병급여 • 장의비 • 직업재활급여 • 진폐보상연금 • 진폐유족연금

1. 요양급여

요양급여는 근로자가 업무상 부상 또는 질병에 걸려 4일 이상의 요양이 필요한 경우, 이를 치유할 때까지 지급되는 보험급여로서 현물로 지급한다. 즉, 치료를 위해 요양한 기간 동안 소요되는 일체의 비용을 근로자가 직접 지급받지 않고 근로복지공단이 설치한 보험시설이나 산재보험 지정 의료기관의 진료 등을 통해 보상받게 되며, 상기 비용은 근로복지공단에서 해당 요양기관에 직접 지급하는 것이다. 그러나 부득이한 사유로 현물급여인 요양을 받을 수 없는 때에는 예외적으로 근로자 자비로 실시한 요양에 대해 직접 현금을 지급하게 된다. 요양급여의 범위는 진찰 및 검사, 약제 또는 진료재료와 의지, 그 밖의 보조기의 지급, 처치, 수술, 그 밖의 치료, 재활치료, 입원, 간호 및 간병, 이송, 그 밖에 산업재해보상보험법 시행규칙에서 정하는 사항으로 건강보험 요양급여기준에 따라 요양급여를 산정한다. 만약 업무상 재해로 인한 부상, 질병이 3일 이내 요양으로 치유될 경우 근로기준법에 의해 사용자가 보상하도록 규정하고 있다.

2. 휴업급여

신업재해로 인한 부상 또는 질병으로 인하여 요양기간이 3일을 초과하는 경우, 일시적으로 노동능력이 상실되어 소득이 없어진 것에 대한 보상차원에서 휴업기간 동안 피재근로자와 그 가족의 생활보호를 위히어 1일 평균금액의 70%를 지급하는 보험급여이다. 휴업급여는 '취업하지 못한 경우'에 지급되는 것이므로 부분적으로라도 취업을 한 경우에는 휴업급여를 지급받지 못하게 된다. 따라서 산재근로자가 취업을 할 수 있는 상병상태임에도 불구하고 이를 회피하게 되는 경우, 조기 직업복귀가 느려지고 상대적으로 요양이 장기화될 수 있으므로 요양기간 동안 취업을 하는 경우에도 보험급여를 지급해 주자는 취지에서 도입되었다.

부분휴업급여는 휴업급여의 산정에 적용되는 '평균임금'에서 '요양기간 중 취업하여 근로한 날 또는 시간에 대해 받은 임금을 뺀 금액'의 90%인 '취업시간에 해당하는 부분휴업급여액'과 '1일 휴업급여액'에 '8시간(법정근로시간) 대비 취업하지 못한 시간의 비율'을 곱한 금액인 '미취업시간에 해당하는 부분휴업급여액'을 합하여 지급된다. 다만 최저임금액을 휴업급여로 지급받는 자가 취업한 경우, 최저임금액에서 취업하여 받은 임금을 뺀 차액 전부가 지급되며, 고령자의 경우에는 최저임금액에서 고령자 감액비율을 고려하여 산정된 금액이 지급된다.

3. 상병보상연금

업무상 재해로 인하여 부상 또는 질병을 당한 근로자가 요양 개시 후 2년이 경과한 시점까지도 치유되지 않고 장기화되어 폐질 등급 1~3급에 해당될 경우 근로자와 그 가족들의 요양에 따른 부대비용 지출 등 재정적 부담을 완화해줌으로써 생활을 안정시키고 재기의욕을 고취시키기 위해 도입되었으며 휴업급여보다 보상수준을 높여 지급하고 있다. 폐질 등급에 따라 그 지급수준을 달리하며, 1급, 2급, 3급으로 세분화되어 차등적으로 지급한다.[01]

01 1급은 1일 평균임금의 329일분, 2급은 291일분, 3급은 257일분으로 되어 있으며 장애연금의 1~3급의 보상수준과 일치한다.

4. 장해급여

산업재해로 인하여 발생한 부상 또는 질병이 일정기간 요양을 한 후에 치유[02]되었거나 신체에 잔존하는 영구적인 정신적 및 육체적 훼손상태로 인한 장애로 인하여 생긴 노동력의 손실 또는 감소를 전보하기 위하여 장애등급에 따라 일시금과 연금 두 가지 형태로 지급되는 보험급여를 말한다. 장해급여는 해당 산재근로자의 장해등급에 따라 그 지급 금액이 달라지는데, 장해등급은 신체를 해부학적 관점에서 10개 부위로 나누고, 각 부위에 있어서 기능면에 중점을 둔 생리학적 관점에서 26종의 계열로 세분한 뒤, 노동능력 상실 정도에 따라 164종의 유형적인 신체 장해를 일정한 순서로 배열한 후 일정 범위로 함께 묶어 같은 등급으로 정한다. 현행 장해등급은 14등급으로 구분되고 있다. 1급부터 3급까지의 산재장해인에게는 연금으로만 지급하는 것이 원칙이며, 4급부터 7급까지의 산재장해인은 연금과 일시금 중 선택이 가능하고, 8급부터 14급까지의 산재장해인에게는 일시금으로만 지급된다. 연금수급권자가 일시금보다 적은 연금을 지급받은 상태에서 사망하였다면 그 차액은 유족에게 지급하도록 하고 있다.

장해급여는 요양종결 후 남은 장해 상태를 기준으로 연금 또는 일시금으로 지급하고 있으나, 치유 당시의 장해 상태가 시간의 경과에 따라 회복 또는 악화되는 경우에도 판정 당시의 등급에 따라 그대로 지급하는 불합리한 점이 있어 왔는데, 이러한 문제점을 해결하기 위해 2008년 7월부터 장해등급 재판정제도를 도입하였다. 장해보상연금 수급권자 중 장해 상태가 호전되거나 악화되어 치유 당시 결정된 장해등급이 변경될 가능성이 있는 경우, 장해보상연금의 지급결정을 받은 날을 기준으로 2년이 지난날부터 1년 이내에 재판정을 받도록 하고 있다. 재판정 결과 장해등급이 변경될 경우, 연금으로 청구하면 재판정 진찰일에 속하는 달의 다음 달부터 변경된 등급에 해당하는 연금이 지급되고, 일시금으로 청구하면 변경된 등급에 해당하는 일시금의 지급일수에서 이미 지급한 연금의 지급일수를 뺀 일수에 해당하는 금액을 지급받게 된다.

5. 유족급여

산업재해가 발생하여 근로자가 사망하는 경우 상실된 피부양이익을 보상하고 부양가족의

02 부상 또는 질병에 대한 치료의 효과를 더 이상 기대할 수 없게 되었거나 증상이 고정된 상태에 이르게 된 것을 의미한다.

생활보장을 위하여 유족[03]에게 지급되는 보험급여이며 유족보상일시금과 유족보상연금 두 가지 형태가 있다. 유족급여는 연금으로 지급하는 것이 원칙이며 기본적으로 유족보상연금 수급자격자 수에 따라 차등적으로 가산된다. 즉, 급여기초연액(평균임금×365일)의 47%를 기본으로 하여 연금수급권자 및 수급자격자 1인당 급여기초연액의 5%씩을 가산하여 지급하는데, 시나친 연금수급을 막기 위해 유족보상연금의 최고상한선은 급여기초연액의 67%를 초과하지 못하도록 규정하고 있다. 일시금으로 지급할 경우에는 평균임금의 1,300일분을 지급한다.

6. 장의비

장의비는 근로자가 업무상 재해로 사망하였을 때 장제에 소요되는 비용을 지급해주는 보험급여로서, 실비지급의 성격을 지니므로 장제를 지낼 유족이 없거나 행방불명 등으로 부득이한 경우 반드시 유족이 아니라도 실제 장제를 실행한 사람에게 지급되며, 급여징수 대상에서도 제외된다. 장의비 수급권자가 장제를 행한 유족인 경우에는 실제 장제비용에 관계없이 평균임금의 120일분에 상당하는 금액을 지급한다. 그러나 근로자 간 임금 수준의 차이로 불합리한 경우가 발생할 수 있으므로 매년 고용노동부 장관이 장의비의 최고수준과 최저수준을 고시하고, 이 범위를 벗어나는 경우 각각 최고 및 최저수준으로 고시된 금액을 해당 장의비로 지급한다.

7. 장해 · 유족 특별급여

보험가입자, 즉 사업주의 고의 또는 과실로 인한 업무상 재해로 근로자가 사망한 경우, 근로자는 사업주를 상대로 민법상 손해배상청구를 할 수 있다. 그러나 수급권자인 유족이 사업주와 합의하에 민법상 손해배상을 포기할 경우, 이를 갈음하여 유족급여와는 별도로 사업주의 민사배상액을 대신 지급받을 수 있는데 이를 유족 특별급여라 한다.

장해등급 1~3급의 중장해가 발생한 경우에 대해서도 장해특별급여가 지급될 수 있으며, 유족 및 장해특별급여액은 라이프니치계수를 적용한 민사배상액 수준으로 지급되고, 이 경

03 유족이란 사망근로자의 배우자(사실혼 관계에 있는 자 포함), 자녀, 부모, 손자, 조부모, 형제자매를 말하며 수급권 순위는 상기 기술된 순서이다.

우 수급자와 사업주 사이에는 민사소송법에 의한 재판상의 화해가 이루어진 것으로 간주한다. 지급된 특별급여액은 모두 보험가입자로부터 징수되며, 보험가입자는 1년에 걸쳐 4회로 분할 납부할 수 있다.

8. 간병급여

간병급여는 증상의 고정으로 요양을 종결한 근로자 중 일상생활에 필요한 동작을 하기 위해 간병이 필요한 경우, 실제 간병을 받은 날에 대해 지급되는 보험급여로서 2000년 7월에 도입되었다. 간병급여에는 상시간병급여와 수시간병급여가 있다.

상시간병급여는 ① 신경계통기능, 정신기능 또는 흉복부장기의 기능에 장해등급 1급에 해당하는 장해가 남아 일상생활에 필요한 동작을 하기 위하여 항상 다른 사람의 간병을 필요로 하는 자 ② 두 눈, 두 팔 또는 두 다리의 장해가 장해등급 1급에 해당하는 장해가 남고, 다른 부위에 장해등급 7급 이상에 해당하는 장해가 남아 일상생활에 필요한 동작을 하기 위해 항상 다른 사람의 간병을 필요로 하는 자에게 지급된다.

수시간병급여는 ① 신경계통의 기능, 정신기능 또는 흉복부장기의 기능에 장해등급 1급에 해당하는 장해가 남아 일상생활에 필요한 동작을 하기 위하여 수시로 다른 사람의 간병을 필요로 하는 자 ② 두 눈, 두 팔 또는 두 다리의 장해가 장해등급 1급에 해당하는 장해가 남고, 다른 부위에 장해등급 7급 이상에 해당하는 장해가 남아 일상생활에 필요한 동작을 하기 위해 수시로 다른 사람의 간병을 필요로 하는 자에게 지급된다.

상시간병급여는 고용노동부 장관이 고시하는 금액을 기준으로 하며, 수시간병급여는 상시간병급여 수준의 2/3에 해당한다. 2017년 상시간병급여 기준 금액은 41,170원, 수시간병급여 기준 금액은 27,450원이다. 다만 간병급여 지급대상자가 무료요양소 등에 입소하여 간병비용이 들지 않거나 실제 간병비용이 간병급여액보다 적을 경우에는 간병급여가 지급되지 않거나 실제 지출된 간병비용만 지급된다.

9. 직업재활급여

직업재활급여는 그동안 예산사업으로 수행해 오던 직업훈련지원사업, 원직장복귀지원금, 직장적응훈련비, 재활운동비를 요양과 재활의 연계를 강화하기 위해 법정급여화한 것이다.

산재근로자에 대한 재활사업이 주로 현금보상 위주의 예산사업으로 추진되어, 지원을 필요로 하는 산재근로자에게 지속적인 도움을 줄 수 없는 등 사업을 안정적으로 추진하는 데에 한계가 있어, 2008년 7월부터 재활사업 일부를 보험급여로 전환하였으며, 이를 통해 앞으로 산재근로자의 재취업 및 원직장으로의 복귀 등이 촉진될 것으로 전망된다.

10. 진폐연금

1) 진폐보상연금

진폐보상연금은 장해급여의 일환으로 업무상의 질병인 진폐에 걸린 근로자에게 연금으로 지급하는 제도이다. 2010년 5월 개정 이전까지는 일반적인 장해급여의 체계로 보상을 하였으나 요양을 받지 않으면서 장해일시금(5급~13급)을 받은 근로자와 진폐의 합병증 등의 치료를 이유로 장기간 요양을 하면서 그 기간 동안에 휴업급여와 상병보상연금을 받는 경우에 있어서 보상수준이 지나치게 커지는 문제가 있어 2006년 12월 산재보험 제도개선에 대한 합의 시에 진폐제도개선에 대해서는 별도의 전문가협의회를 거쳐 개선방안을 마련하기로 합의하였다. 이후 2007년 11월부터 2008년 10월까지 노 · 사 · 정 전문가로 구성된 진폐제도 개선협의회를 통하여 진폐근로자에게는 휴업급여와 상병보상연금을 지급하지 않고 요양 여부와 관계없이 기초연금을 포함한 진폐보상연금을 지급하는 것으로 변경하여 2010년 5월 개정법률 공포 후 2010년 11월 21일자로 시행되었으며, 이에 따라 진폐근로자간 보상의 형평성을 높이고 진폐근로자의 생활안정에 기여할 수 있게 되었다.

진폐보상연금은 기초연금과 진폐장해연금의 합으로 구성되어 있으며, 기초연금은 최저임금액의 60%에 365를 곱한 금액으로 산출하고 진폐장해연금은 진폐장해수준에 따라 차등지급하여 형평성을 추구하였다. 특히 진폐장해연금의 경우 진폐기능 장해 정도가 장해등급 간 크지 않고, 변동이 잦은 점을 고려하여 지급단계를 단순화하였다.

진폐장해등급	진폐장해연금
1급, 3급	132일분
5급, 7급	72일분
9급, 11급, 13급	24일분

진폐에 따른 보험급여의 특례에 따른 진폐보상연금 제도는 일반장해등급 체계에 따른 보상과는 달리 모든 진폐장해등급에 대하여 연금화를 추진하였다. 이는 진폐근로자의 생존시의 삶의 보장을 강화하기 위한 것으로 사망 등으로 인한 연금수급권이 소멸할 경우 차액일시금은 지급하지 않도록 구성되어 있으며, 장해등급의 재판정은 일시적인 장해등급 재판정과 동일하게 적용된다.

2) 진폐유족연금

진폐유족연금은 진폐근로자가 진폐로 사망한 경우에 유족에게 지급하며 진폐유족연금을 받을 수 있는 유족의 범위 및 순위, 자격 상실과 지급 정지 등에 관하여는 일반적인 유족연금의 체계와 같다. 진폐유족연금은 사망 당시 진폐근로자에게 지급하고 있거나 지급하기로 결정된 진폐보상연금과 같은 금액으로 한다.

제3절 산재보험기금 재원

산재보험은 사회보험과는 달리 사용자 부담 원칙을 채택하고 있으며 재정수입은 보험가입자인 사업주가 부담하는 보험료, 기금운용수익금, 적립금, 기금의 결산잉여금, 출연금, 차입금 및 기타 수익금으로 구성[04]되어 있다. 이 중에서 보험료가 가장 높은 비율을 차지하고 있으며 산재보험업종별 보험요율과 사업주 사업장의 개별실적 요율로 대별된다.

업종별 보험요율은 보험가입자인 사업주의 보험료부담과 직결되는 요율로서 매년 '산업재해보상보험기금운용계획'을 다음 보험연도가 시작되기 전에 수립하여 승인[05]을 득한 후 다음 보험연도사업에 소요될 지출액을 추계하여 사업주에게서 징수할 개산보험료 운용액을 산정하고, 보험료 부담의 공평성을 위하여 과거 3년간 재해율을 기초로 보험급여에 필요한 금액을 감안하여 업종별 보험요율을 사업종류별로 세분화하여 산정 · 고시한다. 이를 바탕으로 동종사업의 재해방지를 목적으로 사업자의 과거 3년간 수지율(지급보험료/수납보험료총액

04 산재보험법 제80조

05 산재보험법 제83조 및 기금관리기본법 제5조 제2항의 규정에 의거하여 국무회의의 심의를 거쳐 대통령의 승인을 얻도록 되어 있다.

×100)에 따른 증감비율인 개별실적요율[06]을 가감한 후 최종보험료가 산정된다.

산재보험의 재정지출은 재해근로자에게 지급할 보험금, 근로복지공단과 산재예방기금에 의출연금,[07] 사업주가 납부한 개산보험료가 확정보험료보다 많은 경우 초과 납부한 금액을 반환하기 위한 반환금, 책임준비금[08] 및 기타 보험사업 및 기금의 관리운영비[09] 등으로 구성되어 있고 이 중에서 재해근로자에게 지급되는 보험금이 가장 큰 비중을 차지하고 있다.

---

06 수지율이 85%를 넘거나 75% 이하인 경우 $\frac{50}{100}$ 범위 안에서 인상 또는 인하한 요율을 말한다.

07 근로복지공단에의 출연금은 보험사무 수행을 위한 것이며 산재예방기금에의 출연은 산업안전보건법 제53조 제2항에 의거 산업재해의 예방을 통하여 보험급여 지급액을 감소시키고 그에 따라 사업주의 보험료 부담을 경감시키기 위한 산재예방사업에 지속적인 투자를 목적으로 하고 있다.

08 산재보험법 제84조

09 산재보험법 제81조

CHAPTER

21 국민건강보험

국민건강보험은 일상생활에서 발생하는 질병이나 부상으로 인하여 지불하여야 하는 고액의 진료비부담으로 인하여 가계에 과도한 부담이 되는 것을 방지하기 위하여 보험원리에 의해 가입자인 국민들이 보험료를 납부하고 보험자인 국민건강보험공단이 관리 · 운영하다가 요양기관의 의료서비스를 이용할 경우 보험급여를 제공함으로써 국민 상호 간에 리스크를 분담하고 필요한 의료서비스를 받을 수 있도록 하는 사회보장제도이다.

건강보험은 1977년 500인 이상 사업장의 근로자를 대상으로 직장의료보험제도를 처음으로 시행되었다. 1979년 공무원, 사립학교 교직원, 300인 이상 사업장의 근로자, 1988년 농어촌지역 의료보험, 1989년 도시 자영업자를 대상으로 의료보험이 시행되면서 전국민 의료보험시대가 시작되었다. 1998년 10월 지역의료보험조합과 공무원 교원 의료보험 공단을 국민의료보험관리공단으로 통합하였고, 2000년 7월부터 국민의료보험관리공단과 직장의료보험조합을 단일조직으로 통합하면서 의료보험이 건강보험으로, 국민의료보험관리공단이 국민건강보험공단으로 변경되었다.

주요용어

건강보험급여　현물급여　본인부담금
현금급여

제1절 특성과 운영체계

1963년 의료보험법 제정으로 의료보험이란 용어로 시작된 우리나라의 국민건강보험은 국가의 의료보장에 대한 책임을 기본으로 의료비에 대한 국민의 자기책임의식을 일정부분 인정하고 정부기관이 아닌 보험자가 보험료로써 재원을 마련하여 의료를 보상하는 사회보험(Social Health Insurance)방식과 마찬가지로 사회연대성을 기반으로 보험의 원리를 도입한 의료보장체계인 국민건강보험(National Health Insurance)방식이다.[01] 이 방식은 사회보험방식과는 달리 의료소비자인 국민과 의료공급자인 의료기관 간의 양자관계에 제3자인 정부기관인 보험자(의료에 대한 사회보험 관리자)가 참여하여 국민은 보험가입자로서 보험료를 보험자에게 납부하고 건강보험체계 내에서 진료하는 의료기관인 요양기관에서 진료를 받으며 요양기관은 보험자에게 진료비를 청구하여 보상받도록 하는 제도이다.

국민건강보험은 사회보험으로서 법률[02]에 의하여 전 국민을 상대로 일정한 법적 요건이 충족되면 본인의 의사와 관계없이 가입을 강제적용하고 있다. 그러나 급여의 내용, 위험의 정도, 계약의 내용 등에 따라 보험료를 부담하고 차등급여를 지급하는 민간보험과 달리 사회적 연대를 기초로 의료비문제를 해결하려는 것이 목적이므로 소득수준 등 보험료부담능력에 따라 차등적으로 부담하나 보험료부과수준에 관계없이 관계법령에 의하여 균등하게 보험급여가 이루어진다. 건강보험의 가입이 강제적이라는 점에서 강제보험제도의 실효성을 확보하기 위하여 가입자의 보험료납부에 대한 의무가 주어지며 동시에 보험자에게는 보험료징수의 강제성이 부여된다. 국민건강보험은 1년 단위의 회계연도를 기준으로 수입과 지출을 예정하여 보험료를 계산하며 지급조건과 지급액도 보험료납입기간과는 상관없이 지급기간이 단기이다.

국민건강보험은 보건복지부 장관이 관장하고 국내에 거주하는 모든 국민을 가입자 또는 피부양자[03]로 하여 전국민의료보장을 실시하고 있다. 그리고 국내에 체류하는 재외국민 및

01 사회보험방식은 독일의 비스마르크가 창시하여 비스마르크방식이라고도 하며 독일, 프랑스가 이 방식을 채택한 대표적인 국가이다. 국민건강보험방식을 채택한 대표적인 국가는 한국과 대만이다. 그 밖에 국가보험서비스(National Health Service)방식이 있는데 국민의 의료문제는 국가가 모두 책임져야 한다라는 관점에서 정부가 일반조세로 재원을 마련하여 모든 국민에게 무상으로 의료를 제공하는 국가의 직접적인 의료관장방식으로서 일명 조세방식 또는 비버리지방식이라고 한다. 영국, 스웨덴, 이탈리아가 대표적인 국가이다.

02 국민건강보험제도의 법적 근거는 헌법 제34조 제1항인 '모든 국민은 인간다운 생활을 할 권리를 가진다'와 제2항인 '국가는 사회보장 사회적 복지증진에 노력할 의무를 진다'이다. 이를 근거로 1999년 2월에 「국민건강보험법」을 제정하고 2000년 7월에 국민건강보험공단을 출범시켜 국민건강보험제도를 실시하고 있다.

03 피부양자는 직장가입자에 의하여 생계를 주로 유지하는 보수 또는 소득이 없는 사람으로서 직장가입자의 배우

외국인으로서 일정기준에 달하는 사람들은 국민건강보험가입자가 된다. 보험자는 국민건강보험공단이며 심사 및 평가업무는 2000년 7월 1일 통합의료보험체계로 개편하는 국민건강보험법이 제정 시행되면서 부적절한 비용지출을 방지하여 사회적 공동비용인 보험재정을 건전하게 유지하고 적정한 요양급여와 진료비용의 청구질서 확립을 위하여 고유권한으로 심사기능과 의료의 질 평가기능을 수행하는 독립된 새로운 공법인(公法人)으로 설립된 건강보험심사평가원에서 하고 있다. 모든 의료기관은 의료기관의 의지와 관계없이 강제로 국민건강보험체계 내에서 진료하는 요양기관이 되는데 이를 요양기관 당연지정제(또는 강제지정제)라 한다. 한편 단일보험자인 국민건강보험공단에서는 진료비를 지불하지만 요양기관을 이용한 보험가입자가 해당 진료비 일부를 부담한다. 국민건강보험의 전체적인 운영체계는 [그림 21-1]과 같다.

그림 21-1 ▸▸ 국민건강보험 운영체계

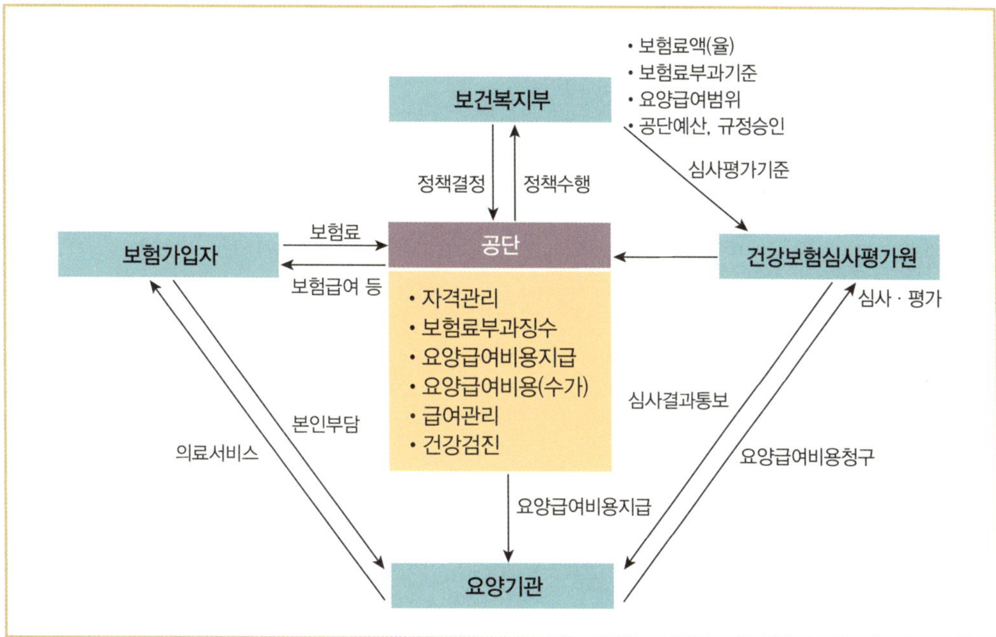

자, 직장가입자와 배우자의 직계존속(부모, 조부모 등), 직계비속(자녀, 손자녀 등) 및 직계비속의 배우자, 형제자매를 말한다.

제2절 건강보험료와 재정

국민건강보험에서의 보험료는 소득비례의 집단율을 적용하고 있다. 직장가입자의 경우 동일사업장에서 해당연도에 지급받은 보수총액을 근무월수로 나눈 금액인 보수월액에 건강보험료율 5.89%를 곱하여 산출한다. 이때 국외근무자에게는 건강보험료율의 50/100을 적용한다. 사업장별로 부과된 보험료는 아래의 [표 21-1]에서 볼 수 있듯이 신분에 따라 가입자와 사용자 또는 국가가 부담비율에 따라 납부할 책임을 진다.

| 표 21-1 | 보험료 부담비율

구분	계	가입자부담	사용자부담	국가부담
근로자	5.89%(100%)	2.945%(50%)	2.945%(50%)	–
공무원	5.89%(100%)	2.945%(50%)	–	2.945%(50%)
사립학교교원	5.89%(100%)	2.945%(50%)	1.767%(50%)	1.178%(20%)

또한 보수월액에 포함된 보수를 제외한 이자, 배당, 사업, 근로, 연금, 기타소득 즉 보수외 소득이 연 7,200만원을 초과하는 직장가입자에게는 보수와 소득을 12로 나눈 금액인 소득월액에 보험료율(5.89%)의 50%를 곱하여 소득월액보험료를 부과한다. 상대적으로 소득파악이 어려운 지역가입자의 건강보험료는 가입자의 소득(75등급)뿐만 아니라 소득의 대리지표인 재산(전 · 월세 포함 50등급), 자동차(7등급 29구간), 생활수준 및 경제활동참가율(30등급)을 참작하여 정한 부과요소별 점수를 합산한 보험료부과점수에 점수당 금액(172.7원)을 곱하여 보험료를 산정한 후 경감 등을 적용하여 세대단위[04]로 부과하여 세대원이 연대하여 납부할 책임이 있다. 이상과 같이 직장과 지역가입자 간의 보험료부과체계가 상이하여 두 집단 간의 보험료부담의 형평성은 주된 과제이다. 따라서 시간이 경과함에 따라 보험료부담의 형평성이 변할 수 있으므로 부과방식 및 부과기준의 개선이 지속적으로 이루어져야 한다.

국민건강보험제도의 운영에 소요되는 재원은 국민건강보험법 제62조에 따라 납부의무자로부터 징수하는 보험료와 국민건강보험법 제92조에 의하여 매년 예산의 범위 안에서 해당

04 연소득 500만원 이하 세대: 생활수준 및 경제활동참가율점수+재산점수+자동차점수
연소득 500만원 초과 세대: 소득점수+재산점수+자동차점수

연도 보험료예상수입액의 14/100에 상당하는 국고지원과 국민건강증진법이 정하는 바에 따라 국민건강증진기금에서 보험료예상수입액의 6/100에 상당하는 건강증진기금 등의 정부지원금으로 구성되어 있다. 국고지원의 사용처는 가입자 및 피부양자에 대한 보험급여, 건강보험사업에 대한 운영비, 보험료경감에 대한 지원이며 건강증진기금은 건강검진 등 건강증진에 관한 사업, 흡연으로 인한 질병에 대한 보험급여, 가입자 및 피부양자 중 65세 이상 노인에 대한 보험급여에 사용된다. 지출은 보험급여비와 관리운영비로 구성되어 있다.

제3절 건강보험급여

보험급여는 가입자 및 피부양자의 질병, 부상에 대한 예방, 진단, 치료, 재활과 출산, 사망 및 건강증진에 대하여 법령이 정하는 바에 따라 국민건강보험공단이 현물 또는 현금형태로 제공하는 서비스를 말한다. 현물급여는 가입자 및 피부양자에게 현금이 아니라 요양기관을 통하여 물품 또는 의료서비스를 제공하는 보험급여로서 질병 · 부상이 발생하거나, 가입자 및 피부양자가 출산을 하게 되는 경우 보험자가 요양을 직접 행하거나 요양기관을 통하여 요양을 제공하는 요양급여와 자각증상이나 질병이 없는 상태에서 사전에 질병을 예방하는 건강예방행위로, 질병에 걸릴 가능성이 있는 개인 또는 집단에 대하여 건강검진을 실시하여 질병을 조기에 발견 및 치료함으로써 국민의료비를 절감하고 건강을 증진시키기 위한 2차적 예방사업인 건강검진이 있다.

현금급여에는 가입자 및 피부양자에게 보험급여를 현금으로 제공하는 것으로 출산비를 포함, 가입자 또는 피부양자가 긴급, 기타 부득이한 사유로 인하여 요양기관에서 제외되는 의료기관 등에서 질병, 부상, 출산 등에 대하여 요양을 받거나 출산을 한 경우에 지급되는 요양비, 병 · 의원에서 진료를 받고 납부한 법정 본인부담금이 일정 기준을 초과한 경우 그 초과금액의 일정비율을 보상하는 본인부담액보상금, 가입자 또는 피부양자가 사망한 경우에 그 장제를 행한 자에게 지급하는 장제비, 과다한 의료비로 인한 부담을 덜어주기 위해 요양기관에서 요양급여를 받은 후 국민건강보험법령에서 정한 일정금액을 초과한 경우 그 초과금액을 공단이 부과하는 본인부담상한제, 그리고 장애인복지법에 의해 등록된 장애인인 가입자 및 피부양자에게 보장구에 대하여 지급하는 장애인보장구급여비가 있다.

국민건강보험에서는 업무 또는 일상생활에 지장이 없는 질환, 기타 보건복지부령이 정하는 사항을 요양급여의 대상에서 제외하여 급여가 제공되지 않는 부분이 있는데 이를 법정비급여[05]라고 한다. 또한 국민건강보험에 가입한 후 도덕적 hazard에 의해 불필요한 의료이용과 의료비증가를 통제하기 위하여 비용의 일부를 부담시키는 본인일부부담(국민건강보험법 제41조)을 적용하여 환자가 진료를 받은 후 보험자 또는 정부가 부담하는 금액을 제외하고 본인이 직접 지불하는 비용이 있는데 이를 본인부담금이라고 한다.

그림 21-2 ▸▸ 보험급여의 구성

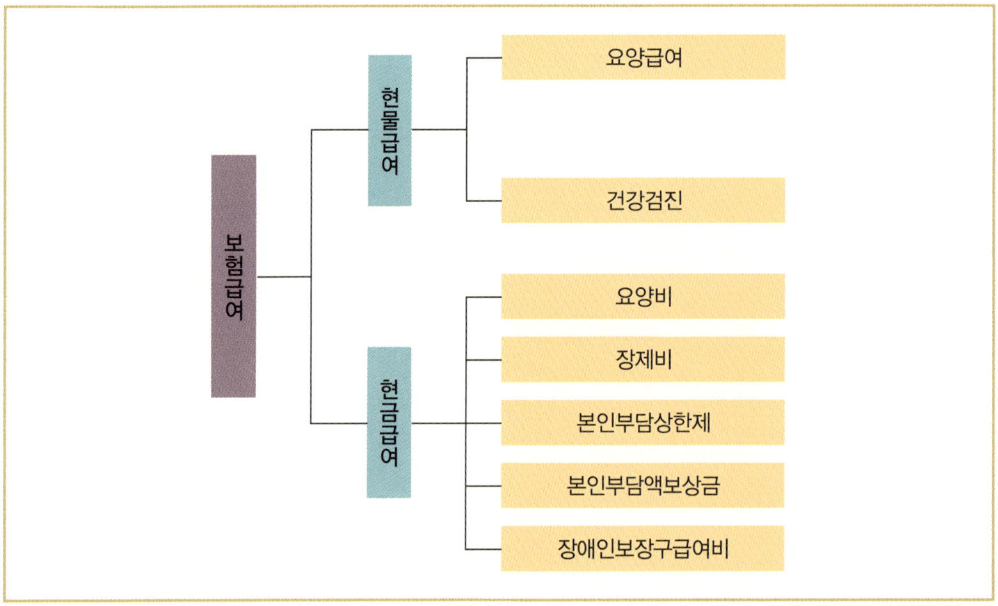

05 비급여에는 법으로 정한 법정비급여와 급여의 범위제한 등으로 인해 요양(의료)기관에서 임의로 급여하지 않는 임의급여비가 있는데 임의급여비는 원칙적으로 급여에 해당된다. 국민건강보험법 요양급여의 기준에 관한 규칙 별표2 비급여대상을 보면 업무 또는 일상생활에 지장이 없는 경우, 신체의 필수기능개선의 목적이 아닌 경우, 예방진료, 보험급여시책상 요양급여로 인정하기 어려운 경우, 건강보험제도의 여건상 인정이 어려운 경우 등이 포함되어 있다.

CHAPTER 22

노인장기요양보험

우리나라는 전 세계에서 가장 빠른 고령화를 경험하고 있는 국가로서 이미 2000년에 65세 이상 인구 비중이 7%를 넘는 '고령화사회'에 진입한지 17년만인 2017년에 14.02%가 되어 통계청 예상(2018년)보다 1년 빨리 공식적으로 UN이 정의하는 고령사회에 들어섰다.[01] 다가오는 2026년에는 동 비율이 20%를 넘는 '초고령사회'에 도달할 것으로 전망된다. 이렇듯 인구구조의 변화는 가족 및 사회구조의 변화와 맞물려 핵가족화의 증가와 여성취업의 확대로 이어지게 되면서 노인의 부양은 사회와 국가 전체의 공동책임의 영역으로 사회적 관심을 받게 되었다. 따라서 서구 선진국에 비해서도 유례없는 빠른 속도로 진행되고 있는 고령화와 그에 따른 노인성 질병 등으로 인하여 일상생활을 6개월 이상 동안 혼자서 수행하기 어려운 노인 등에게 신체활동 또는 가사지원 등의 장기요양급여를 사회적 연대원리에 의해 지급함으로써 노후생활의 안정을 도모하고 그 가족들의 경제적 · 정신적 · 부담을 덜어주기 위한 사회보험제도가 바로 노인장기요양보험이다.

01 2017년 9월 3일, 행정안전부는 8월말 주민등록인구에 따르면 65세 이상 노인인구는 725만 7,288명으로서 전체인구 5,175만 3,820명의 14.02%가 된다고 발표하였다.

주요용어

노인장기요양보험 | 시설급 | 특별현금급여
재가급여

제1절 추진 경과

1999년 UN이 정한 '노인의 해'라는 상징성에 유념하여 노인복지 관련 단체 및 전문가들이 노인장기요양보호에 관한 문제를 제기하고 그에 대한 해결을 정부과제로 제시한 것이 출발점이 되어 2001년 8월 15일 광복절 대통령 경축사에서 노인요양보장제도의 도입을 제시하였다. 그 후 보건복지부를 중심으로 공청회개최, 보고서발간 그리고 정책수립을 위한 기초자료 생산을 위한 전국실태조사를 거쳐 2003년 제도모형설계를 위한 '공적노인요양보장추진기획단'을 설치 · 운영(2003. 3~2004. 2)함으로써 본격적인 제도도입을 위한 구체화 단계에 접어들었다. '공적노인요양보장추진기획단'이 준비한 설계안을 토대로 제도운영방식, 재원조달 및 분담방안, 관리운영체계, 급여범위 및 요양수가체계 등 구체적인 실행모형과 관련 법률(안)을 마련하고 운영지침개발 등 제도의 시행준비를 위해 '공적노인요양보장제도 실행위원회 및 실무기획단'이 설치 · 운영(2004. 3~2005. 2)되었다.

이러한 시행준비단계를 거쳐 현실적인 합성을 검증하기 위하여 3차에 걸친 시범사업[02]을 시행함과 동시에 법적 근거를 마련하기 위하여 노인수발보장법(시안)을 가지고 2005년 9월 15일 공청회를 개최하였고 부처 간 협의를 거쳐 2005년 10월 19일부터 11월 8일까지 입법예고를 하고 2006년 2월 16일 정부의 노인수발보험법안을 국회에 제출하게 되었다. 그 후 입법과정에서 다양한 명칭이 거론되었으나 2007년 4월 2일 '노인장기요양보험법'으로 국회를 통과 4월 27일 공포되었고 2008년 7월 1일부터 시행되어 현재에 이르고 있다.

우리나라의 노인장기요양보험 대상자는 2009년에 약 29만 명, 2011년에 약 32만 명이었는데, 2013년에는 당시 65세 이상 노인인구의 6% 이상에 해당되는 약 38만 명으로 나타나 꾸준히 증가하고 있으며 대상자의 양적 확대와 더불어 국민의 90% 이상이 노인장기요양보험이 필요하다고 느끼고 있을 정도로 제도에 대한 국민적 합의가 있어서 노인장기요양보험은 시행 후 점차 확대되어 오고 있다.

---

02 1차 시범사업(2005. 7~2006. 3): 6개 시 · 군 · 구 65세 이상 기초생활보장수급노인 대상
2차 시범사업(2006. 4~2007. 4): 8개 시 · 군 · 구 65세 이상 노인대상
3차 시범사업(2007. 5~2008. 6): 13개 시 · 군 · 구 65세 이상 노인대상

제2절 제도의 기본구조[03]

노인장기요양보험은 치매, 중풍, 노화 및 노인성 질환 등으로 인하여 혼자 힘으로 일상생활을 영위하기 어려운 대상자에게 요양시설이나 재가 장기요양기관을 통해 신체활동 또는 가사지원 등의 서비스를 제공한다는 관점에서 질환의 진단, 입원 및 외래치료, 재활치료 등을 목적으로 주로 병·의원 및 약국에서 제공하는 서비스를 급여대상으로 하는 국민건강보험과는 차이가 있는 제도이다.

1. 장기요양인정 신청절차

1) 신청자격

장기요양인정을 신청할 수 있는 대상은 65세 이상의 노인 또는 치매, 뇌혈관질환 등 대통령령으로 정한 노인성 질병을 가진 65세 미만의 건강보험가입자인 동시에 의료보험수급자이어야 한다.

2) 신청

본인 또는 대리인이 장기요양신청서를 의사소견서[04]와 함께 국민건강보험공단 지사를 방문하여 제출하거나 우편, 팩스 또는 인터넷으로 신청할 수 있다. 대리인의 경우 가족, 친지 또는 이해관계인, 사회복지전담공무원, 시장, 군수, 구청장이 지정하는 자로서 대리인 본인임을 확인할 수 있는 신분증(우편, 팩스로 접수 시에는 신분증사본 제출)을 제시하여야 한다.

3) 인정신청의 조사

소정의 교육을 이수한 국민건강보험공단 직원이 사전에 통보한 일정에 따라 신청인을 직

---

03 노인장기요양보험 홈페이지(http://www.longtermcare.or.kr)의 내용을 인용 및 참조하여 정리한 것이다.
04 65세 이상인 경우 국민건강보험공단이 등급판정위원회에 심의자료를 넘기기 전까지 제출할 수 있다.

접방문하여 신청인의 심신상태를 조사한다. 이때 신청자의 일반사항, 신체기능 및 원인, 사회생활기능, 인지기능, 행동변화영역, 간호처치영역, 재활영역, 복지용구, 지원형태, 시 · 청력상태 및 질병상태 등 인정신청자의 건강 및 기능상태와 개인욕구 및 환경 등에 관하여 총 90개 항목으로 구성된'장기요양인정조사표'에 의하여 파악한다. 이 가운데 신체기능영역, 인지기능 및 행동변화영역, 간호처치영역 그리고 재활영역 등 5개 영역의 65개 항목은 장기요양인정점수를 산정하는 데 활용된다.

4) 등급판정

인정신청에 따른 조사가 마무리되면 조사결과서, 신청서, 의사소견서 그리고 그 밖에 심의에 필요한 자료를 기초로 시 · 군 · 구청장이 위촉한 위원장, 의사 또는 한의사 각각 1인 이상 포함하여 총 15인으로 구성된'장기요양등급판정위원회'에서 1~3등급으로 판정하여 등급을 부여한다. 이때 신청인이 일상생활을 하는 데 다른 사람의 도움을 받아야 할 정도로 나타내는 서비스량을 의미하는'요양필요도'에 따라 등급을 판정한다.

장기요양급여의 제공시기는 등급이 결정되고 수급자 여부가 결정된 후 장기요양인정서가 신청자에게 도달한 날부터 소급되어 장기요양급여를 받을 수 있다. 예외적으로 수급권자를 돌볼 가족이 없는 등 대통령령이 정하는 부득이한 사유가 있는 경우에는 장기요양인정서와 관계없이 장기요양인정신청서를 제출한 날로부터 장기요양급여를 받을 수 있다.

표 22-1 | 등급별 인정점수와 기능상태

구분	장기요양인정점수	기능상태
1등급	95점 이상	일상생활에서 전적으로 다른 사람의 도움 필요
2등급	75점 이상 95점 미만	일상생활에서 상당부분 다른 사람의 도움 필요
3등급	51점 이상 75점 미만	일상생활에서 부분적으로 다른 사람의 도움 필요
4등급	51점 이상 60점 미만	일상생활에서 일정 부분 다른 사람의 도움 필요
5등급	45점 이상 51점 미만	치매(노인장기요양보험법시행령 제2조의 노인성 질병에 한정)

2. 급여의 종류 및 내용

장기요양급여는 크게 재가급여, 시설급여, 그리고 특별현금급여로 나누어져 있다. 재가급여는 수급자가 가정 등에서 요양보호사, 간호사(조무사) 등에 의해 서비스를 받는 것으로 급여종류에는 방문요양, 방문목욕, 방문간호, 주 · 야간보호, 단기보호 그리고 기타재가급여에 속하는 복지용구로 구성되어 있다. 시설급여는 수급자가 장기요양기관에서 장기간 입소하여 신체활동 지원 및 심신기능의 유지향상을 위한 교육훈련 등을 제공하며 특별현금급여에는 가족요양비, 특별요양비, 그리고 요양병원간병비가 있다. 각 급여의 내용은 비교 · 이해를 돕기 위하여 [표 22-2]에 정리하였다.

표 22-2 | 급여의 종류와 급여내용

급여종류		급여내용
재가급여	방문요양	장기요양요원이 수급자의 집을 방문해서 목욕, 배설, 화장실이용, 옷 갈아입기, 머리감기, 취사, 생필품구매, 청소, 주변정돈 등을 도와주는 급여
	방문목욕	장기요양요원이 목욕설비를 갖춘 차량을 이용하여 수급자의 가정을 방문하여 목욕을 제공하는 급여
	방문간호	장기요양요원, 간호사 등이 의사, 한의사 또는 치과의사(구상위생에 한함)의 지시서에 따라 수급자의 가정 등을 방문하여 간호, 진료의 보조, 요양에 관한 상담 또는 구상위생 등을 제공하는 장기요양급여
	주 · 야간보호	수급자를 하루 중 일정한 시간 동안 장기요양기관에 보호하여 신체활동지원 및 심신기능의 유지향상을 위한 교육 · 훈련 등을 제공하는 급여
	단기보호	수급자를 월 15일 이내 기간 동안 장기요양기관에 보호하여 신체활동지원 및 심신기능의 유지 · 향상을 위한 교육 · 훈련 등을 제공하는 장기요양급여
	복지용구	수급자의 일상생활 또는 신체활동지원에 필요한 용구로서 보건복지부 장관이 정하여 고시하는 것(휠체어, 전동수동침대, 욕창방지 매트리스, 방석, 욕조용리프트, 이동욕조, 보행기 등)을 제공하거나 대여하여 노인장기요양보험 대상자의 편의를 도모하고자 지원하는 장기요양급여
시설급여	노인요양시설과 노인요양공동생활가정기관에 장기간 동안 입소	
특별현금급여	가족요양비	장기요양기관이 현저히 부족한 도서 · 벽지지역에 거주하는 자, 천재지변 등으로 장기요양기관이 실시하는 장기요양급여 이용이 어렵다고 인정된 자, 신체 · 정신 · 성격 등의 사유로 가족 등이 장기요양을 받아야 하는 자에게 지급되는 급여
	특례요양비	수급자가 장기요양기관으로 지정되지 않은 장기요양시설 등의 기관과 재가 또는 시설급여에 상당한 장기요양급여를 받는 경우 장기요양급여 비용의 일부를 지급하는 급여
	요양병원 간병비	수급자가 노인복지법상의 노인전문병원 또는 의료법상의 요양병원에 입원한 때에 장기요양에 사용되는 비용의 일부를 지급하는 급여

* 특례요양비와 요양병원간병비는 현재 시행하고 있지 않음.

3. 재원조달 및 부담

노인장기요양보험제도를 유지하기 위한 재원은 장기요양보험료(법 제8조), 국가 및 지방자치단체의 부담금(법 제58조), 그리고 수급자 본인일부부담금(법 제40조)으로 조달되고 있다. 재원조달의 중심이 되는 장기요양보험료의 경우 노인장기요양보험의 가입자는 건강보험 가입자와 동일하기 때문에 보건복지부 장관 소속의 장기요양위원회의 심의를 거쳐 대통령령으로 정하는 장기요양보험료율을 건강보험료에 곱하여 산출하고 건강보험료와 통합하여 징수하고 있지만 건강보험공단은 각각 독립된 회계로 관리하고 있다.

국가와 지방자치단체는 의료급여수급권자의 장기요양급여비용 중 공단이 부담하여야 할 비용과 관리운영비의 전액을 대통령령이 정하는 바에 따라 부담하도록 되어 있다. 그리고 국가는 매년 예산의 범위 안에서 당해 연도 장기요양보험료 예상수입액의 $\frac{20}{100}$에 해당하는 금액을 공단에 지원하도록 되어 있다.

급여비용에 대한 본인일부부담의 경우, 시설급여이용자는 당해 장기요양급여비용의 20%를, 재가급여이용자는 당해 장기요양급여비용의 15%를 수급자 본인이 부담하도록 하고 있다. 국민기초생활수급권자는 본인부담이 없으며 국민기초생활수급권자를 제외한 의료급여수급권자와 보건복지부 장관이 정하여 고시한 소득 · 재산 등이 일정금액 이하인 자에 대해서는 본인일부부담금의 50%를 경감하여 주도록 되어 있다. 그러나 노인장기요양보험법의 규정에 따른 급여의 범위 및 대상에 포함되지 않은 장기요양급여비용, 장기요양인정서에 기재된 장기요양급여의 종류 및 내용과 다르게 선택하여 장기요양급여를 받은 경우 그 차액, 월 한도액[05]을 초과하는 장기요양급여비용, 그리고 비급여항목[06]에 해당하는 비용 등은 전액 수급자 본인이 부담하도록 되어 있다.

4. 관리운영체계

노인장기요양보험의 수급권자(가입자)를 관리 · 운영과정에서 국민건강보험관리공단과

05 재가급여의 경우 방문요양, 방문목욕, 방문간호, 주 · 야간보호, 단기보호급여를 이용하는 경우에 적용되며 1등급은 1,140,600원, 2등급은 1,003,700원, 3등급은 878,900원으로, 가족요양비는 등급에 관계없이 월 150,000원으로 책정되어 있다.

06 비급여항목(시행규칙 제14조)에는 식사재료비, 상급침실이용에 따른 추가비용, 이 · 미용비, 그 외 일상생활에 통상 필요한 것과 관련된 비용으로 수급자에게 부담시키는 것이 적당하다고 보건복지부 장관이 정하여 고시한 비용 등이 있다.

시 · 군 · 구는 각자 중요한 역할을 수행하고 있다. 국민건강보험공단은 요양신청 및 방문조사, 등급판정 및 인정서, 서비스비용심사 및 지급, 현금급여지급 등의 업무를 수행하고 있다. 시 · 군 · 구의 경우 연도별 장기요양급여대상 인원 및 재원조달계획, 연도별 장기요양기관 및 장기요양전문인력 확충방안과 함께 노인 등의 장기요양에 관한 사항으로 대통령령이 정하는 사항을 포함한 장기요양기본계획에 따른 세부 시행계획을 수립 · 시행하는 역할을 하고 있다. 그 밖에 장기요양 예방사업과 거주자에 대한 장기요양인장 등의 대리신청업무뿐 아니라 장기요양기관 지정 및 취소, 영업정지 및 폐쇄명령, 장기요양기관 확충, 설립지원과 같은 시설의 지도 · 감독기능도 하고 있다.

제3절 노인장기요양보험 실태[07]

1. 신청자 및 인정자 현황

2015년 현재 노인장기요양보험 누적 인정자는 약 468천 명 수준으로 장기요양보험 신청자의 약 59.3% 수준이며, 이는 우리나라 전체 노인인구의 7%에 해당하는 규모이다. 2008년부터 시행된 장기요양보험 신청자는 노인인구 증가율보다 빠르게 증가하고 있는데 이는 장기요양에 대한 그동안의 미충족 욕구가 반영된 것이라 볼 수 있다. 장기요양보험은 노인 10명 중 약 1.2명이 신청한 경험이 있으며 약 0.7명이 장기요양보험 등급 인정을 받았다. 전체 노인인구 비장기요양보험인정자는 2011년 5.7%에서 2015년 7.0%로 지속적으로 증가하고 있다.

장기요양보험 등급인정자 중에서는 3등급 인정자가 약 37.7%로 가장 많았고 다음으로 4등급 인정자가 34.8%로 수준으로 전체 등급인정자의 72.5%가 3~4등급 인정자로 나타났다. 즉, 장기요양보험 등급인정자의 4명 중 3명은 3~4등급 인정자이며 일상생활에서 상당부분 또는 전적으로 타인의 도움이 필요한 것으로 평가되는 2등급 이상자는 약 4명 중 1명 수준이었다.

---

07 실태와 관련된 자료는 아래의 연구보고서를 인용
"노인의료와 요양서비스 수요분석 및 공급체계 다양화 연구 – 공급의 통합적 연계체계구축"(2016) – 황도경 · 신영석 · 이윤경 · 최병호 · 김찬우 · 박금령 · 김은아, 한국보건사회연구원

2. 급여 실적

2015년 현재 노인장기요양보험의 연간 급여비는 4조 5,382억원으로 지난 5년 동안 연평균 약 11.1%씩 빠르게 증가하고 있으며 건강보험공단 부담금은 약 88% 수준이다. 장기요양보험인정자의 1인당 월평균 급여비는 약 105만 7,000원 수준이며 이 중 공단부담금은 약 93만원 수준이다. 장기요양시설과 재가서비스를 포함한 1인당 급여일수는 2015년 현재 약 212일에 이르고 있다.

3. 급여 유형별 공단부담금 현황

2015년 장기요양 급여비용 중 공단부담금은 3조 9,816억원이었으며 이 중 51.3%는 시설급여, 48.7%는 재가급여로 지급되었다. 재가급여 중에서는 인정자의 가정을 방문하여 신체활동 및 가사 활동을 지원하는 방문요양이 1조 4,809억원으로 전체 재가급여의 76%에 이르고 있으며 일정기간 동안 장기요양기관에 입소하는 단기보호가 차지하는 비중은 약 13% 수준이었다. 시설급여는 노인장기요양시설에 지급된 공단부담금이 88%로 노인요양공동생활가정보다 월등히 많음을 알 수 있다.

4. 1인당 요양일수 및 일당 요양비용 현황

노인장기요양보험인정자의 평균 급여일수는 2015년 기준 212일로, 2011년 220일 비해 다소 감소하였으나 지난 5년간 큰 변화를 보이지 않았다. 등급별로는 2015년 기준 2등급 인정자의 요양일수가 201일로 가장 많았고 다음으로 3등급 197일, 1등급 189일 순으로 나타났다. 4등급과 5등급의 요양일수가 전년 대비 급등한 것은 2014년 하반기부터 노인장기요양보험 인정등급이 1~3등급에서 1~5등급까지 확대되었기 때문이다.

5. 연령별 노인장기요양급여 이용 현황

노인장기요양등급 인정자 중 급여 이용현황을 연령별로 분석한 결과 연령이 증가할수록 대상자수가 늘어나 총 47만 5,000명의 급여 이용자 중 85세 이상 대상자가 17만 5천 명(36.9%)으로 가장 많았다. 대상자들이 이용하는 급여 기관은 2015년 기준 전체 16만 937개였으며 연령이 증가할수록 대상자들이 이용하고 있는 급여 기관수도 늘어나 85세 이상 고령자의 기관점유율이 높았다. 1인당 급여 이용일수는 평균 212일이었으며, 연령별로는 85세 이상 대상자가 221일로 가장 길었고 75~79세 대상자가 203일로 가장 짧았다. 1인당 공단부담금은 연평균 838만원이었으며, 65세 미만 대상자를 제외하고 연령이 증가할수록 금액도 증가하는 경향을 보여 85세 이상 대상자가 884만원으로 가장 고액을 지출하고 있었다.

6. 주거 및 돌봄 제공자 현황

2015년 기준 노인장기요양보험인정자 46만 8천 명 중 자택에서 거주하는 인정자는 30만 5천 명으로 65.2%를 차지하였고, 9만 5천 명(20.4%)이 노인요양시설에, 4만 6천 명(9.9%)이 요양병원에 거주하고 있었다. 등급별로는 1, 2등급 인정자가 자택에 거주하는 경우는 33.8%(1등급)~40.3%(2등급) 수준인 데 반해 중증도가 낮아질수록 자택에 거주하는 경우가 점차 늘어나 5등급 인정자의 대부분(87.7%)은 자택에 거주하고 있었다. 특히 1등급 인정자의 33.1%는 노인요양시설에, 25.9%는 요양병원에 거주하는 특징이 있었으며 5등급으로 갈수록 해당 비율은 현저히 줄어들었다.

2015년 기준 생산가능인구(15~64세) 5.6명이 65세 이상 노인 1명을 부양하고 있는데 2030년에는 2.6명, 2060년에는 1.2명이 노인 1명을 부양할 것으로 전망된다. 인구구조의 변화는 사회 모든 영역에 큰 영향을 미칠 것으로 예상되며, 특히 노인과 관련된 의료와 요양서비스 분야에서는 국가 · 사회 · 개인의 의료비 및 부양비 부담의 급증을 초래할 것으로 예상된다. 고령화에 의한 의료비 재정수지 악화 속도는 약 34배로, G20 국가평균인 11.7배보다 3배 이상 높은 수준으로 노인인구의 증가로 65세 이상 노인의 의료비와 요양비는 급격하게 증가할 것으로 예측되며, 2060년 기준 노인의료비는 약 229조~337조원, 노인장기요양보험은 약 101조원에 이를 것으로 전망된다. 이에 따라 노인장기요양보험제도의 지속가능성 확인과 노인을 위한 효율적인 의료와 요양 서비스의 제공 체계의 적극적인 준비가 필요하다.

CHAPTER 23

국민연금

우리나라의 사회보험방식 공적연금에는 공무원연금(1961), 군인연금(1963), 사립학교교직원연금(1978) 등 특수직역연금과 18세부터 60세 미만의 국민 중 소득활동을 하지 않는 무소득배우자, 특수직역연금 가입자와 수급자, 27세 미만의 학생과 군인 등을 제외한 국민 모두를 가입대상으로 하는 국민연금(1988)으로 구성되어 있다. 국민연금은 근로기의 국민들이 노령에 접어들거나, 장애가 발생하여 소득활동을 할 수 없게 되거나, 사망 등으로 유족을 남기는 경우에 본인이나 그 유족에게 최저한의 생계가 유지될 수 있도록 국가의 책임하에 일정액의 급여를 지급하는 제도이다. 공적연금 중 가장 늦게 도입된 국민연금은 도입 당시인 1988년에는 10인 이상의 사업장에 대하여 제도를 강제 적용하였고 1992년에는 5인 이상의 사업장으로 확대 적용하였다. 그리고 1995년 7월 농어촌, 1999년 4월 도시지역으로 확대 적용함으로써 제도도입 11년 만에 전 국민에게 적용하게 되었다. 1988년부터 시행된 국민연금은 1995~1999년 사이 빠른 속도로 가입률이 증가하였고, 그 이후 꾸준히 증가 추세를 보이고 있다. 2015년 기준으로 국민연금에 가입한 사람은 약 21,568,000명으로 수많은 사회구성원들이 국가에서 마련한 사회보장제도인 국민연금에 가입했다.

주요용어

국민연금	임의가입자	장애연금
사업장가입자	임의계속가입자	유족연금
지역가입자	노령연금	

제1절 제도의 필요성과 특징

국민연금제도란 '나' 혼자서 대비하기 어려운 생활의 위험을 모든 국민이 사회적으로 연대하여 공동으로 대처하는 '우리'를 위한 제도로서, 소득이 있을 때 일정액의 보험료를 납부하도록 하고, 일정한 사유(질병, 노령, 장애, 빈곤, 사망)로 소득이 줄어들거나 없어졌을 때 연금을 지급하여 최소한의 소득을 보장하는 사회보장제도이다. 국민연금의 필요성과 특징은 크게 사회적 안전장치, 소득재분배, 경제 및 사회의 안정, 가입의 강제성, 그리고 연금지급 및 실질가치의 보장 등으로 정리할 수 있다.

우선 생활수준의 향상과 의료기술의 발달로 평균수명이 늘어나 우리나라는 세계적으로 유사한 사례를 찾아볼 수 없을 정도의 매우 빠른 속도로 고령화가 진행[01]되고 있는 반면에 출산율은 가파른 속도로 감소하였다. 이는 부양해야 할 노령인구가 증가한다는 것을 의미하는 것으로서 자조노력과 친족부양 등으로 대처할 수 없을 때 국민연금제도가 노령과 장수리스크에 따른 빈곤을 예방하는 대응책으로서의 사회적 안전망 역할을 한다고 할 수 있다.

둘째로, 국민연금은 기여금과 세금 등을 통한 세대 내 그리고 세대 간 소득재분배를 통한 사회통합에 기여하는 역할을 한다. 국민연금의 급여산식에서 가입자 전체의 평균임금을 포함시켜 평균소득보다 낮은 저소득계층의 경우 자신들이 낸 보험료에 비해 상대적으로 더 많은 연금을 받는 반면 평균소득보다 높은 고소득계층에게는 상대적으로 연금혜택이 적다. 따라서 납입한 보험료 대비 수급하는 연금급여액(수익비)이 고소득층에 비해 저소득층의 경우가 상대적으로 높기 때문에 빈곤해소에 필요한 자금이 고소득층으로부터 저소득층으로 이전되는 세대 내 소득재분배 기능을 통해 소득격차를 완화시켜준다. 뿐만 아니라 제도도입 초기 가입자의 수익비가 연금제도가 성숙한 이후 세대의 수익비보다 높게 설계되어 있기 때문에 현재의 노인세대는 미래세대로부터 일정한 소득지원을 받는 세대 간 소득재분배의 기능도 한다.

셋째로, 국민연금은 노령연금 이외에도 질병이나 부상이 완치된 후 장애가 남았을 경우, 장애정도에 따라 자신과 가족의 생활을 보장하기 위해 장애연금으로, 그리고 사망 시 유족에게 기본연금액의 일정률을 유족연금으로 지급하여 퇴직자와 가족의 미래 불안감을 줄여 사회를 안정시키고 수급자로 하여금 일정수준의 소비가 가능하도록 함으로써 경기변동을 완

---

01 2000년에 UN기준으로 65세 노령인구비율이 7% 이상이 되어 이미 고령화사회로 진입한 후, 2019년에는 14% 이상 그리고 2026년에는 20% 이상이 되어 각각 고령사회, 초고령사회로의 진입이 예상되고 있다.

화하여 경기안정에 일조하는 역할을 한다.

넷째로, 국민연금은 국민 개개인이 혼자서 대비하기 어려운 생활의 위협을 모든 국민이 연대하여 공동으로 대처하는 제도로 모든 국민이 강제가입 대상이 된다. 만약 강제적용을 하지 않고 국민 개개인이 여러 가지 이유로 가입하지 않고 기피하는 사람이 많아질수록 노후 빈곤층이 확대되고 사회문제화될 경우 국가는 최종적으로 조세를 통해 이를 해결할 수밖에 없게 된다. 이렇게 될 경우 성실하게 노후를 준비한 사람에게는 이중부담으로 작용하기 때문에 누구나 의무적으로 가입하도록 하는 강제성을 띄고 있는 것이다.

마지막으로, 국민연금은 국가가 최종적으로 지급을 보장하기 때문에 적립된 기금이 모두 소진되는 최악의 사태가 발생하더라도 그 해 지급에 필요한 재원을 그 해에 수금하여 지급하는 부과방식으로 전환해서라도 연금을 지급하게 되어 있다. 또한 연금을 지급할 때는 과거 보험료 납부소득에 연도별 재평가율을 적용하여 재평가하기 때문에 실질가치가 항상 보장된다. 그리고 연금지급기간 중에도 소비자물가변동률에 따라 금액이 조정되어 지급된다.

제2절 가입유형

국민연금의 가입형태는 크게 사업장과 가입자로 나누어지며 가입자는 사업장가입자, 지역가입자, 임의가입자 그리고 임의계속가입자로 구분된다.

1. 사업장

국민연금법 제3조 제1항 제13호에 의하여 국민연금에 의무적으로 가입되는 사업장, 즉 당연적용사업장은 사업소 및 사무소를 말하며 사업소, 영업소, 사무소, 점포, 공장 등 근로자를 사용하고 있는 곳은 모두 사업장에 해당된다. 사업장 상호 간에 본점과 지점, 대리점 또는 출장소 등의 관계에 있고 그 사업경영이 일체로 되어 있는 경우에는 하나의 사업장으로 보게 된다.

당연적용사업장은 그 사업장의 근로자[02]수를 기준으로 하는데, 처음 국민연금이 시작된

02 직업의 종류에 관계없이 사업장에서 노무를 제공하고 그 대가로 임금을 받아 생활하는 자(법인의 이사, 기타

1988년에는 10인 이상의 근로자수가 당연적용사업장 해당 여부의 결정기준이었다. 이후 제도를 점차 확대해 나가면서 2006년 1월부터 1인 이상의 근로자를 사용하는 사업장 또는 주한외국기관으로서 1인 이상의 대한민국 국민인 근로자를 사용하는 사업장은 모두 당연적용사업장에 해당된다. 당연적용사업장의 신고 의무자는 사업장 사용자로서, 당연적용사업장에 해당하게 된 날이 속하는 달의 다음 15일까지 신고를 마쳐야 한다.

2. 가입자

국민연금 가입자는 가입종별에 따라 사업장가입자, 지역가입자, 임의가입자, 그리고 임의계속가입자로 구분된다.

그림 23-1 ▶▶ 국민연금의 가입유형

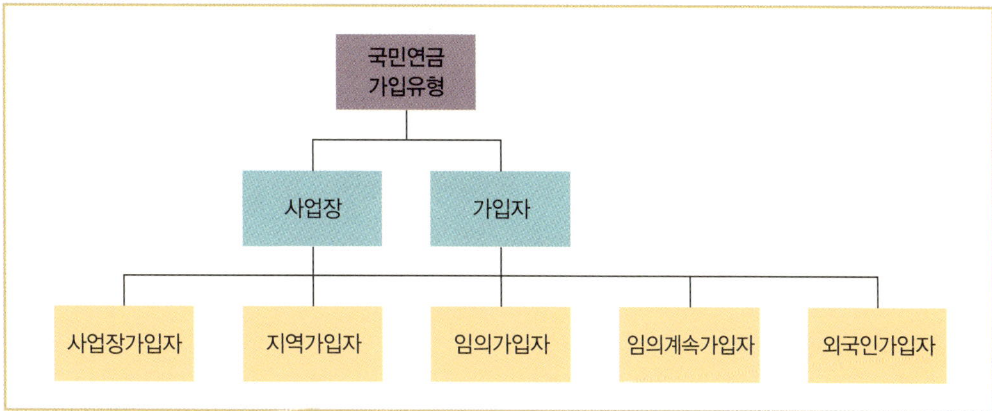

1) 사업장가입자

1인 이상의 근로자를 사용하는 당연적용사업장 또는 주한외국기관으로서 1인 이상의 대한 민국 국민인 근로자를 사용하는 당연적용사업장에 근무하는 18세 이상 60세 미만의 사용자와 근로자는 외국인을 포함하여 모두 사업장가입자가 된다. 다만 18세 미만이거나 60세 이상인 사용자 및 근로자, 타 공적연금가입자 및 수급권자, 일용근로자나 1개월 미만의 기한을 정하여 사용되는 근로자, 소재지가 일정하지 않은 사업장에 종사하는 근로자, 조기노령

임원 포함)를 의미한다.

연금을 취득한 자, 노령연금수급권을 취득한 자 중에서 60세 미만의 특수직종근로자는 대상에서 제외된다.

2) 지역가입자

국내에 거주하는 18세 이상 60세 미만의 내 · 외국인으로서 사업장가입자가 아닌 사람은 당연히 지역가입자가 된다. 따라서 지역가입자가 사업장에 취업하면 자동적으로 사업장가입자가 되고 지역가입자 자격은 상실된다. 다만 타 공적연금수급권자, 국민기초생활보장법에 의한 수급자, 소득활동에 종사하지 않은 사업장가입자의 배우자와 보험료 납부사실이 없고 소득활동에 종사하지 않는 27세 미만인 자는 대상에서 제외된다.

3) 임의가입자

사업장가입자나 지역가입자가 될 수 있는 대상에서 제외된 18세 이상 60세 미만인 사람이 본인이 희망할 경우 국민연금에 가입하여 연금혜택을 받을 수 있는 임의가입제도에 의하여 본인의 선택에 따라 가입신청을 하면 임의가입자가 된다. 타 공적연금가입자, 조기노령연금수급권을 취득한 자, 노령연금수급권을 취득한 60세 미만의 특수직종근로자, 사업장가입자, 지역가입자, 외국인은 임의가입 신청대상에서 제외된다.

4) 임의계속가입자

외국인가입자를 포함하여 1개월 이상 가입기간이 있는 국민연금가입자 또는 가입자였던 자로서 60세에 도달하여 국민연금가입자의 자격을 상실하였으나 가입기간이 부족하여 노령연금을 받지 못하거나 가입기간을 연장하여 더 많은 연금을 받고자 하는 경우, 65세가 될 때까지 신청에 의하여 임의계속가입자가 될 수 있다. 임의계속가입자는 크게 사업장임의계속가입자, 지역임의계속가입자, 그리고 기타임의계속가입자로 구분된다.

사업장임의계속가입자란 60세 이상 사업장가입자 중 계속 사업장에 종사하면서 임의계속가입자로 보험료 납부를 희망할 경우를 의미한다. 지역임의계속가입자는 60세 이상 지역가입자로 임의계속가입자가 된 경우이다. 이 경우의 임의계속가입자는 계속해서 지역가입자의 기준에 해당하는 소득이 있다. 기타임의계속가입자는 임의가입 중에 60세 이상이 되어 임의

계속가입자가 된 경우를 의미한다. 60세가 되거나 임의계속 탈퇴(상실)하고 반환일시금을 이미 받은 자, 전액미납, 전액 납부예외자, 노령연금을 청구하여 수급 중인 자는 임의계속가입 신청대상에서 제외된다.

5) 외국인가입자

18세 이상 60세 미만의 우리나라에 거주하고 있는 외국인의 경우 내국인과 동등하게 국민연금에 가입해야 한다. 위 조건에 해당하는 외국인이 국민연금에 가입된 적용사업장에 종사하는 외국인 사용자 또는 근로자의 경우 외국인 사업장가입자가 된다. 외국인 사업장가입자가 아닌 그 외의 외국인가입 대상자는 외국인 지역가입자가 된다. 연수생, 유학생, 외교관 등 법령에 의해 국민연금 의무가입을 제외한 경우, 국민연금과 같은 성격의 연금제도에서 대한민국 국민을 의무적으로 가입시키지 않는 나라의 국민3, 우리나라와 사회보장협정을 맺은 나라에서 우리나라로 파견된 근로자가 본국의 가입증명서를 제출할 경우는 외국인 가입 대상에서 제외된다.

3. 연금보험료

연금보험료는 각종 연금급여의 지급 등 국민연금사업에 소요되는 재정마련을 목적으로 법률에 근거하여 징수되며 국민연금의 주된 재원이 된다. 법에 근거하여 부과되는 연금보험료를 납부기간 내에 납부하지 않으면 연체금((보험료의 3~9%)이 가산되며 일정기간 동안 체납될 경우 납부의무자의 재산에 대한 압류처분 등 강제징수를 통하여 충당되므로 재산상의 불이익이 가해질 수 있다.[03] 연금보험료의 금액은 가입자의 자격취득 시에 신고 또는 정기결정에 의하여 결정되는 기준소득월액에 '연금보험료율'을 곱하여 산정된다. 가입자의 기준소득월액은 가입자가 국민연금보험료 및 급여산정을 위하여 신고한 소득월액에서 천원 미만을 절사한 금액이며 최저 28만원에서 최고 434만원까지의 범위로 결정하게 된다. 기준소득월액 상한액과 하한액은 국민연금 사업장가입자와 지역가입자 전원(납부예외자 제외)의 평균소득월액의 3년간 평균액이 변동하는 비율을 반영하여 매년 3월말까지 보건복지부 장관이

03 연체금부과 및 강제징수를 한다는 점에서 세금처럼 인식될 수 있으나 국민연금은 가입자가 납부한 보험료에 수익률을 더해 나중에 가입자 본인에게 지급될 뿐만 아니라 기본적으로 가입자 자신의 미래를 위해 납부되는 것으로 국가의 운영경비로 사용되는 세금과는 분명한 차이가 있다.

고시하며 해당연도 7월부터 1년간 적용된다.

사업장가입자의 경우 연금보험료율은 9%로서 연금보험료는 소득의 9%에 해당하는 금액을 본인과 사용자가 각각 절반인 4.5%씩 부담하여 매월 사용자에 의해서 일괄적으로 납부하게 되어 있다. 사업장가입자의 기준소득월액 결정방법에는 자격취득 및 납부재개 시 기준소득월액과 가입기간 중의 기준소득월액이 있다. 자격취득 및 납부재개 시 기준소득월액으로 기준소득월액을 결정하는 것은 사용자가 근로자에게 지급하기로 약정하였던 금액으로 결정하고, 입사(복직) 당시 지급이 예측 가능한 모든 근로소득을 포함하여 사용자가 공단에 신고한 소득으로 결정하는 것을 의미한다. 가입기간 중의 기준소득월액이란 전년도 중 당해 사업장에서 얻은 소득총액을 근무일수로 나눈 금액의 30배에 해당하는 금액으로 결정하되 전년도의 소득을 당해연도 7월부터 다음연도 6월까지 적용 방법을 의미한다.

지역가입자와 임의/임의계속가입자는 연금보험료 전액을 본인이 부담하게 되는데 제도시행 초기 보험료 납부에 대한 부담을 줄여주기 위해 연금보험료율이 3%에서 시작하여 2000년 7월부터 매년 1%씩 상향조정되어 2005년 7월 이후 9%까지 상향조정되었다. 9%로 설정된 보험료율은 2017년 현재까지도 변화 없이 유지 중이다. 이에 대해 국민연금 고갈과 예상수익률보다 낮은 수익률 등을 이유로 보험료율 인상에 대한 논란이 존재한다. 농어민의 경우 일정조건이 충족되면 보험료의 일부를 국고에서 지원받을 수 있다.

보험료 징수와 관련하여 과거 국민건강보험공단, 국민연금공단, 근로복지공단 3개의 사회보험공단에서 따로 수행하던 건강보험, 국민연금, 고용보험, 산재보험 업무 중 유사 · 중복성이 높은 보험료 징수업무를 국민건강보험공단이 통합하여 운영하는 제도인 사회보험 징수통합 제도가 2011년 1월 1일부터 시행되었다. 단, 국민건강보험공단에서 수납한 국민연금보험료는 연금수급자를 위한 국민연금기금으로 적립되어 별도로 운용된다.

4. 연금급여구조

사회보험으로서 국민연금은 나이가 들거나 장애 또는 사망으로 인해 소득이 상실되거나 감소할 경우 본인 또는 유족에게 물가변동률을 반영한 실질가치가 보장되는 일정한 급여를 지급하여 기본적인 생활을 유지할 수 있도록 하는 소득보장제도로서 국가가 운영하고 지급을 보장하는 가장 안전한 노후준비수단이다. 지급받게 될 연금급여의 종류에는 노후소득보장을 위한 급여로서 국민연금의 기초가 되는 노령연금, 장애로 인한 소득감소에 대비한 장애연금, 가입자의 사망으로 인한 유족의 생계보호를 위한 유족연금, 그리고 연금을 받지 못하거나 더이상 가입할 수 없을 경우 청산적 성격으로 지급되는 반환일시금과 장제보조적 · 보상적 성격으로 지급되는 사망일시금이 있다.

그림 23-2 ▶▶ 국민연금급여의 종류

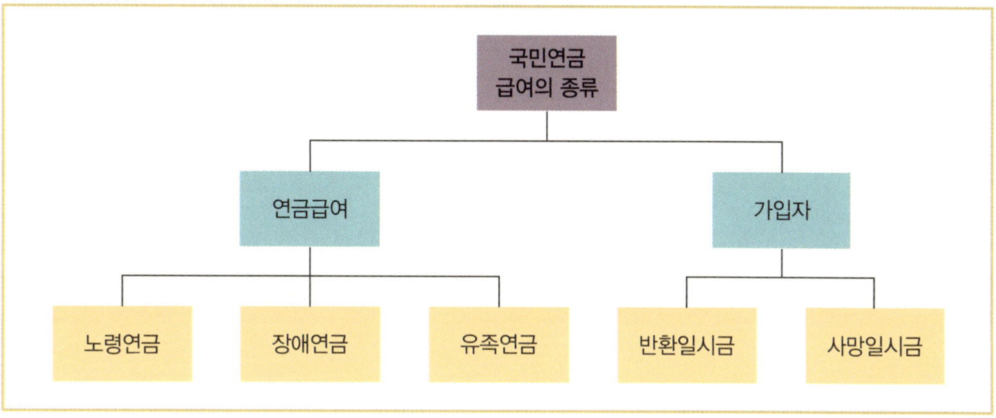

1) 급여액산정

국민연금급여액은 다음과 같이 구성되어 있다.

연금지급액 = 기본연금액 × 연금업종지급률 및 제한율 + 부양가족연금액

연금수급 전 3년간 사업장가입자와 지역가입자를 포함한 전체가입자의 평균소득월액의 평균액과 가입자 개인의 가입기간 동안의 기준소득월액을 매년 보건복지부 장관이 고시하는 연도별 재평가율에 의하여 연금수급전년도의 현재가치로 환산한 후 그 합계액을 가입자의 전체 가입월수로 나누어 산정하는 평균액으로 구성되는 기본연금액(아래 식 참조)에 대한 연금업종별 해당지급률 및 제한율에 따라 실제로 지급될 연금액이 산정된다. 산정된 연금액에 연금수급권자(유족연금의 경우 사망한 가입자 또는 가입자였던 자)를 기준으로 하는 배우자, 자녀, 또는 부모로서 수급권자에 의해 생계를 유지하고 있는 자에 대하여 지급하는 일종의 가족수당 성격의 부가연금인 부양가족연금액이 합해져서 최종연금액이 결정된다.

〈기본연금액산식〉

[2.4(A+0.75B)×P1/P+1.8(A + B)×P2/P+1.5(A+B)×P3/P+1.485(A+B)P4/P+
(1988년~1998년) (1999년~2007년) (2008년) (2009년)

…… + 1.2(A+B)P23/P+X(A+B)×C/P+X(A+1/2A)×6/P] # (1+0.05n/12)
(2028년 이후) (출산크레딧) (군복무크레딧)

A: 연금수급 전 3년간 전체가입사의 평균소득월액의 평균액
B: 가입자 개인의 가입기간 중 기준소득월액의 평균액
P: 가입자의 전체가입월수(노령연금산정 시에만 출산 및 군복무크레딧을 포함한 전체가입월수)
n: 20년 초과월수(노령연금산정 시에만 출산 및 군복무크레딧을 포함한 전체가입월수)
X: 1.5~1.2까지의 비례상수 중 노령연금취득시점의 상수
C: 추가가입기간 12, 30, 48, 50(균분하는 경우 6, 15, 24, 25)

표 23-1 연금 가입월수에 따른 상수 및 소득대체율 변화추이

구분	1988~1998년	1999~2007년	2008~2027년	2028년 이후
상수	2.4	1.8	1.5(매년 0.015씩 감소)	1.2
소득대체율	70%	60%	50%(매년 0.5씩 감소)	40%
가입월수	P1	P2	P3 … P22	P23

법 제18조, 19조 및 19조2에 의거하여 가입기간 인정제도를 운영하고 있다. 출산, 군복무 및 실업에 대해 연금가입기간을 추가로 인정해주는 크레딧 제도를 통해 노령연금 수급기회를 확대하였다. 출산 및 군복무크레딧은 2008년 1월 1일을 기점으로 이후에 출생한 자녀와 이후에 군에 입대한 자부터 인정된다. 출산크레딧의 경우 2자녀 이상 출산 시 가입기간을 추가로 인정하고 해당기간의 소득은 A값의 전액을 인정한다.[04] 군복무크레딧의 경우 병역의무를 이행한 자에게 6개월의 가입기간을 추가로 인정하고 해당기간의 소득은 A값의 1/2을 인정한다. 2016년 8월 1일에 시행된 실업크레딧은 구직급여 수급자가 연금보험료의 납부를 희망하고 본인부담분 연금보험료(25%)를 납부하는 경우 국가에서 보험료(75%)를 지원하고 그 기간을 최대 12개월까지 가입기간으로 추가 산입하는 것이다. 여기서 연금보험료는 실업 전 평균소득의 50%로 하되 상한은 70만원인 인정소득의 9%이다.

04 2자녀의 경우 추가 인정기간은 12개월이고, 3자녀는 30개월, 4자녀는 48개월, 5자녀 이상은 50개월이다.

2) 노령연금

국민연금의 기초가 되는 급여로서 가입자가 나이가 들어 소득활동에 종사하지 못할 경우

| 표 23-2 | 급여종류에 따른 노령연금의 수급요건 및 급여수준

구분	수급요건	급여수준
노령연금	가입기간 10년 이상 20년 미만으로 60세에 도달한 자(65세 미만이면 소득이 없는 경우에 한함)	• 가입기간 10년의 경우: 기본연금액의 50%+부양가족연금액 • 가입기간 20년 이상인 경우: 기본연금액 100%+부양가족연금액
	노령연금 수급권자가 65세 이전에 소득이 있는 업무에 종사하는 기간	• 가입기간 10년, 60세인 경우: 기본연금액의 $50\%^{*} \times 50\%^{**}$ * 가입기간 1년 증가 시마다 기본연금액의 5%를 증액 ** 연령 1세 증가 시마다 연령별 지급률 10%를 증액(연령별 지급률: 60세 50%, 61세 60%, 62세 70%, 63세 80%, 64세 90%, 65세 이후 100%) ※ 단, 2015년 7월 29일 이후 수급권 취득자부터는 소득구간별 감액 적용([표 23-4] 참조): 감액한도는 노령연금액의 1/2 ※ 부양가족연금액은 지급되지 않음 ※ 노령연금의 지급 연기에 따른 연금액 가산 제도인 연기연금제도[05] 존재
조기노령연금	가입기간 10년 이상, 연령 55세 이상인 자가 소득이 있는 업무[06]에 종사하지 아니하고, 60세 도달 전에 청구한 경우(65세 이전에 소득이 있는 업무에 종사하면 감액된 연금 지급)	• 가입기간 10년, 55세인 경우: 기본연금액 의 $50\%^{*} \times 70\%^{**}$+부양가족연금액 * 가입기간 1년 증가 시마다 기본연금액의 5%를 증액 ** 수급개시 연령 1세 증가 시마다 연령별 지급률 6%를 증액(연령별 지급률: 55세 70%, 56세 76%, 57세 82%, 58세 88%, 59세 94%)
분할연금	가입기간 중 혼인기간이 5년 이상인 노령연금 수급권자의 이혼한 배우자가 60세 이상이 된 경우	배우자였던 자의 노령연금액: (부양가족연 금액 제외) 중 혼인기간에 해당하는 연금액의 1/2

출처: 국민연금공단

---

05 법 제62조, 법률 제11143호 부칙 제6조에 의하여 노령연금 수급자가 희망하는 경우 1회에 한하여 연금 수급권을 취득한 이후부터 65세가 될 때까지의 기간 동안(최대 5년) 연금액의 전부 또는 일부 지급의 연기를 신청할 수 있다. 연기비율은 50%, 60%, 70%, 80%, 90%, 전부 중 수급권자가 선택할 수 있다. 연금을 다시 받게 될 때에는 지급 연기를 신청한 금액에 대하여 연기된 매 1년당 7.2%(월 0.6%)의 연금액을 더 올려서 지급된다.

06 연금수급자의 소득이 있는 업무란 사업장 근로자와 사업자등록자 구분 없이 소득세법 규정에 따른 사업소득금

생활안정과 복지증진을 위하여 지급된다. 노령연금에는 가입기간, 연령, 소득활동 유무에 따라 노령연금, 조기노령연금, 그리고 이혼한 배우자에게 지급될 수 있는 분할연금이 있다. 노령연금이란 가입기간이 10년 이상이고 60세(수급연령 상향규정 적용: 60~65세)가 된 때에 기본연금액과 부양가족연금액을 합산하여 평생 동안 지급하는 연금이다. 조기노령연금이란 가입기간이 10년 이상이고 55세(수급연령 상향규정 적용: 55~60세) 이상인 사람이 소득 있는 업무에 종사하지 않는 경우에 본인이 신청하면 노령연금 수급개시연령 전이라도 지급받을 수 있는 연금이다. 이 경우 가입기간 및 처음 연금을 받는 연령에 따라 일정률의 기본연금액에 부양가족연금액을 합산하여 평생 동안 지급받게 된다. 분할연금이란 이혼한 자가 배우자였던 자의 노령연금액 중 혼인기간에 해당하는 연금액을 나누어 지급받는 연금이다. 분할연금은 이혼, 배우자였던 자의 노령연금수급권 취득, 수급연령 상향규정이 적용되어 본인의 60세 도달이라는 세 가지 요건을 갖추었을 때 본인의 신청에 의해 지급된다. 각 연금의 수급요건 및 급여수준은 [표 23-2]와 같다. 하지만 법률 제8541호 부칙 제8조에 의거하여 노령연금 수급개시 연령은 다음 [표 23-3]과 같다.

표 23-3 | 노령연금의 수급연령

출생연도	수급개시 연령		
	노령연금	조기노령연금	분할연금
1952년생 이전	60세	55세	60세
1953~56년생	61세	56세	61세
1957~60년생	62세	57세	62세
1961~64년생	63세	58세	63세
1965~68년생	64세	59세	64세
1969년생 이후	65세	60세	65세

출처: 국민연금공단

액, 근로소득금액을 합산한 금액을 당해 연도 종사월수로 나눈 금액이 전년도 연말기준으로 산정된 연금 수급 전 3년간의 전체 가입자의 평균소득월액의 평균액(2017년의 경우 월 2,176,483원)보다 많은 경우를 의미한다. "최근 3년간의 국민연금 전체 가입자의 평균소득월액의 평균액"이란 매연도말(12월 31일) 현재 국민연금 사업장가입자와 지역가입자의 기준소득월액을 평균하여 최근 3년치를 평균한 금액을 의미하며, 2017년의 경우 적용되는 값은 2,176,483원이다.

| 표 23-4 | 소득구간별 감액금액 산정표(61세 수급연령 개시 기준)

A값 초과소득월액	노령연금 지급 감액분	월 감액 금액
100만원 미만	초과소득월액분의 5%	0~5만원
100만원 이상 200만원 미만	5만원+(100만원 초과한 초과소득월액분의 10%)	5~15만원
200만원 이상 300만원 미만	15만원+(200만원 초과한 초과소득월액분의 15%)	15~30만원
300만원 이상 400만언 미만	30만원+(300만원 초과한 초과소득월액분의 20%)	30~50만원
400만원 이상	50만원+(400만원 초과한 초과소득월액분의 25%)	50만원 이상

출처: 국민연금공단

3) 장애연금

국민연금가입자가 가입기간 중에 발생한 질병 또는 부상이 완치(진행 중일 때에는 초진일로부터 1년 6개월이 경과시점)되었으나 신체적 또는 정신적 장애가 남았을 경우 이에 따른 소득감소부분을 보전함으로써 자신과 가족의 안정된 생활을 보장하기 위해 지급되는 연금이다. 장애등급은 완치일을 기준으로 노동력상실 또는 감소에 따라 1~4급으로 결정된다. 장애연금 수급요건 및 급여수준은 [표 23-5]와 같다.

| 표 23-5 | 장애연금의 수급요건 및 급여수준

수급요건	장애등급	급여수준
가입 중에 발생한 질병 또는 부상으로 완치 후에도 장애가 있는 자(초진일이 18세 생일부터 노령연금 지급연령 사이에 있어야 함) ※ 초진일로부터 1년 6개월 경과 후에도 완치되지 아니한 경우는 그 1년 6개월이 경과한 날을 기준으로 장애정도 결정. 다만, 1년 6개월 경과일에 장애등급에 해당되지 아니한 자가 60세(단, 1953~1956년생 61세, 1957~1960년생 62세, 1961~1964년생 63세, 1965~1968년생 64세, 1969년생 이후 65세) 전에 청구한 경우 완치일과 청구일 중 빠른 날을 기준으로 장애 정도 결정 ※ 질병이나 부상의 초진일이 2016년 11월 30일 전인 경우에는 가입 중 발생한 질병이나 부상에 한해 장애연금이 지급된다.	1급	기본연금액 100%+부양가족연금액
	2급	기본연금액 80%+부양가족연금액
	3급	기본연금액 60%+부양가족연금액
	4급	기본연금액 25%(일시보상금)

출처: 국민연금공단

4) 유족연금

국민연금의 가입자 또는 연금수급자가 사망했을 경우 그에 의하여 생계를 유지하던 유족[07]에게 가입기간에 따라 기본연금액의 40~60%에 부양가족연금액을 합한 금액을 지급하여 유족들이 안정된 삶을 유지할 수 있도록 하기 위한 연금이다. 유족연금 수급요건 및 급여수준은 아래의 [표 23-6]과 같다. 다만, 노령연금수급권자가 사망한 경우 유족연금액은 사망한 자가 지급받던 노령연금액을 초과할 수 없다.

| 표 23-6 | 수급요건 및 급여수준

<table>
<tr><th colspan="2" rowspan="2">수급요건</th><th colspan="2">급여수준</th></tr>
<tr><th>가입기간</th><th>연금액</th></tr>
<tr><td rowspan="2">사망일이
2016년 11월 30일 이전</td><td rowspan="2">사망일이
2016년 11월 30일 이후</td><td>10년 미만</td><td>기본연금액 40%+
부양가족연금액</td></tr>
<tr><td>10년 이상 20년 미만</td><td>기본연금액 50%+
부양가족연금액</td></tr>
<tr><td>다음의 자가 사망한 때
• 노령연금수급권자
• 가입자(다만 가입기간 1년 미만인 자가 질병이나 부상으로 인하여 사망한 경우에는 가입 중에 발생한 질병이나 부상으로 사망한 경우에 한함)
• 가입기간 10년 이상인 가입자였던 자
• 장애등급 2급 이상의 장애연금 수급권자
• 가입기간 10년 미만인 가입자였던 자로서 가입 중에 발생한 질병이나 부상 또는 그 부상으로 인한 질병으로 가입 중 초진일 또는 가입자 자격상실 후 1년 이내의 초진일로부터 2년 이내에 사망한 때</td><td>다음의 자가 사망한 때
• 노령연금수급권자
• 장애등급 2급 이상의 장애연금 수급권자
• 가입기간 10년 이상인 가입자(였던 자)
• 연금보험료를 낸 기간이 가입대상 기간의 1/3 이상인 가입자(였던 자)
• 사망일 5년 전부터 사망일까지의 기간 중 3년 이상 연금보험료를 낸 가입자(였던 자).[08] 단, 전체 가입대상기간 중 체납기간이 3년 이상인 경우는 유족연금을 지급하지 않음</td><td>20년 이상</td><td>기본연금액 60%+
부양가족연금액</td></tr>
</table>

07 국민연금법 제73조에 유족이란 사망자에 의하여 생계를 유지하고 있던 가족으로 배우자, 자녀(19세 미만 또는 장애등급 2급 이상), 부모(60세 이상 또는 장애등급 2등급 이상), 손자녀(19세 미만 또는 장애등급 2급 이상),

연령도달로 유족연금 수급권이 소멸되는 자녀 또는 손자녀인 수급권자에 대해 수급권이 소멸할 때까지 지급받은 유족연금액이 사망일시금[09]으로 지급받는 경우보다 적은 경우 그 차액을 보전해줌으로써 수급권자의 생계를 보호하고 다른 수급권자와의 형평을 맞추기 위해 2007년 7월 23일 유족연금 차액보상금 제도가 도입되었다. 즉, 지급금액은 사망일시금에서 연령도달로 수급권 소멸시까지 지급받은 유족연금 총액을 차감한 금액이다. 사망일시금은 유족연금 지급사유발생일 당시를 기준으로 산정한 금액이고, 유족연금총액은 물가상승률을 반영하여 부양가족연금액을 포함한 금액이다. 이때 사망일시금액은 가입자 또는 가입자였던 자의 반환일시금에 상당하는 금액으로 하되, 그 금액은 연도별 재평가율에 의하여 사망일시금 수급전년도의 현재가치로 환산한 최종 기준소득월액 또는 가입기간 중 기준소득월액의 평균액 중 많은 금액의 4배를 한도로 한다. 자녀 및 손자녀인 유족의 생계보호를 두텁게 보장하기 위해 2012년 4월 1일을 기점으로 지급연령 상한을 18세에서 19세로 상향하였고, 2016년 11월 30일을 기점으로 자녀의 지급연령 상한을 19세에서 25세로 상향하였다.

5) 반환 및 사망일시금

60세에 도달했거나 사망, 국외이주 등으로 국민연금에 더 이상 가입할 수 없게 되었으나 연금수급요건을 채우지 못한 경우, 납부한 연금보험료에 가입기간 동안의 이자와 지급사유발생일까지의 이자를 합한 반환일시금이 지급되고, 가입자 또는 가입자이었던 사람이 사망하였으나 국민연금법 제73조에 의한 유족이 없어 유족연금이나 반환일시금을 지급받을 수 없는 경우 최우선 순위의 유족에게 장제보조적 및 보상적 성격의 사망일시금이 지급된다.

조부모(60세 이상 또는 장애등급 2등급 이상) 순위 중 최우선 순위자에게 유족연금이 지급된다. 또한 연금을 받을 수 있는 대상자가 동순위로 2인 이상인 경우에는 같은 금액을 나누어 지급하지만, 그 중 대표자를 선정하여 청구하는 경우에는 그 대표자에게 지급된다. 지급사유발생일이 2013년 1월 1일 이후인 경우에 한하여 부모 및 조부모의 유족연금 수급연령이 상향조정되었다(1953~1956년생 61세, 1957~1960년생 62세, 1961~1964년생 63세, 1965~1968년생 64세, 1969년생 이후 65세).

08 2016년 11월 30일 이후 사망자 중 연금보험료를 낸 기간이 가입대상 기간이 1/3 이상인 가입자(였던 자) 및 사망일 5년 전부터 사망일까지의 기간 중 3년 이상 연금보험료를 낸 가입자(였던 자)는 사망일이 타 공적연금 가입기간이나 내국인의 국외이주 또는 국적상실 기간 및 외국인의 국외거주기간 중에 있는 경우는 유족연금을 지급하지 않는다.

09 사망일시금이란 유족연금 또는 반환일시금을 지급받지 못하는 유족에게 지급되는 장제 보조적 · 보상적 성격의 급여이다.

CHAPTER 24

고용보험

전통적 의미의 실업보험사업(사후적 · 소극적 사회보장)을 비롯하여 고용안정사업과 직업능력사업(사전적 · 적극적 사회보장) 등의 노동시장 정책을 적극적으로 연계하여 통합적으로 실시하는 고용보험은 건강보험 · 국민연금 · 산업재해보상보험 · 노인장기요양보험과 함께 5대 사회보장제도의 하나로 1995년 7월 1일부터 시행되었다. 이에 따라 사업주와 근로자는 각각 월정급여액의 일정비율을 보험료로 납부해야 하며, 전국적인 고용보험 전산망 구축에 따라 지방노동사무소와 시 · 군 · 구에서 구인 · 구직정보를 제공받게 된다. 근로자는 나이와 보험가입기간에 따라 실업 시 복리후생(福利厚生) 성격의 수당을 제외한 임금총액의 50%까지 실업급여를 받을 수 있으며 수령기간은 90일에서 240일까지이다. 실업급여는 1인 이상 사업장에 적용되며, 70인 이상 사업장의 사업주는 고용안정 및 직업능력개발을 위한 고용보험료를 추가로 내야 한다. 단, 실직 후 거주지 관할 고용센터에 실업신고를 해야 하며, 신청 후 2주 이내 자격 인정 여부를 확인받게 된다. 자격 인정 후 고용안정센터에 2주마다 출석하여 실업인정을 받으면 실업급여가 지급된다. 본인의 큰 잘못이나 불법행동 등으로 해고를 당하였을 경우나 정당한 사유 없이 직장을 스스로 옮기려 할 경우 등에는 실업급여 혜택을 받을 수 없다. 본 장에서는 고용보험의 적용범위, 급여구조 및 재원조달 등에 대해 살펴보도록 하겠다.

주요용어

고용보험	고용안정	구직급여
실업급여	직업능력개발	취업촉진수당

제1절 제도의 의의 및 목적

자본주의 시장경제체제에서 사용자에게 노동력을 제공하고 그 대가인 임금으로 가정경제를 이끌어가는 근로자에게 근로의 기회를 상실하는 실업상태가 발생하게 될 경우 근로자 자신은 물론 그 가족에게도 부상, 질병, 노령사망의 경우와 마찬가지로 가정의 안정을 해치는 원인이 될 수 있다. 이러한 실업에 의한 유휴노동력의 방치와 증가는 근로자 개인의 입장에서 근로와 관련된 지식이나 기능의 저하를 가져오고 국가차원에서는 임금상실로 인한 가정경제의 소비감소가 생산저하와 그에 따른 고용감소로 이어지는 악순환을 초래하여 국가경제의 혼란을 초래할 수 있다. 따라서 어느 정도의 실업은 받아들인다 할지라도 실업 자체는 근로자 개인뿐만 아니라 국가 모두에서 위험이 되고 그에 따른 책임이 커지고 있기 때문에 국가적인 차원에서 정부, 사용자, 근로자가 연대하여 실업보험 또는 고용보험제도[01]를 도입하여 실업에 따른 문제점을 최소화하려고 노력하고 있다.

우리나라 고용보험법 제1조에는 "이 법은 고용보험의 시행을 통하여 실업의 예방, 고용의 촉진 및 근로자의 직업능력의 개발 향상을 도모하고 국가의 직업지도, 직업소개기능을 강화하여 근로자가 실업한 경우에 생활에 필요한 급여를 실시함으로써 근로자의 생활의 안정과 구직활동을 촉진하여 경제사회발전에 이바지함을 목적으로 한다"라고 기술하고 있다. 이렇듯 고용보험제도라 함은 실직근로자에게 생활의 안정을 위하여 단순하게 일정기간 동안 생계를 지원하는 사후적 소극적인 실업급여제도에서 벗어나 재취업희망자에게 적극적인 재취업을 촉진하고 근로자의 실업예방 및 고용안정 그리고 직업능력개발 등을 상호연계하는 국가의 고용정책을 수행하기 위해 사전적 · 적극적인 수단으로서 법률에 의하여 보험의 가입과 그에 따른 보험료납부가 강제되고 근로자와 사업주를 지원하는 공적인 사회보험제도이다.

사회보험으로서의 고용보험제도는 다음과 같은 사회적 순기능을 수행하고 있다고 볼 수 있다. 첫째, 사전적 · 적극적인 고용정책을 뒷받침하는 제도이지만 주목적은 근로자가 실직하였을 경우 근로자와 근로자가족의 안정된 경제생활을 지원하기 위한 실업급여를 지급하는 전통적인 실업보험사업이다. 이와 함께 고용정보제공, 직업상담, 취업알선, 직업훈련안내 등 종합고용서비스를 제공하여 재취업을 촉진함으로서 사회안전망으로서의 사회보장 기능

---

01 실직근로자에게 통상임금의 일정수준을 보상해주는 실업보험(Unemployment Insurance)을 시행해온 많은 국가에서 재취업, 고용안정 등의 적극적인 노동시장정책적인 사업까지 포함하는 추세를 보이고 있으나 고용보험이라는 용어를 사용하는 국가는 우리나라와 일본 밖에 없다.

을 수행한다고 볼 수 있다. 둘째, 기업의 직업교육훈련에 다양한 지원을 실시함으로써 근로자의 노동성 향상과 기업의 경쟁력 강화에 기여한다. 또한 실직자가 공공직업안정기관에 등록하게 함으로써 구인 · 구직자에게 노동시장에 관한 정확한 정보를 제공하고 상담을 실시하여 시장기능에 의한 인력수급조절기능을 강화하여 인력수급의 원활화를 도모하는 데 기여한다. 셋째로, 경기불황기에 실업자가 증가하게 되면 총실업급여의 지급액이 증가하여 유효수요 부족으로 인한 경기침체를 완화시켜 실업발생을 줄여주고 호황기에는 실업급여의 지급액이 감소하게 됨에 따라 보험기금의 적립을 통해 유효수요를 감소시킴으로써 경기조절기능을 한다고 볼 수 있다. 그리고 고용안전사업의 고용유지지원금, 채용장려금제도를 통하여 경기불황기에 기업의 경영부담을 완화하는 데 기여한다고 하겠다.

제2절 관리운영체계

1. 고용보험의 적용범위

고용보험법은 고용보험의 피보험자가 되는 근로자[02]를 고용하는 모든 사업 또는 사업장에 적용되는 것을 원칙으로 하고 있는데 사업이 개시되거나 사업이 충족요건을 충족하게 되었을 때에 사업주 또는 근로자의 의사와 관계없이 자동적으로 고용보험관계가 성립되는 당연적용 사업과 근로자의 과반수 이상의 동의를 얻은 사실을 증명하는 서류를 첨부하여 고용보험에 가입하는 임의가입사업이 있다. 1995년 7월 1일 고용보험제도가 도입될 당시에는 30인 이상 사업장에 적용되었으나 이후 점차적으로 적용대상범위를 확대하여 1998년 1월 1일에는 10~29인 사업장, 3월 1일에는 5~9인 사업장 그리고 10월 1일부터 1인 이상 모든 사업장에 고용보험이 적용되어 고용보험적용 사업장수와 피보험자수가 급격히 증가하였으며 건설업의 경우에도 개인이 시공하는 총공사금액 2,000만원 미만 공사 등을 제외한 모든 공사가 적용대상이다.

02 고용보험법이 적용되는 사업에 고용되어 사업주의 지휘 · 감독하에서 상시근로를 제공하고 그 대가로 임금형태의 금품을 지급받아 생활하는 사람을 말한다.

■ 적용 제외 대상

- 65세 이후에 새로이 고용된 자(고용안정/직업능력개발사업은 적용, 실업급여 제외) 다만, 생업을 목적으로 근로자를 제공하는 자 중 3개월 이상 계속하여 근로를 제공하는 자와 1개월 미만 동안 고용되는 일용근로자는 적용대상임.
- 월간 소정근로시간이 60시간 미만인 근로자(1주가 15시간 미만인 자 포함)
- 공무원(별정직 · 계약직 공무원은 2008년 9월 22일부터 임의가입 가능)
- 사립학교교직원연금법 적용자, 별정우체국 직원

2. 보험료의 징수

보험료징수의 집행은 고용보험제도 도입 당시에는 산재보험료의 징수체계와 유사하여 징수업무 중 보험료보고서의 접수 · 수리 등의 일부업무를 근로복지공단에서, 나머지 징수업무는 지방노동관서 관리과에서 담당하였다. 그러나 '고용보험 및 산업재해보상보험의 보험료 징수 등에 관한 법률' 제4조 규정에 의하여 고용보험의 적용 징수업무는 근로복지공단에 위탁되어 있다.

고용보험의 보험료는 고용보험사업에 소요되는 비용을 충당하기 위하여 고용안정, 직업능력개발사업, 실업급여로 구분 · 산정하여 징수하는 금액을 말한다. 고용안정, 직업능력개발

| 표 24-1 | 보험사업별 보험요율 및 부담(영 제12조)

구분		2006년 1월 1일 이전		2006년 1월 1일 이후	
		근로자	사업주	근로자	사업주
실업급여		0.45%	0.45%	0.45%	0.45%
고용안정			0.15%		–
고용안정 직업능력 개발사업	150인 미만 기업		0.1%		0.25%
	150인 이상 (우선지원대상기업)		0.3%		0.45%
	150인 이상~ 1,000인 미만 기업		0.5%		0.65%
	1,000인 이상 기업, 국가 및 지방자치단체 (직업훈련의무업체)		0.7%		0.85%

사업 보험료는 사업주가 전액을 부담하고 실업급여는 노 · 사가 보험료의 $\frac{1}{2}$을 각각 부담하는 데, 만약 사업주로부터 임금을 지급받지 않는 경우에는 근로자가 그 전액을 부담한다.

고용보험료는 매 보험년도마다 당해 1년 동안 적용사업별 보험가입자인 근로자의 임금총액[03]에 보험사업별 보험요율을 곱하여 산정하는데, 보험요율은 보험수리의 추이와 경제상황 등을 고려하여 $\frac{30}{1,000}$ 범위 내에서 사업별로 구분[04]하여 결정한다([표 24-1] 참조).

3. 기본구조 및 내용

고용보험제도의 기본구조는 실업의 예방, 재취업의 촉진 및 노동시장의 취약계층 고용촉진을 위한 고용안정사업, 근로자의 생애취업능력개발체제지원을 위한 지업능력개발사업, 그리고 실직근로자의 생계유지 및 재취업촉진을 위한 실업급여로 구성되어 있다.

1) 고용안정사업

고용안정사업은 산업화와 기술진보과정에서 근로자의 고용안정을 보장함과 동시에 기업의 고용조정을 합리적으로 지원하기 위한 사업으로서 근로시간단축 교대제전환 등을 통하여 일자리를 창출한 기업을 지원하기 위한 **고용창출지원사업**, 경영사정이 어려운 기업의 고용조정을 지원하여 실업을 예방하고 기업의 경영부담을 완화하기 위해 지원하는 **고용조정지원사업**, 노동시장의 통상적인 조건하에서는 취직이 곤란한 고령자, 장기구직자, 장애인, 여성가장 등 취업취약계층의 고용을 촉진하기 위해 지원하는 **고용촉진지원사업**, 그리고 여성의 육아부담을 완화하기 위하여 직장보육시설을 설치 · 운영하는 경우에 지원하는 고용촉진시설지원사업 등이 있다.

(1) 고용창출지원

2004년 2월 10일 노 · 사 · 정 간에 합의된 '일자리만들기 사회협약'에 따라 고용보험의 노동시장정책기능을 강화하기 위해서 기업의 일자리창출을 지원하는 등 다음과 같은 지원제도

---

03 고용보험료의 산정기초가 되는 임금총액은 근로기준법 제2조 제1항 제5조의 규정에 의한 임금과 휴직, 기타 이와 유사한 상태에 있는 기간에 지급받는 임금, 봉급, 기타 여하한 명칭으로든지 지급받는 일체의 금품 중 노동부 장관이 정하는 금품을 말한다.

04 2006년 1월 1일부터 재정운영의 탄력성과 정책추진의 효율성 제고를 위하여 고용안정사업과 직업능력개발사업을 통합하여 고용안정사업 · 직업능력개발사업(보험요율 0.25~0.85%)으로 운영하고 있다.

그림 24-1 ▸▸ 고용안정사업의 체계

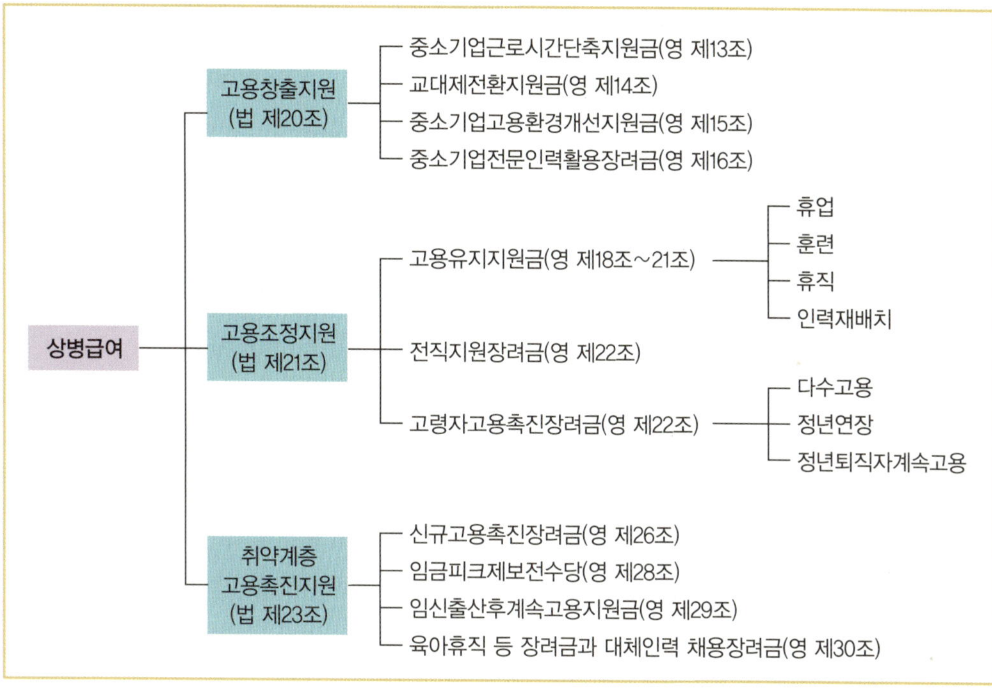

를 도입 · 시행하고 있다.

① 중소기업근로시간단축지원금

주 40시간 근무제를 법정시행일 6월 이전에 조기에 도입하고 정규직 근로자를 고용한 우선지원대상기업에 대하여 근로시간 단축 후 증가한 근로자 1인당 분기 180만원을 법정시행일까지 지원하되 근로시간 단축 전 근로자수의 30% 한도로 지원한다.

② 교대제전환지원금

교대근무를 새로이 실시하거나 교대조를 늘려 실시하는 사업주가 정규직 근로자를 고용한 후 1인당 분기 180만원(대기업 120만원)씩 1년간 지원하되 교대제를 4조 이하로 늘리는 경우에 한하여 지원한다.

③ 중소기업고용환경개선지원금

제조업 또는 지식기반서비스업을 영위하는 사업주가 열악한 고용환경개선을 위해 1,000

만원 이상 설비투자를 실시하고 근로자를 고용한 경우 설비투자비용의 50%(최대 5,000만원) 및 1인당 120만원을 1회에 한하여 지급한다.

④ 중소기업전문인력활용장려금

제조업 또는 지식기반서비스업을 영위하는 사업주가 경쟁력 강화를 위하여 기술사, 이공계 석 · 박사 등 전문인력을 채용 또는 사용하는 경우 1인당 최초 6월은 120만원, 이후 6월은 60만원씩을 1년간 지원한다.

(2) 고용조정지원

고용조정지원사업은 기업의 고용조정을 방지하고 부득이하게 고용조정으로 이직한 근로자의 재취업을 지원하는 사업이다. 기업이 경영상의 이유 등으로 고용조정이 불가피하나 휴업, 휴직, 인력재배치, 훈련 등의 고용유지조치를 통하여 고용을 유지하는 경우 지급된 임금의 $\frac{2}{3}\sim\frac{3}{4}$과 훈련비는 보험연도 180일 범위 내에서 지원하는 고용유지지원금이 있다. 또한 생산량감소 등의 이유로 고용조정이 불가피한 사업주가 이직하는 근로자를 대상으로 신속하게 재취업을 지원하기 위하여 전직지원서비스를 제공하는 경우 소용비용의 $\frac{2}{3}$ 이상 모든 비용을 12개월 한도(1인당 300만원 한도) 내에서 지급하는 전직지원장려금이 있다.

(3) 고용촉진지원

고용촉진지원사업은 통상적인 노동시장에서 취업이 특히 곤란한 고령인력을 다수고용하거나 정년연장 또는 정년퇴직자의 계속고용 등 적극적 활용을 통해 기업의 경쟁력을 확보하려는 노력을 지원하는 **고령자고용촉진장려금**[05]과 고령자, 여성가장, 청년실업자 등 노동시장의 취업취약계층이 직업안정기관 등에 구직신청 후 일정기간 이상 경과한 자를 채용하는 사업주를 1년간 1인당 월 15만~60만원씩 1년간 지원하는 **신규고용촉진장려금**[06]이 있다, 그리

---

05 • 정년연장장려금: 정년을 56세 이상으로 1년 이상 연장한 사업장에서 18개월 이상 근무한 고령자를 연장된 정년에 따라 계속 고용하는 경우 연장된 정년의 $\frac{1}{2}$기간 동안 1인당 월 30만원 지급

• 고령자다수고용촉진장려금: 근로자 대비 1년 이상 고용된 고령자를 업종별로 4~42%를 초과하여 고용하는 경우 분기 1인당 15만원 지급

• 정년퇴직자계속고용장려금: 57세 이상 정년 사업장에서 18개월 이상 근무한 고령자를 정년 이후 계속 고용하거나 퇴직 후 3개월 이내에 재고용하는 경우 1인당 월 30만원씩 6개월(500인 이하 제조업은 12개월)간 지급

06 그동안 고용촉진장려금은 신규고령자, 여성가장, 장기구직자 등 세 분야로 나뉘어 지원요건 지원수준 및 지원기간이 각기 상이하게 적용 · 시행되어 왔으나 사업주의 편의를 위해 2004년 10월 시행령을 개정하여 신규고용촉진장려금으로 통합되어 시행되고 있다.

고 여성근로자에게 육아휴직기회를 부여하기 위하여 육아휴직기간 동안 1인당 월 20만원, 대체인력채용 시 1인당 30만원(대기업 20만원)을 지원해주는 **육아휴직장려금**과 **대체인력채용장려금**이 있으며 **임신 · 출산후계속고용지원금**[07]이 있다. 그 밖에 2006년부터 준고령자 및 고령자의 고용을 보장하기 위해서 노사합의에 의해 임금피크제를 도입실시한 사업주를 지원해 주는 **임금피크제보전수당**[08]이 있다.

그 밖에 근로자의 육아부담을 완화하기 위하여 직장보육시설을 설치 · 운영하는 사업주 및 사업주단체에 직장보육시설 설치비용, 보육교사, 보육시설의 장 및 취사부의 인건비를 지원하는 직장보육설치 · 운영비지원 및 설치비용 융자사업을 비롯하여 건설근로자퇴직공제부금지원, 건설근로자고용안정지원금제도, 장기실업자취업지원 및 고령자 등 고용환경개선지원사업 등을 운영하는 등 지원제도를 신설하거나 지원대상을 확대하는 등으로 규모를 크게 확대하는 반면, 일부제도는 폐지[09]함으로써 사업주의 제도 활용도와 사업의 효과성을 제고하도록 하고 있다.

2) 직업능력개발사업

고용보험이 도입되기 전까지 직업훈련의무제 아래에서는 대기업 근로자에 대한 훈련의무를 부과하고 이를 달성하지 못할 경우 분담금을 납부하도록 하였다. 그러나 고용보험제도의 도입으로 각 기업의 실정에 맞는 직업능력개발훈련을 지원하고 근로자 개인의 자기주도적인 능력개발도 지원하는 체제로 전환함으로써 모든 기업과 근로자 그리고 일부의 미취업청소년, 실직자 등에 대한 포괄적인 지원이 가능하게 된 것이다.

직업능력개발사업은 크게 재직근로자 등을 대상으로 직업능력개발훈련을 실시하는 사업주에 대한 지원과 기존의 직업능력개발체제 아래에서 능력개발을 개발할 수 있는 기회의 빈곤을 겪고 있는 취약계층 근로자 개인에 대한 지원 그리고 급격한 구조조정에 따라 생겨나는 일부 전직자, 실직자에 대한 재취업촉진과 원활한 노동이동을 위한 지원 및 직업능력개발 인프라의 확장사업으로 구분될 수 있다.

---

07 산전 후 휴가 중이거나 임신 34주 이상 중 계약 또는 파견기간이 만료된 자나 1년 이상 계속근로계약을 체결한 사업주에게 월 40~60만원을 6개월간 지급

08 18개월 이상 근무한 54세 이상 근로자로서 임금이 10% 이상 하락한 근로자에 대하여 피크임금과 당해연도임금과의 차액에 $\frac{50}{100}$을 곱한 금액으로 분기 150만원 한도로 지원

09 재고용장려금, 중장년훈련수료자채용장려금, 중소기업신규업종진출지원금 등 활용도와 효과성이 낮은 제도는 2009년부터 폐지되었다.

사업주에 대한 지원에는 직업능력개발훈련지원금, 유급휴가훈련지원금 등의 전통적 사업과 중소기업특화사업으로 중소기업훈련컨소시엄, 중소기업핵심직무능력향상훈련지원, 중소기업학습조직화촉진지원 등이 있다. 근로자 개인에 대한 지원사업에는 근로자수당지원금지원, 학자금비용지원 및 대부, 검정수수료지원 등의 사업이 있다. 그 밖에 실업자 등에 대한 훈련지원사업으로는 재취업에 필요한 기능 · 기술의 습득을 위한 훈련기회를 제공하는 '전직실업자직업훈련' 지원과 만성적인 인력부족 직종이나 국가기간 · 전략산업의 기능인력을 양성하기 위하여 '우선지원직종'으로 지정하고 미취학청소년, 실직자 등 미취업자에게 직업능력개발훈련의 기회를 부여하고 있다. 특히 수요자중심의 자율적인 직업능력개발의 지원을 위해 '직업능력개발계좌제'[10]를 확대 실시하고 있다.

3) 실업급여

고용보험의 3대사업의 하나인 실업급여는 근로자가 근로의 의사와 능력이 있음에도 불구하고 취업하지 못한 상태 즉 실직한 경우, 실직자 및 그 가족의 생활안정을 도모하고 구직활동을 통하여 재취업을 용이하게 하기 위하여 일정기간 동안 급여를 지급하는 지원제도이다. 이러한 제도를 통하여 실직자의 인력이동 상황이 파악됨으로써 효율적인 고용정책의 수립을 가능하게 해주는 측면도 있다. 실업급여의 기본체계는 [그림 24-2]와 같다.

(1) 구직급여

실업급여 중 피보험자의 실업기간 중 생활안정을 위하여 지급되는 급여로서 피보험자가 이직 전 18개월 중 180일 이상의 피보험단위기간을 충족하는 경우에 피보험기간 및 연령에 따라 90~240일까지 차등지급되는데 재취업을 위한 훈련, 부양가족의 생계지원 등의 일정요건[11]이 충족될 경우에는 연장급여의 형태로 지급된다. 근로의 의사 및 능력이 있고(비자발적으로 이직), 적극적인 재취업활동(재취업활동을 하지 않는 경우 미지급)에도 불구하고 취업하지 못한 상태여야 한다. 참고로, 일용근로자로 이직한 경우 아래 요건 모두 충족하여야

---

10 정부가 훈련생에게 일정한 금액을 지원하면 훈련생은 정부가 제공하는 상담과 훈련정보를 바탕으로 지원금액 한도 내에서 훈련과정을 결정하고 직업훈련을 받는 제도이다. 2008년 대구 · 광주지역에서 시범실시 후 전국적으로 그리고 중소기업근로자에게까지 단계적으로 확대 실시함으로써 근로자의 훈련참여를 촉진 · 지원하고 훈련시장에서의 수요자 선택권과 훈련기관 간의 경쟁력강화를 도모한다.

11 직업안정기관의 장으로부터 능력개발 훈련지시를 받은 수급권자의 재취업을 지원하기 위해 구직급여를 연장하여 지급하는 제도가 훈련연장급여이고 18세 미만 등의 부양가족이 있는 수급권자의 생계지원을 위해 지급하는 것이 개별연장급여이다.

그림 24-2 ▸▸ 실업급여의 기본체계

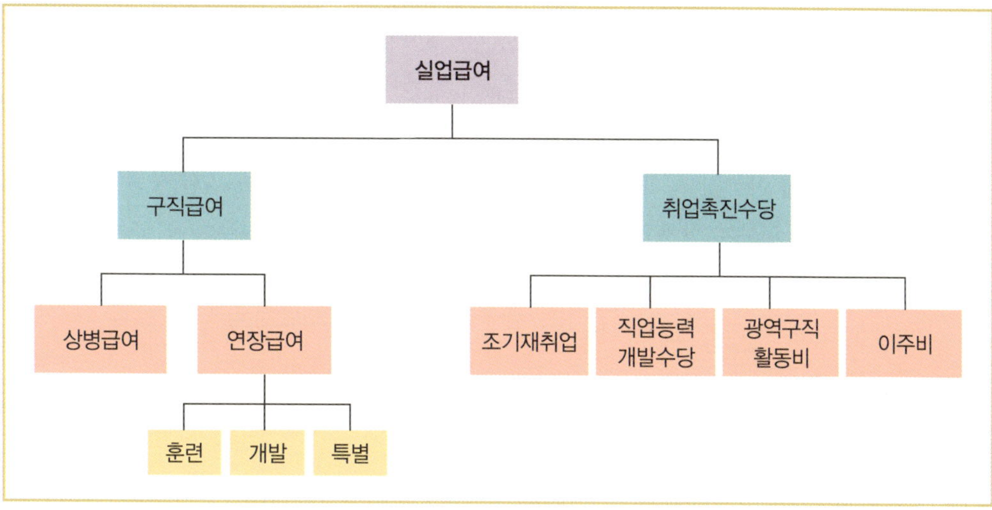

한다.

- 수급자격제한사유에 해당하지 않아야 한다.
  ※ 자발적으로 이직하거나 중대한 귀책사유로 해고된 경우는 제외
- (일용) 수급자격신청일 이전 1월간의 근로일수가 10일 미만이어야 한다.
- (일용) 최종 이직일 이전 기준기간 내의 피보험 단위기간 180일 중 법 제58조의 수급자격의 제한사유에 해당하는 사유로 이직한 사실이 있는 경우에는 당해 피보험 단위기간 중 90일 이상을 일용근로자로 근로하여야 한다.

(2) 상병급여

수급권자가 수급기간 중에 질병, 부상 또는 출산으로 7일 이상 취업이 불가능하여 실업인정을 받지 못한 날에 대하여 구직급여에 갈음하여 구직급여의 미지급일수의 한도 내에서 지급하는 급여로서 실업인정을 받지 못하고 직업소개, 직업지도, 직업능력개발훈련 거부로 구직급여 지급이 정지된 기간이 아니어야 한다. 실업신고 이전에 질병 · 부상 등으로 취업이 불가능한 경우에는 상병급여지급이 아닌 수급기간연장을 할 수 있으며, 실업신고 이전에 고혈압 등과 같은 지병이 있어 구직활동이 가능하여 수급자격을 인정받은 후 구직활동을 할 수 없게 될 경우 상병지급이 가능하다.

(3) 개별연장급여

취직이 특히 곤란하고 생활이 어려운 수급자로서 임금수준, 재산상황, 부양가족 여부 등을 고려하여 생계지원 등이 필요한 자에게 지급하는 것이다. 직업안정기관장의 직업소개(심층상담이나 집단상담에 참여하는 경우 포함)에 3회 이상 응하였으나 취업하지 못한 자로서 18세 미만이나 65세 이상인 자 또는 장애인 고용촉진 및 직업재활법에 의한 중증장애인이나 1개월 이상 치료를 요하는 환자를 부양하고 있는 자, 소득이 없는 배우자, 대학이나 대학원에서 학업 중인 자 등의 부양가족이 있는 자가 지급 대상자이다. 급여기초 임금일액은 63,000원 이하이고, 본인 및 배우자의 재산합계액이 각각 고용노동부 장관이 정하여 고시한 기준(주택 · 건물이 있는 경우에는 재산세 과세액 합계액이 12만원 이하, 주택 · 건물이 없는 경우에는 재산합계액이 1억원 이하) 이하인 자가 해당된다.

(4) 취업촉진수당

① 조기재취업수당

구직급여의 수급권자로 하여금 적극적인 구직활동을 통한 조기 재취업을 촉진하기 위한 수당으로 수급권자가 구직급여 소정급여일수를 30일 이상 남기고 6개월 이상 계속 고용된 경우에 지급한다.

② 직업능력개발수당

수급권자가 직업안정기관의 장이 지시한 직업훈련 등을 받는 경우 그 직업훈련 등의 수강을 용이하게 하기 위하여 구직급여 외에 교통비, 식대 등의 필요한 금액을 수당으로 지급한다.

③ 광역구직활동비

직업안정기관의 장은 수급자격자가 직업안정기관의 소개에 의하여 50km 이상 광범위한 지역에 걸쳐 구직활동을 하는 경우에 광역구직활동을 한 거리 및 숙박수에 따라 교통비 및 숙박료를 지급한다.

④ 이주비

수급자격자가 취직하거나 지방노동관서가 지시하는 직업능력개발훈련 등을 받기 위해 그

거주를 이전하는 경우 지급되는 이주비용이다.

(5) 출산 및 육아휴직

저출산 및 육아로 인한 경력단절 등의 문제를 해소하기 위하여 고용보험은 출산 및 육아휴직제도를 지원하고 있으며 출산 전후(유산 · 사산) 휴가와 육아휴직을 각각 사용할 수 있다.

① 출산 전후(유산 · 사산) 휴가

임신 중의 여성에 대해 출산 전후를 통하여 90일(다태아의 경우 120일)의 출산 전후 휴가를 주되, 휴가기간의 배정은 출산 후에 45일(다태아의 경우 60일) 이상이 확보되도록 부여하며, 출산 근로자의 근로의무를 면제함과 동시에 임금상실 없이 휴식을 보장받도록 하는 제도이다.

② 육아휴직

육아휴직급여는 만 8세 이하 또는 초등학교 2학년 이하의 자녀를 가진 근로자가 그 자녀를 양육하기 위해 남녀 고용평등과 일 · 가정 양립 지원에 관한 법률 제19조에 의한 육아휴직을 30일 이상 부여받고 소정의 수급요건을 충족하는 경우, 육아휴직 시작일로부터 3개월까지는 통상임금의 80%(상한액: 월 150만원, 하한액: 월 70만원)이고 4개월 이상 종료일까지는 매월 통상임금의 100분의 40(상한액: 월 100만원, 하한액: 월 50만원)을 육아휴직 급여액으로 지급한다. 자녀 1명당 1년 이내로 사용이 가능하며 근로자의 권리이므로 부모가 모두 근로자일 경우 한 자녀에 대하여도 아빠도 1년, 엄마도 1년이 사용가능하다. 단, 같은 자녀에 대해 동시에 육아휴직을 신청할 경우 사업주는 거부할 수 있고, 중복으로 육아휴직 급여를 받을 경우 중복된 기간에 대해서는 1명에 대해서만 지급한다. 육아휴직급여 특례로 '아빠의 달'이 있다. 이는 같은 자녀에 대해 부모가 순차적으로 모두 육아휴직을 사용하는 경우, 두 번째 사용한 사람의 육아휴직 3개월 급여를 통상임금의 100%(상한액: 150만원)로 상향하여 지급한다.

4. 부정수급

실업급여 수급자가 취직이나 자신의 근로에 의한 수입을 신고하지 않거나 허위나 부정한 방법으로 실업급여를 받은 경우에는 바로 실업급여 지급이 중지되며, 그간 지급받은 실업급여액의 전액 반환 및 부정하게 지급받은 금액의 2배를 추가 징수하여 형사고발 등의 불이익을 받는다.

1) 부정수급에 해당하는 경우

실업급여는 퇴직근로자가 직업안정기관의 장으로부터 수급자격을 인정받고 실업인정 대상기간 중에 실업상태에서 재취업 활동을 하는 경우에 받을 수 있는데, 허위 또는 기타 부정한 방법으로 실업급여를 받았거나 받고자 하는 경우에는 부정수급이 된다. 대표적인 부정수급 사례로는 재취업사실을 신고하지 않거나 허위로 신고한 경우, 이직사유 또는 임금 등을 허위로 신고하는 경우 등을 들 수 있다.

2) 실업급여 부정수급의 유형

부정수급의 유형은 크게 수급 자격에 해당하지 않는 경우와 실업에 해당하지 않는 경우로 구분된다. 피보험자격 취득 및 상실을 허위로 신고하거나 급여기초 임금일액산정의 기초가 되는 임금액을 과다기재, 이직사유를 허위로 기재, 취업상태에서 실업으로 신고하는 경우에는 수급자격신청을 어기는 것이다. 취업을 했거나 근로로 발생한 소득을 누락하는 경우, 재취업활동 여부를 허위로 신고하거나 확정된 취직 혹은 자영업 개시 사실을 미신고하는 경우에는 실업인정요건에서 부정수급에 해당한다. 그 외에 취업촉진수당 수급을 위해 각종 허위신고를 하거나, 상병급여 수급을 위해 각종 허위신고를 하는 경우도 부정수급에 해당한다.

3) 부정수급 관리

본인의 신분이 확인된 부정수급의 제보는 거주지 관할 고용센터에서 확인 후 고용보험법 제112조에 따라 포상금을 지급한다. 부정수급이 적발되는 경우 수급액 반환뿐만 아니라 실업급여 지급중지, 부정수급액만큼의 추가징수 등의 불이익을 받는다. 특히 부정수급액의 반환독촉을 받고도 이행하지 않은 경우, 2회 이상 부정수급을 한 경우, 2인 이상이 공모하여 부정수급을 한 경우에는 형사처벌을 받을 수 있다. 다만, 자진신고를 할 경우 추가징수 등은 면제받을 수 있다.

CHAPTER 25

정책성보험

주요용어

정책성보험
농작물 재해보험
풍수해보험
연구활동종사자 상해보험

법률상의 보험가입이 의무화되어 있거나 정부부처에서 정책목적달성을 위해 법률에 의하여 제도적으로 보험가입을 장려하거나 지원하는 보험 등이 정책성보험으로 분류된다. 이러한 정책성보험은 산업경제규모의 증대와 산업구조의 고도화로 각종 재해에 노출된 불특정다수의 생명과 재산을 보호하고 농어민이나 중소기업 등 특정계층을 보호하는 것을 목적으로 하는, 통상의 보험과는 다른 보험내용 및 조건의 보험제도로서 일반손해보험부문에서 새로운 신규시장이라고 할 수 있다.

정책성보험에는 보험가입이 강제되는 의무보험과 보험가입이 자율인 임의보험으로 구분되는데, 의무보험은 자동차손해배상책임보험등과 같이 각종 사고로부터 제3자를 보호하기 위해 정부의 보험료 지원이 없이 자동차손해배상보상법 등 법률에서 보험가입을 의무화하는 반면, 정책성 임의보험은 풍수해보험 등과 같이 자연재해로 인한 국민의 재산피해를 보상하기 위해 정부의 보험료 지원을 통하여 보험가입을 장려하거나 지원하되 보험가입은 가입자 선택사항으로 운영되고 있다.[01] 현재 30여 개의 정책성보험이 관련부처에서 도입하여 운영되고 있으며 각종 법률도입과 정부의 정책시행에 따라 정책성 보험시장이 확대될 것으로 전망된다.

주요 정책성보험 운영현황을 살펴보면 다음과 같다.[02]

제1절 농작물 재해보험

자연재해로 인하여 대상 농작물에 피해가 있을 경우 적절한 보상대책을 마련하여 농민들의 안정적 농업재생산활동을 뒷받침하고자 제정된 농작물재해보험법(2001. 1. 26)에 따라 2001년 3월에 도입되어 운영되고 있다.

■ 주요 내용

• 소관부처: 농림수산식품부

01 대부분의 임의보험은 태풍, 호우 등 자연재해로 인하여 국민의 재산피해가 발생할 경우, 정부에서 피해액의 일부를 지원하는 무상복구피해지원제도를 대체하여 농작물재해보험, 풍수해보험, 가축보험, 어선재해보험 등으로 운영되고 있다.

02 금융감독원의 자료를 인용 및 참조하여 작성하였다.

- 가입대상: 사과, 배, 포도, 복숭아, 감귤, 단감, 떫은감, 밤, 참다래, 자두 등 10개 과수
- 가입자: 과수 재배농가
- 대상재해: 태풍, 폭풍우, 우박, 동상해, 집중호우
- 보상손해: 과일의 낙과, 감수 피해
- 가입형태: 임의가입
- 운영지역: 전국(단, 떫은 감, 밤, 참다래, 자두는 특산지 시범사업)
- 운영회사: 원수보험사(25%)–농협
  재보험사(75%)–삼성화재(21%), 현대해상(17%), DB손해(17%),
  코리안리(17%), LIG(손보 3%)
- 정부지원: 보험가입자 보험료의 약 70%
  운영회사의 손해율이 180%를 초과할 경우 그 초과금액 전액

■ 위험분산체계

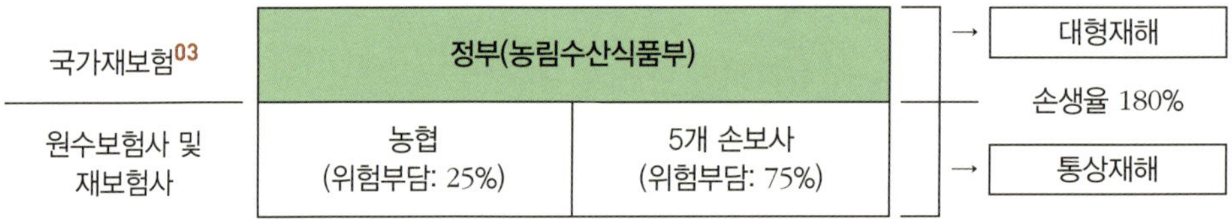

제2절 풍수해보험

태풍, 호우, 강풍, 대설 등 풍수해로 발생하는 국민의 재산피해를 신속하게 보상하기 위해 풍수해보험법을 제정하여 2006년 5월에 도입 · 시행되고 있다. 그동안 DB손해가 정부위탁사업 형태로 단독 운영하였으나, 2008년 4월부터는 DB손해, 삼성화재, 현대해상 등 3개 손보사가 직접 보험사업을 운영하는 형태로 변경되어 운영되고 있다.

03 손해율 180%를 초과하는 대형재해의 경우 초과 손해액을 국가가 부담하는 국가재보험(2005년 도입) 운영을 위해 국가재보험료 및 정부출연금을 재원으로 농작물재해보험기금을 운영하고 있다.

■ 주요 내용

- 소관부처: 소방방재청
- 가입대상: 주택, 온실, 축사
- 가입자: 시설 소유자
- 대상재해: 태풍, 호우, 홍수, 강풍, 풍랑, 해일, 대설
- 보상손해: 시설의 파손, 침수 피해
- 가입형태: 임의가입
- 운영지역: 전국(총 232개 시 · 군 · 구)
- 운영회사: 원수보험사(10%) – DB손해, 삼성화재, 현대해상
  재보험사(90%) – 코리안리
- 정부지원: 보험가입자 보험료의 61~68%(기초생활수급자의 경우 94%)
  운영회사의 손해율이 180%를 초과할 경우 그 초과금액 전액

■ 위험분산체계

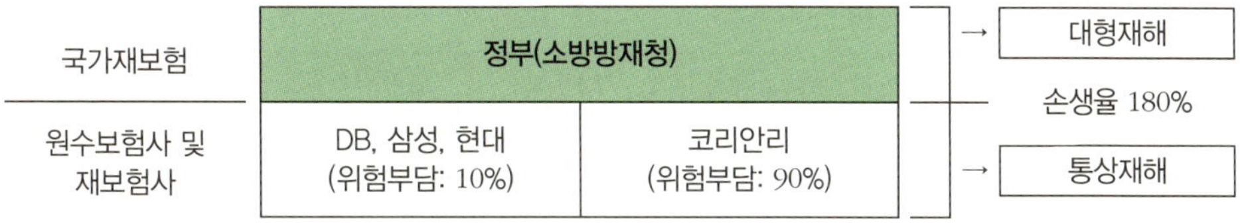

제3절 연구활동종사자 상해보험

KAIST 실험실 폭발사고(2003. 5), 보라(Bora)호 시험비행 사고(2004. 8) 등 연구실 안전사고 발생에 따라 실험 · 시험 중 사고에 대비하기 위해 연구실안전환경조성에관한법률 제14조에 의거 연구활동종사자 상해보험이 2007년 8월에 도입되어 운영되고 있다.

■ 주요 내용

- 소관부처: 교육과학기술부

- 가입대상: 연구주체의 장[04]
- 대상재해: 연구활동 중 발생한 상해
- 보상손해: 사망, 후유장해, 의료비
- 가입형태: 의무 가입
- 운영회사: 삼성화재, LIG손보, 현대해상, 한화손보, 메리츠손보, DB손해, 흥국쌍용화재
- 정부지원: 없음

그 밖에 운영되고 있는 정책성보험은 [표 25-1]과 같다. 열거된 정책성보험 중 사회복지시설배상책임보험(2006)과 학원배상책임보험(2006)은 별도로 개발된 상품이 아니라 일반손해보험상품인 영업배상책임보험의 특약으로 가입되며 가축보험(1997), 농작물재해보험(2001), 풍수해보험(2006), 어선재해보험(2004)은 임의보험이고 기타 정책성보험은 의무보험이다.

표 25-1 | 정책성보험 상품현황(2008년 4월 현재 총 31종)

보험상품	근거법률	가입대상자	보장내용	소관부처	벌칙 등	시행일
자동차손해배상 책임보험	자동차손해배상 보장법 §5	자동차보유자	자동차운행으로 인한 타인의 신체손해	건설교통부	1년 이하 징역 또는 500만원 이하 (벌금)	1963.4.4
원자력손해배상 책임보험	원자력손해배상 법 §5	원자력사업자	법률상 배상책임	교육과학 기술부		1969.1.24.
항공보험	항공운송사업진흥법 §7, 시행규칙 §2 및 §3	항공사업자와 자가용항공기를 운용하고자 하는 자	항공운항 중 발생하는 기체 손실, 승객 등에 대한 배상책임, 승무원 및 승객의 신체상해	국토해양부	5년 이하 징역 또는 100만원 이하 (벌금)	1971.1.12
신체손해배상 책임부화재보험	화재로인한재해보상과보험가입에관한법률 §5	특수건물소유자	화재로 인한 신체손해	기획재경부	500만원 이하 (과태료)	1973.2.6

04 연구주체의 장은 대학, 연구기관 등의 대표자 또는 해당연구실의 소유자로서 「연구실안전환경조성에관한법률」에 의거 과학기술분야 연구개발활동에 종사하는 연구원 · 대학생 · 대학원생 및 보조원 등을 피보험자로 하여 동 보험에 가입이 의무화(다만, 산재보험가입자, 공무원, 사립학교교직원, 군인 등은 동 보험가입 의무가 면제)

전문인 배상책임보험	관광진흥법 등 8개 법률	동 법의 적용을 받는 자	전문인 업무로 인한 법률상 배상책임	문화체육관광부 등		1984.4.1
수렵보험	조수보호및수렵에관한법률 §13 ⑦, 영 §12의3	수렵장 안에서 수렵하고자 하는 자	수렵행위로 인한 배상책임	농림수산식품부		1984.7.1
가스사고배상책임보험	도시가스사업법 §43①, 고압가스안전관리법 §25 · 규칙 §53 ②, 액화석유가스의안전및사업관리법 §33	가스사업자 및 특정가스시설 사용자	가스사고로 인한 배상책임	지식경제부	• 도시가스: 3,000만원 이하(과태료) • 고압가스: 2,000만원 이하(과태료) • 액화가스: 300만원 이하(과태료)	1984.7.1 1984.7.1 1907.4.11
선원근로자 재해보상보험	선원법 §98, 영 §32	선원을 고용한 선박소유자	근로자 재해 및 배상책임	노동부	500만원 이하(벌금)	1984.9.7
설계/감리 보상보험	건설기술관리법 §21④, §22의 3, §33	설계 등 용역업자, 건설사업관리자, 감리전문회사	설계/감리자의 제3자 배상책임	국토해양부		1988.1.1
화물배상 책임보험	화물유통촉진법 §8 및 시행령 §11(별표1)	복합운송 주선업자	법률상 배상책임	국토해양부		1992.6.15
유류오염손해 배상책임보험	유류오염손해배상 보장법 §14, 영 §7	200톤 이상 유류운송 선박소유자	유류배출로 인한 법률상 배상책임	국토해양부		1993.1.1
유도선사업자 배상책임보험	유선 및 도선 사업법 §33, 영 §27	유도선사업자(해운법 적용 대상자 제외)	유도선 사업 관련 법률상 배상책임	행정안전부		1994.1.1
체육시설업자 배상책임보험	체육시설의설치및이용에관한법률 §29, 규칙 §31	체육시설업자	체육시설 내 배상책임	문화체육관광부	100만원 이하(과태료)	1994.2.7
건설공사/조립보험	국가를 당사자로 하는 계약에 관한 법률시행령 §53	각 중앙관서의 장, 계약담당 공무원, 계약 대상자	공사 중 재물손해 및 배상책임	기획재정부		1997.1.1
승강기보수업자 배상책임보험	승강기제조및관리에관한법률 §11의 3	승강기보수업자	승강기보수업무 관련 배상책임	지식경제부	1,000만원 이하(과징금)	1997.6.30

복합운송업자 화물배상책임 보험[주1)]	화물유통촉진법 시행령(별표1)	복합운송 주선업자	화물에 대한 배상책임	국토해양부		2000.7.27
사회복지시설 배 상책임보험	사회복지사업법 §34의 2	사회복지시설 운영자	화재로 인한 배상책임	보건복지 가족부	1년 이하 징역 또는 300만원 이하(벌금)	2003.1.13
외국인근로자 전용보험	외국인근로자의 고용등에관한 법률	외국인근로자 및 사용주	상해, 질병, 귀국비용 등	노동부	• 사용주: 500만원 이하(벌금) • 근로자: 100만원 이하(과태료)	2004.8.16
수련시설 배상책임보험	청소년기본법 §33	수련시설설치 · 운영자	수련시설 내 신체상해	문화체육 관광부		2005.2.9
수상레저 종합보험	수상레저안전법 §28, 영 §19	수상레저사업자	법률상 배상책임, 재물손해 등	국토해양부	50만원 이하 (과태료)	2006.3.31
적재물 배상책임보험	화물자동차운수 사업법	5톤 이상 화물자동차 소유자 등	수탁화물에 대한 법률상 배상책임	국토해양부	500만원 이하 (과태료)	2006.3.31
운전학원 종합보험	도로교통법시행령 별표5의3 9호	운전학 운영자	재물손해, 배상책임, 신체손해 등	경찰청		2006.6.1
학원배상 책임보험	학원의설립운영 및과외교습에관 한법률 §4	학원 설립 · 운영자	수강생의 신체손해	교육과학 기술부	100만원 이하 (과태료)	2006.9.24
전자금융업자 배상책임보험	전자금융거래법 §9	금융기관 및 전자금융업자	전자금융사고 배상책임	기획재정부		2007.1.1
연구활종사자 상해보험	연구실안전환경 조성에관한법률 §14	연구기관의 장	연구활동 중 상해사고	교육과학 기술부	1,500만원 이하 (과태료)	2006.4.1 (2007.8)
어린이놀이시설 배상책임보험	어린이놀이시설 안전관리법 §21	관리주체 및 안전검사기관	놀이시설 이용 중 신체 · 재물손해	지식경제부	200만원 (과태료)	2008.1.27
가축보험	축산업	축산농가	자연재해, 화재로 인한 가축피해	농림수산 식품부		1997.1.1
농작물 재해보험	농작물 재해보험법	과수재배농가	태풍,우박 등 자연재해	농림수산 식품부		2001.1.26
어선원 재해보험	어선원및어선재 해보장보험법 §16	어선 소유자	어선원의 신체손해	국토해양부		2004.1.1
어선 재해보험	어선원및어선재 해보장보험법 §49	어선 소유자	어선의 재물손해	국토해양부		2004.1.1
풍수해보험	풍수해보험법	주택 등 시설소유자	태풍, 홍수 등	소방방재청		2006.5.15

PART 06

보험회사의 재무관리

RISK & INSURANCE

CHAPTER 26

보험회사의 경영리스크

보험상품의 판매에 따라 부보된 리스크로 인한 손실을 보상하고 다른 금전적 혜택을 제공하며 리스크와 관련된 각종 서비스를 공여하기로 약속한 보험회사는 장기보험계약에 따른 미래의 재무적 의무를 이행해야 하는 특성으로 인하여 보험계리적 리스크뿐만 아니라 금리변화 등의 다양한 형태의 다른 여러 리스크를 염두에 두고 보험사업을 영위한다. 그동안 보험계리 전문가들은 이러한 리스크들을 여러 형태로 분류하였고 보험회사들은 이렇게 분류된 리스크를 인지하고 관리하고 있다.

금융서비스 산업이 발달하고 고유영역 간의 장벽이 허물어져 겸업화로 발전하면서 보험계리인에 의한 전문적 관점과 일반 재무적 관점에서 보는 리스크의 분류가 통합되는 현상을 보이고 있다. 이번 장에서는 보험회사의 재무구조의 특성을 살펴보고 그러한 특성으로 인하여 보험사업을 영위하면서 직면하는 다양한 리스크에 대하여 알아보도록 하겠다.

주요용어

자산가치하락리스크(C-1)	체계적 리스크	신용리스크
요율비적정리스크(C-2)	자금재조달리스크	유동성리스크
금리리스크(C-3)	재투자리스크	운영리스크
기타리스크(C-4)	시장가치리스크	법적 리스크
계리리스크		

제1절 보험회사의 재무구조

1. 생명보험회사의 자산과 부채

[표 26-1]에서 볼 수 있는 바와 같이 2018년 3월 31일 현재 재무상태표의 차변에는 보험상품 판매에 따른 미래의 재무적 의무를 수행하기 위한 자산운용의 내역이 나와 있다. 생명보험업계의 총자산은 약 833조원으로 이 중 약 78.5%인 약 654조원이 운용자산이다. 운용자산항목 중 가장 비중(76.5%)이 높고 금액도 약 501조원으로 제일 많은 항목이 유가증권으로 주식, 국·국공채와 회사채 등의 채권, 수익 및 외화유가증권 등으로 구성되어 있다.

| 표 26-1 | 생명보험 재무상태표(2018년 3월 31일 현재)

(단위: 백만원)

자산				부채	
운용자산			654,229,342 (78.5%)[1]	책임준비금	587,168,155 (76.8%)
현금 및 현금예치금		10,618,824 (1.6%)[2]		계약자지분조정	10,494,108 (1.4%)
유가증권		500,752,836 (76.5%)		기타부채	17,799,338 (2.3%)
주식	39,263,959 (7.8%)[3]			특별계정부채	149,230,731 (19.5%)
국공채	282,249,726 (56.4%)				
회사채	44,061,588 (8.8%)			부채총계	764,692,337
수익증권	38,252,255 (7.6%)				
외화유가증권	87,406,298 (17.5%)				
기타유가증권	9,519,009 (1.9%)				
대출채권		129,175,542 (19.7%)		자본	
대손충당금	△655,323 (△0.5%)[4]			자본금	10,810,402 (15.7%)
현재가치할인차금	144,040 (0.1%)			자본잉여금	7,741,556 (11.3%)
보험약관대출	44,822,862 (34.7%)			신종자본증권	1,765,754 (2.6%)
유가증권담보대출금	237,932 (0.2%)			이익잉여금	30,556,764 (44.4%)
부동산담보대출금	38,728,922 (30.0%)			자본조정	△3,115,542 (△4.5%)
신용대출금	26,193,005 (20.3%)			기타포괄손익누계	20,989,320 (30.5%)
지급보증대출금	7,077,026 (5.5%)				
기타대출금	12,627,075 (9.8%)			자본총계	68,748,250
부동산		13,682,140 (2.1%)			
비운용자산			31,242,900 (3.7%)		
특별계정자산			147,968,342 (17.8%)		
자산총계			833,440,586	부채와 자본총계	833,440,586

1) 총자산에서 차지하는 비중
2) 운용자산에서 차지하는 비중
3) 유가증권에서 차지하는 비중
4) 대출채권에서 차지하는 비중

주식(약 40조원)의 비중은 운용자산의 7.8%로 낮은 반면 시장성이나 유동성 측면에서 월등한 국 · 공채(약 215조원)와 유동성이 떨어지나 개별협약에 의해 상대적으로 유리한 조건과 높은 수익률을 달성할 수 있는 회사채(약 44조원)[01]로 구성된 채권의 비중이 높은 이유는 부도율(default rate)이 낮고 예측가능하고 정기적인 현금흐름이 있다는 특성이 종신 및 유니버셜보험의 일반계정 부채에 충당하는 자금으로서 듀레이션[02] 매칭이 용이하기 때문이다. 또한 채권의 예상수익률 달성확률이 높아 보험회사의 목표수익률 달성가능성을 높여주기 때문이다.

다음으로 운용자산의 19.7%의 비중을 차지하는 대출채권(약 129조원)으로 약관대출이 34.7%로 제일 높고 다음으로 부동산담보대출(30.0%)과 신용대출(20.3%)이 차지하고 있다. 이 중 약관대출은 보험회사의 투자결정에 의해서 이루어지기보다는 보험계약자의 옵션행사에 의해 이루어지는데, 주목할 점은 외국계보험회사들은 약관대출만을 하고 있다는 것이다. 그런데 약관대출은 해약환급금의 범위 내에서 대출이 이루어지기 때문에 부실가능성이 전무한 반면, 담보나 신용대출은 주관적 판단이 작용하기 때문에 국내보험회사의 경우 상황에 따라서는 대출의 부실가능성을 배제할 수 없다고 할 수 있다. 그 밖에 변액보험, 변액유니버셜보험 등 금융형 보험상품에 대한 특별계정자산이 약 148조원으로 자산의 17.8%를 차지하고 있다.

재무상태표의 대변을 살펴보면 약 765조의 부채(91.8%)와 약 69조원의 자본(8.2%)으로 구성되어 있는데, 단일항목으로는 보험상품판매에 따른 계리적 의무를 이행하기 위하여 감독차원의 보험회계처리기준인 SAP(Statutory Accounting Principle)에 의해 적립하는 금액인 책임준비금이 부채의 76.8%인 약 587조원으로 부채항목 중에서 가장 큰 비중을 차지하고 있다. 다음으로는 약 149조원의 특별계정부채로서 19.5%를 차지하고 있다.

2. 손해보험회사의 자산과 부채

손해보험산업의 경우 [표 26-2]에서 볼 수 있듯이 2018년 3월 31일 현재 재무상태표의 차변에는 자산운용의 내역이 잘 나타나 있다. 업계 총자산은 약 279조원이며 이 중 80.6%인 약 225조원이 현 · 예금, 유가증권, 대출채권 등의 운용자산이다. 당기순익인식증권, 매도가

---

01 요건을 갖춘 주식회사만 발행할 수 있고 신용등급에 따라 금리도 천차만별이다.

02 자세한 내용은 제27장 참조

표 26-2 손해보험 재무상태표(2018년 3월 31일 현재)

(단위: 백만원)

자산				부채	
운용자산			225,131,718 (80.6%)[1]	책임준비금	206,579,847 (84.2%)
현금 및 예치금		5,665,313 (2.5%)[2]		기타부채	15,607,852 (6.4%)
유가증권		147,327,457 (65.4%)		특별계정부채	23,191,369 (9.5%)
주식	7,958,801 (5.4%)[3]				
국공채	61,164,184 (41.5%)				
회사채	21,200,281 (14.4%)				
수익증권	23,743,139 (16.1%)				
외화유가증권	308,835 (0.2%)				
기타유가증권	30,409,362 (20.6%)			부채총계	245,379,069
출자금	1,276,932 (0.9%)				
기타	1,265,920 (0.9%)				
대출채권		66,128,691 (29.4%)		자본	
대손충당금 외	△51,175(△0.1%)[4]			자본금	2,995,928 (9.0%)
보험약관대출	12,836,898 (19.4%)			자본잉여금	3,037,066 (9.1%)
유가증권담보대출금	414,096 (0.6%)			이익잉여금	24,587,902 (73.6%)
부동산담보대출금	26,125,919 (39.5%)			자본조정	△1,623,881 (△4.9%)
신용대출금	3,669,063 (5.5%)			기타포괄손익누계	4,391,224 (13.2%)
지급보증대출금	953,774 (1.4%)				
기타대출금	22,180,118 (33.5%)				
				자본총계	33,774,189
부동산		6,010,256 (2.7%)			
비운용자산			31,014,447 (11.1%)		
특별계정자산			23,007,093 (8.2%)		
자산총계			279,153,258	부채와 자본총계	279,153,258

1) 총자산에서 차지하는 비중
2) 운용자산에서 차지하는 비중
3) 유가증권에서 차지하는 비중
4) 대출채권에서 차지하는 비중

능증권, 만기보유증권 및 관계종속기업투자증권 등으로 구성되어 있는 유가증권으로 운용자산의 65.4%에 해당하는 약 147조원이 운용되고 있다. 주식비중이 생명보험산업과 마찬가지로 운용자산의 5.4%로 낮고 주로 국 · 공채와 회사채 등 채권에 운용자산의 55.9%인 약 82조원을 투자하고 있다. 국 · 공채와 회사채에는 특수채와 금융채가 각각 포함되어 있는데 특수채는 한국토지공사 · 한국도로공사 등과 같이 특별법에 의해 설립된 특별법인이 특별법에 따라 자금조달을 목적으로 발행하는 채권을 말한다. 정부가 원리금의 지급을 보증하는 정부보증채권으로, 공채와 사채(회사채)의 성격을 모두 가지고 있으며 회사채에 비해 안정성이 높고 국채에 비해 수익성이 높다. 한국의 대표적인 특수채로는 한국도로공사채권, 한국가스공사채권, 한국토지주택공사(LH)채권, 부실채권정리기금채권(예금보험공사), 토지개발채권, 한국전력공사채권, 한국수자원공사채권, 기술개발금융채권, 서울특별시지하철공사채권 등이 있다. 특수채 중에서 발행주체가 여신전문 금융기관으로 장기융자를 위한 자금을 흡수할 목적으로 발행되는 채권인 금융채에는 은행채, 카드채, 한국산업은행의 산금채(산업금융채권), 기업은행의 중금채(중소기업금융채권), 리스회사가 자금조달을 위해 발행하는 무보증리스채, 벤처캐피털회사가 발행하는 캐피털채권 · 할부금융채권 등이 있다. 대출채권에도 약 66조원으로 운용자산의 29.4%를 차지하고 있다. 대변의 부채항목을 살펴보면 역시 책임준비금이 약 124조원으로 단일항목으론 가장 큰 비중인 84.2%를 차지하고 있으며 자본항목으로는 자본금과 이익잉여금이 자본의 82.7%를 구성하고 있다.

양대 보험산업은 보험상품판매로 인한 계리적 의무를 이행하기 위하여 주로 유가증권, 그 중에서 채권을 활용한 듀레이션매칭기법으로 자산과 부채의 현금흐름을 관리하고 있음을 알 수 있다. 따라서 보험회사들은 계리분야뿐만 아니라 시장금리 등의 금융환경 변화에 따른 다양한 리스크에 노출되어 있어 체계적인 관리가 필요하다는 것을 알 수 있다.[03]

제2절 보험계리 관점에서의 리스크

보험회사들은 전통적으로 미국의 보험계리사회(Society of Actuaries)의 위원회에서 제안한 리스크 분류체계를 활용하여 왔다. 보험계리 관점에서는 크게 네 개의 그룹, 즉 자산가치하락리스크(asset depreciation risk), 요율비적정리스크(pricing inadequacy risk), 금리리스크(interest risk) 그리고 기타리스크(miscellaneous risk)로 분류하고 각각 C-1, C-2, C-3 그리고 C-4 리스크로 명칭을 붙였다.

1. 자산가치하락리스크(C-1)

자산가치하락리스크(asset depreciation risk)는 보험회사로부터 자금을 대출받은 대출자

---

03 리스크분류에 관한 좀 더 자세한 내용은 Anthony M. Santomero and David F. Babbel, "Financial Risk Management by Insurer: An Analysis of Process", *The Journal of Risk and Insurance*, 1997, Vol.64, No.2, pp.231-270을 참조

가대금상환의 의무이행이 불가능해졌을 때나 보험회사 투자자산의 시장가치가 경제상황의 변동으로 하락했을 경우를 지칭한다. 이러한 자산가치의 감소는 부채가치가 일정하다고 가정할 때 자본감소의 결과로 이어질 뿐만 아니라 레버리지(leverage)효과 때문에 자본감소폭이 훨씬 더 커질 수 있다. 예를 들어, A라는 보험회사의 자산이 100억원이고 자본이 자산의 20%라고 할 때 자본은 20억원이 되고 부채는 80억원이 된다. 이때 부채가 80억원으로 일정하다고 가정하고 만약 자산가치가 10% 하락했다면 자산가치는 90억원이 되고 자본은 20억원에서 10억원으로 50% 급감하게 된다([표 26-3] 참조). 이러한 자산리스크에는 금리리스크, 신용리스크, 시장리스크, 그리고 환율리스크 등이 있다.

| 표 26-3 | 자산가치 하락에 따른 자본가치 변화

B/S		B/S	
100	80 20	90 (10% ↓)	80 10(50% ↓)
100	100	90	90

보험회사의 경우 제1절 보험회사의 재무상태에서 볼 수 있듯이 보험상품의 특성을 고려하여 채권을 자산의 주요 구성요소로 활용하고 있다. 주로 부도율이 낮은 국 · 공채를 중심으로 평가기관에 의해 우량채권으로 분류된 회사채를 보유하고 있다. 물론 보험회사의 자산건전성이 채권투자에 한정된 것은 아니지만 궁극적으로 자산상태가 불건전할 경우 보험상품 판매에 따른 보험계약자에 대한 재무적 의무, 즉 계약상의 보험금을 적기에 지급하는 것이 불가능하게 되는 리스크에 직면하게 된다. 따라서 신용과 투자분석을 통한 신중한 재무관리가 자산리스크관리의 핵심이라 할 수 있다.

2. 요율비적정리스크(C-2)

요율비적정리스크는 보험상품의 가격을 결정할 때 사용된 사망률, 질병률, 사고율, 재해율, 사업비율, 실효율, 투자수익, 판매 등의 여러 계산기초율이 현실적으로 더 높거나 낮아지는 음의 편차(negative deviation)가 발생하여 부채가 증가하는 리스크를 지칭한다. 이러한 리스크는 근본적으로 예측된 여러 기초율들이 실제로 어떻게 나타나는가에 대한 불확실

그림 26-1 ▶▶ 요율비적정리스크

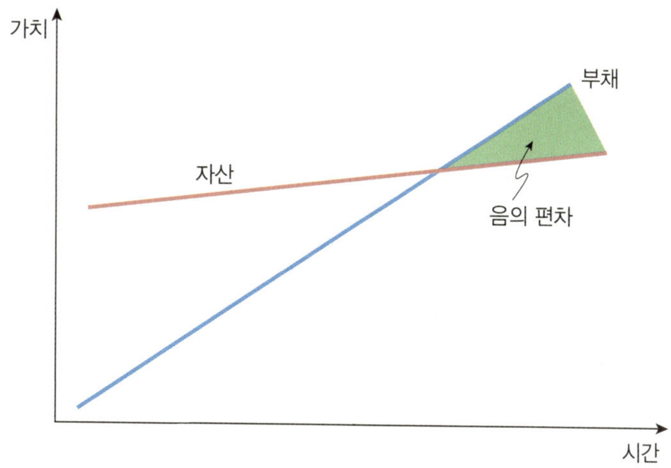

성에 기인한다. 따라서 요율이 적정하지 않게 산정되면 보험상품 판매에 의한 보험료의 수입보다 보험금지급이 많아진다. 이렇게 되면 부채가 증가하게 되고 동시에 자본감소로 이어져 자산리스크의 경우와 같이 직접적으로 레버리지효과로 연결되어 보험계약자에 대한 재무적 의무이행이 불가능하게 된다.

요율비적정리스크의 관리는 자산리스크와는 달리 보험회사 부채의 시장가치 측정을 위한 정보의 부족으로 쉽지 않은 것이 현실이다. 만약 보험회사가 보험계약자에게 부과하는 보험료와 투자수익의 예측이 적절치 못한 여러 가정(assumptions)에 근거하였다면 보험계약자들에 대한 보험금 지급이라는 재무적 의무의 수행이 어려워진다. [그림 26-1]에서 보듯이 보험회사가 계약상의 재무적 의무를 이행하기 위해서는 자산가치가 부채가치보다 항상 커야 하지만 보험요율이 적정하게 산정되지 못할 경우 궁극적으로 부채가치가 자산가치를 초과하는 현상을 초래함으로써 지급불능상태(insolvency)에 빠지게 된다.

3. 금리리스크(C-3)

금리리스크는 금리나 인플레이션율의 변동이 보험회사의 자산과 부채의 가치에 변화를 가져올 때 나타나는 리스크이다. 금리변동이 보험회사의 자산과 부채의 가치에 미치는 영향은 복잡하며 만약 미치는 영향이 서로 다르게 나타날 경우 지급불능 상태에 직면할 수도 있다.

일반적으로 자산/부채가치는 금리의 변동과 반대로(negatively) 영향을 받는데 둘 사이의 명백한 관계는 금리가 상승하느냐 하락하느냐에 달려 있다. 그리고 현대적 가치측정방법(modern valuation technology)의 발전으로 듀레이션(duration)과 볼록성(convexity) 등의 재무적 개념을 활용하여 적정한 측정과 관리에 따라 금리리스크의 영향을 최소화할 수 있다.[04]

금리가 상승하는 상황 아래에서는 통상적으로 자산과 부채의 가치가 감소한다. 그러나 자산가치의 감소가 부채가치의 감소를 초과하게 되면 결과적으로 자본이 감소하게 되는 바람직하지 못한 재무상태를 야기한다. 또한 금리가 상승하게 되면 금리가 안정된 상황에 비해 훨씬 많은 보험계약자들이 그들의 보험계약을 해지하거나 계약자대부(policy loan)라는 옵션을 행사함으로써 예상치 못한 자금유출이 발생하게 된다. 따라서 보험회사는 해약환급금이나 대출금 등의 초과자금을 확보하기 위해 자산을 헐값에 매각하여 자금을 충당하게 됨으로써 최악의 경우 유동성 위기에 봉착할 수 있다. 반대로 금리가 하락하게 되면 통상적으로 자산과 부채의 가치가 증가하게 된다. 그러나 부채가치가 자산가치보다 상대적으로 빠르게 상승하게 될 경우 금리상승 때와 마찬가지로 자본감소라는 결과를 가져온다. 금리가 하락하는 경우 예상을 웃도는 보험계약자들이 보험계약을 장기유지하거나 추가계약을 통하여 예상 밖의 자금이 유입된다. 따라서 보험회사는 정상보다 높이 책정된 가격의 자산을 추가적으로 매입하게 된다.

이상과 같은 자산/부채가치의 불일치 현상은 결과적으로 보험회사의 유동성 부족이라는 문제를 야기시킬 수 있다. 이러한 유동성 부족은 대차대조표상에 나타나는 투자가치가 보험회사의 부채인 재무적 의무를 수행할 수 있는 충분한 액수라 할지라도 그때그때의 경제상황에 따라 자산의 시장 또는 현금가치의 변동으로 불충분하게 됨으로써 나타날 수도 있다.

4. 기타리스크(C-4)

기타리스크에는 보험상품의 진부화, 보험관련 법 규정변화, 보험회사 직원이나 에이전트의 잘못으로 인한 부채 증가 등 회사의 신뢰도 변화와 같이 보험산업과 밀접한 사회적 · 정치적 · 법적 · 기술적 변화로 인하여 발생하는 리스크를 지칭하며, 상기 3가지 분류에 속하지 않는 모든 리스크가 여기에 속한다.

---

04 자세한 내용은 제27장 참조

제3절 재무적 관점에서 보는 리스크

보험산업의 특성을 고려한 계리적 관점에서의 리스크 분류와는 달리 재무적 관점에서는 계리리스크(actuarial risk), 체계적 리스크(systematic risk), 신용리스크(credit risk), 유동성리스크(liquidity risk), 운영리스크(operational risk) 그리고 법적 리스크(legal risk) 등 총 6개의 부류로 구분하고 있다.

1. 계리리스크

계리리스크는 보험회사가 보험상품을 판매함으로써 발생하는데, 특히 보험상품의 판매에 따라 부보된 리스크에 비해 적정치 않은 보험료를 부과하여 결과적으로 보험료수입보다 보험계약에 의거한 보험금지급이 과다했을 경우에 발생한다. 이 경우 보험회사가 비록 수입보험료를 증권 등에 투자하여 효율적으로 운용하였다고 하더라도 과도한 재무적 의무(보험금) 때문에 회사의 수익성에 도움이 되지 않을 수도 있으며 장기적으로 회사의 안정적인 현금흐름에 기초한 재무건전성을 기대할 수 없다. 다른 측면에서 계리리스크는 일정기간에 발생한 손실의 분포에 대한 불충분한 통계자료에 근거하여 추정한 손해율이나 예기치 않은 사태로 인한 기대손실의 증가로 인하여 발생하는 언더라이팅 손실을 말한다.

재무적 관점에서의 계리리스크는 앞서 언급된 계리적 관점의 C-2 리스크에 해당한다고 하겠다. 그러나 개념적 측면에서 볼 때 요율산정과 관련하여 리스크를 파악하고 있는 계리적 관점에 비해 재무적 관점의 계리리스크는 요율리스크뿐만 아니라 보험상품에 내재된 투자옵션이나 계약자에게 부여된 계약해지나 계약자대부 등의 옵션이 금리 등의 경제환경의 변화에 따라 행사됨으로써 보험회사의 유동성 문제를 야기시키는 리스크도 포함하고 있다.

2. 체계적 리스크

체계적 리스크란 시장리스크라고도 하며 보험회사의 자산과 부채가치가 시장의 체계적 요인들(systematic factors), 즉 다변화에 의해서 제거될 수 없는 환율, 금리, 인플레이션 등에 의해서 변화되는 것을 말한다. 모든 투자자들은 그들의 보유하고 있는 자산이나 부채의 가치가 광범위한 경제적 요인들에 의해서 변화할 때 바로 체계적 리스크를 그 원인으로 생각한다. 특히 보험회사의 경우 가장 체계적 리스크로는 금리리스크, 베이시스(basis)리스크,[05] 인플레이션리스크(특히, 손해보험회사)를 들 수 있는데 이러한 체계적 리스크가 보험사업에 미치는 영향을 측정하고 재무건전성에 미치는 부정적인 측면을 제한하기 위하여 주요 체계적 리스크를 개별적으로 규명하고 관리하려고 한다.

보험회사, 특히 생명보험회사에 중요한 체계적 리스크는 바로 금리리스크이다. 보험회사는 보험계약을 통하여 보험상품을 판매함과 동시에 보험금 지급이라는 미래의 재무적 의무, 즉 부채가 형성된다. 그리고 보험상품 판매에 따른 수입보험료는 적기에 보험금을 지급하기 위하여 채권, 주식, 부동산 등의 증권에 투자하여 자산항목으로 보유하고 있다. 그러나 만기와 유동성 측면에서 자산과 부채의 현금흐름이 불일치(mismatching)할 수 있는데, 이러한 불일치의 주요 원인이 바로 금리변동인 것이다. 동시에 신용도, 유동성만기 등이 다양한 다량의 회사채, 부동산, 주식을 자산항목으로 포함하고 있을 경우 수익률에 따른 자산의 시장가치가 변동하는 베이시스리스크에 노출되어 있다. 그리고 수선비, 의료비 등 대체비용(replacement cost)에 근거하여 보험금을 지급하는 보험상품(특히, 손해보험)의 경우 보험금 청구(claims)의 빈도(frequency)와 규모(severity)가 인플레이션리스크에 노출되어 있기 때문에 기대손실(expected loss)에 영향을 미친다.

체계적 리스크는 계리적 관점에서의 C-3 리스크에 해당된다고 할 수 있으며 금리변동 이외의 원인으로 자산의 시장가치가 감소되는 경우를 감안할 때 C-1 리스크와도 연결된다고 볼 수 있다. 체계적 리스크 중에서 무엇보다 중요시 되는 리스크는 금리리스크로서 자산과 부채의 만기가 일치하지 않을 경우 자금재조달(refinancing)리스크, 재투자(reinvestment)리스크, 그리고 시장가치(market-value)리스크에 직면할 수 있다.

1) 자금재조달리스크

A생명보험회사가 1년 만기 9% 수익률(yield)을 보장하는 생사혼합보험(endowment)상품[06]을 판매하고 들어온 수입보험료를 연수익률 10%를 보장하는 2년 만기 채권에 투자하였다고 하자. 보험상품 판매에 따른 부채와 채권투자로 생긴 자산의 현금흐름의 만기는 아래

---

05 투자자가 현물가격과 선물가격의 차이인 베이시스가 줄어들 것으로 예상하여 현물을 매도하고 선물을 매수하였는데 나중에 베이시스가 예상과 달리 오히려 확대될 경우의 리스크를 의미한다.

06 생명보험상품에 관한 자세한 내용은 제12장을 참조

와 같다.

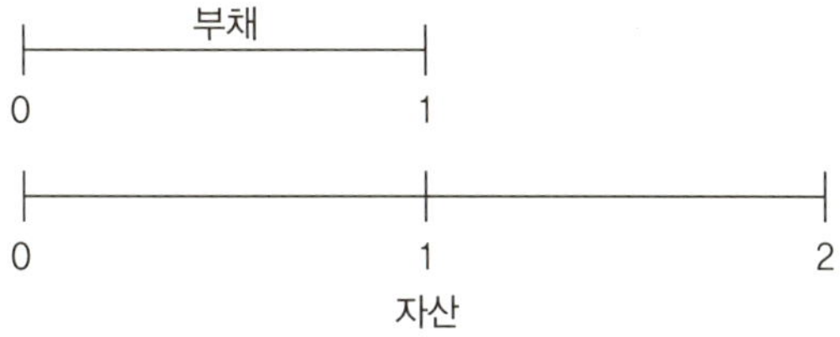

보험상품 판매 이후 1년이 경과한 시점에서 보험회사는 1%의 수익스프레드(spread)를 달성한다. 그러나 2년째의 수익은 판매하는 보험상품에서 보장하는 금리에 달려 있다. 만약 1년 전과 마찬가지로 9%를 보장한다고 하면 보험회사 입장에서 1%의 수익스프레드를 달성하게 된다. 만약 시장금리가 하락하여 8%의 수익률을 보장하게 될 경우 2%의 높은 수익스프레드를 올릴 수 있다. 하지만 시장금리가 하락하는 대신 11%로 상승하였을 경우 보험회사 입장에서 1년 만기 생사혼합상품을 판매하기 위해서는 수익률은 적어도 시장금리를 보장하는 금리가 되어야 한다. 이 경우 회사가 보유한 2년 만기 채권을 매도하는 것을 피하고 필요한 자금을 확보하기 위해 새로운 자금조달이 필요하게 된다. 따라서 2년째의 수익의 −1% 스프레드가 되고 결국 1년차에 기록한 1%의 수익스프레드를 상쇄하게 된다. 이상과 같이 자산의 만기에 비해 부채의 만기가 빨리 도래하는 재무구조를 가진 보험회사는 자금재조달리스크에 노출되어 있다. 따라서 자금재조달리스크란 자산의 수익보다 자금재조달 비용이 크게 될 경우를 지칭한다고 하겠다.

자금재조달리스크의 교과서적 사례로 1980년대 후반에 미국의 금융시장을 강타한 저축대부은행(Savings & Loans: S&L) 사태를 꼽을 수 있다. 1960년대 이후 안정적인 금융환경에서 2~3% 스프레드의 예대마진 수익을 영위하던 저축대부은행들이 예금금리가 급등하면서 그들의 주 투자대상이던 장기채권의 투자수익률을 넘어서는 역마진으로 인하여 자금재조달이라는 재정적 어려움을 겪다가 결국 파산하게 된다.

2) 재투자리스크

A생명보험회사가 2년 만기 일시납 9% 수익률을 보장하는 생사혼합보험상품을 판매하고 수입보험료를 10% 수익률을 보장하는 1년 만기 채권에 투자했다고 하자. 보험회사의 부채

와 자산의 현금흐름의 만기는 아래와 같다.

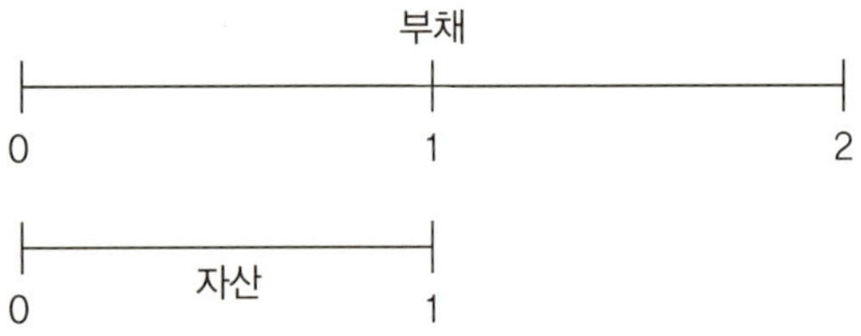

이 경우 첫해에는 1% 스프레드의 수익을 달성할 수 있다. 그러나 동시에 채권의 만기가 도래하여 재투자하여야 하는 상황에 직면하게 된다. 이때 시장금리가 8%로 하락한다면 둘째 해에는 1% 스프레드의 손실을 감수하여야 한다. 이것이 바로 재투자리스크로서 부채에 비하여 짧은 만기의 자산을 보유하고 있거나 채무자가 채권을 만기 전에 회수(call)하거나 모기지를 미리 상환할 경우에도 발생할 수 있다.

3) 시장가치리스크

앞서 언급한 두 가지 리스크 이외에 금리변동에 따라 자산과 부채의 가치가 변동하는 시장가치리스크에 직면하게 된다. 자산이나 부채의 시장가치는 각각 그들의 현금흐름의 현재가치(present value)와 같은데 금리가 상승할 경우 할인율(discount rate)이 높아져 자산과 부채의 시장가치가 하락하게 되며, 반대로 금리가 하락할 경우 할인율이 낮아져서 결국 자산과 부채의 시장가치가 높아지게 되는 것이다. 더욱이 자산의 만기가 부채보다 길 경우 금리상승은 부채가치 감소보다 자산가치가 보다 더 큰 폭으로 하락하게 되어 손실을 초래하고 최악의 경우 재무건전성에 문제를 야기할 수 있다.

3. 신용리스크

신용리스크는 계리적 관점의 C-1 리스크에 해당하며 보험회사가 보유하고 있는 본원적 증권(primary security)[07]이 약속한 현금흐름이 이루어지지 않을 때 발생하게 되는데 이는

07 자금차입자가 발행한 증권으로서 차입자의 채무를 나타내는 부채증권(국채, 회사채, 금융채, 회사채 등)과 투자자의 지불을 나타내는 주식(보통주, 우선주)으로 대별된다.

채무자가 그들의 계약의무에 대한 이행능력이나 의지상실에 따른 채무불이행에 따른 것이다. 이러한 채무불이행은 채권이나 대출계약서를 지니고 있는 직접투자자들뿐만 아니라 동시에 신용공여자(creditor)에 대한 투자자들이나 자금공여자(lender)들에게 영향을 끼친다. 그 결과 채무자의 재무상태와 담보의 시세(current value)가 초미의 관심대상이 되는 것이다.

기업특유(firm-specific)의 신용리스크는 대수의 법칙(the law of larger numbers)에 의해 다변화(diversification)할 수 있지만 일부 신용리스크는 체계적 리스크와 같이 광범위한 경제적 요소에 기인하기 때문에 다변화될 수 없다. 신용리스크는 국가적 차원의 채무불이행인 국가리스크(country or sovereign risk)도 포함한다.

4. 유동성리스크

유동성리스크란 필요한 자금을 공급하는 데 어려움이 있는 위기에 처한 경우를 지칭한다. 계리적 관점의 C-3 리스크와 C-1 리스크가 여기에 해당한다고 할 수 있다. 통상적으로 보험회사는 통계적 자료와 기법을 활용하여 보험금, 사업비 등으로 지출되는 금액에 비해 보험료, 투자수익 등의 수입금액을 많게 함으로써 여유자금의 필요성을 최소화하려고 한다. 그러나 예기치 않은 거액의 보험금지급, 자산가치의 감소 등으로 현금확보의 어려움에 봉착할 수 있다. 또한 금리변동으로 일시에 많은 보험계약자로부터 계약자대부 또는 계약해지를 요구받는 등 상대적으로 유동성이 큰 부채를 가지고 보험영업을 하고 있다. 반면에 자산의 경우 부채에 비해 상대적으로 현금화하기가 쉽지 않으며, 특히 부동산 등에 투자했을 때 유동성에 제한이 크다고 할 수 있다.

따라서 보험회사는 이러한 환경 속에서 어떠한 경우에도 대체할 수 있는 충분한 유동성을 확보 유지하는 것이 매우 중요하다. 유동성을 확보하지 못할 경우 헐값에 자산을 처분하여 대처할 수밖에 없으며 지속적인 현금유출은 손실을 더욱 확대시킴으로써 결국 재무건전성의 문제를 야기할 수밖에 없는 위기에 처한다.

5. 운영리스크

운영리스크란 회사의 조직체계에 문제가 발생하거나 회사구성원의 실수로 인하여 회사운영에 막대한 지장을 초래하는 경우를 지칭한다. 운영리스크에는 기술적인 문제, 사건 사고, 태만, 불완전판매, 업무진행체계문제, 각종 규정의 이행 여부 등이 있으며 이는 회사의 내부통제와 절차가 적절하지 못하다는 것을 반영한다. 회사경영이 정상적으로 이루어질 경우에는 운영리스크로 인하여 손실이 발생하는 확률이 낮을지라도 예기치 않은 급격한 환경변화 속에서는 심각하게 대두될 수 있다. 운영리스크는 계리적 관점의 C-4 리스크에 해당된다고 할 수있다.

6. 법적 리스크

법적 리스크란 새롭게 개정되거나 제정된 법, 규정 또는 법원판례로 인하여 회사의 가치가 하락하는 경우를 지칭하며 계리적 관점의 C-4 리스크에 해당한다고 할 수 있다. 법적 리스크는 신용리스크나 운영리스크와 관련이 있는 법적인 문제와는 별도로 많은 금융계약(financial contracts)에서 나타난다.

보험회사의 경우 보험영업, 설계사를 포함한 회사구성원과 대리점의 각종 활동과 관련한 법적 리스크에 노출되어 있으며 법이나 규정위반, 사기 그리고 그 밖의 행위 등으로 인하여 벌금이나 법적 조치를 받을 수 있다. 보험회사가 보험계약에 따라 법적 이무를 충실히 수행한다고 할지라도 보험금 지급이나 약관 등의 계약내용과 관련하여 보험계약자들과 보험회사 사이에 다양한 소송(litigation)이 보험회사의 법적 리스크를 보여주는 좋은 예라고 하겠다.

지금까지 설명한 재무적 관점의 리스크와 계리적 관점의 리스크 사이의 상호연관성을 정리해 보면 [그림 26-2]와 같다.

그림 26-2 ▸▸ 리스크분류의 상호연관성

리스크				
계리적 관점	C-1 리스크 (자산리스크)	C-2 리스크 (요율비적정리스크)	C-3 리스크 (금리리스크)	C-4 리스크 (기타리스크)
재무적 관점	체계적 리스크	계리리스크	체계적리스크	운영리스크
	신용리스크		유동성리스크	법적 리스크
	유동성리스크			

CHAPTER 27

금리리스크

체계적 리스크 중에서 최근에 보험회사, 특히 생명보험회사가 중요하게 생각하고 관심을 두는 대상이 바로 금리리스크이다. 앞장에서 언급한 바와 같이 금리리스크란 예상치 못한 금리변동에 의해 자산 및 부채가치가 변화될 위험을 의미한다. 구체적으로 단기부채로 조달한 자금을 장기로 대출했을 경우에 발생하는 자금재조달리스크와 장기부채를 이용하여 단기투자를 했을 경우 투자수익률이 하락함으로써 손실을 보게 되는 재투자리스크 그리고 금리변동 시 자산과 부채의 각 항목이 서로 다른 민감도를 가지는 것으로 인해 발생하는 베이시스리스크(basis risk)가 존재한다.

IMF구제금융(일명 IMF사태) 직후 금리가 급격히 상승하다가 그 이후 과거 경험해 보지 못한 저금리시대에 진입함으로써 생명보험회사와 같은 금융기관들은 과거 판매한 고금리 보험상품에 대한 고정이자의 지급부담으로 상당한 어려움을 겪게 되었다. 이는 기본적으로 금리리스크에 대한 측정과 관리가 실행되지 못했기 때문이라고 할 수 있다. 따라서 미래의 현금흐름에 대한 가치측정도 중요하지만 금리변동이 미래의 현금흐름가치에 얼마만큼의 영향을 미치는가에 대한 이해와 측정 그리고 관리가 매우 중요하다고 하겠다. 본 장에서는 금리리스크 측정과 관련하여 가장 중요한 듀레이션과 볼록성에 대하여 알아보겠다.

주요용어

금리리스크　　듀레이션　　볼록성(Convexity)

제1절 듀레이션(Duration) 측정

앞서 언급하였듯이 금융회사들은 금리리스크에 노출되어 있는데 보험회사, 특히 생명보험회사의 경우 자산과 부채의 만기를 일치시킴으로써 어느 정도 헷지할 수 있다. 그러나 만기를 일치시키는 방법은 보험상품의 현금흐름이 비추계적(stochastic)이라는 특성을 감안할 때 현금흐름의 시기(timing of cash flows)를 충분히 고려하지 않았기 때문에 효율성 측면에서 제한적이라고 할 수 있다.

듀레이션은 직관적으로 자산 또는 부채의 평균수명(average life)으로 받아들일 수 있는데, 기술적으로는 아래의 식에서 볼 수 있듯이 현금흐름의 상대적인 현재가치를 가중치로 사용한 만기까지의 가중평균시간으로서 가중평균만기(weighted-average maturity)라고 할 수 있다.

$$Duration = \frac{\sum_{t=1}^{n} \frac{CF_t}{(1+r)^t} \times t}{\sum_{t=1}^{n} \frac{CF_t}{(1+r)^t}}$$

여기서 CF_t: t기간 말기의 현금흐름
n: 현금흐름의 기간
r: 만기시장수익률

[표 27-1]은 연금리 10%, 즉 매년 100원의 이자를 지불하는 액면가 1,000원의 시장금리 8%가 적용된 4년만기 이표채의 듀레이션을 계산하는 과정을 보여주고 있다. 계산과정에서 볼 수 있듯이 듀레이션은 현금흐름의 현재가치에 의해 결정되기 때문에 자산 또는 부채의 현금흐름의 만기가 길수록 증가하는 것을 보여준다. 또한 현금흐름이 만기에 가까울수록 할인(discount)이 많이 되고 따라서 가중치가 줄어들기 때문에 만기수익률이 높을수록 듀레이션은 감소하며 초반의 현금흐름이 많을수록 현재가치에 의한 가중치가 높아져 듀레이션이 낮아진다는 것을 알 수 있다.

그러나 금리리스크에 대한 관심은 금리가 변동할 때 미래의 현금흐름에 얼마만큼 영향을 미치는 정도, 즉 금리변동에 대한 민감도(sensitivity)에 대한 것이다. 따라서 현재가치에 기초한 가중평균만기가 아닌 경제적 의미(economic meaning)의 듀레이션이 되어야 한다.

| 표 27-1 | 액면가 1,000원 연금리 10%인 4년 만기 이표채의 듀레이션 계산과정

(1) t	(2) CF_t	(3) $\frac{1}{(1+r)^t}$	(4) (2)×(3)	(5) (1)×(2)×(3)
1	100	0.909	90.9	90.9
2	100	0.826	82.6	165.2
3	100	0.751	75.1	225.3
4	1,100	0.683	751.3	3,005.2
			1,000.0	3,486.6

$$\text{Duration} = \frac{3,486.6}{1,000.0} = 3.487\text{년}$$

1. 무이표채(zero-coupon bonds)의 금리리스크

장기채권의 가격은 단기채권의 가격에 비해 상대적으로 변동이 크다고 알고 있다. 그러나 만기 그 자체가 얼마나 변동하는지에 대해 알려주지 않는다. 따라서 경제적 의미의 듀레이션은 금리가 변함에 따라 가격이 얼마만큼 변동하는가 하는 금리리스크에 대하여 좀 더 정확하게 측정하는 방법을 제시하고 있다. 예를 들어, 액면가 1,000원인 15년 만기 무이표채가 있다고 하자. 이 무이표채의 현재가치는 이 채권에 적용 가능한 금리의 범위에 달려 있다. 만약 적용가능한 금리가 8%라고 할 때 무이표채의 가격은 315.24원$\left(=\frac{1,000}{(1+0.08)^{15}}\right)$이 된다. 만약 금리가 하락하여 0%가 되면 무이표채의 가격은 1,000원이 될 것이고 반대로 금리가 상승 할수록 가격은 점점 낮아져 금리가 50%가 되었을 경우 가격은 2.28원$\left(=\frac{1,000}{(1+0.5)^{15}}\right)$까지 낮아진다. [그림 27-1]은 금리와 그에 상응하는 15년 만기 무이표채의 가격변화를 보여주고 있다. 그림에서 볼 수 있듯이 금리와 채권가격은 역관계(inverse relationship)를 나타내고 있으며 이를 가치함수(value function)라고 한다.

가치함수를 이용하여 금리변동에 대한 무이표채의 가격민감도(price sensitivity)를 측정하는 방법 중 하나가 바로 가치함수의 기울기이다. 상기 [그림 27-1]에서 볼 수 있듯이 가격변동폭을 금리변동폭으로 나누어줌으로써 계산되는 기울기는 서로 다른 금융상품의 리스크를 측정하는 데 활용되기도 하는데, 기울기의 부호를 반대로 취함으로써 금리가 변함에 따라 움직이는 무이표채의 절대가격 변동폭을 나타내는 듀레이션을 구할 수 있다. 이를 Won Duration(WD)이라고 하고 식으로 표시하면 다음과 같다.[01]

01 화폐단위에 따라 명칭을 달리 할 수 있는데 미국 채권의 경우 Dollar Duration(DD)이라고 한다.

그림 27-1 ▶▶ 금리와 15년 만기 무이표채

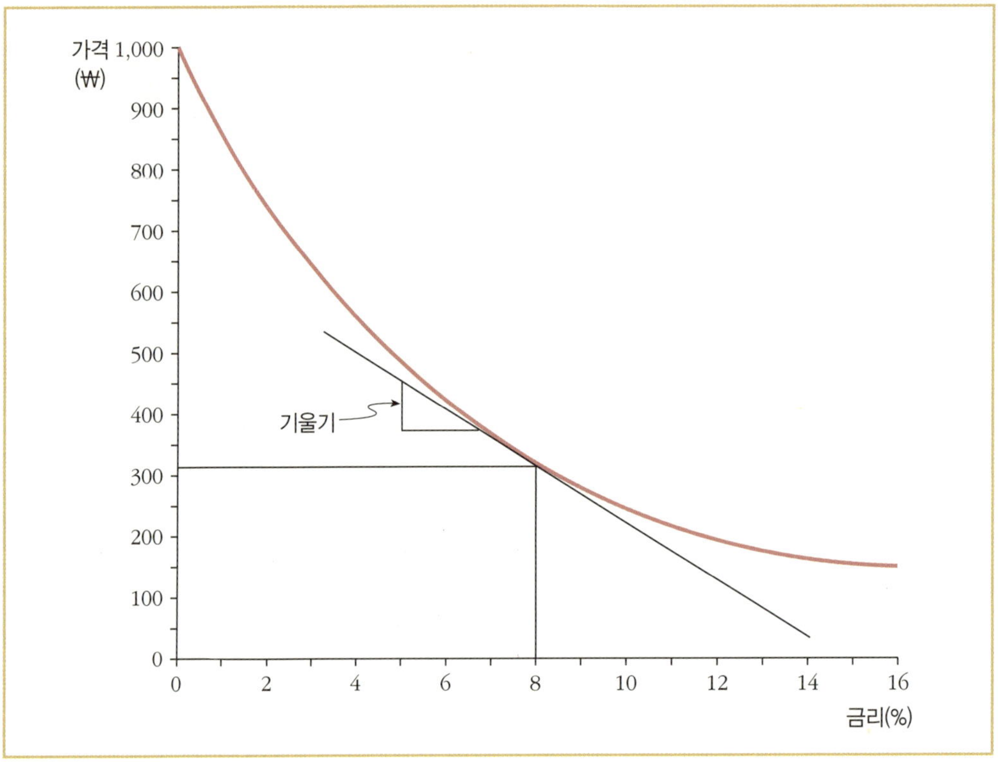

$$WD = \frac{\Delta Price}{\Delta r(\%)} = -Slope$$

상기 식에서 볼 수 있듯이 기울기가 가파를수록, 즉 *WD* 값이 클수록 금리변동에 따른 채권가격이 더 민감하게 반응하여 가격변동폭이 크다는 것을 알 수 있다.

[그림 27-2]에는 액면가는 1,000원으로 같으나 만기가 5년과 15년으로 서로 다른 무이표채의 가치함수가 그려져 있다. 만기가 다른 두 무이표채에 적용 가능한 금리가 8%라고 할 때 5년 만기 무이표채의 현재가치는 680.58원$\left(= \frac{1,000}{(1+0.08)^5}\right)$으로 15년 만기 무이표채의 현재 가격인 315.24원보다 높다. 따라서 5년 만기 무이표채의 가치함수도 15년 만기 무이표채의 가치함수보다 위에 위치하고 있다. 또한 각 가치함수에 금리 8%가 접하는 점을 지나는 접선(tangent line)을 그었을 때 5년 만기 무이표채의 기울기가 15년 만기 무이표채보다 낮은 것을 볼 수 있다. 따라서 금리변동에 따른 가격변화가 적다는 것을 의미하며, 이는 금리리스크가 상대적으로 낮다라고 해석할 수 있다. 만약 기울기가 40인 경우 *WD*는 40원으로

그림 27-2 ▸▸ 5년과 15년 만기 무이표채

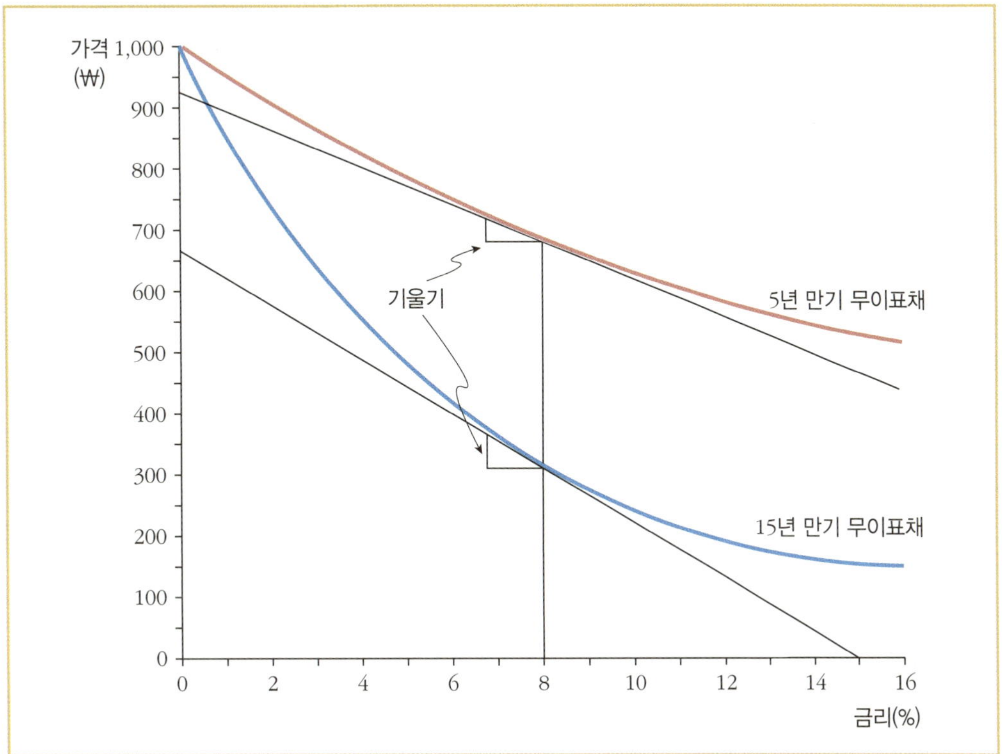

금리가 100bp 변할 때 무이표채의 가격은 약 40원 변동한다는 의미가 된다. 구체적으로 금리가 100bp 상승할 때 무이표채의 가격은 약 40원 내릴 것이고 반대로 하락할 때는 약 40원 오를 것으로 해석되어야 한다.

그런데 *WD*의 경우 초기투자의 내용(가치)을 고려하지 않고 단지 금리변동에 따른 절대가격변동(absolute change in price)만을 측정한다는 것이다. 이는 초기투자가 바뀔 경우 절대 가격변동폭이 달라진다는 의미로서 서로 다른 금융상품의 금리리스크를 비교하는 데에는 한계가 있다. 이러한 한계점을 보완하여 보다 의미가 있는 금리리스크의 측정과 비교를 위하여 개발된 것이 바로 Modified Duration(*MD*)이다. 절대가격의 변동을 측정하는 *WD*와는 달리 *MD*는 금리가 100bp 변할 때 채권가격의 변동을 백분율로 측정하며 구하는 식은 다음과 같다.

$$MD = \frac{\%\Delta \in Price}{\Delta r(\%)}$$

$$= -\frac{(\Delta Price \div Price) \times 100}{\Delta r(\%)}$$

$$= -\frac{Slope}{Price} \times 100$$

*WD*와 *MD*를 구하는 식을 재정리하여 금리변동에 따른 절대가격변동이나 백분율변동을 구하면 아래와 같다.

$$\Delta Price \approx -WD \times \Delta \mathrm{r}(\%)$$

$$\%\Delta Price \approx -MD \times \Delta \mathrm{r}(\%)$$

[그림 27-2]에서 보듯이 5년 만기 또는 15년 만기 무이표채의 가치함수가 직선이 아닌 곡선임을 알 수 있다. 그러나 상기 식들은 직선상에서 작은 금리변동에 때한 대략의 가격변동을 보여주고 있기 때문에 등호(=)가 아닌 근사치를 구한다는 기호(≈)를 사용하고 있다.

지금부터 듀레이션을 실무적으로 계산하는 방법에 대해 설명하고자 한다. 우선 현재 적용 가능한 금리에서 약간 높고 낮은 금리에 대한 가격을 계산한 후 두 가격을 이용하여 가격함수의 기울기를 측정할 수 있다.

[그림 27-3]에서 볼 수 있듯이 현재 적용 가능한 금리에서 15년 만기 무이표채의 가격인 P_r(@8%=315.24)에서 금리를 위 아래로 50bp씩 변동한 금리에 대한 가격인 $P_{+\Delta r}$(@8.5%=294.14)과 $P_{-\Delta r}$(@7.5%=337.97)이 나타나 있다. 그리고 금리의 변동은 총 100bp(2×50bp)가 된다. 이렇게 계산된 요소들을 *WD*와 *MD*를 구하는 식에 대입해보면 다음과 같은 값을 구할 수 있다.

$$WD = -\frac{\Delta Price}{\Delta r(\%)} = -\frac{P_{+\Delta r} - P_{-\Delta r}}{(2 \times \Delta r)}$$

$$= -\frac{294.14 - 337.97}{2 \times 0.5} = \frac{-43.83}{1.0}$$

$$= 43.83\text{원}$$

그림 27-3 ▸▸ 금리와 15년 만기 무이표채

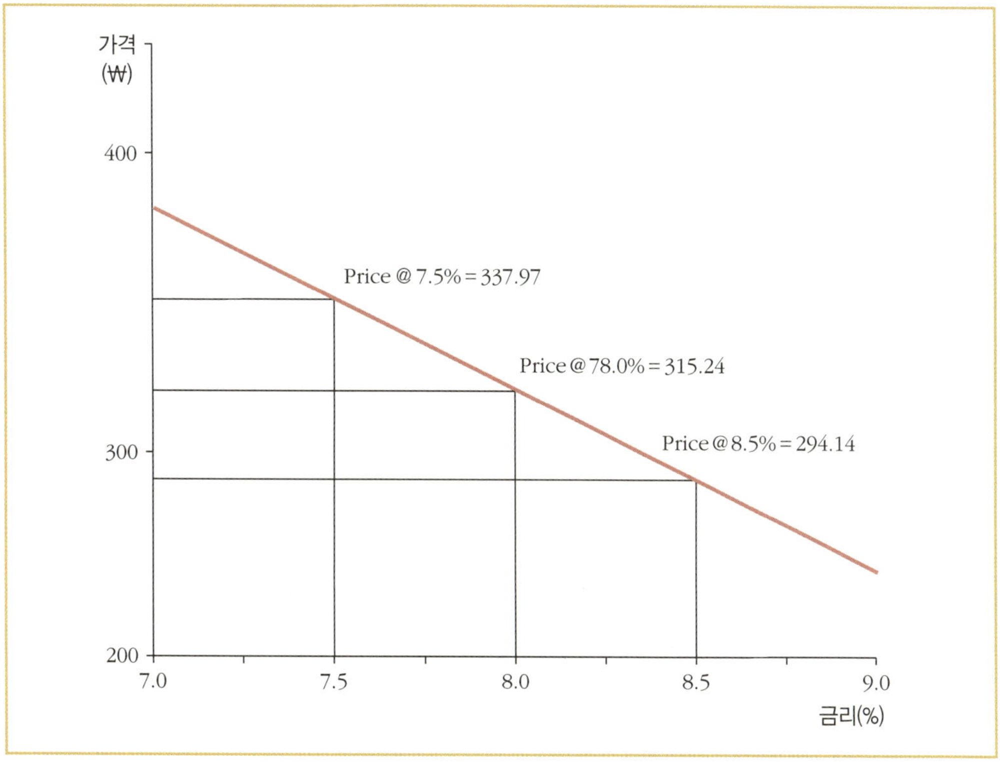

$$MD = -\frac{\%\Delta Price}{\Delta r(\%)} = -\frac{((P_{+\Delta r} - P_{-\Delta r}) \div P_r) \times 100}{2 \times \Delta r}$$

$$= -\frac{(-43.83 \div 315.24) \times 100}{2 \times 0.5} = \frac{-13.9}{1.0}$$

$$= 13.9\%$$

여기서 계산된 WD와 MD의 값을 어떻게 해석해야 할까? 두 값 모두 금리가 100bp변할 때의 가격변동폭을 나타내고 있다. 따라서 금리가 100bp 변할 때 15년 만기 무이표채의 가격은 약 43.83원 또는 약 13.9% 변동할 것이라고 해석한다. 만약 금리가 갑자기 200bp 하락했을 때 15년 만기 무이표채의 가격은 약 87.66원 또는 약 27.8% 상승할 것으로 예측할 수 있다.

$$\Delta Price \fallingdotseq -WD \times \Delta r(\%)$$
$$\fallingdotseq (-43.83) \times (-2.0) = 87.66\text{원}$$

$$\%\Delta Price \fallingdotseq -MD \times \Delta r(\%)$$
$$\fallingdotseq (-13.9) \times (-2.0) = 27.8\%$$

무이표채의 *MD*를 구하는 또 다른 방법은 무이표채의 만기(t)를 무이표채에 적용가능한 현물금리(spot rate: S_t)에 1을 더하여 나누어주면 된다.

$$MD_{ZC_t} = \frac{t}{1+S_t}$$

예로서 위에서 언급한 15년 만기 무이표채의 경우 $MD_{ZC_{15}} = \frac{15}{1+0.08} = 13.9\%$로서 표준공식을 이용하여 구한 값과 동일한 값을 보여주고 있다.

2. 이표채(coupon bond)의 금리리스크

만기에 단 한번 액면가를 지급하는 무이표채와는 달리 이표채는 만기 전에 일정한 간격으로 현금흐름이 있는 채권이다. 이표채나 연금과 같이 고정현금흐름이 있는 금융상품의 가치는 만기가 다른 무이표채의 결합 내지는 포트폴리오의 가치와 같다고 할 수 있으며 다소 복잡한 가치가산(value additivity)의 개념과 같다. 따라서 이표채와 같이 일정한 현금흐름이 있는 고정수익상품(fixed-income instruments)의 금리리스크를 측정하는 modified duration은 각 기간 현금흐름의 *MD*의 가중치를 활용하여 구할 수 있다. 그리고 적정한 가중치는 각 기간 현금흐름의 현재가치가 고정수익상품의 전체 현금흐름의 현재가치에서 차지하는 비중으로 결정되어진다. 이표채의 *MD*를 구하는 과정을 식으로 정리하면 다음과 같다.

$$MD_C = \sum_{t=1}^{n} MD_{ZC_t} \times \frac{PV(ZC_t)}{PV(C)}$$

여기서 MD_C: 이표채의 modified duration
MD_{ZC_t}: 만기가 t인 무이표채의 modified duration
PV: 현재가치
n: 이표채의 만기

[표 27-2]는 4년 만기 액면가 1,000원으로 만기까지 매년 100원을 지급하는 이표채의 *MD*를 구하는 구체적인 예를 보여주고 있다. *MD*는 약 3.24로 금리가 100bp 변할 때 이표채의 가격은 약 3.24%의 변동을 가져온다고 예측할 수 있다. 구체적으로 금리가 100bp 오를 경우 약 3.24%의 가격하락을, 금리가 100bp 내릴 경우 약 3.24%의 가격상승을 예상할 수 있다.

| 표 27-2 | 이표채의 *MD*를 계산하는 예

(1) 기간 (Time)	(2) 현물이자율 (S_t(%))	(3) $MD(Zero) = \frac{Time}{1+S_t}$	(4) 현금흐름	(5) 현금흐름의 현가	(6) 현금흐름의 가중치	(7) (3)×(6)
1	8.0000%	.9259	100	92.59	.08723	.08077
2	8.0567	1.8509	100	85.64	.08068	.14933
3	8.1069	2.7750	100	79.15	.07457	.20693
4	8.1502	3.6986	1,100	804.05	.75752	2.80176
			1,400	1,061.43	1.00000	3.23879

Modified duration≃3.24

제2절 볼록성(Convexity)리스크

앞서 언급한 4년 만기 이표채의 *MD*는 약 3.24%로 비슷한 듀레이션을 가진 다른 금융상품과 같이 금리변동에 거의 유사한 반응을 보일 것이다. 예를 들어 3.5년 만기의 무이표채에 적용가능한 현물금리가 $8.129\%\left(=8+\frac{0.1069+0.1502}{2}\right)$라고 하자. 이 무이표채의 *MD*는 만기인 3.5년을 현물금리인 8.129%에 1을 더한 값으로 나누면, 즉 $\frac{3.5}{1+0.08129}=3.237\%$로서 4년 만기 이표채와 거의 같은 *MD*를 보여주고 있다. 따라서 두 금융상품은 적은 금리변동폭에 대해서 거의 같은 정도의 가격변동을 보여줄 것이다.

그러나 금리변동폭이 점점 커짐에 따라 서로 다른 현금흐름을 가지고 있으나 유사한 *MD*를 가진 두 금융상품의 가격변동폭에 차이가 생기게 된다. 다시 말해서 금리가 하락폭이 커짐에 따라 이표채의 가격증가율이 무이표채에 비해 더 높은 반면 금리의 상승폭이 커질 경우

이표채의 가격하락률이 무이표채에 비해 더 낮아지게 된다. 그 이유는 바로 두 채권의 가치함수가 직선이 아닌 곡선이면서 곡선의 굽은 정도, 즉 곡도(curvature)가 서로 다르기 때문이다. 이 경우 이표채의 곡선함수가 무이표채의 곡선함수에 비해 좀 더 굽은 곡도를 보이기 때문이며 이러한 곡도를 금융시장에서는 볼록성(convexity)이라고 한다.

앞서 언급하였듯이 채권가격과 금리의 관계는 곡선이며 *WD*와 *MD*는 해당 채권의 만기에 적용가능한 현물금리가 100bp 변할 때 채권가격이 얼마만큼 변화하는기를 절대값과 백분율로 각각 보여주고 있다. 그러나 곡선관계로 인하여 현재의 현물금리가 상하 어느 방향으로 움직이든 특별히 금리의 움직임의 커지면 커질수록 채권의 변동된 실제가격과 *WD*나 *MD*로 예측된 채권가격과의 차이가 점점 커지는 것을 볼 수 있으며, 이러한 부분이 [그림 27-4]에서 색칠된 부분으로 나타나 있다.

금리의 움직임에 따른 채권가격의 변동폭을 예측하는 *WD*나 *MD*의 한계를 보완하여 예측오차를 최소화하기 위한 방법이 개발되었는데 가치함수의 형태의 특성으로 인하여 이를 Gain From Convexity(GFC)라고 한다.

그림 27-4 ▸▸ 볼록성리스크

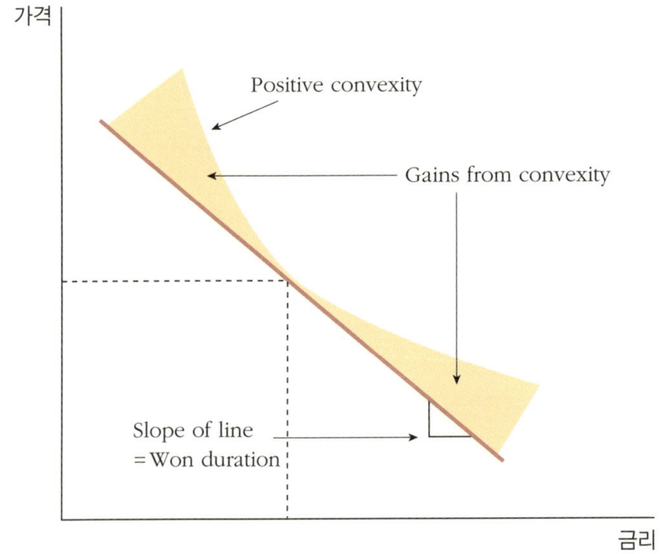

1. 볼록성리스크 측정

*GFC*값을 구하기 위하여 *WD*와 *MD*의 값을 측정할 때 사용한 3개의 채권가격, 즉 현물금리에서의 채권가격인 P_r, 현물금리에서 금리가 50bp 오를 때의 채권가격인 $P_{+\Delta r}$, 그리고 금리가 50bp 내릴 때의 채권가격인 $P_{-\Delta r}$을 다시 활용하여야 한다.

[그림 27-5]에서 현물금리(r)와 가치함수가 만나는 점을 지나는 접선이 *WD*선이 되고 그 기울기가 바로 *WD*값이 된다. 그리고 현물금리에서 위 아래로 50bp(Δr)씩 이동하였을 때 가치함수상의 가격을 표시하는 두 점인 $P_{+\Delta r}$와 $P_{-\Delta r}$을 연결한 선이 *WD*선의 위쪽에 평행하게 위치하게 된다. 이때 두 선의 수직거리(vertical distance)가 금리가 50bp 변할 때 무이표채의 가격변동폭을 듀레이션에 의존해서만 측정했을 때 발생하는 오차값이 되며 이를 Won Gain From Convexity(*WGFC*)라고 한다.

오차값에 해당하는 수직거리인 *WGFC*를 측정하기 위해서 우선 $P_{+\Delta r}$와 $P_{-\Delta r}$을 연결한 선상의 중간점에 해당하는 평균가격을 찾아야 한다. 그리고 그 평균가격에서 현물금리에서의 채권가격인 P_r을 차감하여 백분율로 표시한 금리변동폭인 Δr을 자승한 값으로 나누어주면 된다. 이를 식으로 표시하면 다음과 같다.

그림 27-5 ▸▸ Won Gain From Convexity(WGFC)

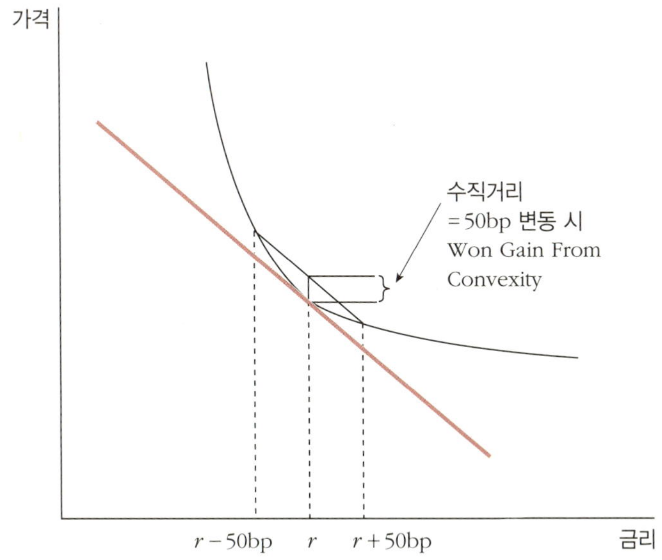

$$WGFC = \frac{(P_{+\Delta r} - P_{-\Delta r}) \div 2 - P_r}{(\Delta r)^2}$$

여기서 한 가지 전제되어야 할 것은 수직거리인 *WGFC*가 듀레이션만으로 측정함으로써 발생하는 오차를 보완하는 정당성을 얻기 위해서는 $P_{+\Delta r}$와 $P_{-\Delta r}$을 연결한 선이 현물금리와 가치함수가 만나는 점을 지나는 접선, 즉 *WD*선과 평행하게 위치한다는 것이다.

*WGFC*가 절대값으로 변동폭을 표시하는 *WD*를 보완하는 값이라면 백분율로 표시하는 *MD*를 보완하는 값을 Gain From Convexity(*GFC*)라고 하며 다음의 식으로 표시할 수 있다.

$$GFC = \frac{[(P_{+\Delta r} - P_{-\Delta r}) \div 2 - P_r] \div P_r \times 100}{(\Delta r)^2}$$

상기의 식들이 어떻게 활용되는가를 보여주기 위하여 앞서 듀레이션을 측정할 때 인용된 액면가 1,000원 15년 만기 무이표채에 적용하여 보겠다.

$$P_r = 1,000 \div (1 + 0.08)^{15} = 315.24$$

$$P_{+\Delta r} = 1,000 \div (1 + 0.085)^{15} = 294.14$$

$$P_{-\Delta r} = 1,000 \div (1 + 0.075)^{15} = 337.97$$

$$WGFC = \frac{[(294.14 + 337.97) \div 2] - 315.24}{(0.5)^2} = 3.26\text{원}$$

$$GFC = \frac{[(294.14 + 337.97) \div 2 - 315.24] \div 315.24 \times 100}{(0.5)^2} = 1.03\%$$

이렇게 측정된 *WGFC*와 *GFC*의 값을 어떻게 해석할 것인가? 우선 *WGFC*의 값 3.26원의 경우 금리가 100bp 변할 때 앞서 구한 *WD*의 값 43.83원에 추가하여 3.26원이 더 변동한다는 의미이다. 다시 말해서 금리가 100bp 하락할 때는 액면가 1,000원 15년 만기 무이표채의 가격이 약 47.09원(43.83+3.26) 상승할 것이고 금리가 100bp 상승할 때는 약 40.57원(−43.83+3.36) 하락할 것으로 예측된다는 것이다. *GFC*의 값 1.03%의 경우 금리가 100bp 변할 때 15년 만기 무이표채의 가격변동이 *MD*값인 13.89%(=15÷1.08)에 추가하여 1.03%

더 변한다는 의미이다. 다시 말해서 금리가 100bp 상승할 때 채권가격은 약 12.86%(−13.89%+1.03%) 하락할 것이고 금리가 100bp 하락할 때에는 약 14.92%(13.89% + 1.03%) 상승할 것으로 예측된다고 해석한다.

2. 금리리스크의 측정

이상과 같이 *WGFC* 또는 *GFC*를 활용한 채권가격의 변동폭 예측이 단순히 *WD*나 *MD*만으로 예측한 것보다 오차를 줄이고 실제가격의 변동폭에 훨씬 근접한다는 것은 금리가 8%에서 7%와 9%로 각각 100bp 하락 및 상승을 하였을 때 15년 만기 무이표채의 실제가격의 변동폭과 비교하였을 때 [표 27-3]에서 볼 수 있듯이 극명하게 나타난다.

| 표 27-3 | 15년 만기 무이표채의 가격변동 비교

	100bp 상승(8% → 9%)	100bp 하락(8% → 7%)
실제변동폭	274.54 − 315.24 = −40.70(−12.91%)	362.44 − 315.24 = 47.20(14.97%)
WD + *WGFC*	−43.83 + 3.26 = −40.57	43.83 + 3.26 = 47.09
MD + *GFC*	−13.89 + 1.03 = −12.86	13.89 + 1.03 = 14.92

지금까지 현금흐름에 미치는 금리리스크를 계량적으로 측정하는 데 도움을 주는 듀레이션과 볼록성을 계산하는 방법에 대해서 알아보았다. 아래의 식은 계산된 듀레이션과 볼록성이 함께 금리리스크의 계량화에 어떻게 활용되는가를 보여주고 있다.

$$\Delta P \simeq -WD \times \Delta r + DGFC \times (\Delta r)^2$$
$$\%\Delta P \simeq -MD \times \Delta r + GFC \times (\Delta r)^2$$

두 식에서 볼 수 있듯이 볼록성은 백분율로 표시된 금리변동폭의 자승이 곱해져서 절대값과 백분율로 측정된 가격변동에 반영되기 때문에 특히 금리변동폭이 클수록 볼록성리스크가 미치는 영향이 크다는 것을 알 수 있다. 예로서 *MD*가 10%이고 *GFC*가 2%인 채권이 있다고 하자. 금리가 100bp 하락할 경우 약 12%(= (−10) × (−1) + 2 × (−1)²)의 가격변동(상승)이 있다. 그러나 200bp 하락할 경우는 28%(= (−10) × (−2) + 2 × (−2)²)가 변동하며 300bp 하락할 때는 가격변동폭이 무려 48%(= $(-10)\times(-3)+2\times(-3)^2$)가 된다. 반대로 금리가 300bp 상승할 경우에는 −12%(= $(-10)\times(3)+2\times(3)^2$)의 가격변동, 즉 12%의 하락을 보여주고 있다.

CHAPTER 28

보험회사의 ALM

보험산업은 리스크에 대한 정보의 비대칭성과 경제전반에 미치는 영향이 비교적 큰 외부효과라고 하는 본질적인 특성 때문에 여타 산업에 비해 많은 감독과 규제를 받아온 분야라고 할 수 있다. 안정된 금리환경에서 보험소비자는 장기적인 관점에서 보험상품을 구매하기 때문에 보험회사의 입장에서는 수익을 고려한 buy-and-hold 투자전략으로 장기채권(long-term bonds)에 집중적으로 투자한다. 그러나 금리변동폭이 크게 되면 금리리스크에 노출된다. 손해보험회사의 경우 부채보다 자산의 듀레이션이 더 길으면 자산의 시장가치 하락폭이 부채의 하락폭보다 훨씬 크기 때문에 큰 손실이 발생할 수 있다. 생명보험회사의 경우 보험상품에 계약자대부 또는 해약 등의 금리에 민감한 옵션이 행사되어 투자자원이 감소하게 된다. 반대로 금리가 하락하면 선지급 또는 재투자의 리스크가 발생하게 된다. 본 장에서는 금리변동이 보험회사의 자산 · 부채의 가치에 미치는 영향과 관리에 대해서 알아본다.

주요용어

ALM, 보험회사 부채, 보험회사 잉여금, 보험회사 자산, 스트래들 매도

제1절 보험회사가치의 구성요소

보험회사의 순가치(equity value) 또는 주식회사의 경우 주식의 시장가치는 자산의 시장가치에서 부채의 시장가치를 차감한 금액이라고 정의될 수 있다.

$$\text{Market Value of Equity} = \text{Market Value of Asset} - \text{Market Value of Liability}$$

그러나 가치측정의 목적을 위하여 순가치를 프랜차이즈가치(franchise value), 유형자산의 시장가치(market value of tangible asset), 부채의 현재가치(present value of liability) 그리고 풋옵션(put option)으로 세분화하여 그들의 관계를 다시 정리하면 다음과 같다.[01]

$$\underset{[MV(E)]}{\text{Market Value of Equity}} = \underset{[FV]}{\text{Franchise Value}} + \underset{[MV(TA)]}{\text{Market Value of Tangible Asset}} - \underset{[PV(L)]}{\text{Present Value of Liability}} + \underset{[PO]}{\text{Put Option}}$$

프랜차이즈 가치란 경제학에서 말하는 경제지대(經濟地代), 즉 'economic rent'의 개념[02]에서 나온 것으로 보험회사의 파산리스크과 밀접한 관계가 있다. 다시 말해서 파산리스크가 낮을수록 계약갱신, 마케팅네트워크, 회사의 명성 등으로부터 유발되는 모든 가능한 경제지대를 충분히 획득하여 건전한 재무상태를 유지할 수 있는 가능성이 높아질 수 있다. 다음으로 유형자산의 시장가치에서 부채의 현재가치를 차감한 금액을 순유형 가치(net tangible

---

01 Babbel, David F.(1998), "Components of Insurance Firm Value, and the Present Value of Liabilities," in *Insurance Company investment management*, edited by David Babbel and Frank Fabozzi, New Hope, Pa.: Frank J. Fabozzi Associations.

02 증권금융사전(p.40, 법문사 1992)에는 다음과 같이 설명하고 있다.
"한 요소가 현재의 용도에서 다른 용도로 옮겨가지 않도록 지불해야 하는 보수를 그 요소의 이전수입이라 한다. 한 요소의 경제지대란 그 요소가 받는 총보수에서 이전수입을 뺀 것이다. 다시 말하면 이전수입을 초과하여 요소에게 지불되는 보수가 경제지대이다."

value)라 칭할 수 있는데, 이 가치는 보험회사의 자산구성내용보다는 회사가 보유한 자산의 총금액과 밀접한 관계가 있다. 더욱이 순유형 가치는 시간이 흐름에 따라 어떻게 가치가 변하는가 하는 리스크와 관계가 있다 할지라도 회사의 파산리스크와는 전혀 관계가 없다. 마지막으로 풋옵션가치는 보험회사가 보험상품을 팔 경우 이는 곧 회사의 조건부 부채가 되며, 이때 소유자 또는 주주에게는 제한적인 배상책임(limited liability)이 따르게 되는데 이로부터 발생되는 가치를 말한다. 다시 말해서 보험회사가 상품판매에 따른 채무를 이행할 수 없을 때 모든 책임이 전가되지 않는 대신에 이익발생분에 대하여 갖게 되는 가치를 말하는 것이다. 따라서 풋옵션의 가치는 보험회사가 리스크에 노출될수록 증가한다.

그런데 위의 식에서 분명한 것은 자산의 시장가치가 프랜차이즈가치, 유형자산의 시장가치 그리고 풋옵션가치의 합과 일치되지 않을 경우 부채의 시장가치와 부채의 현재가치가 일치하지 않는다는 사실이다. 그러나 상기와 같은 자산의 시장가치에 대한 광의의 정의가 광범위하게 받아들여지지 않는다는 점에서 부채의 시장가치와 현재가치가 일치할 수 없다. 일례로 투자자의 관점에서 부채의 시장가치와 채무의 시장가치(market value of debt)는 같은 것으로 볼 수 있다. 그러므로 신용리스크가 있는 채권의 시장가격은 채무불이행리스크가 없는 유사한 채권의 시장가격보다 저평가될 것이며 따라서 부채의 시장가격은 채무불이행리스크가 있을 경우 낮게 평가되어진다고 할 수 있다. 이는 보험규제 측면에서 반어적인(ironic) 것으로서 만약 판매한 보험상품에 대한 채무불이행리스크가 높은 보험회사의 부채 시장가치가 채무불이행리스크가 낮은 보험회사의 부채의 시장가치보다 저평가된다는 설명과 같다고 하겠다. 그럴 경우 보험감독기관 입장에서는 같은 보험회사라 할지라도 파산의 관점에서 줄어들지 않은 부채의 현재가치 대신 저평가된 부채의 시장가치로 보고했을 경우 재무건전성에서 상대적으로 우수하다고 판단할 수 있다는 것이다.

이상과 같이 보험회사의 순가치 구성요소를 파산리스크와 연계시켰을 경우 파산리스크가 증가하거나 감소할 때에 프랜차이즈가치 또는 풋옵션가치 때문에 보험회사의 시장가치는 증가한다는 것을 알 수 있다. 이는 단순한 이론적 설명이 아니라 문헌으로나 실증분석을 통해 입증[03]된 것으로서 이러한 관점은 보험회사의 부채가치를 측정하는 데 도움이 될 것이다.

---

03 Babbel, David F. and Staking K.(1991), It Pays to Practice A/L M, *Best's Review, Property/Casualty Edition*, May; Stakig, K. B. and Babbel D. F.(1995), "The Relation Between Capital Sturcture, Interest Rate Sensitivity and Market Value in the Property-Liability Insurance Industry," *Journal of Risk and Insurance* 63, 690-718; Stakig, K. B. and Babbel D. F.(1998), "Insurer Surplus Duration and Market Value Revisited," *Journal of Risk and Insurance*, March.

제2절 보험회사 부채의 현재가치

보험회사 부채의 가치측정을 언급할 때 흔히 거론되는 차익거래(arbitrage)나 비교거래(comparables) 개념의 측정접근방법이 적용되기에는 무리가 있다. 왜냐하면 보험회사의 부채의 상당부분이 차익에 의한 지속적인 거래를 통해 가격이 형성되는 유동성시장이 존재하지 않음은 물론 유사한 상품이나 거래가 없다는 것이다. 다시 말해서 보험회사의 부채는 개별소비자의 니즈에 맞는 상품의 판매와 동시에 발생하는 것으로서 고객맞춤형부채(customized liability)라고 할 수 있다. 따라서 부채가치측정의 초점을 부채의 시장가치에서 '보험회사가 상품을 판매함으로써 생성된 조건부 재정적 의무를 확률에 근거하여 완벽하게 수행하기 위해서 오늘 현재 얼마만큼의 현금이 필요한가?'라고 정의될 수 있는 부채의 현재가치에 맞추어야 하며 이러한 정보는 보험회사의 이해당사자들인 규제감독당국, 투자자 및 금융시장 모두에게 유익할 것이다.

부채의 현재가치를 측정할 때 중요한 과제는 어떻게 측정을 할 것인가라는 방법의 문제로서 직접적인 방법과 간접적인 방법을 생각해볼 수 있는데, 간접적인 방법의 경우 쉽고 빠르게 구한다는 점이 있지만 현재가치라는 측면에서는 별 의미가 없다. 특히 문제는 현재가치를 프랜차이즈가치와 풋옵션가치만큼 과소평가한다는 것이다.[04] 반면에 직접적인 방법의 경우 간접적인 방법에서 언급되는 문제점들을 피할 수 있을 뿐 아니라 이항격자모델이나 시뮬레이션 같은 현대적 가치측정모델을 활용하여 적절하게 계산된 부채의 현재가치는 보험계리측면에서 '계리적으로 적정한 가치(actuarially fair value)'와 유사한 개념이라고 하겠다. 그러나 주요 차이점은 현재가치는 비추계적(stochastic) 성격의 금리와 그러한 금리에 민감한 현금흐름을 감안하여 계산된 것이라는 점이다.

현재가치에 입각한 부채가치는 준비금이나 예기치 않은 상황에서 완충자금의 역할을 하는 잉여금을 배제하고 계산된 것이므로 보험회사는 회사의 생존을 위하여 반드시 산정된 현재가치보다 많은 준비금을 계상하여야 하며 동시에 예기치 못한 상황에서 부족한 준비금을 보완하기 위한 완충자금 성격의 잉여금을 산정해야 한다. 그러나 보험회사의 ALM 관점에서 볼때 규제감독 차원에서 언급되는 준비금, 잉여금 또는 리스크를 감안한 자본(risk-based capital) 등과 같은 회계개념에 근거한 금액이 아니라 부채의 현재가치에 못 미치는 유형자

---

04 $PV(L) = FV + MV(TA) + PO - MV(E)$

$\cong MV(TA) - MV(E) = PV(L) - FV - PO$

산의 시장가치, 즉 순유형가치(net tangible value)로 측정되는 실제금액(actual money)이 중요한 것으로서 그 규모는 부채의 현재규모(amount), 성격(behavior), 그리고 요구되는 파산리스크의 정도에 달려 있다.

여기서 강조하고자 하는 부채의 현재가치 측정방법은 리스크관련 비용을 반영하기 위하여 할인율을 인하함으로써 보험계리리스크를 조정하는 보수적인 계산절차를 가진 전통적인 준비금 산정방법과는 차이가 있는 것이다. 즉 가장 큰 차이점은 단순 계리적 가치의 예측과 달리 부채의 현재가치를 도출하기 위해서 미래의 현금흐름이 금리변동에 따라 보여주는 민감도를 고려한다는 것이다. 근본적으로 앞서 언급된 회계장부상의 부채인 준비금은 보험회사의 지급능력을 유지하는 데 필요하다고 여겨지는 잉여금과 더불어 보험회사의 부채를 측정하는 방법이다.

그러나 우리가 언급하고자 하는 방법은 부채의 현재가치를 잉여금 부문과 분리하는 것으로서 이러한 방법만이 보험회사의 부채의 현재가치에 근접한다고 보며, 나아가서 지급능력을 유지하는 데 필요한 잉여금의 크기를 보다 정확하게 분석하는 것이 가능해질 것이다. 따라서 보험회사의 부채는 시장리스크, 특히 금리변동에 대한 민감도를 감안한 현재가치 측정에 초점이 맞춰져야 하며 이렇게 해서 계산된 현재가치야말로 다양한 경제환경을 고려한 확률에 근거하여 보험회사가 보험상품을 판매하여 발생한 조건부 채무인 손해액의 지급을 이행하기 위해 현재 필요한 현금액수를 보여준다고 할 수 있겠다.

제3절 스트래들 매도(short straddle)모델과 보험회사 잉여금

파생상품의 콤비네이션전략에서 가장 많이 사용되는 전략이 스트래들로서 기초자산, 만기, 행사가격이 동일한 콜옵션과 풋옵션을 동시에 결합하는 것이다. 스트래들 매도는 콜옵션과 풋옵션을 동시에 매도함으로써 취해지는 포지션으로서 [그림 28-1]과 같다.

스트래들 매도는 기초자산의 가격이 행사가격에 근접할 것이라 예상될 때 적합한 전략으로서 그림에서 볼 수 있듯이 얻을 수 있는 이익은 한정되어 있으며 반면에 노출되는 손실에는 제한이 없다. 따라서 스트래들 매도는 매우 위험한 전략임을 알 수 있다.

그림 28-1 ▸▸ 스트래들 매도 포지션

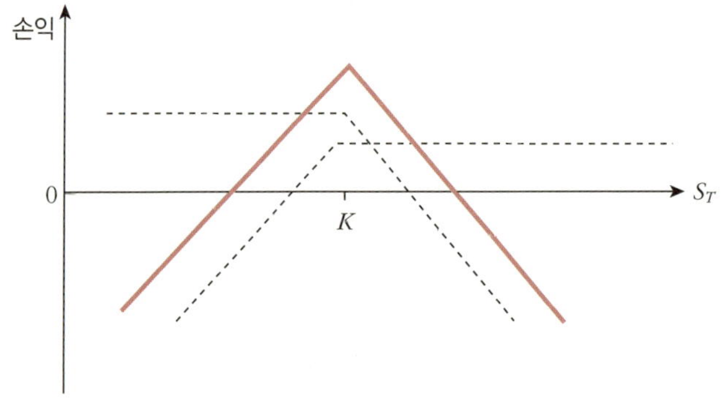

일반적으로 보험회사의 자산과 부채에는 다양한 옵션이 내포되어 있고 이러한 옵션들은 보험상품의 특성상 특히 금리리스크에 노출되어 있다고 볼 수 있다. 생명보험의 경우 보험상품에는 계약 이후 언제라도 행사할 수 있는 해약이나 계약자대부 등 금리에 민감한 옵션들이 있는데 이러한 옵션들은 특히 금리가 상승하게 되면 더 많이 행사된다. 이때 옵션은 계약상에 보증된 명목상의 가치(guaranteed nominal value)로 행사되기 때문에 보험회사의 부채가치는 그러한 옵션이 없을 때의 하락된 가치만큼 떨어지지 않는다. 반면에 금리가 하락할 때는 보험계약에서 보증하는 금리가 더 높기 때문에 평상시에 비해 보험계약을 장기간 유지하려고 하므로 부채가치는 더 증가하게 된다. 손해보험의 경우 보험상품의 판매 이후 금리가 상승하게 되면 인플레이션으로 인하여 손해가 발생한 부보물건의 시장가격이 상승하게 되므로 결국 보험사에 청구되는 손해액이 증가된다. 따라서 부채의 시장가치는 손해액이 고정되어 있을 때처럼 같이 많이 감소하지 않을 것이다. 반대로 금리가 하락하게 되면 손해보험사는 종종 보험가입자들이 손해방지 노력을 게을리 하게 되는 도덕적 hazard에 직면하게 되어 손해청구건수가 증가되는 결과를 가져와 궁극적으로 보험회사 부채의 시장가치는 정상적인 상황에 비해 급격하게 증가하게 될 것이다. 따라서 보험회사의 부채는 볼록한(convex) 형태의 시장가치를 보인다. 반면에 자산에 수의상환권부채권(callable bond)이나 담보부증권(mortgage-backed or pass-through security)이 있다면 금리가 하락할 때 가치가 상승하더라도 일반채권에 비해 훨씬 낮게 평가될 것이고 금리가 상승할 때는 반대로 가치의 하락 속도가 일반채권에 비해 훨씬 빠르기 때문에 오목한(concave) 형태의 시장가치를 나타낸다.

결과적으로 금리가 상승할 때는 많은 보험가입자들은 해약이나 계약자 대부 등의 보장된 옵션을 명목가치로서 이행하여 고율의 이자를 보장하는 다른 곳에 투자함으로써 부채의 시장가치가 자산가치보다 늦은 속도로 감소하게 되며 이러한 현상은 회사잉여금의 시장가치를 감소시키는 결과를 가져오는 것이다. 반대로 금리가 하락할 때는 채무자들이 그들이 발행한 임의상환권부채권 또는 모기지 선상환 등의 옵션을 행사하기 때문에 금리가 상승할 때와는 반대현상, 즉 자산의 시장가치가 부채의 시장가치보다 늦은 속도로 증가하게 되며 이 또한 보험회사 잉여금의 시장가치를 감소시킴으로써 [그림 28-2]와 같은 결과가 된다.

그림 28-2 ▸▸ 금리변동과 자산, 부채 및 잉여금의 시장가치 변화

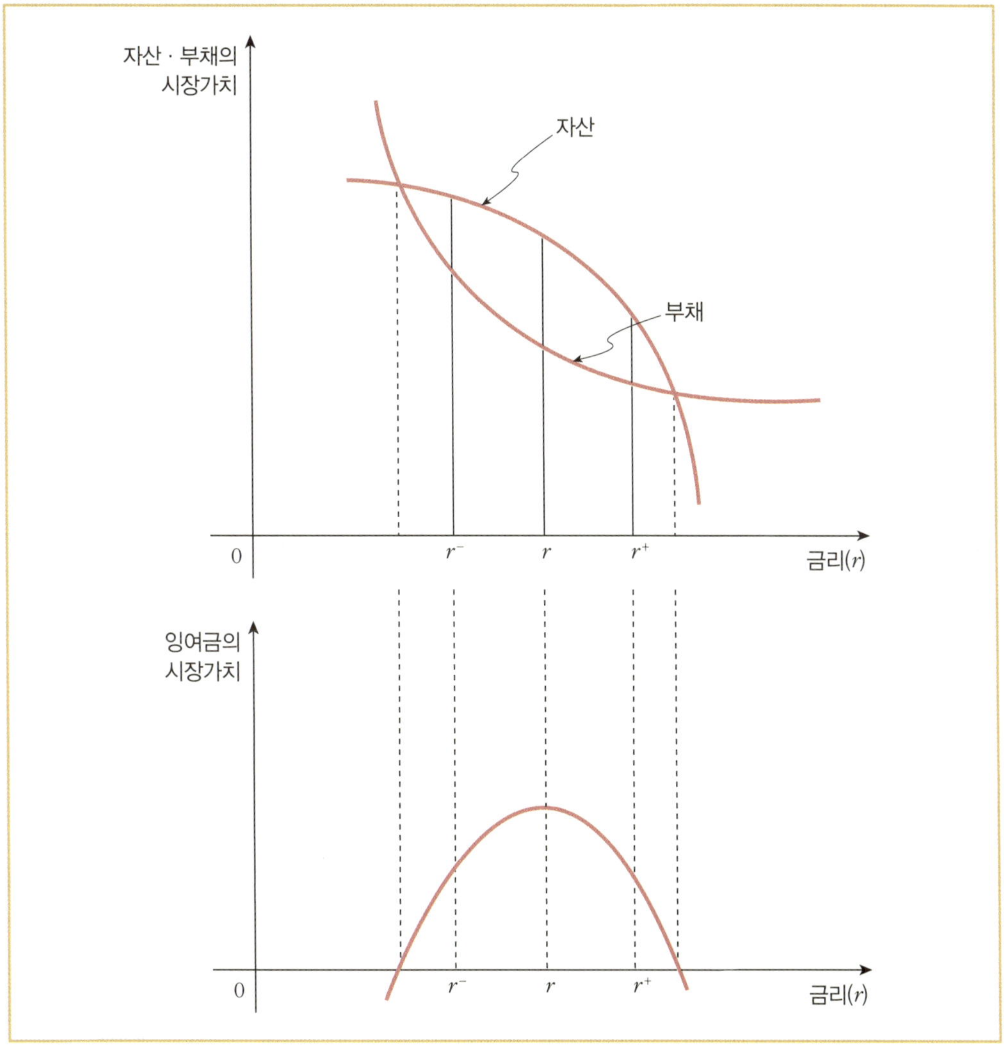

이상과 같이 금리가 변동할 때 자산과 부채의 포트폴리오의 시장가치가 상대적으로 달리 변화될 경우 보험회사의 잉여금의 경제적 가치를 하락시킬 수 있다.

제4절 보험회사 ALM

이러한 금리변동에 따른 리스크에 대처하는 방법으로 우선 자산과 부채의 현금흐름에 대한 분석(cash flow analysis)이 있다. 이를 위해서는 동종의 보험상품끼리 분류하고 목표수익률을 달성하기 위한 자산포트폴리오를 구성하여야 한다. 그리고 보험회사의 자산운용부서와 계리부서가 함께 각각의 현금흐름을 분석하여 어느 시점에서 현금흐름의 차이가 생기는지 파악하여야 한다. 분석결과 누적된 순현금흐름(net cash flow)이 정(+)의 포지션일 경우 재투자(reinvestment)리스크에 노출되어 있고 부(−)의 포지션이 경우 자금재조달(refinancing)리스크에 노출되어 관리가 필요하게 된다.

다음으로 재무이론에서는 금리민감도(interest rate sensitivity), 즉 금리변동이 자금흐름의 현재가치에 미치는 영향을 측정하는 듀레이션을 일치시키는 이른바 듀레이션일치(duration matching)기법을 제안하고 있다.[05] 자산의 현재가치가 부채의 현재가치보다 클 경우 금리변동에 따라 잉여금의 가치가 어떻게 변화될 것인가를 계산하는 방법으로는 식(1)에서와 같이 자산의 Won 듀레이션에서 부채의 그것을 차감함으로써 잉여금의 Won 듀레이션을 구할 수 있다.

$$WD_A - WD_L = WD_S \qquad \cdots\cdots (1)$$

WD_S가 나타내는 숫자의 의미는 금리가 100bp(basis point) 변동에 따라 잉여금의 가치가 얼마만큼 변화하는가를 보여주는 것이다. 만약 비록 $WD_A = WD_L$이라면 금리변동폭이 작

---

05 듀레이션의 산출방법으로는 금리변동에 따른 현재가치의 절대적 변화를 측정하는 Won 듀레이션(WD), 상대적 변화를 측정하는 Modified 듀레이션(MD), 그리고 convexity risk를 감안한 Effective 듀레이션(ED)을 들 수 있다. 만약 자산의 Won 듀레이션이 부채의 그것과 일치토록 되어 있을 경우 금리변동 시 자산과 부채의 시장가치는 대략 같은 크기로 변하게 되어 있다. 이러한 전략을 채택했을 경우 금리리스크로부터 'Immunized' 되었다고 한다. 여기서 Won 듀레이션은 본래 Dollar 듀레이션과 같은 의미로서 명칭만 우리의 화폐단위인 Won으로 대체한 것이다. 자세한 내용은 제28장을 참조할 것.

을 경우 자산과 부채의 시장가치는 거의 같게 변하게 되고 또한 Convexity(A) > Convexity(L)라면 자산가치가 부채가치보다 항상 크기 때문에 면역화되었다(immuniaed)라고 할 수 있다. 그러나 자산과 부채의 듀레이션은 시간이 지나고 금리가 변화되면 달라지기 때문에 주기적으로 재조정하여야 한다. 왜냐하면 조그마한 자산과 부채의 듀레이션 불일치가 있다 하더라도 전체적인 자산, 부채의 포트폴리오에 비해서 잉여금의 규모가 작을 경우 지렛대효과(leverage effect) 때문에 금리의 변동에 따른 잉여금의 가치변화는 상대적으로 크게 나타날 수 있다. 예를 들어 시장가치기준으로 자산에 대한 잉여금의 비율이 20%이며 자산과 부채의 Modified 듀레이션이 각각 $MD_A = 4$, $MD_L = 2$로서 2%의 듀레이션 불일치가 있는 보험회사를 생각해보자. 자산, 부채 그리고 잉여금의 modified 듀레이션의 상호관계는 식(1)에서 유도된 아래의 식(2)로서 설명될 수 있다.

$$MD_S = (MD_A - MD_L)\frac{MV(A)}{MV(S)} + MD_L \qquad \cdots\cdots \ (2)$$[06]

식(2)에서 볼 수 있듯이 이 식은 듀레이션 불일치($MD_A - MD_L$), 지렛대효과(leverage effect: $MV(A)/MV(S)$), 그리고 잉여금의 듀레이션(MD_S)과의 관계를 극명하게 보여주고 있다. 앞서 예를 든 회사의 경우 식(2)에 의해서 $MD_S = 12$로서 금리가 100bp 변동 시 잉여금의 시장가치는 12%의 변동이 있음을 의미하고 있다. 만약 이 회사의 자산에 대한 잉여금의 비율이 앞서의 20%보다 훨씬 낮은 10%인 경우 듀레이션의 불일치는 2%로 같다할지라도 잉여금의 듀레이션인 $MD_S = 22((4-2)\times 10 + 2)$로서 훨씬 높은 민감도를 보여주고 있다. 다시 말해서 이것은 자산에 대한 잉여금의 비율이 낮으면 낮을수록 듀레이션 불일치에 대한 분석과 관리에 그만큼 더 많은 주의가 요망되는 것을 의미한다고 하겠다.

한편 보험회사들이 자산과 부채의 가치산정에 시장가치 개념을 반영하고 있지 않기 때문

---

06 $WD_A - WD_L = WD_S$

$$MD_A \times MV_A - MD_L \times MV(L) = MD_S \cdot MV(S)$$

$$MD_A \times \frac{MV(A)}{MV(S)} - MD_L \times \frac{MV(L)}{MV(S)} - MD_S$$

$$MD_A \times \frac{MV(A)}{MV(S)} - MD_L \times \frac{MV(A) - MV(S)}{MV(S)} = MD_S$$

$$MD_A \times \frac{MV(A)}{MV(S)} - MD_L \times \left(\frac{MV(A)}{MV(S)} - 1\right) = MD_S$$

$$(MD_A - MD_L) \times \frac{MV(A)}{MV(S)} + MD_L = MD_S$$

여기서 MV는 Market Value의 약자로서 시장가치를 의미함.

에 금리변동에 따른 리스크가 없다고 볼 수도 있겠으나 장부가격에 근거한 회계처리방식이 단기적으로는 경제적 현실을 반영하지 않는다 하더라도 장기적으로 시장변화에 영향을 받게 된다. 특히 한 나라의 경제에 주목할 만한 변화가 일어나고 있다면 그러한 변화는 회계처리에 단기적으로 반영될 것이다. 이러한 예는 바로 보험산업이 발달한 미국에서 1970년대 후반부터 나타나기 시작한 인플레이션을 동반한 극심한 금리상승현상에서 찾아볼 수 있다. 이러한 금리급등과 같은 주목할 만한 경제상황은 장부가격에 근거한 회계결과에도 부분적으로 재무상의 리스크요소로 반영되었던 것이다. 그 당시 보유채권 등의 막대한 평가손을 기록한 일부 보험사들은 새로운 보험상품들을 집중적으로 판매함으로써 보험금청구액 지급에 필요한 자금을 조달하려고 하였다.

그러나 이러한 대응은 현재의 손실을 피하기 위하여 미래의 또 다른 손실을 자초한 결과만 가져온 것이 되었다. 보험료 납입과 손실보상에 따른 보험금 지급 시기와의 시간적 격차로 인하여 보험계약자와 단기 또는 장기간 금융관계를 유지할 수밖에 없는 보험사로서는 이 기간 동안 손실지급금 예측과 상품가격설정에 있어서 금리변동에 따른 리스크를 더 이상 무시할 수가 없게 되었다. 여기서 중요하게 지적될 점은 듀레이션 불일치를 관리하는 데 있어서 요구되는 것은 바로 자산과 부채의 현재 또는 시장가치에 대한 자료가 절대적이라는 것이다.

그 밖에 자산에 금리에 민감한 여러 옵션들이 내재되어 있을 경우 리스크헷지를 위하여 매 옵션마다 그에 상응하는 상계(offsetting)옵션을 활용하는 것은 간단한 일이 아니다. 따라서 언급된 보험회사의 스트레들 매도모델의 특성을 바탕으로 금리선물거래, 주가지수선물거래, 금리스왑 등을 활용하여 자산의 오목성(concavity) 특성을 부채의 볼록성(convexity) 특성과 같도록 자산의 포트폴리오를 재구성함으로써 [그림 28-3]과 같이 잉여금을 안정되게 유지할 수 있다. 그리고 다양한 증권과 금리 그리고 관련된 확률분포 등의 다양한 상황을 전제로 기대총수익 또는 포트폴리오 수익측면에서 최적의 포트폴리오를 선택하는 시나리오 분석기법 등을 들 수 있다.[07]

이상과 같이 보험회사의 ALM은 적정한 리스크 수준에서 경쟁력있는 투자수익을 달성하는 투자전략의 수립을 위한 포괄적인(comprehensive) 수단으로서 회사의 경제적 수익을 안정되게 해주고 잉여금의 변동성을 줄여줘서 파산리스크를 낮춰준다.

---

07 자세한 것은 Babbel, Lamm-Tennant(1987)를 참조할 것.

그림 28-3 ▸▸ 자산포트폴리오 재구성 후 잉여금

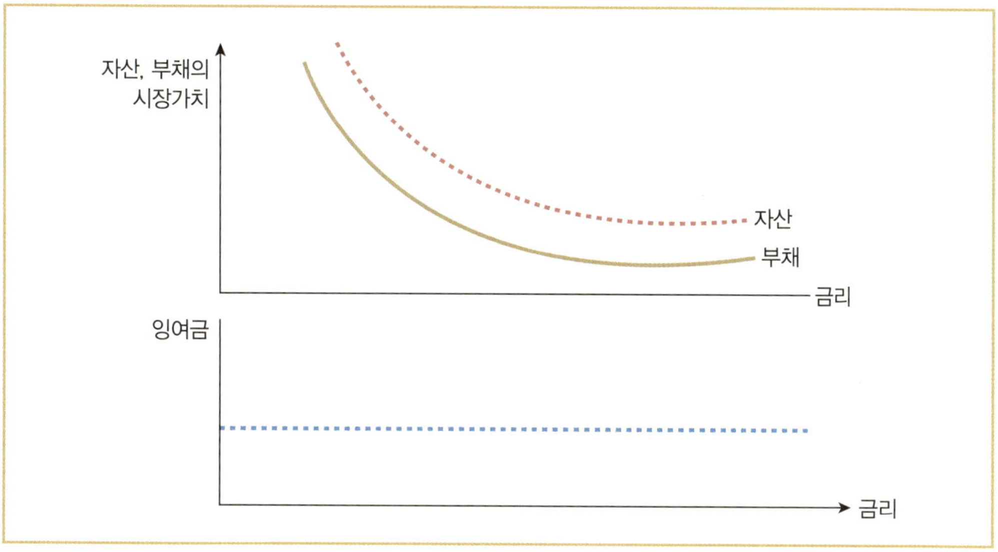

PART 07

규제와 감독

RISK & INSURANCE

CHAPTER 29

보험감독의 목적과 체계

보험산업은 한 국가의 사회보장 및 복지 측면에서 중요한 부문으로서 국민생활에 미치는 영향이 크기 때문에 은행, 증권을 비롯한 타 금융분야에 비해 재무건전성과 계약의 공정성 등에서 보다 엄격한 정부의 규제와 감독이 행해지고 있다고 할 수 있다. 감독기관으로는 금융위원회와 금융감독원이 실질적인 보험감독을 하고 있고 협력기관으로는 보험개발원, 생명보험협회, 손해보험협회 등이 있다. 시장의 진출 · 퇴출, 회계 및 자산운용, 재무건전성, 보험모집, 보험계약자보호, 보험전문인관리 등이 보험감독의 주요 분야이다.

주요용어

재무건전성	SAP	보험모집
자본금	GAAP	계약자보호

제1절 보험감독의 목적

보험을 비롯한 금융권에 대한 보험감독당국의 규제와 감독은 우리나라뿐 아니라 전 세계적으로 행해지고 있다. 특히 보험산업은 한 국가의 사회보장 및 복지 측면에서 중요한 부문으로서 국민생활에 미치는 영향이 크기 때문에 은행, 증권을 비롯한 타 금융분야에 비해 보다 엄격한 정부의 규제와 감독이 행해지고 있다고 할 수 있다. 이러한 정부의 규제와 감독에는 다음과 같은 목적이 있다.

첫째, 재무건전성을 바탕으로 안정성 유지

일반적인 매매계약과는 달리 보험계약은 미래의 불확실한 손실에 대한 보장으로 보험계약자는 보험료를 미리 납부한다. 만약 보험계약자에게 발생한 손실에 대하여 보험회사가 지급불능이나 파산으로 인하여 적기에 지급할 수 없게 된다면 손실보장을 대가로 선납한 보험료의 가치는 소멸되고 이러한 일이 반복될 경우 보험회사는 물론이고 보험산업 전반에 대한 불신으로 이어져 존폐의 위기에 직면할 수 있다. 따라서 미래의 손실에 대한 확실한 보장, 즉 보험금 지급보장을 위한 보험회사의 재무건전성 유지에 따른 안정성이 매우 중요하다.

둘째, 보험계약의 공정성 유지

앞서 언급하였듯이 보험계약은 다른 상업적 계약에 비하여 법적, 기술적, 그리고 수리적인 측면에서 복잡하고 전문적인 내용을 포함하고 있을 뿐만 아니라 보험회사에 의해 일방적으로 작성되어 맺은 계약문서[01]로서 소비자인 보험계약자의 입장에서 내용을 잘 이해하고 적합한 상품을 선택하기 위한 충분한 지식을 갖고 있기가 쉽지 않다. 이러한 상황하에서 감독기관이 개입하여 경쟁시장하에서 보험계약자가 공정한 대우를 받아 보험소비자로서 누릴 수 있는 혜택이 돌아갈 수 있도록 하는 것이 필요하다.

셋째, 합리적 상품의 적기개발 및 공급

보험상품의 설계 및 요율산정은 전문적인 보험과 보험계리에 대한 지식을 필요로 하기 때문에 상대적으로 소비자인 보험계약자 입장에서 이해하기 힘들다. 이러한 특수성 때문에 보험회사에게 일방적으로 유리하게 설계되거나 또는 손해율, 역선택 등을 우려하여 상품을 판매하지 않거나 인수거절을 할 수 있다. 또한 부적정한 요율로 인하여 보험계약자에게 경제적 부담을 주거나 보험회사의 재무건전성에 악영향을 줄 수가 있다. 따라서 감독기관의 개

01 제4장의 보험계약의 법적 성격 중 부합계약(Contract of Adhesion) 참조

입을 통하여 보험계약자를 보호할 뿐만 아니라 보험회사의 재무건전성을 바탕으로 보험시장의 공정경쟁을 유도함으로써 보험산업의 건전한 발전에 기여할 수 있다.

제2절 보험감독체계

1. 법령과 규정

감독체계는 법적 근거인 법령 및 규정과 이를 시행하는 감독기관으로 되어 있으며 보험감독은 상법 보험업법과 그 시행령 및 시행규칙에 법적 근거를 두고 있다. 우선 상법은 1962년 1월 20일 법률 제1000호로 제정 · 공포하여 1963년 1월 1일부터 시행되고 있는데 보험사업의 중요성을 인지하여 보험에 관련된 내용을 독립적으로 상법 제4편에 규정하고 있다. 구성을 보면 제1장 총칙, 제2장 손해보험에는 화재, 운송, 해상 그리고 책임보험이 포함되어 있고 제3장 인보험에는 생명보험, 상해보험이 포함된 내용으로 되어 있다.

1962년 1월 15일 법률 제973호로 제정 · 공포되어 1963년 1월 1일부터 시행되어 1977년 12월 31일 전문이 개정되고 2008년 3월 14일 재개정되어 시행되고 있는 보험업법은 민영보험사업에 대한 규제감독에 관한 기본법으로서 민영보험사업자의 건전한 운영을 도모하고 보험계약자를 비롯한 이해관계인의 권익을 보호하여 보험산업의 건전한 발전에 기여하고자 제정된 보험감독행정의 지침이 되고 있는 법이다. 보험업법은 총 13개의 장[02]과 부칙으로 구성되어 있으며 보험업법의 위임사항과 시행에 관한 필요한 내용을 규정하기 위하여 시행령(2008. 6. 13) 및 시행규칙이 제정됐다.

한편 금융위원회는 보험업법, 보험업법시행령, 보험업법시행규칙을 비롯한 그 밖의 보험관련 법령에 의하여 금융위원회의 소관에 속하는 보험기관의 감독을 위하여 필요한 사항을 정하여 보험감독업무의 효율적인 수행을 도모함을 목적으로 보험감독규정(2009. 7. 22)을 공고하고 있다. 그리고 금융감독원장은 관련법들과 규정들을 근거로 소관 보험기관의 감독을 위하여 필요한 사항을 감독업무시행세칙(2009. 10. 16)에 명시하고 있다.

---

02 제1장 총칙, 제2장 보험업의 허가 등, 제3장 보험회사, 제4장 모집, 제5장 자산운용, 제6장 계산, 제7장 감독, 제8장 해산청산, 제9장 관계자에 대한 조사, 제10장 손해보험계약의 제3자 보호, 제11장 보험관계 단체 등, 제12장 보칙, 제13장 벌칙

감독기관으로는 금융위원회의 설치 등에 관한 법률에 의해 설립된 금융위원회와 금융감독원이 실질적인 보험감독을 하고 있다. 한편 정부의 요청에 의하여 감독의 보조, 지원업무를 수행하는 협력기관으로는 보험업법 제176조에 의거 보험요율산출 및 기초서류검증, 보험요율 기타 보험관련 자료의 관리 분석을 담당하는 보험개발원, 그리고 보험업법 제175조에 의거 보험사업자 상호 간 업무질서유지, 보험모집인 등록 등의 업무를 하는 생명보험협회, 손해보험협회 등이 활용되고 있다.

2. 주요 감독내용[03]

보험감독의 주요 분야는 시장의 진출 · 퇴출, 회계 및 자산운용, 재무건전성, 보험모집, 보험계약자보호, 보험전문인관리 등 6개 분야로 대별될 수 있다.

1) 시장진입 및 퇴출

금융위원회로부터 보험회사 설립의 허가가 아닌 보험종목별 영업의 허가를 득하고 주식회사, 상호회사 또는 외국보험회사 국내지점의 형태로 시장에 진입할 수 있다. 보험회사는 300억원의 자본금 또는 기금을 납입하여야 보험업을 개시할 수 있으며, 보험업의 종류 중 일부만을 영위하고자 할 경우 50억원 이상의 범위 내에서 종목에 따라 달리 정할 수 있다. 전화, 우편, 컴퓨터, 통신 등을 이용하는 통신판매전문 보험회사의 경우 보험회사의 자본금 또는 기금의 2/3에 상당하는 금액만을 납입하여 보험업을 개시할 수 있다.

한편 보험업의 퇴출은 흡수 또는 신설에 의한 합병, 보험계약상 권리의무이전 등 계약의 이전, 영업의 동일성을 유지하는 영업의 양수 양도, 법인격소멸에 의한 해산, 금융위원회의 적 기시정조치, 그리고 보험사업의 허가취소 등에 의해 이루어질 수 있다.

2) 회계 및 자산운용

보험회계처리원칙은 보험계약자를 보호하고 보험회사의 건전성을 강화하기 위하여 보험업감독규정에 보험회계처리의 기준(Statutory Accounting Principle: SAP)을 규정하고 있

---

03 금융감독원에서 발간한 '2012년 금융감독제도'(pp.97-142)를 참조하였음.

다. 그리고 보험감독규정에서 정하지 않은 사항에 대해서는 기업회계기준(Generally Accepted Accounting Principle: GAAP)을 준용하도록 하고 있다.

재무제표는 대차대조표, 손익계산서, 이익잉여금처분계산서 또는 결손처리계산서, 현금흐름표와 자본변동표로 하고 재무제표의 서식, 회계처리기준, 특별계정의 설정, 운영 등에 대한 세부사항은 금융감독원장이 정하도록 하고 있다.

자산, 부채의 평가 역시 항목별 평가기준을 제시하고 있고 특히 부채의 책임준비금은 보험료 산출 시 적용한 기초율로 계산한 금액과 금융감독원장이 정하는 표준율을 적용하여 산출한 금액 중 큰 금액으로 적립하도록 하고 있다. 비상위험준비금은 감독규정에 따라 보험종목별로 보유보험료의 일정비율을 적립하고 손해율이 일정비율을 초과하는 경우 환입토록 되어 있다.

자산운용결과는 보험계약자에 대한 부채인 책임준비금의 지급재원이 되므로 보험계약자의 이익을 보호하기 위하여 자산운용방법 및 한도를 규제하고 있고 동시에 자산운용의 건전성 확보를 위하여 자산건전성 분류기준강화, 리스크관리시스템 구축 등의 제반조치를 취하고 있다.

3) 보험모집제도

보험회사의 임원(대표이사, 사외이사, 감사, 감사위원 제외) 또는 직원, 보험설계사, 보험대리점, 보험중개사 등 기존 모집조직에 의한 모집과 우편, 전화, 인터넷 등 정보통신매체를 이용하거나 은행 등 타 금융권과 업무제휴를 통한 직접판매 등에 의한 모집으로 대별될 수 있다.

(1) 보험설계사

소정의 교육과정을 이수하고 시험에 합격한 자 또는 보험경력이 1년 이상이고 교육과정을 이수하고(2011년 1월 시행) 생 · 손보협회에 등록(보험업법 제84조, 제194조)된 자를 지칭하며 1사 전속주의(보험업법 제85조 2항)를 택하고 있고 2008년 8월 30일부터 생명(손해)보험회사에 속한 보험설계사가 1개의 손해(생명)보험회사를 위하여 모집을 허용하는 교차모집제도(보험업법 제85조 제3항 부칙 제1조)를 도입하여 실시하고 있다.

(2) 보험대리점제도

교육과정을 이수하고 시험에 합격하거나 또는 보험경력이 2년 이상이고 교육과정을 이수하고 보험협회에 등록[04]한 자로서 생명보험, 손해보험 그리고 제3보험 대리점으로 구분된다. 대리점 영업요건으로 영업보증금을 보험회사에 예탁하여야 하는데 1억원(법인 대리점은 3억원) 이내에서 협의하여 정할 수 있다.

(3) 보험중개사제도

보험중개사는 보험회사에 귀속되지 않고 독립적으로 계약의 체결을 중개하고 그 대가로 수수료를 지급받는 자로서 금융위원회가 정하는 기관이 실시하는 보험종목별 보험중개사 시험에 합격하거나 보험중개사로서 일정기간 보험중개경력이 있을 경우 금융감독원에 등록할 수 있는 요건이 충족된다.

(4) 방카슈랑스제도

은행, 증권, 저축은행, 신용카드사 등의 금융회사가 보험회사의 대리점 또는 중개사 자격으로 보험상품을 판매하는 제도로서 2003년 8월에 도입되어 단계적으로 판매가능상품이 확대시행되어 왔으나 2008년 3월 불완전판매, 보험설계사 실업 등을 우려하여 4단계 확대실시가 철회됨에 따라 개인보장성보험, 장기보장성보험 및 자동차보험의 판매는 허용되지 않고 있다. 금융회사 점포 내 지정된 장소에서 2인 이내의 모집종사자에 의한 대면모집과 인터넷홈페이지를 이용한 안내 및 설명을 통하여 모집을 할 수 있다. 그러나 자산 2조원 이상의 대형금융회사는 1개 보험사의 상품을 25%를 초과하여 판매할 수 없도록 되어 있다.

4) 보험계약자 보호제도

보험계약자를 보호하기 위한 제도로는 경영공시제도, 보험가격자유화, 보험상품공시제도, 계약자배당제도, 상품심사제도 및 보험모집관련 준수사항 등이 있다.

(1) 경영공시제도

보험회사의 재무상태에 관한 정보를 일반소비자에게 정확하고 시의성있게 제공함으로써 시장규율기능을 통한 보험회사의 건전경영과 보험산업의 안정성, 효율성을 도모하기 위한

---

04 2011년 1월 24일부로 금융감독원에서 보험협회로 등록기관이 변경됨.

제도로서 정기공시, 수시공시, 인터넷공시가 있다.

정기공시는 회사경영 전반에 관하여 결산일로부터 3월 이내, 분기별 임시결산일로부터 2월 이내 생·손보협회장이 정하는 보험경영통일공시기준에 의거 공시하는 것을 지칭한다. 수시공시는 자본금 또는 기금증액결정명령을 받거나 적기시정조치 등을 받을 경우에 인터넷 홈페이지에 게재하는 것을 지칭하며 인터넷공시는 정기 및 수시공시 내용을 개별보험회사의 인터넷 홈페이지에 설정된 '경영공시'에 게재하는 방법으로 공시하는 것을 지칭한다.

(2) 보험가격자유화

시장경제원리의 조기정착을 통한 보험가격 및 서비스의 차별화로 보험소비자의 권익을 보호하고 보험산업의 국제경쟁력을 제고하려는 목적으로 1993년 3월 가격자유화 일정을 발표하고 2000년 4월 보험가격의 거의 모든 부문에서 자유화가 이루어졌다. 보험가격자유화를 보완하는 제도로는 해약환급금의 최저한도를 정하여 보험가입자를 보호하는 표준해약환급금제도, 감독목적상 일정수준 이상의 책임준비금을 적립토록 하여 재무건전성을 제고하기 위한 표준책임준비금제도, 그리고 충분하고 필요한 가격비교정보 등을 제공하여 보험소비자의 능동적인 상품선택권의 행사와 건전한 가격경쟁 풍토를 조성하기 위한 보험상품공시제도가 있다.

(3) 계약자배당제도

위험률, 이자율, 사업비율 등의 예정기초율로 계산된 보험료를 실제 경영결과와 비교하여 그 차액(보험료 사후정산)과 경영이익의 일부를 배당의 형태로 계약자에게 돌려주는 제도이다.

① 이자율차배당

보험가격결정요소 중 하나인 예정이율에 대한 가정과 실제 자산운용수익률과의 차이에서 발생하는 이익의 일부를 배당

② 위험률차배당

위험률에 대한 가정에 근거한 위험보험료와 실제 보험사고 발생으로 인한 보험금과의 차이에서 발생하는 이익의 일부를 배당

③ 사업비차배당

보험료 산정 시 책정한 예정사업비와 실제 지출된 사업비와의 차이에서 발생하는 이익의 일부를 배당

④ 장기유지특별배당

6년 이상 보험계약을 유지하는 경우 회사가 정한 배당금을 지급

(4) 상품심사제도

보험계약자의 권리보호를 위하여 개별보험상품의 기초서류(사업방법서, 보험약관, 보험료 및 책임준비금산출방법서)가 보험상품작성원칙 등 관련법규에 부합되는지를 심사하고 보험계약자에게 불합리한 내용 등을 변경하도록 권고하는 제도이다. 심사체계는 보험회사 내부 기초서류 관리기준에 따라 상품개발을 한 후 보험개발원 또는 독립계리법인의 확인을 거쳐 금융감독원 심사를 사전에 거친 후에 판매되는 신고상품과 개발 후에 판매하고 보험개발원 또는 독립계리법인의 확인(임의사항)을 거쳐 금융감독원의 선별심사를 받는 자율상품이 있다.

5) 보험전문인 관리

보험업과 관련된 전문인력으로는 보험계리사와 손해사정인을 꼽을 수 있다. 보험계리사는 보험경영 전반에 관여하는 핵심적인 전문인으로서 특히 책임준비금, 기타 보험계약에 관한 준비금 및 보험료와 보험계약에 의한 배당금계산의 적정성 여부를 확인한다. 보험계리사는 금융감독원에 등록하여야 하며 등록여건은 금융감독원장이 실시하는 보험계리사 시험에 합격하고 합격 후에 6월 이상 실무수습을 받거나, 2년 이상 보험계리업무에 종사한 경력자로서 계리사 2차 시험에 합격하거나 또는 금융위원회가 인정하는 외국의 보험계리사 자격자이어야 한다.

보험계리사는 보험사업자에게 고용된 고용보험계리사, 독립적으로 보험계리업을 영위하는 독립보험계리사, 그리고 보험사업자가 금융위원회 또는 금융감독원에 제출하는 서류에 기재된 사항 중 기초서류내용 및 배당금의 계산 등의 정당성 여부를 최종 검증 · 확인하는 업무를 담당하는 선임계리사[05]로 구분된다. 보험계리업은 보험계리사로 등록된 개인이나 2인

05 선임계리사의 자격요건은 10년 이상 보험계리업무를 수행하고 최근 5년 이내 보험계리업무와 관련하여 문책

이상의 보험계리사를 고용한 법인이 500만원 이상의 현금을 손해배상보장금으로 예탁하거나 인허가보증보험에 가입한 후에 등록신청하면 등록제한사항 등을 심사 후 결격사항이 없으면 등록처리하고 등록증을 교부받음으로써 업무를 개시할 수 있다.

손해사정사 역시 금융감독원에 등록하여야 하며 등록요건은 종별 손해사정사 시험에 합격하고 6월 이상의 실무수습을 받거나 2년 이상 해당 손해사정업무 경력자로서 손해사정사 2차 시험에 합격하거나 금융위원회가 인정하는 외국의 손해사정사 자격을 소지한 자이어야 한다. 특히 3종 대물의 경우 2급 이상의 자동차 정비기능사자격 소지자로서 3년 이상 해당 손해사정업무 경력자로 2차 시험에 합격하여야 한다. 손해사정업은 손해사정사로 등록된 개인이거나 종별 1인 이상을 포함한 2인 이상의 상근 손해사정사를 고용한 법인이 500만원 이상의 현금을 손해배상보장금으로 예탁하거나 인허가 보증보험에 가입한 후에 등록신청하면 등록제한사항 등을 심사한 후 결격사항이 없으면 등록 · 처리하고 등록증교부를 받음으로써 업무를 개시할 수 있다.

6) 건전성 감독제도

보험회사의 재무건전성에 대한 감독은 여러 감독업무 중에서 가장 중요하다고 할 수 있는 분야이므로 그 중요성을 감안하여 다음 장에서 상세히 설명하도록 한다.

등을 받지 아니한 자로 되어 있다.

CHAPTER 30

건전성 감독제도

재무건전성에 대한 감독은 보험계약 판매시점의 위험률과 금리를 기준으로 산출(Lock-In)하여 적립한 장부상 책임준비금을 평가시점의 위험률과 금리 등을 기준으로 재평가(Lock-Out)하여 부족분을 추가 적립함으로써 책임준비금을 충분히 확보하게 하는 책임준비금 적정성 평가(Liability Adequacy Test: LAT)제도, 지급능력(Solvency)에 필요한 자산 이외에 추가로 보유하여야 하는 순자산 개념의 지급여력(Solvency Margin)에 관한 리스크기준 지급여력제도(Risk Based Capital: RBC), 보험회사의 경영실태평가를 위한 경영활동에 수반되는 각종 리스크에 대한 노출규모와 이에 대한 관리 통제능력을 종합적으로 감독 · 검사업무에 활용하는 리스크평가제도(Risk Assessment and Application System: RAAS)와 이들을 통한 적기 시정조치를 비롯하여 사외이사 및 감사위원회 그리고 준법감시인 및 내부통제기준 등에 의해서 이루어지고 있다. 2017년 5월 국제회계기준위원회(International Accounting Standards Board: IASB)의 승인에 따라 현행 보험계약에 대한 국제회계기준(International Financial Reporting Standard: IFRS)인 IFRS4는 2020년까지 적용되고, 2021년부터 전년도 비교보고(prior-year comparative reporting)를 필요로 하는 IFRS17으로 대체될 예정이다. 이에 감독기관은 IFRS17 도입준비위원회를 구성하여 보험감독회계 개선안을 마련 중에 있으며 또한 기존의 리스크기준 지급여력(RBC)제도를 대신할 신지급여력제도(Korea Insurance Capital Standard: K-ICS)를 준비하고 있다.[01]

01 보험감독회계 개선안과 신지급여력제도(Korea Insurance Capital Standard: K-ICS)에 관한 도입초안에 대해서는 각각 제5절과 제6절을 참조

주요용어

책임준비금	CAMEL	RBC
지급여력	LAT	RAAS
EU방식	IFRS17	K-ICS
가용자본	요구자본	

제1절 책임준비금 적정성 평가제도[02]

우리나라에서는 보험계약 판매시점의 위험률과 금리를 기준으로 책임준비금을 산출하여 적립(Lock-In)하나 판매 이후 위험률상승 및 금리하락으로 장부상 책임준비금이 보험계약상 의무를 이행하기 곤란한 경우가 발생할 수도 있어 책임준비금 적정성 평가제도를 통해 장부상 책임준비금을 평가시점의 위험률과 금리 등을 기준으로 재평가(Lock-Out)하여 부족분을 추가 적립하여 책임준비금을 충분히 확보하기 위하여 2011년 보험관련 국제회계기준 1단계(IFRS4 Phase I) 도입으로 시행된 제도이다.

책임준비금 적정성 평가절차는 보험회사는 최근 경험통계를 적용하여 미래의 모든 현금유출(보험금, 사업비 등)과 현금유입(보험료수입 등)을 추정하고 미래 순현금유출(현금유출－현금유입)을 미래 자산이익률로 할인하여 현재가치를 산출하고 장부상 책임준비금(Lock-In)과 비교하는데, 구체적인 절차는 [표 30-1]과 같다.

표 30-1 | 책임준비금 적정성 평가절차

구분	주요 내용
1단계	보험회사 과거 경험통계를 기초로 미래의 위험률 · 사업비율 · 해약률 등을 추정
2단계	추정된 미래 위험률 · 사업비율 · 해약률 등을 이용하여 미래 순현금유출액(현금유출액－현금유입액) 산출
3단계	미래 자산이익률을 적용하여 미래 순현금유출액의 현재가치 평가* *LAT평가액 = Max[회사추정 평가액, 표준 금리시나리오 기준 평가액]
4단계	[3단계] 결과가 장부상 책임준비금보다 클 경우 차액을 추가적립

최근 금융감독원은 보험회사가 보험계약의 현금유출유입액 등을 정확히 산출하여 책임준비금 산출의 신뢰성을 높이고 책임준비금 적정성 평가가 합리적으로 이루어질 수 있도록 미국의 원칙론적 준비금 평가기준, 캐나다의 계리실무표준, 국제계리사회의 국제계리실무표준 등 주요 선진국의 책임준비금 평가기준을 검토하고 [표 30-2]와 같이 3개 부문 11개 항목에 대한 세부기준을 마련하여 책임준비금 적정성 평가제도를 개선할 계획이다.

---

02 금융감독원(http://www.fss.or.kr)

| 표 30-2 | 책임준비금 적정성 평가 세부기준(개선안)

구분	주요 내용
① 미래 현금유출 · 현금유입 산출 세부기준 마련	① (보험료수입) 추가납입 · 납입면제 등을 반영하고, 보험료 납입의무기간 이후에는 현실에 맞게 낮은 납입률을 적용 ② (해약률) 고금리계약 해약률 가정을 저금리계약보다 낮게 적용 ③ (사업비) 인건비 등 사업비에 물가상승률 반영 (한국은행 물가안정목표 2.5~3.5%의 중간값 3% 적용) ④ (계약자배당) 배당보험 이익의 90%를 계약자배당 현금유출로 처리 ⑤ (해약률 · 위험률 가정의 통계적 신뢰도 확보) 최소 50개 이상의 경험치를 근거로 해약률 · 위험률 가정 설정
② 미래 자산이익률 산출 세부기준 마련	⑥ (부동산이익률) 임대수익률을 시장금리 변동에 연계 ⑦ (변동금리 대출 · 채권) 차기 금리개정일 이후에는 이익률을 시장금리 변동에 연계 ⑧ (주식이익률) 최근 10년 KOSPI지수 연간수익률의 최대 · 최소를 제외한 평균을 주식수익률 상한으로 설정
③ 책임준비금적정성 평가에 대한 보험회사 내부통제 강화	⑨ (문서화기준 마련) 가정 산출기준, 적용 방법론, 책임소재, 승인권자 등을 세부적으로 문서화 ⑩ (평가방법 변경절차 마련) 담당임원 또는 선임계리사의 확인을 거쳐 가정 산출기준, 적용 방법론 등 변경 ⑪ (사후검증 의무화) 전년도 가정을 차년도 실제치와 비교하고, 차이가 클 경우 가정 산출방법 등을 개선

제2절 지급여력제도

보험사업자는 계약자에 대한 보험계약상의 지급책임을 충실히 이행하기 위해서는 장래 수지전망을 예측하여 준비금(책임준비금)을 적립해두어야 할 필요가 있으며, 동 책임준비금을 협의의 지급능력(Solvency)이라고 할 수 있다. 이러한 책임준비금의 적정한 적립을 위해서는 장래의 이자율, 위험률 등을 전망하여 계산기초로 사용한다.

그러나 금융산업이 고도화됨에 따라 현재 적용하고 있는 계산 기초율의 변동은 예측하기 곤란하며, 특히 주식, 채권시장의 발달로 각종 리스크가 증대하고 있는 추세이다. 이러한 금융관련 리스크의 증가는 보험사업자가 책임준비금 적립만으로 계약자에 대한 장래의 지급책임을 다할 수 없게 되는 요인으로 작용하고 있기 때문에, 이러한 금융관련 리스크의 증가에 대비하여 책임준비금을 초과하여 적립할 필요가 있다. 이 초과적립 부분을 지급여력(Solvency Margin)이라고 한다. 다시 말해서 책임준비금으로 대비할 수 없는 비상위험에 대비하여 책임준비금을 초과하여 보유하여야 하는 순자산 개념으로 얼마만큼 적립하고 있는가를 나타내는 것을 지급여력이라 하며, 예기치 않은 미래상황에 대한 충격을 흡수할 자금(Buffer Fund)으로서 책임준비금과 상호 보완적 성격으로 지급능력뿐 아니라 보험회사의 리스크관리 차원에서도 중심적인 개념이라 할 수 있다.

지급여력의 측정은 보험회사가 책임준비금을 초과하여 보유하고 있다고 인정되는 순자산의 실제적립금액인 지급여력금액을 시장리스크, 보험리스크 등 각종 리스크를 경험통계 및 위험도 등을 감안하여 보험회사가 추가로 보유해야 할 적정잉여금액인 지급여력기준금액으로 나눈 비율[03]로 측정한다. 지급여력기준 및 실제지급여력은 각 나라마다 인정되는 범위가 틀리며, 국내에서 인정되는 실제지급여력금액은 '자본금 + 자본잉여금 + 이익잉여금 + 자본조정 + 기타포괄손익누계액 + 대손충당금(정상 · 요주의분류) + 신종자본증권 + 후순위채무 + 계약자이익배당준비금 + 계약자배당안정화준비금(생보) + 배당보험손실보전준비금(생보) + 순보험료식 보험료적립금에서 해약공제액을 차감한 금액을 초과적립한 금액(생보) + 계약자지분조정의 매도가능증권 평가손익 및 지분법적용투자주식평가손익(생보) + 비상위험준비금(손보) + 저축성보험료중 해지시 환급될 금액을 초과적립한 금액(손보)'에서 '미상각신계약비 + 무형자산(영업권 등) + 선급비용 + 이연법인세자산 + 지급이 예정된 현금배당액 + 지분법적용 투자주식(자회사 제외)의 장부가격이 공정가액을 초과하는 금액'을 차감한 금액이 된다. 지급여력기준금액은 자산운용위험액(순보험료식책임준비금 − 해약공제액)의 4%(책임준비금위험계수)에 해당하는 금액에 생명보험은 위험보험금의 0.3%(회사별 경험실적에 따라 상이함)를 합한 금액으로 하며, 손해보험은 보유보험료의 17.8%를 합한 금액으로 하고 있다.

보험회사의 지급여력비율은 보험회사의 재무건전성을 측정하는 척도로서 감독차원에서 100% 이상을 요구하며 보험회사의 전반적인 경영상태를 평가하는 경영실태평가(CAMEL)제도의 주요한 항목으로 활용되고 있다. CAMEL에 대해서는 다음 절에서 자세히 설명하도록 한다.

---

03 지급여력비율 = 지급여력금액 ÷ 지급여력기준금액 × 100

제3절 경영실태평가제도

보험회사의 자본적정성(Capital adequacy), 자산건전성(Asset quality), 경영관리(Management), 수익성(Earnings), 그리고 유동성(Liquidity) 등의 현황을 평가하는 경영실태평가(CAMEL)제도는 상기 각 부문별 평가결과를 1등급(우수), 2등급(양호), 3등급(보통), 4등급(취약), 그리고 5등급(위험) 등으로 등급화하여 보험회사의 전반적인 경영현황을 합리적 · 객관적으로 평가하는 제도이다. 평가결과 부실우려가 있거나 경영상 취약부문이 있다고 판단되는 보험회사에 대하여 그 개선을 요구하거나 적기시정조치를 취함으로써 감독 · 검사업무의 효율성을 제고하여 왔다.

평가대상은 보험업을 영위하는 모든 기관으로서 국내보험회사, 외국보험회사의 국내지점, 국내보험회사의 해외지점 및 해외현지법인이 대상이 된다. 평가는 보험회사로부터 매분기 제출받는 각 평가부문에 대한 보고서를 근거로 이루어진다. 기본적으로 지급여력(C), 자산건전성(A), 경영관리(M), 수익성(E), 유동성(L)의 5개 부문에 대하여 이루어지나 경영관리부문은 각 회사의 임점검사 시 실시하는 경영실태평가(CAMEL)에만 평가부문에 포함되며, 임점검사이외의 분기단위로 실시하는 간이계량평가(CAEL)에서는 지급여력(C), 자산건전성(A), 수익성(E), 유동성(L)의 4개 부문에 대해서만 평가가 이루어진다.

보험회사의 지급여력비율이 일정수준에 미달하거나 경영실태평가등급이 일정등급 이하일 경우 부실화를 예방하고 건전한 경영을 유도하기 위하여 당해 보험회사에 각종 조치사항을 이행하도록 하는 적기시정조치제도가 있다. 시정조치의 종류에는 경영개선권고, 경영개선요구, 그리고 경영개선명령 등이 있으며 요건 및 조치사항은 [표 30-3]과 같다.

표 30-3 | 보험회사 적기 시정조치

구분	단계별 조치		
	경영개선권고	경영개선요구	경영개선명령
지급여력비율	50% 이상 100% 미만	0% 이상 50% 미만	0% 미만
경영실태평가	종합 3등급 이상 & 자산 · 자본적정성 4등급 이하	종합 4등급 이하	

제4절 리스크관리제도

금융의 자율화, 국제화, 겸업화, 그리고 정보통신기술의 고도화 등으로 대내외 금융환경이 급속하게 변화됨에 따라 금융시장의 불확실성이 크게 증대되었다. 그 결과 보험회사의 경영활동이 금리, 보험, 시장, 신용 등의 다양한 리스크에 노출됨에 따라 미국(1993), 일본(1996), 호주(2002), 영국(2004) 등 주요 선진국의 보험감독기관들은 이미 리스크기준 자기자본규제제도, 리스크평가제도 등 리스크중심 감독체계(Risk Based Supervision)[04]를 도입하여 감독수단으로 시행하고 있으며 미비점을 지속하여 개선하고 보완 중에 있다. 국제보험감독자협의회(IAIS)는 2007년 2월 지급여력평가 공통구조를 발표하고, 요구자본(지급여력기준금액) 및 가용자본(지급여력금액)의 산출지침 등 분야별 지침을 마련하였으며 EU(European Union)는 리스크중심 재무건전성 감독제도인 Solvency Ⅱ의 도입을 추진하고 있다.

우리나라의 경우 지급여력제도와 경영실태평가제도는 보험회사 전반에 걸친 리스크를 관리하는 주된 수단이나 금리리스크와 보험리스크의 일부만 반영되어 있어 리스크관리의 충분한 도구로 활용되지 못하고 있었다. 또한 금융감독 기능강화를 위한 컨설팅(Arthur Andersen, 2000. 9) 결과 금융감독원도 국제적 변화에 발맞추어 리스크평가체계 마련 등 리스크중심 감독으로 이행할 것을 권고하였다. 이에 따라 현행 경영실적 및 법규중심 감독체계의 한계를 극복[05]하고 감독 · 검사업무의 효율화 및 보험회사의 수검부담을 경감[06]함으로써 보험산업의 국제경쟁력 제고 및 보험회사의 경영자율 확대[07]를 통하여 보험회사의 재무선선성 및 금융시스템의 안정성 제고[08]를 목적으로 2003년 3월부터 '보험회사에 대한 리스크중심감독 Master Plan'을 마련하여 추진하게 되었다.

---

04 보험회사의 현재의 영업활동리스크는 물론 미래 영업형태의 변화까지도 고려하는 미래지향적 접근방식과 현장검사, 상시검사 등 다양한 감독수단을 사용하면서 각각의 감독수단을 별개가 아닌 통합적 관점에서 지속적으로 수행함으로써 보험회사의 리스크와 리스크 관리능력에 대한 체계적, 상시적 평가실시로 고위험분야에 감독자원을 집중 배분하는 선별적 · 차등적 감독방식을 의미한다.

05 파생상품 등 복잡한 금융거래의 급증과 시장변수 변동성의 증대로 과거 경영실적중심 건전성평가 및 법규에 기초한 직접규제의 실효성 저하에 따른 대안모색

06 보험회사의 제반 경영활동으로 노출된 리스크를 체계적 상시적으로 평가하여 취약회사 및 취약부문에 감독자원을 집중하는 선별적 차등적 감독업무 수행

07 리스크관리 중심의 내실경영을 유도하고, global standard에 부합되는 감독환경을 제공함으로써 보험산업의 국제경쟁력을 제고

08 보험회사의 리스크가 손실로 현실화되는 가능성을 상시적으로 감시하여 사전적 선제적 개선조치 마련

리스크중심 보험감독체계는 리스크기준 지급여력제도(Risk Based Capital: RBC), 리스크평가제도(Risk Assessment and Application System: RAAS) 및 시장규율 강화 등 3대 축으로 구성되어 있으며 [그림 30-1]과 같다.

그림 30-1 ▶▶ 리스크중심 보험감독체제의 구조

구분	구제도		리스크중심 보험감독	비고 (신BIS)
자기자본규제	EU식 지급여력제도	➡	리스크기준 자기자본제도(RBC)	Minimum Capital Requirement
건전성 평가	경영실태평가제도 (CAMEL)	➡	리스크평가제도 (RAAS)	Supervisory Review Process
공시제도	실적중심의 경영공시	➡	리스크공시 확대	Market Discipline
규제효과	직접규제 (사후적 · 교정적)		간접규제 (사전적 · 예방적)	(3 Pillars)

1. 리스크기준 자기자본제도[09]

1) 개념

자기자본제도란 급격한 금융환경의 변화로 금융회사에 예상치 못한 손실이 발생하였을 때 이를 충당할 수 있는 buffer fund로서 자기자본을 보유하도록 하는 제도로서 소비자에 대한 지급능력을 유지하도록 하는 데 그 목적이 있다. 국내의 금융기관들도 권역별 업무의 특성을 반영한 리스크에 중점을 둔 별도의 자기자본규제제도를 [표 30-4]와 같이 수립하고 지속적으로 수정 개편하여 운영하고 있다.

지급여력제도는 외환위기 이후 IMF와의 합의에 따라 EU방식(Solvency I)을 참고한 지급여력제도를 도입(1999년)하여 운영되어온 제도로서 우리나라 보험산업의 재무건전성을 도모하고 경쟁력을 향상시킴과 동시에 보험회사 경영의 안정성과 효율성을 제고하는 데 기여하였다. 그러나 금융환경의 급속한 변화에 따른 금융시장의 불확실성 증대로 인하여 고위험 자산포트폴리오의 요구자본(지급여력기준금액) 산출기준 및 상품별 리스크 속성에 따른 요

09 금융감독원, '보험회사 RBC제도 해설 및 활용(2010. 1)'을 참조 · 인용하여 작성하였음.

| 표 30-4 | 금융권역별 자기자본제도 현황

구분	보험	은행	증권
기준비율	지급여력비율	BIS 자기자본비율	영업용순자본비율
산정방법	지급여력금액/ 지급여력기준금액	자기자본/ 위험가중자산	영업용순자산/ 총위험액
반영 리스크	보험리스크 자산운용리스크	신용리스크 시장리스크	시장리스크 거래상대방리스크
규제내용	100% 미달 시 적기시정조치	8% 미달 시 적기시정조치	150% 미달 시 적기시정조치
도입시기	1999 (2009년 RBC제도 도입)	1992 (2008년 BASEL Ⅱ 시행)	1997 (2009년 개편 시행)

구자본량 차별화가 미흡하고 자산 · 부채 만기구조 불일치로 인한 요구자본 산출기준 및 변액보험의 보증리스크 등에 대한 산출기준 부재 등 여러 부문에서 지급여력제도의 한계를 노출하였다.

2) 기본구조

리스크기준 자기자본(이하 RBC)제도는 기존 EU방식의 지급여력비율제도가 반영하지 못하는 다양한 리스크를 반영하기 위하여 2009년 4월에 도입된 제도로서 보험회사의 재무건전성에 관한 선진국 제도를 참고함으로써 국제적 정합성에 부합하도록 설계되었다. 보험회사에 내재된 다양한 리스크를 효과적으로 반영할 수 있도록 리스크의 구분을 세분화[10]하여 모든 보험회사에 적용할 수 있는 단순한 형태의 표준모형을 도입하고 요구자본총액을 산출할 때 분산효과[11]의 반영 및 95%의 신뢰수준을 설정하였다. 이러한 RBC제도의 연착륙을 위하여 2011년 3월까지 기존의 지급여력비율제도와 병행하여 운영되어 왔다.

RBC제도는 보험회사에 내재된 각종 리스크의 양을 산출하여 이에 상응하는 자본을 보유하도록 하는 제도이다. 보험회사에 예상치 못한 손실이 발생하였을 경우 이를 보전하여 지급능력을 유지할 수 있도록 하는 risk buffer로서 지급여력제도의 지급여력금액에 해당하는

10 위험세분화: 자산운용리스크를 시장, 신용, 그리고 금리리스크로 구분
시장리스크: 파생상품, 변액연금 최저보장리스크 반영
신용리스크: 차주의 신용등급별 위험계수 차등화
금리리스크: 자산과 부채의 mismatching 리스크를 반영

11 자세한 내용은 계산사례(p.498)를 참조

가용자본(Available Capital)과 보험회사에 내재된 보험, 금리, 시장, 신용, 그리고 운영리스크의 리스크금액을 측정하고 리스크 간 상관관계를 반영하여 산출된 필요자기자본으로, 지급여력제도의 지급여력기준금액에 해당하는 요구자본(Required Capital), 그리고 요구자본에 대한 가용자본을 RBC비율로 산출하여 CAMEL 지표와 RAAS 평가지표의 활용 및 비율에 따른 적기시정조치 등의 감독조치로 구성되어 있다([그림 30-2] 참조).

그림 30-2 ▸▸ RBC제도 구성체제

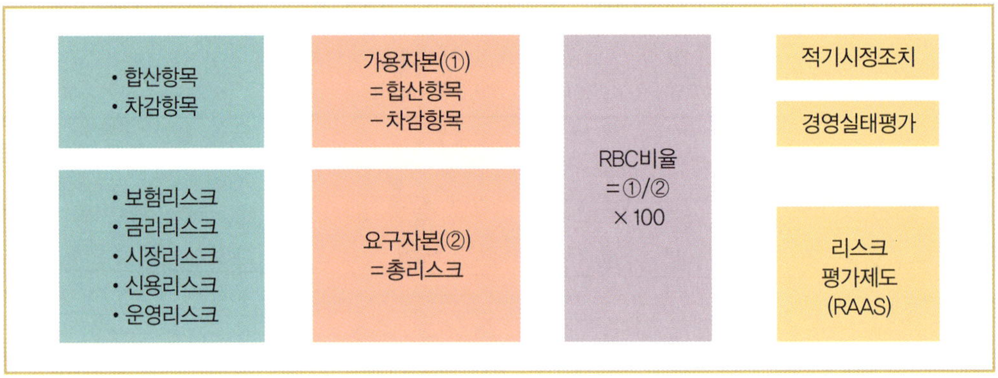

3) 요구자본 산출기준

보험회사의 전체적인 리스크를 합리적으로 반영하고 이에 상응하는 필요자기자본인 요구자본은 보험회사에 내재된 리스크를 보험리스크, 금리리스크, 신용리스크, 시장리스크, 그리고 운영리스크 등 5개의 개별 리스크로 분류하고 이를 통합하여 산출하게 된다. [표 30-5]는 각 개별 리스크의 정의와 결정요인에 대해 보여주고 있다.

리스크에 따른 개별 리스크액은 주로 재무제표상의 금액을 근거로 계산된 대상항목별 잔액(Exposure Balance)에 자산항목별, 보험종목별, 금리민감도별로 구분하고 과거 경험치에 대한 통계적 분석에 근거하여 산정된 위험계수를 곱하여 산출하게 된다. [표 30-6]은 개별 리스크액 산출의 이해를 돕기 위해 대상항목과 산출방법을 요약해 놓은 것이다.

요구자본총액은 개별 리스크액의 분산효과를 반영하는 방법을 활용하여 금리리스크액과 신용리스크액 간에는 완전상관관계(상관계수 1)를 설정하고 보험리스크액, 시장리스크액 그리고 금리 + 신용리스크액은 무상관관계(상관계수 0)로 설정하여 다음과 같이 구한다.

$$요구자본총액 = \sqrt{보험리스크액^2 + (금리리스크액 + 신용리스크액)^2 + 시장리스크액^2} + 운영리스크액$$

| 표 30-5 | 개별 리스크 정의와 결정요인

분류	정의	결정요인
보험리스크	예상하지 못한 손해율 증가 등으로 손실이 발생할 리스크	• 손해율 • 지급준비금 적립수준
금리리스크	금리변동에 따른 순자산가치의 하락 등으로 재무상태에 부정적인 영향을 미칠 리스크	• 자산/부채의 금리민감도 • 금리연동형 상품 비중
신용리스크	채무자의 부도, 거래상대방의 채무불이행 등으로 인하여 손실이 발생할 리스크	• 신용등급, 부도율 • 담보, 보증 등 신용보강 내역
시장리스크	시장가격(주가, 이자율, 환율 등)의 변동에 따른 자산가치 변화로 손실이 발생할 리스크	• 분산투자의 적정성 • 변액보험 비중
운영리스크	부적절한 내부절차 · 인력 · 시스템, 외부사건 등으로 인하여 손실이 발생할 리스크	• 내부통제의 적정성 • 사고방지대책의 적정성

| 표 30-6 | 개별 리스크액 산출방법

구분	대상항목(익스포저)	산출방법
보험 위험액	• 생명보험(장기손해)과 손해보험(일반/자동차)으로 분류 • 보험리스크 축소를 위한 재보험 잔액	• 위험률(사망률, 사고율 등)의 변화에 의한 손실의 변동성 • 손해율 시나리오 모형 활용
금리 위험액	• 보험부채: 해약식 보험료적립금 – 보장성, 저축성, 연금 등 보험상품별 – 금리 확정형과 연동형으로 구분 • 자산: 금리부 자산 – 유가증권: 매도가능, 만기보유 – 정기 예 · 적금 및 대출채권	• 미래 현금흐름을 고려한 자산과 부채(준비금)의 금리민감도 반영 – 잔존만기에 따른 민감도 병행 적용 • 자산/부채의 금리민감액*의 차이로 인한 리스크 반영 * 익스포저 × 금리민감도
시장 위험액	• 단기매매 유가증권 • 위험회피회계가 적용되지 않거나 시장위험을 헤지할 목적으로 보유하는 파생금융거래 • 외국통화로 표시된 화폐성 자산, 부채	• BASEL Ⅱ 위험계수 참조 – 주식포지션: 12% 또는 16% – 채권포지션: 금리민감도 금리변동계수(0.9%) – 외환포지션: 8%
신용 위험액	• 신용리스크에 노출된 자산(단기매매유가증권 제외) • 장외파생금융거래 • 재보험거래	• BASEL Ⅱ 위험계수 참조 – 채권: 표준 신용등급별 위험계수 – 주식: 8% 또는 12%

■ 분산효과를 고려한 요구자본 금액의 계산사례

개별리스크 금액 간에 상관관계의 정도(−1 ~ +1)가 요구자본 총금액의 산출에 영향을 미치므로 이를 고려하여 요구자본 총액을 산출한다. 예를 들어 리스크 A의 요구자본액이 3, 리스크 B의 요구자본액이 4, 그리고 리스크 C의 요구자본액이 5라고 하자.

• 분산효과가 없는 경우:

A, *B*, *C*는 서로 동시에 영향을 주고받으므로 상관계수는 1이 되며 요구자본총액은

$$\sqrt{(A+B+C)^2}=\sqrt{(3+4+5)^2}=12$$

• 일부분산효과의 경우:

*A*와 *B*, *C*는 영향이 없어 분산효과가 있어 상관계수가 0이 되고 *B*와 *C*는 동시에 영향을 받으므로 분산효과가 없어 상관계수가 1이 되며 요구자본총액은

$$\sqrt{A^2+(B+C)^2}=\sqrt{3^2+(4+5)^2}\fallingdotseq 9.49$$

• 완전분산효과의 경우:

A, *B*, *C*는 서로 영향을 주고받지 않으므로 상관계수가 0이 되며 요구자본총액은

$$\sqrt{A^2+B^2+C^2}=\sqrt{3^2+4^2+5^2}\fallingdotseq 7.07$$

2. 리스크 평가제도[12]

보험회사 리스크 평가제도(이하 RAAS)는 보험회사의 경영활동에 수반되는 각종 리스크에 대한 노출 정도, 리스크관리, 리스크 통제능력을 체계적 · 종합적으로 상시 평가하여 평가결과에 따른 취약회사 및 취약부문에 감독 검사역량을 집중하여 감독업무의 효율성을 높이고 금융시스템의 안정성과 보험회사의 건전성을 제고하는 리스크중심 상시감시체제라고 할 수 있다.

1) 도입배경

CAMEL제도는 보험회사의 건전성에 대한 평가는 주로 재무제표에 기초하여 과거의 경영

12 금융감독원, '보험회사 리스크 평가제도 해설서(2007. 4)'를 참조 · 인용하여 작성하였음.

| 표 30-7 | CAMEL과 RAAS제도 비교

	CAMEL	RAAS
접근방식	과거회귀적(Backward Looking) 규정위주(Rule Based) 포괄적 접근	미래지향적(Forward Looking) 리스크중심(Risk Based) 리스크별 접근
감독방식	사후평가 및 사후교정	사전예방
중점지표	경영성과	미래 손실가능성
활용방식	현장검사	상시감시
평가주기	종합검사주기	분기 또는 반기
조치방식	위규사항 제재	취약부문에 대한 사전조치

실적을 중심으로 평가가 이루어지기 때문에 보험회사의 잠재적인 취약성과 미래의 손실발생 가능성을 적절히 평가하여 예방적 조치를 취하는 데 한계가 있다. 특히, 평가시점의 자산건전성 및 보험금 지급이행능력(지급여력)을 중심으로 평가가 이루어짐에 따라 보험회사 고유

| 표 30-8 | 주요 선진국 리스크평가제도

구분	영국 FSA	호주 APRA	캐나다 OSFI
감독범위	은행 · 보험 등	은행 · 보험	은행 · 보험 등
도입시기	2003	2002	1999
명칭	Advanced Risk Responsive Operating Framework II	Probability And Impact Rating System	The New Supervisory Framework
리스크 평가항목	[사업리스크] ① 경영전략 ② 시장리스크/신용리스크/보험리스크/운영리스크 ③ 재무건전성 ④ 소비자 및 상품특성	① 거래상대리스크 ② 자산부채 • 시장리스크 ③ 보험리스크 ④ 운영리스크 ⑤ 유동성리스크 ⑥ 법규리스크 ⑦ 전략리스크 ⑧ 전염 • 관계자 리스크	① 신용리스크 ② 시장리스크 ③ 보험리스크 ④ 운영리스크 ⑤ 유동성리스크 ⑥ 법적리스크 ⑦ 전략리스크
리스크관리 평가항목	[통제리스크] ① 소비자관리 ② 조직구조 ③ 내부통제 ④ 이사회 • 경영진 • 직원 ⑤ 법규준수 및 사업 문화	① 이사회 ② 경영진 ③ 업무운영관리 ④ 정보시스템 및 재무관리 ⑤ 리스크관리 ⑥ 법규준수 ⑦ 감사기능	① 운영관리 ② 재무분석 ③ 내부감사 ④ 법규준수 ⑤ 리스크관리 ⑥ 경영진 ⑦ 이사회 감독

의 주요 리스크인 보험 및 금리리스크 평가가 미흡하고 자산과 부채의 구성 및 재무실적의 변동 등에 따른 리스크를 체계적으로 반영하지 못하는 취약점이 있다. 따라서 평가시점의 자산건전성 등 재무실적뿐만 아니라 과거 경험률(부도율, 손실률 등) 등을 이용한 자산 및 부채에 대한 리스크 측정 등을 통해 미래의 손실가능성을 중심으로 평가하는 RAAS제도로의 전환필요성이 제기되어 2007년 4월부터 시행되고 있다.

이미 미국, 영국 등 선진국 감독당국도 세부평가방법 및 제도운영에 다소 차이가 있을 뿐 기본체계는 동일한 상시감시와 현장검사가 연계된 RAAS제도를 운영하고 있다. 특히 주요통합 감독당국(영국 FSA,[13] 호주 APRA,[14] 캐나다 OSFI[15])의 경우 [표 30-8]에서 볼 수 있듯이 기존 건전성 평가체계를 리스크중심 평가체계로 전면 대체하고 리스크평가 결과에 따라 검사계획을 수립하고 감독조치 방안을 마련하는 등 핵심적 감독수단으로 활용하고 있다.

2) RAAS의 평가체계

보험회사의 리스크 및 경영부실요인을 체계적 · 종합적으로 평가하기 위해 아래와 같이 3개 부문으로 구분하여 평가하고 각 부문별 평가결과를 감안하여 종합리스크 등급을 산정하는 체계로 되어 있다. 평가대상은 외국사 지점을 포함한 전체 보험회사로 하되 영업개시 후 만 3년이 경과하지 않은 보험회사는 제외[16]토록 한다. 평가주기는 계량평가의 경우 매분기별로, 비계량평가의 경우 매반기별로 실시한다.

(1) 리스크 노출 정도(Risk Exposure)

보험회사의 리스크를 보험 · 금리 · 시장 · 신용 · 유동성 · 비재무 · 지급여력리스크 등 7개의 영역으로 세분하고 생보 22(기초 8, 정밀 4, 보조 10)개, 손보 24(기초 8, 정밀 5, 보조 11)개의 계량지표[17]에 대하여 리스크량과 노출규모(Exposure)를 계량적으로 측정하여 평가

13 FSA(Financial Services Authority)는 영국의 통합 금융감독기구로서 금융회사에 대한 리스크평가를 통해 감독업무를 수행하는 'The Firm Risk Assessment Framework'을 개발(2003)

14 APRA(Australin Prudential Regulation Authority)는 호주의 통합금융감독기구로서 금융회사에 대한 사전적 감독과 문제점의 조기발견을 위하여 리스크평가체제인 PAIRS(Probability and Impact Rating System)를 개발(2002)

15 OSFI(Office of the Superintendent of Financial Institutions)는 캐나다의 통합 금융감독기구로서 금융회사의 리스크에 초점을 맞추어 보다 효과적으로 감독업무를 수행하기 위해 'The New Supervisory Framework'을 개발(1999)

16 부문별 리스크량 등을 산출하기 위해서는 최소한 3년 이상의 축적된 자료가 필요하기 때문이다.

17 기초지표는 현행 업무보고서 항목 및 BIS 표준방법 체계를 준용하여 리스크규모를 단순 명료하게 측정한다. 정밀지표는 금융감독원에 구축된 보험 · 금리 · 시장 · 신용리스크 시스템의 리스크 산출모형을 이용하여 리스

그림 30-3 ▸▸ RAAS의 구성 및 평가체계

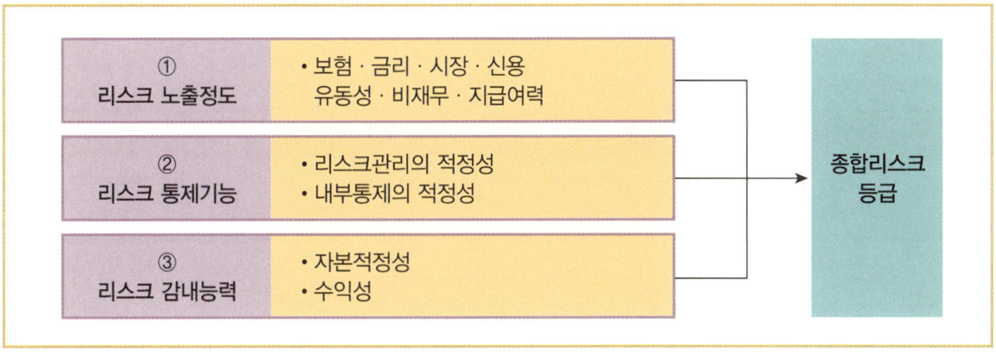

| 표 30-9 | 리스크 노출 정도 평가등급별 정의

평가등급	정의
1등급 (매우 낮음: Low Exposure)	위험에 노출되어 있는 규모가 극히 미미
2등급 (낮음: Medium Low Exposure)	위험에 노출되어 있는 규모가 통제가능한 수준
3등급 (보통: Medium Exposure)	위험에 노출되어 있는 규모가 상당하여 적정수준의 관리가 요구됨
4등급 (높음: Medium High Exposure)	위험에 노출되어 있는 규모가 커서 관리수준이 취약할 경우 전반적인 재무상태에 상당한 악영향을 미칠 가능성이 있음
5등급 (매우 높음: High Exposure)	위험에 노출되어 있는 규모가 매우 커서 관리수준이 취약할 경우 전반적인 재무상태에 상당한 악영향을 미칠 가능성이 있음

하고 등급을 산정한다. 리스크 노출정도 평가등급별 정의는 [표 30-9]와 같다.

(2) 리스크 통제기능(Risk Control)

보험회사가 직면하는 각종 리스크를 효율적으로 관리할 수 있는지 여부를 평가하기 위하여 리스크관리 8개 항목 및 내부통제 4개 항목으로 세분화하여 적정성에 대해 평가항목별 점검사항(Check List)[18]을 중심으로 임점점검을 통해 비계량적으로 평가하고 등급을 산정한

크 규모를 정밀하게 측정한다. 보조지표는 CAEL지표, NAIC(National Association of Insurance Commissioners)의 IRIS(Insurance Regulatory Information System)지표 등을 이용하여 미래 리스크 노출 가능성을 평가한다.

18 리스크관리는 45개 점검항목, 122개 세부항목으로, 내부통제는 54개 점검항목, 147개 세부항목으로 구성되어 있다.

다. 평가등급별 정의는 [표 30-10]과 같다.

표 30-10 | 리스크 통제기능 평가등급별 정의

평가등급	정의
1등급 (우수: Strong)	위험관리체제 및 내부통제관리가 우수하며 현존하거나 예측되는 위험에 대해 효과적 대응이 가능함
2등급 (양호: Satisfactory)	1등급보다는 다소 부족한 면이 있으나 위험 및 내부통제관리가 적절히 이루어짐
3등급 (보통: Less than Satisfactory)	위험관리체제 및 내부통제 관리수준이 보통으로 위험에 대한 대처능력이 약간 부족함
4등급 (취약: Deficient)	위험관리체제가 전반적으로 취약하며 내부통제도 제대로 이루어지지 않음
5등급 (위험: Critically deficient)	위험관리체제 및 내부통제관리가 매우 취약하여 향후 위험에 대해 효과적 대응이 불가능함

(3) 리스크 감내능력(Risk Tolerance)

리스크가 손실로 현실화될 경우 손실을 흡수할 수 있는 감내능력을 현재의 자본적정성 4개, 장래수익 창출을 통한 수익성 5개의 계량지표로 평가하고 등급을 산정한다. 평가등급별 정의는 [표 30-11]과 같다.

표 30-11 | 리스크 감내능력 평가등급별 정의

평가등급	정의
1등급 (우수: Strong)	위험이 손실로 현실화되더라도 손실흡수능력이 충분하여 감독상 최소의 주의만 요구됨
2등급 (양호: Satisfactory)	1등급보다는 다소 부족한 면이 있으나 위험에 대한 손실흡수능력이 적정함
3등급 (보통: Less than Satisfactory)	손실흡수능력이 다소 부족한 것으로 나타나 적정수준의 감독이 요구됨
4등급 (취약: Deficient)	손실흡수능력이 현저히 부족함
5등급 (위험: Critically deficient)	손실흡수능력 및 향후 자체적인 자본확보능력도 취약하여 위험이 현실화될 경우 회사 존립이 위태로움

3) 종합리스크 등급 및 평가결과의 활용

종합리스크 등급은 리스크 노출 정도, 리스크 통제기능, 그리고 리스크 감내능력 평가등급을 합산하여 산출한 후 리스크 감내능력 평가등급을 고려하여 종합리스크 등급을 조정한다. 종합리스크 등급별 정의는 [표 30-12]와 같다.

| 표 30-12 | 종합리스크 등급별 정의

평가등급	정의
1등급 (우수: Strong)	위험이 손실로 현실화될 가능성이 높지 않으며 손실로 현실화되더라도 전반적인 재무상태에 악영향을 미칠 가능성이 희박함
2등급 (양호: Satisfactory)	위험이 손실로 현실화될 가능성이 다소 있으나 손실로 현실화되더라도 자체적인 자본 및 위험관리체제 등이 양호하여 전반적인 재무상태에 악영향을 미칠 가능성이 낮음
3등급 (보통: Less than Satisfactory)	위험이 손실로 현실화될 가능성이 존재하며 위험관리체제에 일부 결함이 있거나 손실흡수능력이 양호하지 못하여 위험이 현실화될 경우 전반적인 재무상태에 악영향을 미칠 가능성이 잠재되어 있음
4등급 (취약: Deficient)	위험이 손실로 현실화될 가능성이 존재하고 동 위험을 확인 및 감시하는 통제기능이 취약하거나 손실을 흡수할 수 있는 자기자본 등이 취약하여 전반적인 재무상태에 상당한 악영향을 미칠 가능성이 있음
5등급 (위험: Critically deficient)	위험이 손실로 현실화될 가능성이 높을 뿐만 아니라 위험관리체제 및 손실 흡수능력도 취약하여 전반적인 재무상태에 중대한 악영향을 미칠 가능성이 매우 높음

매분기별로 실시하는 정기적인 보험회사의 리스크평가는 보험회사의 영업활동을 구분하지 않는 대신 리스크 부문별로 리스크 노출 정도와 리스크 관리수준을 매트릭스(matrix)화하여 취약 정도를 파악한 후 관련된 업무활동을 추적하여 기초자료분석 및 담당자의 면담을 통해 취약업무활동을 선정한다. 취약리스크 부문 식별기준은 [표 30-13]과 같다.

리스크평가 결과 종합리스크 등급이 4등급 이하인 취약회사 및 종합리스크 등급은 양호하나 평가부문 또는 평가지표가 4등급 이하인 취약부문에 대해서는 상시감시를 강화하는 등 감독·검사업무에 활용하고 동시에 감독수준의 차별화를 통하여 감독업무의 효율을 제고한다. RAAS제도가 도입된지 얼마 되지 않은 점을 고려하여 CAMEL제도와 병행운영하고 문제점들을 지속적으로 보완하여 RAAS제도로 일원화하면서 적기시정조치제도와 연계하여 RAAS제도운용의 실효성을 높이려고 한다. 적기시정조치제도의 주요 내용은 [표 30-14]와

| 표 30-13 | 취약리스크 부문 식별기준

구분		부문별 리스크 노출등급				
		1등급	2등급	3등급	4등급	5등급
부문별 리스크 관리 등급	1등급	양호	양호	양호	보통	보통
	2등급	양호	양호	보통	보통	취약
	3등급	양호	보통	보통	취약	매우 취약
	4등급	보통	취약	취약	매우 취약	매우 취약
	5등급	취약	매우 취약	매우 취약	매우 취약	매우 취약

같다.

그 밖에 보험회사의 건전성을 확보하기 위하여 사외이사 및 감사위원회 그리고 준법감시인 및 내부통제기준 등의 제도를 두고 있다. 총자산 2조원 이상인 보험회사는 경영의 투명성을 확보하고 대주주의 전횡을 견제함과 동시에 경영감시의 기능을 수행하는 사외이사를 3인 이상 두어야 하며 전체이사수의 과반 이상이 되도록 하고 있다. 또한 3인 이상의 이사로 구성된 감사위원회를 의무적으로 설치하고 감사위원회 위원의 $\frac{2}{3}$이상을 사외이사로 구성하도록 하고 있다. 또한 임직원의 직무수행에 있어 스스로 법규를 준수하도록 준법감시체제를 마련하고 효율적 운영 및 관리를 담당하는 준법감시인을 임명하도록 하며 보험회사가 법령을 준수하고 재산운용을 건전하게 하며 보험계약자를 보호하기 위하여 그 임원 및 직원이 직무를 수행함에 있어 따라야 할 기본적인 절차와 기준인 내부통제기준을 마련하도록 하고 있다.

| 표 30-14 | 보험회사 적기시정조치제도의 주요 내용

구분	경영개선권고	경영개선요구	경영개선명령
조치 기준	① 지급여력비율 100% 미만 ② 경영실태평가 종합평가등급 3등급 이상, 지급여력또는 자산건전성부문 평가등급 4등급 이하 ③ 거액금융사고 또는 부실채권발생으로 ①②의 기준 미달 명백	① 지급여력비율 50% 미만 ② 경영실태평가 종합평가등급 4등급 이하 ③ 거액금융사고 또는 부실채권발생으로 ①②의 기준 미달 명백 ④ 경영개선권고에 따른 경영개선계획 미이행	① 지급여력비율 0% 미만 ② 부실금융기관 ③ 경영개선요구에 따른 경영개선계획 미이행
조치 내용	조직 · 인력 운영의 개선, 자본금의 증액 또는 감액, 신규업무 진출 제한 등	점포 폐쇄 및 신설제한, 임원진 교체요구, 영업의 일부정지 등	주식소각, 영업양도, 외부관리인 선임, 합병 및 계약이전 등

제5절 보험계약 국제회계기준

2017년 5월 국제회계기준위원회(International Accounting Standards Board: IASB)의 승인에 따라 현행 보험계약에 대한 국제회계기준(International Financial Reporting Standard: IFRS)인 IFRS4는 2020년까지 적용되고, 2021년부터 전년도 비교보고(prior-year comparative reporting)를 필요로 하는 IFRS17로 대체될 예정이다. IFRS17은 보험계약과 재보험 계약 그리고 해당 기관이 보험 계약을 발행하는 경우 투자 일임 계약에 적용되며 이들 계약에 대한 인식, 측정, 설명, 보고의 원칙을 명시하여 보험사가 적절한 재무정보를 제공하고, 보험 계약이 보험사의 재무상태, 재무실적, 현금흐름 등에 미치는 영향을 충실히 반영하도록 하고 있다.

따라서 보험회사가 보험가입자에게 약속한 보험금 지급 의무를 제대로 이행할 수 있는지 명확히 나타내어 전 세계적으로 보험사 보고의 비교가능성과 투명성이 높아질 전망이다. 이에 따라 수입보험료 등 양적 규모 중심에서 보험회사의 장기적 회사가치 중심으로 회계기준이 전환되어 보험산업의 패러다임이 양적 성장에서 질적 성장 중심으로 변화하는 계기가 될 것이다.

1. 국제회계기준 제정의의 및 특징

자본시장의 세계화 추세에 따라 전 세계적으로 단일기준으로 작성된 신뢰성 있는 재무정보의 요구가 꾸준히 증대되어 왔다. 이러한 수요에 부응하기 위해 '국제적으로 통일된 고품질의 회계기준 제정'이라는 목표 아래 감독기구와는 독립적으로 운영되는 국제회계기준위원회(IASB)가 설립되었다.

국제회계기준의 특징으로는, 첫째 미국, 영국, 호주, 일본 등 세계 각국의 회계제정기구와 공동작업을 통해 기준이 제정되었으며, 둘째 구체적인 회계처리기준 제시보다는 회계 담당자가 경제적 실질에 기초하여 합리적으로 처리할 수 있도록 회계처리의 기본원칙과 방법론을 제시하고 있고, 셋째 종속회사가 있는 경우 연결재무제표를 기본으로 함에 따라 모든 공시서류가 연결재무제표 기준으로 작성되며, 넷째 국제회계기준은 자본시장의 투자자에게 기업의 재무상태 및 내재가치에 대한 의미가 있는 투자정보를 제공하는 것으로 금융자산, 부채 및 유 · 무형자산 및 투자부동산 등에 공정가치 측정을 의무화 또는 선택 적용하고 있다.

2. 국제회계기준의 구성 및 도입배경

국제회계기준은 현재 총 43개의 기준서로 구성되어 있으며 회계처리의 목적, 방법, 공시 및 실무적용지침 등을 제공하고 있으며 국제회계기준위원회(IASB)가 제정한 기준서는 IFRS로, 국제회계기준 제정기구(IASC)[19]가 제정한 기준서는 IAS로 표기하고 있다.

우리나라의 경우, 기업의 재무제표 투명성에 대한 국내 및 해외의 인식 개선이 필요하였고 특히 기업의 재무상태와 영업성과를 나타내는 재무제표의 투명성에 대해 충분한 국제적

표 30-15 | 국제회계기준 기준서

기준서	주제	기준서	주제
IFRS 1	국제회계기준의 최초 채택	IAS 16	유형자산
IFRS 2	주식기준보상	IAS 17	리스
IFRS 3	사업결합	IAS 18	수익
IFRS 4	보험계약	IAS 19	종업원급여
IFRS 5	매각예정 비유동자산과 중단영업	IAS 20	정부보조금의 회계처리와 정부지원의 공시
IFRS 6	광물자원의 탐사와 평가	IAS 21	환율변동효과
IFRS 7	금융상품: 공시	IAS 23	차입원가
IFRS 8	영업부문	IAS 24	특수관계자 공시
IFRS 9	금융상품	IAS 26	퇴직급여제도 회계처리와 보고
IFRS 10	연결재무제표	IAS 27	연결재무제표와 별도재무제표
IFRS 11	공동약정	IAS 28	관계기업투자
IFRS 12	타 기업에 대한 지분의 공시	IAS 29	초인플레이션 경제에서의 재무보고
IFRS 13	공정가치 측정	IAS 32	금융상품: 표시
IFRS 14	규제이연계정	IAS 33	주당이익
IFRS 15	고객과의 계약에서 생기는 수익	IAS 34	중간재무보고
IAS 1	재무제표 표시	IAS 36	자산손상
IAS 2	재고자산	IAS 37	충당부채, 우발부채 및 우발자산
IAS 7	현금흐름표	IAS 38	무형자산
IAS 8	회계정책, 회계추정의 변경 및 오류	IAS 39	금융상품: 인식과 측정
IAS 10	보고기간후 사건	IAS 40	투자부동산
IAS 11	건설계약	IAS 41	농림어업
IAS 12	법인세		

19 IASB 이전의 명칭으로 International Accounting Standards Committe의 약자

신뢰를 얻지 못하는 등 '코리아 디스카운트' 현상과 함께 자본시장이 글로벌화됨에 따라 유럽연합국가(EU)를 필두로 호주, 캐나다 등 100여 개국이 IFRS를 수용하는 등 회계기준 단일화는 세계적 추세로서 적극적으로 대응할 필요가 있었다. 이에 2007년 3월 재무정보의 통일성, 회계투명성 및 정합성을 확보함과 동시에 국제적 회계정보의 비교가능성을 증진하기 위하여 '국제회계기준 도입 로드맵'을 발표하여 2011년부터 상장회사 및 보험회사를 포함한 금융회사 등에 대하여 국제회계기준을 의무적으로 적용하여 왔다.

보험의 경우 국제회계기준위원회는 각국의 실무관행을 인정하는 보험계약 국제회계기준 IFRS4 1단계 기준서를 2004년 1월에 발표하였으며 2007년부터 모든 보험계약에 대한 일관된 회계처리를 위해 기존의 각국의 실무관행을 인정하지 않는 IFRS4 2단계 작업을 진행하고 있으며 2021년부터 IFRS17로 대체될 예정이다.

2. IFRS4 1단계 주요 추진내용

1) 기존 보험부채 평가방법 유지

보험부채에 대한 기본적인 평가요건만 충족한다면 각국의 현행 보험부채 평가방식을 폭넓게 인정한다. 일반적으로 평가방식에는 발행년도방식(lock-in방식)과 평가년도방식(lock-out방식)이 있다. 발행년도방식은 계약체결시점에서 보험료를 산출할 때 적용한 예정기초율을 보험계약 만기까지 동일하게 적용하여 원가법으로 책임준비금을 평가하는 방식을 말한다. 현행 제도하에서 단순이율 측면만을 고려한다면 금리확정형 보험이 이에 해당된다. 이 방식은 주식, 단기매매가능채권 등의 자산은 시가로 평가하는 데 비해 부채는 계약당시 원가로 평가하여 자산과 부채의 비대칭성을 유발, 합리성이 다소 결여된 방식이다.

평가년도방식은 평가시점 현행추정치를 적용하여 잔여기간 동안 발생가능한 모든 현금흐름을 현재가치로 할인하여 책임준비금을 평가하는 방식을 말한다. 현행 제도하에서 단순이율 측면만을 고려한다면 금리연동형 보험이 이에 해당한다. 이 방식은 자산과 부채의 종합적 매칭관리 및 동적 시장 환경에 탄력적으로 대응할 수 있으므로 보험상품의 가격경쟁력을 확보할 수 있다는 장점이 있으나, 시중금리가 급격히 하락할 경우 책임준비금의 증가로 보험회사의 재무구조가 나빠지는 등 변동성이 커 장래의 경영성과를 예측하기 어렵다는 단점이 있다.

2) 보험계약과 투자계약의 분리

보험상품을 보험계약과 투자계약으로 구분하고 투자계약에는 일반금융상품 회계기준(IAS39)을 적용한다.

3) 비상위험금의 불인정

비상위험준비금을 부채로 인정하지 않고 자본으로 적립하는 것을 허용한다.

4) 보험부채적정성 평가(Liability Adequacy Test: LAT) 적용[20]

보험부채적정성 평가제도란 보험계약 체결시점에 예측한 예정기초율로 적립한 책임준비금이 평가시점에 추정한 기초율로 책임준비금을 재평가하여 미래 보험금 등의 부채를 충당할 수 있는지 그 적정성 여부를 평가하는 제도로서 보험계약으로부터 발생할 미래 현금유입이나 유출액을 현재가치로 변경해 책임준비금의 추가 적립이 필요한지 여부를 평가한다. 2013년 도입된 이 제도는 2021년 새 국제회계기준인 IFRS17 도입에 따른 부채시가평가에 앞서 일정 할인율을 적용해 적정 적립금을 쌓도록 하고 있다.

5) 보험료 산출방식 변경

3가지 기초계산율, 즉 위험률, 이자율, 사업비율(3이원)을 이용하여 보험료를 산출하는 3이원방식은 과거 컴퓨터 등 전산기술이 발달되지 못하여서 비교적 단순한 방법인 기수표를 이용하여 보험료를 산출하는 방식으로 보험가격에 영향을 주는 경제적 · 비경제적 환경 변화 등 다양한 요소를 충분히 반영하지 못하는 한계점이 있다. 더욱이 2000년 이후 변액보험 등 보험상품이 복잡 · 다양해져 3이원방식만으로 보험료를 산출하는 데 한계가 있을 뿐만 아니라 국제회계기준 도입을 위한 사전적 준비를 위하여 2005년부터 현금흐름방식 보험료 산출(Cash-Flow Pricing: CFP) 방식을 추진하였다.

현금흐름방식은 위험률, 이자율, 사업비율(3이원) 이외에 투자수익률, 계약해지율, 지급여력 등 계리적 요인과 보험료, 보험가입금액 수준, 판매규모, 계약자구성(성별, 연령별 등)

---

20 제30장 제1절 참조

마케팅요인 등 미래에 예측되는 다양한 예정기초율에 대한 최선의 추정치인 최적가정(Best Estimate)으로 장래현금흐름을 생성하여 보험료를 산출하는 방식으로 3이원방식보다 상품 개발의 유연성이 제고될 수 있다. 또한 현금흐름방식은 기대이익을 예정기초율과 별도로 구분함으로써 상품개발시점에 상품의 수익성 및 민감도뿐만 아니라 상품판매 후 '예정기초율과 실제경험치의 차이'로 인한 손익 변동을 쉽게 분석할 수 있다.

3. IFRS4 Phase2 주요 추진내용

1) 보험부채 시가(공정가치) 평가

보험계약[21]에 따른 보험부채의 측정모델은 BBA(Building Block Approach)로 최초인식 시점에 이행현금흐름(fulfilment cash flow)과 보험계약으로부터 발생할 것으로 예상되는 장래 총이익을 보험계약 개시시점에서 제거하기 위한 계약서비스마진(Contractual Service Margin: CSM)의 합으로 측정하며, 이행현금흐름 측정 시 보험자의 채무 불이행위험은 반영하지 않는다. 한편, 이행현금흐름은 보험회사가 보험계약에 대한 의무를 이행하는데 있어서 예상되는 가중평균확률에 의한 불편추정치인 미래현금흐름의 기대가치, 보험계약의 특성(시기, 통화, 유동성)을 반영한 순현금유출을 적절한 시장금리로 할인하는 화폐의 시간가치(할인율), 미래현금흐름의 금액과 시기에 관한 불확실성(변동성)을 반영한 위험조정(Risk Adjustment) 등으로 구성되며, 계약서비스마진(CSM)을 추가하여 총 4가지 요소로 이루어져 있다([그림 30-4] 참조). 따라서 BBA는 보험부채를 이행현금흐름과 계약서비스마진의 합으로 측정하며, 이행현금흐름은 최적추정부채(BEL)와 위험조정(RA)의 합이고 최적추정부채(BEL)는 미래 현금흐름에 할인율을 반영하여 산출한다.

결과적으로 보험계약에 따른 부채의 측정은 다음과 같은 두 가지 요소로 구성된다고 볼 수 있다. 하나는 아직까지 발생하지 않은 보험사건에 대하여 잔여보장기간 동안 보험계약자에게 제공하여야 할 보험보장의무를 측정한 잔여보장부채(liability for the remaining coverage)이며, 다른 하나는 이미 발생한 보험사건을 조사할 의무와 발생한 보험사건에 대한 보험금을 지급할 의무를 측정한 발생손해부채(liability for incurred claims)이다.

---

21 보험계약은 계약당사자 일방(보험자)이 특정한 미래의 불확실한 사건(보험사건)으로 계약상대방(보험자)에게 불리한 영향이 발생한 경우에 보험계약자에게 보상하기로 약정함으로써 보험계약자로부터 유의적 보험위험(significant insurance risk)을 인수하는 계약을 말한다.

그림 30-4 ▶▶ 4 Building Block Approach 요약

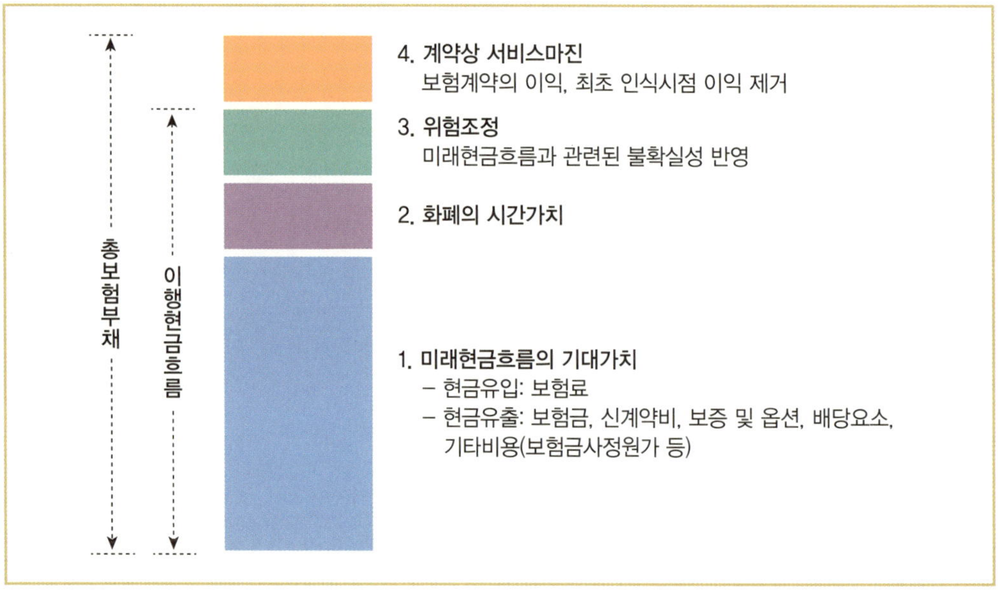

2) 신계약비 이연 제한

(1) 사업비 구분

현행 신계약비, 유지비로 구분하던 비용을 IFRS4 2단계에서는 직접신계약비, 직접유지비, 간접사업비로 재분류한다.

표 30-16 사업비 구분

구분		현행	IFRS4 2단계
신계약비	직접	• 보험계약 · 모집점포 운영에 직접 관련된 비용	• 판매 · 계약심사 · 계약발행과 직접 관련된(이연)
	간접	• 직 · 간접 구분없이 전액 이연	• 그 외는 비용 처리
유지비	직접	• 조정 · 통제 · 지원기능에 필요한 제반 비용	• 개별포트폴리오 이행에 귀속 가능한 비용
	간접	• 직 · 간접 구분없이 전액 비용	• 그 외는 비용처리

(2) 신계약비 이연

신계약비를 별도 이연자산으로 계상하던 방법에서 직접신계약비 및 직접유지비를 부채평

가에 포함하는 방법으로 변경되면서 상각기간 및 이연한도에도 차이가 발생한다.

| 표 30-17 | 신계약비 이연

구분	현행	IFRS4 2단계
이연방법	이연자산을 통해 이연	보험부채를 통한 이연
이연대상	신계약비	직접신계약비
상각기간	7년 (납입기간 7년 이하 시 납입기간)	보험기간
이연한도	있음 (계약 및 회사별 한도 적용)	없음

3) 보험계약에서 구성요소 분리(Unbundling)

일부 보험계약의 경우 투자 또는 서비스 요소가 모두 포함되어 있는 등 개별계약이었다면 다른 기준서의 적용을 받았을 하나 이상의 요소들을 포함하고 있다. 이에 보험계약의 구성요소를 확인하여 다음과 같이 회계처리한다.

- 내재파생상품(embedded derivative)이 보험계약과 밀접하게 연관되지 않고 파생상품의 정의를 충족한 경우 내재파생상품을 주보험계약에서 분리하고 금융상품기준서(IFRS9)에 따라 회계처리한다.
- 투자요소(investment component)[22]가 명확히 구분될 경우 주보험계약에서 투자요소를 분리하고 금융상품기준서(IFRS9)에 따라 회계처리한다. 보험자는 구별된 투자요소를 최초에 금융상품기준서(IFRS9)에 따라 측정된 별도의 금융상품으로 발행한 것과 같이 측정하고, 잔여현금흐름은 보험계약의 다른 요소에 귀속시킨다.
- 재화와 서비스를 제공하는 이행의무가 구별되는 경우 내재파생상품과 투자요소에 배분한 후의 잔여현금유출액을 보험요소와 재화 및 서비스를 제공하는 이행의무 각각에 배분하되, 간접 연관된 현금유출액은 별개의 계약으로 발행하였다면 보험자가 발행할 것으로 기대하는 원가를 반영하여 합리적이고 일관성 있는 방식에 따라 배분한다.
- 내재파생상품, 투자요소 및 이행의무 분리 후 잔여요소를 하나의 보험계약으로 간주하여 회계처리한다.

22 보험사고(insured events)가 발생하지 않더라도 보험계약자에게 환급하여야 하는 금액

4) 보험감독회계 개선[23]

현행 우리나라의 보험감독회계는 일반회계(IFRS4)의 범위 내에서 보험회사 재무건전성 확보, 계약자 보호 등 감독목적 달성을 위한 기준을 제시하는 체계(실질적 일원화)로 운영 중이며 2021년 새로운 보험계약관련 국제회계기준인 IFRS17의 시행 이후에도 일반회계와 감독회계의 실질적 일원화를 유지할 계획이다. 이를 위해 감독당국은 보험업계와의 공동 TF 운영을 통해 IFRS17 시행 대비 보험계약 분류, 계리적 가정, 계약자지분조정, 지급준비금, 미경과보험료적립금, 재보험, 사업비배분, 위험조정, 계약서비스마진, 전환시점회계, 임의배당요소, 특별계정, 보험계약대출 등 감독회계 개선방안을 마련 중이며 2018년 중 전체 보험회사를 대상으로 영향분석을 실시한 후 2019년 말까지 최종안을 마련할 계획으로 있다. 또한 계약자배당, 해약환급금 등 계리제도에 대해서는 현재 검토 중이며 2018년 하반기 중 공개협의안을 발표할 예정이다. 주요 보험감독회계 개선(안)을 살펴보면 아래와 같다.

(1) 보험계약 분류기준

현행 제도하에서는 보험회사의 판매계약(개별 또는 계약집합)을 보험위험이 중요한 계약과 보험위험이 경미한 계약으로 구분하고 부가급부금비율[24]이 10% 이상인 계약에 대해서만 중요한 보험위험이 이전되는 것으로 판단하여 보험계약으로 분류하고 그 이외 계약은 투자계약으로 분류하여 회계처리하고 있다. 그러나 IFRS17상 보험사고 발생가능성이 극히 낮을지라도 보험사고로 중요한 부가급부금을 지급한다면 보험계약으로 분류하도록 하고 있어 IFRS17에 따라 보험계약 분류기준을 정하되 보험회사 재무정보의 비교가능성 제고를 위해 현행과 동일하게 보험위험의 중요성 판단기준을 유지한다.

표 30-18 | 현행 및 향후의 보험계약 분류기준 비교

구분	현행	향후
① 평가단위	개별계약 또는 계약집합	개별계약
② 현금흐름	명목금액	현재가치
③ 보험위험 중요성	부가급부금 10% 이상	부가급부금 10% 이상

23 2021년 IFRS17 시행 대비 보험감독회계개선 공개협의안(1, 2차)을 참조

24 부가급부금비율 = (보험사고 발생시 지급금 − 보험사고 미발생시 지급금)/보험사고 미발생시 지급금

(2) 계리적 가정(위험률 · 해지율 · 사업비율 등) 산출기준

현행책임준비금 적정성 평가(LAT)에서는 보험회사의 자의적 조정의 최소화를 위해 경험통계기간[25] 등 구체적 기준을 제시하고 있으나 변액보험 보증준비금 평가기준에서는 계리적 가정 산출과 관련하여 일반원칙만을 제시하고 있다. 그러나 IFRS17에서는 계리적 가정의 산출을 위한 구체적 기준을 제시하지 않고 가정 산출시 고려할 원칙만을 제시하고 있어 이에 계리적 가정과 관련된 통계요건 및 산출방식을 개별 보험회사의 특성에 부합하는 방향으로 결정하여 가정을 산출토록 유도하되 개별 보험회사의 계리적 가정의 합리성에 대한 입증책임을 강화하여 회사 간 · 기간 간 비교가능성을 확보하도록 한다.

(3) 계약자지분조정 처리기준

현행 생명보험회사의 경우 매도가능증권평가손익, 부동산 평가차액 등 미실현 평가손익에 대해 계약자지분과 주주지분을 구분하고 계약자지분에 대해 부채계정의 계약자지분조정[26]으로 계상하고 주주지분은 자본계정의 기타포괄손익누계액으로 계상하고 있다. 그러나 IFRS17에서는 보험계약과 관련된 미래 계약자배당[27] 등 모든 현금흐름을 반영하여 보험부채를 평가하도록 하고 있다. 따라서 현행 계약자지분조정 중 보유자산평가손익에서 미래 계약자배당액을 최선추정하여 보험부채 평가시 반영하고 잔여액은 자본계정 내의 '계약자지분조

| 표 30-19 | 계약자 지분조정

<table>
<tr><th colspan="4">현행</th></tr>
<tr><td rowspan="5">부채</td><td colspan="3">Ⅰ. 책임준비금</td></tr>
<tr><td rowspan="4">Ⅱ. 계약자 지분 조정</td><td rowspan="2">보유자산 평가손익</td><td>미래 계약자배당</td></tr>
<tr><td>잔여금액</td></tr>
<tr><td rowspan="2">자산 재평가차액</td><td>배당안정화준비금</td></tr>
<tr><td>공익사업출연기금</td></tr>
<tr><td>자본</td><td>Ⅰ. 주주 지분</td><td colspan="2">보유자산평가손익</td></tr>
</table>

➡

<table>
<tr><th colspan="4">향후</th></tr>
<tr><td rowspan="5">부채</td><td colspan="3">Ⅰ. 책임준비금</td></tr>
<tr><td rowspan="2"></td><td>보유자산 평가손익</td><td>미래 계약자배당</td></tr>
<tr><td rowspan="2">자산 재평가차액</td><td>배당안정화준비금</td></tr>
<tr><td>Ⅱ. 기타부채</td><td>공익사업출연기금</td></tr>
<tr><td colspan="3"></td></tr>
<tr><td rowspan="2">자본</td><td>Ⅰ. 계약자 지분조정</td><td colspan="2">보유자산평가손익 (현 계약자지분조정-미래계약자배당)</td></tr>
<tr><td>Ⅱ. 주주지분</td><td colspan="2">보유자산평가손익</td></tr>
</table>

25 위험률 및 해지율은 최근 5년 이상, 사업비율 최근 1년 이상

26 미실현손익을 장래 귀속자별로 구분하여 표시하기 위한 항목으로 보험회사의 지급의무가 확정되지 않은 부채

27 계약자지분조정에 포함된 미실현이익 중 실제 계약자배당재원으로 실현될 금액

정'으로 구분표시하여 일반회계 인정범위 내에서 배당보험계약자의 권익보호를 유지하도록 한다. 단 자산재평가차액을 재원으로 적립된 공익사업출연금은 기타부채로, 계약자배당안정화준비금은 보험부채에 반영한다.

(4) 재보험계약 위험전가 및 재보험자산 손상 · 평가

현행 재보험계약 위험전가와 관련한 제도하에서는 아래의 [표 30-20]과 같이 손해보험과 생명보험의 재보험계약을 구분하여 중요한 보험위험 전가를 평가하고 있다.

| 표 30-20 | 손해 · 생명보험 재보험계약 위험전가 평가방법

구분	재보험계약 보험위험전가 평가방법
손해보험	• 재보험자기대손실 1% 이상인 경우 유의적인 보험위험 이전으로 평가 ⇒ IFRS17과 불일치 보험자기대손실(ERD) = −E[min{(B−L−P)/B, 0}] B: 재보험료의 현재가치 L: 재보험금의 현재가치 P: 재보험수수료 및 기타비용의 현재가치
생명보험/제3보험	• 부가급부금비율이 10% 이상인 경우 유의적인 보험위험 이전으로 평가 ⇒ IFRS17과 일치

주 1) 원보험계약은 손해 · 생명보험을 부가급부금비율로 보험위험 이전 평가
2) 손해보험 재보험계약의 경우 사고발생확률을 반영하지 않는 부가급부금에 의해 보험위험 전가 여부를 판단하는 것이 부적합하여 ERD제도 도입

그러나 IFRS17에서는 재보험계약에 대해서도 원보험계약과 동일한 기준에 의해 중요한 보험위험의 이전 여부를 판단하도록 하고 있다. 이에 일반회계 인정범위 내에서 마련될 감독회계에서는 재보험계약과 관련하여 위험전가 기준을 폐지하되 위험전가 없는 편법적인 재보험거래를 방지하고자 현행 감독기준을 K-ICS[28]의 자산부채 평가기준으로 이관하여 조정하도록 한다.

현행 재보험자산 손상은 재보험을 받은 수재보험회사는 국내외 감독기관이 정하는 재무건전성 기준을 미충족하거나 투자적격의 신용등급을 받지 못하는 경우 재보험자산을 전액 감액하도록 규정(발생손실모형)하고 있다. 그리고 재보험자산 평가는 보험위험 전가, 재보험회사의 손실발생가능성 요건을 충족하는 재보험계약을 체결한 경우 재보험을 받은 수재보험

28 제30장 제6절 참조

회사는 재보험을 받은 부분에 대해 책임준비금을 적립하여야 하며 재보험을 받은 수재보험회사가 적립한 책임준비금에 상응하는 금액을 보험회사가 별도의 자산(재보험자산)으로 인식하고 있다. 그러나 재보험자산 손상과 관련해서 IFRS17에서는 재보험자산에 대해 금융상품과 동일하게 기대신용손실모형에 의해 손상금액을 인식하도록 하고 있어 발생손실모형에 근거하여 손상사건 발생시 재보험자산 전액을 손상토록 하는 현행 감독법규를 폐지한다.

그리고 재보험자산 평가는 원보험계약의 미래현금흐름 측정에 사용된 동일한 가정으로 발생 · 미발생사고와 관련된 재보험자산[29]으로 인식한다. 다만, IFRS17에 따라 보험료배분접근법(간편법) 적용이 가능한 재보험계약에 대해서는 현행과 유사하게 미경과보험료적립금에 상응한 금액을 재보험자산으로 인식한다.

(5) 미경과보험료적립금 및 지급준비금 평가기준

미경과보험료적립금 평가기준과 관련하여 현행 제도하에서는 일반손해보험 등 단기보험계약에 대해서 회수기일이 도래한 보험료 중 차기 이후분에 대하여 일할법, 월할법 등을 통해 미경과된 보험료를 미경과보험료적립금으로 적립토록 규정하고 있으나 IFRS17 범위 내에서 보험료배분접근법(간편법) 적용가능계약[30]에 대해 재무정보의 비교가능성을 감안하여 간편법을 적용하도록 한다. 그리고 발생사고부채인 지급준비금의 평가기준은 생명보험, 장기손해보험, 자동차보험 등 일반손해보험으로 구분하여 개별 · 총량추산 비교, 미보고발생손해액, 자동차 표준손해액 및 손해조사비 산출기준 제시 등 구체적 기준(rule-based) 규정을 적용하고 있으나 IFRS17 기준을 원용하여 보험종목에 관계없이 미래현금흐름을 기반하여 기보고 및 미보고발생손해액, 손해조사비, 회수가능액을 고려하여 발생사고부채를 산출하는 동일기준(Principle-based)에 의해 발생사고부채(지급준비금)를 산출하도록 한다. 다만 원칙중심인 IFRS17 보완을 위해 발생사고부채(지급준비금) 적립기준을 내규로 정하고 일관되게 적용토록 하고 현행 책임준비금(지급준비금 포함)에 대한 선임계리사 검증뿐 아니라, 독립성 및 객관성 확보를 위하여 독립계리법인을 통한 외부검증을 강화하도록 한다.

(6) 전환시점 계약서비스마진 측정

IFRS17에서는 전환시점 보유계약의 원가법 책임준비금을 시가법 책임준비금으로 전환하

---

29 미발생사고 관련 출재현금흐름(출재보험료, 출재이익수수료, 출재보험금 등) 및 기발생사고에 대한 출재지급준비금(IBNR 등)으로 구분

30 보험계약의 보장기간이 1년 이하이거나 간편법에 의한 보험부채가 일반모형에 따라 산출한 보험부채와 유의하게 다르지 않은 계약

는 데 필요한 다양한 회계적 선택을 제시하고 있어 보험회사 재무정보의 비교가능성을 위해 전환시점 보유계약의 평가방식(완전소급법, 수정소급법, 공정가치법)과 공정가치법 적용시 산출기준에 대한 세부기준이 필요하다. 전환시점 보유계약에 대한 평가는 과도한 원가나 노력없이 관련정보를 이용할 수 있는 소급기간[31]에 판매된 계약은 완전소급법 또는 수정소급법을 적용하고 관련정보를 이용할 수 없는 기간 동안에 판매된 계약에 대해서는 공정가치법을 적용하여 평가하며 보유계약의 공정가치는 신지급여력제도에서 산출된 보험계약별 책임준비금[32]을 이전가치로 적용하여 측정한다.

(7) 계약서비스마진 측정 및 상각기준

현행 보험회계에서는 실제지급보험금과 위험보험료의 차이, 예정이율과 투자수익률의 차이로 보험기간 동안 실현할 장래 예상이익을 별도로 구분하지 않고 책임준비금에 포함(안전할증 등)하여 평가하나 IFRS17에서는 보험계약 예상이익을 보험기간 동안 점진적으로 인식하기 위해 계약서비스마진으로 부채적립 후 위험보장의 제공수준에 따라 이익으로 인식하고 있다. 이와 관련하여 계약서비스마진 측정단위,[33] 보험기간 동안의 계약서비스마진 상각기준에 대한 새로운 설정이 필요하다. 시행방안으로는 계약서비스마진의 최소 측정단위는 사망, 건강, 연금 · 저축, 상해, 질병, 재물, 일반손보, 자동차 등 유사한 보험위험에 노출된 계약을 유배당, 무배당, 자산연계형, 변액보험, 일반손해보험으로 구분하여 설정하고 보험기간 동안 연도별 이익은 아래의 식과 같이 총기대 지급보험금 대비 연도별 실제지급보험금 기준으로 인식하도록 한다.

$$\text{계약서비스마진수익인식}_t = \text{계약서비스마진총액} \times \frac{\text{지급보험금}_t}{\sum_{i=0}^{n} \text{기대지급보험금}_t}$$

(8) 사업비 배분기준

현행 보험회계에서는 실제사업비 배분기준은 상품별 · 계약별 손익을 적정하게 측정[34]하기 위한 목적으로 운영되고 있으며 현행 책임준비금제도가 순보험료식준비금으로 운용되고 있어 사업비 배분액은 책임준비금평가에 미반영되고 있다. 그러나 IFRS17의 책임준비금은 장

31 2018년 재무영향분석을 통해 '전환시점 이전 3년, 5년, 9년' 중 결정
32 보험회사의 자체적인 채무불이행위험은 예금자보호 및 감독규제 등을 고려하여 합리적으로 반영
33 계약서비스마진 측정시 단일 측정단위에 포함된 계약 간에는 예상이익과 예상손실을 상계가능
34 보험회사의 자의적 사업비 배분을 통한 손익조정을 예방하여 주주, 계약자 간 이해상충을 효과적으로 조정

래 발생할 것으로 예상되는 사업비를 반영하는 영업보험료식준비금이기 때문에 책임준비금 평가에 반영할 장래사업비를 적정하게 측정하기 위한 목적의 사업비 배분기준의 개선이 필요하다. 현행 실제사업비 배분기준은 회사별 사업비 정책 특성을 반영하지 않는 등 IFRS17에 부합되지 않는 사항을 포함하고 있으므로 책임준비금 평가에 반영할 장래사업비 추정을 위해 IFRS17 기준과 일관된 사업비 배분기준을 마련하고 있다.

| 표 30-21 | 장래사업비 추정을 위한 사업비 배분기준

구분	주요 내용
① 직접 · 간접사업비 구분	감독기준에 구분기준을 제시하지 않고 IFRS17 원용
② 사업비 배분단위	판매채널 → 보험계약 포트폴리오 → 보험상품(계약)
③ 간접사업비 배분	회사별 자체적인 기준(매기 동일하게 적용)

(9) 위험조정

현행 책임준비금 제도는 보험료에 반영된 위험률 등의 계리적 가정을 보험만기까지 적용하는 원가법체계이므로 계리적 가정의 불확실성에 따른 보험회사 책임준비금 및 손익의 변동은 책임준비금 적정성 평가제도(LAT)에 따라 제한적으로 발생한다. 그러나 IFRS17에서는 계리적 가정의 불확실성에 따른 책임준비금 등의 변동성이 확대되므로 위험조정의 측정방법, 측정수준, 계약별 배분방법에 대한 기준정립이 필요하다. 시행방안으로 위험조정액은 회사별 자체 통계분포의 신뢰수준 75%(VaR75%)에 해당하는 금액으로 하되, 감독기준에서 제시하는 위험계수[35]를 적용한 값을 최저한도 금액으로 운영하고 회사 전체 수준에서 산출된 위험조정액은 분산효과 반영 전 계약별 위험조정액을 기준으로 계약별로 배분한다.

| 표 30-22 | 위험조정 산출시 적용기준

구분	적용기준
① 측정방법	• 신뢰수준법
② 측정수준	• MAX{①, ②} ① 보험회사가 자체적 통계에 75% 신뢰수준으로 산출 ② 감독기준에서 제시하는 위험계수를 적용하여 산출
③ 계약별 배분방법	• 계약별 분산효과 반영 전 위험조정액을 기준으로 배분

35 표준정규분포를 가정하였을 때 신뢰수준 75%에 해당하는 계수

(10) 특별계정

현행 변액보험, 장기손해보험, 퇴직연금, 퇴직보험, 연금저축 등의 보험계약에 대해서는 보험계약자의 재산권 행사를 보호하기 위해 특별계정으로 운용되고 있으며 특별계정으로 운영되는 보험계약의 책임준비금은 특별계정에 투입된 적립보험료와 특별계정 운용이익의 합계(적립부분)이므로 특별계정 자산의 평가금액에 연동되어 평가되는 등 평가기준이 보험업법 등에 규정하고 있다. 그러나 위험보험료와 적립부분을 구분하지 않고 미래에 발생될 현금흐름(보험료, 보험금, 사업비, 해약환급금 등)의 확률 가중치를 보험부채로 평가하는 IFRS17 기준과 상이하여 평가방식의 차이로 발생하는 평가차액의 처리방안이 필요하다. 시행방안으로 특별계정의 책임준비금은 현행 법규에 따라 특별계정자산의 운영성과 등에 기반한 금액을 책임준비금으로 계상하고 IFRS17 기준에 따라 평가한 금액과의 차액은 일반계정에 계상하도록 하여 특별계정의 운영취지를 유지한다.

| 표 30-23 | 특별계정과 일반계정의 책임준비금 평가 사례

총괄 B/S		특별계정 B/S		일반계정 B/S
보험부채(100)	–	보험부채(50)	=	보험부채(50)
최선추정부채(70)		계약자적립금(50)		최선추정부채(20)
위험조정(10)		N/A		위험조정(10)
계약서비스마진(20)		N/A		계약서비스마진(20)
보험계약의 모든 미래현금흐름을 대상으로 부채측정		현행 법규에 의해 계약자적립금 적립		총괄계정부채에서 특별계정부채를 차감 · 산출

(11) 임의배당요소 측정기준

계약자배당액은 유배당손익의 10%에 대하여 보험회사에 재량권이 있고, 배당시기도 손익발생 후 5년 이내에 지급하는 계약자배당이 임의배당요소를 포함하고 있다고 보아 현행 보험회계에서는 보험회사 재량에 따라 지급되는 금액(임의배당요소)을 포함하는 투자계약은 보험계약과 동일하게 평가하고 있다. IFRS17 시행에 따른 계약자배당의 임의배당요소 해당 여부와 관련하여 이견은 없으나, 금리연동형보험의 공시이율이 임의배당요소를 포함하고 있는지 여부에 대한 검토가 필요하다. 이에 임의배당요소는 특정 자산 · 계약집단 등의 운용에 따른 실현, 미실현 성과에 기반하여 결정되는 금액이나 금리연동형보험의 공시이율은 향후 예상수익에 기반하여 결정되므로 임의배당요소의 정의를 미충족하는 것으로 판단한다.

표 30-24 | 금리연동형 공시이율의 임의배당요소 정의 충족 여부

구분	충족 여부	주요 근거
① 양적 중요성	충족	회사별로 운용자산이익률 대비 10~20%를 재량적으로 결정하므로 유의성 충족
② 금액 재량	충족	보험사가 운용자산이익률과 시장금리를 고려하여 공시이율을 결정할 수 있으므로 재량권 존재
③ 특정 자산 등의 운용성과에 기반	미충족	공시이율이 향후 예상수익에 기반하여 결정되므로 정의 미충족

(12) 보험계약대출 평가

현행 금융상품회계기준(K-IFRS 1039호)의 일반대출 평가기준을 준용하여 원가법으로 측정하여 자산항목의 대출채권(자산)으로 표시하고 있으나 변액보험의 보증준비금(부채)의 평가시에는 보험계약대출 원리금을 포함하여 부채항목으로 조정하고 있다. 이와 관련하여 IFRS17에서는 책임준비금 평가시 보험계약대출의 원리금을 포함하여 평가하도록 하고 있으나 구체적인 기준을 제시하지 못하고 있어 보험계약대출 원리금에 보험계약 만기까지의 신규대출 포함 여부, 신규대출액 및 중도상환액 등에 대한 추정기준이 필요하다. 시행방안으로 보험계약대출의 현금흐름은 관련 보험계약 만기까지의 중도·만기상환액, 이자수취액, 신규대출액으로 구성하고 중도상환액과 신규대출액은 '상품군별 직전 3년간의 해지환급금 대비 비율'을 보험계약 만기까지 동일하게 적용하며 이자율은 회사의 직전 3년 평균이자율과 보험산업의 직전 3년 평균이자율 중 낮은 이자율을 적용하도록 한다.

표 30-25 | 보험계약대출과 일반대출 평가방식 비교

구분		보험계약대출	일반대출
현금흐름	구성	상환액, 이자, 신규대출, 투자비용	상환액, 이자, 부도시회수액
	추정기간	보험계약 만기	일반대출 약정만기
신규대출 및 중도상환		직전 3년 해지환급금 대비 평균비율	–
이자율 추정		직전 3년 평균이자율	약정이자
부도시회수액		–	경험통계 기반 추정
할인율		보험부채평가 할인율	계약체결시점 이자율

※ 신지급여력제도(K-ICS1.0)의 보험계약대출 평가기준은 감독회계(SAP)와 동일하나 재무제표 표시기준(新지급여력제도는 자산으로 표시)만 상이함.

4. 보험경영에 미치는 영향

보험계약 국제회계기준, 즉 IFRS17이 2021년 도입이 확정됨으로써 주요한 변화 내용을 두 가지로 정리할 수 있다. 첫째는 보험부채의 시가평가이다. 지금까지는 보험상품을 처음 팔 때 적용했던 사망률, 이자율 등 기초계산율로 부채를 평가함으로써 사망률이나 이자율에 변화가 있음에도 보험부채는 변하지 않았다. 그러나 IFRS17이 적용되면 판매당시가 아니라 결산할 당시의 시점에 이자율을 적용하여 보험부채를 적립하는 시가평가가 됨으로써 보험부채의 변동성이 그만큼 커지게 되는 것이다.

다음으로는 손익인식 방법의 변경이다. 지금은 보험계약 이후 보험료를 수납하면 모두 수익으로 인식하고 보험금을 지급하면 비용으로 인식하는 현금주의 방식을 따르고 있다. 그러나 IFRS17에서는 기업회계와 같이 수익이 실현되는 때에 이익으로 인식하는 발생주의로 수익을 계산하자는 것이다. 따라서 IFRS17의 기본적인 원리는 발생주의로 수익을 인식하고 자산과 부채를 모두 시가로 평가하여 현재의 가치를 투자자나 소비자인 보험계약자에게 공지함으로써 보험회사의 재무제표나 손익계산서에 대한 투명성과 이해가능성을 배가하여 국내외 투자자들의 투자를 증가시키고 소비자의 보험에 대한 이해를 높이는 것이다.

이상과 같이 IFRS17 시행은 보험회사의 다양한 부분에 많은 영향을 미칠 것으로 예상된다. 먼저 영업적인 측면에서 보험상품 포트폴리오에 많은 변화가 생길 것이다. 즉 보험부채 시가평가 때문에 고정금리 또는 최저이율을 보장하던 저축성상품은 점차 사라지고 보장성상품이나 변동금리 위주의 상품이 주로 판매될 것이다. 또한 수익인식기준의 변화로 계약이익이 보험기간 동안 고르게 인식되고, 원천별로 재무제표에 표시됨에 따라 이익의 질이 향상되고, 보험료수입을 중요시하던 영업관행에서 수익성을 더 중요시하는 정책으로 변화할 가능성이 크다.

그리고 보험회사의 리스크관리의 중요성이 심각하게 대두될 것이다. 보험부채를 시가로 평가하게 되면 이자율변동에 따른 가치의 변동이 장부에 그대로 반영되게 된다. 이로 인해 자본의 변동성이 동시에 커지게 될 위험에 노출되게 된다. 결산시마다 부채를 시가로 평가하므로 자산과 부채의 듀레이션이 불일치할 때 재무변동성이 확대될 것이다. 또한 과거 판매한 고금리 확정계약, 최저보증이율 설정계약의 이자율 하락에 따른 손실발생으로 손실액만큼 부채가 증가할 것이며, 당기손익 또는 자본조정이 반영됨에 따라 재무제표 변동성이 크게 증가할 것이다. 부채의 증가는 보험회사가 계약자의 보험금 지급요청에 대비해 보유해야 하는 자금력의 감소를 초래하고 이에 보험회사의 재무건정성이 악화됨에 따라 보험회사는 현재의 건전성을 유지하기 위하여 부채의 증가액만큼 보험회사별로 신종자본증권이나 후순위채권발행을 통한 자본확충방안이 강구되어야 할 것이다. 이때 보험회사는 자산가치의 변동을 부채의 변동과 잘 대응시킴으로써 자본의 변동성을 최소화할 수 있다. 특히 장기성 상품을 주로 취급하는 보험사의 경우 20~30년 후에 지급될 보험금과 연동되어 움직일 수 있는 장기운용자산의 확대 등 자산부채종합관리(Asset Liability Management: ALM)를 통한 리스크관리전략이 매우 중요하게 부각될 것이다.

따라서 2021년 IFRS17의 시행으로 보험산업은 지금까지의 외형중심에서 CSM을 통한 가치중심의 경영패러다임 변화를 위한 마케팅전략, 상품포트폴리오전략, 중장기 사업계획전략, 리스크관리전략 등 자본효율과 수익성 중심의 새로운 경영관리전략이 필요하게 되었다.

신종자본증권은 만기가 없는 주식과 일정이자가 지급되는 채권의 중간적 성격을 가지면서도 일정수준 이상의 자본안정성 요건을 충족해 금융감독당국이 기본자본으로 인정하는 증권으로 하이브리드채권으로 불리기도 한다.

후순위채권은 채권을 발행한 기업이나 은행이 파산하게 될 경우, 다른 채권들에 대한 변제가 끝난 뒤에 변제를 받을 수 있는 채권을 말한다. 다만, 보통주나 우선주보다는 변제순위가 앞선다. 이런 위험성 때문에 후순위채권은 다른 채권보다 높은 금리를 받을 수 있다. 하지만 후순위채권은 예금처럼 예금자보호를 받을 수 없는 금융상품이다. 하지만 일반재권과는 달리 후순위채권을 통한 조달자금은 국제결제은행(BIS) 기준의 자기자본비율 계산에서 부채가 아닌 자본으로 인정받을 수 있다는 장점 때문에 후순위채권이 발행되고 있다. 특히, 만기가 5년 이상인 후순위채권은 100% 순자기자본으로 인정받을 수 있으며 만기기 5년 미만인 경우 매년 20%씩 자기자본에서 제외된다. 후순위채권은 일반적으로 만기 상환기간이 1년 이상이며, 발행 한도는 자산에서 부채를 뺀 순자산의 50% 이내이다. 후순위채권은 상환기간에 따라 영구 후순위채권과 기한부 후순위채권으로 나뉘고, 상환에 따른 별도의 조건이 있느냐 없느냐에 따라 조건부 후순위채권과 일반 후순위채권으로 나뉜다.

제6절 신지급여력제도(K-ICS)

2021년에 시행될 예정인 IFRS17으로 인해 현행 원가기준의 RBC제도는 경제환경 변화에 따른 자본변동성 및 그에 따른 리스크를 정밀하게 측정하는 데 한계가 있어 자산 · 부채 시가평가에 근거한 새로운 지급여력제도 도입이 필요하게 되었다. EU는 시가평가 기반의 SolvencyⅡ를 2016년에 시행하였고, 국제보험감독자협의회(IAIS)에서는 국제적 보험그룹(IAIG)에 적용할 시가 기반의 자기자본규제(ICS)를 2020년 시행 목표로 제정을 추진하고 있으며 향후 국제적 지급여력규제로 자리매김할 것으로 예상되고 있다. 이에 우리나라도 이들 사례들을 참고하여 보험환경에 부합하는 시가평가기준의 신지급여력제도(Korea-Insurance Capital Standard: K-ICS)의 도입을 추진하고 있다. 본 절에서는 현재 마련 중인 초안을 인용하여 설명하고자 한다.[36]

1. 요구자본의 개선방향

IFRS17의 도입에 따른 부채의 시가평가로 현행 위험계수 방식은 금리, 사망률 등 금융환경 변화에 따른 지급능력의 변동을 정교하게 반영하는 데 한계가 있고, 특히 복잡한 상품구조, 옵션 등에 대한 적정한 리스크량 산출 및 다양한 위험경감기법에 따른 경감된 리스크량 산출이 곤란하게 되었다. IAIS에서도 지급여력제도에 있어 자산 · 부채 및 요구 · 가용자본의 상호의존성이 반영되는 총대차대조표 접근법의 적용을 권고(ICP 17.1)하고 있어 현행 RBC 제도의 요구자본 산출 방식의 전면적인 개편이 필요하게 되었다.

이에 IFRS17 도입준비위원회는 시가평가 기반의 국제적 보험자본규제(SolvencyⅡ, ICS 등)의 패러다임을 지향하되, 국내 금융 · 보험산업의 현실을 충실히 반영하고 자산 · 부채 시가평가기준의 일관성을 유지함으로써 회계적 미스매치에 따른 요구자본의 변동을 최소화함과 동시에 경제적 실질에 좀 더 부합하는 리스크의 산출을 통해 보험회사의 리스크관리 능력을 제고하는 방향으로 개선작업을 진행 중이다.

---

36 IFRS17 도입추진위원회의 新지급여력제도 초안(K-ICS 1.0)(2018. 2)

1) 리스크의 분류

현행 RBC 제도하에서는 미국의 RBC 기준과 동일하게 보험리스크, 금리리스크, 신용리스크, 시장리스크, 그리고 운영리스크 등 5개 리스크로 분류하고 있지만 K-ICS에서는 국제자본규제와의 정합성 확보 및 리스크의 속성 · 측정방식에 따라 생명 · 장기손해보험리스크, 일반손해보험리스크, 신용리스크, 시장리스크 및 운영리스크 등 5개 리스크로 분류하고 있다. 그리고 상기 리스크의 하위위험으로 장수위험, 헷지위험, 사업비위험, 대재해위험, 자산집중위험을 신규로 추가하고 현 RBC 제도하에서 주요 리스크로 분류되고 있는 금리리스크는

그림 30-5 ▸▸ 리스크 및 하위위험의 분류 도해

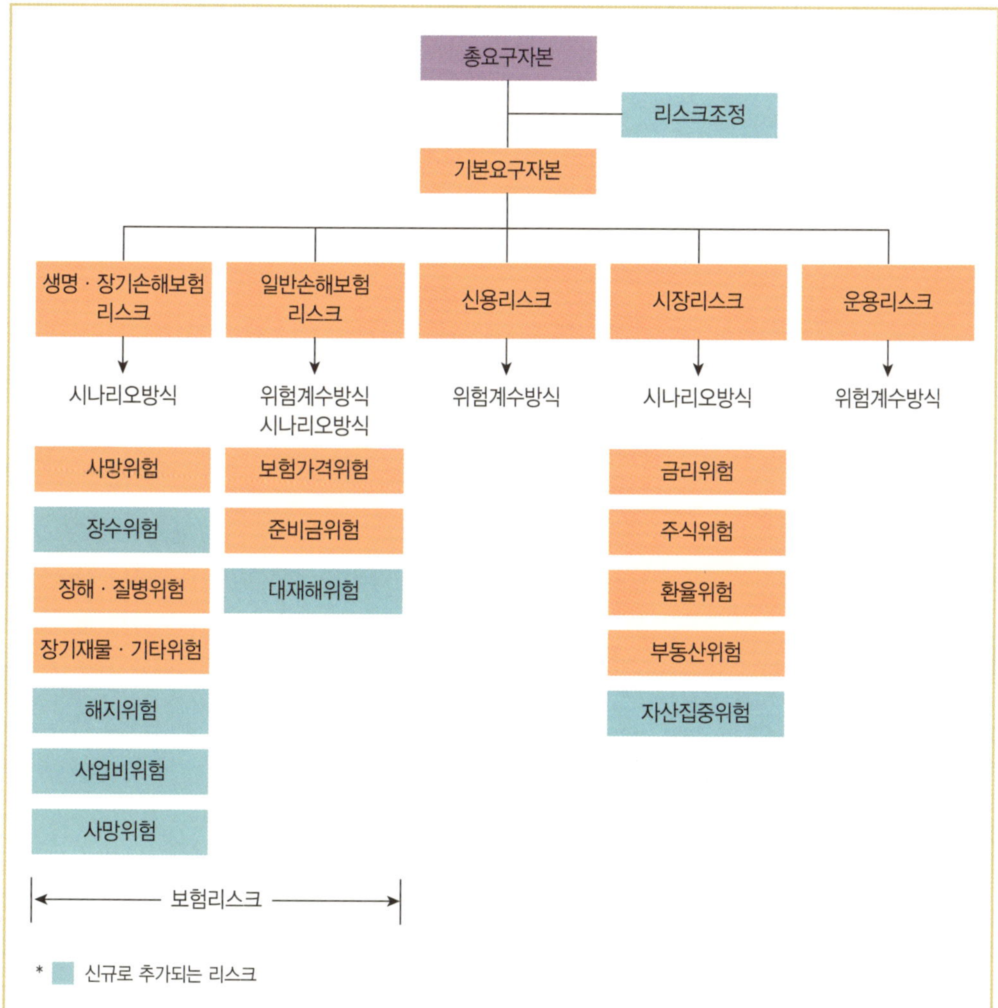

시장리스크의 하위위험인 금리위험으로 분류하여 국제자본규제(Solvency Ⅱ, ICS 등)와 리스크 분류 및 측정방식의 일관성을 유지하고 있다([그림 30-5] 참조).

2) 리스크의 수준 및 산출방법

현 RBC제도는 향후 1년간 99.0% 신뢰수준하에서 개별 리스크별 익스포저(재무제표상 금액)에 위험계수를 곱하여 리스크량을 산출하는 위험계수(factor) 방식을 적용하여 발생할 수 있는 최대손실액(VaR)을 측정하고 있다. 그러나 K-ICS에서는 향후 1년간 99.5% 신뢰수준하에서 생명·장기손해보험리스크 및 시장리스크는 기초가정의 변화에 따라 가치변동이 크게 발생하므로 현금흐름을 산출하는 기초가정에 일정한 충격 후 순자산가치(NAV)의 변화로 리스크량을 측정하여 발생할 수 있는 최대손실액(VaR)으로 측정함으로써 경제적 실질에 보다 부합하는 충격시나리오(shock scenario) 방식을 적용한다. 그 밖의 일반손해보험리스크, 신용리스크, 운영리스크의 경우에는 현 RBC제도에서 활용하고 있는 동일한 위험계수 방식을 적용하되 측정방법 및 수준은 상이하게 적용하도록 한다.

3) 리스크 경감

현 RBC제도하에서는 재보험을 통한 보험위험전가의 경우 50%만 인정하고 있으며, 헷지의 목적으로 인정되는 파생상품의 경우 시장리스크의 경감을 인정하고 있으나 리스크 경감효과를 측정하지 않고 리스크 경감대상 익스포저를 리스크 측정대상에서 제외하여 실질적인 헷지효과를 요구자본에 반영하는 데 한계가 있었다. 이에 K-ICS에서는 향후 12개월 동안 법적으로 유효하고 실질 위험이 제3자에게 명확하게 전가되는 경우에만 인정하며 잔존기간이 12개월 미만의 경우, 기간을 분할하여 위험회피 기법을 지정하는 방안(roll over)을 공식적으로 문서화하는 경우 위험경감을 인정함으로써 위험경감효과를 요구자본에 전액 반영한다. 또한 위험경감기법의 현금흐름을 자산·부채 시가평가에 직접 반영하는 방법 등으로 경제적 실질에 부합하는 위험수준을 측정한다.

| 표 30-26 | 위험경감기법 적용 방법

구분	위험경감 방법
보험위험	재보험의 현금흐름을 보험부채 평가에 직접 반영하거나 위험에 노출된 익스포저의 차감 등을 통해 요구자본 감소효과 반영
금융위험	파생상품, 담보, 보증, 신용파생 등으로 발생하는 현금흐름을 자산 · 부채평가에 직접 반영하거나 위험에 노출된 익스포저 차감 및 위험계수 변경 등을 통해서 요구자본 감소효과 반영

4) 리스크 간 상관관계 적용 및 리스크 조정

K-ICS에서는 아래의 식에서 볼 수 있듯이 현 RBC제도와 같이 리스크 간 분산효과를 반영(상관계수 반영)하여 리스크량을 산출하고 운영리스크는 별도 합산하도록 한다. 특히 생명 · 장기손해보험리스크 및 시장리스크 산출시 하위위험 간 분산효과를 추가 반영하도록 하여 요구자본이 감소하는 효과가 있다. 또한 리스크 발생에 따른 손실을 회계와 세무 간 일시적 차이로 간주됨에 따라 이연법인세를 통한 손실 흡수가 가능한 경우 계상되는 순이연법인세 자산만큼 요구자본(순자산가치의 감소분)이 축소되므로 이를 반영하여 요구자본(리스크량) 조정이 가능하다.

$$\text{총위험액} = \sqrt{\sum_i \sum_j (\text{위험액}_i \times \text{위험액}_j) \times \text{상관계수}_{ij}} + \text{운영위험액}$$

여기서, i, j는 생명 · 장기, 일반손보, 시장, 신용이며 상관계수는 아래표를 적용

| 표 30-27 | 리스크 간 상관계수 비교

현 RBC					K-ICS 1.0				
구분	보험	금리	신용	시장	구분	생명 · 장기	일반손보	시장	신용
보험	1				생명 · 장기	1			
금리	0.25	1			일반손보	0.25	1		
신용	0.25	0.5	1		시장	0.25	0.25	1	
시장	0.25	0.5	0.5	1	신용	0.25	0.25	0.25	1

| 표 30-28 | 국내외 지급여력제도별 요구자본 산출방법 비교

구분	현행 RBC	Solvency II	ICS(2017년)	K-ICS 1.0
리스크 분류	5개 리스크 (보험 · 금리 · 시장 · 신용 · 운영)	7개 리스크 (생명 · 손해 · 건강 · 시장 · 신용 · 무형자산 · 운영)	6개 리스크 (생명 · 손해 · 대재해 · 시장 · 신용 · 운영)	5개 리스크 (생명 · 손해 · 시장 · 신용 · 운영)
	1) 대재해리스크 미측정	1) 금리리스크 → 시장 2) 대재해리스크 → 생명 · 손해 · 건강	1) 금리리스크 → 시장	1) 금리리스크 → 시장 2) 건강리스크 → 생명 3) 대재해리스크 → 생명 · 손해
측정방식	위험계수방식	장기: 시나리오방식 단기: 위험계수방식	장기: 시나리오방식 단기: 위험계수방식	장기: 시나리오방식 단기: 위험계수방식
측정기준	99%VaR(1년)	99.5%VaR(1년)	99.5%VaR(1년)	99.5%VaR(1년)
위험경감	부분 인정	전액 인정	전액 인정	전액 인정
리스크 조정	미반영	준비금 손실흡수, 이연법인세	경영전략, 이연법인세	이연법인세

2. 가용자본의 개선방향

1) 현황 및 개선필요성

현 RBC 제도에서는 가용자본에 대한 별도의 요건 없이 대차대조표상 자본항목 등을 열거하여 합산하는 상향식[37]을 적용하여 가용자본으로 제시하고 있다.[38] 그러나 예정대로 2021년 IFRS17이 도입되어 실행될 경우 현행 RBC 제도의 가용자본은 지급여력제도에 있어 자산 · 부채 · 요구자본 · 가용자본의 상호의존성이 반영되는 총대차대조표 접근법의 적용 권고(ICP 2017.1)에 따라 시가평가에 의해 산출된 순자산을 기초로 하는 신지급여력제도의 요구자본 산출방식과의 일관성이 없다. 그리고 가용자본의 개념 및 요건이 불분명하여 계약자의 몫인 계약자이익배당준비금이 자본 역할을 하거나 정책적으로 가용자본에 포함시킨 비상위험준비금 관련 이연법인세와 같은 부채항목도 존재하고 있다. 또한 자본역할을 하는 새로운 금융상품이 도입될 경우 관련규정의 개정이 필요할 뿐만 아니라 가용자본으로 포함할지의

37 부채를 초과하는 자산(순자산)에서 일부 항목을 가감하는 하향식에 대비되는 개념

38 제30장 제2절 지급여력제도 참조

여부에 대한 논란의 소지가 있는 등 문제점이 발생하여 이를 개선할 필요가 있다.

2) 가용자본 산출구조 및 요건

가용자본 산출구조는 원칙적으로 시가평가에 의해 산출된 대차대조표 기반의 순자산(자산-부채)을 기초로 가용자본을 산출하도록 하고 있다. 가용자본의 요건인 손실흡수성의 경우 계속기업 및 청산기준 자본의 활용요건이 다르다는 특성을 고려하여 계속기업 및 청산기준을 구분하여 제시하고, 손실흡수성을 충족하는지 여부에 따라 일부 항목을 가감하도록 하고 있다.

표 30-29 | 손실흡수성 충족 여부에 따른 가감항목

구분	순자산(가용자본) 가감항목		자산평가시 제외 항목
	차감항목	가산항목	
성격	순자산에서 손실흡수성이 없는 것으로 판단되는 자본항목	부채항목 중 손실흡수성이 있는 것으로 판단되는 자본성 증권	건전성감독기준 B/S에서 제외하는 자산항목
항목	• 지급 예정 주주배당액 • 지급여력비율 제고 목적으로 타 금융기관과 교차 보유한 자본성증권	• 후순위채무	• 영업권 • 무형자산(단, 시장성이 있는 금액은 제외)

표 30-30 | 손실흡수성 기준

구분	계속기업기준	청산기준
요건	• 계속기업을 전제로 회사가 손실액을 해당 가용자본과 즉시 상계하거나 전환을 통해 가용자본을 증가시켜 손실을 흡수하는 것	• 기업의 청산(파산 포함) 절차시 변제순위가 후순위에 해당하여 보험계약자 손실보전에 우선 사용할 수 있는 것
예시	• 이익잉여금은 순손실 발생시 동 손실을 흡수하여 감소됨으로써 결손보전가능	• 후순위채무액은 청산시 보험계약자 및 기타 선순위채권자에 대한 지급이 완료된 후 청구권 발생

3. 가용자본의 계층분류

1) 현황 및 개선필요성

현 RBC 제도에서는 가용자본의 질을 구분하기 위하여 가용자본을 기본자본과 보완자본으로 계층화하고 있으나 객관화된 계층분류기준이 명시되어 있지 않다. 따라서 현 RBC 제도에서는 기본자본으로 분류되는 신종자본증권은 해외 지급여력제도에서는 보완자본으로 분류되는 등 다양한 구조로 설계가 가능한 자본조달을 위한 자본성증권[39]과 같은 새로운 구조의 금융상품이 발행될 경우 정책적 판단에 따라 계층을 분류해야 하는 부담이 존재한다.

2) 가용자본 계층분류 기준

자본계층 분류는 손실흡수성의 정도에 따라 가용자본을 '기본자본'과 '보완자본'으로 계층을 분류하되, 자본성증권과 기타자본항목[40]으로 구분하여 별도의 분류기준을 제시하도록 한다. [표 30-31]에서 볼 수 있듯이 자본성증권의 계층분류기준으로는 가용성, 지속성, 후순위성, 기타제한의 부재 등 4가지 요인으로 판단하되 각 요인별로 기본자본 요건과 보완자본 요건을 명확하게 구분하여 제시한다. 기타자본항목은 우선 기본자본으로 분류하되, 손실흡

표 30-31 | 자본성증권의 계층분류기준

구분	기본자본	보완자본
자본성증권	■ 다음 요건('기본자본요건')을 모두 충족	■ 다음 요건('보완자본요건')을 모두 충족
가용성	• 납입된 항목으로서, 손실흡수*에 즉시 사용가능 * 무상감자, 결손금과의 상계, 보통주로의 전환 및 상각 등 자본구조의 변경 등 • 손실흡수과정상 제약 無 • 적기시정조치 등 예정사유 발생시 보통주 전환 또는 상각조건 보유	• 납입된 자본으로서 손실흡수에 사용가능

39 보통주, 우선주, (조건부)신종자본증권, 후순위채무 등 회계기준(K-IFRS 1032호 문단 11)상 금융상품에 해당되는 것으로 보험회사가 발행한 항목을 의미한다.

40 자본성증권을 제외한 순자산(자본계정)으로 자본잉여금, 이익잉여금, 대손준비금, 미실현평가손익(OCI), 자산·부채시가평가손익 등이 이에 해당된다.

	지속성	• 만기 無*, 상환촉진 유인** 부재 * 청산시를 만기로 하거나 만기가 30년 이상이고 동일조건 연장 가능시 만기 없는 것으로 간주 ** 콜옵션과 결합된 금리상향 조건 등 해당항목 상환과 동일한 효과를 발생시킬 수 있는 각종 조항이나 약정 등을 의미 • 발행자에 의해서만 5년 이후 상환가능, 감독당국 승인 필요	• 만기(경제적 만기* 포함) 5년 이상 * 계약상 만기와 상환촉진 유인이 있는 콜옵션의 최초 행사일 중 빠른 일자 • 발행자에 의해서만 5년 이후 상환가능, 감독당국 승인 필요 • 만기시 Lock-in조항* 보유하지 않는 경우 만기 전 5년간 정액 상각 * 적기시정조치 등 예정사유 발생시 상환을 유예할 수 있는 계약상 조건
	후순위성	• 보험계약자, 일반 채권자 및 보완자본 항목 투자자에 비해 후순위 • 지급불능 유발 · 촉진 속성 無 • 후순위성 훼손 · 무효화 부담 無	• 보험계약자 및 일반 채권자에 비해 후순위 • 후순위성 훼손 · 무효화 부담 無
	기타 제한의 부재	• 배당(이자)지급에 대한 재량권 有 • 배당(이자)지급 취소가 채무불이행에 해당 無 • 자본성 훼손 조건* 無 * 그룹 내 보유, 보증, 상계권 존재 등	• 배당(이자)지급 정지가능 • 신용등급 · 재무상태 연계 등 청산가속화하는 배당(이자)지급 조건 無 • 자본성 훼손 조건* 無 * 그룹 내 보유, 보증, 상계권 존재 등

수성에 제한이 있는 일부 항목과 금액은 해당 금액만큼 기본자본에서 차감하여 보완자본으로 분류하도록 한다. 손실흡수성제한으로 '기본자본에서 차감하여 보완자본으로 분류'하는 기타자본항목의 경우 [표 30-32]와 같이 명시적으로 제시하고 있다.

| 표 30-32 | 기본자본에서 차감하여 보완자본으로 분류하는 기타자본항목

① 대손준비금, 비상위험준비금 등 특정 목적의 손실 흡수에만 사용가능한 항목. 단, 감독당국의 승인하에 따른 손실흡수에 사용가능한 경우는 제외
② 회사 전체 단위로 산출한 해약환급금 부족 상당액(해약환급금식준비금-현행추정부채-위험마진) 중 대량해지로 인한 요구자본 초과분
③ 건전성감독기준 B/S 자본계정의 계약자지분조정은 배당보험계약의 요구자본 한도 내에서 보완자본 인정
④ 담보제공자산 관련 요구자본을 한도로 현재가치 중 피담보채무의 현재가치(해당 자산 및 부채 관련 요구자본 포함)를 초과한 금액
* B/S상 부채를 발생시키지 않는 거래 관련 금액 등 일부금액은 제외
⑤ 순확정급여형 퇴직연금자산(확정급여형 퇴직연금자산-확정급여형 퇴직연금부채) 상당액(관련 이연법인세부채 차감 후 금액)은 50%만 보완자본으로 인정(ICP, 공통감독체계 등)
⑥ 순이연법인세자산(이연법인세자산 - 이연법인세부채)은 금액의 50% 내에서 보완자본 인정

4. 가용자본의 인정한도

1) 현황 및 개선필요성

현 RBC제도에서는 기본자본을 기초로 보완자본은 '기본자본-공제항목'을 한도로 인정하고 있으며 개별 자본항목에 대한 한도는 자기자본을 기초로 설정[41]하고 있다. 그러나 신지급여력제도하에서 가용자본의 한도가 기본자본 또는 자기자본에 연계될 경우 시가평가로 인한 경기순응성 확대(위기상황 발생 → 손실 발생으로 자본 감소 → 가용자본 인정한도 감소 → 가용자본 추가 감소 → 위기상황 증폭)의 문제가 발생할 가능이 있다.

2) 인정한도

보완자본의 인정한도는 국제적 정합성 및 경기순응성 확대를 방지하기 위하여 요구자본을 기초로 설정하되, 회사의 리스크 감축노력이 보완자본한도를 축소시키는 부작용을 감안하여 요구자본의 50%와 기본자본 중 큰 금액으로 보완자본 한도를 설정한다. 기본자본 중 보통주와 성격이 구분되는 조건부자본증권 및 우선주는 이를 제외한 기본자본의 20%[42]까지만 인정한다. 단, 기본자본 인정한도(20%)를 초과하는 조건부자본증권 및 우선주는 보완자본으로 인정한다.

---

41 신종자본증권은 자기자본의 25% 이내로 기본자본 인정, 신종자본증권 중 기본자본 미인정금액, 상환우선주, 누적적우선주, 후순위채무액은 자기자본의 50%까지 보완자본으로 인정

42 요구자본의 10% 및 기본자본의 20% 한도로 필드테스트시 시범산출하였으나 금액상 유의미한 차이가 없으며, 기본자본의 질 제고 차원에서 기본자본기준으로 한도 설정

그림 30-6 ▸▸ 가용자본의 산출구조 및 계층분류 도해

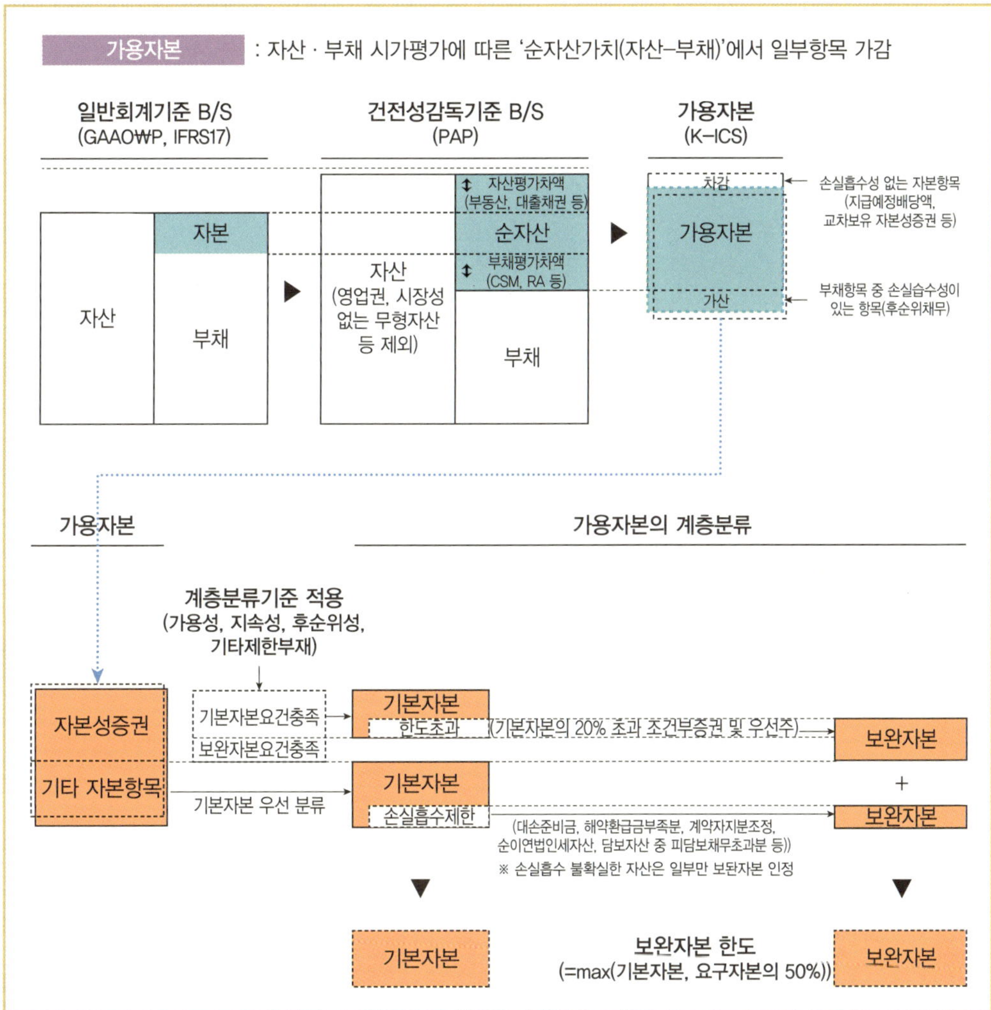

참고문헌 Reference

PART 01 리스크와 보험

보험경영연구회 외, 보험과 리스크관리, 文英社, 2010.

보험연수원 보험관계법령 2004.

상법 제4편.

이용석, 보험업법, 개정판, 도서출판 두남, 2011.

전영주, 保險契約法. 메디컬코리아, 2012.

최정호, "보증산업의 육성 · 발전을 위한 금융 · 정책적 지원방안," 서울보증보험(주) 연구용역보고서, 2012.

최정호 · 양성은, '보증산업 발전을 위한 보증공제조합의 문제점 분석 및 개선방안," 보험학회지 제95집, 2013, pp.25-58.

한국보험학회편(1997), '保險辭典'.

Beranard J. Daenzer, *Fact-Finding Questionnaire for Risk Management: Risk and Insurance Management Society*, New York, 1978.

Bulletine of The Commission on Insurance Terminology of the American Risk and Insurance Association, October 1965.

Caroyln T. Geer, "Who Needs Derivatives?" Reported in *Forbes Magazine*, April 21, 1997.

Dorfman, M. S., *Introduction to Risk Management and Insurance*, 9th ed. Pearson Education, Inc., 2008.

George L. Head and Stephen Horn II, *Essentials of Risk Management Volume I, II* 2nd ed., Insurance Institute of America, 1991.

Gleason, James T., Risk: The New Management Imperative in Finance, Bloomberg Press, 2000.

Henri Fayol, General and Industrial Management. 1949 Pitman Publishing Co., New York.

Institute of Internal Auditors, UK & Ireland, Position Statement 2004, *The Role of internal Audit in Enterprise-Wide Risk Management*, Conclusion.

Kit Sadgrove, *The Complete Guide To Business Risk Management*, Gower Publishing Limited, England 1996.

McNamara, Michael J. *Principles of Risk Management and Insurance*, Addison-Wesley Pub Co., 2000.

Mehr, Robert I, and Bob, A. Hedges, *Risk Management in the Business Environment*, Homewood, Ill.: R. D. Irwin, 1963.

Pickett, K. H. Spencer, Auditing the Risk Management Process, John Wiley and Sens, Inc., 2005.

Rejda, George E., *Principles of Risk Management and Insurance*, 10th ed., Pearson Education Inc., 2008.

Rejda, George E., *Principles of Risk Management and Insurance*, 11th ed., Pearson Education Inc., 2011.

Scott, E. Harriangton and Gregory, R. Niehaus, "Risk Management and Insurance," 2nd ed., Irwin McGraw-Hill, 2004.

Skipper, Harold D., *International Risk and Insurance: An Environmental-Managerial Approach*, McGraw-Hill, New York, 2001.

Snider, H. Wayne, "Risk Management: A Retrospective View," *Risk Management*, April 1991, pp.47-54.

Trieschmann, James S. *Risk Management and Insurance*, 11th ed., South Western, 2000.

Vaughan, E. and Vaughan T., *Essentials of Insurance, A Risk Management Perspective*, John Wiley & Sons Inc., New York, 1995.

Williams, Jr. C. Arthur, Michael L. Smith and Peter C. Young, *Risk Management and Insurance*, 8th ed., McGraw-Hill, New York, 1998.

www.coso.org

www.rims.org

http://www.law.go.kr

PART 02 보험의 이론적 배경

이훈영, 연구조사방법론, 도서출판 청람, 2012.

Akerlof, G., "The Market for 'Lemons': Quality Uncertainty and Market Mechanism," *Quarterly Journal of Economics*, Vol. 84, 1970, pp.488-500.

Briys, E. and Schlesinger, H., "Risk Aversion and the Propensities for Self-Insurance and Self-Selection," *Southern Economic Journal* 57, 1990, pp.458-467.

Cooper, Russell and Beth Hayes, "Multi-Period Insurance Contracts," *Journal of Industrial Organization* 5, 1987, pp.211-231.

Crocker, Keith and Arthur Snow, "The Efficiency Effects of Categorical Discrimination in the Insurance Industry," *Journal of Political Economy* 94, 1986, pp.321-344.

Dahlby, D. B., "Adverse Selection and Statistical Discrimination: Ananalysis of Canadian Automobile Insurance," *Journal of Public Economics* 20, 1983, pp.121-130.

Dionne, G. and Doherty Neil A., "Adverse Selection in Insurance Market: A Selective

Survey," In Contributions to Insurance Economics, G. Dionne, ed. Boston: Kluwer Academic Publishers, 1992.

Doherty, Neil A., *Integrated Risk Management: Techniques and Strategies for Reducing Risk*, McGraw–Hill, New York, 2000.

Eeckhoudt, L. and Kimbell, M., "Background Risk, Prudence and the Demand for Insurance," In Contributions to Insurance Economics. G. Dionne, ed. Boston: Kluwer Academic Publishers, 1992.

Ehrlich, J. and Gary S. Becker, "Market insurance, self–insurance, and self–protection," *Journal of Political Economy* 80.4, 1972, pp.623–648.

Friedman and Savage, "The Utility Analysis of Choices involving Risks," *Journal of Political Economy* 56, 1948, pp.279–304.

Grossman, Sanford and Oliver D. Hart, "Analysis of the Principal–Agent Problem," *Econometrica* 1, 1983, pp.7–45.

Jensen, M. C. and W. H. Meckling, "Theory of the Firm: Managerial Behavior, Agency Cost and Ownership Structure," *Journal of Financial Economics* 3, 1976, pp.305–360.

Kunreuther, Howard and M. Pauly, "Market Equilibrium with Private Knowledge: An Insurance Example," *Journal of Political Economy* 26, 1985, pp.269–288.

Main, B., "Corporate Insurance and Taxes," *Journal of Risk and Insurance* 50, 1983, pp.197–223.

Markowitz, H. M., "Portfolio selection," *Journal of Finance* 7, 1952, pp.77–91.

Markowitz, H. M., "The Utility of Wealth," *Journal of Political Economy* 60, 1952, pp.151–158.

Mayers, David and Clifford W. Smith Jr., "On the corporate demand for insurance," *Journal of Business* 52, 1982, pp.281–296.

Mayers, David and Clifford W. Smith Jr., "On the corporate demand for insurance: Evidence from the Reinsurance Market," *Journal of Business* 63, 1990, pp.19–40.

Mossin, Jan, "Aspects of Rational Insurance Purchasing," *The Journal of Political Economy* 76, 1968, pp.553–568.

Myers, S. C., "The Application of finance Theory to Public Utility Rate Cases," *Bell Journal of Economics* 6, 1972, pp.333–364.

Rothschild, Michael and Joseph Stiglitz, "Equilibrium in Competitive Insurance Markets: An Essay on the Economics of Imperfect Information," *Quarterly Journal of Economics*, 1976, pp.629–649.

Schlesinger, Harris and Neil A. Doherty, "Incomplete Markets for Insurance: An Overview," *Journal of Risk and Insurance*, 1985, pp.402–423.

Scott, E. Harriangton and Gregory R. Niehaus, *Risk Management and Insurance*, 2nd ed.,

Irwin McGraw-Hill, 2004.

Shackle, G. L. S., "Expections, Investments and Income," London: Oxford Univ. Press, 1938.

Sharpe, William F., *Portfolio Theory and Capital Markets*, Vol.217, McGraw-Hill, New York, 1970.

Shavell, S., "On the Moral Hazard and Insurance," *Quarterly Journal of Economics* 93, 1979, pp.541-562.

Shoemaker, P. J. H. and J. C. Hershey, "Risk Taking and Problem Context in the Domain of Exoected Utility Analysis," *Journal of Risk and Insurance* 47:11(1980).

Skipper, Harold D., "International Risk and Insurance: An Environmental-Managerial Approach," 2001, McGraw-Hill, 1998.

Von Neumann, J. and Morgenstern, O., Theory of Games and Economic Behavior, Princeton, NJ: Princeton University Press, 1944.

Winter, Ralph A., "Moral Hazard and Insurance Contracts," In Contributions to Insurance Economics. G. Dionne, ed. Boston: Kluwer Academic Publishers, 1992.

PART 03 생명보험

국민건강보험공단 2016 건강검진 통계연보, 2017. 11. 21.

김석영 · 조찬휘, "4차 산업혁명과 보험의 미래," 보험연구원, 2017.

보험경영연구회 외, 보험과 리스크관리, 文英社, 2010.

생명보험협회, "법인보험대리점 시장분석 보고," 2017.

생명보험협회, "법인보험대리점 현황 및 문제점 검토," 2017.

김필동, "Ⅴ. 조선시대 말기의 계의 변모," 사회와 역사 11, 1988, pp.126-154.

한국보험학회편(1997), '保險辭典'.

신종각, "생명보험회사의 설립형태 및 규모별 생산성 변화추이 분석", 2006, pp.3-34.

월간생명보험 6(Vol.472/2018)

안철경 · 변혜원 · 서성민, "보험회사의 비대면채널 활용방안," 보험연구원, 2011.

이용순, "제4차 산업혁명과 금융산업 일자리," 한국직업능률개발원, 2017.

최정호 · 양성은, "우리나라 생명보험 소비의 결정요인 - 생존보험과 사망보험을 중심으로," 보험학회지 제90집, 2011, pp.27-50.

최정호 · 조유미, "생명보험 모집인의 심리적 자본이 직무성과와 이직의도에 미치는 영향," 보험학회지 제110집 '17-04 2017, pp.31-58.

한국보험학회편(1997), '保險辭典'.

Ashley Durham, Shauna Walker, *Individual Life Insurance Sales*, LIMRA International, 2006.

Black, Jr. Kenneth, Skipper, Jr. Harold D., *Life & Health Insurance*, 13th ed., Prentice Hall, Inc., 2000.

Cox, Larry L., Kurt Shallow and Leyla Lesina, "*Life Insurance Products and Distribution*," *Basic Life Insurance Underwriting*, 2010.

Cummins, J. David and Anthony M. Santomero, *Changes in the Life Insurance Industry*, Boston: Kluwer Academic Publishers, 1999.

Cummins, J. David and Joan Lamm-Tennant, *Financial Management of Life Insurance Companies*. Boston: Kluwer Academic Publishers, 1993.

Graves, Edward E., *Mcgill's Life Insurance*, The american College/Bryn Mawr, Pennsylvania 1994.

Kenneth Black, Jr, Harold D. Skipper, Kenneth Black, III, *Life Insurance*, 14th ed., Lucretian, LLC, 2013.

Mitchel, James O., "Comparison of sales performance across financial service sectors," *Journal of Financial Services Marketing* 7.2, 2002, pp.178-185.

OECD Health at a Glance 2017.

Paige Fields, L., Donald R. Fraser, and James W. Kolari, "Is bancassurance a viable model for financial firms?," *Journal of Risk and Insurance* 74.4, 2007, pp.777-794.

Rejda, George E., *Principles of Risk Management and Insurance*, 11th ed., Pearson Education Inc., 2011.

Swiss Re, Sigma No.3/2013.

Weir, David R., "Tontines, public finance, and revolution in France and England, 1688-1789," *Journal of Economic History* 49.1, 1989, pp.95-124.

PART 04 손해보험

보험경영연구회 외, 보험과 리스크관리, 文英社, 2010.

구종순, 해상보험, 유원북스, 2012.

도중권 · 라공우, 해상보험론, 도서출판 청람, 2012.

손해보험 2001년 7월(통권 제392호), 2002년 1월(통권 제398호).

손해보험 06(Vol.595/2018).

박종원, 알기 쉬운 재보험과 코리안리, 코리안리재보험(주) 기획관리실, 2013.

유영식, 재보험의 이론 및 실무, 보험회사의 위험관리 전략, 박영사, 2013.

최정호, "손해보험회사의부채관리를 위한 손실지급금(losspayments) 예측," 보험학회지 제62집, 2002, pp.118-143.

Babbel, David F., Jeremy Gold and Craig Merrill B., "Fair Value of Liabilities: The Financial Economics Perspectives", *Working Paper*, June 2001.

Babbel, David F., Jeremy Gold and Craig Merrill B., "Economic Valuation Models for Insurers", *North American Actuarial Journal*, 1998.

Babbel, David F. and Lamm-Tennant, J., "Life Insurance Trends in Asset/Liability

Management", *Insurance Perspectives*, Goldman Sachs, Nov., 1987.

Babbel, David F., Klock, David R. and Polachek, Paul V., "Assessing the Interest Rate Risk of Property and Casualty Compaies," *Insurance Perspectives*, Goldman Sachs, May 1987.

Babbel, David F. and Staking, Kim B., "The Market Reward for Insurers that Practice Asset/Liability Management," *Financial Institutions Research*, Goldman Sachs, November 1989.

Babbel, David F. and Staking, Kim B., "The Relation Between Capital Structure, Interest Rate Sensitivity and Market Value in the Property–Liability Industry", *Journal of risk and Insurance* 62, Dec. 1995, pp.690–718.

Babbel, David F. and Stricker, Robert, "Asset/Liability Management for Insurers," *Insurance Perspectives*, Goldman Sachs, April 1988.

Babbel, David F. and Jung Ho Choi, "Estimating Market Value of Loss Payments of Property/Liability Insurance Companies Using Modern Valuation Technology," Unpublished manuscript presented at ARIA Meeting at Washington D.C in 1992.

Choi, Jung–Ho, "Estimating Market value of Liabilities: The Impact of Interest Sensitivity of Loss Payments on Liabilities of Property–Liability Insurance Companies," Ph.D. Dissertation, Insurance and Risk Management Dept., Wharton School, Univ. of Pennsylvania, 1991.

Cummins, J. David and Jack VanDerhei, "A note on the relative efficiency of property–liability insurance distribution systems," *The Bell Journal of Economics*, 1979, pp.709–719.

Cummins, J. David and J. Francois Outreville, "An international analysis of underwriting cycles in property–liability insurance," *Journal of Risk and insurance*, 1987, pp.246–262.

Gillam, William R., "Retrospective Rating: Excess Loss Factors," *Proceedings of the Casualty Actuarial Society*, Vol.78, 1991.

Grace, Elizabeth V., "Property–Liability Insurer Reserve Errors: A Theoretical and Empirical Analysis," *Journal of Risk and Insurance* 52, March 1990, pp.28–46.

Gustavson, Sandra G. and Harrington, Scott E., *Insurance Risk Management and Public Policy Essays in Memory of Robert I. Mehr*, Kluwer Academic Publishers, 1994.

Harrington, Scott E. and Litan, Robert E., "Cause of the Liability Insurance Crisis," Science 239, Feb. 1988, pp.737–741.

Hossack I. B., Pollard J. H. and Zehnwirth B., *Introductory Statistics with Application in general insurance*, Cambridge University Press, 1983.

Lemaire, Jean H., *Automobil Insurance: Actuarial Models*, Boston: Kluwer–Nijhoff; Hingham, MA, USA: Distributors for North America, Kluer Academic Publisher, 1985.

Mayers, David and Clifford W. Smith Jr., "On the corporate demand for insurance: evidence from the reinsurance market," *Journal of Business*, 1990, pp.19–40.

Natalie Shayer, "Driver Classification in Automobile Insurance," in *Automobile Insurance Risk Classification: Equity & Accuracy*, Boston: Division of Insurance, Commonwealth of Massachusetts, 1978.

Phifer, Ross, *Reinsurance fundamentals: Treaty and facultative*, John Wiley & Sons, 1996.

Rejda, George E., *Principles of Risk Management and Insurance*, 11th ed., Pearson Education Inc., 2011.

Rolph, John E., "Some statistical evidence on merit rating in medical malpractice insurance," *Journal of Risk and Insurance*, 1981, pp.247–260.

Staking, Kim B., "Interest Rate Sensitivity and the Value of Surplus: Duration Mismatch in the Property–Liability Insurance Industry," Ph.D. Dissertation, Insurance and Risk Management Dept., Wharton School, Univ. of Pennsylvania 1989.

Taylor, George C., *Claims Reserving in Non-Life Insurance*, North Holland Press, N.Y., 1986.

Virginia M. Stevens, William S. McIntyre and Jack P. Gibson, *Risk Financing*, *International Risk Management*, Dollars, Texas, 1986, P.F–2.

Webb, Bernard L., Harrison, Connor M. and Markham, James J., *Insurance Operations*, 2nd ed., Vol I. II, American Institute for Property and Liability Underwriters, PA 1997.

Warren, McVeigh and Griffin,"Risk Management Notes: IBNR Reserves by Line," *Business Insurance* 17, April 1978, p.30.

Global Reinsurance Highlight 2013, S&P

금융감독원 금융통계월보(http://fisis.fss.or.kr)

금융감독원(www.fss.or.kr)>업무자료>보험업무>보험약관

손해보험협회(http://www.knia.or.kr)

서울보증보험(www.sgic.co.kr)

한국보험학회편(1997), '保險辭典'.

Swiss Re(http://www.swissre.com)

Swiss Re, Sigma No3/2013

Swiss Re, Sigma No2/2018

PART 05 사회 및 정책성보험

김광호, 풍수해보험에 대한 이론적 분석, 韓國開發研究, 2011, 119.

김병환 외, 건강보험의 이론과 실제, 계축문화사, 2012.

김준환, "노인장기요양보험제도의 서비스질 향상 방안–요양보호사의 인력양성 및 전문성 향상을 중심으로," 극동사회복지저널 4.단일호, 2008, pp.49–83.

김호경, 산재보험 중장기 재정추계, 정책연구 2001–02, 노동연구원, 2001.

노동부, 산재보험사업연보(1999년), 2000. 6.

노동부, 산재보험사업연보(2014년), 2016. 1.

박찬임 · 이정우 · 원종학, 주요국의 산재보험적용, 징수체계, 한국노동연구원, 2003.

선우덕, "노인장기요양보험제도의 현황과 향후 과제," 양극화문제의 해결방안은 무엇인가?, 2008, 19.

성주호 · 최기홍, "국민연금 재정안정화를 위한 균형 보험료접근법," 보험학회지 제67집, 2004, pp.25-53.

유길상, "고용보험 10년, 평가와 과제," 노동리뷰 7, 2005, 3-15.

이광재, 노인장기요양보험제도 정책과정의 이해, 공동체, 2010.

이용갑, "민간의료보험활성화 정책결정과정연구-국민건강보험의 보장성강화와 민간의료보험의 활성화논쟁분석," 보건과사회과학 26, 2009, pp.5-39.

정경희, "노인장기요양보험제도 도입과정과 쟁점들," KDI 주최 노인장기요양보험의 현황과 과제 컨퍼런스, 2010.

정요섭 · 이정화, "국민연금에 대한 세제의 소득재분배완화 효과분석," 리스크관리연구 19.1, 2008, pp.139-162.

최병호, "국민건강보험의 재정위기 원인 분석과 평가," 사회보장연구18.1, 2002, pp.37-66.

한국보건연구원 연구보고서, "노인의료와 요양서비스 수요분석 및 공급체계 다양화 연구- 공급의 통합적 체계구축," 2016.

고용노동부(http://www.moel.go.kr)

국민건강보험공단(http://www.nhis.or.kr)

국민연금 월별사업통계

국민연금 통계연보

근로복지공단(www.kcomwel.co.kr)

금융감독원, 정책성보험 운영현황

노동부, '고용보험백서,' 고용보험 DB 원자료, 2003.

노동부, '산재보험사업연보(2014년),' 2016. 1.

농업정책국, 농작물재배보험 시행방안, 2000. 8.

기획예산처보도자료, 농작물재해보험제도의 안정적 운영을 위해 농작물재해재보험기금 설치, 2005. 5. 31.

농림수산식품부보도자료, 농작물재해보험 3월 2일부터 판매시작, 2006. 2. 17.

농림수산식품부보도자료, 농작물재해보험, 대상품목 및 보상재해 대폭확대, 2007. 7. 25.

국가재난정보센터(http://www.safekorea.go.kr)

국민연금관리공단(http://www.nps.or.kr)

노인장기요양보험(http://www.longtermcare.or.kr)

고용보험관리공단(http://www.ei.go.kr)

■ PART 06 보험회사의 재무관리

증권금융사전, 법문사, 1992.

류근옥, "연구논문: 생명보험상품의 예정이율결정과 자산부채관리에 관한 연구," 금융학회지1.1, 1996, pp.133-163.

최정호, "금융 및 자본시장변화에 따른 생명보험회사의 자산부채관리," 서강경영논총 6, 1995, pp.395-422.

최정호, "손해보험회사의 부채관리를 위한 손실지급금(losspayments) 예측," 보험학회지 제62집. 단일.

Altman, Edward I. and Vanderhoof, Irwin T., *The Strategic Dynamic of the Insurance Industry*: Asset/Liability Management Issues, New York University, 1996.

Altman, Edward I. and Vanderhoof, Irwin T., *The Financial Dynamics of the Insurance Industry*, New York University, 1995.

Anthony, M. Santomero and David F. Babbel, "Financial Risk Management by Insurer: An Analysis of Process", *The Journal of Risk and Insurance*, Vol.64, No.2, 1997, pp.231-270.

Anthony, M. Santomero and David F. Babbel, *Financial Markets, Instruments and Institutions*, McGraw-Hill Irwin, 2001.

Babbel, David F., "Components of Insurance Firm Value, and the Present Value of Liabilities," in *Insurance Company investment management*, edited by David Babbel and Frank Fabozzi, New Hope, Pa.: Frank J. Fabozzi Associations. 1998.

Babbel, David F. and Lamm-Tennant, J., "Life Insurance Trends in Asset/Liability Management", *Insurance Perspectives*, Goldman Sachs, Nov. 1987.

Babbel, David F. and Staking K., "It Pays to Practice asset/Liability Management", *Best's Review, Property/Casualty Edition*, May 1991.

Black, Jr. Kenneth, Skipper, Jr. Harold D., *Life & Health Insurance*, 13th ed., Prentice-Hall, Inc., 2000.

Black, Jr. Kenneth, Skipper, Harold D. and Black, III Kenneth, *Life Insurance*, 14th ed., Lucretian, LLC., 2013

Choi, Jung-Ho, "Estimating Market value of Liabilities: The Impact of Interest Sensitivity of Loss Payments on Liabilities of Property-Liability Insurance Companies", Ph.D. Dissertation, Insurance and Risk Management Dept., Wharton School, Univ. of Pennsylvania, 1991.

Cummins, David J. and Derrig, Richard A., *Managing the Insolvency Risk of Insurance Companies*, Proceedings of the Second International Conference on Insurance Solvency, Kluwer Academic Publishers, 1991.

Fabozzi, Frank J. and Konishi, Atsuo, *The Handbook of Asset/Liability Management*, *State-of-*

the-Art Investment Strategies, Risk Controls and Regulatory requirements, Revised Edition, A Bankline Publication, 1996.

Platt, Robert B., *Controlling Interest Risk New Technique and Applications for Money Management*, John Wiley & Sons.

Stakig, K. B. and Babbel D. F., "The Relation Between Capital Sturcture, Interest Rate Sensitivity and Market Value in the Property-Liability Insurance Industry," *Journal of Risk and Insurance* 63, 1995, pp.690-718.

Stakig, K. B. and Babbel D. F., "Insurer Surplus Duration and Market Value Revisited," *Journal of Risk and Insurance*, March 1998.

PART 07 규제와 감독

금융감독원, 2012년 금융감독제도.

금융감독원, 보험회사 RBC제도 해설 및 활용, 2010. 1.

금융감독원, 보험회사 리스크평가 제도 해설서, 2007. 4.

김수미, "IFRS17 '보험계약' 도입에 따른 재정건전성 감독기준방안과 전문가집단의 인식조사," 중앙대학교 대학원 석사학위논문, 2017.

IFRS17 도입준비위원회 실무지원단, IFRS17 도입추진위원회의 新지급여력제도 초안(K-ICS 1.0) (2018. 2).

IFRS17 도입준비위원회 실무지원단, 2021년 IFRS17 시행 대비 보험감독회계개선 공개협의안(1,2차).

금융감독원(http://www.fss.or.kr)

찾아보기 Index

| 저자소개 |

■ 최정호

정통 보험학자로서 현재 서강대학교 경영대학/경영전문대학원의 재무 · 보험계열 교수로 재직하고 있다. 서강대학교 경영학과를 졸업하고 미국 드렉셀대학교(Drexel University)에서 경영학 석사를, 미국 펜실베이니아대학교 와튼스쿨(Wharton School, University of Pennsylvania)에서 경영학 박사학위를 취득하였다.

귀국 후 대한교육보험주식회사(현, 교보생명) 연구소에서 보험팀장으로 근무했으며 한국프루덴셜생명보험주식회사 사외이사, 서울계리법인 자문교수, 사회복지공동모금회 재원운용소위원회, 모금분과 실행위원회 위원, 국가보훈위원회 민간위원, 금융감독원 거시건전성자문위원회, 보험감독자문위원회 위원을 역임하였다. 또한 미국보험학회(ARIA) 정회원이며 한국보험학회 국제협력위원장, 사회보험위원장, 리스크관리학회 부회장, 기업경영리스크위원장, 한국경영학회 및 한국국제경영학회 상임이사도 역임하였으며 현재는 한국보험학회와 한국리스크관리학회 이사로 활동하고 있다.

리스크와 보험(제2판)

2014년 2월 20일 1판 1쇄 발행
2018년 8월 20일 2판 1쇄 발행

저　　자 | 최정호
발 행 인 | 이수영
발 행 처 | 도서출판 청람
서울시 마포구 독막로 288(대흥동, 세양상가 109호)
전　　화 | 02)3272-2601~2
팩　　스 | 02)3272-2603
이 메 일 | crbooks@daum.net
홈페이지 | www.crbooks.co.kr
등　　록 | 2000년 8월 26일 제6-0509호

ISBN 978-89-5972-646-2 93320　　[정가 35,000원]